BEIJING DIYU WENHUA TONGLAN
XICHENGJUAN

北京地域文化通览

西城卷

北京市文史研究馆　编

中国文史出版社

前　言

　　北京市人民政府参事室、北京市文史研究馆在完成《北京地域文化通览·东城卷》(以下简称《东城卷》)的撰写、出版工作之后，即开始着手《北京地域文化通览·西城卷》的撰写工作。在市政府参事室(市文史馆)领导的具体指导下，由相关专家学者组成了本书的课题组，专门负责本书的撰写工作。本书的编撰，得到了西城区委、区政府及相关部门的大力支持，市政府参事室(市文史馆)与西城区委、区政府相关部门组成组织工作委员会，由市政府参事室(市文史馆)主任李昕、副主任(副馆长)李明洪，市政府参事室(市文史馆)一级巡视员陶水龙等领导，共同推进本书的编撰工作。

　　本书汲取《东城卷》编撰经验，突出地域文化特点，全书列有八章，除历史沿革、坛庙文化、工商文化、宗教文化与《东城卷》类同外，又增加了水系文脉、园林文化、戏曲文化及特色文化等四章，从而明显区别出了西城与东城之间的文化差异，突出了西城文化的特点。

　　在历史沿革方面，西城域内的历史发展更加悠久，从先秦时期的古蓟城到燕都，从秦汉时期的幽州到辽南京、金中都，是叙述的主体脉络。此后的元明清时期，西城与东城并驾齐驱，凸显了全国统治中心的突出地位。二者既有相同之处，又有差异之处。

　　在坛庙建置方面，西城与东城一起，作为坛庙的载体，充分体现了中国古代礼制文化的博大精深。虽然东城作为国家坛庙的主体，但是西城作为相关坛庙的补充和完善，也发挥着重要的作用。

　　在水系文脉方面，西城有着举足轻重的地位。北京城里最重要的水域被称为六海，即积水潭等后三海与南海、中海、北海等前三海，皆在今西城域内。这六海，正是北京水系的灵魂所在，对其的疏通与管理，直接影响到皇家和百姓的生活质量，关系到整个都城的生死存亡。

　　在工商文化方面，虽然西城与东城都是工商业非常繁荣的区域，但是其发展还是表现出了各自的文化特色。首先，西城工商文化的渊源十分悠久，从先秦时期到金代,这里一直是工商业文化发展最为活跃的地方。其次,从清代旗民分城居住之后,西城的文化发展又有了更加宽广的空间。

在园林文化方面,西城有着独特的发展优势,那就是水域丰沛。在中国古代的北方城市中,缺水是普遍存在的问题,而在西城,水脉十分丰沛,从皇家的西苑三海,到私家的什刹海,由此形成了许多江南水乡的景致,再加上北方山水的特色,遂自成一派园林风格。

在戏剧文化方面,西城也是发展悠久,渊源有序。清代是北京戏剧文化发展的一个非常重要的时期,而清代的西城,则见证了北京戏剧文化发展并达到繁盛。从皇家到王府的戏剧文化,特别是士大夫及百姓的戏剧文化,皆与西城有着不可割舍的密切联系。

在宗教文化方面,西城也体现出了中国优秀传统文化的特色,即多种宗教相互融合。道教是中国本土宗教,最初传入幽州即是在今西城域内。佛教是从西域传入,也是传入幽州后逐渐发展起来。伊斯兰教和基督宗教的传入较晚,但是在西城也有较大发展。西城的各种宗教活动场所也都具有各自的代表性。

在特色文化方面,西城的表现也很突出,特别是宣南文化,代表了清代士人在北京频繁活动的特色;什刹海文化,代表了市井生活的特色;而琉璃厂文化则与宣南文化有着直接且密切的联系。

全书八章,第一章由王岗撰写,李诚参加了第一节和第二节的撰写;第二章由李诚撰写;第三章由吴文涛撰写;第四章由高福美撰写;第五章由王洪波撰写;第六章由陈清茹撰写;第七章由郑永华撰写;第八章由章永俊撰写。王岗最后进行统一审定。为了便于读者阅读,书中又插配有图、表多幅。

全书初稿完成后,由文史馆组成编委会,组织馆内专家审阅并提出具体修改意见,然后由撰写者再进行修改,完成书稿。西城区委(区志办)组织相关部门及专家学者参与了审校。本书出版得到中国文史出版社的大力支持和帮助,在此一并表示诚挚的谢意。

北京市文史研究馆

2023 年 12 月

目　　录

插图目录

第 一 章

第 二 章

第 三 章

第 四 章

第 五 章

第 六 章

第 七 章

第 八 章

概　　述

　　北京作为一座国际化的大都会,在世界上享有盛誉。同时,作为著名的古都,在中国历史上占有极其重要的地位。在唐代以前的中国,西京长安和东都洛阳在政治、经济、文化上占有主导地位,荟萃了中华文明的精华。唐代以后,中国的政治、经济中心东移,经过两宋和辽金的对峙,南方占据经济和文化上的优势,而北方占据军事上的优势,从而达到了双方总体发展的平衡。而元朝的崛起,打破了这个平衡,最终统一全国,确立了新的统治中心——元大都。这个统治中心一直延续到明清时期。

　　在中华民族的发展历程中,黄帝是一位十分著名的人物,许多中华文明的发端都始于黄帝。据相关历史文献记载,黄帝的后裔就曾定居在蓟城(今北京),更准确地说,是在今天的西城域内。随着历史进程的延续,在西城域内先后有蓟国和燕国的都城,传承着中华文明的统绪。秦汉以降,这里出现郡县与封国并存的局面,封国主要仍是燕国,郡县则从蓟县到幽州,成为中央王朝在北方地区的统治中心。此后一直到隋唐时期,这里始终是北方最重要的军事重镇之一,关系着华北及东北地区的稳定。

　　唐末五代时期,后唐大将石敬瑭勾结契丹势力进入中原,以此夺得皇权,建立后晋,并将燕云十六州割让给契丹,辽朝遂在这里设置辽南京,又称燕京。从此,这里成为辽朝最重要的陪都。除了政治中心在辽上京,经济、军事、文化中心皆在这里。同时,这里成为辽朝进攻宋朝的大本营,直接牵扯到辽宋之间的战和关系。

　　辽朝末年,东北的女真族崛起,建立金朝,定都金上京(今哈尔滨阿城区),并与宋朝联手,攻灭辽朝。此后不久,金军大举南下,又攻灭北宋政权,占有了江淮以北的大部分地区。及至海陵王夺得皇权,将都城从金上京迁移到金中都,使这里成为整个金朝的统治中心。从黄帝后裔建立蓟国,一直到金中都的几千年间,北京历史发展的主脉都是在今天的西城域内。

　　金朝末年,北方蒙古族崛起,攻灭金朝及南宋,一统天下。这时的元世祖忽必烈在金中都的东北面建造了一座新的都城,称元大都。这时在此形成了新旧两座都城并存的局面,大都新城的西半部分和旧城的全部,皆在今西城域内。许多重要的商业设施、文化设施,仍然保留在旧城。而许多居民,也仍然生活在旧城的坊里之中。

明代初年,定都南京。不久,明成祖夺得皇权,迁都北京。这时北京城的西半部分,是在今西城域内的。嘉靖年间,明世宗增建南城(又称外城),其西半部分,亦在今西城域内。此后清朝定鼎北京,基本上延续了明朝的都城格局,并一直保持到清朝灭亡。民国及新中国成立初期,这个格局没有发生变化。

改革开放以来,北京的城市面积迅速扩大,由三环向四环、五环、六环扩充,而北京城市的核心部分,仍然是以西城区作为主体。因此,纵观几千年来的北京历史发展进程,其文化主脉一直是在西城域内。换言之,西城文化代表了北京文化发展的主体趋势,体现了北京文脉的主体特征。

西城文化的第一个主体特征,是有一套完整的发展体系。这个发展体系,就是从最初的方国向北方军事重镇,再向割据政权的陪都、首都,最后发展成为全国统一王朝的首都。这是一条发展完整的历史脉络,正如习近平总书记所指出的,它见证了中华民族几千年来发展的主体脉络。

西城文化的第二个主体特征,是构成代表国家礼仪设施——坛庙建筑的一个重要组成部分。自元朝北京成为全国首都之后,元明清三代在这里建设的各种坛庙,主要集中在东城和西城。其中,位于西城域内的历代帝王庙,体现了中华民族历代绵绵不绝、英才辈出的基本历程,也是中华统绪传承的伟大见证。

西城文化的第三个主体特征,是构成了北京城市水系的基本布局。不论是从古蓟城到金中都的莲花池水系,还是元明清以来北京的高梁河水系,都是西城域内占据主体的城市用水体系,从而构建出金中都的西苑和明清北京的西苑,以及元大都皇家的宫殿和园林融为一体的皇家园林文化。此外,什刹海及其周围的水域又构建出了都城的休闲文化。这些水系直接构成了北京其他区域所没有的独特文化。

西城文化的第四个主体特征,是繁荣的工商业文化。从先秦时期开始,中国古代就有着"工商食官"的传统,一直延续到汉代以后。古蓟城作为北方最重要的军镇之一,有着较为发达的工商业,当时的蓟城之内,就设置有颇具规模的商市,以进行农产品和畜牧产品的交换。随着蓟城的不断发展,到辽金时期的都城,工商业的发展达到了北方地区最繁荣的程度。而到了元代以后,这里便成为全国的工商业活动中心。西城则无疑是北京工商业最繁荣的区域之一。

西城文化的第五个主体特征,是与人们的休闲有着密切关系的园林文化。

皇家的园林文化与私人的园林文化是中国古代园林文化发展的两条主线,在西城域内,既有皇家园林的典型代表,如金中都的西苑及北苑,又如元大都的灵圃及明清时期的西苑和景山;又有私家园林的典型代表,如金代的种德园、元代的廉园、明代的漫园等。而明清时期的王府园林,则是皇家园林和私家园林的融合体。这些园林,皆在西城域内有突出的体现。

西城文化的第六个主体特征,是发达的戏剧文化。中国古代的戏剧,主要是从杂耍发展而来,加以故事情节,更加感人。到了金代,受到南宋的影响,中都城开始有了较为成熟的《西厢记》诸宫调等说唱艺术。到了元代,杂剧艺术发展到高峰,大都城遂与江南的杭州并称为杂剧之都。明代江南的昆曲逐渐在北京流行,而清代的京剧不仅在京城产生巨大影响,而且成为最具表现力的国粹,传播到了全国各地。京剧在北京的形成之地就在西城域内。

西城文化的第七个主体特征,则是多元的宗教文化。在中国古代,道教和佛教开始传播是在汉魏时期,当时的幽州就是主要传播的地区之一。到了隋唐时期,蓟城已经成为佛、道二教的北方活动中心。辽金时期的都城,这两种宗教的发展已经十分兴盛。而到了元明清时期,佛教、道教、伊斯兰教、基督教等都在这里建立了重要的活动场所,西城的宗教文化遂成为北京宗教文化的一个重要组成部分。

此外,西城文化中还出现了一些体现自身区域发展特色的文化,如宣南文化、琉璃厂文化、什刹海文化、天桥文化等。这些特色文化作为西城文化的重要组成部分,其产生、发展和消亡,体现了不同时代这里的发展特色,也代表了历史发展的不同阶段,对于我们了解西城文化的主体脉络是有所帮助的。

综上所述,西城文化是北京历史文化的一个重要组成部分,而且是特点非常突出的组成部分,延续了几千年的发展历程,是中华优秀传统文化不断发展、光大的最好见证。今天的西城文化,正是以往西城文化的传承和延续,是今天中华文化的一个重要组成部分,同时,也见证着实现中华民族伟大复兴之路,创造着新的人类文明。

第一章

历史沿革

北京的历史非常悠久,早在七十万年前就有北京猿人生活在房山周口店一带。此后又有众多的新石器时代的人类生活遗址被发现,这些遗址遍布于北京地区。到了距今五千年左右,中华文明始祖之一的黄帝部落来到这里,建造了北京地区当时最大城市之一的蓟城。一部分黄帝后裔就一直生活在这里,并在三千多年前,被攻灭商纣王的周武王分封为诸侯。这座蓟城,就在今西城区域内。

　　此后,以这座城市为中心,先后建立了燕国的都城,秦汉至隋唐时期的幽州城,以及辽代的南京和金代的中都。到元代建造新的大都城之后,北京的城市中心转移到了原金中都城的东北,并以元大都城为中心,分为东、西两个部分,东部为大兴县,西部为宛平县。此后历经明清两代,政区划分有所不同,而明代中期又新建外城,但是,大兴与宛平并立的格局则一直延续到当代,才有了东城与西城的并立。

　　由此可见,在北京古代及近现代的历史上,西城区一直占据着非常重要的地位。从先秦时期的燕都,到金代的中都城,这里一直是北京历史发展的核心部分。从宫殿园林,到城池坊里,再到寺观商市,都是在这里建造并有了进一步的发展。许多重大的历史事件,是在这里发生的;许多重要的历史人物,也是在这里生活的。即使到元代以后,城池发生了迁移,水系发生了变化,历史朝代变更了,风云人物变换了,但是,西城在北京仍然占有非常重要的地位。

第一节　政区变迁

在中国古代，城市的出现是文明起源的重要标志之一，表明人们已经有了共同生活的需求，而其居住也愈加集中，生活愈加丰富。当人们的共同生活时间越来越长，接触越来越多之后，就要产生一些秩序来维护这种人际关系。政区的产生及发展变化，正是这种人际关系发展变化的体现。最初人们在建造一座城市的过程，就是在建造一个国家，所谓"匠人营国"，同时也是在建造一座城市。这座城市里的居民，最初是同一个祖先，同一个部落，同一种血缘关系，而逐渐发展为不同部落民众的混居，并由此产生人与人之间的地缘关系。

政区的划分最初也不是出现在城市中，而是出现在对地域的自然划分上。在历史的传说时期，即有了大禹治水，分天下为九州的传说，此后又将九州划分为十二州，北京地区则是在九州中的冀州，以及十二州中的幽州。即以蓟城而言，最初是蓟国的都城，随着历史的发展，变成了燕国的都城，又变成了秦朝的郡县。到了汉代，再出现郡、国并立的局面，这种局面，一直延续到明代。到了此后的清代，宗王不再分封到各地，而是统一在都城设置王府，郡国并立的局面至此结束。

到了民国时期，帝制被推翻了，分封宗王的制度也消除了，现代国家政区制度逐渐完善起来。北京先是作为都城，然后改为特别市，政区的划分基本延续了清朝的体制。新中国建立后，北京再次成为首都，政区进一步处于逐渐调整的过程中，迄今为止，随着北京的进一步发展，这个调整过程仍然在不断变更中，今后还将会有新的变化。政区的变化，也必然会体现出城市发展的新需求。

一、从传说到五代时期的蓟城

在中国古代，传说时代是从三皇五帝时期开始的。而作为中华文明始祖的炎帝与黄帝之间，曾经爆发了"阪泉之战"，并由此而融合在一起，共同组成了中华民族的主体，即炎黄子孙。而黄帝的后裔，在华北平原的北端，建造了蓟城

（即蓟国），并长期生活在这里。及周武王灭商之后，在分封召公于燕之前，即分封黄帝后裔于蓟，也就是承认了黄帝后裔在这里的合法地位。此后，燕强蓟弱，燕国遂攻灭蓟国，并以蓟城作为燕都。

《史记·周本纪》称：周武王在灭商之后，"武王追思先圣王，乃褒封神农之后于焦，黄帝之后于祝，帝尧之后于蓟，帝舜之后于陈，大禹之后于杞。"又称："于是封功臣谋士，而师尚父为首封。封尚父于营丘，曰齐。封弟周公旦于曲阜，曰鲁。封召公奭于燕。"①这是北京地区有记载的政区划分之始，而正式得到封地的有两个诸侯国，一个是燕国，始建在今房山区琉璃河；一个是蓟国，即北京城的前身蓟城。

《史记·乐书》记载得更为详细，称："武王克殷反商，未及下车，而封黄帝之后于蓟，封帝尧之后于祝，封帝舜之后于陈。"②《史记·燕召公世家》则称："周武王之灭纣，封召公于北燕。"③由此可见，从时间顺序而言，周武王是先封黄帝之后于蓟，再封召公于北燕的。而黄帝之后居住的蓟国，显然是在周武王灭商之前就已经存在了。而分封召公及其后裔于燕的燕国，则是新建的诸侯国，是为了巩固周朝统治而建立的。

《史记》加以解释时称："周封以五等之爵，蓟、燕二国俱武王立，因燕山、蓟丘为名，其地足自立国。蓟微燕盛，乃并蓟居之，蓟名遂绝焉。今幽州蓟县，古燕国也。"④这个解释明确指出了燕国定都于蓟城的过程，"蓟名遂绝"指的就是蓟国灭亡了。这时的政区划分，已经从两个诸侯国并立，变成了一个诸侯国（即燕国）独大的局面。

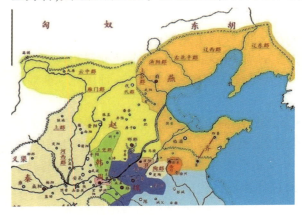

战国时期燕国示意图

此后，秦始皇攻灭六国，在全国废除分封制，推广郡县制。据《史记·秦始皇本纪》称：秦始皇"分天下以为三十

① 《史记》卷四《周本纪》。
② 《史记》卷二十四《乐书》。
③ 《史记》卷三十四《燕召公世家》。
④ 《史记》卷四《周本纪》。

六郡,郡置守、尉、监"①。而在三十六郡中,北京地区则设有上谷郡及渔阳郡。而蓟城所在地当属渔阳郡管辖。又据《汉书·百官公卿表上》称:"郡守,秦官,掌治其郡,秩二千石。……郡尉,秦官,掌佐守典武职甲卒,秩比二千石。"②当时的渔阳郡应该就设置在蓟城,其地则应设置有蓟县。

到了汉代,汉高祖刘邦又恢复了分封制,遂形成了分封制与郡县制并存的局面。据《汉书·地理志下》记载,汉高祖刘邦在分封诸侯国的同时,郡县制也在不断发展,"故自高祖增二十六,文、景各六,武帝二十八,昭帝一,讫于孝平,凡郡国一百三,县邑千三百一十四,道三十二,侯国二百四十一。"③显然,这时的侯国多于郡国,其数量是郡国的两倍多。

而燕国的分封,始于西楚霸王项羽。项羽及刘邦等人在灭秦之后,项羽自立为西楚霸王,都彭城,而以刘邦为汉王,都汉中,又以燕将臧荼为燕王,以原来的燕王都辽东。《史记·高祖本纪》称:"燕将臧荼为燕王,都蓟。故燕王韩广徙王辽东。广不听,臧荼攻杀之无终。"④由此可见,当时有两位燕王,一位是臧荼,另一位是韩广。韩广是在秦二世元年(前209)自立为燕王的,臧荼则是被项羽分封为燕王的。不久,臧荼击杀韩广。

及汉高祖得天下,"燕王臧荼反,攻下代地。高祖自将击之,得燕王臧荼。即立太尉卢绾为燕王。"⑤由此可知,在汉代初年,除了韩广、臧荼之外,第三位燕王为太尉卢绾,这三人都是异姓诸侯王。而到了汉高祖十二年(前195),又有人说卢绾要谋反,翌年,汉高祖遂派樊哙、周勃率大军进击卢绾,并立皇子刘建为燕王。不久,汉高祖死,卢绾遂逃入匈奴之地。这时分封的燕王刘建,是汉朝设立同姓燕王之始。

据《汉书·地理志下》的记载:"广阳国,高帝燕国,昭帝元凤元年为广阳郡,宣帝本始元年更为国。"⑥由此可见,在汉高祖刘邦时,这里称"燕国",而到汉昭帝时,废燕国,立广阳郡。当时因燕王刘旦谋反未遂而自杀,故而废除了燕国,设立广阳郡。再到汉宣帝时,又恢复了燕王刘旦的三个儿子为诸侯,其中两个封侯,另一个封广阳王,并因此而设有广阳国。而原来的燕国都城蓟城,已经不再是广阳国的都城了。

---

① 《史记》卷六《秦始皇本纪》。
② 《汉书》卷十九《百官公卿表上》。
③ 《汉书》卷二十八《地理志下》。
④ 《史记》卷八《高祖本纪》。
⑤ 《史记》卷八《高祖本纪》。
⑥ 《汉书》卷二十八《地理志下》。

又据《汉书·地理志下》称:广阳国下面,辖有四个县,其中的一个,就是以蓟城为中心的蓟县。史称:"蓟,故燕国,召公所封。莽曰伐戎。"①也就是说,蓟城是周朝时分封召公的燕国都城,而到了汉代,又曾作为燕国及广阳国的都城,王莽篡汉之后,被改名为"伐戎"县。由此可见,自秦朝灭亡以后,在全国各地就出现了郡县与封国并存的局面,这种局面一直延续到明朝末年。

此外,在汉武帝时,又在全国设置十三个州,设有刺史。据《汉官六种·汉官旧仪卷上》称:"武帝元封五年,初分十三州,刺史假印绶,有常治所。"②其中,幽州刺史所辖地区颇为宽广,而其治所,则设置在蓟城。其功能,则是对相关官员进行督察,所谓"司隶督丞相,丞相督司直,司直督刺史,刺史督二千石"。文中的"二千石"指的是政府官员的俸禄,也就是政府官员的级别。刺史督察的州县官员,其俸禄多为二千石。此后,随着历史的不断发展,刺史也由负责督察的官员转变为掌有实权的官员。

原来的蓟城只设置有一个县,即蓟县。而到了唐代,蓟城被分成了两个县,即蓟县与幽都县。据《旧唐书·地理志》称:"蓟,州所治。古之燕国都,汉为蓟县,属广阳国。晋置幽州,慕容儁称燕,皆治于此。自晋至隋,幽州刺史皆以蓟为治所。"又称:"幽都,管郭下西界,与蓟分理。建中二年,取罗城内废燕州廨署,置幽都县,在府北一里。"③文中"建中二年"即781年,为唐德宗年号。由此可知,这时的蓟城已经被分为东、西两个行政区。而这两个行政区皆在今西城区域内。

早在先秦时期,各城镇、乡村中就有了一种基层管理制度,被称为里坊制度。一种说法认为,在乡村的基层组织被称为里,里有里长;而在城镇中,则被称为坊,坊有坊正。另一种说法认为,坊和里是互通的,在城镇的基层组织也被称为里,而里长又被称为里宰。按照《春秋左传注疏》的记载,"五邻为里。以五邻必同居,故以里为名。里长谓之宰。"④文中的"五邻"即指五家相邻的居民。例如汉代的广阳国,有户两万零七百四十户,若以五家为一里计算,则应有四千余个里。

到了此后的隋唐时期,随着历史文献逐渐增多,人们开始对蓟城的一些细节有所了解。如在唐代的墓志中,出现了一些坊里的名称,如卢龙坊、燕都坊、花严坊、肃慎坊、蓟北坊、铜马坊、军都坊、开阳坊、时和里、归仁里、归化里、通圜

① 《汉书》卷二十八《地理志下》。
② 《汉官六种·汉官旧仪卷上》。
③ 《旧唐书》卷三十九《地理志》。
④ 《春秋左传注疏》卷三十所引。

10

里、遵化里等。这些坊里,已经不是"五邻为里"的基层组织,而是城市中的封闭式的居住单元,并且可以坊里互用。这种情况的出现,是城市有了进一步发展、居民管理制度有了进一步完善的必然结果。

通过对这些坊名的分析,可以得到许多相关的文化信息。如燕都坊,表明这里曾经作为燕国的都城;又如花严坊,表明在坊中建有华严寺,坊由此得名;再如铜马坊,地

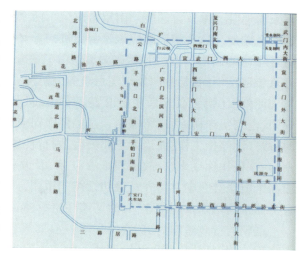

唐幽州城示意图

近铜马门,坊名所用为十六国时慕容儁铸铜马于东掖门的掌故;而开阳坊,则是因为地近开阳门而得名。东汉时期的洛阳城即有开阳门,而在辽南京城,其南门即称开阳门,到金中都时期,城门又有开阳门。由此可见,自汉唐以来的蓟城内,就有着二十余个坊里,作为城内的地标。

二、从辽南京到金中都

唐代自"安史之乱"以后,开始出现严重的藩镇割据局面。幽州节度使基本上脱离了中央政府的控制,为所欲为。而藩镇割据的结果,导致了唐朝的灭亡,之后开始了五代十国的进一步分裂。北方少数民族契丹族由此崛起,逐渐取得了对北方割据政权的军事优势,并通过扶立后唐大将石敬瑭为"儿皇帝",乘机占有了"燕云十六州"。辽太宗在占有这一大片疆域后,遂改幽州(即燕京)为辽南京,辽兴宗时又改云州(今山西大同)为辽西京,这是两处新增加的陪都。

辽朝实行的是五京之制,除了辽上京(今内蒙古赤峰境内)作为首都之外,其他四座陪都则为:中京大定府、东京辽阳府、南京析津府、西京大同府。而在四座陪都之中,南京析津府是最重要的陪都。除了辽上京是辽朝的政治中心之外,辽南京则是辽朝的军事、经济、文化中心,占有非常重要的地位。

在辽朝建立五京制度后,辽朝政府在五京之中皆设有警巡院,据《辽史·百官志》记载:"五京警巡院职名总目:某京警巡使。某京警巡副使。上京警巡院。

11

东京警巡院。中京警巡院。南京警巡院。西京警巡院。"①而且警巡院中设有警巡使及副使。这些警巡院应该是常设机构。又据《辽史·兴宗纪》记载,在统和十三年(995)三月,"是月,置契丹警巡院。"②这处契丹警巡院,应该是与上述的五京警巡院不同,是专门处理契丹事务的机构。

此外,辽朝又在五京之中设置留守司,即上京留守司、中京留守司、东京留守司、南京留守司、西京留守司。这些留守司应该是临时机构,当辽朝帝王到来时,留守司停止工作;而当帝王离去后,则行使留守权力。上京留守司设衙于上京;东京最初称辽南京,故而设衙在辽阳,及改析津府为南京后,南京留守司则设衙于析津县。中京留守司最初设衙于镇州,此后改设衙于大定府。留守司的官员通常为留守及副留守,有时又兼任府尹、同签、判官、推官等职。

辽朝的行政建制为道、府、州(军)、县四级。辽太宗在将幽州提升为陪都辽南京后,对其行政建制也加以调整。以辽南京为中心,设置南京道,其下则为幽

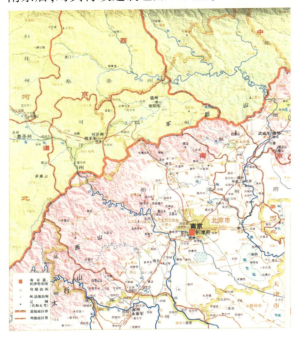

辽南京政区图

都府,再下则为蓟北县(由蓟县改)和幽都县,大致延续了唐代以来的格局。到辽圣宗开泰元年(1012),进行了一次府州县名称的变更。将幽都府改称析津府,蓟北县改称析津县,幽都县改称宛平县。据《辽史·地理志》称,析津县的得名,"析津县,本晋蓟县,改蓟北县,开泰元年更今名。以燕分野旅寅为析木之津,故名。"③此后,辽朝的行政建制没有再进行过较大的调整。这时的析津县及宛平县,也都在今西城区境内。

在这时的辽南京城里,共划分有二十六个坊里。据北

① 《辽史》卷四十八《百官志》。
② 《辽史》卷十九《兴宗纪》。
③ 《辽史》卷四十《地理志》。

宋真宗时出使辽朝的路振在《乘轺录》中记载辽南京城的情况时称:"城中凡二十六坊,坊有门楼,大署其额,有罽宾、肃慎、卢龙等坊,并唐时旧坊名也。居民棋布,巷端直,列肆者百室,俗皆汉服,中有胡服者,盖杂契丹、渤海妇女耳。"①文中所云城中坊名,"并唐时旧坊名也",已经在唐代相关文献中得到印证。这是唯一记载辽南京城有确切坊里数的文献。

辽朝末年,女真族在东北崛起,在击败辽朝的镇压之后,遂与北宋联手,订立"海上之盟",共同攻灭辽朝。当时双方商定,长城以北的辽朝疆域由金军攻占,长城以南则由宋军攻占。但是,当金军攻占了辽朝大部分疆域的时候,宋军却在攻打辽南京时失败,随后金军南下,攻占辽南京。为此,宋朝以双方盟约为借口,向金朝讨要辽南京。金朝在向宋朝勒索了大量钱财之后,将一座空城交给了宋朝,宋朝统治者为此还大加庆贺一番。

宋朝为收复的这座空城定名为燕山府路。据《宋史·地理志》称:"宣和四年,改燕京为燕山府,又改郡曰广阳,节度曰永清军,领十二县。"②而同时由金朝交付给宋朝的一共有六州二十四县,其中,由燕山府直辖的是十二县。这时宋朝行政区划内的燕山府下,共辖有九州、二十县。其中,将金朝交回的二十四县压缩为二十县,而燕山府下辖则只有析津县一处,却已经不见了幽都县。这个燕山府只存在了短短三年,到宣和七年(1125),金朝又出动大军,将燕山府攻占。宋朝派驻燕山府的官员王安中、蔡靖等人,也就变成了金朝的俘虏。

金朝在攻占辽南京后,仍称之为燕京,并将其划归河北东路管辖。及金海陵王迁都之后,对全国政区加以调整,其行政建制仍为路、府、州、县四级。其中,首都由燕京改称为中都路,是地方政区中的最高一级,其下,辖有大兴府,又辖三个节镇、九个州郡、四十九个县。这时的金中都城,又被划分为两个县,以都城正南门为界,东侧的是大兴县,西侧的是宛平县。这两个县因为是在都城的政区内,故而被称为赤县。其辖区的绝大部分皆在今西城区域内。

金朝除了首都称金中都之外,又设有四处陪都,即东京辽阳府、北京大定府、西京大同府、南京开封府。而金朝最初的都城,称金上京会宁府,作为首都。及金海陵王迁往金中都时,将上京宫殿全部拆毁,陵墓迁往中都,大量女真族民众则迁往金中都及河北、山东各地,这里遂成为一片废墟。金世宗即位后,对这里加以修复,但是却已经无法恢复其首都地位。

金朝在诸京之中也设有警巡院,而其任命的官员是不一样的。其中,各京

---

① 〔宋〕江少虞撰:《宋朝事实类苑》卷七十七引《乘轺录》。
② 《宋史》卷九十《地理志》。

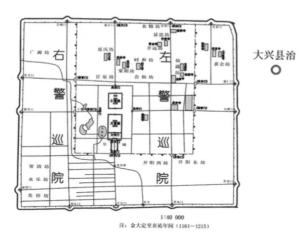

宛平县治

大兴县治

1:40 000

注：金大定至贞祐年间（1161—1215）

金中都城坊里及治所示意图

皆设有警巡使，只有中都大兴府及南京开封府设有警巡副使。各京皆设有判官二员，而其他吏员的数量则各不相同。据《金史·百官志》的记载，各京的警巡使"掌平理狱讼、警察别部，总判院事。"有副使的，"掌警巡之事。"判官则"掌检稽失，签判院事。"①金中都因为是首都，故而设有两个警巡院，应该是分掌大兴县及宛平县的相关事务。

金朝在诸京之中也都设有留守司。最早设置的，是上京会宁府的留守司，据《金史·地理志》记载："天眷元年，置上京留守司，以留守带本府尹，兼本路兵马都总管。"②而在金海陵王迁都金中都以后，削去金上京的称号，上京留守司也被废去。北京留守司，金朝初年沿辽朝之旧，称为中京，及海陵王迁都之后，改称北京，遂置留守司。东京辽阳府及西京大同府的留守司，也是在海陵王时设置的。而南京开封府，"留守司留守带本府尹，兼本路兵马都总管。天德二年罢行台尚书省，置转运司、提刑司。天德二年置统军司。"③由此可见，南京留守司留守的权力是最大的。只有金中都，在没有成为首都之前，是设有燕京留守司的，而在成为首都之后，即没有再设置留守司。

关于金中都城的坊里究竟有多少个，迄今为止尚未见有相关文献的记载。从辽南京城有二十六个坊，元大都旧城有六十二个坊的记载来推论，金中都的坊数应该是在四十个到五十个之间。因为金海陵王在辽南京城的基础上，向东、南、西三个方向都拓展出三里地的规模来看，除了皇家宫殿、园林的面积有所增加之外，居民居住的坊里数量也有所增加。而到了元代，旧城的金朝宫殿、园林皆荒废而变成了民居，坊里的数量会有进一步增加。故而在金中都城时的

① 《金史》卷五十七《百官志》。
② 《金史》卷二十四《地理志》。
③ 《金史》卷二十四《地理志》。

坊里数量要多于辽南京的坊里数,而又少于元大都旧城的坊里数。

三、从金中都到元大都

金朝末年,蒙古国从草原崛起,成吉思汗(即元太祖)在统一草原各部落之后,开始向南面的金朝发动进攻,并且在征战十年之后占领了金中都,又将其改称燕京路,总管大兴府,或称之为燕京行省。当时的大臣耶律楚材、石抹咸得不等人,皆曾出任行省长官。此后,历经窝阔台汗(即元太宗)至蒙哥汗(即元宪宗)的几十年时间,蒙古国的燕京路在行政建制方面,都没有发生太大的变化。而这时燕京路的绝大部分政区,仍在今西城区域内。

及元世祖忽必烈即位后,最初是以上都开平府为首都,其后,将统治中心向燕京转移,开始不断提升燕京的政治地位。据《元史·百官志》称:"国初,为燕京路,总管大兴府,中统五年,称中都路。至元九年,改号大都。二十一年专置大都路总管府,秩从三品。置都达鲁花赤、都总管等官。二十七年,升为都总管府,进秩正三品,领府一、州十有一。凡本府官吏,唯达鲁花赤一员及总管、推官专治路政,其余皆分任供需之事,故又号曰供需府焉。"①这是元朝在大都地区设置的最高管理机构。

在大都路都总管府之下,又设有多处相关的管理机构。第一处,是大都路兵马都指挥使司,据《元史·百官志》称:"一置司于北城,一置司于南城。"这里所谓的北城,就是大都新城。而所谓的南城,则是中都旧城。这处机构的职责,则是"掌京城盗贼奸伪鞫捕之事"②。又被简称为兵马司。有都指挥使二员,副指挥使五员,知事、提控案牍等办事人员十几人。此外,中书省刑部、大宗正府等衙署也派遣官员参与兵马司的各项事务。

大都城的治安是非常重要的事情,故而元朝政府对于兵马司的设置极为重视。为了加强治安,元仁宗在延祐四年(1317)十一月下令:"增置大都南、北两兵马司指挥使,色目、汉人各二员,给分司印二。"③由此可见,这时又增设了大都兵马司的分司。到了元朝末年,顺帝在至正十三年(1353)四月下令:"命南、北兵马司各分官一员,就领通州、漷州、直沽等处巡捕官兵,往来巡逻,给分司印一,同署事,半载一更。"④显然,这时的元朝社会已经动荡不安,需要更多的治安

---

① 《元史》卷九十《百官志》。
② 《元史》卷九十《百官志》。
③ 《元史》卷二十六《仁宗纪》。
④ 《元史》卷四十三《顺帝纪》。

力量。

第二处，是左、右警巡二院及大都警巡院。左、右两处警巡院是设置在大都新城的机构，仍据《元史·百官志》称：这处机构是在至元六年（1269）设置，"领民事及供需，视大都路。"①也就是说，它的职能与大都路都总管府大致相同，大德五年（1301）设置供需院，也是分任供需之事。但是，以《元一统志》及一些其他文献的记载，左、右警巡院是设置在大都旧南城

元大都路政区图

的，而大都警巡院则是设置在大都新城的。

此后，由于大都新城已经建成，旧城中的居民大多数都迁移到新城居住，大都旧城的警巡院也随之撤销。到了大德九年（1305）十一月，因为旧城尚有一些没有搬迁到新城的居民，故而元朝政府再次下令，"置大都南城警巡院"②。因为大都警巡院的工作十分繁杂，故而在至大三年（1310）二月，政府又"增大都警巡院二，分治四隅"③。而到了元朝末年，政府再次下令，"又于大都在城四隅，各立警巡分院，官吏视本院减半"④。以加强对大都城的控制。

在元武宗至大年间和元顺帝至正年间的相关文献中，都提到了"四隅"。而四隅的"隅"，并不是城市的四个角，而是"区"的意思，即大都新城被分成了四个区。《元一统志》中讲到旧城时的四个"隅"，即东南隅、东北隅、西南隅、西北隅。当时的大都新城应该也被分成了四个隅，即四个区。在元代的城市管理中，大一些的城市通常被分成四个隅（即四个区），而小一些的城市则被分成两个隅。

第三处，是大兴及宛平二县。这两个县皆是大都路大兴府直辖的赤县，是在至元十一年（1274）设置的。金朝即设有大兴府及大兴、宛平二县，但是其辖区是在金中都范围内。而元朝设置的大兴府及大兴、宛平二县，则是管辖大都

---

① 《元史》卷九十《百官志》。
② 《元史》卷二十一《成宗纪》。
③ 《元史》卷二十三《武宗纪》。
④ 《元史》卷九十二《百官志》。

新、旧两城的相关事务。也就是说,在大都新城,以都城正南门丽正门为界,丽正门以东,是大兴县的辖区,丽正门以西,是宛平县的辖区。而在大都旧城,也是以正南门丰宜门为界,丰宜门以东,是大兴县的辖区,丰宜门以西,是宛平县的辖区。正是从这时开始,大都新城的大兴县属于今东城区域,而大都新城的宛平县及旧城的大兴、宛平二县,皆属于今西城区域。

在当时的大都城,也设有大都留守司。这个机构的权力很大,所管理的事务也很多。据《元史·百官志》称:"掌守卫宫阙都城,调度本路供亿诸务,兼理营缮内府诸邸、都宫原庙、尚方车服、殿庑供帐、内苑花木,及行幸汤沐宴游之所,门禁关钥启闭之事。"①元朝政府最初为了营建大都城,设有宫殿府行工部,到了至元十九年(1282),大都城的建设,特别是宫殿的建设基本完成,于是将宫殿府行工部撤销,始立大都留守司。此外,在上都也设有留守司,其职能与大都留守司相同。

而大都留守司下辖的机构也很多。如下辖的修内司,又掌管大木局、小木局、泥厦局、车局等,"掌修建宫殿及大都造作等事"。下辖的祗应司,又掌管油漆局、画局、销金局、器物局、烧红局、铁局、减铁局等,"掌内府诸王邸第异巧工作,修襄应办寺观营缮"②等事。此外,又有大都四窑场、犀象牙局、雕木局等,以及大都城门尉,每门皆设卫军以守之。这些机构,都在大都留守司的管辖之下。每年春天,元朝统治者出巡上都,大都留守司开始工作;而到了秋天,当元朝统治者回到大都,大都留守司的工作随即停止。

在元大都新、旧两城之中,皆有相关坊里数量的记载。据《元一统志》(赵万里辑本)存留的信息来看,有两组数据是可以凭信的。一组是元大都旧城的坊里数量及其名称,另一组则是大都新城的坊里数量及其名称。其中,大都旧城也被分为左、右两个警巡院。属于旧城东部的是左警巡院,共有东南、东北二隅的坊里二十个,其坊门的名称俱在。而旧城西部的右警巡院,共有西南、西北二隅的坊里四十二个,也是坊门名称俱在。

此外,在《元一统志》中,大都新城的坊里名称共有四十九个,并没有分为东西两部分。其中,有些坊里的位置可大致确定,如福田坊,以"坊有梵刹"而得名,当时在大都城里,最著名的寺庙就是大圣寿万安寺(即白塔寺),由此可知,福田坊就在白塔寺一带。又如凤池坊,"地近海子,在旧省前",由此可知,该坊就在积水潭北侧,中书省旧衙南侧。再如穆清坊,"地近太庙",因为元代新建的

---

① 《元史》卷九十《百官志》。
② 《元史》卷九十《百官志》。

17

太庙在齐化门(今朝阳门)里,故而穆清坊是在齐化门里。《元一统志》一书是在元世祖至元末年纂修完成的,到元成宗时又加以补修,故而反映的正是这一历史时期大都新、旧两城的基本情况。

在这四十九个大都新城的坊里中,可以确定属于西城域内的有:一、福田坊,在平则门内;二、阜财坊,在顺承门内;三、金城坊,在平则门内;四、凤池坊,在积水潭北;五、安富坊,在顺承门羊角市;六、怀远坊,在大都新城西北隅;七、乾宁坊,在大都城西北乾位;八、析津坊,在积水潭附近;九、清远坊,在西北隅;十、西成坊,在大都城正西;十一、由义坊,在大都城西面;十二、万宝坊,在千步廊右侧;十三、时雍坊,在万宝坊北侧;十四、甘棠坊,在健德门内。

还有一些不见于《元一统志》,而见于其他文献的坊里,应该也在西城域内的则有:一、里仁坊,在钟楼西北;二、招贤坊,在翰林院西北;三、善俗坊,在健德门内;四、鸣玉坊,在顺承门内羊角市北;五、请茶坊,在海子桥北;六、咸宜坊,在顺承门内;七、迁善坊,在健德门内;八、可封坊,在健德门内;九、丰储坊,在西仓西面。由此可见,在元大都的新城之内,坊名是在不断变化的。

四、明代从北平到京师

元朝末年,朱元璋率领的农民起义军大举北伐,攻占大都城,推翻元朝统治,并定都南京,取消了大都城的京城地位,改称为北平府。据《明太祖实录》称:洪武元年(1368)八月,大将军徐达攻占大都城的捷报传到南京,明太祖朱元璋遂"诏改大都路为北平府,命征元故官送至京师"①。文中的"京师"即指南京。

与此同时,明太祖又下令:"诏大将军徐达置燕山等六卫,以守御北平。于是,达改飞熊卫为大兴左卫、淮安卫为大兴右卫、乐安卫为燕山左卫、济宁卫为燕山右卫、青州卫为永清左卫、徐州五所为永清右卫。"②这是明朝在北平府设置军队卫所的开始。这时虽然明朝已经攻占了元大都城,但是元顺帝逃往元上都,并没有被俘获或捕杀,故而讨伐元朝残余的事情也就还没有结束。

洪武三年(1370)四月,明太祖又下令:"封第二子樉为秦王、第三子㭎为晋王、第四子棣为燕王、第五子橚为吴王、第六子桢为楚王、第七子榑为齐王、第八子梓为潭王、第九子杞为赵王、第十子檀为鲁王、从孙守谦为靖江王,皆授以册

---

① 《明太祖实录》卷三十四。
② 《明太祖实录》卷三十四。

宝,设置相傅,官属及诸礼仪,已有定制。"①其中第四子朱棣被封为燕王,则是将王府设置在北平府。这是明朝第一次分封宗王镇守各地,而北平府也是第一次成为燕国的封地。

及明太祖死后,皇孙朱允炆即位,史称建文帝。他在大臣的唆使下行"削藩"之策,逼迫燕王朱棣起兵造反,以"清君侧"为名,与建文帝相对抗,史称"靖难之役"。经过四年军事对抗,燕王朱棣率军攻入南京,夺得皇权,史称明成祖(或明太宗),而建文帝不知所终。明成祖夺得皇权后的第一件事情,就是把北平改为北京,把北平府改称顺天府。与此同时,把相关的各个衙门皆加以调整。

据《明太宗实录》称,这时的军卫也加以调整:永乐元年(1403)二月,"以燕山左、燕山右、燕山前、大兴左、济州、济阳、真定、遵化、通州、蓟州、密云中、密云后、永平、山海、万全左、万全右、宣府前、怀安、开平、开平中……六十一卫,梁成、兴和、常山三守御千户所,俱隶北京留守行后军都督府。"②由此可见,这时的北京城周围,已经有六十多个卫所加以守卫,固若金汤。

明代的行政建制,与元代不同。在废除了中书省及各行省之后,都城称京师,各地称布政使司,共有十三个。而在其下设有府、州、县三级地方机构。在军队的卫所制度,则以京师的五军都督府为主,各地皆设有都指挥使司,共有十六个,又有行都指挥使司五个,以统领天下军队。这个全国行政建制的改变,对于北京行政建制的设置,是有较大影响的。

明朝初年,南京称京师,北京称北平府。及永乐元年(1403),明成祖将北平改称北京,又称"行在"及北京行部,改北平府为顺天府。及永乐十九年(1421)正式迁都北京之后,北京称京师,南京则由京师改称南京。而在北京之下,则直辖有顺天府。顺天府之下,在北京城及近郊,又直辖有大兴、宛平二县。其中,以正阳门为界,东侧为大兴县辖区,西侧则为宛平县辖区,今西城区即在宛平县域内。

史称:顺天府管辖的范围,"府尹掌京府之政令。宣化和人,劝农问俗,均贡赋,节征徭,谨祭祀,阅实户口,纠治豪强,隐恤穷困,梳理狱讼,务知百姓之疾苦。岁立春,迎春、进春,祭先农之神。月朔望,早朝,奏老人坊厢听宣谕。孟春、孟冬,率其僚属行乡饮酒礼。"此外,"府丞贰京府,兼领学校。治中参理府事,以佐尹丞。通判分理粮储、马政、军匠、薪炭、河渠、堤涂之事。推官理刑名,

---

① 《明太祖实录》卷五十。
② 《明太宗实录》卷十七。

察属吏"。① 而大兴、宛平二县则负责具体执行相关事宜。

　　明朝初年,曾在南京设置兵马指挥使司,除了掌管京城的防卫之外,兼掌都城的商市诸务。及明成祖定都北京之后,即在这里亦设置五城兵马指挥司,简称兵马司。"指挥巡捕盗贼,梳理街道沟渠及囚犯、火禁之事。凡京城内外各画境而分领之。境内有游民、奸民则逮治。若车驾亲郊,则率夫里供事。"②由此可见,京城的兵马司除了负责治安之外,还承担一部分顺天府及大兴、宛平二县的事务。而在五城兵马司中,中城、南城、北城的一部分及西城的全部,皆在今西城区域内。

　　明代北京城市的基层组织仍然是坊里。明朝初年,因为大都城被压缩了近三分之一的面积,故而原来大都城的四十九个坊被压缩为三十三个坊,分成大兴及宛平两个县管辖。其中,属于宛平域内的,应该有十三个坊,实际上却只有十二个坊的名称。即:一、万宝坊;二、时雍坊;三、阜财坊;四、金城坊;五、咸宜坊;六、安富坊;七、鸣玉坊;八、太平坊;九、丰储坊;十、发祥坊;十一、日忠坊;十二、西城坊。而缺少坊名的那个坊应该是朝天宫(坊)。

　　及明成祖定都北京之后,将北京分为五城,即东、西、南、北、中五城。其中,坊名也发生了较大变化。属于西城的坊名有:一、阜财坊;二、金城坊;三、鸣玉坊;四、朝天坊;五、河漕西坊(即西城坊);六、关外坊。而在西城域内的其他坊,属于中城的坊名有:一、大时雍坊(即原来的时雍坊);二、小时雍坊(即原来的万宝坊);三、安富坊(即原来的安福坊);四、积庆坊。属于北城的坊名有:一、日中坊(即原来的日忠坊);二、发祥坊;三、关外坊。由此可见,这时在西城域内的,仍然是十三个坊。

　　到了明朝嘉靖年间,明世宗扩建有南城,又称

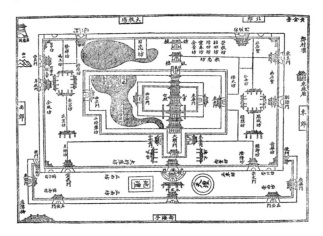

明北京五城坊巷图

---

　　① 《明史》卷七十四《职官志》。
　　② 《明史》卷七十四《职官志》。

外城。其中,设有坊里的基层组织,共有八个坊,即:正东坊、正西坊、正南坊、宣南坊、宣北坊、白纸坊、崇南坊、崇北坊。其中,正西坊、正南坊、宣南坊、宣北坊、白纸坊这五个坊,在今西城域内。而这时的元大都旧南城,除了留下一些寺观、古迹之外,城市坊里的痕迹基本上都已经消失了。

五、清代的京师

明亡清兴,仍然定都在北京,而其格局又发生了极大的变化。清廷入京后,其体制大概沿袭明朝之旧,而实际上却发生了较大变化。变化之一,是旗民分城居住。这时的北京城,分为内城和外城两部分。清朝统治者下令,八旗子弟居住在内城,而其他民众(包括不在旗的政府官员)则必须居住到外城(又称南城)。从而基本保证了清朝统治者的安全。

清朝在崛起之初,创立了八旗制度,所有的民众被八种颜色的旗帜加以划分,即正黄旗、镶黄旗、正白旗、镶白旗、正红旗、镶红旗、正蓝旗、镶蓝旗。每个旗下又分为三部分,即满洲、蒙古、汉军。而当时的北京内城,就被八旗分区居住。据《清史稿·地理志》称:"而八旗所居:镶黄,安定门内;正黄,德胜门内;正白,东直门内;镶白,朝阳门内;正红,西直门内;镶红,阜成门内;正蓝,崇文门内;镶蓝,宣武门内。星罗棋峙,不杂厕也。"[1]正阳门则是东城与西城的分界线。其中,正黄旗、正红旗、镶红旗、镶蓝旗在今西城域内。

清朝统治者除了在八旗各设首领(称都统、副都统)之外,又将八旗分为左、右两翼。正阳门以东,为左翼;正阳门以西,为右翼。这种左、右翼的划分,原来是出于战时用兵的需要,而不是专门负责京城的管理。及在京城设置左、右翼之后,则开始负责一些具体的事宜。如对宗室子弟的教育,则设有左翼及右翼宗学,其右翼宗学在今西城域内。又如对忠孝节义的表彰,即设有忠孝祠及节孝祠。其中,右翼忠孝祠在武定侯胡同、右翼节孝祠则在按院胡同。此外,雍正八年(1730)又曾建有京师贤良祠,这些祠堂皆在西城区域内。

清朝统治者在京师仍设有顺天府,但是,与明代的顺天府相比,面积要小一些。而其下辖的大兴、宛平二县,职责也要小很多。时人称:"京城之所以司地面者不一。曰步军统领,所以司内城盗贼者也。曰外营汛,所以司外城者也。曰五城巡城御史,所以司闾阎词讼者也。曰街道厅,所以平治道涂者也。曰顺

---

① 《清史稿》卷五十四《地理志》。

天府尹,大、宛两县,职在郊坰,城内无其责也。"①由此可见,顺天府及大兴、宛平二县的职责,特别是二县的职责,只是在城郊。

而在顺天府之下,又管辖有东、南、西、北四路厅,每厅设同知以掌之。史称:"西路厅驻宛平县西,领涿州、大兴、宛平、良乡、房山四县。东路厅驻通州,领通州、蓟州、三河、武清、宝坻、宁河、香河五县。南路厅驻大兴县南,领霸州、保定、文安、大城、固安、永清、东安六县。北路厅驻昌平州南,领昌平州、顺义、怀柔、密云、平谷四县。"②由此可见,在四路厅之中,大兴、宛平又属于西路厅管辖。

为了加强对京城的控制,清朝政府还设有两处机构。其一,为步军统领衙门;其二,为五城御史。京城的步军统领衙门,又被称为"九门提督",即指京城的九座城门。其职责:"盖九门锁钥、白塔信炮、大内合符,皆归掌之。秩如汉之司隶校尉、明之锦衣卫,虽武职二品,威权甚重,多以王公勋臣兼领其事。"此外,"徒罪以下词讼,皆得自理。出入九衢,清尘洒道,街官闾吏,呵殿道迎,虽亲王行途,无此威重也。"③其所辖,则为八旗步军及巡捕三营(即中、南、北三营,后发展为五营)。

清北京政区图

时人称,最初的巡捕三营,俗称之为"京营",并没有专门的机构加以管理,康熙年间,经大臣建议,始归步军统领衙门管辖,专职缉捕之事。其下又设有侦探,名曰"番役",多行扰民之事。时人称:"盖步军捉人,向不出票,只由番役头目(如管带之类)用草纸写数字,便可行使职权。其镇压地面,潜势力固甚大也。"④清世宗曾给在京各

① 〔清〕震钧:《天咫偶闻》卷四。
② 《皇朝经世文编》卷一百七《工政》。
③ 〔清〕福格:《听雨丛谈》卷一《步军统领》。
④ 〔清〕何刚德:《春明梦录》卷下。

衙门题写牌匾,以资鼓励。他给步军统领衙门的牌匾为"风清辇毂",由此可见这处衙门的重要作用。

五城御史为都察院下辖的机构。在都察院之下,设有左都御史,"掌察核官常,参维纲纪。率科道官矢言职,率京畿道纠失检奸,并豫参朝廷大议"。其下则辖有五城御史及五城兵马司。而五城御史,其所管理的范围相当广,凡涉及京城的事务,大多与其相关。而其行使职权时,又大多与五城兵马司共事。

如常年闹饥荒,流民大量拥入京城,五城御史就要亲自主持赈济之事,并把饥民送回乡里。史称:"年例。自十月朔至明年三月朔。五城各赈馆粥,以济穷民。兹上恐官员吏役有所侵渔,穷民不能仰沾实惠,故令御史亲督之。"[1]此外,在京城居住的八旗子弟,饥荒时也需要赈济。乾隆年间曾下旨称:"天气渐热,贫民不便聚集一处,自应散归种地佣工。著每名再行赏给口米一斗,以资前途食用,交五城御史司坊官按照食粥人数散给,毋致遗漏。"[2]由此可见,许多事情皆要五城御史亲力亲为。

又如收缴铜器,雍正四年(1726)政府下令:"嗣后京城内三品以上官,准用黄铜器皿。民间乐器、圆镜、戥子,仍照原议外,其文武各官军民人等,一应大小器皿,均不得仍用黄铜。所有旧存黄铜器皿,除箱柜上铜饰件外,其余不论轻重多寡,悉交官领价。旗人交本旗佐领,汉官、民人,交五城御史。各该管处,无论多寡,随交随收。"[3]按质论价。而有敢私藏者,五城御史也必须加以追究。

再如民间诉讼,也要由五城御史经手。"顺治元年定:凡斗殴及户婚田土细事,止就道府州县官听断归结。重大事情,方赴抚按告理。在京仍投通状,听通政司查实,转送刑部问拟。其五城御史有应受理送问者,方准送问。非系机密重情,入京越诉者,加等反坐。"[4]这个职责,才是五城御史的真正职责。

清朝初年,北京的基层仍然实行坊里制度,南北两城共分成五城十坊,每城两坊。其中,中城分为中西坊和中东坊,西城分为关外坊和宣南坊,南城分为东南坊和正东坊,北城分为灵中坊和日南坊,东城分为朝阳坊和崇南坊。在这五城十坊之中,西城皆为今西城区域内,东城皆在今东城区域内。其他中城及南城、北城,皆有一部分城区在今西城区域内。而在这五城十坊之内,有许多旧的坊名仍在沿用,使我们对相关区域有更多了解。

如中西坊中的时雍坊等,中东坊中的福田坊、阜财坊、积庆坊等,正东坊中

① 〔清〕萧奭:《永宪录》卷二下。
② 〔清〕赵慎畛:《榆巢杂识》上卷。
③ 《清会典事例》卷二百二十。
④ 《清会典事例》卷八百十六。

的咸宜坊、鸣玉坊等,灵中坊中的日中坊、发祥坊等,日南坊中的白纸坊等,皆在今西城区域内。由于清朝政府在命名这些坊里的时候,并没有按照正常的东、西方位来定位,故而给人们在理解上造成了极大的困惑。如中西坊,应该是在都城的西侧,其大部分坊里却是在都城的东侧。而中东坊应该是在都城的东侧,其绝大部分坊里却在都城西侧。又如正东坊,应该是在都城东侧,其实是在都城西侧。再如北城的日南坊,其本身的城位与坊位就是自相矛盾的。

清朝后期,随着城市近代化的发展,北京又开始出现了"区"的政区建制。光绪三十年(1904),始设巡警部,两年后,改名为民政部,职掌依旧。而内城被分为二十六个区,外城被分为二十个区。又过了两年,内、外城的这些城区数量有所减少,内城为十个区,外城为十个区。其中,中二区、内右一区至内右四区、外右一区至外右四区皆在今西城区域内,外右五区的一部分也在今西城区域内。

六、民国从北京到北平

1911 年的辛亥革命推翻了清朝的帝制,中华民国成立了,仍然定都在北京。在这时的北京城里,古代的城坊制度基本上被废除了,坊长、里正的名称也不见了,警察制度取代了以往的留守司、兵马司、步军统领衙门等,成为城市治理的主体。由清末兴起的警区制度则进一步发展起来。民国初年,北京内外城的区划基本上沿袭了清末的做法,内城的中二区和内右一区至四区、外城的外右一区至四区,以及外右五区的一部分,属于今西城区域内。

民国初年,北洋政府将清末的巡警总厅改为京师警察厅,其他大致不变。及 1928 年,南京国民政府进入北京后,废除了北京的都城地位,改称为北平市。同年 6 月,国民政府将原来的京师警察厅改为北平特别市公安局。此后不久,又将相关政区加以调整,内城分为内一区至内六区,外城分为外一区至外五区。其中,内二区、内四区、外二区、外四区在今西城区域内,而内五区和外五区的一部分,属于今西城区域。

在此前的清朝,城市管理模式比较复杂,主要分为宫城、皇城、内城和外城。宫城即紫禁城,是帝王居住的地方,管理极为严格,就连大臣平时都很少入内。清代的皇城内已经不是宦官居住和活动的主要场所,而是成为八旗中上三旗(即正黄旗、镶黄旗、正白旗)中重要成员的居所。内城皆由八旗子弟居住,采取半军事化的管理模式,而外城则由汉官及普通民众居住,管理相对宽松一些。到了民国年间,内外城旗、民分居的禁限基本上消除了,旗人居住的半军事化管理体制也随着清朝的灭亡而废除了。

在民国政府进入北京之后，对于北京的政区划分已经没有了东、西（即左、右）的区别，内城统一为内一区至内六区，虽然实际方位仍有东、西之分，但是在名称上已经没有了区别，而且这时的皇城也已经融入普通城区。至于外城，也是如此。虽然天坛、先农坛等设施还在，但也被划归为外五区，和普通城区没有区别了。这种不分东、西的政区划分，既是历史的延续，也为此后新中国首都政区划分奠定了基础。

民国时期北京的行政管理体制也在变化之中。此前的清朝，已经把顺天府和大兴、宛平二县的城市管理功能弱化，而代之

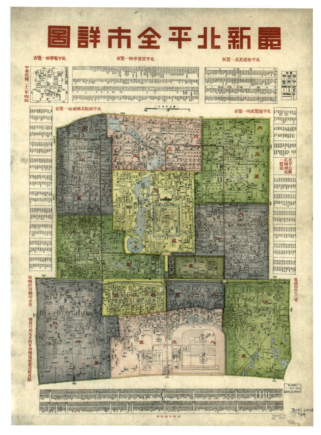

北平 1934 年地图

以步军统领衙门（即九门提督）、五城御史及五城兵马司。到了清朝末年，兴起新政，设有商部、警部、学部等机构，各主其事。这时的警部就是管理都城治安的主要机构。不久，清政府又将警部改称民政部，"直无所不统，自署置官僚如吏部，自创办铺捐、车捐如户部，自练警兵如兵部，自开学堂如学部，把持讼狱如刑部，大治街道辟马路如工部，其实皆地方有司职守"。[1] 这时已经都归属民政部了，这种情况一直延续到民国时期。

原来主管京城治安的步军统领衙门，其权势则逐渐削弱，开始是主管京城事务转而负责管理北京四郊事务，而在 1924 年 10 月冯玉祥发动北京政变之后，末代皇帝溥仪被赶出紫禁城，此后不久，步军统领衙门也被撤销了。至于清

---

① 〔清〕胡思敬：《国闻备乘》卷二。

朝设置的五城御史及五城兵马司是在何时废除的,已经不得而知,应该是随着清朝的灭亡而废除的。现在的北京东城区和西城区,仍有一些胡同的名称没有改变。

日寇侵华时期,北平市又被改称北京市,但是城市区划并没有变化。日寇投降后,国民政府收回北京,又改称北平市,此时的内六、外五,十一个行政区没有变化,只是将原来单独设置的使馆区改为内七区。而内七区的一部分,则属于今天西城区域。这时的北平内外城,共有十二个行政区。一直到新中国建立,也没有再发生变化。

七、新中国的首都北京

1949 年 10 月 1 日,毛泽东主席在天安门城楼上向全世界正式宣告,中华人民共和国中央人民政府成立了,同时宣告,新中国的首都设在北京。在此之前,北京的政区建设已经开始了。1948 年底,中国人民解放军进入北平市郊区。1949 年 1 月 31 日,十五区人民政府成立,设在永定门关厢。十六区人民政府则设在白云观。这是今天西城区境内最早出现的人民政府机构。到 1949 年 1 月 31 日,北平市和平解放,千年古都重新回到人民手中。

1949 年 6 月,华北人民政府批准北平市郊区合并方案,包含今西城区部分地域的十六区南部与城郊二十五区合并为十五区;十六区北部则与十八区等合并为十六区。1949 年 7 月政区调整后,北平市(当时还没称为北京)内外城十二个区加上调整后的八个郊区,北平全市辖区数目为二十个。而在内外城的十二个区中,有一半即六个区在今西城区域内。

1950 年 5 月,北京市政府决定将原有十二个区合并为九个区,依次定名为一区至九区,其中内城有五个区,外城为四个区。今西城区在 1950 年城区合并的具体情形为:二区保持不变;四区合并了原五区的旧鼓楼大街以西部分;六区、七区合并为五区;八区、九区合并为六区;十一区更名为八区;十二区更名为九区。同时,西直门关厢划归四区管辖;阜成门关厢划归二区管辖;广安门关厢划归八区管辖。北京城内各区开始辖有城外关厢地区。1950 年 8 月各郊区番号更换,原十五区更名为十二区,原十六区更名为十三区。

1952 年北京城内各区调整出现了"宣武"区名。当年 6 月北京市政府行政会议及 7 月北京市委临时会议决定,将北京内城分为东单区、西单区、东四区、西四区,将外城分为前门区、崇文区和宣武区。内城将原五区拆分为四部分,分别划归一区、二区、三区、四区。原二区改为西单区;原四区及五区西北部改为

26

西四区。外城将原六区改为前门区,原八区及九区西半部先农坛改为宣武区。

在城区名称不再以数字排序后,北京城市各区管辖地域进一步向城墙外各关厢延伸。1955年6月,马甸村土路以南、十方院村以东、土路以西、德清公路以东地区划归西四区管辖。1956年3月,原属海淀区科学大路以东的真武庙、南营房、三里河三个乡划归西单区,新建、合建了真武庙街道办事处和南营房街道办事处。原属海淀区科学大路以东的百万庄乡和北太平庄文四路以东部分划归西四区,并入博物院路街道办事处和德胜门外街道办事处。

在北京市城区管辖范围基本确定后,城区行政区划再次合并,合并进程首先从外城展开。1958年4月,国务院批准撤销前门区,所辖区域以前门大街—天桥南大街—永定门内大街为界,将前门区一分为二,东半部并入崇文区,西半部并入宣武区。外城首先以中轴线分为东、西两半部分。同年5月,东单、东四区合并为东城区;西单、西四区合并为西城区。北京城内由六区减少为四区,东城、西城的出现与崇文、宣武的分治内、外城局面延续了半个世纪之久。

1960年10月,原丰台区马连道街道办事处划归宣武区管辖。1987年11月30日,朝阳区裕中西里、裕中东里等地划归西城区管理。2002年9月12日,北京市政府批准将原属丰台区管辖的菜户营桥东北角地区划归宣武区管辖。至此,西城区与宣武区的辖境得以稳定并成为今天西城区辖境。

原西城区在1949年4月分别在城内、外设立了街政府及街公所制度。是时,第二区有十四个街政府,第四区有二十个街政府,各街政府以序号为名。同时,原西城区还包含第五区、第六区、第七区等街政府,合计共五十八个街政府、三个街公所和村公所。1954年12月,北京市根据《城市街道办事处组织条例》和《城市居民委员会组织条例》,将各区划分为若干街道,建立街道办事处,作为区政府派出机关。街道辖区一般与公安派出所一致。西单区辖十七个街道办事处和阜外街政府。西四区辖十八个街道办事处和德外关厢街政府。

1957年8月,西四区地安门外大街与西板桥两个办事处合并为新的地安门外大街办事处。1958年9月,西城区政府下辖二龙路、厂桥、月坛、丰盛胡同、西长安街、展览路、福绥境、新街口和德胜门外九个街道办事处。1980年6月,成立阜外街道办事处。2004年9月,二龙路、丰盛胡同街道合并为金融街街道;新街口北大街以东的新街口街道和厂桥街道合并为什刹海街道;以西的新街口街道办事处辖区与福绥境街道办事处合并为新街口街道办事处;阜外街道并入展览路街道;德外街道办事处更名为德胜街道办事处。至此,西城区包含德胜、新街口、什刹海、展览路、金融街、月坛、西长安街七个街道办事处。

今西城区南部(原宣武区)在1949年4月有二十六个街政府,其中第九区

27

北京市西城区行政区划图

八个、第十一区十一个、第十二区七个。1954年，前门区、宣武区共有三十七个街道办事处，其中前门区有十六个。1956年，宣武区将原有的二十一个街道合并为十八个，即南半截、枣林前街、牛街、天桥、鹞儿胡同、郭家井、自新路、城隍庙、福长街三条、白纸坊、广外大街、校场三条、广惠寺、下斜街、营房、陶然亭、虎坊路和保安寺。1957年5月，宣武区进一步将十八个街道合并为十六个，城隍庙、福长街三条街道被撤销，分别并入临近的陶然亭、天桥、虎坊路和鹞儿胡同街道。1958年9月，宣武区合并为白纸坊、牛街、广安门内、广安门外、椿树、天桥、陶然亭、大栅栏八个街道，并延续至并入西城区前。

2010年6月28日，国务院发布《关于同意北京市调整部分行政区划的批复》，其中提到："北京市人民政府：你市《关于调整首都功能核心区行政区划的请示》（京政文〔2010〕48号）收悉。现批复如下：一、同意撤销北京市东城区、崇文区，设立新的北京市东城区，以原东城区、崇文区的行政区域为东城区的行政区域。二、撤销北京市西城区、宣武区，设立新的北京市西城区，以原西城区、宣武区的行政区域为西城区的行政区域。三、尽快明确新设区政府驻地位置，并按程序报批。"至此，崇文区与宣武区成为历史，被东城区与西城区取代，组建为新的东城区与西城区。

第二节　城市发展

　　北京城市的发展,经历了一个由小到大,再到超大型国际大都会的过程。在这个过程中,首先出现的,是一个诸侯国的国都。这个国都,随着诸侯国的不断发展,城市的规模逐渐得到巩固。中央王朝对诸侯国的扶持力度还是很大的,燕国取代蓟国,并将蓟都变成燕都,在政治上有其发展的必然趋势。而从秦朝设置的郡县与汉朝的郡国并立,一种新的政体也直接影响到城市的发展。

　　唐宋以来的多都制,是中国古代发展到一定阶段的产物,这种制度的出现,使得除一个政权的首都得到极大发展之外,又有一些重要的城市作为陪都而迅速发展起来,其发展速度甚至超过了首都,并对首都取而代之。这个过程,我们从辽南京到金中都的转变就可以清楚地看到。而金中都的确立,不仅使政治地位极大提升,而且再次带来城市规模的扩大,城市经济和文化的进一步繁荣。从古蓟城到金中都城的发展变化,这个过程皆是在今天西城区域内发生的。

　　从元代开始,新建的大都城成为全国的政治中心,也是全国最大的都城之一。从此以后,历经明清两代,北京一直是全国的首都,在政治上有着至高无上的地位。正是在这种政治影响下,北京又随之成为全国的经济和文化中心。这个重要的影响是巨大而深

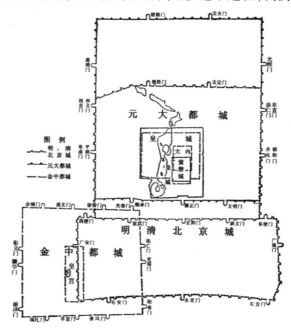

北京城址变迁图

远的,一直延续到今天。在今天的北京城,西城区作为核心城区之一,不仅是党中央决策机构的所在地,成为全国的政治中心,而且有着极为丰富的历史遗存,彰显出西城文化的独有特色。这里还是首都的金融中心,发挥着越来越重要的经济作用。

一、从古蓟城到幽州城

在中国古代的北京,最早出现的是距今七十万年前的房山周口店的北京猿人,据考古发掘的结果,他们仅仅懂得穴居和用火,还是生活在旧石器时代。到了传说时代的炎黄时期,人类的文明已经迈进了一大步,开始懂得居住房屋、制造文字,甚至已经出现了颇具规模的城市。在北京地区,有文字记载的城市历史,是西周初年,周武王在全国推行分封制,而其分封在燕地的最著名的诸侯国,一个是黄帝后裔正在生活的蓟国,另一个是召公后裔建立的燕国。蓟国的都城蓟城,就在今天西城区域内。

西周时期的蓟城是什么样子,由于没有相关文献的记载,也没有相关考古成果可以见证,故而无法得知。而燕国的都城燕都的样子,据相关的考古成果,是可以得知其大概情况的。此后,燕国强盛,攻灭蓟国,并将都城从燕都所在的房山琉璃河迁移到了蓟城。由此可知,当时蓟城的地理环境和城市建设一定比燕都要好一些,才能够使燕国迁都到这里,而原来的燕都则逐渐没落下去。

关于蓟城的位置,当前学术界大多数人认为在今广安门一带,这种观点根据先秦至魏晋间的历史文献,并结合 1957 年广安门外发现的战国前遗址,推测蓟城在北京外城西北部,并将白云观以西的高丘推测为古代蓟丘遗址。[①] 20 世纪五六十年代,随着北京城市建设而引发的考古热潮,将考古学界引入了蓟城位置的研究中。考古学者在会城门村直到宣武门豁口一带发现了一百五十一座陶井及大量陶片。同时,在白云观以西曾有一个很大的土丘,土丘已被破坏,附近地面散布着很多战国的陶片,考古界也倾向于将广安门附近认为是蓟城所在。

这时出土的战国陶片,应该是燕国都城留下的遗迹。而这时的燕国,也已经从当年的五百诸侯中脱颖而出,成为"战国七雄"之一的北方霸主。从发现的一百多座陶井可以看出,这时的燕都蓟城,已经生活着大量的居民。这时燕国所控制的疆域,曾经东到辽东,西与赵国接壤,南与齐国为邻。与此同时,人们

---

① 侯仁之:《关于古代北京的几个问题》,《文物》,1959 年第 9 期。

又通过考古发掘,在河北易县发现了燕下都遗址,出土了大量的精美文物。由此亦可知,当时的燕国,已经不只是有一个燕都,而且有了其他颇具规模的都城。

及秦灭六国,在全国推行郡县制,废除分封制,其在原来燕国境内设有四个郡,而燕都所在地的蓟城,被设置为广阳郡蓟县,为郡治所在地。据《水经注》所引《魏土地记》称:"昔周武王封尧后于蓟,今城内西北隅有蓟丘,因丘以名邑也。

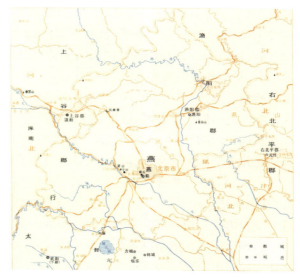

古燕国政区示意图

……秦始皇二十三年灭燕,以为广阳郡,汉高帝以封卢绾为燕王,更名燕国。"[①]汉高祖刘邦建立汉朝之后,采用分封与郡县并行的制度。最初分封有宗王和功臣,其后,尽灭功臣分封的诸侯,天下皆为刘家的封国。

后人对秦始皇灭燕、设广阳郡之说曾表示怀疑。清人顾炎武就在《北平古今记》中指出,秦始皇在设置三十六郡之时,并无广阳郡之称,而到了此后的汉昭帝时,才设置广阳郡。再到了汉宣帝时,才又设置广阳国。以延续燕王刘旦的后裔。这一说法如果是正确的,那么,《魏土地记》的记载就是错误的。

汉高祖分封的第一位燕王是皇子刘建,他的封国,就是在蓟城。而蓟城所在的蓟县,也就归燕王刘建所管辖。因此,我们在《汉书·地理志》中,有关郡县的部分,只找到了上谷郡、渔阳郡、右北平郡、辽西郡、辽东郡等,是属于幽州管辖的。而在广阳国的介绍中,才有燕国及广阳郡的记载,并在广阳国之下,设蓟县,也就是蓟城的所在。由此可见,在汉代,蓟县即燕国及广阳国的国都,也是广阳郡及幽州的治所。

蓟城作为幽州的治所时间最长,从汉代设置幽州刺史开始,到石敬瑭割让给辽朝,这里一直是中央政府在北方地区最重要的军事边镇。1965 年,八宝山南侧修筑地下铁路时,发现了西晋王浚妻华芳墓一座,出土器物中有晋代骨尺等零星器物与墓志等物。墓志记载,华芳于永嘉元年(307)"假葬于燕国蓟城西

---

① 〔北魏〕郦道元:《水经注》卷十三所引。

31

二十里"。墓葬的年代确切,墓地与蓟城的相对方位、里程也记录得十分明确。就等于说,从葬地往东二十里,就是西晋时期的蓟城。之前普遍认可的广安门附近蓟城与八宝山距离更远,因而有观点认为广安门附近不是西晋时期的蓟城,而是早期蓟城。有观点以东汉为时限,东汉以后为后期蓟城,东汉之前则是早期蓟城。因此,晋代的蓟城,也在今西城区域内。

到了此后的隋唐时期,这里先是被隋朝定为涿郡,其下辖的蓟城即为郡治。而其辖区有所缩小,为一郡九县。此后再次被唐朝定为幽州,范围逐渐扩大。这和幽州地位越来越重要有直接关系。唐朝政府先是在这里设置总管府,管辖幽、易、平、檀等八州,后又升为大总管府,管辖周围三十九州。再改为大都督府,其地位越来越重要,而幽州的治所就在蓟城。到唐德宗建中二年(781),又将蓟城分为蓟县和幽都县共管。而这时的蓟城,仍是在今西城区域内。

唐朝政府又在幽州设置范阳节度使,亦称幽州节度使,以统辖周边的军队,共计有经略军、威武军、清夷军等九军,统辖军队约二十万人,而范阳节度使的治所,也是在蓟城,即幽州城。在当时的蓟城里面,军队士兵及其家属已经占了城市居民中的大多数,故而安抚好这些军士,也就保证了整座城市的稳定。唐玄宗时的范阳节度使安禄山,又兼掌平卢军及河东节度使,其所拥有的三大节镇的数十万军队,在发动"安史之乱"时,几乎颠覆了盛极一时的大唐王朝。

到了隋唐时期的蓟城,已经有了较多历史文献记载,又有许多碑刻及石经题记等文物加以印证,唐代幽州的四至大体可以推测为:东侧城垣在烂缦胡同稍偏西;西侧城垣似在会城门稍东;南侧城垣约在陶然亭以西的姚家井以北、白纸坊东西街一带;北侧城垣当在头发胡同一线。由此可见,这座城市基本保留了秦汉以来蓟城的面貌,没有发生过城市变更的重大事件。

在诸多历史文献中,我们可以得到一些相关信息。其一,这时的蓟城,基本上是按照汉唐以来的城市管理模式来加以管理的,而坊里制度已经遍及蓟城。其二,这时蓟城的坊里,已经有了独特的坊名,体现了一些当时的文化特色。如卢龙坊、花严坊、归仁坊、肃慎坊、蓟北坊、铜马坊、军都坊、通肆坊、蓟宁里、时和里、遵化里、平朔里,等等。

这些坊名,对我们了解蓟城的各方面都是有帮助的。例如,铜马坊,应该就在铜马门一带,有助于我们了解一段蓟城的历史掌故。又如肃慎坊,可以让我们联想到在东北地区的少数民族肃慎与蓟城之间还是有关系的。再如通肆坊,表明在蓟城的商业贸易活动是很活跃的。而军都坊、遵化里,皆是周围地名的显示,或是表明这些坊里的居民来自那里。

二、辽南京城与金中都城

在唐朝后期,由于受到藩镇割据和宦官专权的内外侵害,中央王朝终于解体,历史进入一个分裂时期。北方是五代更替,南方则是十国分立,由此而使得大草原上的游牧民族乘机崛起,有了进一步的发展。辽太宗耶律德光利用后唐大将石敬瑭和后唐潞王李从珂的争斗,助石敬瑭夺得皇权,从而得到了"燕云十六州",随即把幽州提升为辽南京,而将原来的南京辽阳府改称为辽东京。

辽太宗在得到幽州蓟城之后,就在这里设置了南京道,其下又设有南京析津府。就行政区划而言,也在地域范围及名称上做了较大变更。南京道的首府改称幽都府,其后称析津府,下辖有六个州、十一个县,而析津县及宛平县所管辖的蓟城为析津府的治所。蓟县在后晋时改称蓟北县,到了辽代才改称析津县。宛平县在后晋时沿用唐朝的幽都县,也是到辽代才改称宛平县。与此同时,南京道及析津府的政区范围,是北京历史上最大的政区之一,而这一区域的核心所在地蓟城,也就在今天的西城区域内。

辽朝的南京城,也就是先秦至唐五代时期的蓟城,从这时开始有了比较详细的描述。据《辽史·地理志》称:"太宗升为南京,又曰燕京。城方三十六里,崇三丈,衡广一丈五尺。敌楼、战橹具。八门:东曰安东、迎春,南曰开阳、丹凤,西曰显西、清晋,北曰通天、拱辰。大内在西南隅。皇城内有景宗、圣宗御容殿二,东曰宣和,南曰大内。内门曰宣教,改元和;外三门曰南端、左掖、右掖。左掖改万春,右

辽墓壁画——《侍女点灯图》

掖改千秋。"①

通过这段描述可知,辽南京城有八座城门,每面二门。辽南京的皇城有四座城门,其中的两座城门是和陪都的城门合一的,即皇城实际只有东门和北门。但是,据宋朝使臣路振在出使辽朝时经过幽州城(即蓟城)的描述:"幽州幅员二十五里,东南曰水窗门,南曰开阳门,西曰青音门,北曰北安门。内城幅员五里,东曰宣和门,南曰丹凤门,西曰显西门,北曰衙北门。内城三门,不开,止从宣和门出入。"②据此可知,当时的辽南京城只有四门,而皇城亦有四门,连城门的名称也有一些和《辽史·地理志》的记载相同。但是,幅员二十五里,和《辽史·地理志》中"城方三十六里"的记载是不同的。

又据宋人在《三朝北盟会编》中的一段描述称:"癸卯年,归我版图。更名,府曰燕山,军额曰永清。城周围二十七里,楼壁共四十尺,楼计九百一十座,地堑三重,城开八门。"③这是宋朝使臣许亢宗在辽末金初路过辽南京城时亲眼见到的情况。文中"癸卯年"即宋宣和五年(1123),是时,金朝已经把辽南京城归还给宋朝了。在上述三种描述中,城方究竟是三十六里还是二十五里(及二十七里),笔者认为还是路振和许亢宗的说法更为接近史实。

在上述三种描述中,皆提到了皇城(即内城及旧内、大内),一处提到"大内在西南隅",又一处说"内城幅员五里",第三处只提到"旧内",而没有提到方位及范围大小。但是,综合这些信息可知:其一,辽南京的皇城规模为"幅员五里"。其二,这处皇城是在辽南京的西南部分,而不是居于全城的中央。其三,皇城的正门是朝东的宣和门,出入皇城都要经过宣和门。这个描述是符合契丹民族风俗习惯的。其四,在从幽州蓟城转变为辽南京城的过程中,城市格局及规模没有发生太大变化。

当时人对辽南京城的描述也是比较详细的。首先,是宋真宗时使臣路振的描述:"城中凡二十六坊,坊有门楼,大署其额,有阗宾、肃慎、卢龙等坊,并唐时旧坊名也。居民棋布,巷端直,列肆者百室,俗皆汉服,中有胡服者,盖杂契丹、渤海妇女耳。"④在这里,主要描述的是坊里设置和民俗。其次,是宋徽宗末年大臣许亢宗的描述:"户口安堵,人物繁庶,大康广陌,皆有条理……城北有互市,陆海百货,萃于其中。僧居佛宇,冠于北方。锦绣组绮,精绝天下。膏腴蔬蓏、

① 《辽史》卷四十《地理志》。
② 〔宋〕江少虞撰:《宋朝事实类苑》卷七十七引《乘轺录》。
③ 〔宋〕徐梦莘:《三朝北盟会编》卷二十《政宣上帙》引许亢宗《宣和乙巳奉使金国行程录》。
④ 〔宋〕江少虞撰:《宋朝事实类苑》卷七十七引《乘轺录》。

果实稻粱之类,靡不毕出,而桑柘、麻麦、羊豕、雉兔,不问可知。"①由此可见,辽南京城的经济是相当繁荣的。

金朝在灭辽、灭北宋之后,占有了燕京。最初,金朝的都城是金上京会宁府,金太祖时所设,又被称为内地,金熙宗时改称上京,及金海陵王迁都于燕,削上京之号,仍称会宁府。金世宗时,复称上京。海陵王迁都之后,改称这里为中都路大兴府。其下辖节镇三、刺史郡九、县四十九,由此可见,其政区范围还是非常大的,仅次于辽南京道。而这时分掌金中都城东、西两部分的大兴县及宛平县,皆在今西城区域内。

金海陵王在迁都之前,对燕京城进行了大规模的扩建。他进行扩建的蓝图是北宋东京开封府。据《金史·地理志》记载:"天德三年,始图上燕城宫室制度,三月,命张浩等增广燕城。"②张浩是金太宗时的进士,此后历官户、工、礼三部侍郎,迁礼部尚书,金海陵王时任户部尚书、参知政事(相当于副宰相),主持金中都的扩建工作。

扩建后的金中都城,"城门十三,东曰施仁、曰宣曜、曰阳春,南曰景风、曰丰宜、曰端礼,西曰丽泽、曰颢华、曰彰义,北曰会城、曰通玄、曰崇智、曰光泰。"此外,"浩等取真定府潭园材木,营建宫室及凉位十六。"③张浩等人在扩建中都城时,又将都城中的宫殿重新建造。都城的正门为丰宜门,皇城的正门为宣阳门,宫城的正门为应天门,宫城的正殿为大安殿。大安殿后为仁政殿,是常朝的地方。皇城的后门为拱辰门。都城的正北门为通玄门。这一路

金中都城复原示意图

① 《三朝北盟会编》卷二十《政宣上帙》引许亢宗《宣和乙巳奉使金国行程录》。
② 《金史》卷二十四《地理志》。
③ 《金史》卷二十四《地理志》。

从南至北是金中都的中轴线。

金中都的皇城除了正南门宣阳门、正北门拱辰门之外，东、西又各有一门，东侧为宣华门，西侧为玉华门。宫城除了正南门应天门之外，东侧为东华门，西侧为西华门。此外，大安殿北为皇太后居住的寿康宫，大安殿东北则是皇太子居住的东宫。据《大金国志·燕京制度》称："内城之正东曰宣华，正西曰玉华，北曰拱辰。内殿凡九重，殿三十有六，楼阁倍之。"而在玉华门外，又有一处皇家园林，称西苑，"西出玉华门曰同乐园，若瑶池、蓬瀛、柳庄、杏村，尽在于是。"①由此可见，经过金海陵王扩建后的中都城已经非常壮丽，堪称当时北方第一大都会。

在金海陵王扩建中都城之前，辽南京的"大内"是偏在都城的西南隅，而不是都城的正中央。为了使新扩建的中都城的皇城及宫城位居都城中央，海陵王下令，在辽南京城的基础上，东、西、南三面各向外扩大三里地，而北面不动。经过扩建之后，金中都的皇城及宫城竟然移居到全城的中央部位。这种对城市改造的高超技巧，在中国古代的历史上是很少见的，堪称都城改造中的创举。金中都城的扩建，基本上是按照北宋东京开封府的文化模式进行的，是北方少数民族政权对中原汉族政权的一次学习过程。

金中都城的确立，是北方少数民族政权把陪都变为首都的开始，实际上也是中国古代都城从汉唐时期以长安、洛阳为统治中心，向以北京为统治中心转移的开始。此后的元、明、清三朝，皆以此作为全国的首都，实源于此。这种中国古代都城格局的大变迁，保证了历史的发展再也没有出现长期分裂的局面，一统王朝的政治作用十分显著，由此而带来了新的文明发展的辉煌。

三、元大都时期的新旧两城并存

金朝末年，蒙古国从草原崛起，随即以摧枯拉朽之势向衰败的金朝发动进攻。先是迫使金朝统治者南迁都城到汴京，很快攻占了金中都城。随后又联合南宋，将金朝推翻，而与南宋隔江对峙。这个过程在持续了几十年之后，元朝终于攻灭南宋，一统天下。元世祖在完成这一壮举的同时，在旧中都城的东北建造了一座崭新的大都城，从而在中国古代都城建设史上也留下了不可磨灭的印迹。

元世祖忽必烈最早建造的是一座王府，称开平府，在今内蒙古正蓝旗境内，

---

① 〔宋〕宇文懋昭：《大金国志》卷三十三《燕京制度》。

当时他受元宪宗蒙哥之命主持中原地区的军政事务,就是以这里为依托的。其后,他又随元宪宗攻伐南宋,元宪宗在蜀中钓鱼城阵亡,忽必烈回到开平府争夺皇位,遂将这里定为都城,史称元世祖。此后不久,元世祖在将开平府升为元上都的同时,又将燕京旧城升为中都,并想在这里定都,只是犹豫用旧城还是另建新城。经过较长时间的思考,元世祖最终决定在旧城的东北平地之上另建新的都城。

建新都城的工作是从至元四年(1267)开始的。元世祖以金朝原来的北宫万宁宫为中心,确定了皇城和宫城的位置。又在万宁宫的东北面选定了整个都城的基准点,并在此设置中心台,作为都城的中心。建筑过程是先建宫城,再建皇城,最后建都城。这座都城的建造,是严格按照规划来执行的。当时的都城建造模式,是以天上的天象为标准来设计的,从皇城和宫城,到中书省、枢密院及御史台,再到太庙和社稷坛,皆在都城的规划设计之中。

大都城的建设格局为三重城模式,即都城套皇城,皇城套宫城,这种模式,是中国古代都城的最常用模式。但是大都城在建设过程中却有许多创新之处。在都城的建设上,采用了十一座城门的格局,"城方六十里,里二百四十步。分十一门:正南曰丽正,南之右曰顺承,南之左曰文明;北之东曰安贞,北之西曰健德;正东曰崇仁,东之右曰齐化,东之左曰光熙;正西曰和义,西之右曰肃清,西之左曰平则。"①由此可见,大都城的南面和东西两面皆设有三座城门,而北面却只有两座城门。其中,齐化门即今朝阳门,崇仁门即今东直门,平则门即今阜成门,和义门即今西直门。

这是引入了《周易》中八卦的文化概念。其一,大都城南面为阳面,城门数是单数,而北面为阴面,城门数则是双数。其二,北面两门,中间的位置是"八卦"中的"坎"位,被视为"险地",故而用厚厚的城墙把这处"险地"堵上,不让人们从险地出入大都城。其三,在城里建造的一条主要交通线路,即旧鼓楼大街,是偏在中轴线西侧的,也是出于避开"险地"的需要,故而在中轴线北端点的鼓楼和钟楼西侧加以修筑。

元大都的皇城最初并没有建造城墙,每当有大朝会等活动时,都是由负责防卫的军队组成人墙,以备警戒。应该是到了元代中期,皇城的城墙才得以修筑。据《元史·兵志》载:元成宗元贞二年(1296)主管军队的枢密院官员称:"昔大朝会时,皇城外皆无墙垣,故用军环绕,以备围宿。今墙垣已成,南北西三

---

① 《元史》卷五十八《地理志》。

畔皆可置军,独御酒库西,地窄不能容。"①由此可知,一直到这时,皇城的城墙也只修筑了南、北、西三面,东面城墙尚未建好。

元大都的宫城建筑最早完成。时人称:"宫城周回九里三十步,东西四百八十步,南北六百十五步,高三十五尺,砖甃。至元八年八月十七日申时动土,明年三月十五日即工。"②这个宫城的规模,与金中都宫城的规模是一样的。宫城南面,建有三门,中间为崇天门,面阔十一间,有五门,此后的明清紫禁城,正门也是五座门楼。东西又各有一门,左为星拱门,右为云从门,皆为三个门洞。此外,宫城的东、西、北各有一门,东为东华门,西为西华门,北为厚载门。

宫城之内,前为大明殿,是元朝帝王从事活动的主要场所,又被称为正殿或正衙,此外,在它周围又有一组建筑,包括文思殿、紫檀殿、宝云殿等。而在大明殿的后面,则是元朝皇后从事活动的主要场所,称为延春阁。在它周围也有一组建筑,包括慈福殿、明仁殿、玉德殿、宸庆殿等。这两组建筑皆在太液池的东岸,坐落在元大都的中轴线上,也是皇城中最重要的两组建筑。

元大都城垣遗址公园群塑(局部)

① 《元史》卷九十九《兵志》。
② 〔元〕陶宗仪:《南村辍耕录》卷二十一《宫阙制度》。

大都城内的鼓楼和钟楼坐落在全城的中心,这个规划格局是此前所有中国古代的都城都没有的。在此前唐代的都城长安城中,鼓楼和钟楼是对称设置在都城中轴线两侧的,钟楼在东,鼓楼在西。此后的宋代都城开封城中,鼓楼和钟楼也在中轴线两侧,鼓楼在东,钟楼在西。而在元代的大都城,鼓楼和钟楼从中轴线东西两侧转移到了中轴线的最北端。

据《析津志辑佚》称:"齐政楼,都城之丽谯也。东,中心阁。大街东去即都府治所。南,海子桥、澄清闸。西,斜街过凤池坊。北,钟楼。此楼正居都城之中。楼下三门。"同书又称:"钟楼京师北省东,鼓楼北。至元中建,阁四阿,檐三重,悬钟于上,声远愈闻之。"①文中"齐政楼"即指鼓楼,由此向东,即鼓楼东大街,可达大都路都总管府。向南,就是海子桥(万宁桥)和澄清闸。据此可知,元代的鼓楼就在今鼓楼的位置。而鼓楼和钟楼都是在至元年间建造的。

在新建的大都城里,太庙设在齐化门(今朝阳门)里路北,今为东城区域内,而社稷坛则设置在和义门(今西直门)里路南,今为西城区域内。据《元典章》记载,元朝的社稷坛是在至元十年(1273)设置的,当时的规定是:"社稷之坛:或城西南,度地之宜,方二丈五尺,高三尺,四出阶,三等。筑垣为四门,于内社在东,稷在西。"②但是,都城的社稷坛却一直没有动工。直到至元三十年(1293),经大臣崔彧的建议,才确定了和义门里的坛址,得以动工建造。此后,又编定相关的祭祀仪式。

在当时的元大都城内,以南门丽正门为界,划分为东、西两个区域。丽正门以东,为大兴县管辖区域;丽正门以西,为宛平县管辖区域。宛平县管辖的城区及附近,即为今西城区所辖区域。在这里,又可以分为新城与旧城两部分。在新城的区域内,主要有以下重要的建筑:

其一,寺庙。在这里最著名的是大圣寿万安寺,俗称白塔寺,以建有极为醒目的藏式大白佛塔著称。该寺中建有元世祖的神御殿,以供奉元世祖死后的御容像。而在白塔寺旁边,又建有帝师寺,时人称:"帝师有大佛殿,在坊之东。翚飞栋宇,甲于他寺。"③元朝的第一位帝师是八思巴,是西藏地区的高僧。元世祖将八思巴召至大都,并为其建造了帝师寺。

其二,衙署。元朝在建造大都城时,曾给一些重要的政府衙署预先设计了位置,如主管中央政务的中书省、主管全国监察工作的御史台,最初皆设置在西

---

① 《析津志辑佚·古迹门》。
② 《元典章》卷三十《礼部》。
③ 《析津志辑佚·寺观门》。

城域内。中书省被设置在钟鼓楼西侧、积水潭北面的凤池坊,而御史台被设置在肃清门(今已废毁)内。后来为了工作方便,中书省被移到皇城东南面的五云坊,御史台则被移到了文明门内的澄清坊,皆在东城域内。而原来的中书省衙署则变成了翰林国史院的衙署。元朝政府又在积水潭畔建造都水监的衙署。

其三,旧城的寺庙和道观等。大都新城建好后,有大量历史上建造的寺庙和道观仍然留在旧城,除了从事宗教活动之外,又主要成为人们岁时游览的胜迹。其中,最著名的寺庙有:建于北魏的奉福寺,建于唐代的悯忠寺(今法源寺)、归义寺、圣恩寺、宝集寺等,建于辽代的竹林寺、驻跸寺等,建于金代的大圣安寺(原称大延圣寺)、大万寿寺、大庆寿寺、大开泰寺等。建于元代的则有大崇恩福元寺,是元武宗所建,为其死后放置御容像的地方。

在旧城中的著名道观则有:建于唐代的天长观,建于金代的天宝宫、太极宫(后称长春宫)、玉虚观等,而在蒙古国时期,道教盛行,遂在大都旧城中建有一大批道观,如丹阳观、洞真观、兴真观、崇元观、玉阳观、洞神观、十方昭明观、白云观、烟霞崇道宫等。特别值得一提的是白云观,它是道教全真派首领丘处机的“仙逝”之处。蒙古国时期,成吉思汗曾向丘处机探寻道法,并封其为“丘神仙”,命其在中都旧城长春宫弘扬道法。丘处机则在长春宫东建有白云观。此后,长春宫逐渐消逝,而白云观日益兴盛,遂成为整个北方地区的著名道观。

在旧城一带还遗留有一大批名胜古迹,较为著名的有:燕台,即古黄金台,以燕昭王拜郭隗为师而著称于世,金中都旧城曾有隗台坊,即指黄金台的典故。金代的郊天台,是金朝祭祀天神的场所,元朝因之,在英宗、顺帝两朝皆曾举行亲祭之礼而著称。洗妆台,在金故宫西侧的西苑,是金章宗李妃的梳妆处。遂初亭,是元初官员章子有的私家园林。古蓟门,在旧城大悲阁南,燕京八景之一称“蓟门飞雨”,即指此处。原是旧城中的商市集中之地,人来人往,十分热闹。而在大都新城建好之后,这里逐渐衰败,“隳废久矣”。

四、明北京的内城与外城

明代是北京城市变化最大的时期。第一次变化是在明代初年。明朝大将徐达率领北伐军攻占大都城。当时明太祖已经定都南京,因此下令,将规模庞大的元大都城改称北平府,作为一座普通城市,不应该保留都城的庞大规模,因此将其北面约三分之一的城市向南压缩。大都城原来的规模是“城方六十里”,压缩后的北平城只有三十多里的面积了。

这时的北平城,南面及东西两侧的城墙没有发生变化,北面城墙则向南压缩了很大一部分,从安贞门至健德门一线压缩到了安定门至德胜门一线。经过压缩后,东西两侧的城墙皆缩短了,从而各减少了一座城门。东侧减少了光熙门,西侧减少了肃清门。于是,新的北平府由原来的十一门减少为九门。南面的三门名称依旧。东面和西面的二门南侧名称也依旧。北侧二门,东面称东直门,西面称西直门,北面的二门,东面由安贞门改称安定门,西面则由健德门改称德胜门。

　　明代的第二次城市变化是在永乐年间。当时明成祖定都北京,而北平府的城市面积已经不能满足都城的各项城市功能需求,必须加以拓展。于是,明成祖在保持东、西、北三面城墙不变动的情况下,将南面城墙向南拓展了一部分。经过拓展后的南城墙,从原来的天安门一线,向南推移到正阳门一线。都城的面积,据《明史·地理志》记载,"皇城之外曰京城,周四十五里。门九:正南曰丽正,正统初改曰正阳;南之左曰文明,后曰崇文;南之右曰顺城,后曰宣武;东之南曰齐化,后曰朝阳;东之北曰东直;西之南曰平则,后曰阜成;西之北曰彰仪,后曰西直;北之东曰安定;北之西曰德胜。"①此处"彰仪"有误,应为"和义"。

　　而在京城里面,明朝统治者建有皇城和宫城(又称紫禁城)。皇城周长"一十八里有奇。门六:正南曰大明,东曰东安,西曰西安,北曰北安,大明门东转曰长安左,西转曰长安右"。皇城之内则为宫城:"宫城周六里一十六步,亦曰紫禁城。门八:正南第一重曰承天,第二重曰端门,第三重曰午门,东曰东华,西曰西华,北曰玄武。"②实际上,皇城的正门为承天门,宫城的正门为午门。按照《明史》的说法,六门加上宫城八门(实际上没有八门,只有四门),应该是有十四门。

　　明代的第三次城市变化是在嘉靖年间。当时为了抵

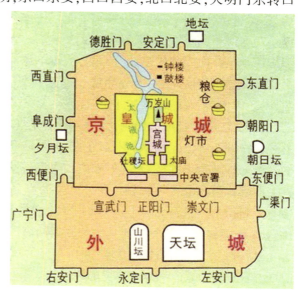

明北京内外两城示意图

<hr>

①　《明史》卷四十《地理志》。
②　《明史》卷四十《地理志》。

御北方游牧部落的侵扰,加强京城的防御能力,明世宗决定在北京三重城的外面再加筑一重城,形成四重城的格局。但是,在动工建造完成南面的一重城之后,政府已经没有财力再建造其他三面城墙了,于是就把南面的城墙与北京城原来的都城墙合在一起,形成了一个"凸"字形的模样。史称:"嘉靖三十二年筑重城,包京城之南,转抱东西角楼,长二十八里。门七:正南曰永定,南之左为左安,南之右为右安,东曰广渠,东之北曰东便,西曰广宁,西之北曰西便。"与之相对应,北面原来的都城称内城,南面新筑的城市称为外城或是南城。经过这次拓建,明代北京城市格局的变化终于完成。

明代的北京城仍以永定门至正阳门一线为界,将其分为东西两部分,东面归大兴县管辖,西面归宛平县管辖,而中间的皇城及宫城为特殊区域,分别由太监和锦衣卫的军士管辖。在城内政区的划分方面,街道已经成为重要的标志。据明人《宛署杂记》记载:宛平县的辖区,"前从棋盘街,后从北安门街以西,俱属宛平。城外,东与大兴联界。"①文中"棋盘街"在皇城前面,"北安门街"在皇城后面,都在北京城的中轴线上。

在具体的坊里划分上,除了街道,胡同也已经成为界标。明朝开始实行五城制度。其中,中城是在正阳门里,皇城的两边。而属于宛平界内的,有大时雍坊、小时雍坊、安富坊、积庆坊等。例如,大时雍坊是在宣武门里大街东边,小时雍坊是在西单牌楼东北、干石桥东南,安富坊是在干石桥东北、西四牌楼东南,积庆坊则是在西四牌楼东北。显然,从西单牌楼到西四牌楼之间是有一条主要街道的,也就是这些坊里的分界线。这种一个城区分属两县的情况,除了中城之外,还有南城、北城也是如此。

在明代,旧中都城的影响已经很小了,尤其是在嘉靖年间外城建筑完成后,这种城市的影响已经基本上不存在了,而外城与内城之间的差距则是明显存在的。例如外城街道的格局,远不如内城街道规整。其特点之一,是斜街比较多,外城西部这种现象尤为明显。如外城中城有杨梅竹斜街、王广福斜街,外城西城有上斜街、下斜街,又称土地庙斜街(槐树斜街),右安门内有李铁拐斜街、樱桃斜街等,这些斜街都是当年元大都新旧两城居民往来留下的街巷遗迹。

其特点之二,是古迹比较多,这与金元城市变迁有着密切关系。如金章宗时期,就已经形成了"燕京八景"的说法,选出了燕京最具特色的八处胜景。其中有三处,即"金台夕照""蓟门飞雨""太液秋波"(或作秋风),一处指古燕国的黄金台,一处指古蓟城的城门,还有一处指金中都西苑内的太液池。这三处胜

---

① 〔明〕沈榜:《宛署杂记》卷二《分土》。

景皆在中都旧城之内。

但是,到了明代,人们已经不知道这三处胜景所在,而妄加推测。如黄金台,被明朝人指认在朝阳门外。《长安客话》称:"都城黄金台,出朝阳门循濠而南,至东南角,岿然一土阜是也。"《元一统志》曾引辽代碑刻称:"倚碣石之故基,面筑金之遗迹。"即指辽以前的黄金台就在旧城仙露坊内(《析津志》又称在奉先坊内)。而辽以前的蓟城就是汉唐时期的蓟城,甚至古燕国的蓟城。再如古蓟门,《长安客话》称:"今都城德胜门外有土城关,相传是古蓟门遗址,亦曰蓟邱。"由此可知,明朝人已经把元大都的土城遗迹,当成古蓟门的所在地。

其特点之三,是寺庙道观比较多,但是大多数已经破败并逐渐消失了。例如,始建于北魏时期的奉福寺及延寿寺,到了明代已经不见踪迹了。建于唐代的悯忠寺、宝集寺、归义寺等,到了明代也大多不见踪迹,仅有悯忠寺尚存,却已改称崇福寺了。而建于辽金时期的开泰寺、昊天寺、庆寿寺、圣安寺等,也只有庆寿寺因为建在新城边上而得以保存。至于道教的著名道观,如天宝宫、长春宫、玉虚观等,到了明代也大多颓败不堪,仅剩白云观尚存有香火。

在明代的北京,居住在宛平县辖域内的著名人士并不多,较为著名的有:董伦、李东阳、米万钟、刘文炳、巩永固等。董伦为宛平人,洪武年间进入仕途,以辅导皇太子而得宠。及皇太孙即位,为建文帝,召拜礼部侍郎兼翰林学士,出任《明太祖实录》总裁官。永乐初年致仕而卒,应该主要活动在南京。李东阳祖籍是湖南茶陵,因戍籍而居于京师。天顺年间进士,后官至礼部尚书兼文渊阁大学士。他的居所就在钟鼓楼西边的积水潭畔。史称:"自明兴以来,宰臣以文章领袖缙绅者,杨士奇后,东阳而已。立朝五十年,清节不渝。"[1]由此可见,对他的评价是很高的。

米万钟亦为宛平人,万历年间进士,曾官至江西按察使,他的书法很好,与当时的大书法家董其昌齐名,号称"南董北米"。他建造园林的艺术水准也极高,曾在积水潭畔建造漫园,与当时文士时有聚会。他在京西海淀亦建有勺园,为当时著名的私家园林。刘文炳是明末外戚,其父刘效祖是明思宗的舅舅,宛平人。刘文炳袭封为新乐侯。及遇李自成农民军攻占北京,举家自焚而死。巩永固是明末的驸马都尉,宛平人。他也是在李自成农民军攻占北京后,自焚而死。

五、清北京的旗民分居

清朝崛起,进占北京并定都于此。但是,在城市的基础建设方面,并没有再

---

① 《明史》卷一百八十一《李东阳传》。

发生大的变化。不论是城墙和城门的设置,还是皇城和宫城的格局,基本上沿用了明朝的旧制,只是在皇城和宫城的命名方面,稍加变更。都城的内城九门和外城七门,仍然沿用明朝的旧名称,变更的,只是皇城和宫城的部分名称。这种变更,对城市居民的影响并不大。

例如皇城方面,将原来的大明门更名为大清门,将承天门更名为天安门,将北安门更名为地安门。又如在宫城方面,将原来的外朝三大殿,即皇极殿、中极殿、建极殿,改称为太和殿、中和殿、保和殿。其他文华殿、武英殿等则没有更改。而内廷的两宫一殿仍用明朝的旧称。其他东西六宫,有的宫名沿用明朝旧名,有的则另起新名。而御花园、钦安殿等建筑,其格局也仍沿用明朝的样子。只是乾隆年间清高宗在紫禁城内建有重华宫一组建筑,作为他退居太上皇的休暇之所,这组建筑的出现打破了紫禁城的平衡格局。

清朝统治者在进入北京城之后,采用旗民分居的办法,将原来居住在内城的居民全都迁移到外城居住,而内城全部由八旗子弟居住。这个格局可以说是北京城市居民的一大变化。就分旗的顺序而言,时人称:"本朝满洲、蒙古、汉军诸人,皆分隶八旗,而旗籍亦分次序:首镶黄,次正黄,次正白,(此为上三旗。)次正红,次镶白,次镶红,次正蓝,次镶蓝。(此为下五旗。)凡功臣贵戚,多有由下五旗抬入上三旗者。"①因此,在北京内城的皇城之内,有一些上三旗的子弟居住在这里。

大多数八旗子弟,则是按照排序分布在内城的。时人称:"正黄旗则辖正阳门德胜门。镶黄旗则辖东直门西直门。正蓝旗则辖宣武门(元顺承门)。镶蓝旗则辖崇文门(元海岱门)。正红旗则辖德胜门。镶红旗则辖阜成门(元平则门)。正白旗则辖朝阳门(元齐化门)。镶白旗则辖安定门。"②在当时的北京城,正好有九座城门,只是这个说法与当时的安排略有不同。当时的镶黄旗在安定门内,正红旗在西直门内,正蓝旗在崇文门内,镶蓝旗在宣武门内。

而当时被安排在西城域内的,自北向南依次为:德胜门内的正黄旗,西直门内的正红旗,阜成门内的镶红旗,以及宣武门内的镶蓝旗。据时人称:"正黄旗满洲、蒙古、汉军居址,自鼓楼西至新街大街,北至城根,南至马状元胡同之西,与正红旗界。"③这是正黄旗的居住地,在最北面。其居住地内,有北药王庙、南药王庙、鼓楼斜街、护国寺(元代称崇国寺)街、德胜桥、银锭桥、李广桥等标志性

① 朱彭寿:《安乐康平室随笔》卷一。
② [清]谈迁:《北游录·纪闻下》。
③ 朱一新:《京师坊巷志稿》卷上《内城西城》。

地名。文中"新街大街"今称新街口大街。

"正红旗满洲、蒙古、汉军居址,自马状元胡同之东,与正黄旗界,自皇城根西,至城根与镶红旗界。"①这是正红旗的居住地,北面与正黄旗为邻。其居住地内,有曹老公观、大觉寺、宫门口、大市街、翠花街、马市桥、回子营、葡萄园等标志性地名。文中的"曹老公观"应该是一处道观,而"马状元胡同"又被称为麻状元胡同,是满人麻勒吉曾中状元,后改名马中骥,胡同因此得名。

"镶红旗满洲、蒙古、汉军居址,自羊肉胡同南至赡云坊,与正红旗界,自皇城根西至城根,与镶蓝旗界。"②这是镶红旗的居住地,北面与正红旗为邻。其居住地内,有白庙胡同、李阁老胡同、半壁街、刑部街、大木场、牛圈、高井等标志性地名。文中的"李阁老"应该是指明代的内阁大臣李东阳,李阁老胡同应该就是他的住宅。清人又传李阁老为明朝大臣李贤赐第。而刑部街则是明代刑部衙署的所在地。

"镶蓝旗满洲、蒙古、汉军居址,自赡云坊至宣武门,自金水桥西至城根,与镶红旗界。"③这是镶蓝旗的居住地,北面与镶红旗为邻。其居住地内,有马神庙、四眼井、西长安街、石驸马大街、报子街、西江米巷、绒线胡同、河漕沿、臭水河等标志性地名。以上是清朝初年北京内城的八旗子弟在西城域内的分布情况,到清朝中后期会有一些变化。

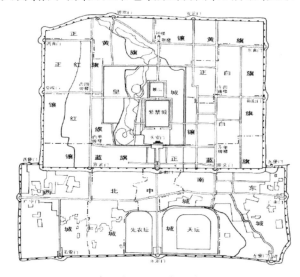

清北京八旗分布示意图

在清代,北京外城的发展最为复杂。因为清朝统治者把原有居民都迁移到外城居住,故而使得这里日益繁盛起来。许多禁止在内城开设的商铺及手工作坊,都搬到了外城;许多娱乐活动场所,如戏院等,也都设置在外城。特别是全国的官员(旗人除外)在获得任免时,皆要到京城办理

---

① 朱一新:《京师坊巷志稿》卷上《内城西城》。
② 朱一新:《京师坊巷志稿》卷上《内城西城》。
③ 朱一新:《京师坊巷志稿》卷上《内城西城》。

手续,也都要住在外城。全国的举人到京城参加会试及殿试,也必须住到外城,因此,清朝的外城也就成为经济和文化中心。

清代的北京外城也是分为五城,即东、西、南、北、中五城,其中,东城和南城是在东半部分,西城和北城是在西半部分,中城中的一部分属东城,另一部分属西城。这时外城的东、西、南、北、中五城,已经不是按照东西南北的方位来加以排列的,而是自东向西一路排开的。这时的内城和外城,各有五城,内城的五城,大体为半军事化管理,而外城的五城,管理更为松散。这种分城的格局是以前所没有的。

在外城的中城之内,有一部分属于西城所在地,其中较为重要的有:西河沿及康熙年间建造的正乙祠、珠宝市、大栅栏,以及江夏会馆、临汾会馆、广德会馆等,杨梅竹斜街、王广福斜街及西珠市口大街,又有灵佑宫、天仙庙、斗姥宫、真武庙、分宜会馆、西安会馆、徽州会馆等,其中如灵佑宫,曾是京城"灯市"的所在地。而清代名儒李光地的旧居则在西珠市口。而中城的东半部分,则属于今东城区域。

在外城的西城之内,有着众多的标志性建筑。例如宣武门外大街周围,有着众多会馆,如全闽会馆、直隶会馆、太仓会馆等。清代的文人宅第则有陈邦彦宅、吴应棻宅、汪懋麟宅、李鸿章宅等。前代遗留下来的寺庙道观则有归义寺、悯忠寺、竹林寺、昊天寺、紫金寺、善果寺、永光寺、玉虚观等。又如上斜街一带,则有山右三忠祠、中州乡祠、河南会馆、明杨继盛故宅(松筠庵)、清顾嗣立秀野堂等。再如下斜街一带,则有都土地庙、长椿寺、报国寺、善果寺,及畿辅先哲祠、全浙会馆(即赵吉士寄园旧居)等。西便门大街一带,则有多处寺庙遗迹,如大昊天寺、大开泰寺,以及北燕角等古迹。此外,广宁门大街一带、圣安寺街及牛街一带,右安门大街一带、白纸坊等处,也都遍布大量寺庙道观、会馆及名人故居等遗迹。

在外城的北城之内,与外城西城一样,也有着众多的标志性建筑。例如有着众多的会馆,如延寿寺街一带,有婺源会馆、鄱阳会馆、云间会馆、松江会馆、襄陵会馆等;樱桃斜街、李铁拐斜街一带,有肇庆会馆,陕西巷有潮州会馆、琼州会馆,梁家园有惜字会馆,麻线胡同有淮安会馆、安陆会馆、郢中会馆等;海波寺街一带,有广西会馆、澧州会馆、顺德会馆等;永光寺西街一带,有四川会馆、新会会馆、顺德会馆等;骡马市大街一带,有直隶会馆、三晋会馆、中州会馆、福州会馆、杭州会馆、湖广会馆等,米市胡同有六安会馆、重庆会馆、南海会馆;等等。

另外还有诸多的名人旧居,如位于李铁拐斜街的黄叔琳万卷楼,以及朱筠、朱珪兄弟旧居,蒋秦树旧居等。位于米市胡同和烂面胡同之间的王崇简、王熙父子怡园(一说在南半截胡同),规模极大,号称"跨西北二城",即外城的西、北二城,据称为江南张然所造,"今瀛台、玉泉、畅春苑,皆其所布置也"①。而名士朱彝尊亦曾在此居住,有古藤书屋。清初名士孙承泽别业的孙公园,在当时也很有名,北京大儒翁方纲亦曾在此居住。此外,在外城北城又有琉璃厂,是著名的字画及书籍市场,还有著名戏园方壶斋等。

六、近代的北京城与北平城

清朝灭亡以后,北京的内城与外城"旗民分居"的制度被彻底废除了,内外两城居民身份的界线也没有了,大量原来居住在外城的居民又陆续回到内城居住,而内城由八旗分布的局面也消失了。民国政府开始对北京城市进行近代化的改造,从道路的拓展与修补,到城市公共交通的创立,再到大型商场的出现、公共园林的设置,等等,许多西方城市的新事物被引入北京城市的建设。

就道路的拓展与修补而言,民国政府曾经对全市道路加以整顿、修补。其中,位于西城域内的相关工程主要有:一等路甲类的宣武门内大街、缸瓦市大街、西四南大街和北大街、新街口西大街、宣武门至西单牌楼、缸瓦市至西单牌楼、西单北大街至西四南大街、新街口南大街至西四牌楼、阜成门大街、西直门大街等;一等路乙类的司法部街、西珠市口大街、虎坊桥大街、西长安街、西安门外至丁字街、西珠市口至虎坊桥、虎坊桥至菜市口、西四牌楼至新街口、新街口至西直门、宣武门外大街等;二等路则有石驸马大街、德胜门大街、护国寺街、西长安街至北新华街、杨梅竹斜街

南长街南口照片

① 〔清〕王士禛:《居易录》卷上。

至琉璃厂、磁器口大街、牛街、上斜街及下斜街、西交民巷等。此外,还有三等路、四等路。其中,一等路甲类与一等路乙类的道路有些是重复的,应该是统计数字的不同造成的。

民国政府又陆续在北京城区开通了六条公交车线路,其中,经过西城域内的主要有第一路车,自天桥至西珠市口,北行至蒋家胡同站、前门站、西交民巷站、中南海公园站、西长安街站、西四牌楼站、护国寺站,最终到达西直门站。第三路车,其中有一段在西城域内,如天安门西行至中央公园站、司法部街站等,直达西四牌楼。第四路车,其中也有一段在西城域内,如经鼓楼南行至地安门,再西行经北海公园、东官房、厂桥、皇城根等站,到达太平仓。第五路车,也有一段在西城域内,如天安门西行,直达西单站,再南行至石驸马大街及宣武门等站。第六路车,多经外城,在西城域内则经过陕西巷、虎坊桥、臧家桥、琉璃厂等站,直达和平门。由此可见,这些公交车是兼顾东城和西城的多条线路的。

民国政府又在西城域内设置了一些商市、戏园、饭店、公园等公共场所。著名的商市有西单商场,著名的戏园有方壶斋戏园(后废)、新世界娱乐场,著名的饭店有新侨饭店、东方饭店,著名的公园有中央公园等。这些新设施的出现,加速了北京的近代化进程。但是,国民党把首都迁到南京之后,这里被改为北平市。这个变化对北京的影响是很大的。此后,日寇侵华,又把北平改称北京。抗战胜利后,国民党再把北京改称北平,连年频繁的政治变动,使北京城市的发展受到极大阻滞,从而失去了城市发展的动力。

七、新中国的北京西城

新中国成立后,北京城发生了翻天覆地的变化,西城域内的面貌也随之日新月异。首先,城市基础设施之一的街道及公共交通的建设取得了非常大的变化。例如:一、在1955年拓展西长安街,宽度为三十五米,翌年,又拓宽西单至复兴门道路,使其与复外大街贯通,宽度亦达三十五米。此后的长安街一线道路宽度达到了一百二十米左右。二、朝阜路的西城段,东起景山东南角,西至甘家口,是西城区内主要的东西干道,自1956年开始,全线加以拓宽,有些路段还加铺沥青路面。三、北太平庄至宣武门的南北主干道,自1950年开始,有些路段从铺设土路开始,先后铺设沥青路面。四、南新华街至太平街一线,新中国成立后曾进行三次翻修,拓宽路面,铺设沥青,成为南北向主干道。五、西便门内大街至南菜园一线,这条道路也是新中国成立后经多次修整才变成南北向主干道的。六、珠市口西大街至广外大街一线的道路,是唯一一条贯通外城东西的主干道。其他的街道和胡同也在不断的修整、拓宽中变得更加通畅。这些街道的开通、拓宽，至全部铺设沥青路面，使西城区的交通更加便利，也使城市面貌发生了巨大变化。

改革开放以来，随着城市交通发展的需要，在北京城内外修建了许多立交桥，以缓解道路拥堵的问题。其中，修建在西城区域内的主要有：一、复兴门立交桥，1972年至1974年建造，是横跨在西二环路上的主体桥梁。二、阜成门立交桥，1977年建成，也是横跨在西二环路上的主体桥梁。三、西直门立交桥，1978年至1980年建造，是建在西直门内外大街与西二环路相交处的一座重要的三层分离式立交桥。四、德胜门立交桥，1979年至1984年建造，是建在德胜门箭楼南的德胜门内外大街与北二环路相交处的分离式立交桥。五、天宁寺立交桥，1990年至1991年建造，整体由大小十六座桥梁组成，分为四层，位于莲花河东路东端与广安门滨河路北口的交叉处。六、广安门立交桥，1990年至1991年建造，系由十一座"T"形桥梁构成，共三层，分别连接北线阁、手帕口、白纸坊、天宁寺等四座桥、路。其他还有许多座随着城市发展的需求而陆陆续续建造完成。

新中国成立后，北京的城市交通，特别是公共交通取得了巨大发展。其中，位于西城区域内的公共交通也是如此。例如，新中国成立前途经区域内的公交车仅有四条线路，而在新中国成立后的公交线路据不完全统计，已经有电汽车近百条线路，这是新中国成立前的若干倍，其中，在内城的约有五十条，在外城的约有四十条。这些公交车不仅线路不断增加，运营距离也在不断加长，最长的长达五十余公里，极大地便利了西城居民的出行。

北京城市发展出现重要变化的另一个重要标志，是文化设施日益增多，逐渐完善，充分满足广大市民不断增长的精神生活需求。在这方面，西城区域内的文化设施建设也取得了非常显著的成就。例如，就文化馆、博物馆等方面而言，在西城区域内的文化馆主要有：西城区文化馆，最初设置在西斜街，被称为北平市第三民众教育馆，不久改称北京市第三文化馆及西单区文化馆，此后，又在区内筹建第七文化馆，改称西四区文化馆。及西单区与西四区合并，文化馆也合并为西城区文化馆。其馆址屡次搬迁，最终定在护国寺大院。此外区域内又有宣武区文化馆，最早称北京市第九文化馆，位于宣外达智桥，其后，迁至菜市口胡同。及前门区的一部分并入宣武区，前门区文化馆与宣武区文化馆合并，位于琉璃厂东街29号。2010年，西城区与宣武区合并后，原西城区文化馆改称西城区第一文化馆，原宣武区文化馆改称西城区第二文化馆。

新中国成立后，西城区最早成立的是位于西华门大街的西单区图书馆，不久又成立了位于太安侯胡同的西四区图书馆。及两区合并,两馆也合并为西城区图书馆。此后,区图书馆一度并入区文化馆,不久又分开。1980年,区政府在育幼胡同建设新图书馆,此后馆址不断扩大,曾移至西华门、后广平胡同等处。此外,区域内又建有宣武区图书馆,最早为前门区图书馆,位于韩家潭,此后与北京市回民图书馆合并为宣武区图书馆,迁至教子胡同。1994年被文化部定为二级图书馆。

新建的国家及北京市级图书馆、博物馆等公共文化设施主要有:一、北京展览馆,1954年建于西直门外大街,初名苏联展览馆,后更名北京展览馆,是首都北京最主要的展览场所。二、北京鲁迅博物馆,1956年成立于阜内宫门口西三条,1978年扩建,是北京纪念鲁迅的重要场所。三、民族文化宫展览馆,1959年建成于复兴门内大街,有馆藏民族文物四万件。四、中国地质博物馆,也是1959年创办的,位于羊肉胡同,是亚洲最大的地质博物馆。五、中国佛教图书文物馆,始建于1980年,位于法源寺内,其中,馆藏文物两千余件,馆藏图书近十三万册。六、中国邮票博物馆,始建于1985年,位于宣武门东大街,是国家级专业博物馆,共藏有中外邮票数十万种,一亿余枚。2002年迁至东城区贡院西街,更名为中国邮政邮票博物馆。七、中国科学技术馆,1988年建于北三环中路,是中国第一座国家科技馆。八、中国工艺美术馆,1989年建于复兴门内大街,是中国第一座大型工艺美术馆。后迁至朝阳区湖景东路。九、首都博物馆,2006年新馆建成于复兴门外大街,共有藏品五千余件,被评定为国家一级博物馆。

在商业及娱乐业设施方面,西城区域内也有很多。较为著名的商业设施主要有:一、新老名店,主要有1952年建造的地安门百货商场,1958年建造的新街口百货商场,1990年开业的长安商场,1991年开业的西单购物中心,1992年开业的复兴商业城等。二、老字号品牌,主要有西单商场、天源酱园、桂香村、元长厚茶庄、乐仁堂(原乐寿堂)、御膳饭庄、西来顺饭庄、烤肉宛饭庄、鸿宾楼饭庄、大三元酒家、同和居饭庄、砂锅居饭庄、玉华台饭庄、马凯餐厅等。三、商业街区,主要有西四大街、新街口大街、鼓楼大街、三里河地区等。

较为著名的娱乐业设施主要有:一、影院,如胜利电影院(原首都电影院)、西单剧场(原大光明电影院)、新街口电影院、红光电影院、护国寺电影院、北京音乐厅(原中央电影院)、中华电影娱乐宫、大观楼电影院等。二、剧场,如长安大戏院、新新大戏院、西单剧场、北展剧场、人民剧场、二七剧场、前门小剧场(原广德楼)、开明大戏院(后更名新中国电影院)、正乙祠戏楼、湖广会馆戏楼、安徽会馆戏楼等。三、俱乐部,如北京市工人俱乐部、新街口工人俱乐部、三里河工人俱乐部、宣武区工人俱乐部等。四、公园,如北海公园、景山公园、月坛公园、北京动物园、恭王府、人定湖公园、陶然亭公园、北京大观园、万寿公园等。五、庙会，如白塔寺庙会、护国寺庙会、琉璃厂庙会等。

在今天的西城区域内，有着众多的历史文物，其中许多都被列入各级文物保护单位。属于国家级的文保单位共有四十三处，主要有：一、古代建筑，如先农坛、月坛、北海及团城、恭王府及花园、醇亲王府、克勤郡王府、大高玄殿、历代帝王庙、德胜门箭楼等。二、宗教建筑，如天宁寺塔、妙应寺白塔、白云观、法源寺、广济寺、报国寺、关岳庙、牛街礼拜寺、天主教南堂、西什库教堂、利玛窦及传教士墓地等。三、历史旧址，如北图旧址、北京国会旧址、京师女子师范学堂旧址、国立蒙藏学校旧址、劝业场旧址、辅仁大学本部旧址等。

属于北京市级的文保单位共有六十一处，主要有：一、古代建筑，如郑王府、礼王府、庆王府、醇亲王（南）府、涛贝勒府、兆惠府第遗存、升平署戏楼等。二、宗教建筑，如广化寺、长椿寺、拈花寺、广福观、陶然亭慈悲庵、都城隍庙后殿、吕祖阁、火德真君庙、昭显庙等。三、名人祠祀及故居，如杨椒山祠、贤良祠、正乙祠、朱彝尊故居、纪晓岚故居、康有为故居、谭嗣同故居、张自忠旧居、齐白石故居等。四、外地会馆，如湖广会馆、湖南会馆、绍兴会馆、中山会馆等。五、其他遗存，如金中都太液池遗址、京报馆、京华印书局、清学部遗存、中国地质调查所旧址等。

属于西城区级的文保单位共有八十六处，主要有：一、古代及近代建筑，如仪亲王府、洵贝勒府、魁公府、阿拉善王府、德胜桥、银锭桥、东方饭店初期建筑、中央医院旧址、商务印书馆旧址、北师大旧址等。二、宗教建筑，如保安寺、大藏龙华寺、普济寺、宝应寺、双寺、正觉寺、圣祚隆长寺、什刹海寺、福善寺、圣安寺、庆云寺、护国观音寺、吕祖宫、三官庙、永佑庙、五道庙、护国双关帝庙、砖塔胡同关帝庙、琉璃厂火神庙、前门清真礼拜寺、法源清真寺、清真普寿寺、清真永寿寺、马尾沟教堂等。三、外地会馆，如粤东新馆、宜兴会馆、晋江会馆、山左会馆、梨园公会等。四、名人故居，如谭鑫培故居、林白水故居、沈家本故居、陈垣故居等。这些重要的文物古迹，既是中华民族的文明结晶，也是西城区的宝贵财富。

西城区作为北京的政务核心区域，有着显著的区位优势。就政治方面而言，它是党中央的所在地，发挥着引领全国的首善作用。就文化方面而言，它又起到了全国文化中心的表率作用。特别是随着今后国家发展的需要，它还将起到国际交往中心的枢纽作用。显然，西城区的发展有着巨大的潜力，很快将会成为国际大都会（即世界城市）的一个重要组成部分。

八、重要考古成果

北京一〇六中学元代居住遗址

新中国建立以来,考古工作得到巨大发展,取得的考古成果也越来越多。许多重要的历史遗迹正是通过考古发现才得以印证,而许多历史谜团亦因此而得到确切的解释。北京作为新中国的首都,考古工作得到了党和政府的高度重视,取得了一系列重要的成果,特别是对一些专题的系统考古工作,更是成果丰硕,为人们了解中华文明的历史发展进程,提供了有力的佐证。现就西城区域内的一些考古成果,略加叙述。

(一)元大都西绦胡同遗址 1965年至1972年,考古工作者在鼓楼西大街北侧的西绦胡同内发掘出两处元大都居民的居住遗址,这两处遗址应该是普通居民的住宅,其中一处,屋内有土炕及火灶的遗迹,属于用于居住的地方;另一处已经是残存部分,住宅外有散水及明沟的遗迹。在遗址中出土了龙泉窑的多件瓷器,皆属于日用生活器。由此推断,在这里生活的居民应该是不太富裕的。

(二)元大都后英房胡同遗址 1965年至1972年,考古工作者在西直门里后英房胡同发掘出元代居民的居住遗址,据相关专家认定,这处遗址应该是元代西太乙宫遗址。在遗址中出土有一方紫金石砚,据称原为宋朝大书法家米芾的收藏品,极为珍贵。该遗址又出土有镶嵌螺钿《广寒宫图》黑漆残片,其制作手法极为精细。该遗址还出土有两件磁州窑官制梅瓶,白釉、黑釉各一件。由此可见,西太乙宫在元代是道教活动的主要场所之一。

(三)元大都和义门遗址 和义门是元大都城西侧三个门中间的城门。到了明代,随着城墙向南压缩,和义门北侧的肃清门被拆除,和义门也被改称为西直门,始终是北京西北城一带的交通要道。到了1969年,随着城市发展的需要,西直门被拆除,而人们在拆除明代的城楼时,在里面发现了元代和义门瓮城的遗迹。据相关专家称:元代和义门瓮城的城门残高22米,门洞长9.92米,宽4.62米。城门上的楼址为面阔三间、进深三间的建筑,其梁架、门额等皆已不存,仅留下木门两侧的"门砧石"和"铁鹅台"。

这处元代城门遗迹的发现,证明此后明代北京的城门和元代的大多数城门的建造是一致的,城墙也大致相同。而城门洞内的元代题记明确证明,这座瓮城是在至正十八年(1358)建造的,更正了《元史》中关于京师十一门皆是翌年建造的诏书记载。由于有考古工作者参与了这座瓮城的拆除工作,故而使得拆除前的相关数据得到保存,为我们留下了珍贵的历史依据。

(四)元大都排水渠遗址　在中国古代的城市建设中,城市供水系统是非常重要的城市运行系统之一,这是得到人们普遍重视的因素。但是,城市排水系统的建设也是不得不重视的因素。在元代大都城的建造中,人们已经设置了一些排水系统,而在历史文献的记载中,是很少涉及这个方面内容的。1980年,人们在西四十字路口的西侧,发现了一段元大都时期建造的排水渠道。经测量,这条渠道宽约1米,深约1.65米,并且在渠道的石壁上留有元泰定帝致和元年(1328)的石匠题记,证明在元代中期的大都城,曾经对这里的排水系统进行过整修。

作为城市排水系统,大多数都是采用明沟的办法,将居民日常生活用的废水排出城外,而在许多交通要道之上,为了保证道路交通的顺畅,则会采用暗沟的办法,用石板将沟渠盖住。西四发现的元大都这条暗沟,就是用石板盖在交通要道之上的做法。由此可见,在元大都城里,应该是有一整套城市排水系统,而西四发现的这条排水渠,只是其中的一部分。此外,更多的排水渠道应该还被压在整个城市的下面,有待人们今后陆续加以发掘和印证。

(五)金中都大安殿遗址　在金中都城里,最重要的建筑就是宫殿。而金中都的宫殿在金末已经被毁,到元朝初年更是踪迹渺茫。1990年,北京市在进行西厢道路工程建设的过程中,对这条线路进行了考古钻探工作,经过重点考古发掘,对照相关文献记载,基本确定了金中都宫殿中轴线的相对位置。据相关专家研究,可以认定的有金中都宫殿正门应天门及大安门,金中都宫殿正殿大安殿以及大安殿后的仁政殿等。

金中都大安殿遗址发掘现场

而在遗址考古发掘中，还出土了铜坐龙、陶质大鸱吻、铜镜等珍贵文物。

因为金中都城是在辽南京城的城址上扩建而成，故而其宫殿建筑也基本上分为两部分：其中的第一部分是主体建筑大安殿及周边附属设施，是金朝新建的，这里是举行大朝会等重大仪式的场所。而第二部分则是大安殿后面的仁政殿，则是辽朝原有的宫殿，因为建造得十分坚实，故而被保留下来加以利用。这里是金朝帝王处理日常政务的场所。金中都宫殿遗址的确定，对于人们研究金中都的历史文化提供了极大的助力。

（六）金中都皇家御容殿遗址 2023 年 9 月，北京市考古研究院发布考古公告称，自 2020 年以来，北京的考古专家在右安门内的原金中都东开阳坊区域进行了较大规模的考古勘探、发掘工作，发现了两组金代的建筑群，并出土了一批相关文物。据相关专家判断，其中一组建筑群是金朝晚期的，应该是大觉寺遗址，而其中设有御容殿，兼具储存皇家档案和祭祀用品的功能。

这组建筑被确定为皇家御容殿是不错的，问题是这处御容殿是否可以肯定是设置在大觉寺中，整个论证过程的逻辑性并不完整。据《元一统志》记载：该寺原在辽南京城外东郊，只是一处被称为"义井院"的民间小庙。及金中都扩建后，才被包入中都城里，而直到大定年间，才被金世宗赐名为大觉寺。这样一座等级很低的寺庙怎么能够被设为皇家御容殿呢？而在它附近的另一座寺庙，即大圣安寺，才更有可能设置皇家御容殿。而今存之圣安寺，当非金代圣安寺之原址。

第三节　重大历史事件

在西城区漫长的历史进程中,曾经发生过许多重大的历史事件,有些事件的发生甚至改变了整个中国历史的走向。黄帝的后裔曾经生活在这里,表明这里是中华文明的发祥地之一。而武王分封燕国,又使这里成为幽燕文化的形成之地,其影响遍及华北及辽东各地。此后的"安史之乱"几乎使盛极一时的大唐王朝顷刻颠覆,由此带来的藩镇割据使整个国家再次陷入分裂割据的局面。

北方少数民族的势力进入中原地区,是从幽州开始的,始为辽,继为金,再为元,中国又一次回归一统天下。这些巨大的变化,也是从这里开始的。北京也从陪都变为首都,再变为全国的统治中心,此后就一直发挥着统治中心的作用。几乎所有重大的历史事件,或者是直接在这里发生,或者与这里有着密切的联系,也就或多或少与西城相关。抬首顾望,数千年沧桑历历在目,而其中所包含的教训与经验,令人回味无穷。

一、武王伐纣与蓟、燕两国的分封

中国古代文明的发展,是从有文字记载的历史开始的。而文字记载之初,则是远古的传说时期。在此之前的历史,则是由考古发掘工作得到证明的。在北京地区,七十万年前就有北京猿人在此生活,是考古发掘的证明,而传说时期的三皇五帝,文字的记载就相当模糊了。有较为清晰的记载,当从《史记》中武王伐纣及分封蓟、燕二国的事迹中得到一些脉络,再经过一些考古发掘的印证,是可以得到若干结论的。

我们结合文献记载和考古发掘的相关资料,可以得到的第一个信息是:在传说时代的大禹治水之后,大禹将天下分为九州,而北京地区就是在九州之一的冀州范围内。《尚书·禹贡》称:"禹别九州,随山浚川,任土作贡。"[1]后人解

---

[1]　《尚书注疏》卷六《禹贡第一》。

释称:"冀州,帝都,于九州近北,故首从冀起。"文中的"帝都"即指尧帝之都平阳,其地点在冀州之内。而北京地区亦在冀州之内。

关于九州,有不同的说法。按照《尚书·禹贡》的说法,依次为冀州、兖州、青州、徐州、扬州、荆州、豫州、梁州、雍州。而按照《尔雅·释地》的说法,则依次为:两河间曰冀州,河南曰豫州,河西曰雍州,汉南曰荆州,江南曰扬州,济、河间曰兖州,济东曰徐州,燕曰幽州,齐曰营州。在《尔雅》的说法中,缺少了青州和梁州,增加了幽州和营州。

而后人在解释《尚书》时,则称:"禹治水之后,舜分冀州为幽州、并州,分青州为营州,始置十二州。"也就是说,舜帝在派大禹治水时,大禹把天下分为九州,而大禹在治理完水患后,舜帝又将天下分为十二州,"十有二州,谓冀、兖、青、徐、荆、扬、豫、梁、雍、并、幽、营也"①。由此可见,因为冀州的范围太广,于是将其又分出幽州和并州,又把青州的一部分另分出为营州。这时的北京地区,已经是在幽州的范围内了。因此,《尔雅》的九州之说,应该晚于《尚书》的九州及十二州的说法。

可以得到的第二个信息是:蓟国和燕国是被分封到北京地区的两个诸侯国。在中国古代,第一个王朝是夏朝,其都城大多数皆是设置在中原地区,即豫州境内,故而豫州又被称为中州。夏朝末年,统治衰败,位于东边的商朝崛起,取代夏朝,占据中原。及商朝末年,统治再次衰败,而西边的周朝崛起,周武王联合其他部落,举兵反商,而商朝的军队阵前反戈,导致商纣王兵败自焚,商朝也被周朝所取代。

据《史记·周本纪》称:周武王在攻灭商朝之后,实行分封之制,"武王追思先圣王,乃褒封神农之后于焦,黄帝之后于祝,帝尧之后于蓟,帝舜之后于陈,大禹之后于杞。"②其中,"帝尧之后于蓟",就是燕地的蓟城,即今天的北京所在地。随即周武王又下令:"于是封功臣谋士,而师尚父为首封。封尚父于营丘,曰齐。封弟周公旦于曲阜,曰鲁。封召公奭于燕。封弟叔鲜于管,弟叔度于蔡。"其中,"封召公奭于燕",也是指燕地。

《史记·乐书》又称:"武王克殷反商,未及下车,而封黄帝之后于蓟,封帝尧之后于祝,封帝舜之后于陈;下车而封夏后氏之后于杞,封殷之后于宋。"③由此可见,在这里把黄帝之后与帝尧之后的封地正好弄反了,但"蓟"和"祝"则是相

---

① 《尚书注疏》卷三《舜典第二》。
② 《史记》卷四《周本纪》。
③ 《史记》卷二十四《乐书》。

互对应的。显然，周武王的第一次分封和第二次分封，其性质和目的是完全不一样的。

第一次分封，是承认以前三皇五帝部落在各地的实际统治权力，因为这时神农之后、黄帝之后等在各地还是很有势力的，周武王必须认同他们在各地的统治，以换取他们对周朝统治的认同。第二次分封，则是把周朝的功臣和血亲兄弟子侄分封到各地，以便巩固周朝的统治。如分封弟叔鲜、弟叔度于管、蔡之地，就是为了便于镇压商朝的反抗，而分封姜太公于齐、周公旦于鲁，则是为镇压商朝发源地的反抗。此外的分封召公奭于燕，也是为巩固周朝在北方的统治而采取的一项重要举措。

可以得到的第三个信息是：周武王分封的蓟国和燕国是两个地方，最后燕国攻灭蓟国，以蓟城作为都城。古人对于蓟国和燕国是两个地方最初是有疑义的，认为"观其文稍似重也"，也就是说，同一个地方有两个名称是可以的，但同一个地方被分封给两个诸侯国则不太可能。于是再加以解释，认为蓟国是在蓟丘东南，因蓟丘而封蓟国；而燕山在渔阳县东南六十里，燕国在燕山之野，因山而得名。因此，"周封以五等之爵，蓟、燕二国俱武王立，因燕山、蓟丘为名，其地足自立国。"这个解释虽然比较勉强，但是也说得过去。

又据《史记·燕召公世家》称："召公奭与周同姓，姓姬氏。周武王之灭纣，封召公于北燕。"[1]后人解释称："后武王封之北燕，在今幽州蓟县故城是也。"所谓"北燕"，显然是在燕地的北部，但肯定不是"蓟县故城"，因为蓟县故城就是蓟国的分封地，也就是今天北京西城区域内的古蓟城所在地。还有一说认为，周召公奭就是黄帝后裔，"按黄帝姓姬，君奭盖其后也"。总之，古人在文献记载中解决不了的问题，当代的考古发掘则能够加以解决。

20世纪60年代中期，人们在房山区琉璃河发现有青铜器出土，于是开展进一步的考古发掘，并根据考古发掘的成果，建成北京市西周燕都遗址博物馆。经过考古发掘人们才确定，这里就是西周初年周武王分封召公于燕的所在地，也就是最早的燕都。于是，古人最初的燕都是在"蓟县故城"的解释被否定了。也就是说，蓟都是在蓟城（今北京西城域内），而燕都是在房山的琉璃河。由此，蓟都与燕都的情况才得到最合理的解释。而古蓟国的都城蓟城及燕国迁都后的燕都，其遗址即在今西城区域内。

---

① 《史记》卷三十四《燕召公世家》。

二、燕国灭蓟与秦统一全国

西周初年的分封,规模非常大,遍及全国。后人称:武王伐纣之后,"将率之士皆封,诸侯国四百人,兄弟之国十五人,同姓之国四十人"。另一说诸侯国多达五百。在这数百诸侯国中,蓟国当为最有名望的诸侯国之一。而在兄弟之国中,燕国在十五个诸侯国中也是最有影响力的之一。召公奭因为要留在镐京主持国家大事,故而派其长子率族人前来燕地,创建燕国。因其势力不希望与蓟国发生冲突,所以在房山琉璃河建造了自己的都城。

西周之后,即东周及春秋战国时期。这时周王朝的天子地位下降,诸侯之间相互攻伐,兼并之风愈演愈烈,而燕地的两个诸侯国显然不能并存,于是"蓟微燕盛,乃并蓟居之,蓟名遂绝焉"。至于燕国什么时候兼并的蓟国,史无明文,也就不得而知。但是,春秋战国时期的文献,已经不见有关蓟国的记载,由此可知,燕国攻灭蓟国,应该是在西周末年或者春秋初期。而在攻灭蓟国之后,燕国遂将都城从琉璃河的燕都迁到蓟国的都城蓟城。这个迁都的举措,是有其地理环境方面的原因的。

蓟国之建都于蓟城,显然是经过了很长久的时间考验,才最终确定在蓟城的位置。这里四周有数条河流经过,又有湖泊在城边,既便于生活取水,又很少会引来水灾,因此非常适宜人们居住。而燕国初至燕地,对这里的自然环境并没有进行深入的考察,故而建造的燕都也距水源不远,便于生活取水,然而却没有考虑到水患的危害。今天我们见到的燕都遗址,几乎有一半是被大水冲毁的,由此可以想见,当年的燕人应该多次与大水的冲击展开搏斗,但是,大自然的毁坏力是当年的燕人很难抗拒的。也因此而导致燕国在攻灭蓟国之后,就将都城从琉璃河迁移到了蓟城。从此开始,北京的蓟城有了新的主人。

燕国在迁都蓟城之后,并没有停止向外兼并扩张的举措。在对外扩张的过程中,燕国遇到了两个强劲的对手:一个是在北面群山之中的山戎部落;另一个是在东南面的齐国。早在先秦时期,中原地区的民众就对周边的少数民族有较为固定的称呼:"四夷之名,随方定称,则曰东夷、西戎、南蛮、北狄。其当处立名,则各从方号,故北戎病燕,齐侯伐山戎,北方得有戎,故楚西亦有戎。戎是山间之民,夷为四方总号,故云'戎,山夷也'。"因此,山戎不是一个诸侯国的名称,而是对一类人的称呼。

生活在北方山区的山戎部落,给燕国曾经带来极大的威胁,而且一度迫使燕国在燕桓侯时放弃在蓟城的都城,把都城南迁到临易(今河北雄县一带)。由于山戎对燕国的侵扰日益严重,于是在燕庄公时向南邻的齐国求救,而这时的齐国国君正是齐桓公,他为了称霸天下,于是出兵帮助燕国征伐山戎。《史记·齐太公世家》记载:"山戎伐燕,燕告急于齐。齐桓公救燕,遂伐山戎,至于孤竹而还。"①文中的"孤竹",就是由山戎建立的诸侯国,其地在辽西一带。由于齐桓公的帮助,燕国解除了山戎的威胁,开始有了更大的发展。但是,燕国真正的强敌不是山戎,而是齐国。

到了战国时期,燕国已经成为"七雄"之一,而是时的诸侯国之间的兼并愈加激烈。齐湣王时,齐国愈加强大,据《史记·乐毅列传》记载:齐湣王"南败楚相唐昧于重丘,西摧三晋于观津,遂与三晋击秦,助赵灭中山,破宋,广地千余里。与秦昭王争重为帝,已而复归之。诸侯皆欲背秦而服于齐。"②又利用燕国的内乱,出兵攻打燕国,并夺走了燕国的十余座城池。

这时燕昭王即位,面对南有齐国,北有匈奴的恶劣环境,而能励精图治,拜谋士郭隗为师,并在燕京为其建造宫殿。于是,天下贤才大多投奔燕国,特别是赵人乐毅,在来到燕国后,得到了燕昭王的重用,并联合了楚、韩、赵、魏四国之军队,组成了攻伐齐国的五国联军。又西面得到秦国的认可,于是向齐国发动进攻,并在济西一带打败了齐湣王的军队。在首战告捷之后,其他四国军队纷纷撤走,只有乐毅率领燕国军队继续追击齐湣王的败军。

史称:"诸侯兵罢归,而燕军乐毅独追,至于临菑。齐湣王之败济西,亡走,保于莒。乐毅独留徇齐,齐皆城守。乐毅攻入临菑,尽取齐宝财物祭器输之燕。燕昭王大说,亲至济上劳军,行赏飨士。封乐毅于昌国,号为昌国君。于是燕昭王收齐卤获以归,而使乐毅复以兵平齐城之不下者。"文中的"诸侯兵罢归",即指楚、韩、赵、魏的四国军队。而乐毅经过五年的奋战,攻下齐国七十余座城池,只剩下莒和即墨两座城池尚在坚守。

正是在这个关键时刻,燕昭王死去,太子即位,称燕惠王。他中了齐国的反间计,用大将骑劫替换了乐毅,使得燕国伐齐的大业功败垂成。齐国田单乘机反攻,尽数收回被燕国占领的七十余城。燕惠王悔之不及,但已经于事无补。此后,西面的秦国日益强大,开始攻灭"七雄"之中的其他六国。及秦王嬴政即位,对六国的攻伐越来越多,而燕国也感受到灭国的威胁。

这时,在秦国作为人质的太子丹正好逃回燕国,而想报复秦国。他找到燕国的隐士田光,进行谋划。于是田光将刺客荆轲举荐给了太子丹。经过太子丹

---

① 《史记》卷三十二《齐太公世家》。
② 《史记》卷八十《乐毅列传》。

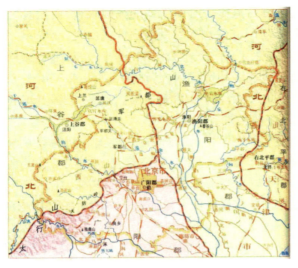

秦统一后广阳郡示意图

与荆轲的密谋，遂决定以刺杀秦王嬴政作为缓解秦国进犯的办法。荆轲提出进见秦王并加以刺杀的两项条件：其一为燕国督亢之地图，其二为秦朝叛将樊於期的首级。督亢之地图比较好办，燕太子丹就可以准备好，而要得到樊於期的首级却比较麻烦。最后，在荆轲的劝说下，正在燕国避难的樊於期自刎，使荆轲终于得到了前往秦国进见秦王的两件"礼物"。

太子丹又命人获取赵人的匕首，淬以毒药，藏在督亢图里，一切准备好之后，燕太子丹遂为荆轲送行于易水河畔。友人高渐离为之击筑奏乐，荆轲高歌而和之曰："风萧萧兮易水寒，壮士一去兮不复还！"于是，荆轲奉督亢之图，携樊於期之首级，前往咸阳（今陕西咸阳），进见秦王嬴政。但是，荆轲在刺杀秦王时失手被杀，于是秦王调动大军，命老将王翦率领，攻伐燕国的都城蓟城。

王翦率军攻占蓟城后，燕王喜及太子丹逃往辽东。王翦又命大将李信穷追不舍，迫使燕王喜将太子丹杀死，而将其首级献给秦王。但是，荆轲刺秦王是个人壮举，无法改变秦朝攻灭六国，统一天下的大趋势。五年以后，也就是秦始皇二十五年（前222），秦军攻灭燕国，俘虏了燕王喜。翌年，秦军再攻灭齐国，最终统一天下，掀开历史新的一页。在此后的很长一段时间里，人们都认为蓟城（即燕都）西北的两座燕王墓的墓主是燕王喜及太子丹。

三、封国与幽州的并立

秦始皇一统天下之后，在全国推行郡县制，废除分封制。但是，秦朝统治天下的办法太过残暴，及秦始皇一死，立刻引起原六国民众的群起反抗。陈胜、吴广的起义是一个导火线，使反抗的烽火瞬间燃遍全国，并且很快就推翻了秦朝的统治。新建立的汉朝在总结历史经验的时候，认为秦朝灭亡的一个重要原因是废除了分封制，因此，又恢复了被秦始皇废除的分封制。与此同时，汉朝仍然在全国实行郡县制,遂出现了封国与郡县制并行的局面。而汉朝在燕地分封的燕王就在蓟城。

汉高祖分封的第一位同姓燕王是皇子刘建,他是在汉高祖十二年(前195)被分封到燕国的,他是汉高祖最小的儿子。到了汉武帝的时候,又封其子刘旦为燕王。在汉武帝死后,汉昭帝即位。而刘旦认为他才是应该即位者,故而与齐王之子刘泽等人密谋叛乱,被发现后,刘旦被迫认罪,汉昭帝也加以宽宥。但是没过多久,刘旦又与左将军上官桀等再次谋反,在元凤元年(前80)被发觉后,畏罪自杀,燕国也被取消。

及汉宣帝即位后,又将刘旦的三个儿子加以分封,封他的一个儿子为安定侯,封地在巨鹿郡;另一个儿子为新昌侯,封地在涿郡;第三个儿子刘建(与汉高祖的小儿子同名)为广阳王,封地在今北京良乡东北,以奉燕王旦的香火。这时的广阳国,应该是燕地的同姓诸侯国。但是,其封地已经不是在蓟城了。而蓟城所在地的蓟县,却仍然是广阳国下辖的四个县中的一个。从汉高祖刘邦恢复封国与州郡并行制度以来,这两者之间的矛盾一直没有得到解决,这一点,在燕国有着明显的体现。

北魏郦道元在《水经注》中记载:"㶟水又东南,高梁之水注焉。水出蓟城西北平地,泉流东注,径燕王陵北,又东径蓟城北,又东南流。"①文中提到的"燕王陵"就是在蓟城西北侧燕王的陵墓,这处陵墓安葬的是哪位燕王,郦道元并没有加以考证。而金朝在扩建中都城的时候,这处燕王陵墓被迁移到金中都城的东侧,于是才有了发掘燕王陵及加以改葬的事情。

原来的传闻认为这两座燕王陵墓是燕王喜及太子丹的墓葬。及在迁移的过程中,经金朝著名学者蔡珪的考证,并发表了《两燕王墓辨》,才确定了这两位燕王的身份,一位是汉高祖刘邦的小儿子刘建,被称为燕灵王;另一位则是燕康王刘嘉。刘建是汉高祖分封的第一位燕王,而刘嘉就应该是燕王的继任者。由此亦可证明,汉代初年的蓟城就在这里,即今天西城区域内,此后一直到金海陵王扩建金中都城,皆没有迁移过。

西汉末年,王莽篡权,天下大乱。汉高祖九世孙刘秀乘机崛起,利用幽州的势力,逐个击败对手,夺得皇权,史称东汉光武帝。在他击败的对手中,就有自立为燕王的彭宠。彭宠是南阳人,汉哀帝时任渔阳太守,在当地颇有威望。及刘秀起事,彭宠曾出兵马以助刘秀。而在刘秀起事成功称帝之后,彭宠因为没有得到相应的封赏而起兵叛乱。据《后汉书·光武帝纪》记载,东汉建武二年

---

① 《水经注》卷十三《㶟水》。

(26)，"渔阳太守彭宠反，攻幽州牧朱浮于蓟"[①]，并占据蓟城，自称燕王。由此可见，这时他手中的军事力量是十分强大的。刘秀出兵镇压彭宠叛乱，却屡遭挫败。最后，彭宠却因为家奴叛变而被杀，这次叛乱才得以平定。

自东汉至魏晋时期，燕地一直是中央政府的重要辖区之一，却没有采用西汉初年分封燕王及广阳王的办法，再分封给皇子作为诸侯国，而是设置郡县直接加以管理，从而避免了各地诸侯干涉朝政的弊病。到了西晋时期，司马氏为了巩固自己的统治，又开始分封诸侯王，导致了政局的动荡，并最终使一统的天下分崩离析，历史进入十六国时期。

这时的燕地，远离中央政府的控制，出现了分裂割据的局面，先后建立了前燕、后燕等地方政权。西晋灭亡后，燕地处于后赵政权的统治下，其中，后赵仍设有幽州，其下辖五郡，即燕郡、渔阳、范阳、上谷及代郡。是时，这一带系由大将石勒控制。石勒死后，石虎在邺城称帝，统治愈加残暴。而这时鲜卑部的慕容氏在辽东崛起，先是有慕容廆被东晋封为辽东郡公，此后其子慕容皝被封为平州刺史、大单于、辽东公，他又自称燕王，得到东晋认可，势力有了进一步扩张，并迁都于龙城（今辽宁朝阳）。

及慕容皝死后，其子慕容儁即燕王位，继续向中原地区扩张，攻占蓟城，并以蓟城为军事中心，进而攻灭冉魏政权。慕容儁遂正式迁都于蓟城，并在此建太庙，修宫殿，建立前燕政权。此后，慕容儁又迁都于邺城，国号仍为燕。及慕容儁死后，其子慕容暐即位称帝，仍都于邺。及前秦苻坚命大将王猛来伐，苻坚又率众前来助攻，遂攻占邺城，诛杀慕容暐，前燕灭亡。前燕定都蓟城的时间虽然并不长，但是却对燕地的进一步发展起到了承前启后的重要作用。

前燕灭亡之后，前秦并没有完全消灭鲜卑族的势力。慕容垂作为慕容皝的第五子，在慕容氏的内讧中投靠了前秦，并受到重用。此后，前秦发生内乱，慕容垂乘机扩张势力，并自称大将军、燕王。其所建政权，史称后燕。然后，率军攻占邺城。慕容垂的都城没有设置在蓟城，而是在中山（今河北定州）。因为这时的后燕尚未占有蓟城。而在占有蓟城之后，也没有迁都到这里。此后，慕容宝、慕容盛、慕容熙、慕容云等相继称燕王，燕地战乱不断，民不聊生。

此外，又有慕容皝幼子慕容德，曾占据滑台而称帝，史称南燕。而慕容云（即高云）灭后燕而自立，史称北燕。这时，鲜卑部落中的拓跋氏崛起，建立北魏政权，逐渐统一北方，而与南方对立，进入南北朝时期。北魏政权在太祖拓跋珪时都于云中（今山西大同），并扫平各地势力，从而清除了鲜卑慕容氏在燕地及

---

① 《后汉书》卷一《光武帝纪》。

62

辽东的势力,北方政局逐渐趋于稳定。燕地的社会经济经过这次的战乱,损毁严重,很长一段时间都难以恢复。

在北魏政权发展了一百四十多年之后,北方逐渐分裂为东魏及西魏、北齐及北周,而燕地则先后被东魏和北齐政权所占据。东魏及北齐存在的时间皆较短,其政区大致沿用了北魏的政区建制。燕地设置主要有幽州、安州、东燕州,及北周攻灭北齐,则设有幽州、玄州、燕州。其中,蓟城属幽州下辖的燕郡。及杨坚取代北周,建立隋朝,最初的幽州仍下辖三郡,为燕郡、范阳郡、渔阳郡。隋炀帝时,改天下各州为郡,而幽州则被称为涿郡,其下辖九县,蓟城作为蓟县的中心,也是涿郡的所在地,即在今西城域内。

从西汉时期的一统王朝,再到隋朝的一统天下,人们逐渐认识到:其一,封王建诸侯国,对于巩固一统王朝而言,并不是有利无害的举措,有时恰恰相反,成为动乱的原因之一;其二,郡县制度应该是古代中央政府的基本政治制度,是满足国家统治需求的重要手段,而郡县长官对于地方治理的盛衰起着决定性的作用。因此,自东汉以后,封王制度不再盛行,而割据称王的现象却屡屡发生,造成政治局势的混乱。

而自秦汉时期开始,民族关系一直与政局变化有着密切联系。秦、汉两朝与北方匈奴的关系,是直接导致国家盛衰的主因。秦朝虽然修筑了万里长城,却无法阻隔长城两边民众的相互往来。汉初的"和亲"政策为汉朝的发展提供了极大的便利,而汉武帝的北征,则导致了汉朝由盛转衰。此后的北方十六国纷乱割据至北魏政权的建立,更是北方少数民族与中原汉族大融合的历史进程。在这个历史进程中,蓟城一直是民族融合的重要中心之一。而这座蓟城,就在今西城区域内。

四、安禄山、史思明的叛乱

隋朝在一统北方之后不久,就南下平定天下,中国再次迎来了统一王朝。这时,面对江南地区的经济、文化发展日臻鼎盛,隋朝统治者决定开凿一条从江南直达两都(即长安与洛阳)的大运河。与此同时,又开凿一条从中原直达涿郡的大运河。这两条运河的开凿,其意义之重要,影响之深远,在中国古代历史上皆是不多见的。其中,从中原直达涿郡的永济渠,更是极大促进了燕地的发展,并为其最终成为全国首都奠定了坚实的基础。

隋亡唐兴,唐朝政府加强了对全国的控制,这时凸显的,仍然是中央王朝与周边少数民族的关系。为了处理好这种关系,唐朝政府在沿边地区设置十大节度使，以掌控各地的政局。其中，幽州地区的节度使是在十个节镇中最先设置的，而且是在十个节镇中掌控军队最多的一个节镇。据相关文献记载，唐朝的十个节镇，共掌握军队四十万人，平均每个节镇四万人左右，而幽州一个节镇，掌握的军队即达九万人，是其平均数的两倍多。

最初的唐朝节度使，皆用文官，因为武将往往会不听从中央政府的命令。而朝中的文官在各地任职节度使数年后，即可回到中央政府出任宰相之职，时称"出将入相"，故而唐朝中央政府中的宰相经常轮换。及奸臣李林甫出任宰相之后，为了能够长期占有宰相的职位，遂怂恿唐玄宗任用少数民族将领出任节度使之职。因为少数民族将领的文化水准都不高，不可能到中央政府出任宰相之职，遂使"出将入相"的制度遭到破坏。史称："国家武德、贞观已来，蕃将如阿史那社尔、契苾何力，忠孝有才略，亦不专委大将之任，多以重臣领使以制之。开元中，张嘉贞、王晙、张说、萧嵩、杜暹皆以节度使入知政事。"①这里所说的"重臣领使"即指命文臣出任节度使，如文中所说的张说，就曾出任幽州节度使。

而对于这个制度，李林甫加以破坏，"林甫固位，志欲杜出将入相之源，尝奏曰：'文士为将，怯当矢石，不如用寒族、蕃人，蕃人善战有勇，寒族即无党援。'帝以为然，乃用思顺代林甫领使。自是高仙芝、哥舒翰皆专任大将，林甫利其不识文字，无入相由，然而禄山竟为乱阶，由专得大将之任故也。"②文中的"帝"即指唐玄宗。他听信了李林甫的谗言，由此而起用了一批少数民族将领担任节度使之职，如安禄山、高仙芝、哥舒翰等人，皆被委以重任，遂为唐朝政局的动乱埋下了隐患。

从唐初的太宗"贞观之治"，历经高宗、中宗、女皇武则天的治理，到唐玄宗时，已经发展到了盛唐时期，国家的强盛超过了以往的任何一个历史时期。但是，"盛极必衰"是一种规律，而这个规律在唐朝的体现就是"安史之乱"。安史即安禄山与史思明，皆是少数民族将领。据相关文献称：安禄山是东北营州的胡人，开元年间受到幽州节度使张守珪的赏识，出任偏将，又养为义子。到了唐玄宗天宝元年（742），出任平卢节度使，两年后，又任范阳节度使（即幽州节度使），开始掌握了十几万精兵。此后，又兼任河东节度使，军权更加强大。而史思明则是安禄山的副手。

是时，唐玄宗在中央政府中宠信李林甫，在后宫中又宠信杨贵妃。李林甫为了巩固自己在朝中的地位，又用手段笼络安禄山；安禄山为了获得唐玄宗的

---

① 《旧唐书》卷一〇六《李林甫传》。
② 《旧唐书》卷一〇六《李林甫传》。

宠信，则认杨贵妃为干娘，相互之间各怀诡计，矛盾逐渐显现出来。虽然安禄山竭力拉拢杨贵妃，但是杨贵妃的哥哥杨国忠却一直警告唐玄宗，说安禄山"必反"。因此，唐玄宗曾经派宦官辅璆琳调查此事，而宦官却收受了安禄山的贿赂，"盛言其忠"，从而使唐玄宗放松了警惕。

　　到了天宝十四载（755）十一月，安禄山终于露出真面目，"反于范阳，矫称奉恩命以兵讨逆贼杨国忠"。十二月，攻入洛阳，翌年正月，"贼窃号燕国，立年圣武，达奚珣已下署为丞相"①。文中的"贼"即指安禄山。同年六月，叛军攻入潼关，直逼长安。唐玄宗被迫退出长安，逃往四川。正在强盛时期的大唐王朝，就在安禄山率领的幽州叛军的攻打之下，溃不成军，连失东西两京。由此可见，幽州军队的强悍攻击能力是许多节镇都无法与之相比的。但是，这时的唐朝政府仍然能够组织起有效的反击力量，与叛军展开殊死搏斗，而叛军内部则开始发生内讧。

　　这时的唐玄宗已经传位给唐肃宗。至德二载（757）正月，安禄山的手下发动内乱，将安禄山杀死，并立其子安庆绪为首领。而安庆绪生性懦弱，无法服众，于是叛军的势力越来越弱，政府军在郭子仪等大将的指挥下则越战越勇，遂将安庆绪围困于相州（今河南安阳一带）。及叛将史思明见大事不妙，遣使奉表称降。唐肃宗大喜，封其为归义王、范阳长史、御史大夫、河北节度使。及唐肃宗派乌承恩为使，到史思明军前，伺机除去史思明，但事情败露，乌承恩遂被史思明杀掉。

　　随后，史思明率军前往相州，将郭子仪等官军击败，给安庆绪解围。不久，史思明杀

史思明墓出土铜坐龙

掉安庆绪，自立为燕王，史称：乾元二年（759）四月，史思明"僭称大号，以周贽为

---

　　① 《旧唐书》卷二百上《安禄山传》。

相,以范阳为燕京"。并且再度攻陷洛阳。但是,邪恶势力再猖狂也是注定要失败的,在唐朝政府军不断反攻获得胜利的情况下,叛军内部再次出现内讧,史思明的庶子史朝义在手下众人的劝说下,发动叛乱,将史思明杀死,并派人回到蓟城,将伪太子史朝清除去。此后,叛军陷入四分五裂的状态,再也无法对抗日益壮大的政府军势力。最后,"安史之乱"以史朝义被捕杀而告结束。"安史之乱"的爆发地——幽州城,就在今西城区域内。

由幽州发动的"安史之乱"虽然只有八年,其在唐朝历史上却产生了巨大的影响。其一,使唐朝的历史出现了一个转折点。在此之前,唐朝的发展处于直线上升时期,从初唐阶段进入盛唐阶段。而在"安史之乱"爆发后,全国的政治、经济、文化等各方面,都受到严重破坏,由此开始走向衰败,进入中唐和晚唐时期,这个转折是当时人和后人都能够明显感受到的。

其二,中央王朝的统治力量遭到严重削弱,全国由此进入"藩镇割据"的局面,并最终导致了唐朝的灭亡。由于"安史之乱"爆发,为了镇压叛乱,唐朝各地形成了大大小小的藩镇,这些藩镇的统帅就是众多的节度使。他们占据一方,各自发号施令,成为当地的土皇帝。对于唐朝中央政府的号令,他们认为有利的就执行,无利的就抗拒。而这些藩镇的节度使,也往往成为各地军队的首领,在得到军队的支持下,各地的节度使屡屡变更,完全不听中央政府的任命。幽州节度使就是控制了幽州地盘的割据军阀。

五、石敬瑭割让"燕云"与辽宋易势

唐代末年,内有宦官专权,外有藩镇割据,很快就导致了唐朝的灭亡。而在唐末的诸多割据藩镇中,最为强大的主要有三个:一个是盘踞在河南开封一带的朱全忠,另一个是盘踞在河东一带的李克用,第三个,则是盘踞在幽州的刘仁恭。其中,又以朱全忠和李克用更为强大,刘仁恭则徘徊于二者之间,利用二者的矛盾斗争,来获得自身生存和发展的空间。

刘仁恭原来是李克用的部下,在依靠李克用的力量占据幽州之后,想要摆脱李克用的控制,遂与之公开对抗。于是,李克用调动大军,向刘仁恭发起进攻,而在木瓜涧遭到刘仁恭的伏击,大败而回。由此,刘仁恭正式摆脱了李克用的控制。此后,刘仁恭又开始向中原地区扩张势力,首先进攻沧州的义昌节度使卢彦威,迫使其弃城而逃,随即又向魏博节度使罗绍威发动进攻,而罗绍威向朱全忠求救,朱全忠遂派部将葛从周率大军与罗绍威一起抵抗刘仁恭的进攻。

刘仁恭在进攻魏州时,受到罗绍威和葛从周的拼死抵抗,经过激战,刘仁恭大败。随后,朱全忠命部将葛从周等向幽州发动反攻,刘仁恭节节败退,不得不向李克用求救,而李克用为了牵制朱全忠的势力,遂出动军队进攻朱全忠,迫使其退兵。但是,刘仁恭不思自保,在经过短暂休整之后,又向南扩张。朱全忠为了彻底解决幽州的威胁,在天祐三年(906)亲自出征。刘仁恭在拼命抵抗的同时,再度向李克用求救,李克用遂命大将周德威等出军相助刘仁恭,朱全忠见此而不得不退兵。

朱全忠回师之后,采取了灭亡唐朝而自立的举措,自立为帝,史称后梁太祖。历史由此进入了五代十国时期。而这时的幽州,也发生了变故,刘仁恭之子刘守光发动政变,将刘仁恭囚禁,取而代之。此后不久,刘守光即被李存勖(李克用之子)攻灭,幽州归于河东节度使的管辖范围。李存勖遂命大将赵德钧出任幽州卢龙节度使。而这时的李存勖手下大将卢文进却投靠了契丹政权,出任卢龙节度使,其治所不是在幽州,而是在平州(今河北卢龙)。在这时的幽州及其附近,出现了两个卢龙节度使,一个是后唐的,另一个则是契丹的。不久,李存勖又出兵攻灭后梁政权,自立为帝,史称后唐庄宗。

此后,后唐历明宗、闵帝,至潞王(又称末帝)李从珂即位时,因为与大将石敬瑭不和,发生内讧,潞王调动大军,向驻守太原的石敬瑭发动进攻。石敬瑭见状遂向契丹求救,并提出了一个十分诱人的盟约。辽太宗认为这是一个进军中原的好机会,即与石敬瑭约定相助。清泰三年(936)八月,潞王大军攻到太原城下,石敬瑭拼死抵抗,九月初,契丹大军由雁门关入长城,不久至太原,与石敬瑭联手打败了潞王的军队。

同年十一月初,在辽太宗的扶持下,石敬瑭在太原城南称帝,史称后晋高祖。因为他与辽太宗相约以父子相称,故而又被后人称为"儿皇帝"。就在辽太宗扶立石敬瑭为帝之日,"帝言于戎王,愿以雁门以北及幽州之地为戎王寿,仍约岁输帛三十万,戎王许之。"①文中之"戎王"即指辽太宗,所谓"雁门以北及幽州之地"即指"燕云十六州"。不久,石敬瑭就攻灭后唐,将潞王废为庶人。经过这次的历史巨变,以幽州为首的沿长城内外的十六州尽入契丹版图。

至会同元年(938)十一月,"晋复遣赵莹奉表来贺,以幽、蓟、瀛、莫、涿、檀、顺、妫、儒、新、武、云、应、朔、寰、蔚十六州并图籍来献。于是诏以皇都为上京,府曰临潢,升幽州为南京,南京为东京。"②文中的辽南京,一个是幽州升为辽南京,另一个是原来的辽南京辽阳府,太宗时改为辽东京。此后,辽太宗又将国号

① 《旧五代史》卷七十五《晋书·高祖纪》。
② 《辽史》卷四《太宗纪》。

67

契丹改称大辽,"改元大同。升镇州为中京。"①作为辽南京的幽州城,开始迈入一个新的历史发展时期,从中原统一王朝的北方重镇,变成北方少数民族政权的陪都,而且是最重要的陪都。

此后的中原地区,又经历后汉、后周两代,后周末年,大将赵匡胤发动兵变,夺得皇权,建立宋朝,史称宋太祖。他逐渐统一中原及江南各地,但还没有顾及北方的统一问题,即死去。宋太宗即位后,开始着手统一北方,太平兴国四年(979)五月,宋太宗亲率大军进攻北汉,在攻灭北汉之后,随即发动了收复"燕云十六州"的战役,想要一举平定北方。同年六月,宋太宗率军攻到幽州(即辽南京)城下,受到顽强抵抗。七月,辽朝援军到来,"帝督诸军及契丹大战于高梁河,败绩。"②宋朝的第一次收复失地的行动宣告失败。

宋太宗在第一次大规模收复"燕云十六州"失败之后,并不甘心,于是在经过短暂的休整之后,于雍熙三年(986)开始了第二次大规模的军事行动。这次的规模也很大,宋军以大将曹彬为统帅,为东路军,从雄州进攻幽州;又以大将田重进率军出飞狐口以助攻。再命潘美、杨业率大军出雁门,为西路军,收复云州(今山西大同)等地。这次的进攻一开始比较顺利,但是随后却遭到了辽军的有力反击,曹彬、潘美相继战败退师,大将杨业也被俘。宋朝第二次大规模收复失地的行动再次宣告失败。此后的宋朝在很长一段时间内,虽然念念不忘要收复失地,却再也没有力量组织起有效的进攻。

在石敬瑭割让"燕云十六州"给辽朝之后,中国古代的格局出现了巨大变化,这时的长城已经失去了保障中原王朝的功能。特别是作为华北军事重镇的幽州,在变成辽南京之后,已经成为契丹政权南下进攻中原地区的重镇。为此,双方在订立"澶渊之盟"后,由宋朝每年向辽朝进贡巨额的银币、布匹的形式,保障了辽宋之间的长期和平局面。这实际上是宋朝用巨额的钱帛又修筑了一条看不见的长城,来达到辽宋之间攻守的平衡。由此可见,这时的辽南京不仅在军事上仍然占有极其重要的战略地位,而且在政治上也占有举足轻重的地位,并且影响着此后中国古代历史的发展进程。从总的历史进程来看,辽南京的确立及其地位的巩固,是北方少数民族政权势力进入中原地区的第一步。这时辽南京的核心城区,即在今西城区域内。

---

① 《辽史》卷四《太宗纪》。
② 《宋史》卷四《太宗纪》。

六、金海陵王扩建中都城

辽朝末年,东北女真族迅速崛起,在击败辽朝的镇压后建立金朝,并开始与宋朝联手,双方订立"海上之盟",共同攻灭辽朝。这时的金朝,已经建造了自己的第一座都城——金上京城(今哈尔滨阿城区境内)。在双方的约定中,长城以北的辽东京、辽上京及中京、辽西京等地皆由金朝所攻占,而长城以南的辽南京则由宋朝所攻占。金朝按照约定,很快就攻占了长城以北的辽朝疆域,而宋朝却在攻打辽南京时再次败绩。金太祖于是挥师南下,攻占了辽南京。

在这种情况下,宋朝却要求金朝交出已经占领的辽南京城。为此,金朝提出要索取高额的赎让费,而宋朝却答应并交付了巨额钱财,来换取一座空城,并将之定名为燕山府路。此后不久,金军再度攻入山海关,而宋朝派遣驻守燕山府的军队毫无抵抗能力,于是金军很快就将其攻占,并改称为燕京,作为与宋朝进行军事对抗的前沿阵地,而另一处对抗的前沿阵地则是西京大同。两者被并称为"东朝廷""西朝廷"。

金朝在与宋朝攻灭辽朝之后,即处于接壤状态,于是,金朝又开始向宋朝发动进攻,并在叛将郭药师的带领下,很快就攻到了宋朝都城开封城下。对于这个结果,不仅宋朝统治者没有料到,就连金朝统治者也没有料到。于是,双方议和,宋朝向金朝交纳了巨额钱财,金朝遂退兵而回。但是,没过多久,金军再度发动进攻,这一次,金朝没有再退兵,而是直接把腐朽的北宋王朝攻灭,史称"靖康之耻",宋朝贵族在撤退到江南之后,再建南宋,与金朝隔江对抗。

金朝统治者对于这么快就占据了长江以北的半壁江山,在短时间内是很难适应的,于是就扶持了一个刘豫伪政权,并把开封作为其统治中心。而在金朝统治者适应了这种局面后,即把刘豫伪政权废去,开始自己统治这半壁江山。但是,问题很快就来了,原设置在黑龙江的金上京,作为东北地区的统治中心是完全没有问题的,但是,作为统治北半个中国的统治中心,就会产生很多问题,如政令的传达速度、物资的运输费用,等等,皆无法很好地加以解决。

为此,将都城从东北迁移到中原地区,是最好的解决办法。实现这个办法的唯一途径,则是金朝统治者的迁都决策,而这个决策很快就出现了。在金熙宗统治时期,由于他的残暴,引来了一场宫廷政变,熙宗被杀,海陵王即位,他在即位后,不仅决定要把都城从金上京迁移到中都,而且制定了一套完整的都城体系,以金中都为中心,并在周围建立了四座陪都。这个方法是沿袭了辽代的五京制度,所不同的,则是把首都从东北迁移到中原地区。

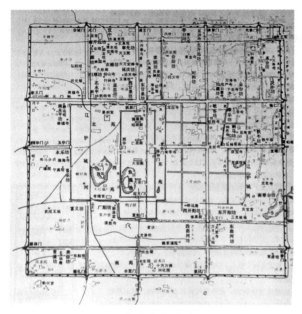

辽金城池复原图

金中都城的扩建是在辽南京城的基础上完成的。其一,金中都城扩建之前,辽南京城的前身是先秦时期的古蓟城,一直到唐代的幽州城,城址基本没有变迁,城市规模也没有大的变动,大体保持了"城方二十五里"、城墙每面设有两座城门的格局。而在金中都城扩建之后,则达到了"城方三十六里"、每面三门(北面四门)的格局,而且皇城和宫城居于全城中心的位置。

其二,金中都的扩建模式,完全仿照的是北宋开封的都城模式。在辽宋金时期,文化最发达的是宋朝。辽朝在灭掉后晋之后,承接了唐朝的文化,却由于受到与宋朝对峙的影响,而很少承接宋朝的文化。金朝则在攻灭北宋之后,大量承接了宋朝的文化,其中,对都城格局的模仿,就是最明显的范例。宋朝都城的格局,在当时都城的设计理念中,应该是最先进的,故而金中都城的扩建,就是按照这种最先进的设计理念来完成的。

其三,由于金中都城是金朝的首都,故而在建好之后,也就成为金朝统治者长期居住的地方。在此前的辽南京城,因为是陪都,故而辽朝统治者并没有长期生活在这里。他们主要生活在辽上京,只是有时会到辽南京来,举行巡游或狩猎活动。而金海陵王在扩建完中都城后,金朝统治者就基本上都在这里从事各种活动,这也是北方少数民族帝王第一次来到中原地区,并长期生活在这里。金中都城的主体,也是在今天西城区域内。

金中都城的建造,表明北方少数民族政权的势力,不仅跨过了长城一线的阻隔,而且已经跨过了黄河,达到江淮一线。而作为少数民族政权的统治中心,则已经从东北地区迁移到了中原地区的北端。金宋之间的对抗,也已经超过了辽宋之间的对抗,而这种对抗,除了在空间疆域方面发生了极大的变化之外,在文化的融合方面,也有了巨大的变化,金朝开始向宋朝学习许多先进文化,并融入各个领域之中。金中都城的扩建,只是其中的一个方面。正是这种学习与融合,使得金中都城发展成为中国古代北方地区最繁华的大都会。

金海陵王扩建中都城的举措,顺应了中国古代历史发展的大趋势,即民族融合的空间拓展与程度加深,这个大趋势表现出其必然性的一面。而且,金海陵王把这种民族融合在辽朝的基础上又向前推进了一大步。然而,这种历史发展的大趋势并没有到此终结,却是在此后的元朝进一步达到了新的高峰,不仅融合的空间遍及全国,而且融合的程度也进一步加深,由此而带来了历史发展的新的辉煌。其重要标志之一,就是元大都城的建造。

七、元世祖营建大都城

金朝末年,北方草原上的游牧部落逐渐崛起,蒙古部落首领铁木真经过多年激战终于统一了各部落,建立蒙古国,并被推举为各部落的共同首领,号称成吉思汗(即元太祖)。他在统一各部落之后,开始向草原南面的金朝发动进攻,其进攻的主要目标就是金中都。并在经过三次大规模进攻之后,攻占了金中都城,迫使金宣宗从中都城南逃到了汴京(今河南开封)。成吉思汗把金中都改称为燕京行省,并以此为中心,逐渐向周围扩张蒙古国的势力。

到窝阔台汗(即元太宗)即位后,在大臣耶律楚材的建议下,建造了蒙古国的第一座都城——和林城(今蒙古国境内),而作为中原地区的治理中心则仍然是燕京城。此后历经贵由汗(即元定宗)和蒙哥汗(即元宪宗)的时期,和林城一直是蒙古国的都城。蒙哥汗时,曾派皇弟忽必烈负责掌管中原地区的军政事务,于是忽必烈在内蒙古的金莲川建造了一座王府,称开平府(今内蒙古正蓝旗辖内),作为他管理中原事务的治所。这座王府,在忽必烈夺得皇权之后,被称为元上都。而忽必烈的弟弟阿里不哥则占据着都城和林,来与忽必烈争夺皇权。

双方经过数年激战,忽必烈战胜了阿里不哥,夺得皇权,史称元世祖。这时的元世祖已经认识到,要进一步发展蒙古国的势力,不论是和林城还是元上都城,都有许多不足之处,必须要再选出一处统治中心,以供其进一步扩张势力。于是,他取消了和林城的都城地位,并经过一番思考之后,决定把都城建造在燕京。一方面,忽必烈把燕京提升为中都,又进一步号称为大都;另一方面,他又把国号改称大元,以显示其将要一统天下的恢宏志向。

元世祖在平定江南的过程中,建造了宏伟的大都城,与此同时,他又遵照中原王朝的做法,完善了一整套礼乐制度,并在平定江南之后,修订了行用全国的历法《授时历》,纂修了囊括全国疆域的《元一统志》。这时的元朝,是全国疆域最辽阔的;这时新建的元大都城,也就成了全国的统治中心。大都城以丽正门为界,其东部为大兴县辖区,其西部则在宛平县辖区内。而这时的中都旧城,也被分属大兴及宛平,其地域位置,则与新城的宛平县部分一起,成为今西城区域内的一部分。

元世祖建造大都城,在北京城市发展史上是一项创举,而在西城区的发展史上也是一项极为重要的举措。首先,它拓展了西城的城市空间。原来的金中都在中国古代的北方城市中已经是规模宏大的典范,在金代的五京之中稳居首位,其影响也超过了此前的古都长安、洛阳及开封等。而在大都新城建好以后,不仅新都城的一半属于西城,皇城中的一大半属于西城,而且旧中都城的全境皆在今西城区域内,这就给西城的城市发展带来了更加广阔的空间。

其次,大都新城建成之后,在旧中都城留下了大量的历史文化遗存,以及寺庙、道观、私家园林等一大批生活空间。在金中都时期,就有了"燕京八景"的景观胜境,而其中的"金台夕照""蓟门飞雨""太液秋风"这三处景观,皆在旧中都城内。此外,著名的寺庙悯忠寺(今法源寺),著名的道观白云观,著名的私家园林张氏西园等,也皆在西城区域内。这些景观,有的随着时间的流逝而逐渐消失了,也有的则一直保留到今天。

元大都城的建造,从古代中国的视野来看,也具有非常重要的意义。首先,它消除了多个都城并存的局面,使大都城成为全国的统治中心。在中国古代,宋朝之前的统一王朝的都城基本上都是在中原地区,而少数民族政权的都城大多是在中原地区之外。在元朝(包括蒙古国)建立之后,陆续把金朝、西夏、大理、南宋等割据政权逐一消灭,也逐一取消了这些王朝建立的都城,而使元朝建立的大都城成为唯一的统治中心。元朝也是第一个由少数民族政权建立的全国统一王朝。

其次,从古都设置的历史来看,北京第一次成为统一王朝的都城。这个历史进程是和中国古代疆域的发展变化的大趋势相一致的。从中国第一个王朝

忽必烈营建大都(绘画)

夏朝的都城设置来看,由于当时的疆域主要是在中原地区,故而都城设置也是在疆域的中心位置。此后的东夷商朝和西戎周朝,随着疆域的扩展,都城的迁移范围也在随之扩大。为了加强对全国的控制,周朝开始有了两个都城,这种两都的模式一直延续到了唐代。在这漫长的历史进程中,幽州则一直处于"边地"。

到了辽宋金时期,不论是汉族还是少数民族政权,都采取了多都制的模式。这一方面显示出古代国家疆域有了进一步扩展,要加以控制及管理需要更多的区域中心城市;另一方面则显示出少数民族政权建立的都城在不断从北方向中原地区迁移。这一点,从辽上京到金中都即可显示,而到了元大都又有了进一步的发展。但是,这时的多都制又被两都制所取代,元代的两都,一座是在中原地区,另一座是在大草原上,这时相互联系的是农耕与游牧两大区域。

新建的大都城是一座民族融合的国际大都会。既有广大汉族民众,又有新加入汉族的契丹、女真族民众,还有从大草原及西域各地前来的蒙古族和色目民众,以及从亚洲、欧洲、非洲等域外前来的各国民众,包括政府官员、工匠、商贾、演艺人员、旅游者及普通民众,这些人共同生活在大都城里,从而共同构成了丰富多彩的大都社会生活。

新建的大都城又是一座多元文化共存的国际大都会。在这里,作为主体的是所谓的传统"三教",即以儒家学说为主,以佛教及道教为辅的中华传统文化。这种文化已经传承了数千年,而新传入的则有盛行于西亚及欧洲各地的伊斯兰教及基督宗教文化。这些不同类型的文化在大都城都能够相互冲突及融合,最终融入中华文化的共同体中。特别是伊斯兰教文化和基督宗教文化的"汉化"过程,既保留了其大量原有的文化因素,又融入了传统"三教"的许多内容,也就有了新的发展。今天的西城区在当时正是大都城的一个重要组成部分,也就是这场文化大融合的主要场所之一。

八、明成祖定都北京

元朝灭亡后,明太祖朱元璋定都南京,并将大都城改称北平府,将所有重要的国家典籍、礼乐设施等全部运往南京,然后将元朝的宫殿等拆毁一空,甚至连城市规模都加以压缩,从而基本上消除了元朝的社会影响。由于元朝的残余势力还在漠北草原有些活动,北平府就变成继续扫除元朝残余势力的主要军事重镇,明太祖并分封诸皇子到各地为王而加以镇守,其中,四皇子朱棣被封为燕王,即镇守在北平,主持相关的军事行动。

明成祖像

明太祖之所以定都南京，除了曾经在此奠基的政治原因之外，与原大都城相比，这里的自然环境及经济供给、物资繁华等各方面皆有较大的优势，这些优势是明太祖及众多大臣皆可以理解的。而南京城又曾经是六朝古都，文化积淀也是十分丰厚的。故而一直到明太祖死后，建文帝即位，这里一直是明朝的首都。此外，在朱元璋起家之地的安徽凤阳，又建有明中都，作为陪都。

建文帝即位后，听信大臣的建议，采用"削藩"的办法来解除诸宗王的权力，加强皇权的统治。建文帝消除内地宗王的权力比较顺利，但在要消除燕王朱棣的权力时，遭到了反抗。这时的燕王朱棣，手握重兵，并且在扫除元朝残余势力时屡立战功，于是在遇到"削藩"的迫害时，起兵反抗，与建文帝兵戎相见，史称"靖难之役"。经过四年的争斗，燕王朱棣率军攻入南京，夺得皇权，史称明成祖（又称明太宗），建文帝不知所终。

明成祖在夺得皇权后，将北平府改称北京，与南京并立，这时的首都仍然是南京，被称为"京师"，而北京被称为"行在"。几年之后，明成祖开始大兴土木，在北京建造宫殿、衙署等设施。到永乐十九年（1421），明成祖从南京来到北京，正式将北京称为"京师"，作为首都，而南京则取消"京师"之号，仍称南京。北京的名称，沿用至今。

作为一位杰出的政治家，明成祖通过"靖难之役"深深感到，作为全国的政治中心和军事重心必须合二为一，才能够保证国家统治的稳固。明朝初年，南京是全国的政治中心，中央政府就在这里，而北平府则是军事重心，驻有大量军队。正是有了这种政治中心和军事重心的分离，才会造成宗王依靠军队对抗中央的局面。如果把大量军队从作为"边地"的北平府调到南京，政局虽然稳固了，但是却会削弱边地防守力量。

在这种情况下，只能是把首都从南京迁移到北京，从而将全国的政治中心和军事重心合为一体。对于明成祖把首都从南京迁到北京的重大举措，许多大臣是不理解的，甚至连明成祖的儿子和孙子都没有理解这一举措的深远意义，故而加以反对。对于大臣们的反对，明成祖以诛杀几位反对者作为回应。而对于子孙们的反对，明成祖则以把自己的陵墓安置在这里作为回答，从而有了天寿山长陵的建造，表示就是死也要死在这里。

这时的北京城，比起元大都城，在明代初年已经压缩了很大一部分。对此，明成祖并没有恢复原有的规模，而是在北面城墙维持明初原状的同时，向南面拓展了两里地，使得皇城及宫城的空间有所扩大。除了新建的宫殿之外，明成祖还把原来元朝宫殿和园林合在一起的格局加以改变，太液池东岸建有紫禁城，其西岸则变为皇家园林，称西苑(今北海公园及中南海的一部分)。其位置即在今西城区域内。就皇城规模而言，明北京也大致维持了元大都的格局。这时的许多中央机构也是利用元朝旧衙署办公的。而这时的元大都旧城已经基本荒废了，只留下了一些古老的寺庙、道观。

后人在评价明成祖迁都北京的举措时，只是用"天子守边"来加以形容，其实这只是看到了事物的表象，其重要意义，当时只有明成祖预见到了。正是由于明成祖迁都北京，实现了政治中心和军事重心的合一，才保证了此后二百多年明朝一统江山的稳固，虽然有时也曾出现过一些不安定因素，但很快就被平定了。同时，对于北方少数民族的侵扰，也是因为有了北京镇守，才得以一次又一次化险为夷。

明成祖的儿子明仁宗、孙子明宣宗在即位之后，皆曾想将首都从北京迁回南京，却都没有最终落实，到明成祖的重孙子明英宗即位后，北京的首都地位才得到了巩固，再也没人提出迁回南京的建议。永乐十九年(1421)，北京紫禁城发生火灾，新建成的三大殿被烧毁，此后一直没有复建。在正统年间，紫禁城中的三大殿才重新修建，成为举行各项重大活动的场所。

到了明代中期的嘉靖年间，明世宗为了加强北京城的防卫力量，准备在北京城的外面再修筑一圈城墙，于是从南面开始，再建新城。但是，这项浩大的工程在修筑完南城之后，政府就没钱了，也就没能再修筑东、西、北三面的城池。经过这次修筑，原来的北京城称内城，新修的北京城称外城或者南城。虽然对于北京城的防御能力没有太多增强，却增加了北京城的发展空间。

明成祖营建的北京城，对于此前的元大都城而言，基本上没有了继承关系，而是完全按照明南京城的模式加以建造的，所以许多重要的设施的位置也与大都城完全不同。如宫殿园林的布局、左祖右社的位置、政府衙署的分布，等等，皆与此前不同。而唯一继承元大都城的，则是全城的中轴线，南起都城正南门，北抵钟鼓楼。到嘉靖年间建成南城之后,这条都城中轴线也得以建成。中轴线东侧属于东城大兴县,西侧属于西城宛平县。北京城也得以延续了全国统治中心的地位。

九、李自成攻占北京与明朝灭亡

明朝末年,内有宦官专权的祸患,外有辽东满族政权的崛起与侵扰,明王朝的统治很快就走向衰落。而广大民众在明朝腐败统治下,更是处于水深火热之中。是时,川陕一带饥民遍野,纷纷起兵反抗,各有名号,如尊天王、震天王、托天王等,其中,又以号称闯王的李自成和号称八大王的张献忠实力最为强大。两人时起时伏,屡败屡战,终于发展壮大起来。

李自成是陕西米脂县人,崇祯初年,陕西大饥,赤地千里,而有高迎祥自称闯王,率领民众发动起义。是时,李自成投靠高迎祥,自称闯将。及高迎祥被杀,李自成遂称闯王,率众转战四方,以"迎闯王,不纳粮"为号召,聚集大量民众,此后不久,攻占洛阳,杀明福王。又转战湖北,攻占荆州、襄阳等地。随后又乘胜转战陕西,攻占西安。李自成遂在崇祯十七年(1644)正月称帝,建国号曰大顺,建纪年称永昌。农民起义军的力量还在不断壮大。

同年三月,李自成农民起义军向明朝都城发起进攻,先攻占山西大同及宣府,然后攻入居庸关,进占昌平。随后由德胜门攻入北京。据当时文献的记载,有的认为是从阜成门攻入的,有的认为是从阜成门、宣武门、广宁门(今广安门)攻入的,其说不一,但是,这些城门皆在今西城区域内。由此可见,李自成农民起义军在攻打北京城时,主攻方向是在西城一带的。

就在李自成农民军攻打北京城时,明思宗朱由检(又称怀宗)原本想逃出北京,但是失败了,于是在紫禁城北面的煤山(即今景山)上吊自尽,大明王朝由此灭亡。随后,李自成受到来自山海关外的清朝军队的挑战,于是他亲自率军出征,并在山海关一带与降清明朝大将吴三桂和清朝的联军展开激战。经过激战,李自成农民军败退回到北京,在仓促举行登基仪式后,李自成下令焚毁北京的宫殿后逃往西安。不久,北京城就被清军占领。

在中国古代历史上,作为农民起义军而能够夺得政权的事例并不多,朱元璋推翻元朝、建立明朝,应该是其典范。但是,明朝在建立二百多年后,却又被李自成领导的农民起义军所推翻。这种历史的循环曾经在中国古代重复过多次,却很难改变,李自成的大顺政权也不例外。在中国古代社会中,一个地主变更为另一个地主是改朝换代的主题,而农民变成地主的情况则是很少见到的。

李自成塑像

李自成在推翻明朝后,原本想取而代之,却没有成功。明朝最大的地主——皇帝,最终是被清朝这个新的地主所取代。

李自成在攻占北京城、推翻明朝统治之后,以为大业已经完成,可以享受皇帝的待遇了。不仅是他有着这样的想法,就连他的部下们也有着同样的想法,因此,他们丧失了斗志。在攻占北京城之后的所作所为,充分显示了人性中丑陋的一面,他们依仗强势抢夺金钱与美女,滥杀无辜,胡作非为,无所约束,等等。这一切也显示出,他们不是合格的统治者,只不过是久贫暴富且素质较差的一群人。他们的失败,是已经注定的。

他们在推翻明朝的腐朽统治时,势同摧枯拉朽,所向披靡。但是,在面对正在崛起的清朝时,敌人的强大及凶恶,是他们远远无法认识到的,因此,在随后的战斗中,他们被击垮了,溃不成军,一败涂地。在此后反抗清朝的斗争中,他们的作用甚至还不如亡明的残余力量。他们在烧毁北京紫禁城的时候,目的很明确,只要是自己得不到的东西,谁也别想得到。由于这种卑劣的心理在发挥作用,从而给北京城带来了一场浩劫。一个朝代灭亡了,并不代表一段历史就此结束,而是仍将延续下去,新的场景出现了,新的主角登场了,北京仍然作为新朝代的首都,发挥着重要的作用。

十、清朝定都北京

明朝末年,清朝崛起,并很快就占有了东北的大部分地区和蒙古草原。然后,定都沈阳,号称盛京。清朝统治者的雄心自然不在东北一隅,而是继续向中原地区扩张其势力。正是在此时,李自成农民起义军的势力也是不断发展壮大,同时向明朝统治中心的北京发动进攻,并且导致明朝的灭亡。这一举动,无疑是为清朝挺进中原扫清了障碍。而驻守山海关的明朝大将吴三桂的投降,更是给清朝击败大顺军提供了一大助力。

双方经过激战,大顺军溃败,退出北京,而清军则很快就占有了这里。面对明朝灭亡,大顺军逃走并焚毁紫禁城的烂摊子,清朝统治者决定乘胜追击,不给大顺军以喘息的机会。与此同时,睿亲王多尔衮等又议定,把都城从盛京迁移到北京。这个重大的决定在当时起到了很好的效果。同时,清朝统治者又按照礼制,把在煤山上吊自杀的明思宗安葬在了明朝的皇陵之中,借此以安抚民心。

当时的清朝小皇帝福临才七岁,朝中大权多集中在睿亲王多尔衮的手中。因此,多尔衮打着为明朝复仇的旗号,一方面,命英亲王阿济格乘胜向逃跑的李自成发动追击;另一方面,又命豫亲王多铎率大军向江南发动进攻。与此同时,多尔衮将小皇帝接到北京,亲行祭告天地之礼,即位称帝,史称清世祖。在这个过程中,睿亲王多尔衮一直发挥着主导作用,对于完成清朝的统一大业起着至关重要的作用。

自从元朝定都北京,这里就成为全国民族融合的中心。此后明代北京虽然不是由少数民族统治者建立的首都,却仍然是民族融合的中心,中华民族的相互融合一直也没有停止。到了清代初年,中华民族的相互融合达到了一个新的高峰。这时的满族统治者在东北地区就已经开始了民族融合的步伐,由此而建立了"八旗制度",即由满洲八旗、蒙古八旗和汉军八旗共同建立的军政合一的军队组织。而这支军队的核心,则是满洲贵族。

清朝统治者在占领北京之后,把全城原来的居民全都赶到外城居住,而把内城全都用来安置八旗子弟。这时的北京内城,是按照八旗军队的排列布局来安置八旗子弟的,因此,整个北京内城也就变成了一座大兵营。当时的北京内城,除了正南门正阳门(又称前门)之外,还剩下八座城门,八旗组织恰好每一旗占一座城门。正黄旗和镶黄旗占有北面两门,正白旗和镶白旗占有东面两门,正红旗和镶红旗占有西面两门,正蓝旗和镶蓝旗占有南面两门。而以中轴线为界,八旗子弟又被分为左翼四旗和右翼四旗。

清朝帝王在乾清门御门听政(绘画)

　　清朝定都北京之后,这里很快就成为全国的政治、经济和文化中心。清朝统治者在这里重新修建了紫禁城和西苑,并改变了主体建筑的名称。如大明门被改称大清门,承天门被改称天安门,三大殿被改称太和殿、中和殿、保和殿等,煤山(又称万岁山)被改称景山,等等。这些主体建筑名称的改变,表明其统治思想也有了极大的变化。尤其是三大殿皆以"和"为主题,突出了中华民族以团结、凝聚为发展主题的哲学内涵。

　　为了保证中央集权的顺利实施,清朝统治者把此前历代分封诸宗王到各地镇守的办法加以改变,将所有受封的诸宗王都留在了京城,并根据他们受封的等级在这里为他们建造了数十座大大小小的王府。在这些王府中,诸宗王享有极为优厚的经济待遇,但是也失去了占据各地胡作非为的机会,同时也减少了他们占据地方、对抗中央的机会。在京城的数十座王府中,今西城区域内就占有半数。而只有在清代,由这些王府所形成的王府文化,已经成为北京历史文化的一个重要组成部分。

　　由于清朝统治者使北京内城和外城形成旗、民分居的局面,就使得一大批著名的学者在来到北京后不得不居住在外城。由此又形成了著名的"宣南文化"。宣南系指北京宣武门以南的一片地区,许多著名的各地学者,如清代前期的成克巩、朱彝尊、徐乾学、王士禛、赵吉士、钱大昕、沈德潜、赵翼、阎若璩等,清代中后期的查慎行、孙星衍等,皆曾在此居住。其他居住在西城域内的尚有江藻、宋荦、高士奇、裘日修、蒋廷锡等。这些来自全国各地的著名学者在宣南地区从事的文化活动及其遗迹,被后人统称为宣南文化,从而构成了清代北京文化的一个重要组成部分。

　　北京作为全国的经济和文化中心,在明清时期形成了众多的各地会馆,这些会馆主要是为两部分人提供服务的。第一部分,是全国各地进京从事商业贸易活动的商人们,不同的地区在京城有着不同的会馆。第二部分,则是为全国各地进京参加科举考试的士子们。这两部分人在京活动,充分体现出北京作为全国经济和文化中心的重要作用。而这些全国会馆中的大部分是在清代设置的,而且大多设置在今西城区域内,从而形成独具特色的会馆文化。

也是在明清时期,戏剧文化日益发展兴盛起来,北京作为全国的文化中心,戏剧文化也日臻兴盛。明代的许多达官显贵,就开始豢养一批演艺人员,为他们提供演艺服务。到了清代,这种现象愈加盛行,不仅帝王专门豢养一批演艺人员在皇宫里面演戏,许多达官显贵也豢养有一批戏子,以供其观赏演出。此外,在外城还出现了一批戏园子,作为专门的演艺场所;又形成了一批戏班子,成为专门的演艺人员。就连一些规模较大的会馆,也设有演艺场所。这些戏园子,大多设置在今西城区域内,从而形成色彩纷呈的演艺文化,而京剧就是诸多演艺文化的典型代表。

综上所述,在清代定都北京之后,很快这里就变成了全国的政治、经济和文化中心。而在这个文化中心里面,西城占有十分重要的地位,形成了一些独特的区域文化,并对后世产生了极其深远的影响。北京还是中国古代最后一个王朝的首都,是中国社会从古代向近现代转化的代表,如"公车上书"就是发生在西城域内的重要历史事件。清朝灭亡以后,北京作为都城的影响还延续了一段时间。

十一、清朝灭亡后的北京与北平

清朝灭亡后的 1912 年 3 月,袁世凯篡夺了革命果实,出任临时大总统,并将都城由南京迁至北京,由此掌控了全国的政务。翌年 10 月,他在故宫太和殿就任大总统之职。此后,袁世凯调动手中的权力及拥护他的反动势力,向革命党发动进攻,先是强行解散国民党,又宣布废除《临时约法》,撤销国务院,其后设置政事堂,为他的专制统治提供便利条件。在自以为各项条件都已经成熟的情况下,袁世凯于 1915 年 12 月,公然宣布,登上皇帝宝座,并宣布将翌年改称洪宪元年。

袁世凯复辟称帝,是民国年间北京发生的一件重大历史事件,表明专制帝制在当时的社会上还有相当雄厚的残余势力。但是,历史总是在向前发展,复辟帝制的倒行逆施是不符合广大人民的意愿的,是必然受到广大人民的强烈反抗的。此后不久,云南的蔡锷首先起兵反抗,全国民众积极响应,形成滇、黔、桂、粤、浙五省独立的局面。袁世凯被迫无奈,遂于 1916 年 3 月取消帝制,不久死去,新的共和政体得以延续下去。而在这一事件的主要发生地即中华民国的

80

第一届国会旧址,已经被列为全国重点文物保护单位,就在今西城区域内。

民国年间在北京发生的另一件重大历史事件,是张勋复辟。袁世凯死后,北洋军阀仍然控制着北京政府,而黎元洪与段祺瑞之间为争夺控制权展开斗争,在这种情况下,黎元洪请军阀张勋出面加以调解。1917 年 6 月,张勋率军入京,并准备发动政变,以恢复已经被推翻的清朝帝王的地位。7 月初,在张勋的导演下,末代皇帝溥仪再次登基,将民国六年改称宣统九年,并迫使黎元洪归还大政,遭到黎的拒绝。不久,段祺瑞在天津马厂举兵讨伐张勋,很快,讨逆军兵分三路,攻入北京,将这次推行了只有十二天的复辟活动彻底平定。张勋复辟,是清朝残余势力的最后一次反扑,最终宣告失败。

在民国年间的北京,发生的第三件重大历史事件是"五四运动"的爆发。这次运动爆发的起因,是在巴黎和会上,中国代表提出的正当议案遭到帝国主义列强的拒绝,从而引起广大民众的愤慨,举行大规模的抗议活动。这次活动遭到北洋政府的镇压,逮捕了大量北京的大学生,由此引发了全国一系列的反抗活动。在以上海为首的一百五十多个大中城市的抗议活动支持下,"五四运动"取得胜利,中国代表拒绝在《巴黎和约》上签字。这是在近现代史上,中华民族举行的第一次大规模反帝爱国运动,其始兴之地就是北京。

民国年间发生在北京的第四件重大历史事件,是由北洋军阀冯玉祥操纵的"北京政变"。当时,在北洋政府控制的北京政府中,皖系军阀首领段祺瑞掌握实权,遭到直系、奉系军阀的反对,经过直、奉两系军阀与皖系军阀的对抗,皖系战败,退出北京政权。不久之后,直系军阀又与奉系军阀决裂,双方发生军事对抗,爆发直奉大战。而在直奉战争的关键时刻,直系将领冯玉祥发动叛乱,1924年 10 月,冯玉祥率军由古北口回到北京,包围总统府,软禁了总统曹锟,控制了整个北京城,史称"北京政变"。政变后,各派军阀妥协,让段祺瑞再度出山,主持北京政府的工作。

民国年间在北京发生的第五件重大历史事件,是国民革命军北伐胜利,占据北京。就在北洋军阀争夺北京政府的斗争持续不断的时候,国民党在南方的势力不断扩大,从 1926 年 7 月开始,在国民党领导下的国民革命军组织了北伐战争,从广东出兵,连续攻占长沙、武汉、南京、上海等地。但是,因为蒋介石与汪精卫的分裂,使这次北伐受到严重影响。到 1928 年 2 月,国民革命军开始第二次北伐,连续攻占山东、河北等地。到同年 6 月,北伐军攻占北京,第二次北伐宣告胜利,并将北京改称北平。

民国年间在北京发生的第六件重大历史事件,是"卢沟桥事变"(又称"七七事变")的爆发。早在清朝末年,中国的近邻日本迅速崛起,并开始对中国进行侵略,先是侵占了台湾,然后是侵占了东北。但是,其侵略的步伐并没有停止,而是想进一步侵占华北,灭亡中国。1937年7月7日,日本侵略军借口一名士兵失踪,而开始向中国军队发动进攻,双方由此展开激战,持续八年之久的抗日战争全面展开。就是在这次激战中,国民党29军副军长佟麟阁及132师师长赵登禹皆英勇牺牲。为了纪念他们,在北京的街道中命名的即有佟麟阁路(原南沟沿)和赵登禹路(原北沟沿),即在今西城区域内。

民国年间在北京发生的第七件重大历史事件,是抗战胜利,收复北平。1945年8月,日本宣布无条件投降。这时的国民党派出军队,在美国的支持下,迅速占领北平。同年10月,国共两党签署了《双十协定》,并在美国的参与之下,在北平成立了军事调处执行部,负责相关的协调事宜。但是,国民党执意挑动内战,由此又迫使人民解放军加以反抗,经过四年解放战争,人民解放军取得了最后的胜利。

民国年间在北京发生的第八件重大历史事件,是北平的和平解放。在抗日战争胜利后,我党领导的人民解放军经过辽沈战役,消灭了国民党军在东北地区的主力部队,又经过淮海战役,消灭了国民党军在中原地区的主力部队,进而将进攻目标指向平津,这时据守在北平的是傅作义的部队。为了保存好北平的重要历史文物,免受战争的破坏,党中央对傅作义申明大义,并用武力消灭了天津的守敌,使傅作义最终接受了和平解放北平的建议。1949年2月,人民解放军正式进入北平,国民党对北平的统治宣告结束。

在清朝灭亡后短暂的三十多年中,北京经历了多次重大变化。先是北洋政府的不同军阀派系在这里进行统治,演出了一场又一场闹剧。然后是国民党北伐,占领北京,并将其改称北平。再然后是日寇占领这里,进行殖民统治。抗战胜利后,国民党再次统治这里,最终由人民解放军和平解放北平。这个历史演进的过程十分曲折,充分展示了进步力量与倒退势力的激烈斗争,甚至出现了黑恶势力占据上风的局面,但是,光明必定会战胜黑暗,北平也迎来了胜利的曙光。

十二、新中国定都北京

中国人民解放军在和平解放北平之后,解放全国的进程逐步加快,其中,最重要的一件事情就是建立新中国。为此,中共中央决定,在北平组织并召开中国人民政治协商会议第一届全体会议(简称"全国政协"),由社会各界选出代表参加,以讨论建立新中国的相关问题。会议定在1949年9月21日至30日召开,出席会议的代表共有六百三十五人,来宾三百人,并由中共中央和各民主党派、无党派人士共同组成了大会主席团,共八十九人,由林伯渠任秘书长。

在这次会议召开期间,讨论并通过了《中国人民政治协商会议第一届全体会议宣言》《中国人民政治协商会议共同纲领》《中国人民政治协商会议组织法》《中华人民共和国中央人民政府组织法》等重要的决议,并且决定,将北平改为北京,作为新中国的首都。国家的名称为中华人民共和国,国旗为五星红旗,国歌为《义勇军进行曲》。会议并决定,在天安门前建立人民英雄纪念碑。

会议选举出中央人民政府的主要领导:中央人民政府主席为毛泽东,副主席为朱德、刘少奇、宋庆龄、李济深、张澜、高岗。又选举出全国政协的主要领导:主席为毛泽东,副主席为周恩来、李济深、沈钧儒、郭沫若、陈叔通。通过这次政治协商会议,新中国的政体基本定型。1949 年 10 月 1 日,毛泽东主席在天安门城楼上向全世界宣告,中华人民共和国中央人民政府成立了,北京作为新中国的首都。到 1954 年,在周恩来总理的亲自主持下建造了新的政协礼堂,作为举行重要活动的场所,这座政协礼堂,就在今西城区域内。

在全国政协召开五年之后,新中国又召开了第一届全国人民代表大会(简称"全国人大"),参加这次全国人民代表大会的代表共有一千二百多人。通过这次大会,共选举出了常务委员会的委员长和常务委员,确定了中华人民共和国的主席身份,选举出了国务院总理和最高人民法院院长、最高人民检察院检察长。由刘少奇任全国人大常委会委员长,周恩来任国务院总理,董必武任最高人民法院院长,张鼎丞为最高人民检察院检察长,并确定了毛泽东任国家主席。

在这次大会上,还通过了《中华人民共和国宪法》,听取了刘少奇委员长的《关于中华人民共和国宪法草案的报告》、周恩来总理的《政府工作报告》,并通过了《中华人民共和国全国人民代表大会组织法》《中华人民共和国国务院组织法》等多项决议。这次代表大会是在中南海怀仁堂举行的,其位置就在今西城区域内。此后,到 1959 年人民大会堂建成以后,全国人大会议就都是在人民大会堂举行。而人民大会堂的位置,也是在今西城区域内。

中华人民共和国成立之后,中共中央的领导人即进驻中南海,并在此处理全国的军政事务,因此,中南海也就取代紫禁城,成为全国新的政治中心。中南海原来与北海连为一体,系明清以来历代的皇家园林,因为北海已经被辟为广大市民岁时游玩的公园,故而中南海也就成为党中央的所在地,其位置,也是在今西城区域内。由此可见,新中国建立后的北京市西城区,有着特别重要的政治地位和区位优势。

第四节　重要历史人物

在西城区域内,曾经出现过许多重要的历史人物。这些历史人物在当时的历史进程中发挥了非常重要的作用,或是促进了历史的发展,或是阻碍了历史的进步,千秋功过,已经有很多历史学家给予了或褒或贬的评价。但是,最公正的评价,不是历史学家的言论,而是历史发展的客观验证。在这里,评价标准只有一个,那就是他们的所作所为,是否有利于历史发展的进程。

历史总是要向前发展的。不论是什么人,地位有多高,权力有多大,只要是违背了历史发展的总趋势,就必然会导致失败,即使是得逞于一时,却不会得逞于一世。这一点,我们通过对西城区历史上重要人物及其活动的了解,就可以得到证明。顺应历史发展的人物,不论最初如何弱小,最终总会强大起来,克服困难,走向胜利。而逆历史潮流的人物,不论最初如何强大,都会走向失败。

一、黄帝及其后裔

在中国古代的传说时代,有所谓三皇五帝的说法,即以伏羲、神农、黄帝为三皇,而以少昊、颛顼、高辛、唐、虞为五帝。又有五帝之说,即黄帝、颛顼、帝喾、唐尧、虞舜。汉代司马迁作《史记·五帝本纪》,则以五帝之说为该书之开篇。关于黄帝,《史记》称:"黄帝者,少典之子,姓公孙,名曰轩辕。生而神灵,弱而能言,幼而徇齐,长而敦敏,成而聪明。"①依据传统的解释,黄帝是少典国君之子,而少典国是在山东,黄帝是出生在寿丘的轩辕之丘,"因以为名"。山东寿丘是否有轩辕之丘,不得而知,但是黄帝的名字叫轩辕应该是没问题的。

关于黄帝叫轩辕的问题,值得探讨的,应该是轩辕的本义。轩辕究竟是地名,还是有其他的意思。按照字面的解释,轩辕应该是车上的组件,作为人名也是一种特征。如炎帝为神农氏,显然不是地名,而是职业特征,即炎帝是从事农

---

① 《史记》卷一《五帝本纪》。

黄帝画像(明人绘画)

业生产的部落首领。由此类推,轩辕氏应该是使用车辆的部落首领。在中国古代,从事农业生产的部落通常是定居的,而从事畜牧业生产的部落通常是游动的,是需要使用车辆的。这种特征,在辽代的契丹人和元代的蒙古人中,皆有非常明显的体现。在此之前的南北朝时,北方草原上的敕勒游牧民众,又被称为"高车"。由此可见,黄帝部落最初应该是北方草原上的游牧部落,其首领被称为轩辕氏,应是比较合理的。

司马迁又曰:"轩辕之时,神农氏世衰。诸侯相侵伐,暴虐百姓,而神农氏弗能征。于是轩辕乃习用干戈,以征不享,诸侯咸来宾从。""炎帝欲侵陵诸侯,诸侯咸归轩辕。轩辕乃修德振兵,治五气,蓺五种,抚万民,度四方,教熊罴貔貅䝙虎,以与炎帝战于阪泉之野。"司马迁的这两段话自相矛盾,前一段说神农氏(即炎帝)世衰,不能征伐诸侯。后一段则说"炎帝欲侵陵诸侯",于是黄帝轩辕氏与炎帝神农氏战于阪泉之野。在这里,不论是炎帝还是黄帝,其实都是诸侯共同推举的首领。

炎帝与黄帝之战,显然是两种生产模式,即农耕生产与游牧生产这两种不同生产模式的民众之间展开的战争。在中国古代,北京地区正是这两种生产模式交界之地,很容易发生二者之间的冲突。而在北京延庆就有被称为阪泉的地方,位于怀来盆地的北端。这处阪泉村,就应该是炎帝与黄帝两大部落发生冲突的地方。经过这次冲突,炎帝与黄帝部落相互融合,形成炎黄子孙。然后,炎黄部落在华北小平原上建造了蓟城,并进一步沿着怀来盆地向南挺进,到达涿鹿,再与蚩尤部落发生冲突,展开激战。

《史记·五帝本纪》称:"蚩尤作乱,不用帝命。于是黄帝乃征师诸侯,与蚩尤战于涿鹿之野,遂禽杀蚩尤。而诸侯咸尊轩辕为天子,代神农氏,是为黄帝。"

这里所说的"涿鹿之野",即在今河北涿鹿。经过这次战争后,黄帝遂在涿鹿建造都城,进一步挺进中原。而作为黄帝后裔的一部分人,则留在了蓟城,继续繁衍生息。黄帝死后,即归葬于蓟城东面平谷旧县城附近的桥山(一说在陕西黄陵县,又称桥陵)。此后一直到南北朝时期,统治者在举行祭祀黄帝的仪式时,皆要到这里来。

此后又历经五帝及夏、商两代,商朝末年,纣王无道,周武王伐纣,并分封黄帝后裔于蓟(一说帝尧之后),也就是蓟国,作为当时数百诸侯国之一。这就说明两点:其一,当时的黄帝后裔确实是居住在蓟城,周武王只是承认了他们的合法地位;其二,这种分封在当时是大家(包括周朝、此前的商朝,以及蓟城周围的诸侯国)的共识,不仅周朝加以承认,周边的诸侯国(包括武王分封的另一个诸侯国燕国)也是承认这个事实的。

大约在西周末年,同在燕地的燕国日益强大,而作为黄帝后裔的蓟国逐渐衰败,燕国遂将蓟国攻灭,并且将燕国的都城从今天北京房山区琉璃河的燕都遗址迁移到了蓟城,并将之改为新的燕都。黄帝的后裔虽然败亡了,但是作为炎黄子孙的中华民族却不断发展,日益强大,并创造出了举世闻名的中华文明。而作为中华文明始源地之一的蓟城,就在今天西城区域内。

二、燕昭王招贤及其伐齐

西周初年,周武王在攻灭商朝之后,大力推行宗法制和分封制,据称当时天下受到分封的诸侯国有数百个,其中,较为强大的,则有分封在山东的齐国及鲁国,分封在河北的燕国,分封在山西的晋国等。而得到周朝承认的,则有位于陕西一带的秦国,位于湖广一带的楚国等。这些诸侯国之间,从西周初年到春秋时期,经过长期的兼并战争,到战国时期只剩下七个诸侯国,即东方的齐国,南方的楚国,西方的秦国,北方的燕国,以及由晋国分裂为韩、赵、魏三个诸侯国。而在这七个诸侯国之间,又有强弱的不同。

位于北方的燕国,发展形势不容乐观,南面是强大的齐国,北面是剽悍的山戎,西面及西南则是赵国和魏国。燕国与这些国家之间经常发生矛盾冲突,时有互相掠夺土地、人口的战争。特别是南面的齐国,在齐桓公主持国家事务的时候,还曾经帮助燕国除掉北面山戎的威胁,并且把与之相邻的城池赠予燕国。但是,此后的齐国依仗强大的武力,经常攻打燕国,并在燕国发生动乱的时候,乘机掠夺燕国的城池。对此,燕国因为弱小,也无力加以反抗。

及燕昭王即位之后,为了使国家强大,报复齐国侵凌的仇恨,于是向他的谋臣郭隗请教富国强兵之道。燕昭王称："齐因孤之国乱而袭破燕，孤极知燕小力少，不足以报。然诚得贤士以共国，以雪先王之耻，孤之愿也。"郭隗回答说，大王要想招揽贤才，就以我为样板吧。于是燕昭王当众拜郭隗为老师，又专门为他建造了宫殿，并在宫殿里放了许多黄金。

　　这个事情很快就传遍天下，取得了非常好的效果。"乐毅自魏往，邹衍自齐往，剧辛自赵往，士争凑燕。"这里的"士"，就是像乐毅、邹衍、剧辛一样的有才干的人士。燕昭王为使国家富强而招揽人才的事情，在当时及后世皆被广为赞颂。果然，在大将乐毅来到燕国之后，被燕昭王封为上将军，"与秦、楚、三晋合谋以伐齐"①。文中的"三晋"即指韩、赵、魏三国。当时燕国攻打齐国，韩、赵、魏及楚国皆出兵相助，秦国并没有出兵，但是却赞同燕国攻打齐国。

　　如果仅仅依靠燕国的兵力，是打不过齐国的。于是大将乐毅主张与其他诸侯国的军队组成联军，共同攻打齐国。正是有了乐毅的领导，而韩、赵、魏三国及楚国都曾受到齐国的欺负，于是共同组成联军，对齐国宣战，并且在济西之地将其击败。在击败齐军之后，其他几国的联军就撤回去了。但是，乐毅并未罢手，而是独自率领燕国的军队继续进攻齐国，"乐毅留徇齐五岁，下齐七十余城，皆为郡县以属燕，唯独莒、即墨未服"②。由此可见，乐毅的战果是非常可观的，齐国已经仅剩两城，走到了灭国的边缘。

　　但是，正是在这个历史发展的紧要关头，燕昭王死了，他的儿子燕惠王即位，并且用大将骑劫取代了乐毅。而齐国大将田单乘机发动反击，击败燕军，杀死骑劫，迫使燕军败退而回，齐国则尽数收回失地。乐毅在失去燕惠王的信任后，出逃赵国。燕昭王散尽千金，礼贤下士的壮举从此归于失败。而他为郭隗建造的宫殿也逐渐废毁，仅留下宫殿的殿基，被后人称为黄金台。在至今流传的"燕京八景"之中，即有"金台夕照"一景。

金台夕照碑

　　这座黄金台，后人不知其处，有的认为是在燕京，有的认

　　①　《史记》卷三十四《燕召公世家》。
　　②　《史记》卷八十《乐毅列传》。

为是在河北易县的燕下都。其实，一直到唐代的幽州城（即战国时期的蓟城）里，还有一座黄金台供人们凭吊。唐代大诗人陈子昂曾亲临此地，并写下了千古绝唱《登幽州台歌》："前不见古人，后不见来者。念天地之悠悠，独怆然而涕下。"[1]这座幽州台，就是当年燕昭王所筑黄金台，就在蓟城的城里，也就是今天西城区域内。

三、辽太宗建立辽南京

唐朝末年，中原分裂，北方草原上的契丹族崛起，并利用中原地区的"藩镇割据"局面，联系奚族一起不断向中原扩张其势力。辽太祖阿保机在建立契丹政权后，把势力扩大到东北地区，到神册三年（918）二月，契丹政权在大草原上设置了第一座都城，称为皇都（今内蒙古赤峰辖内），作为全国的统治中心。及辽太宗即位后，又在天显三年（928）将东平郡（今辽宁辽阳）升为南京，作为统治东北地区的中心。

及辽太宗利用中原后唐政权的内讧而得到了"燕云十六州"以后，又对都城制度加以调整，改皇都为上京，称临潢府。改南京为东京，称辽阳府。又升幽州为南京（亦称燕京），称析津府。当时辽太宗从后晋手中得到的还有云中府，此后辽圣宗时将其升为西京，称大同府（今山西大同）。由此，辽朝的疆域基本划定，而其多京体系也基本完备。辽圣宗在统和二十五年（1007），为了加强对奚族的控制，又建有辽中京（亦在赤峰辖内），称大定府。至此，辽朝的五京之制宣告完成。

辽太宗塑像

辽朝统治者与其他北方少数民族统治者不同，他们没有在攻占中原地区之后将都城南迁至中原，而是保持着他们生活在大草原上的习俗。因此，辽

---

① 《全唐诗》卷八十三。

上京一直是辽朝的统治中心，虽然随着四时变化，辽朝统治者会前往东京、南京、西京等地巡狩，但是，却没有进一步迁都的举措。而这时辽朝占据的中原地区，已经成为辽朝疆域中极为重要的一部分，辽朝统治者不得不推行"一国两制"的办法来设立南面官、北面官，首都却始终是在大草原上。

除了辽上京之外，在辽朝的五京之中，又以辽南京析津府的战略地位最为重要。在军事上，这里是辽朝的军队集结地和与宋朝军事对抗的中心。每当宋朝要发动对辽朝的军事进攻时，辽南京始终是宋朝军队进攻的最主要目标，双方胜败的关键就在这里。而每当辽朝要对宋朝发动进攻时，这里又成为辽朝集结军队，发动进攻的出发地。因此，辽南京对于双方而言占有极为重要的战略地位。

在五京之中，辽南京又是辽朝的经济中心。在辽南京地区，由于有着极为优越的自然环境，自古以来就是北方主要的农业生产区之一，各种农作物皆适宜生长。这里又是游牧的适宜之地，适合各种牲畜的饲养。这里的手工业生产也十分发达，是北方最重要的手工生产城市之一。这里因为交通发达，又成为北方最重要的商贸中心，不仅辽南京与周边城市的商业贸易十分频繁，而且宋朝与辽朝之间的贸易市场——互市（又称榷场）也设置在这里。

这里还是辽朝的文化中心。辽南京在众多北方城市中，很早就成为一个区域文化中心，形成了独具特色的幽燕文化，到了此后的唐代，又以"边塞"文化而独树一帜。到了辽代，南京城的许多文人学者更是在辽朝的文坛上占有重要的位置，辽朝统治者甚至把作为国家教育中心的太学，也设置在这里。由此可见，辽太宗把幽州设为辽南京，是有着十分深远的发展眼光的。而辽南京城，就在今西城区域内。

四、金世宗"大定之治"

辽朝末年，东北女真族迅速崛起，建立金朝，并在白山黑水之间建造了金上京。随后连续攻灭辽朝及北宋，而与南宋隔江淮一线南北对峙。及金海陵王完颜亮弑杀金熙宗，将都城迁往中原地区的燕京（今北京），号称中都。不久，海陵王想要一统天下，又将都城迁往汴京（今河南开封），并发动了侵犯南宋的战争。但是，海陵王的统一战争很快就失败了，并被手下大将杀死。

这时的金朝，正处于一片混乱之中。时任东京留守的完颜雍遂乘机起兵，占据东京辽阳府，然后改纪元为大定元年（1161），并即位称帝，史称金世宗。于是，下诏宣布海陵王的罪恶数十事，率军进向中都城。同年十一月，在到达中都之前,得知南伐诸将已经弑杀海陵王。十二月,在到达中都之后,受群臣朝贺。翌年四月,降已死完颜亮为海陵郡王。在此前后,则将各叛乱势力逐一剿平,并且将反攻的宋军击败,由此,金世宗的统治得到巩固。

金世宗在位期间做的第一件事情,是恢复了中都城作为首都的地位。在此之前的海陵王,把都城从东北地区的上京(今哈尔滨阿城区)迁移到燕京,并加以扩建。但是,不久之后为了攻伐南宋,又将都城从中都迁往汴京,

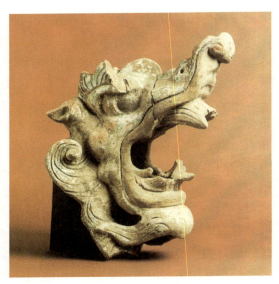

金中都宫殿屋背鸱吻

导致兵败被杀。金世宗即位后,很快就占据了中都城,并且在这里巩固了自己的统治。此后的中都城在经济、文化等各方面都有了进一步的繁荣发展,达到了金朝的鼎盛时期。

金世宗即位后做的第二件事情,则是恢复了金朝与南宋之间的友好往来。对于此前的金海陵王南伐,就其主观而言,是想要统一全国,让金朝有进一步发展的空间;就其客观而言,这种全国统一的局势尚未成熟,因此南伐战争给金、宋两国的百姓带来了巨大的灾难。而金世宗即位后,一方面调动军队击败开始乘机反攻的宋军;另一方面,又与宋朝保持了和好的局面。他的做法在当时的条件下是顺应了历史发展的大趋势。

金世宗做的第三件事情,则是利用手中的权力,极力肃清此前海陵王的政治影响。为此,一方面,是对海陵王曾经任用的大多数官员加以罢免,而将自己信任的官员加以提拔;另一方面,则是尽量诋毁海陵王的声誉,甚至是不择手段地诋毁海陵王。先是称海陵王为废帝,不久又除去其帝号,降为宗王,最后又将海陵王的宗王谥号前加上"炀"字。这种做法,虽然有失公允,但在当时的情况下,却也是可以理解的。

对于金世宗的"大定之治",历史学家的评价还是比较客观的:"世宗久典外郡,明祸乱之故,知吏治之得失。即位五载,而南北讲好,与民休息。于是躬节俭,崇孝弟,信赏罚,重农桑,慎守令之选,严廉察之责","群臣守职,上下相安,家给人足,仓廪有余",由此被称为"小尧舜"。在金世宗死后即位的金章宗,也

能够继承他的大政方针,使得金朝又维系了一段盛世。

五、元世祖建立元朝

金朝末年,北方草原上群雄并起,经过一系列的兼并战争,蒙古部的铁木真最终统一了草原各部落,并被众多的部落首领共同推举为成吉思汗(即元太祖)。此后,成吉思汗的势力不断向南、向西扩张,建立了横跨亚欧大陆的帝国。及窝阔台汗(即元太宗)即位后,与南宋联手,攻灭了金朝。到蒙哥汗(即元宪宗)即位后,又着手攻灭南宋的战争,却在进攻蜀中钓鱼城的时候被宋军击毙。于是,蒙哥的四弟忽必烈与幼弟阿里不哥之间展开激战,最后忽必烈获得胜利,夺得皇权,史称元世祖。

早在蒙哥汗统治初期,他曾任命皇四弟忽必烈负责中原地区的军政事务。这时的忽必烈即命手下谋臣刘秉忠为他在滦河畔建造了一座王府,时称开平府,作为忽必烈管理中原事务,并与蒙古国都城和林城相联系的一处重镇。及蒙哥汗阵亡后,忽必烈即以开平府为首都,与占据和林城的阿里不哥争夺皇位。

元世祖像

也是在这个时期,忽必烈决定在中原地区的燕京(即金中都)建造一座新的都城。

及忽必烈打败阿里不哥之后,取消了和林城作为蒙古国都城的地位。与此同时,一方面继续进行攻打南宋、统一全国的重大战略;另一方面则在燕京城的东北建造一座新的都城——大都城。也是在这个历史进程中,元世祖在谋臣刘秉忠等人的辅佐下,大兴礼乐,以继承传统的儒家文化,同时下令,将原来的国名蒙古改称大元,是取自《易经》中"大哉乾元"的意思。此后不久,元朝攻灭南宋,统一天下,新建的大都城也就成了全国的统治中心。

元世祖建造大都城的意义非常重大。首先，表明了蒙古草原上的和林城已经不再是元朝的统治中心。蒙古族作为北方少数民族，一直是以游牧生产作为其基本的生产方式，因此，其把都城设在大草原上，也是必然的结果。但是，在元朝建立前后，元世祖把都城从大草原上南迁到了以农耕生产为主的中原地区，并进而统一全国，这是元世祖全面接受儒家传统文化的一个重要标志。

其次，元世祖把国号改为"大元"，也是中国历史上的首创。此前的许多王朝在创立政权、建立国号时，都是以曾经的封号为依据，如汉朝，是因为汉高祖刘邦被封为汉王；唐朝，是因为唐高祖李渊曾被封为唐王。而元世祖在改定国号时，却是依据《易经》中的经文，这在以前的创立政权者之中是从来没有的。又如在元世祖时制定的历法被称为《授时历》，这部历法的起名也是与儒家学说中"仰合天时""广顺天时"的宗旨有着直接的联系。

再次，元世祖把国号改为"大元"，标志着中华民族的相互融合进入了新的阶段。在元朝建立之前，由少数民族建立的政权只是在局部地区行使其权力，如晋朝灭亡后的五胡十六国及南北朝的对峙，又如唐朝灭亡后的五代十国及辽、宋、金的分立等，皆是如此。而中央统一王朝，如西汉及东汉、晋朝、隋朝及唐朝等，皆是以农耕生产为主体的政权。而元朝的建立，进一步实现了农耕民众与游牧民众的融合，这一点，通过大都和上都的"两都制"充分体现出来，而儒家学说的正统文化地位得以确立，更是体现在元朝文化的各个方面。

元朝的建立及大都城的建设，更是使这个东方大国成为世界文化相互融合的大熔炉。在当时的大都城内，不仅有农耕文化和游牧文化的充分体现，而且融入了西藏等地的藏传佛教文化、西域地区盛行的伊斯兰教文化，以及欧洲各地盛行的基督宗教文化。这种融合体现了元朝这个东方大国在文化上的强盛。当时新建的大都城，基本确立了今天北京的东城和西城的区位。而西城在体现北京历史文化方面，有着更多的区位优势。

六、明世宗改变礼制及拓展南城

元朝末年，政治上腐败黑暗，经济上连年灾害，民不聊生。随之爆发的农民起义遍及各地，最后由朱元璋领导的大明军推翻了元朝的统治，取消了大都城的全国统治中心地位，建立明朝，定都南京，史称明太祖。及建文帝即位后，听信大臣的建议，采取"削藩"的政策，逼迫燕王朱棣起兵反抗，经过四年的"靖难之役"，夺得皇权，史称明成祖（又称明太宗），迁都北京。此后一直到明朝灭亡，北京始终是明朝的首都。

明代中期，武宗朱厚照死后无子，皇太后遂与大臣商议，将在湖北的明武宗堂弟、兴献王朱佑杬之子朱厚熜接到北京，继承皇位，史称明世宗。他在到达北京以后不久，为了使其生父尊享帝王的名分，命臣下议决此事，随后，追尊其生父为兴献帝，祖母为皇太后，是时尚存之母妃为兴献后，并将母后接到北京奉养，尊称为兴国太后。此后不久，明世宗不顾群臣反对，钦定明孝宗为皇伯考、昭圣皇太后为皇伯母、兴献帝为皇考、章圣皇太后为圣母。

此外，明世宗又把生父的牌位从湖北迎接到北京，专门立有兴献王庙。此后又下令，将原来的太庙祭祀方式从诸帝合室同祭改为每位帝王皆为一庙，这也是为了把兴献王庙列入太庙之中而采取的举措。但是，就在太庙中建有九庙之后，忽然遭到火灾，将九庙焚毁。明世宗见此，认为是上天对他改建太庙制度的不满与警告，于是不得不又将九庙分祭的办法恢复为同室合祭的旧制。

明世宗还将明代前期太祖合祭天地日月的祭坛加以改变，将北京的天地坛改为专门祭祀天神的天坛，而在城北安定门外设置专门祭祀地祇的地坛，在朝阳门外设置专门祭祀日神的朝日坛，在阜成门外设置专门祭祀月神的夕月坛。这种把天地日月之神合祭的办法改为分坛祭祀的办法，在古代也是一种常用的办法。明世宗的这种分坛祭祀的制度在此后的明代和清代的北京就一直沿用下来。

在明世宗即位前，由于统治者没有处理好与北方游牧民族的关系，故而一直有游牧部落南下侵扰的事情发生，最严重的一次就是"土木堡之变"，明英宗被瓦剌部落俘虏。而到了明世宗时，这种状况并没有好转。为了加强对北京的防卫力量，明世宗决定在北京现有的城墙之外，再建筑一圈城墙。但是，已经规划好的建造计划，却没有筹措到应有的资金，明朝政府在建造完南面这部分城墙后，却再也

明世宗像

93

没有资金来建造其他三面的城墙,于是在都城的整体布局上就出现了一个"凸"字形的局面。原来的都城被称为内城,而新建的南城则被称为外城。

　　此后的明清时期,北京城就大致维持着这种凸字形的格局,没有再出现较大的变更。明世宗对北京城的改建,在当时是顺应了历史发展的需求,也扩大了北京城的城市空间,在明代的中后期促进了北京城市的发展。而到了此后的清朝,北京南城又有了进一步的发展繁荣,使得内城与外城之间的联系更加密切。清朝灭亡后,内城与外城之间的人为隔阂进一步消除,共同促进了北京城市近代化的步伐。今天的北京内城与外城更是构成了东、西城的主体部分。

七、"北京政变"与慈禧专权

　　到了清朝中期,西方列强正在世界各地进行殖民统治,而这时的中国开始从兴盛走向衰落。鸦片战争以后,又出现英法联军进犯北京(史称"第二次鸦片战争"),清文宗(即咸丰帝)出逃北京,并病死在避暑山庄(今河北承德),清文宗之子载淳即位,史称清穆宗。清文宗在临死前,任命八大臣辅政,时称"顾命八大臣"。而八大臣与两宫皇太后之间有着较大的政见分歧,双方的矛盾愈演愈烈。

　　在这种情况下,作为清穆宗之母的慈禧皇太后为了夺得朝中大权,则与朝中另外一部分大臣,即恭亲王奕䜣、军机大臣文祥等人相互勾结,密谋发动政变。顾命八大臣一方面有清文宗遗命辅政为依恃;另一方面也没有把慈禧皇太后放在眼里,认为孤儿寡母不会翻天,于是产生麻痹大意的思想,准备把清文宗遗体送回北京安葬后,即执掌朝

慈禧太后像

政。显然,事情并没有向他们预料的方向发展。

两宫皇太后带着小皇帝匆忙从承德先赶回北京,与奕䜣等人安排好相关事项。然后发动政变,把顾命八大臣中为首三人,即怡亲王载垣、郑亲王端华、大学士肃顺杀死,并将其他五大臣流放。这个事件当时被称为"北京政变",或是"辛酉政变"。然后,慈禧太后等人又授意朝中大臣提出建议,由两宫皇太后佐理朝政,即所谓的"垂帘听政"。因为八大臣的势力已经被肃清,小皇帝穆宗又年幼无知,因此,"垂帘听政"遂成为事实。

而在掌权的两宫皇太后中,又以慈禧太后的主见对小皇帝的影响最大。在当时的清朝宫廷中,顾命八大臣属于顽固守旧派,而恭亲王奕䜣等人则与西方列强接触较多,属于崇洋媚外派。慈禧太后在政变中依靠的是奕䜣等人,在政变成功以后自然也就成了崇洋媚外派。这种政治倾向不仅加快了西方列强对中国的侵略步伐,而且也加快了清朝灭亡的速度。

清穆宗六岁即位,到十八岁成年亲政,主持朝政仅一年即死去,因此,这时清朝政府的大权基本上都是由慈禧太后执掌的。而清穆宗死后无子,于是,慈禧太后又将醇亲王奕譞的儿子载湉立为皇帝,称清德宗(即光绪帝),又是一位小皇帝。此后,清朝的大权仍然掌握在两宫皇太后——实际上是慈禧太后的手中。清德宗成年亲政后,慈禧太后并没有放手,而是继续主持朝政。

及清德宗依靠维新派主持变法运动(又称"百日维新"),由于触动了慈禧太后为首的崇洋媚外派的利益,遂被封杀。清德宗也因此被囚禁在西苑的瀛台,一直到死去。慈禧太后自"垂帘听政"开始,统治了清朝近四十年,而在这段时间里,虽然她也采取了一些维新的举措,但是,比起高速发展的世界各国来,中国仍然处于落后挨打的境地。及慈禧太后死去不久,清朝也就灭亡了。而囚禁清德宗的西苑,即在今西城区域内。

八、袁世凯复辟帝制的失败

清朝末年,革命党四起,到处举行推翻清朝统治的革命活动。清朝统治者为了镇压革命党的起义,在天津小站训练了一支装备先进的军队,称为北洋新军,由袁世凯负责统领。正是由于掌握了这支军队,所以,袁世凯一方面要利用这支武装来镇压革命党的起义;另一方面则要利用其逼迫清朝小皇帝溥仪退位,从而掌握整个政权。正是在清朝统治者和革命党的激烈争斗中,袁世凯一步步地掌控了全国政局的变化。

1911年的辛亥革命推翻了清王朝的统治,但是,由于革命党的力量还比较弱小,比较分散,也就使得袁世凯窃取了革命的果实,成为中华民国的大总统。他在成为大总统之后,并没有真正主张走向国家共和的道路,而是走向了复辟帝制的道路。1914 年(民国三年),袁世凯利用手中的权力,下令解散国会,又废止了中华民国《临时约法》,再改内阁制为总统制,由此一步步走向独裁。此外,为了获得日本的支持,袁世凯又与日本签订了卖国的《二十一条》。

在做了这一系列的准备工作之后,袁世凯在 1915 年 12 月公开称帝,建立中华帝国,并将翌年定为洪宪元年。袁世凯恢复帝制的举措遭到了全国人民的强烈反对,不久,蔡锷、唐继尧等在云南发动护国战争,得到全国各地的响应。在这种情况下,1916 年 3 月,袁世凯被迫取消帝制,恢复中华民国。不久,他就在全国人民的唾骂声中死去。显然,袁世凯复辟帝制的行为是逆历史潮流而动的反动行径,必然会带来失败的结果。

但是,在中国实行了两千多年的帝制,在消亡的过程中也会出现一些波折。袁世凯的称帝是其表现之一,此后的张勋复辟则是另一次的表现。袁世凯死后不久,北洋政府内部发生激烈冲突,由英、美等国支持的黎元洪与日本支持的段祺瑞之间矛盾公开。身在外地的军阀张勋打着调停双方矛盾的旗号率军入京,他在来到北京后,发动政变,推举溥仪恢复帝位。但是,这出闹剧立刻遭到全国人民的反对,溥仪只当了十二天的皇帝,就被赶下了台。

袁世凯和张勋的倒行逆施很快就失败了,由此可见,复辟帝制在当时是非常不得民心的事情。而袁世凯在窃得中华民国大总统的职位后,曾经占据中南海,把其作为总统府。而当袁世凯称帝后,又将总统府改称新华宫。及新中国建立后,中共中央的一些领导进驻中南海,这里遂成为新中国的政治核心所在地。这里也在今西城区域内。

袁世凯照片

第五节　著名景观及景点

在北京漫长的历史进程中,曾经留下过许多著名的历史景观,以及历史典故。这些景观,有的因为损毁而遗失了,有的则很幸运地保留了下来,至今仍是人们岁时游览和凭吊的场所。而当年盛传一时的历史典故,有许多也已经被人们所遗忘。时过境迁,物是人非,又能留下多少感慨。

西城区在元代以前,曾经作为北京的核心城区,留下了大量的文物古迹。而随着新大都城的建成,又历经明清两代的发展,人们的生活重心发生了变化,许多著名的景观也迁移到了新城的范围内,旧城的历史景观越来越少,许多典故也很少有人提及,只能沉睡在故纸堆中。中华民族的历史精神是不应该被遗忘的,历史遗迹也应该得到应有的保护。

一、铜马门与铁牛庙

在北京的历史上,曾经有过一段纷乱时期,被称为"十六国",也就是被称为"五胡"的少数民族,在此纷纷建立政权。在漫长的历史进程中,曾经有过这样的短暂瞬间,在北京的历史上留下了淡淡的一笔。这就是前燕时期的慕容儁在蓟城王宫前面的东掖门外留下了一尊用铜铸造的骏马像,人们因此而称之为铜马门。

据北魏时期的著名学者郦道元在《水经注·㶟水》中记载:蓟城"东掖门下,旧慕容儁立铜马像处。昔慕容廆有骏马,赭白,有奇相逸力。至儁光寿元年,齿四十九矣,而骏逸不亏,儁奇之,比鲍氏骢,命铸铜以图其像,亲为铭赞,镌颁其旁,像成而马死矣。"[1]文中"光寿元年"为公元 357 年,是慕容儁为白马铸铜像的时间,而铜像铸成则马死,因此这匹马应该是活到了五十岁左右。据查,普通的马,寿命应该在三十至三十五岁,最多可达六十多岁,由此可见,慕容儁家的

---

[1] 《水经注》卷十三《㶟水》。

97

这匹马确实是长寿的马。

文中又提到了"鲍氏骢",据后人考证,鲍氏骢是指汉代著名文学家鲍宣的马,这匹马的寿命也很长,鲍宣及其子孙皆曾骑乘。又引《列异记》之文:"京师歌之曰,鲍氏骢,三入司隶再入公,马虽瘦,行步工。"由此可见,在中国古代,寿命长的马是不多见的。而这尊被慕容儁铸造的铜马可能存在的时间并不长,很快就会被毁坏而用其铜铸造铜钱,但是,铜马门的名称却流传了很久。

今日已经佚失的《元一统志》的辑佚文字中,有这样一段记载:"铜马门:在旧城东南隅。昔慕容儁铸铜马置之东掖门,后人因名铜马门为坊。"由此可见,第一,当年慕容儁铸造的铜马肯定已经不存在了,而铜马门的名称应该还在,就在旧中都城的东南隅;第二,这个东掖门应该已经被拆毁了,但是其门址应该是可以指认的;第三,这个铜马门所在的地方,应该已经被命名为铜马坊了。

前燕慕容儁的铜马门的典故,北魏郦道元只是上溯到了汉代的"鲍氏骢",其实当年的慕容儁未必知道鲍宣的事情,而是还可以上溯到汉武帝时期的"金马门"。据相关文献记载,在汉武帝的时候,有一位"善相马者"名东门京,他铸造了一匹铜马进献给汉武帝,于是汉武帝将这匹铜马安放在了皇宫的鲁班门外,因此,这座宫门又被称为"金马门",是当时文臣等待皇帝召见(故称待召)的地方。

由此可见,当年前燕的慕容儁在铸造铜马的时候是把自己比喻为汉武帝,把蓟城里的王城东掖门(即铜马门)比喻为汉武帝在长安城里宫殿中的"金马门",将手下的大臣们比喻为待召的贤才。当然,他是不会把铜马门称为金马门的,如果这样称呼,僭越之心也就暴露得太明显了。在中国古代,铜是非常珍贵的金属,是可以用来铸钱的,因此,铸一尊铜马需一大笔钱财。

到了元代的大都旧城里,随着城池的变迁,铜马门已经废毁了,但是也还存留了一座白马庙,应该是后人祭祀铜马的地方。当时著名诗人乃贤曾经作有《南城咏古十六首》诗,其中即有《白马庙》一诗称:"祠宇当城角,霜蹄刻画真。房星何日坠,骏骨自能神。曾蹴阴山雪,思清瀚海尘。长疑化龙去,腾蹋上云津。"[1]诗中的"祠宇当城角",就是元大都旧城的东南角,其庙址距原来的铜马门应该不远。这座白马庙到今天也已经没有了踪迹,而其遗址在今西城区域内。

距铜马门不远处,有一座铁牛庙。庙中有一尊铁铸的耕牛,岁时供人们祭祀。据《元一统志》的相关辑佚文献称:"铁牛庙:在旧城东南近东城路北。土埋

---

① 〔元〕乃贤:《金台集》卷二。

98

铁牛露脊,都人因而祠之。"元代的另一部文献《大元混一方舆胜览》称:"铁牛庙在旧燕城东南,有土埋铁牛,露脊,不知起于何时。"①由此可见,其一,这尊铁牛到元代尚存,可见只是露出脊背的部分;其二,人们为祭祀这尊铁牛而建造祠庙。

对于这处铁牛庙,清人在纂修《日下旧闻考》时也曾加以关注,并评论说:"《析津志》:铁牛大力神庙,在南城施仁门内东南,有小庙,无碑。又《坊市》条下有铁牛坊,注云:有铁牛庙,因其庙而名其坊市,人亦祀之。施仁门乃金之东门,元时门内铁牛庙及坊尚存,《明图经志书》不载,则明初已废矣。"通过清人的论述可知,他们认为元代的《析津志》记载了有关铁牛庙的情况,并称之为铁牛大力神庙。这是补充了元代其他文献的不足。

清人引用《析津志》一书,可见该书在清代中期尚存,今日已不得见,辑佚者多有遗漏,此处却得以保存一些相关内容。但是,清人的另一个说法却是错误的,即认为该庙在明代初年已经废毁。明代中期大臣李贤等人纂修的《大明一统志》中,即有关于铁牛庙的记载,称:"铁牛庙:在旧燕城东南,有土埋铁牛,露脊,都人因祠祀之。"由此可见,这座铁牛庙至少到明代中期,还是存在的。而这时的铁牛庙,和《元一统志》的记载一样,已经没有了"大力神"这个称呼了。

元代诗人乃贤在《南城咏古十六首》诗中,也写有《铁牛庙》一诗称:"燕人重东作,镕铁象牛形。角断苔花碧,蹄穿土锈腥。遗踪传野老,古庙托山灵。一酹壶中酒,穰穰黍麦青。"由此可见,同为元末人的乃贤与熊梦祥(《析津志》一书的作者)对于铁牛庙的认识是不同的。乃贤认为铁牛是人们重视农业生产的产物,而熊梦祥则认为铁牛是大力神的象征。然而,这两处重要的历史景观随着元大都旧城的消失而消失了。

二、"燕京八景"中的景观变迁

从金章宗时期开始,金中都的文化发展日益繁荣,于是有了所谓的"燕京八景"(又称"燕山八景")的八处著名景观。这八处景观,最初是哪八处,又是在什么地方,是由谁加以命名的,至今已无人知晓。而最早见于文献记载的,则是《元一统志》。其排列顺序为:太液秋波、琼岛春阴、居庸叠翠、玉泉垂虹、金台夕照、卢沟晓月、西山霁雪、蓟门飞雨。因为《元一统志》已经散佚,故而其排列顺序是经过后人整理的。

---

① 《日下旧闻考》卷一百五十五《存疑》。

从元代到清代的六百多年中,有许多诗文大家都撰写过与"燕京八景"有关的诗歌,通过对其中一些人相关作品的了解,可以大致梳理出一些文脉。其一,是对这些景观总体称呼的不同。其二,是对具体景观称呼的不同。其三,是对这些景观具体地点的认知不同。虽然在六百多年来人们的称呼及认识有或多或少的差异,但是,对总体景观的了解却是大致相同的。

(一)对这些景观总体称呼的不同 在元代,著名诗人陈孚曾作有《咏神京八景》诗,而孙存吾在编纂的《元风雅后集》中,则收有《神州八景》诗。因此,除了"燕京八景"的称呼之外,又有"神京八景"及"神州八景"的别称。而到了明代,王洪、胡俨、王绂等人皆曾作有《北京八咏》诗,杨荣作有《京师八景》诗,金幼孜作有《北京八景》诗,薛瑄则作有《神州八景》诗。李东阳又增加两景,作有《京都十景》诗,倪岳还作有《京师十景图诗》,等等。到了清代,清高宗作有《燕山八景诗》,果亲王允礼作有《帝京十景诗》等。由此可见,元代除了"燕京八景"之外,又有神京、神州的称呼。而到了明清时期,则有北京、京师、京都、帝京等称呼。

(二)对具体景观称呼的不同 在元代,除了《元一统志》标明的八个称呼之外,太液秋波又被称为太液秋风,西山霁雪又被称为西山晴雪,蓟门飞雨又被称为蓟门急雨。而到了明代,琼岛春阴又被称为琼岛春云,太液秋波又被称为太液晴波,蓟门飞雨又被称为蓟门烟树,金台夕照又被称为道陵夕照,玉泉垂虹又被称为玉泉流虹。而明人新加的两处景观,其一为南囿秋风,其二为东郊时雨。到了清代,清高宗又将玉泉垂虹改为玉泉趵突。经过这些改称,许多原来景观的精妙之处(通过命名体现出来的),已经消失不见了。

"燕京八景"其实是当时人对金中都城内外景观的描述。也就是说,这八处景观是在金中都城内皆可以看到的。例如居庸叠翠和西山霁雪,不是一定要到长城和西山才可以看到的,而是在中都城里来看,才更有味道。再如卢沟晓月,也不是到卢沟桥上去看月亮,而是在中都城里的一些制高点上,就可以隐隐约约见到卢沟桥的景致。因为当时中都城内外只有很少的建筑,而且空气的可见度是很高的,故而不论是看近处的西山,还是远处的卢沟桥,都可以一目了然。

"燕京八景"又是当时人对金中都最美景观加以总结的集大成之作,把自然景观和人文情怀有机结合在一起的结晶。就自然景观而言,春夏秋冬四季都有了,琼岛春阴、太液秋波是春秋两季,居庸叠翠和西山霁雪是夏冬两季。金台夕照和蓟门飞雨是晴天和下雨时最美的景观,而玉泉垂虹则是亦雨亦晴时的最美景观。西山霁雪是雪后初晴的景观,而雪后放晴的时间稍长,雪就融化了,美感就找不到了。显然,不论是叠翠还是垂虹,远观都比近看要好许多。随着金中

明王绂《燕京八景图》之"太液晴波"

都城的消失,人们观赏"燕京八景"的最佳地点也随之消失了。

（三）对八景中的具体地点擅自加以更改　到元代建造大都城后,人们观赏周围景观的视角发生了变化,而这些景观的具体地点也随之发生了很大变化。现就西城域内相关的"燕京八景"具体地点的变化略加梳理。

第一处景观为"太液秋波"。自从清代乾隆帝分别题写了"燕京八景"的八块御碑之后,就给绝大多数的观众留下了一些误导的因素。在他题写的八块御碑中,有两块碑是竖在同一个地方的,即西苑内的北海和中南海。其实,在金中都时期,这两处景观是在两个不同的地方,"琼岛春阴"就是指的今天北海公园内琼华岛的景致,而"太液秋波"则是指金朝西苑(即同乐园)内太液池的景致。

元朝后期,著名诗人乃贤等人出游中都旧城,写有《南城咏古十六首》诗,其中一首为《西华潭》,即注明"金之太液池"。其诗曰:"秋水清无底,凉风起绿波。锦帆非昨梦,玉树忆清歌。帝子吹笙绝,渔郎把钓多。矶头浣纱女,犹恐是宫娥。"显然,从方位的角度来看,春属东方,秋属西方,而琼华岛在中都城的东面,太液池在中都城的西面,是方位与四季相合的。金灭亡后,太液池也荒废了,"太液秋波"的景观也消失了。才有了此后清高宗竖碑的误导。

第二处景观为"金台夕照"。这处景观出自燕昭王拜大臣郭隗为师以招揽贤才的典故,已经流传千余年。至于黄金台究竟是在哪里,人们传说不一,至少到金元时期的人们,认为这处景观就在中都城里。诗人乃贤在游览元大都旧城时也曾写有《黄金台》一诗,诗注称该台在"大悲阁东南隗台坊内"。诗曰:"落日燕城下,高台草树秋。千金何足惜,一士固难求。沧海谁青眼?空山尽白头。还怜易河水,今古只东流。"特别强调了黄金不足贵,贤才固难求的主题。由此亦可知,这时的中都城里,是有隗台坊的,而隗台就是黄金台。

到了此后的明代,由于中都旧城已经废毁不存,故而人们对于黄金台的位置产生了疑问。明人蒋一葵所著《长安客话》的影响非常大,他在该书中专门记载了对黄金台的考证,称:"台故燕昭王所筑,置千金于上以延天下士,后人因以名台。"他又称:"黄金台有二,故燕昭王所为乐、郭筑而礼之者,其胜迹皆在定兴。今都城亦有二,是后人所筑。"他还称:"都城黄金台,出朝阳门循濠而南,至东南角,岿然一土阜是也。日薄崦嵫,茫茫落落,吊古之士,登斯台者,辄低回眷顾,有千秋灵气之想。京师八景有曰'金台夕照',即此。"[①]由于受到他的影响,清高宗遂将"金台夕照"的御碑竖在了朝阳门外。

第三处景观为"蓟门飞雨"。这处景观出现误导,也与《长安客话》一书有着直接的关系。蒋一葵在该书中也提到这处景观,称:"今都城德胜门外有土城关,相传是古蓟门遗址,亦曰蓟邱。《一统志》:在旧燕城西北隅。蓟邱旧有楼馆并废,但门存二土阜,旁多林木,蓊郁苍翠。'京师八景'有'蓟门烟树',即此。"[②]不仅把蓟门从旧中都城里改移到德胜门外,而且把"蓟门飞雨"改成了"蓟门烟树"。经过他的误导,清高宗也把御碑竖在了德胜门外的土城(元大都北城墙遗址)墙上。

首先,古蓟城不是德胜门外的土城遗址,而是包在了金中都城里。其次,古蓟城的城门才是蓟门,而德胜门的城门是明朝才建的,其外土城遗址的城门位置,则是元代健德门的遗址位置,而不是古蓟门的遗址。再次,"蓟门飞雨"和"蓟门烟树"是两种完全不同的景象,这一点,通过元人和明人诗歌的不同场面就可以使人体会出来。

例如,元人尹廷高在《蓟门飞雨》一诗中写道:"清风夹道槐阴舞,谁信青天来白雨。马上郎君走似飞,树下行人犹蚁聚。须臾云散青天开,依然九陌飞黄埃。乃知造化等儿戏,一日变态能千回。"[③]这里描述的,是旧中都城里的蓟门,是一处非常热闹的商市,行人如蚁,走马似飞,都在蓟门城楼下穿行。而在这热闹的场景中,天上忽然飘下飞雨,又忽然变晴了,这种景象只有站在蓟城门楼上才可以观看到,别有一番情趣。

而在明人的笔下,"蓟门烟树"则是另一番景象。如大学士杨荣曾作有《京师八景》诗,其中的《蓟门烟树》一诗称:"蓟门春雨散浮埃,烟树溟濛霁欲开。十里清阴连紫陌,半空翠影接金台。东风叶暗留莺语,落日林深过鸟回。记得清明携酒处,碧桃花底坐徘徊。"[④]又如大学士李东阳所作《蓟门烟树》一诗曰:

---

① 《长安客话》卷一《皇都杂记》。
② 《长安客话》卷一《皇都杂记》。
③ 〔元〕尹廷高:《玉井樵唱》卷下。
④ 〔明〕杨荣:《文敏集》卷六《京师八景》。

"蓟丘城外访遗纵,树色烟光远更重。飞雨过时青未了,落花残处绿还浓。路迷南郭将三里,望断西林有数峰。坐久不知迟日霁,隔溪僧寺午时钟。"①不管是在明代还是此后的清代,京城北面的土城都只是一片僻静的地方。

三、从悯忠寺到法源寺

在中国古代,寺庙不仅是僧侣修习佛教典籍、宣讲佛法的地方;还是人们日常游览,寻访高僧,谈论人生因果的地方;甚至也是为游客提供食宿的地方。因此,在许多地方,著名寺庙就成了当地的地标性建筑,除了日常民众在此烧香拜佛,许愿还愿之外,寺庙中还会发生一些重要的历史事件,寺庙、佛塔、高阁等相关建筑,也往往成为人们凭吊的对象,给人留下名篇佳句。

在北京地区的众多寺庙中,有一座寺庙就和这里的历史文化有着不可分割的密切联系,见证着许多历史事件和著名人物的过往。这座寺庙就是唐代前期建造的悯忠寺。这座寺庙自建造以来,随着历史的变迁,经历了许多重大的历史事件,也关联到一些重要的历史人物,给北京历史留下了浓厚的一笔文化遗产,也留下了不可磨灭的文化印记。

这座寺庙的建造,起因于唐太宗远征辽东之役。早在隋朝末年,由于辽东地区发生政局动乱,隋炀帝即开凿永济渠,以调动大批军队,去平定辽东的动乱,但是失败了,隋朝也因此灭亡。到了唐代初年,唐太宗想继续平定动乱,于是出动大军东征,仍然损失惨重。为了祭奠东征死亡的将士,他许愿在幽州建造一座寺庙,为之祈福。唐太宗时这个愿望没能实现,到此后武则天时遂为其还愿,建造了这座寺庙,命名为悯忠寺。

对于唐太宗建造寺庙的事情,清朝学者励宗万就曾指出,由于唐太宗曾经四处征战,故而在全国各地建有多处寺庙。他认为可考证者,其一,破刘武周时在汾州建有弘济寺;其二,破宋老生时在吕州建有普济寺;其三,破宋金刚时在晋州建有慈云寺;其四,破王世充时在汜水建有昭觉寺;其五,破窦建德时在洺州建有等慈寺;其六,破刘黑闼时建有昭福寺;其七,则是东征之后在幽州建造悯忠寺②。由此可见,唐太宗至少在全国各地建有七座寺庙,而悯忠寺只是这七座寺庙中的一座。

在唐代,武则天建造悯忠寺之后,又有人在寺中建造了两座佛塔,被称为悯

---

① 〔明〕李东阳:《怀麓堂集》卷十六《京都十景》。
② 此说又见朱彝尊《曝书亭集》。

103

忠寺双塔。这两座塔，一座是由安禄山建造的，另一座则是由史思明建造的。据后人称："燕山京城东壁有大寺一区，名悯忠。廊下有石刻云：唐太宗征辽东高丽回，念忠臣孝子没于王事者，所以建此寺而荐福也。东西有两砖塔，高可十丈，云是安禄山、史思明所建。"①在北京地区，寺中建有双塔的并不多，故而有人曾把庆寿寺的双塔误认为是悯忠寺的双塔。

　　元代诗人乃贤在游览旧城古迹之时，曾写有《双塔》一诗，诗注称："安禄山、史思明所建，在悯忠寺前。"诗曰："安史开元日，千金构塔基。世尊宁妄福，天道自无私。宝铎游丝罥，铜轮碧藓滋。停骖指遗迹，含愤立多时。"由此可见，到了元代后期，安、史建造的双塔已经没有了，只剩下遗迹。而在双塔之中史思明所建的塔上，曾经有著名书法家苏灵芝书写的碑文，在安史之乱被平定后，碑文也被损坏多处。

　　在悯忠寺中，还曾建有一座高阁，人称悯忠阁。这处高阁，在燕京城里是一处名胜，经常有游客登临其处，居高赋诗。自唐代以来的诗文之作多已不存，所存者则为金元时期的文人之作。如元人周权曾作有《悯忠阁》诗称："危梯飞构上云端，气象雄深势屹蟠。万里乾坤双望眼，千年城郭一凭阑。销磨丹腹风霜老，凌厉青冥星斗寒。日暮无穷怀古意，残碑字字拂苔看。"②由此可见，当时的悯忠阁尚存，还未倒塌。元朝末年诗人张翥亦作有登临悯忠阁的诗篇曰："百级危梯溯碧空，凭阑浩浩纳长风。金银宫阙诸天上，锦绣山川一气中。事往前朝僧自老，魂来沧海鬼犹雄。只怜春色城南苑，寂寞余花落旧红。"③可见这时高阁仍存。

　　到了此后的明代，这座高阁曾经被重修过，明人在撰写《明一统志》时曾曰："悯忠阁：在府西南一十五里，唐太宗征辽归，悯忠义阵亡之士，建此为之荐福。本朝重修，改名观音阁。"④由此可见，这时的悯忠阁已经被改称观音阁了。而到了明朝末年，时人称：悯忠寺："有高阁著闻，故志称悯忠阁也。谚云：悯忠寺阁，去天一握。自贞观至今，九百八十七年，寺非复旧。高阁者，其趾竟无，止三断碑，砌今殿壁间。"⑤由此可见，明朝末年，这座高阁已经倒塌，连遗址都不存在了。

　　在唐代，悯忠寺在幽州城里是一处非常著名的寺庙。及唐朝灭亡后，后晋

---

① 〔宋〕文惟简：《虏庭事实》。
② 〔元〕周权：《此山诗集》卷八。
③ 《元音》卷九《二月朔日登悯忠寺阁》。
④ 《明一统志》卷一《京师》。
⑤ 〔明〕刘侗、于奕正：《帝京景物略》卷三《城南内外》。

104

法源寺悯忠阁

石敬瑭把幽州割让给契丹之后，这里仍然是著名的寺庙之一。北宋建立后，辽、宋之间经过几次大战之后，双方签订"澶渊之盟"，开始友好相处，辽朝帝王与宋朝帝王之间以兄弟相称。时当辽圣宗太平二年（1022）六月，在得到宋真宗死讯之后，"契丹主闻真宗崩，集蕃汉大臣，举哀号恸，因谓其宰相吕德懋曰：'与南朝约为兄弟，垂二十年，忽报登遐，吾虽少两岁，顾余生几何！'因复大恸"。"乃设真宗灵御于范阳悯忠寺，建道场百日。下令国中，诸犯真宗讳悉易之。"①由此可见，这时辽朝与宋朝之间的关系是很好的，而在悯忠寺为宋真宗设立道场，也可以看出悯忠寺在辽南京的地位不同寻常。

到了辽朝末年，女真族在东北崛起，与宋朝订立"海上之盟"，相约共同攻灭辽朝。长城以北由金朝攻掠，而长城以南则由宋朝攻取。就在金朝顺利攻占长城以北辽朝疆域的同时，宋朝在攻取长城以南辽朝疆域时却出现困难。这时的宋军统帅是童贯，他在来到燕京城下时，遇到的并不是辽朝的主力部队，而只是一支辽军的残余力量。童贯命大将刘延庆与辽朝的降将郭药师采用偷袭的办法，向燕京发动进攻。郭药师率宋军"杂乡民夺迎春门入，阵于悯忠寺前。遣七将把诸门，进兵抵宣和门外。遣人谕萧太后早降，不从。契丹领兵死战，药师退

---

① 《续资治通鉴长编》卷九十八。

105

走双门,下马步战,又败,皆弃马,与杨可世堕城而下,兵将死伤大半。"①由此可见,这场宋朝进攻燕京城的战斗是在悯忠寺前展开的,最后宋军大败而回。

就在宋军进攻燕京大败之后,金军已经把长城以外的辽朝疆域基本占领,随后攻入长城,占据燕京。通过宋辽之间的争斗,金朝统治者已经看清了宋朝外强中干的本质,就在攻灭辽朝之后向宋朝发动进攻,并且在经过两次征战之后,攻占了宋朝都城开封,并俘获了宋朝的徽宗和钦宗,史称"靖康之难"。金朝在押送宋朝二帝北上时,为了防止宋朝发动劫回宋帝的行动,遂将徽、钦二帝分由东西两路押送。东路直达燕京,西路则先押送到西京大同,再从西京押送到燕京,再押送回金上京。

宋徽宗是从开封直接押送到燕京,并被关押在延寿寺;宋钦宗则是从开封押送到西京大同,再转押到燕京,并被关押在悯忠寺;而其他宋朝宗室及后妃则被关押在仙露寺中。此后,徽、钦二帝及宗室人等在昊天寺相见,宋徽宗是在同年五月到达燕京的,而宋钦宗则是在七月上旬才到达的。两人相见后,才在九月一同被押往中京。由此可见,宋钦宗在悯忠寺居住了两个月,而宋徽宗在延寿寺则居住了四个月。不论是悯忠寺,还是延寿寺、昊天寺,皆在今西城区域内。

在金代的燕京,悯忠寺除了做过囚牢之外,还曾经做过考场。金世宗时,为了弘扬女真族的少数民族文化,在大定四年(1164)颁行了用女真大小字译出的儒家典籍,并在全国设置了女真字学校,选女真族的青少年入校学习,又在科举考试中专门设立了女真进士科的考试。而第一次女真进士科的考试,就是在悯忠寺进行的。《金史·选举志》称:"悯忠寺旧有双塔,进士入院之夜半,闻东塔上有声如音乐,西入宫。考试官侍御史完颜蒲涅等曰:'文路始开而有此,得贤之祥也。'中选者得徒单镒以下二十七人。"②由此可见,金朝女真进士科的考试是在悯忠寺举行的。

金代末年,蒙古国自漠北崛起,相继攻灭西夏、金朝及大理等割据政权,及元世祖忽必烈即位后,又建立元朝,统一全国。在这种情况下,元世祖下令,让全国各地的政府官员举荐人才到京城来。这时,福建的政府官员举荐名士谢枋得到京城为官。谢枋得拒绝后,却被官员强迫前行。谢枋得在来到京城后,"已而病,迁悯忠寺,见壁间曹娥碑,泣曰:'小女子犹尔,吾岂不汝若哉!'"③遂绝食

① 《三朝北盟会编》卷四十六《靖康中帙》。
② 《金史》卷五十一《选举志》。
③ 《宋史》卷四百二十五《谢枋得传》。

而死。他的气节受到后人的赞扬。

在元代,悯忠寺还发生了一件大事,即焚毁《道藏》的事件。元代初年,佛教与道教两派之间发生激烈冲突,而元世祖为了维护社会的稳定,想要调停双方的冲突。但是,两派都不接受调停,于是,元朝统治者提出由两派各选出一百名代表,展开大辩论,而由儒家派出一百人作为裁判。经过双方的辩论,道教失败。于是,就在悯忠寺举行了焚毁道教典籍《道藏》的仪式,宣告佛教胜利,道教失败的结果。这次事件对道教的打击是非常沉重的,一直到元世祖死后,道教才能够在社会上开展宗教活动。

此后,到了明代中期,这座名刹再度中兴,时人称:"寺经我明正统七年重修,改额'崇福',有翰林院待诏陈赟碑。万历三十五年又修,有谕德公鼐碑。至万历四十六年,镇江大会和尚,开律堂寺中,依式说戒,受者数百人,注菩萨忏,未竟而卒。"①由此可见,悯忠寺在明代曾多次重修,又曾有一些高僧在寺中举办佛事活动。而随着大会和尚的逝去,该寺的中兴又转成了中衰。

到了清代中期,清世宗尊崇佛教,认为律宗是佛教的正统宗派,于是,在悯忠寺中设立戒坛,以弘传佛教律宗一派的学说。他在为该寺撰写的寺碑中称:"朕惟如来演说经、律、论三藏,而律居其一。又说戒、定、慧三学,而戒居其先。亦如宗门有衣钵之传焉。"②因此,将该寺的寺名改为法源寺,表示律宗是佛法的源头之一。由此,法源寺遂成为北京著名的律宗寺庙之一,其名称亦沿用至今,此后再也没有更改过。

四、孙公园与陶然亭

到了清代,实行旗民分居之制,八旗子弟居于内城,其他官民则居于外城,因此,促进了北京外城的发展。许多汉族官员大都居住在宣南一带,也往往在这里聚会与游览,由此形成了独特的文化圈,其中,则以孙公园与陶然亭较具代表性。其中的孙公园,不是今天公园的概念,而是孙姓者的私家宅园,这位孙姓者,就是清初的著名学者孙承泽。

孙承泽,号北海,又号退谷。他在明代末年就在北京做官。李自成起义军和清军进入北京后,他都表示效忠,最后虽然得到清廷认可,并官至右都御史,但是仍被列为贰臣。他在仕途上虽然没有得到重用,但是在文化方面的影响却

---

① 《帝京景物略》卷三《城南内外》。
② 《日下旧闻考》卷六十引清世宗《御制法源寺碑文》。

是很大的。孙承泽撰写的《春明梦余录》《天府广记》等著作,是研究明史及北京史的必读著作。而他撰写的《庚子消夏记》更是作为评品书画、碑帖的代表作,影响了一代学者的著述风格。如高士奇的《江村销夏录》、吴荣光的《辛丑销夏记》、黄任的《销夏录》等,皆是以"销夏"为名的著述。

孙承泽的住宅在明末应该是在北京城里,及清廷进入北京,他作为非旗籍官员,自然也被清除出内城,而移居到外城。他在外城的居所又被称为孙公园,因为除了住宅之外,在他的居所中又有颇具规模的私家园林。今天西城的前孙公园、后孙公园就是他当年在北京的居所。而在他退休后,又在西山的樱桃沟建有别墅,他自号的退谷,就是指的樱桃沟。

清人曾记载一事,表明孙承泽在文化上的巨大影响:"康熙七年戊申,京师正阳门外,挑浚御河,得玉印如斗,篆文不能识。礼部揭榜访问,并原印印其后,数十日,无辨之者。孙少宰承泽,方退休西山,闻之曰:'此元顺帝祈雨时所刻龙神印也。各门俱有之,盖雨后即埋地下耳。'因取一书送礼部,上刻印文,注释甚详,一时叹为博雅。"①由此可见,有关元代玉印之事,孙承泽不仅知晓,而且能够拿出典籍加以印证。

孙承泽死后,孙公园也随之转手易主,其中,在这座私家园林中曾建有一处戏台,作为京城文士雅集观剧的著名场所。其中,尤以孔尚任所编写的《桃花扇传奇》在这里演出轰动一时。"康熙己卯秋夕,内侍索桃花扇本甚急,东塘缮稿不知传流何所,乃于张平州中丞家觅得一本,午夜进之直邸,遂入内府。总宪李公木庵楠买优扮演,班名'金斗',乃合肥相君家名部,一时翰部台垣群公咸集,让东塘独居上座,诸伶更番进觞,座客啧啧指顾,大有凌云之气。四方之购是书者甚众,刷染无虚日。今勾栏部以桃花扇与长生殿并行,罕有不习洪、孔两家之传奇者,三十余年矣。"②由此可知,其一,这部"传奇"已经惊动了清圣祖,故而内侍觅得即直入内府;其二,这部"传奇"在当时的京城十分盛行,时间长达三十多年;其三,在这部"传奇"产生轰动效应的时候,孙承泽已经死去,见不到了。

另一说,是洪昇所创作的《长生殿传奇》曾在这里上演,并因此而引发了一场较大的官场风波。"钱唐洪昉思升著长生殿传奇,一时名士张酒治具,大会孙公园,名优内聚班演是剧,主之者为真定梁相国清标,具柬者为益都赵赞善执信。虞山赵星瞻徵介馆给谏王某所,不得与会,因怒,乃促给谏入奏,谓是日皇

---

① 〔清〕陈康祺:《郎潜纪闻三笔》卷十二《孙承泽辨识印文》。
② 〔清〕金埴《不下带编》卷二。

太后忌辰,为大不敬。上先发刑部拿人,赖相国挽回,后发吏部,除名者五十余人。"①由此而受到牵连的政府官员多达五十余人。

而在孙公园的范围内,当时分成了两部分。一部分称前孙公园,另一部分称后孙公园。在前孙公园所在地,曾被改建有锡金会馆及泉郡会馆。锡金会馆是由无锡和金匮两县的相关人士筹建的,泉郡会馆则是由福建泉州的相关人士筹建的。在后孙公园所在地,曾被改建有台州会馆及安徽会馆。台州会馆系由浙江人士筹建,而安徽会馆则由安徽官员李鸿章筹建,今已被列为全国重点文物保护单位。

清朝末年,政府中的维新派又在这里成立了强学会:"京师设立强学会于城南之孙公园,为诸京官讲求时务之地,已而改为强学书局。"②这个组织是在清德宗老师翁同龢的支持下,由康有为、文廷式等人组织的。而张之洞、袁世凯、徐世昌等人皆为其会员,在当时的社会上产生了较大影响。其后,由于反对变法的后党的干涉,北京强学会遭到封禁。

由于清初北京的旗民分居,使得大量汉族官员及士子皆会集到了外城,因此,这一带也就成为文人学者的岁时游览之地,陶然亭也因此而名声日盛,变成颇具文化特色的一处胜迹。时人称:"陶然亭,在右安门,安踞高阜上,本为文昌阁。院中廊宇四周开窗,俯临郊原,万苇一碧,为夏日宴饮之地。当年诸文士尤喜流连于此。又名锦秋墩,南望南西门(右安俗名)女墙,近在眉睫间。又名江亭,康熙间工部郎江藻所建。"③

江藻,号鱼依,湖北汉阳人,他在城南所建小亭著称于时,时人称:"京师陶然亭在黑窑厂南慈悲庵内,康熙间江郎中藻所建,取白香山诗'更待菊黄家酿熟,与君一醉一陶然'之句以名之,又名江亭,士大夫宴集胜地也。曹习庵学士诗'穿荻小车如泛艇,出林高阁当登山',情景最合。庵内有辽寿昌五年、金天会九年石幢各一。"④而在慈悲庵旁,则又有香冢、鹦鹉冢、醉郭墓等胜迹。江藻在其所作《陶然吟并引》中称:"偶忆白乐天有一醉一陶然之句,余虽不饮酒,然来此亦复有心醉者,遂颜曰陶然,系之以诗。"⑤其诗今尚存。

这里自江藻建成陶然亭之后,即为在京及来京文士的聚会场所,时人称:"陶然亭,在(野凫)潭之南,又名江亭,江郎中藻所建,自来题咏众矣。宣南士夫

① 《京师坊巷志稿》卷下《外城北城》。
② 《皇朝经世文编五集·时务分类文编》卷二十一《官书局》。
③ 崇彝:《道咸以来朝野杂记》。
④ 〔清〕吴庆坻:《蕉廊脞录》卷二《京师陶然亭》。
⑤ 《日下旧闻考》卷六十一引江藻《陶然吟并引》。

陶然亭风景

宴游屡集,宇内无不知有此亭者。其荒率之致,外城不及万柳堂;渺弥之势,内城不及积水潭;徒以地近宣南,举趾可及,故吟啸遂多耳。”显然,与内城积水潭、外城万柳堂相比,陶然亭的景色并不是最好的,然而却是距离宣南最近的,因此使得文人士大夫更喜爱到此聚会游玩。其游玩的主题有:

其一,庆祝科举考试的成功。时人称:“各省公车至京,场后同乡宴集,吾乡向在陶然亭设宴,饮酒论文。孙宫允人龙、严都谏源焘、吴比部岩在座,尤轰饮尽致,不醉无归。此举四十余年不废。自庚寅以后,余倡议应京兆试,亦循此例。”①文中的“场后”即指科举之后,与之相关的同乡都要设宴庆祝,因此,这里曾经是浙江人考试之后宴会的场所,文中的孙人龙、严源焘就都是浙江人,孙人龙还曾是纪晓岚的老师。

其二,登高赏秋之处。时人称:“九月,京师谓重阳为九月九。每届九月九日,则都人士提壶携榼,出郭登高。南则在天宁寺、陶然亭、龙爪槐等处,北则蓟门烟树、清净化城等处,远则西山八刹等处。赋诗饮酒,烤肉分糕,洵一时之快事也。”②陶然亭虽然不算高,但是“仰观西山,俯临溪水”,“地据高阜,廊槛翼峙,四望翘竦”,号称都中第一胜地。

在陶然亭的文士聚会规模不大,往往是几人、十几人的好友相邀。但是,也有规模较大者。时人曾曰:“京师南城有亭巍然,仰观西山,俯临溪水,所谓陶然亭也。筑自江氏,亦名江亭。丙申四月,叶筼潭方伯、黄恕斋少宗伯、徐廉峰编修、黄絜卿中允、陈颂南、汪孟慈两农部招集同人四十二人展禊是亭,宝楠与焉。”③文中的“丙申”,应该是道光十六年(1836),这次参加聚会的文士多达四十二人,堪称盛会。

此外,还有一次规模更大的。时人称:“同光间某科会试场后,潘文勤、张文襄两公大集公车名士,燕于江亭。先旬日发柬,经学者、史学者、小学者、金石学者、舆地学者、历算学者、骈散文者、诗词者各为一单,州分部居。不相杂厕。至

①　〔清〕戴璐:《藤阴杂记》卷十《北城下》。
②　〔清〕富察敦崇:《燕京岁时记》。
③　《北京市志稿》引清人刘宝楠《念楼集·江亭感旧图诗序》。

期,来者百余人,两公一一纡尊延接。是日天朗气清,游人亦各兴高采烈,飞辩玄黄,雕龙炙輠,联吟对弈,余兴未央。"①文中的"潘文勤"为潘祖荫,"张文襄"为张之洞,皆为当时名士,召集的聚会竟多达一百余人。

五、旧城咏古之遗迹

北京地区,在大都新城建成之前,人们活动的核心区域是在古蓟城及扩建后的金中都城,在这个区域中,有着人们几千年来的生活遗存。这些遗存,在大都新城建成之后,也就逐渐演变为古迹。而随着时间的推移,这些古迹也逐渐烟消云散了。由此可见,元代大都城出现前后,是北京历史文化发生巨大变化的历史节点,在此之前,大量的历史遗迹是在旧城,而在此之后,历史发展的重心逐渐转移到了新城。元朝后期,乃贤等人对旧城古迹的游览,以及诗文创作,应该具有较为典型的述古之作。

在乃贤的《南城咏古十六首》诗中,包括了中都旧城的十六处名胜古迹,这些古迹基本上代表了旧城古迹的整体脉络。此前,我们已经介绍的有六处,即:黄金台、铜马门(即白马庙)、铁牛庙、悯忠阁、悯忠寺双塔、太液池(即西华潭)。除了这六处古迹外,乃贤还游览了十处古迹,即:

第一处为寿安殿。这处宫殿是金中都城里的宫殿,但是在蒙古军队攻占中都城后,被焚毁,人们在其基址之上建有寿安酒楼。寿安殿之名称,最早见于西汉长安及东汉洛阳的宫殿之中,此后,仍有一些朝代的宫殿被称为寿安殿。乃贤见到中都城的寿安殿,已经是遗迹了,故而他作诗称:"梦断朝元阁,来寻卖酒楼。野花迷辇路,落叶满宫沟。风雨青城暮,河山紫塞愁。老人头雪白,扶杖话幽州。"乃贤在诗前注释中称:"殿基今为酒家寿安楼。"由此可见,这时的寿安酒楼仍然沿用"寿安"之名,而且是位于旧城的繁华地段。

第二处为圣安寺。圣安寺是金代建造的一座皇家寺庙,位于金中都城里。据《元一统志》的相关记载:金天会年间,有两位高僧自南方北上燕京,金太宗帝后出资为他们建造了一座寺庙,称大延圣寺。到金世宗的时候,又在大定三年(1163)重修该寺,"六年,新堂成,崇五仞,广十筵,轮奂之美,为郡城冠。八月朔作大佛事,以落成之"。文中的"郡"字,当为都字之误。翌年,改寺名为大圣安寺。由此可见,在当时这座寺庙是非常著名的。

乃贤在游览后写有《圣安寺》一诗,诗前注文称:"寺有金世宗、章宗二朝

---

① 《春冰室野乘》卷中《张文襄遗事二则》。

111

象。"诗中亦有"宝华幢盖合,衮冕画图开"的描述,由此可见,乃贤当时是看到了金世宗和金章宗的画像的。而清人则称:"宋显夫《南城俚歌十首》,其四云:'停骖惆怅圣安寺,后堂空祀李宸妃。'则寺中留像,不独世宗、章宗二帝也。"① 文中的"宋显夫"即宋褧,为元代后期著名诗人,他在游览圣安寺之后,只看到李宸妃的画像。这时的金世宗及金章宗的画像似乎已经佚失了。乃贤在诗前提到的金世宗、金章宗画像,应该就是他们的"御容"。在圣安寺里,应该建有安放金朝帝王画像的御容殿。

第三处为大悲阁。这座建筑被建造在圣恩寺内,而圣恩寺据传始建于唐代,有大悲阁榜额,为唐代著名书法家虞世南所书。到了辽代,寺与阁皆存。《辽史》记载有两件事。其一,见《地理志》,称:"兴王寺有白衣观音像。太宗援石晋主中国,自潞州回,入幽州,幸大悲阁,指此像曰:'我梦神人令送石郎为中国帝,即此也。'因移木叶山,建庙,春秋告赛,尊为家神。"②其二,《礼志》称:"太祖幸幽州大悲阁,迁白衣观音像,建庙木叶山,尊为家神。"③这两处记载的内容基本相同,只是一处称是辽太宗所为,另一处称是辽太祖所为。当以辽太宗所为更准确。文中所称"兴王寺"是在辽上京。

乃贤在作《大悲阁》诗时,曾见传为唐虞世南所书阁额。诗曰:"阁道连天起,丹青饰井干。如何千手眼,只着一衣冠。金榜交龙挟,雕甍吻兽攒。冯高天万里,白纻不胜寒。"元代《析津志》亦称:"圣恩寺即大悲阁,阁祠大悲观音菩萨。寺后有方石,瓮八角塔。"由此可见,当时的圣恩寺及大悲阁尚存。而到了清代,寺尚存而阁已废坏无存:"圣恩寺在斜街东广宁门大街,辽开泰间重修,有大悲阁,阁后有方石瓮八角塔。今寺存而阁与塔俱无。"④到了清代中期,寺名也被改称广恩寺。

第四处为云仙台,又称望月台。这处遗迹只是在金元时期的旧城中曾经存在,但是自元代中期以后仅见于乃贤诗中,而不见其他文献记载。乃贤诗曰:"台殿青冥外,团团海月凉。隔帘闻凤管,秉烛奏霓裳。铜雀晨霞眩,金盘夕露瀼。仙人不复返,愁杀海生桑。"据诗中的描述,云仙台也是一处登高望远的场所。

第五处为长春宫。乃贤在诗前注文中称:"全真丘神仙处机之居。太祖尝召至西域之雪山讲道,屡劝上以不杀。"据相关文献记载,元太祖(即成吉思汗)

① 《京师坊巷志稿》引清人朱彝尊《日下旧闻》。
② 《辽史》卷三十七《地理志》。
③ 《辽史》卷四十九《礼志》。
④ 〔清〕吴长元辑:《宸垣识略》卷十《外城二》。

在西征的途中,听说道教全真派的道士丘处机懂得长生不老之术,于是派出使臣把丘处机接到西域。丘处机见到元太祖之后,直言没有长生不老之术,只有养生禁杀之道。元太祖非常赏识丘处机,赐其号曰"丘神仙",并将燕京的太极宫改称长春宫,以作为其修炼之地。

乃贤所作《长春宫》诗称:"赢骖蹋秋日,迢递谒琳宫。松子花砖落,溪流板阁通。楼台非下土,环佩忆高风。草昧艰难日,神仙第一功。"丘处机在长春宫东侧又建有一处道观,称为白云观。丘处机即死于白云观,其葬礼也是在白云观举办的。此后,岁月变迁,长春宫废毁不存,而白云观却名声日隆,遂成为京城著名道观,存留至今。诗中的"神仙第一功"则是指在当时各派厮杀混战之中,丘处机能够救助百姓脱离灾难。

第六处为竹林寺。在中国古代,各地称为竹林寺的寺庙有多处,而位于燕京的竹林寺,据相关文献记载,是在辽道宗清宁八年(1062)由宋楚国大长公主用位于显忠坊的赐第建造的。该寺到金代仍然著名,据宋人称,这里曾在金初作为政府考试河北举人的考场,而实际参加考试的人应该是全国的。因为考场设为北人与南人两场,北人参加者四百人,取二百四十人;南人参加者六千人,取五百七十一人。该寺到明代景泰年间重建,更名法林寺。而到了清代废毁不存。

第七处为龙头观。龙头观在金中都城里只是一座小道观,而且应该是民间集资自己建造的,因此没有官封的道观之号。而最有特点的,是道观的建筑中有一个显著的标志,即龙头。龙头的特点则是悬有三支牙签,牙签上刻有"建隆元年"四字。建隆元年(960)是宋太祖建立宋朝的那一年,但是,宋朝一直到攻灭辽朝,也没能收复幽州(即燕京)。故而这个带有年号的牙签,只是民间百姓恢复宋朝统治的愿望的体现。这座龙头观随着元朝建立、南宋灭亡而逐渐消失,乃贤见到的龙头观已经延续不了很久了。

第八处为妆台。这处胜迹在乃贤的咏古诗中也占有一定的地位,他在诗前的注文称:"李妃所筑,今在昭明观后。妃常与章宗露坐。上曰:'二人台上坐。'妃应声曰:'一月日边明。'上大悦。"诗曰:"废苑莺花尽,荒台燕麦生。韶华如逝水,粉黛忆倾城。野菊金钿小,秋潭石镜清。谁怜旧时月,曾向日边明。"金章宗时期正是金朝由兴盛转向衰败的关键时期,没承想转眼之间,金朝就衰败和灭亡了。后人又曾云,李妃的梳妆台是在紫禁城西侧的西苑中。

第九处为万寿寺。这处寺庙也是金中都的一处名刹。始建于辽世宗天禄年间,至辽景宗保宁年间赐名悟空寺,再到辽圣宗统和年间改称万寿禅院,属于禅宗之下曹洞宗的寺院。到辽圣宗太平年间又改称太平寺,此后辽道宗时又称华严寺,似乎又归于律宗一派。最后,到金朝熙宗皇统年间,才最终定名为大万寿寺。而乃贤在《万寿寺》一诗中称:"皇唐开宝构,历劫抵金时。"则该寺又似乎始建于唐朝的开元、天宝年间。这座寺庙的庙名变更之多,堪称燕京之冠。

第十处为玉虚宫。这座道观在燕京城里也是一处较为著名的道教活动场所。乃贤在诗前注文称:"大道教以供薪水之劳为其张本,宫主张真人,其貌甚清古。"由此可见,这座道观是道教真大派的活动场所。到了明代,玉虚宫已废,被锦衣卫吕仪占为别墅。又经道士吴元真倡议,吕仪舍宅,将军石亨出资加以重建,明英宗复赐额为玉虚观。明人称:"金有玉虚观,元有玉虚宫,今之玉虚观,未审即其遗址否。"①

自元代大都新城建成之后,诸多文人墨客要想思古抒怀,寻访古迹,往往都是到旧城中来。乃贤所作《南城咏古十六首》诗,正是当时及此后明清时期文士雅好的典型代表。而这位于元大都旧城的十六处古迹,也正是北京历史遗迹的主要类型。只是随着时间的推移,这些古迹越来越少了,许多当时乃贤还能够看到的古迹,今天我们已经看不到了,所幸乃贤和其他文士留下了丰富的诗文作品,可以让我们了解一些当时的情况。而旧南城的这些古迹,皆在今西城区域内。

---

① 《宸垣识略》引明人周篔《析津日记》。

第二章

坛庙文化

北京自定都以来，就设有各种代表国家礼制的坛庙设施。在这些坛庙中，帝王亲自或委派官员代表国家行使各种庄严典雅的祭祀活动。随着朝代的变更、城池的兴废、礼制的沿革，这些坛庙也在不断发生变化，但是主体的祭祀体制却变化不大，基本体现出后代对前代的承袭。

就西城区而言，最早的都城应该是西周时期蓟国的都城蓟城，其祭祀的设施今已不可寻找出踪迹。其后燕国定都在此，也属于诸侯国的范畴。直到金朝迁都到此，今西城区辖境内才开始有了代表国家权力的各种设施，体现出了都城文化的特征。这些设施，都是围绕着金中都城内外建造的。及元朝新建大都城，一些重要的礼制设施也就从中都旧城迁移到大都新城之中去了。

明朝初年，明太祖定都南京，随即制定了一系列较为完备的礼制规范。明成祖迁都北京，重要的礼制设施皆仿照南京的制度，加以建造。在明朝近三百年的历史进程中，礼制系统更加完善，也带来了一些较大的变化，如从合祭的天地坛变成了分祭的天地日月四坛，又如从先农坛发展出先蚕坛等，皆是变革的结果。而历代帝王庙从南京增建到北京，更是对礼制系统的进一步完善。

清朝定鼎北京之后，许多重要的礼制设施皆是沿用明朝的旧制，如左祖右社、天地日月的四坛分祭等。但是有两项重要的变更：一是对历代帝王庙祭祀内容的变更，提出了更加鲜明、更加合理的祭祀标准，突出了中华大一统的传承意义；二是对寿皇殿的改造，不仅将其移至景山后面的中轴线上，而且对御容殿的功能加以更新，更加突出了中华民族在法祖敬宗方面的主题思想。近代以来，今西城区各处坛庙设施历经了翻天覆地的变化，其祭祀功能已大为弱化，然而这些坛庙所代表的中华优秀文化价值仍值得重视与传承。

第一节　金元时期坛庙

金元时期是北京城市发生重大变化的时期。金中都城对辽南京城的扩建，是第一件重要的举措。经过这次扩建，不仅城市格局发生了根本的改变，而且礼制设施也更加完备。各种坛庙的设置，使得皇家在行使帝王权力的时候带有了更加权威的文化特色。元朝在金中都城的东北建造了新的大都城，使得许多原来设置在中都旧城的礼制设施必须迁往新的都城，这是朝代变更及城址变更带来的必然变化。

一、金中都坛庙旧迹

金中都的皇室宗庙，以皇城南部东侧的太庙和原庙（即衍庆宫）为主。海陵王迁都之前，在原来的辽南京（即燕京）御容殿与上京会宁府（今黑龙江哈尔滨阿城区）太祖庙，分别供奉着金太祖完颜阿骨打的五幅和七幅"御容"，即各种姿态或服饰的画像。海陵王营建中都时在这里新建有太庙，供奉由上京迁来的祖宗神主，又在太庙旁边兴建原庙。天德四年（1152）有司提议："燕京兴建太庙，复立原庙。……今两都告享，宜止于燕京所建原庙行事。"①金中都原庙的庙宇、殿宇、殿门，分别定名衍庆宫、圣武殿、崇圣门，以此作为祭祀金朝祖先御容的法定场所。正隆二年（1157），海陵王为断绝女真贵族复归旧土之念，派遣使者毁掉了上京的宗庙和宫殿，上京太祖庙与原辽南京御容殿的十二幅太祖御容全部移到衍庆宫珍藏。

金中都太庙有两重围垣，朝南的一排长殿，供奉金朝的先帝神主。每逢祭祀，配享太庙的功臣神主，被分别安放在各自生前所事皇帝的神主旁。宣宗迁都南京（开封）之前，太庙一共有十二室，供奉着始祖以下至章宗的神位。太庙除了举行隆重的大祭之外，还有皇帝即位后的奏告仪式、接受尊号后的奏告仪

---

① 《金史》卷三十三《礼志六》。

式和恭谢仪式,皇后、皇太子被册封后的恭谢仪式,国家重大事务也要派使者前来祝告。世宗大定年间,曾于太庙东墙外另立祭祀金熙宗的武灵庙(后改称孝成庙),太庙内外数次修建昭德皇后庙、宣孝太子庙。随着三人“升祔太庙”即被迁到太庙里供奉,武灵庙与太子庙随之予以撤废。

金海陵王在中都城建造原庙,用于安放祖先的御容。金世宗即位后,又陆续把后来追谥的睿宗、世祖、昭祖、景祖、肃宗、穆宗、康宗以及明肃皇帝的御容安放在这里,并修建了世祖、太宗、睿宗御容殿。大定十四年(1174),仿照东汉光武帝云台二十八将图、唐太宗凌烟阁功臣图,把二十八位功臣的形象画在衍庆宫圣武殿的左右庑殿。此后续补太祖以前的功臣二十二名,大定十五年增画纥石烈志宁、纥石烈良弼像。章宗时期,又添加了徒单克宁、石琚、仆散忠义的画像。

金中都城内又建有供奉孔子的宣圣庙(俗称孔庙),规定了隆重的祭祀礼仪制度,是统治者尊崇中原文化的象征。章宗泰和六年(1206),在丽泽门内的皇城西部,修建了祭祀姜子牙的武成王庙,以管仲、张良、韩信等历代名将谋臣以及金代的宗翰、宗雄、宗望、宗弼等配祀。

金中都城之外的郊坛,表现了帝王对自然力的敬畏以及古人对天体运行规律的认识。《金史·礼志》记载:明昌五年(1194),“为坛于景风门外东南,阙之巽地……以祀风师”;“为坛于端礼门外西南,阙之坤地……以祀雨师”。次年建“高禖坛”为金章宗求子,“乃筑坛于景风门外东南端,当阙之卯辰地,与圜丘东西相望”。“南郊坛,在丰宜门外,当阙之巳地”。“北郊方丘,在通玄门外,当阙之亥地”。“朝日坛曰大明,在施仁门外之东南,当阙之卯地”。根据这些描述可以判断出其各类郊坛的大致位置。

祭天的南郊坛即圜丘(天坛),位于“巳地”即丰宜门外之东南,正与“卯辰地”的高禖坛东西相望。圜丘有三重围垣,中有圆坛,皇帝每年冬至日来此祭祀。祭地的北郊方丘即地坛,位于“亥地”即正北门通玄门外之西北,祭祀时间为每年夏至日。根据太阳运行东升西落的规律,祭祀太阳的朝日坛又称大明坛,位于正东方的“卯地”,亦即中都东北门施仁门的东南,每年春分日致祭;祭祀月亮的夕月坛又称夜明坛,在中都西北门彰义门的西南,每年秋分日祭祀。这些都属于国家大典。此外,在西城区北京市第四十四中学东面的三里河小区曾出土大面积的建筑夯土、内字款砖、沟纹方砖、兽面纹瓦当、瓷片、水井等遗物,从位置看,似为金中都方丘遗迹。

2023年9月28日,在国家文物局“考古中国”重大项目进展新闻发布会上,有关单位公布了北京金中都考古新发现。近期考古工作者在西城区右安门内发现了早晚两期建筑组群。其中的晚期建筑组群由位于同一轴线上的南北两座大殿和东西对称的廊房组成,这是金中都考古首次发现的大型官式建筑,与目前国内发现的金代皇家三开间大殿的规格类似。结合文献记载,考古工作者初步推断早期建筑组群可能是辽代的义井精舍,晚期建筑被认为可能是金代皇家寺院大觉寺遗址。遗址出土

金中都御容殿遗址

的五件金代玉册是金中都作为金代政治中心最直接的实物证据。本次考古发现是研究金中都城市规划、建筑布局与皇家礼制的重要资料。①

我们认为,就考古工作者把这处建筑基址判定是辽金代大觉寺,并作为金朝御容殿的说法,似有可探讨余地。御容殿,最初被称为原庙,是西汉初年汉惠帝为纪念汉高祖刘邦而设置的。到了宋代,才开始被称为御容殿,也就是安放帝王死后画像(即御容)的场所,并且形成了一种制度。

就其设置地点而言,汉代以来的御容殿,有的设置在京城里面,有的则设置在陪都或者其他城市之中。就其设置形式而言,有些是集中设置的,有些则是分散设置的。金朝的御容殿大多数是建造在都城之中的。金海陵王迁都到金中都,则将金上京的原庙(即御容殿)拆毁,一起迁移到金中都来。金世宗即位后,又恢复了金上京的原庙,时称"庆元宫",并岁时加以祭祀。而此时金世宗仍然保留了中都城的原庙,并将庙中各位帝王的御容殿重新加以命名。

我们认为,这次的考古发掘遗址还有一种可能,即金朝大圣安寺遗址。今天被称为圣安寺的寺庙有可能和金朝的圣安寺是两个不同的寺庙,而用了相同的名字,在相关历史文献中,即可见到有大圣安寺街和小圣安寺街的记载。显然,大小两个寺都用了相同的名字,故而用大、小加以区别。作为金朝御容殿的大圣安寺在元朝末年或明朝初年荒废了,又易地重建。这种情况在有些寺庙中也出现过。元朝诗人乃贤当时确实在大圣安寺看到过金朝帝王的画像(即御容像),宋褧又在这里见过金朝后妃的画像。因此,最近发现的金代大型建筑遗

① 北京市文物局官方网站。

119

址,又确证为皇家的御容殿遗址。因此,这里作为金朝大圣安寺遗址也是比较合理的。

二、元大都西城坛庙

元大都城的建造是北京城市发展史上的里程碑,标志着西城坛庙建筑进入新的历史阶段。今西城区辖境内元代坛庙主要有旧太庙和社稷坛。

蒙古统治者在进入中原地区之前,虽然也祭祀祖先,但是却没有“太庙”的概念。从元太祖攻占金中都,到元宪宗在位的蒙古国时期,即使占有中原地区已经很长时间了,却仍然没有采用中原王朝通行的“太庙”祭祖的典礼。直到元世祖忽必烈即位之后,才开始大量采用中原王朝的各种典制,其中,也包括了太庙祭祀祖先的典礼。

元世祖建造的第一座太庙,不是在元大都,而是在旧燕京城。中统四年(1263)三月,他下令,“诏建太庙于燕京”①。到了至元元年(1264)十月,燕京的太庙竣工,元朝统治者遂将祖先的神主供奉到了太庙之中。最初建好的太庙,共设七室,到至元三年(1266)九月,增设为八室。

此后,元朝统治者决定在新修建的大都城内再建太庙,因为新建的大都城已经成为元朝统治者活动的主要场所,如果再到燕京旧城去举行祭祀祖先的活动,是不合适的。于是,从至元十四年(1277)八月元世祖下诏,到至元十七年(1280)十二月止,新建的太庙又告竣工。其庙址位于大都新城的齐化门(今朝阳门)内(今属东城区),以符合《周礼》建都城的“左祖右社”原则。

“左祖右社”的规制记载在《周礼·考工记》中,原文是“匠人营国,方九里,旁三门。国中九经九纬,经涂九轨,左祖右社,面朝后市”。元大都城内,祭祀先祖的太庙位于齐化门内,祭祀土地和五谷神灵的社稷坛位于平则门(今阜成门)内,两座坛庙一东一西,与左(东)祖右(西)社的建都理想模式完全符合。

元大都城社稷坛的建造,比起太庙来,要稍迟一些。因为蒙古统治者起于朔漠,习惯于游牧生活,对于农业生产却较为陌生,故而对“社稷”的观念也很淡漠。在蒙古军队刚刚进入中原地区之时,有的蒙古贵族甚至提出,要把农田废去,改变为牧场。随着北方游牧少数民族与中原地区汉族民众的交往越来越多,他们对农业生产优越性的了解也就越多,故而对“社稷”的认识也就越来越深入。

---

① 《元史》卷七十四《祭祀志三》。

元世祖忽必烈对社稷的认识，是从他手下的汉族文臣，如姚枢、许衡、刘秉忠等人那里得到的，社稷作为一个代表国家的重要观念加以使用，首见于中统二年(1261)的"伐宋诏书"，其中提到了"宗庙社稷之灵"①。这个诏书，当然是汉族文臣拟订的，但是，至少是得到了元世祖忽必烈的首肯的。

至于正式使用社稷的祭祀仪式，是在至元七年(1270)十二月，元世祖下令，"敕岁祀太社、太稷、风师、雨师、雷师。"这时虽然开始有了祭祀之礼，却没有固定的场所。到了至元十一年(1274)，由于祭祀社稷的典制已经确定，元世祖又下令，在全国各路颁发社稷坛建筑格式。

根据当时(至元十年)规定：各地建造的社稷坛统一规格，"方二丈五尺，高三尺，四出阶三等，筑垣为四门。于内社在东、稷在西。""其石柱之长，二尺五，方一尺，剡其上，剖其下半。"②据此可知，元朝的社稷坛分为两个坛，一个是社坛，祭土地神；另一个是稷坛，祭五谷神。这是在地方州县、乡里建造社稷坛的规格，此后在元大都城建造的社稷坛也大致如此，只是规模更大，规格更高。

由于元朝统治者的重视，在至元十六年(1279)，中央政府又命主持礼部工作的太常寺官员进行专门的研究工作，参酌古往今来的各种典籍，经过讨论确定了祭祀仪式、坛庙和祭器的制度，并绘制成图，编纂成书，然后上报元世祖，以供施行祭祀仪式时加以参考。

到了至元二十九年(1292)七月，元世祖采用御史中丞崔彧的建议，决定在大都城西南面的和义门(今西直门)内金水河之南，占地四十亩，修建社稷坛，"建社稷和义门内，坛各方五丈，高五尺，白石为主，饰以五方色土。坛南植松一株，北墉瘞坎壝垣，悉仿古制。别为斋庐，门庑三十三楹"③。到了翌年正月，正式动工。

新建的社稷坛，其制度为社坛与稷坛分开建筑，方圆与高度都是五丈。社坛上覆盖以五色土，象征五行(金、木、水、火、土)或五方(东、西、南、北、中)之色。稷坛则全都覆以黄土。二坛之间的距离，也是五丈。而在社坛之南，又用白石制成石主，高五尺，宽二尺，半埋于土中，稷坛则没有石主。在二坛周围，修有坛墙，坛墙以砖石砌成，高度也是五丈。

元代后期社稷坛周围修建的附属建筑，已经十分完备，共计有望祀堂七间、齐班厅五间、献官幕室八间、院官斋所三间。又有祠祭局、仪鸾库、法物库、都监

---

① 《元史》卷四《世祖纪一》。
② 《元典章》卷三十《礼部·祭祀》。
③ 《元史》卷十七《世祖纪十四》。

库、雅乐库等。此外还有百官厨、太乐署、乐工房、馔幕殿、神厨、酒库、牺牲房、执事斋郎房、监祭执事房、井亭等。

元朝统治者对社稷的祭祀,等级规格比太庙要稍低。每年按常规举行祭祀仪式共两次,一次是在仲春二月,另一次是在仲秋八月。其祭品,也不如太庙丰盛,计有牛、羊、野豕等数种,饮品亦有酒及马奶。元朝统治者对社稷的祭祀,只是一种象征性的活动,往往派遣礼官代为祭祀。

元朝统治者除了每年按惯例举行祭坛活动之外,遇有重大事情,也派遣官员到社稷坛举行祭祀典礼。如元武宗在登上皇位之后,于大德十一年(1307)七月遣官告祭社稷坛。[1] 此后,遣官祭社稷坛成为一种惯例,元英宗、泰定帝、元明宗、元文宗等,皆在即位之后遣官告祭于社稷坛,以示其继承皇位的正统意义,以及重视农事的传统情怀。

元朝政府在社稷坛举行祭祀活动时,也要演奏雅乐,为此,特命翰林国史院的文官们制作乐辞,而命太乐署的乐官制作乐曲。制成之后的雅乐有《镇宁之曲》《肃宁之曲》《亿宁之曲》《丰宁之曲》《保宁之曲》《咸宁之曲》,在行祭祀仪式时演奏,以配合礼官迎送神祇、进献祭品的活动。在徐达率领明军攻占大都城后,元代祭祀建筑完成了历史使命。

---

① 《元史》卷二十二《武宗纪一》。

第二节　先农坛

先农坛是明清两代皇帝祭祀山川、神农等诸神的重要场所。明清时期,先农坛名称及建筑格局多次变化。明成祖永乐十八年(1420),北京先农坛建筑群初建,合祀山川、太岁、先农、风云、雷雨诸神。这里最初被称为山川坛。嘉靖年间,重视礼制的明世宗主持重订庙坛礼制,先农坛形成多种祭祀的格局:山川坛分置太岁殿,专祀太岁,并新建天神坛、地祇坛和先农神坛,改称这里为神祇坛。到明神宗万历初年,坛内陆续增建了斋宫等,并正式命名为先农坛。

清乾隆年间,政府对先农坛作了较大调整,如改斋宫为庆成宫等,形成先农坛整体格局。清末以来,先农坛几经变更,坛庙属地也多改作他用。1991年,先农坛内设立北京市古代建筑博物馆。近年来,随着北京中轴线申遗工作的开展,先农坛内腾退恢复工作正在有序展开。

一、明清名称与功能变迁

在上古神话中,炎帝为创造农业的先祖。关于炎帝创农业的传说,古人多有记载,如《白虎通义》称:上古人民食用飞禽走兽,到了炎帝时人民众多,禽兽不足,于是炎帝因天之时,分地之利,制作耒耜等农具,教化百姓耕种,人民遂将其神化为神农氏。先民们感激炎帝,为了纪念他而建造祭坛,对神农进行祭祀。至西汉时期,人们开始以"先农"称呼神农,祭祀神农的祭坛也自然而然地改称"先农坛"。后代帝王沿袭汉制,皆建造先农坛祭祀神农,向天下臣民昭示帝王重视农业生产的态度。

北京先农坛始建于明朝永乐十八年(1420)。在此之前,明太祖朱元璋定鼎南京,曾于洪武九年(1376)在南京正阳门外建造山川、太岁、先农诸坛。"靖难之役"后,为巩固自身统治,同时防范蒙古部落的侵扰,明成祖朱棣决定迁都北京。北京城"凡庙社、郊祀、坛场、宫殿、门阙,规制悉如南京,而高敞壮丽过之"。北京先农坛的建造,参照南京先农坛规制,建于太岁坛西南,先农坛之东为斋

先农坛观耕台

宫、銮驾库,东北为神仓,东南为具服殿,具服殿前为观耕场所。先农坛有护坛地六百亩,又有种植各种谷物土地九十余亩。永乐年间,还规定了祭祀先农的时间是在每年仲春的上戊日,由顺天府尹代为祭祀。其后,凡遇帝王亲政,则需亲自祭祀先农并行耕耤礼。[1]

永乐年间,北京照搬南京坛庙的还有山川坛。明初山川坛祭祀属于吉礼中的中祀等级,祭祀时间是在仲秋时节(农历八月)[2]。山川坛共分十三坛,祭祀神明较为广泛,首祭太岁、春夏秋冬四季月将,次祭风云雷雨各神,次祭五岳(东岳泰山、西岳华山、南岳衡山、北岳恒山、中岳嵩山)、五镇(东镇沂山、西镇吴山、中镇霍山、南镇会稽山、北镇医巫闾山)、四海(东海、西海、南海、北海)、四渎(长江、黄河、淮河、济水),次祭明代诸行省乃至各属国山川。山川众神祭祀是山川坛祭祀的主要特点,掌管风调雨顺的众神也在祭祀之列。因此,每当天有异象时,朝廷也会遣官赴山川坛祭祀。如成化六年(1470)二月,以入冬至春,京师不下雨雪,明宪宗敕谕群臣亲诣山川坛请祷。[3]

明朝永乐以后至嘉靖年间,历代皇帝没有对山川坛格局进行大的变更,仅英宗天顺年间在旗纛庙东边增建斋宫一所。对此,明徐学聚《国朝典汇》有记:

① 《明史》卷三十九《礼志三》。
② 《明史》卷四十七《礼志一》:"仲秋祭天神地祇于山川坛。"
③ 《明史》卷二十九《五行志二》。

"天顺三年二月,诏风雷、山川坛壝,创一斋宫。"天顺五年(1461)成书的《大明一统志》记载了嘉靖改制前山川坛的最终格局,"山川坛在天地坛之西,缭以垣墙,周回六里。中为殿宇,以祀太岁、风、云、雷、雨、岳、镇、海、渎,东西二庑以祀山川、月将、城隍之神。左为旗纛庙,西南为先农坛,下皆耕田。"至此,以山川坛在东、先农坛在西的祭祀格局在明代中期基本成形。

明正德十六年(1521)四月,朱厚熜以武宗堂弟的身份继承皇位,是为明世宗。他违反传统礼制,坚持尊生父为皇考,引发了与诸臣之间的矛盾,史称"大礼议之争"。与大礼议之争相伴随的,则是明世宗对原有祀典的全面更定。为了与重订的祀典制度相适应,他下令建造新的祭坛,由此改变了明初北京的坛庙建置格局。

嘉靖九年(1530),明世宗应给事中夏言之请,变更郊祀之典,改天地合祭为四郊分祀,分别建造圜丘祭天,方泽祭地,朝日坛、夕月坛祭祀日月。随后,嘉靖帝亲自命名四郊坛名称,"南郊之东坛名天坛,北郊之坛名地坛,东郊之坛名朝日坛,西郊之坛名夕月坛"。

明世宗依礼臣所奏"太岁之神,宜设坛露祭"即露天祭祀,下令"建太岁坛于正阳门外之西,与天坛对"。这次太岁坛的"建坛之议"在《明政统宗》中有记载,嘉靖九年建太岁坛于神祇坛内。明世宗命礼官考察历代太岁坛制度。礼部认为太岁之神宜设坛露天祭祀,但坛制无考,宜照社稷坛规制,少为减小。明世宗同意了礼部的奏对。然而,早在洪武时所建的山川坛便采用"屋而不坛"的格局,虽名为"坛",却不专设露祭外坛。《明太祖实录》载:"山川坛建二殿,一以栖神,一以望拜。"山川坛成此格局是因为明时祭祀太岁诸神是采用"望祭"形式,其祭祀"拜位"设在殿外,本就属于"露祭"。

根据洪武时期礼制,太岁坛应指包括太岁殿、东西二庑、拜殿等在内的坛庙体系。嘉靖改制后,太岁殿成为专祀太岁之所,两庑也随之成为其从属。以此推之,嘉靖时所谓"建坛"可能是将天神地祇请出后,将原有山川坛正殿、两庑、拜殿等坛庙体系整合,进而改建成以"太岁殿"为主导的坛庙体系,统称为"太岁坛"。另《国朝典汇》记:"太岁坛建太岁殿。"从中也可以知道,太岁殿只是"太岁坛"坛庙体系的一部分。

嘉靖十一年(1532),明世宗下令改山川坛名为天神地祇坛,也就是南郊之西坛。神祇坛是天神坛、地祇坛的合称,天神、地祇二坛皆为一层、方制,东西向对峙。天神坛位于东方,南向,设有风、雨、雷、电四坛;地祇坛位于西方,北向,设五岳、五镇、五陵山、四海、四渎等五坛。从祀的京畿山川西向排列,从祀的天下各大山川则东向排列。两坛前设有神龛,天神坛的丙位设有燎炉,砖座,上覆

125

琉璃;地祇坛北设有瘗位。神坛四周建有坛壝,南北各设一门,北门镌有"雩坛"二字,南门则镌刻有"神祇坛"。

对于嘉靖改制以后的"先农坛",《明史》有载:"永乐中,建坛京师,如南京制,在太岁坛西南。石阶九级。西瘗位,东斋宫、銮驾库,东北神仓,东南具服殿,殿前为观耕之所。护坛地六百亩,供黍稷及荐新品物地九十余亩。"由此记载可知,嘉靖以后的先农坛在南京先农坛的基础上增加了斋宫、銮驾库、神仓、具服殿以及六百亩护坛地。其所含建筑和土地面积已大为增加,在整个山川坛坛庙建筑范围内已占据了大部分面积,这为先农坛在此后发展中坛壝占主导地位奠定了基础。因此,"万历四年,改铸神祇坛祠祭署印,为先农坛祠祭署印。仍掌行耕耤事务。"至此,包含太岁坛、神祇坛、旗纛庙在内的系列坛庙便统称为"先农坛"。至此,先农、太岁、神祇等祭坛最终得以确立。万历以后,先农坛的格局便一直沿袭下来,直到清代。

清军入关后定鼎北京,清朝将明朝的祭祀制度继承下来,并对明代遗留的坛庙进行了修缮。顺治二年(1645),清政府定坛庙祭祀则例,以每年正月上旬占卜择吉日遣亲王于太岁坛祭祀太岁,二月亥日皇帝亲自祭祀先农。清初诸帝对先农的祭祀都很重视,尤其是清世宗曾于雍正四年(1726)下诏,令全国各省州县普遍设立先农坛行耕耤礼,将历代帝王对先农的崇拜推到顶峰。

清高宗在位期间,对先农坛进行了大规模的改建和扩建。乾隆十九年(1754),对先农坛作了较大调整,撤去旗纛庙,将其移建为神仓;改土木建筑的观耕台为砖石琉璃瓦建筑;改斋宫为庆成宫,形成先农坛整体格局。改建后的先农坛规模宏大,"先农、天神、地祇三坛与太岁殿合建于正阳门南之西,当都城末位(西南方),外垣南方北圆,砌以城,覆砖瓦,周一千三百六十八丈"。规制为方形,南向,一成,周四丈七尺,高四尺五寸,四出陛,各八级,面砌金砖,环甃白石,午阶上鼎炉二,坛东南瘗坎一。此外,坛内建有神库、神厨、观耕台、具服殿、神仓、庆成宫①等建筑。乾隆朝对先农坛的修缮过程中,不仅注意到建筑本身,而且注意在坛内栽种树木,清高宗在《祭先农坛》诗序中说:"先农坛及各坛宇俱于数年内次第修整完竣,内外垣间向日圃畦,令易植嘉树与坛内苍松蔚为茂荫。"经过乾隆年间的大规模改造,先农坛在苍松嘉木的映衬下,愈发显得庄严肃穆。乾隆以后,历朝皇帝虽然都对先农坛进行定期修缮,但没有再展开大规模的改建工程。

---

① 即先农坛原来的斋宫,乾隆间更名为庆成宫,耕耤礼举行完毕,皇帝在此接受百官的朝贺。

二、皇帝亲耕"一亩三分地"

明洪武二年（1369），祭享先农被列为国家大祀，后改为中祀，由应天府官员前往先农坛祭祀，祭祀完毕，行耕耤礼。明成祖朱棣迁都北京后，祭享先农的礼仪一如明初，即派遣顺天府官员祭祀，但如果遇到新皇帝登基，则由皇帝亲自前往先农坛祭祀，行耕耤礼。然而，据文献记载，明朝皇帝亲祀仅为三次，分别是洪熙元年（1425）、嘉靖九年（1530）和崇祯七年（1634）。其余均遣顺天府官员代为祭祀和行耕耤礼。且从祭祀次数来看，并非每年都举行这个仪式。①

明代先农祭祀典礼包括祭享先农和行耕耤礼两部分。祭祀时间由太常寺观天象而定，一般在每年二月或三月的亥日。先农典礼前的斋戒，以及所用的祭乐、祭器、祭品、服饰、乐舞等，按照国家中祀的祭祀通例。

明代先农坛祭祀仪式最初制定于弘治元年（1488）。明孝宗亲临祭祀先农，

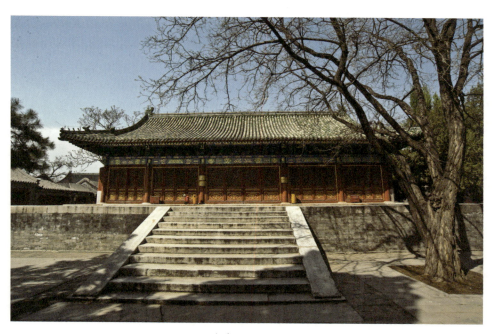

先农坛具服殿

---

① 《北京先农坛史料选编》编纂组编：《北京先农坛史料选编》，学苑出版社，2007，第2页。

127

百官需在祭祀之前进行斋戒,顺天府尹向内宫进呈农具及种子,宦官接受之后送至耤田所。祭祀当日,皇帝在具服殿穿戴衮服冠冕祭祀先农。仪式经过迎神、奠币、进熟、初献、亚献、终献、饮福、彻豆、送神、望瘗等程序,每道程序,赞引官赞,太常寺卿奏,皇帝行三跪九叩之礼。①

皇帝祭祀先农后,由太常寺卿导引至耕耤位,面向南站立。三公以下各就位,户部尚书向皇帝进呈农具,顺天府尹向皇帝进呈耕牛执鞭。皇帝亲执农具赶着耕牛,在农田中行进三个来回(即三推三反)后,将农具与执鞭赐还户部尚书与顺天府尹,太常寺卿奏请皇帝复位。顺天府尹播种后,皇帝御览三公五推,尚书九卿九推。亲耕礼后,皇帝回到具服殿。顺天府尹率大兴、宛平两县令及耆老行礼毕,引导农夫执农器朝见皇帝,皇帝令其耕种田地。百官行庆贺礼,三品以上丹陛上东西坐,四品以下台下坐,并宴请耆老于坛旁。宴毕御驾还宫。至此,先农坛祭祀礼成。②

嘉靖十年(1531),明世宗认为耕耤礼仪式过于繁杂,命礼官加以更改。行礼前两日,顺天府尹将耒耜耕种等农具、谷物种子放置在彩车上送至耕耤所,取消百官庆贺。另外,商议建造耕耤车以供皇帝亲耕耤田时使用。万历四年(1576),由于神祇坛诸神不再专祀,遂将其更名为先农坛,坛官仍掌行耕耤事务。③

清初先农祭祀和耕耤礼曾一度中断,直到顺治十一年(1654)才得以恢复。清朝祭享先农和耕耤礼的仪式基本上沿袭了明朝制度,但重视程度远甚于明朝。从祭祀次数来看,几乎每年或亲祭亲耕或遣官代祭。顺治朝自恢复耕耤制度以来,除顺治十一年(1654)亲祭外,其余七次均为遣官代耕。康熙朝亲祭先农为康熙十一年(1672),清圣祖仅在这一年参与亲祭,终康熙朝六十一年,其余若干次均遣官代祭。但清世宗则不同,他在位十三年,除元年因忙于新政要事未能亲祭外,从二年起至十三年,共亲祭先农、亲耕耤田十二次④。自雍正朝开始,清朝皇帝尤其重视耕耤礼。清世宗不仅亲祭,同时颁布了一系列相关政策仪式。耕耤礼中皇帝躬耕耤田时,按照原有礼仪,皇帝三推,雍正时加一推,并颁新制三十六禾词。雍正四年(1726),又颁上谕,要求全国各级官员均亲行耕耤礼。⑤

---

① 《北京先农坛史料选编》编纂组编:《北京先农坛史料选编》,第62—65页。
② 《明史》卷三十九《礼志三》。
③ 《北京先农坛史料选编》编纂组编:《北京先农坛史料选编》,第33页。
④ 刘潞:《〈祭先农坛图〉与雍正帝的统治》,《清史研究》,2010年第3期。
⑤ 刘潞:《〈祭先农坛图〉与雍正帝的统治》,《清史研究》,2010年第3期。

乾隆三年（1738），清高宗行耕耤礼前六日，先到丰泽园演耕。[1] 他在位六十年，亲耕次数二十八次，其余遣亲王或官员行礼。清高宗在七十五岁高龄时仍行亲耕之典，并提到"凡遇亲耕典礼，若年在六十以内，礼部自应照例具题，年年躬行耕耤之礼；若年逾六十，令礼部先期以亲莅或遣官之处。"乾隆十九年（1754），对先农坛进行了重修，其中观耕台为当时所造，方形，高五尺，方广五丈，表面以金砖铺地，四周镶嵌黄琉璃瓦，又有汉白玉护栏。[2]

清仁宗、清宣宗亦十分重视亲耕仪式，清仁宗曾言"思礼以亲耕为重，朕惟恭祀事，躬举四推"。清宣宗亦言"朕思耕耤大礼，致祭先农，必应躬亲祀事"。因此，嘉庆、道光、咸丰及同治年间，则几乎每年或亲祭亲耕，或遣官代祭，但在祭祀的细节上有所调整或加强。例如，嘉庆十九年（1814），旧例耕耤终亩时，耆老和农夫人数有所调整，"用有顶戴耆老三十五名，今裁去十六名，仍留有十九名，以资熟手。至农夫一项，民人充当，向用四十八名，酌增十二名，尽用内务府苏拉。"[3] 翌年，由于顺天府所备用的牛不堪使用，三公九卿耕作时四处奔跑，不能终亩，除了将大兴知县和宛平知县革去顶戴外，并要求先期认真演练，以重典章。道光十一年（1831），清宣宗在行三跪九叩礼之后，读祝人员唱赞迟缓，故要求遴选一名声音洪亮、礼仪娴熟者作为预备读祝。清德宗在位三十四年，亲耕亲祭或遣官代耕代祭次数为二十九次。光绪十三年（1887），清德宗亲自祭祀先农和行耕耤礼，当时的户部尚书翁同龢曾记录祭祀情况。清末宣统年间，据记载，均遣官祭先农之神。

三、近代开放与变革

晚清国力日趋衰弱，祭祀制度开始弛废，先农坛的往日辉煌一去不返。光绪二十六年（1900），英、美、俄、日、德、法、奥、意诸国为了保护各自在华利益，组织八国联军侵入北京。1900 年 8 月八国联军攻陷北京后，分区占领京城，美国第九营及十四营据守先农坛，并以先农坛作为冬营驻地，在美国国会图书馆所藏中文古地图《京城各国暂分界址全图》中，先农坛被标为美军占领颜色。不仅如此，美军还将先农坛内的陈设、祭器、礼器及各种库存物品一律席卷而去，"殿宇祭器并皆罄尽"，坛内古树亦遭严重破坏。经过这次劫难，先农坛元气大伤。

---

① 《北京先农坛史料选编》编纂组编：《北京先农坛史料选编》，第 39 页。
② 《光绪大清会典事例》卷三一三《礼部耕耤》。
③ 《光绪大清会典事例》卷三一三《礼部耕耤》。

八国联军侵华以《辛丑条约》的签订为结局,清朝被迫再次付给各国大量的白银,再也没有能力对祭坛进行修缮。光绪三十二年(1906),清廷停止对先农、朝日、夕月、方泽等祭坛的亲祭仪礼,每逢祭典则遣官代祭,甚至停祀。于是,北京先农坛祭祀先农功能亦不再有。

清朝覆亡后,民国政府设立内务部礼俗司管理清代坛庙,先农坛也理所当然地为礼俗司接管。1912年,接管全城坛庙的内务部,将京城坛庙所用的祭器统一移存到先农坛太岁殿及两庑中,并成立古物保存所。第二年元旦,先农坛首次对外开放十天,任人观览,借以庆祝共和周年。

尽管先农坛在被停止使用后遭到了较大损坏,但因坛内林木葱郁、碧草如茵,并且向来为皇家独占,在普通群众心目中的神秘色彩仍然存在,故而前往各处祭坛游览观光者日众,管理人员禁而不止。鲁迅先生曾于1912年携友人同游天坛、先农坛,并提出将两坛作为公园的设想。

1913年新年,古物保存所为纪念共和一周年,宣布将天坛、先农坛开放十日,任人游览。据时人记载,当时各界民众涌入二坛,先农坛内处处人头攒动,观者如潮。皇家祭祀建筑的精美祭祀礼器令观众大为震惊。据时人记载,当时先农坛内,除了古物保存所外,还设有古物研究会、古物杂志社、古物萃卖行、古艺游习社等机构。[1]

先农坛正式辟为公园为1915年。先农坛公园主张"新辟路径,酌葺亭台,不事雕琢,不尚绮丽,在良好的基础上加以点缀"。园内布景设置了鱼庄,添置了鹿囿、茶社、秋千圃、抛球场、蹴鞠场等,种植花草,隙地另辟菜畦篱豆,宛若村落,营造一种田家风味。在交通上,天桥至先农坛,"先行平垫,将来兴筑马路,又在香厂以南开辟北坛门",准备就绪后,于五月初五端午节开幕。由于每年端午前后,向来有"驰赛马"的习俗,故在二道门外空旷地方开辟跑马场,两道用备各界驰骋,并招商而搭茶棚杂陈百戏,时间为五天。[2]

1917年,北京京都市政公所将先农坛外墙拆毁,北部开辟为市场,南部则开辟为城南游艺园,对公众开放。1918年,城南游艺园和先农坛公园合并为城南公园。京都市政公所对旧有的建筑进行维修,广植树木,使祭祀先农神的祭坛变成了京城市民旅游观光的大众公园。园内植有桃树千余株,每逢盛开宛若云霞,有"京城桃花第一处"的美誉。

---

① 《先农坛观览纪事》,转引自《北京先农坛史料选编》编纂组编:《北京先农坛史料选编》,第244—245页。

② 《先农坛公园开幕通告》,转引自《北京先农坛史料选编》编纂组编:《北京先农坛史料选编》,第238页。

今日先农坛

　　此后的先农坛变化更大。1922 年开始，由于内务部经费拮据，开始把外坛空地或租或卖给平民商人使用，其中西外坛改种蔬菜，或种粮食，致使大量古树被砍伐做柴薪或寿材，造成外坛景观大规模破坏。随后几年，内务部逐步拆去北部外坛墙，大量居民移驻北外坛内，在原坛墙东北角处先后有了先农市场、城南商场等。

　　1928 年开始，先农坛内坛空地进一步大量出租，来办鹿场、蜂场、兔场，或种菜蔬等。养蜂场和鹿圈的开设，免不了要支搭凉棚、建筑房屋或搭盖窝棚、穿井，以及开凿水井等，这些设施的兴办，在不同程度上会对先农坛内部环境有所损害。1928 年前后，先农坛内由于养鹿日益繁盛，酌量出售。

　　1930 年后，先农坛迭遭变故。1931 年 7 月，东北第四通信大队全队官兵马匹占驻先农坛内神厨及庆成宫。一个月后，驻军迁出后，东北边防军通信队复又迁入占用。虽然军队占用前就已经向士兵说明禁止毁坏器物、门窗等，但房间免不了遭到损坏，因此内政部北平坛庙管理所申请要求拨款修理。此后，太岁殿、庆成宫等处皆为国民军 105 师占用。

　　1934 年，南京国民政府规定"所有平市各坛庙及天然博物院以拨归北平市政府负责管理为妥"。次年初，内政部坛庙管理所更名为北平特别市政府坛庙管理事务所，开始对天坛、地坛、先农坛等残破建筑进行修缮。由于 20 世纪 30

年代政府又将先农坛的东南角修建为体育场,原来规模颇为庞大的先农坛,就仅剩下核心部分的少量明清殿宇了。1949 年以后,公园废去,先农坛逐步成为北京育才学校及其他几家单位共同使用场所。祭祀先农和耕耤礼则已经没有了。

自 2005 年以来,设在先农坛内的北京古代建筑博物馆,连同天桥社区街道,组织北京育才学校学生进行"祭先农,植五谷"活动。2012 年 4 月 8 日,北京先农坛内再次举行了"祭先农,植五谷,播撒文明在西城"活动。其中复原明清时期皇帝祭祀先农典礼是此次活动的最重要环节。祭祀典礼参照明清典制,祭坛上摆放神农牌位,坛下为列阵的"乐舞生"。相比于明清作为国家祭祀典礼,当下所复原的国家祭祀典礼,其功能和意义已经发生变化。明清时期,国家祭祀典礼作为政治仪式的重要组成部分,承担着维持权力体系、整合社会关系的目的,而一套仪式的反复演练与儒家的礼治精神从理论到实践都是相辅相成、共融再生的关系。[1] 作为北京坛庙文化的重要组成部分,先农坛在传承自身坛庙文化功能的同时,还需融入仪式中国的当代重建中来,当下的仪式复原,应结合实际,找到雅俗共赏的契合点,使表演既能唤起人们对传统文化的敬仰和认识,又能扩大受众面,让更多的人参与其中。

---

① 马敏:《政治仪式:对帝制中国政治的解读》,《社会科学论坛》,2003 年第 4 期。

第三节　先蚕坛

中国是蚕丝的发源地,育蚕、丝织创造了源远流长的蚕文化,我国古代皇室行亲蚕礼则是这一文化极致的代表。中国传统社会以农桑立国,亲蚕礼即劝农种桑养蚕的一种礼仪制度。祭蚕神的场所便是先蚕坛,北京地区的先蚕坛始建于元代,明清先蚕坛历经多次移建,在祭祀仪式日趋规范的同时,体现了传统社会男耕女织的历史状况。

一、亲蚕礼的历史流变

先蚕坛中的"先"有最初、重要之意。与男耕女织观念相对应,历代形成了由皇后主持祭祀先蚕的典仪。最早记载皇后亲蚕可追溯至先秦时期,《周礼》中有"仲春,诏后帅外内命妇,始蚕于北郊"的记载。而在周代之前的代夏而起的商代已经对养蚕业极为重视,据甲骨文记载,商武丁时期,已出现省察蚕事活动,祭祀蚕神的典礼。尊崇祭祀蚕神的活动不仅盛行于中原,还波及周边各地。在三星堆遗址出土的大青铜立人像的服饰与"大手结",经考证为古蜀王国后妃等亲蚕躬桑礼仪的典型标志。

虽然祭祀蚕神的典仪起源早,但蚕神究竟指代谁却长期争论不休。中国古代典籍中记载了众多的蚕神,主要有天驷、嫘祖、马头娘等。在甲骨卜辞中有"蚕示"的记载,今人推测"蚕示"可能为商代先王上甲微的配偶。在官方文献记载中,举行祭祀先蚕典礼时,蚕神一般是黄帝正妃嫘祖。秦汉以来,人们推崇黄帝为华夏始祖,先蚕逐渐被作为嫘祖专利品而被大众顶礼膜拜。嫘祖又作雷祖,春雷惊动之际正是蚕桑复苏之时,因此雷神与蚕神作为农事保护神而有内在联系。

元代先蚕坛,在《元史》中还是留下了建设过程的线索。至大三年(1310)四月,朝廷在籍田内设立先农、先蚕二坛,为避免过多占用农田,两坛没有修筑外墙。这时的先农、先蚕二坛,是在丽正门外东南方的位置。有专家认为,二坛位于元大都城东南郊,具体位置应在今东便门外至东三环通惠河庆丰公园之间。① 元代先蚕仪式虽不明,但却深刻影响了后来北京的先蚕坛形制。在元代王祯所著《王祯农书》中,附有《先蚕坛图》《茧馆图》等。该书在清代乾隆年间复刻,并收入《四库全书总目提要》,成为清朝修建先蚕坛的范本。

二、明代先蚕坛的修建与荒废

提起今天的北京老城格局,绕不开两位明朝的皇帝,即明成祖与明世宗。明成祖把北京作为都城,明世宗时又形成了北京四郊的坛庙分布格局。嘉靖年间,明世宗将天、地、日、月分开加以祭祀,而这种把合祀制度改变为分祀制度的起始点,则是先蚕礼的恢复。

早在嘉靖二年(1523),大臣夏言便有恢复皇后亲蚕的倡议,只不过当时明世宗忙于"大礼议",故而夏言的倡议在遭到户部反对后,便不了了之。而在大礼议将完成之际,明世宗开始询问大学士张璁关于天地分祀的事情,并将分祀之事拿到奉先殿前占卜。也许是历代先皇不愿大兴土木,多次占卜结果竟都是不吉。嘉靖九年(1530),面对喜好改变礼制的明世宗,夏言再次上书,请求恢复皇后亲蚕礼仪,并以此为契机施行南北郊分祀之礼。接到夏言上疏后,明世宗大喜,下诏要求大臣商议亲蚕礼仪及筑坛地点。夏言奏疏中,认为"农桑之业,衣食万人,不宜独缺;耕蚕之礼,垂法万世,不宜偏废"②,极力主张施行先蚕礼并修建先蚕坛。

夏言的奏疏引用儒家经典《礼记》《诗经》《尚书》等,论证实行皇后先蚕礼不仅符合"天子亲耕,王后亲蚕"的周代古制,而且是感受农桑之艰苦,以为天下农夫、蚕妇表率的善政之举,同时还列举了魏、晋、刘宋、北齐、后周、隋、唐、宋等众多朝代举行先蚕礼的事例,说明这项源远流长的礼仪制度一直都受到历代统治者的重视,是国家的重大活动之一,本朝也不应该缺典。夏言的奏疏很快得到了回应,明世宗对身旁大臣说,夏言的奏疏符合古礼,而他的生母皇太后亦曾多次教诲他要勤俭节约,重视农桑。③

明世宗对于夏言所上的《请举亲蚕典礼疏》十分赞赏,认为这是皇家对于农夫、蚕妇体恤之心的重要展现,并且用皇太后的话作为补充,以表明恢复先蚕礼

① 李明:《元明清先蚕坛建置考》,《首都博物馆丛刊》,2010 年第 1 期。
② 陈子龙:《明经世文编》卷二百二《请举亲蚕典礼疏》,中华书局,1962,第 2118 页。
③ 《明世宗实录》卷一百九,嘉靖九年正月丙午,台湾"中研院史语所"校印本,上海古籍出版社,1983,第 2563 页。

是为了劝课农桑,示率天下。但事实却并非如此,先蚕礼的兴复远不是简单的民生问题,而是有着更为深远的政治考量。在要求群臣讨论先蚕礼举行的地点时,明世宗心中已有定论,既然帝王属阳,亲耕先农坛应对照五行中属阳的南方,皇后亲蚕只能在属阴的北郊。

不过,这个建议在朝廷之中仍然引起不小的争议。詹事霍韬认为,如果实行此礼,皇后将要远涉北郊,行礼不便,"乞择近地便"。遭到明世宗训斥:天子耕于南郊,皇后蚕于北郊,这是万世不易之法,恢复上古礼仪怎么可以计较路途远近? 不久,户部尚书梁材又以京城北郊没有水源,无法养育蚕蛹为由,请旨在皇城之内西苑建先蚕坛,并说唐宋时先蚕坛就在宫禁之中。明世宗又驳斥说:要恢复就恢复周礼,唐宋之礼因陋就简,不可效仿。

反对的声音多聚焦于宫廷女眷出郊的不便,或没有水源无法完成典礼的现实困难,但经历了"大礼议"事件后的明世宗,已掌握了实权,于是给礼部下了一道谕旨,坚定主张修建先蚕坛,恢复先蚕礼。① 先蚕坛地点争议的最后结果,是明世宗在夏言等大臣支持下,将先蚕坛选定在北郊安定门外。

先蚕坛

① 《明世宗实录》卷一百九,嘉靖九年正月戊申,台湾"中研院史语所"校印本,上海古籍出版社,1983,第 2564 页。

嘉靖九年（1530）二月，户部向明世宗呈送先蚕坛图样，由他亲自审定。先蚕坛开工不久，负责堪舆定时的钦天监上报明世宗"年神不利兴作"，礼部也趁势提出如果次年实行亲蚕礼，应该在宫中行礼。标榜崇奉天意的明世宗此时却以祭告太庙为由，驳回了钦天监和礼部的请求，既不同意来年举行，也不认可在宫内举办。这是因为在他看来，先蚕礼行礼是否方便，工程能否完工都不重要，北郊需要有坛庙才是核心。故而在工部因工期紧迫请求先建先蚕坛、采桑台等少数建筑时，他予以同意。

　　这一年三月，在临时搭建的宫殿屋宇之间，张皇后在尚未完工的先蚕坛内举行了明朝第一次亲蚕礼。嘉靖九年至十年间，朝廷大兴土木，四郊遍立祭坛。在修建天坛及地坛时，工部以材料不足请求暂缓先蚕坛工程，因为北郊有了更重要的祭祀建筑群——地坛，明世宗南北分祀的主张已成现实，使他逐渐失去了对先蚕坛工程的兴趣。翌年春，明世宗在张璁、李时的陪同下，游览至太液池西岸。至旧仁寿宫前，他对二位大臣说，朕想在此地建立先蚕坛，你们觉得是否可行？陪侍多年、熟知这位少年天子秉性的张璁、李时忙不迭连连同意。对北郊的先蚕坛，明世宗也未完全抛于脑后，他命工部直接拆除了事。工程时断时续的北郊先蚕坛仅历时一年便被废弃，新的先蚕坛改在西苑内的旧仁寿宫旁。由此可见，明世宗并不排斥在皇城内修建先蚕坛，也不在乎北郊祭先蚕的三代典章，只要他自己在南郊祭祀先农之神，而皇后也曾在北郊祭祀先蚕之神，那么这两座祭坛建在哪里已经无足轻重了。

　　明代在西苑修建的先蚕坛，其具体位置是在仁寿宫西面、万寿宫西南。这里建造的先蚕坛为正方形，整体尺寸较最初设计减小约四分之一。先蚕坛东为采桑台，采桑台四周建筑与其他祭坛大体一致，东为具服殿，西为神库、神厨，另有宰牲亭一座。比较特别的是在先蚕坛之北有育蚕的蚕室，又设有蚕宫署作为先蚕坛的办公机构。在西苑除了先蚕坛还有蚕池，不过蚕池是明代宫廷织锦机构，与先蚕坛无关。

　　西苑先蚕坛建成后，不仅没有将皇后祭祀先蚕的礼仪制度化，反而变得逐渐流于废弃。嘉靖十一年（1532）、十三年（1534），皇后两度在这座先蚕坛主持祭祀仪式。嘉靖十六年（1537）二月，当朝臣请旨举行先蚕祭祀时，明世宗却下诏罢废了严格的先蚕礼，每年只委派女官代为祭祀先蚕。嘉靖三十八年（1559），他下令进一步简化祭祀仪式，连女官代祭先蚕也省略了。到嘉靖四十一年（1562），明世宗忙于修道成仙，控御群臣，宫廷已多年不再实行先农、先蚕的祭祀仪式了。

　　这一年当礼部请求派官代祭先农、先蚕时，明世宗却说，先农、先蚕仪式都是从我开始设立的,现在我不去祭祀先农主持亲耕,皇后也不必祭祀先蚕劝民农桑,不如全部罢废了事。这样,明代的祭祀先农、先蚕仪式起于明世宗,也亡于明世宗。西苑内的炼丹炉最终取代了桑蚕室,先蚕坛无人管理沦为废墟。不过,由先蚕坛演化而来的地名蚕池口,却一直保留到清末民初。清代在蚕池口附近还曾建有天主堂。

明代先蚕礼的祭祀程序是在每年三月之前,由钦天监选择祭祀日期,上奏皇帝,并通报各部做好准备工作。顺天府官在辖区内挑选贞静持重、善于养蚕的妇人数名,送至先蚕坛蚕室内作为蚕母,还要预备好蚕种和钩筐一副进呈皇帝,待御览后,由内侍自西华门捧出,放置在预先备好的彩舆中,在鼓乐声中送至蚕室,交给蚕母。工部要准备好祭祀日采桑浴蚕所需的钩箔筐架等工具,也要提前交给蚕母。蚕母在蚕室内负责育种养蚕,在桑园里采摘新鲜的桑叶,待风干后切成细碎的桑丝喂养幼蚕。

祭祀前期三日,尚仪奏请斋戒,皇后斋戒三日,内执事和司赞、六尚等女官,以及其他要于祭日当天进入蚕坛的人,都要斋戒两日。祭祀前一日,蚕宫令先在蚕坛下设皇后、公主、内外命妇拜位。司赞位于皇后拜位东西两侧,司宾位在外命妇班北边,东西相向而立,内赞及乐女生位设于坛南。皇后采桑位在采桑台上,东向。公主及内命妇位在皇后位东,外命妇位在采桑台东陛之下,南北向。太常寺官提前将先蚕神位以及各种祭祀品、礼器、祝案等准备好送入蚕坛内,晚间交由蚕宫令,由蚕宫令于正祭日转交执事女官,祭祀开始前摆放停当。

正祭日清晨四更,宿卫陈兵卫,女乐工备乐,司设监备仪仗及重翟车,蚕宫令手执钩筐,都在宫城西华门外等候。内执事官、乐女生、尚女官、六名司赞等人先乘车到先蚕坛内等候。天将明之时,内侍到坤宁宫奏请皇后至先蚕坛所行礼,皇后身着常服,乘坐肩舆,跟随导引女官向宫门行进,公主及内命妇都穿着礼服随从在侧。皇后车驾到达西华门,内侍奏请皇后降舆,换乘司设监所备重翟车。一行人到达先蚕坛后,皇后先到具服殿少憩片刻,由司宾奏请换上礼服。外命妇直接在先蚕坛下按品级东西相向序立。

一切准备妥当后,皇后出殿祭祀先蚕。乐女生就位,执事官各司其事,司赞奏就位,导引女官导引皇后、公主、内命妇、外命妇到先蚕坛各就其拜位。内赞唱瘗毛血,迎神,奏《贞和之曲》。乐止后,司赞奏四拜,公主以下内外命妇行四拜礼。内赞唱奠帛,行初献礼,乐奏《寿和之曲》。乐停,执事女官捧帛跪于先蚕神位前进行祭奠。内赞唱读祝,皇后及内外命妇跪,读祝女官跪于神位前右侧,朗读祝文。之后众人站立,内赞唱行亚献礼,乐奏《顺和之曲》。执事官捧爵,于神位前跪奠。内赞唱行终献礼,奏《宁和之曲》等。及祭祀先蚕礼毕,皇后回到

137

具服殿,更换常服。

　　嘉靖九年(1530)四月,礼部以蚕事告成请行治茧礼。蚕宫令在先蚕坛蚕室的蚕妇中挑选出善于缫丝和织锦的妇人各十名送入织堂之内,钦天监预定缫丝吉日上奏,工部制造好缫丝及织造的器具。丁亥日,皇后乘车到西苑织堂行治茧礼,内外命妇跟随左右。到达织堂后,命一名内命妇行三盆手礼,这一仪式来源于《礼记·祭义》中"及良日,夫人缫,三盆手"的记载,即三度浸茧,用手抽出茧丝。三盆手礼毕后,将抽出的蚕丝交给织妇,织妇用这些蚕丝织成锦帛,织好后由蚕宫令送到尚衣、织染等监局,并奏禀皇帝用这些丝绸做成祭祀郊庙时所穿的祭服,皇帝准奏,并下令犒赏蚕妇。至此,先蚕礼全部流程宣告完成。

三、清代先蚕坛的完善

　　清代最初承袭明制,对先蚕祭祀仪式并不重视,也没有把先蚕礼列入祀典,宫廷内对蚕桑的重视始于清圣祖。他曾在中南海丰泽园之东设立蚕舍,植桑养蚕,浴茧缫丝,以为表率。他又在内府设立织染局,织染自产蚕丝。此后,雍正十三年(1735),河东总督王士俊上书请定先蚕礼,提出京师为首善之区,应当率先于北郊建立先蚕坛,用以祭祀。届期派礼部官员承祀,同时直省各府州县亦遵行。王士俊规划的先蚕礼是一套囊括中央和地方的礼仪体系。然而由于这时的清世宗已久病缠身,自顾不暇,因而请立先蚕坛的建议就此搁置。

　　清代对典礼仪式尤为重视的帝王是清高宗。在他御极的六十年内,清代各项典章礼仪日臻完备。雍正末年恢复先蚕礼的动议很快进入他的视野。乾隆元年(1736),他即命朝臣商议复建先蚕坛之事。乾隆三年(1738)二月二十七日,礼部尚书三泰题请派遣礼部堂官行先蚕礼,清高宗命礼部堂官雅尔呼达前去致祭。这是官方记载中首次出现有关清政府举行祭祀先蚕礼的内容。三月十八日,工部尚书来保题请奏销钱粮事,提到清朝政府正式修建先蚕祠的内容。

　　到了乾隆七年(1742)七月,大学士鄂尔泰又上奏折,请建先蚕坛。鄂尔泰提出,先蚕典礼的缺失,显然有违国家礼仪制度的完备性,也不能体现帝王重视农桑的用意。鄂尔泰把明代先蚕礼的兴废过程总结后提出:先蚕坛修建地点要选在有水源之处。

　　在鄂尔泰上书一个月后,内务府大臣海望进一步提出了建坛构想。在上奏中,海望全面回顾了历代祭祀先蚕礼后,又将先蚕坛等建筑样式绘出图样,请清高宗御览。这个构想是在详细考证历代先蚕祭祀之制的基础上提出的一个成熟的、具有可操作性的建坛规划。清高宗看到奏章后大为欣赏,并命海望做出烫样(以纸、木做成的建筑模型)呈送。在烫样完成后,海望对具体施工进行了补充上奏,他估算整个工程需用银九万六千五百余两。海望注意到明代西苑先蚕坛附近原有的石料可以用来建筑新坛,这样还可省下近万两户部银。

先蚕坛牌匾

接到上奏后,清高宗当即批准建设。先蚕坛在乾隆九年(1744)四月建成,包括先蚕坛、祭台、采桑台、亲蚕殿、从室、具服殿等主要建筑,房七十八间。还修建了天门、宫门、瘗坎、方河桥闸十一座等,初具规模。此后,先蚕坛又新建宫门、前殿、抱厦、后殿、配殿、游廊、水池、转桥、筒子河,挪盖船坞、值房、库房、龙王庙、诸旗房等大批建筑。伴随新的建筑,有油饰、彩绘、糊裱等工程。《清史稿》记载先蚕坛的最终规模是:先蚕坛,直径四丈,高四尺。先蚕坛之东为采桑台,前为桑园台,中为具服殿,为茧馆,后为织室。周边有宫墙。墙东有浴蚕河。①

清代的先蚕坛即今北海北岸的先蚕坛遗址,这里在明代是雷霆洪应殿。先蚕坛垣周 160 丈,占地面积 17160 平方米。先蚕坛面向南,体现了皇权的面南至尊。先蚕坛周围的建筑群与明代大体相同,不同的是浴蚕河。浴蚕河位于先蚕坛整体的东部,作用是养育蚕桑。它是元代由金水河引入北海的一支水系。此浴蚕池水是什刹海水注入北海后,由地下暗沟向南引入该院的。浴蚕河纵贯先蚕坛南北,宽约 4 米,长约 160 米,是北京城内较短的一条河道。浴蚕河内还有两座水闸可以启闭,用于调节水位,清洗桑叶。浴蚕河水南流出先蚕坛后出北海东墙,过西板桥、白石桥,经景山西墙、景山西门、鸳鸯桥,汇入紫禁城筒子河。因此,先蚕坛的浴蚕河实际上已与前、后三海,景山和紫禁城的水流融为一体,是皇家宫廷水系的重要组成部分,这也是所有皇家坛庙中最独特的。

先蚕坛内各处殿宇、井亭、墙垣均为绿琉璃瓦屋面,以表示重视蚕桑之意。丰泽园与先蚕坛同位于西苑内,南北分立,构成了皇帝亲耕与皇后亲蚕的农桑格局,匠心独运又相得益彰。到乾隆二十二年(1757),先蚕坛又进行了扩建,随

---

① 《清史稿》卷八十二《礼志一》。

后在嘉庆、道光、同治、光绪、宣统年间，又进行了不同程度的修缮。

乾隆时期，还制定了先蚕礼仪注。在乾隆七年（1742）八月，鄂尔泰等内阁大学士及礼部官员就先蚕礼仪注事宜题奏，认为制定先蚕礼仪注是非常重要的。他们提出，恢复先蚕礼符合"天子亲耕南郊以供粢盛，后亲蚕北郊以供祭服"的古制，克复周礼，光大两汉、魏晋、隋唐、宋明诸朝之遗绪，可增强清朝政权的合法性。

通常认为，季春巳日为祭祀先蚕的大致时节。祭祀典礼中，外事选"刚日"，内事择"柔日"。田猎、出兵等为外事，婚、丧、冠、祭为内事。十干中，甲、丙、戊、庚、壬为刚日，乙、丁、己、辛、癸为柔日。先蚕神是主宰女红、缫丝的内神，钦天监每年选择吉日请行，当选柔日。同时，此次所议先蚕礼的主要组成部分为：斋戒礼、祭祀礼和躬桑礼，除养蚕缫丝环节外，礼仪的主要执行者为皇后。相比此后数次修正和补充的仪注，这次先蚕礼仪注的修订以皇后为中心。

同为重视礼仪的帝王，清高宗与明世宗最大的不同是，清高宗不仅要求典章齐备，仪式森严，还亲力亲为主持祭典。作为中轴线上唯一的女性主祀之处，乾隆九年（1744）三月，富察皇后举行了清宫的首次祭祀先蚕礼。清高宗与富察皇后伉俪情深，在乾隆十三年（1748）富察氏去世后，清高宗与继任皇后那拉氏感情淡漠，在主持先蚕仪式等方面也没有推崇皇后权威，反而制定了派遣妃嫔主持先蚕礼的制度。按照规定，在皇后主持先蚕礼时，嫔妃、福晋、命妇等需要陪同祭祀。

清高宗这时制定的遣官代祭制度，是将祭祀队伍分成两套系统，即有皇后时则由皇后亲祭或遣官及宫妃代祭，无皇后时则遣官及宫妃代祭。乾隆十五年（1750），那拉氏被册封为皇后。但是，在此后的六年中，却五次派遣官员代祭。乾隆二十二年（1757）因帝后一同外出东巡，仍遣宫妃代祭。此后数年因种种琐事，宫妃代祭频繁，礼部官员每年的"双请"制度才成为常态。

进入民国后，先蚕坛的祭祀功能消失，建筑逐渐破损。20世纪30年代，先蚕坛曾先后为"中央研究院"历史语言研究所、北京大学医学院租用。抗日战争时期，又曾作为日伪的国货陈列馆。1949年4月，先蚕坛整体被改为北海实验托儿所使用。同年7月托儿所迁入先蚕坛。目前，先蚕神坛、浴蚕池、观桑台和蚕坛祠祭署均已无存，其余建筑保存较好，近年来，政府又组织进行了两次修缮。

先蚕坛作为宫廷祭祀先蚕的场所，由皇后亲临先蚕坛拜祭"蚕神"，并观桑治茧，作为一种仪式，垂范天下，教化斯民，体现了传统王朝"男务稼穑，女勤织红"的治国理念。作为京城的"九坛八庙"之一，保存至今的先蚕坛构成了皇家坛庙文化的重要组成部分，是中轴线上不可或缺的历史文化建筑群。

第四节 月 坛

月坛为明、清北京四大郊坛之一，是明、清两朝于秋分之日专祭夜明之神（月神）的国家祭祀场所。祭月发展到明、清时期便形成了一个制度化的祭祀体系，传统祭祀空间在这个时期发展完备，建坛也有了详细的规制。祭坛的尺寸、色彩、形式都具有一定的象征意义。

一、建筑格局与祭祀空间

"祭日于坛，祭月于坎，以别幽明"，《礼记·祭义》中记载的祭月仪式略显简单。明朝的月坛建在京城之西，依据西方主白色的理念，月坛的坛面及建筑都用月白色琉璃砖；坛外有矮墙，并设有对称的棂星门。在坛外又建有祭祀时用的附属建筑，如具服殿是皇帝亲祭时更换朝服的场所。祭器库和乐器库，用于存放祭器、乐器。神厨为制作祭品的场所。神库为存放祭品的场所。宰牲亭是宰杀牺牲的场所。井亭专用提供清洗牺牲和调制祭祀羹汤的清水。还有焚烧祭品的燎炉，盛埋牺牲毛血的场所。此外，又有钟楼、坛墙、坛门、坛街、牌楼等建筑。这些祭祀建筑设施会因祭祀等级的不同有所区别，但祭坛主体规制十分严格，也就构成了一个完整的祭祀空间。

洪武时期天地合祭，日月从祀，明成祖迁都北京后，依旧延续明太祖在南京实行的天地合祭，日月从祀之制。北京的月坛始建于明嘉靖九年（1530）。明世宗决定在北京设置四郊分祀制度，按照日东、月西之仪，将月坛选址在今阜成门外大街南侧。这时建造的月坛坐西朝东，为一层，高四尺六寸，四丈见方。坛面用白琉璃，四出陛，各六级白石台阶。周二十四丈，高八尺，四面带有棂星门，正东三间，外设池。东北为具服殿，南门外为神库，西南为宰牲亭、神厨、祭器库，北门外为钟楼、官房，外为方形坛墙。东天门外向北为礼神坊，护坛地有三十六亩。翌年八月，明世宗祭夜明之神于夕月坛，至此明朝四郊分祀格局正式形成。明世宗重定的北京坛庙格局不仅规模宏大、布局严谨，更影响了此后数百年的

月坛坛门

历史。

　　清朝建立后,对这些祭坛继续加以使用,并加以修缮和维护。雍正二年
(1724)改坛外神路街为光垣街。翌年,又在坛东空地建照壁三座,并修建牌楼
两边的墙。乾隆八年(1743)和二十年(1755)两次加以修缮,此后又多次重修,
使坛地得到扩展。现为:坛址东向,一层,四丈见方,高四尺六寸。面以金砖,四
出陛,各六级汉白玉石阶。方墙周长九十四丈七尺,高八尺,厚二尺二寸。正东
三门六柱,西南北各一门二柱,柱及帽阙皆为汉白玉,扉为朱红色木棂。墙外设
燎炉。东北建有钟楼一座。南门外西为神库、神厨各三间,宰牲亭、井亭各一,
井亭中心镂空,与井口相对,为天地一气之意。南为祭器库、乐器库各三间。增
设具服殿正殿三间,左右配殿各三间。四周坛墙,坛门三间南向,祠祭署三间北
向,左右各三门。坛外东北角向北有夹墙两道,中为神路,北端牌楼三间。

二、祭祀礼仪

　　在自然天体中,太阳和月亮无疑是最为引人注目的,直接影响到世间万物的生长,使人们天然生出一种崇拜的心态,从而产生了各种国家祭祀活动,明清时期也不例外。

明洪武三年(1370)正月,礼部考订古礼,奏定朝日、夕月之祭,使日、月之神不仅从祀郊坛,还另设坛专祀。洪武二十一年(1388),朝日、夕月分祭仪式罢废。嘉靖九年(1530),大学士张璁复倡分祭仪式,遂复启秋分之祭月仪式。明世宗批准建夕月坛于阜成门外。秋分日以木火土金水五星、二十八星宿、周天星辰共一坛,向南致祭。

清顺治八年(1651),定月坛祭礼制,"月坛各六级,方四丈,高四尺六寸。方壝,周九十四丈七尺,高八尺,厚二尺二寸。坛垣周二百三十五丈九尺五寸。"至此,"燎炉、瘗坎、井亭、宰牲亭、神库、神厨、祭器、乐器诸库咸备。"①此时配祀除木火土金水五星神位、二十八星宿神位、周天星辰神位以外,还增加了北斗七星神位。

在国家祭祀等级中,朝日、夕月、先农、先蚕、先师及历代帝王的祭典属于中祀。大祀、中祀都由皇帝亲祭,如不能亲祭也会派遣亲王或遣官代祭,而小祀则皆遣官祭祀。大祀皇帝亲祭出行用大驾卤簿,中祀皇帝亲祭出行用法驾卤簿。由于祭祀等级的不同,祭祀时所前来拜祭的人物,所用物品的标准、规模也会有所不同。明初朝日、夕月、先农被列为大祭,后降为中祭,定祭月于西郊。顺治二年(1645),清制规定,祭月为中祀,"夕月用秋分日酉刻,奉星辰配,凡丑、辰、未、戌年,帝亲祭,余遣官。"②

明清时期,都将祭祀时间定为每年秋分日的酉刻举行夕月祭礼,祭月时以星辰配祀。明代皇帝亲祭夕月坛,穿常服出西长安门至夕月坛具服殿,更换祭服祭祀。祭服以皮革为冠衣,冠上当有饰物,一般是皮革缝隙之间缀有珠玉宝石。清代帝王穿礼服出宫,至夕月坛具服殿更祭服,致祭。月白色朝袍为皇帝于秋分祭月时所穿的祭服。王公以下陪祀、百官皆穿朝服。

明清时期祭祀所用祭器的制作形式和色彩有着严格的规定。明洪武二年(1369)规定,祭器皆以陶瓷制成。景泰年间曾把酒爵改为玉制。明嘉靖九年(1530)更定祀典,分建四郊,规定四郊祭器各依所祭神祇的代表性颜色,其中月坛的祭器为白色。各坛所用祭器的式样也加以调整,各式祭祀器皿以瓷盘代之。

据《光绪大清会典事例》记载,乾隆十三年(1748)正月的清高宗谕旨表明,

① 《清史稿》卷八十二《礼志》。
② 《清史稿》卷八十三《礼志》。

清朝对坛庙的祭祀器用,既严格按照古代定制,又略有改动。对于祭祀所用祭器的形制和颜色都有着严格的规定,祭月所用祭器为月白色,以陶瓷制成。祭器指的是摆放在笾豆案上的爵、盏、尊、登、铏、盨、簋、笾、豆、筐等容器,用来盛放各类祭品。

明、清时期各种礼制的建设不断完善,特别是明世宗和清高宗他们都表现了对祭祀活动的无比虔诚。古代祭祀礼仪在此期间得到发展,从而将中国传统的敬神文化推向古代社会的巅峰。祭月礼仪庄严肃穆,程序繁杂,明初夕月坛祭祀程序大致分为斋戒、省牲、迎神、初献、亚献、终献、饮福、受胙、彻豆、送神、唱祝和望瘗等。

月坛的祭祀礼仪在《清会典事例》《钦定大清通礼》等书中记载甚详。在月坛正祭之前有斋戒、视牲、宰牲、书祝版、视祝版、洒扫、陈设等程序。祭祀之日,太常寺官员赴乾清门,于酉时前四刻至时转奏,皇帝穿御祭服乘礼舆出宫至北天门外降礼舆,赞引官、对引官恭导皇帝入东棂星门外盥洗处盥手,之后从棂星左门升坛至行礼幄次诣拜褥前立。安拜牌官跪安拜牌于拜褥上,从坛分献官就阶下行礼处立。整个祭祀活动可分为迎神、初献、亚献、终献、受福胙、撤馔、送神、送燎等部分。月坛祭祀活动主要涉及的衙署有太常寺、礼部、光禄寺、鸿胪寺、内务府等。

为了确保祭祀过程的顺利进行及严肃性,清朝在历代祭祀制度的基础上创造出一套完备的祭祀管理制度,包括对祭告条件的规定、祭品及设施的管理、祭典工作人员的管理、祭祀及陪祀人员的管理等。夕月坛还另设有二十名坛护,负责日常坛内清扫、看护,从而体现出国家祭祀管理过程中的严密性和高效性。

清朝后期祀典渐废,直至光绪三十二年(1906),停止对夕月坛的祭祀仪式。后经连年战乱,坛内外古柏多数被伐,坛貌逐渐残败不堪。1953年市政拓宽道路,拆除东天门外礼神坊。1955年北京市将月坛辟为公园。同年收回了月坛南侧的私人果园,公园面积扩大到七公顷。1960年,坛南各殿交由学校使用,具服殿大院先后由多家单位使用。1969年,广播事业局拆去祭坛,建电视塔,坛南各殿由驻守部队使用。

改革开放后,政府逐年加大对月坛整修工作的力度,分别于1980年、1982年整修油饰具服殿及钟楼。1984年月坛被列为北京市文物保护单位。2004年外迁了保护范围内的居民与单位,完成了对月坛文物建筑的修复。现在月坛公园由南北两部分组成,古建与北园反映明清时期的月坛原貌,南园则为新辟的游览区。2006年月坛由国务院公布为第六批全国重点文物保护单位。

月坛作为国家级重点文物保护单位,如何把月坛丰富的文化内涵合理有效地展示出来,让中华传统礼仪文化传承下去,值得我们进一步去探究。如何把传统的祭祀空间,在当代利用好,从而真正使得文物建筑在得到保护后能够合理地使用,并在当代社会中继续发挥它们的新功能,是我们需要思考的问题。

第五节　历代帝王庙

历代帝王庙位于西城区阜成门内大街路北。这所坛庙是明清两朝祭祀中华炎黄祖先、历代各民族杰出帝王和功臣的场所。它的历史文化内涵博大精深，建筑艺术格局恢宏壮观，具有重要的历史文化价值。历代帝王庙是北京，也是全国现存规模最为宏伟的，祭祀历代帝王和功臣的坛庙。

一、建筑形制

从甲骨文、金文铭刻记载可见，早在商周时期，人们便通过祭祀来表达对先贤的崇敬以及对先祖的感怀追念。西周周公摄政期间，建立起较为完善的礼制制度，祭祀礼仪被纳入重要的国家制度。与祭祀帝王的宗族祖先一样，祭祀三皇五帝，对于此后的帝王们也具有极为重要的意义。

从历史文献看，东周时期的统治者即开始祭祀三皇五帝。在当时的观念中，只有祭祀了三皇五帝，他们才能得到帝王的身份认同，只有确立统治国家的正统地位，才能得到百姓的拥戴。于是中国历代统治者都将拥有这些共同的帝王祖先，视作自身正统地位的象征，而通过祭祀历代帝王来得到社会及民众的认同。

唐朝时，唐玄宗在都城中建有帝王庙，祭祀三皇五帝及一些开国皇帝，但唐代并没有将历代帝王合庙祭祀，而是每位帝王各置一庙。将历代帝王合庙祭祀的做法大致始于明初洪武时期。明洪武六年（1373）八月，在南京建立了首座合庙祭祀的历代帝王庙。将多位青史留名的开国帝王合祀在正殿之中，又将三十七位辅佐历代帝王的开国功臣从祀在东西配殿之中，并规定对历代帝王庙的祭祀属于国家祭祀，每年春秋祭祀两次。明成祖迁都北京之后，对历代帝王与名臣是在天坛举行郊祀大典时附祭，而对于南京的历代帝王庙，则岁时派遣南京太常寺的官员加以祭祀。

作为明朝首都的北京，自明成祖定都以来，则一直没有建造历代帝王庙。

历代帝王庙

到了此后的嘉靖九年(1530),为方便皇帝亲祭,明世宗在北京照搬南京的庙制,兴建了一座历代帝王庙。

北京历代帝王庙的选址在阜成门内的保安寺,位于北京城西。在此建庙是因为此处旧为官地,"地势整洁,且通西坛",因此政府官员在这里建庙,得到明世宗认可。北京历代帝王庙西靠金水河,南临景德街。选择此处建庙不仅因其地势整洁,适合建造庙宇,也因其交通便利,且直通西坛(即月坛),便于上香祭祀。这座帝王庙是在嘉靖十年(1531)建成的。

明北京历代帝王庙的建筑配置包括:景德崇圣殿、东西两配殿、东西燎炉、祭器库、景德门、神厨、神库、宰牲亭、井亭、钟楼、两座碑亭、庙街、东西景德牌坊、下马碑和影壁。具体而言,是由庙前区域、祭祀前导区域、主祭祀区域、配祀区域、殿后区域和神厨神库配祀区等六个功能区域构成。

庙前区域由庙门、影壁、东西牌坊等建筑构成,这片区域具有开放性。该区域是确立正式进入历代帝王庙区域的标志,有着缓冲和引导人流的作用。在明清两代,历代帝王庙除了春秋两个祭日,平时大门紧闭,任何人不得进入。而大门对面的影壁,与东西两侧的牌楼,组成了一个禁区,同样不得随意穿越。

祭祀前导区域由仪门与前门形成,内部设钟、鼓亭。这是正式进入历代帝王庙之后的第一个区域。该区域近似方形,是进入大殿祭拜前的前导空间,也用来举行祭祀大典前的准备仪式。

主祭祀区域是由大殿和东西配殿形成的核心区域,也是历代帝王庙内规模最大的区域。大殿是整个庙宇的核心,体量最大,规格最高。内部按"仿太庙同堂异室之制"的庙制要求,以及"始祖居中,左昭右穆"的原则,把正殿分为五室。正中一室祀奉三皇:伏羲、炎帝、黄帝;东一室祀奉五帝:少昊、颛顼、帝喾、唐尧、虞舜;西一室祀奉三王:夏禹王、商汤王、周武王;又东一室祀奉汉高祖、汉光武、隋文帝;又西一室祀奉唐太宗、宋太祖、元世祖。这些神位在之后也发生过变化,比如明洪武二十一年(1388)隋文帝被罢祀,唐太宗迁入左二室,与汉高祖、汉光武同祀;明嘉靖二十四年(1545),元世祖被罢祀,唐太宗重新迁回右二室等,反映了明代皇帝对历代帝王的褒贬与认识的变化。

经历清朝四位皇帝的规制,到乾隆时期,北京历代帝王庙祭祀的帝王增加到一百八十八位,不仅增加了辽、金两朝开国皇帝的牌位,恢复了元世祖忽必烈的供奉,还将除了无道被弑的亡国之主外的各代守业帝王牌位也纳入其中,形成了庞大的帝王队伍。

在明代,南京及中都的历代帝王庙正殿中供奉的帝王,都塑有塑像,东西配殿设在正殿之前,东西对称分布,里面从祀辅佐历代帝王的开国功臣,只设牌位不塑像。而在明代北京历代帝王庙建立后,形成了新的规制,即正殿供奉的帝王只设牌位不设塑像,这一规制延续到了清代。

在庙前区域,东、西两侧侧院及大殿后的祭器库是历代帝王庙的配祀区域,东西侧院部分由神厨、神库、宰牲亭、井亭等建筑构成。神厨、神库、宰牲亭、井亭是一组功能性建筑。在举行祭祀大典两天以前,朝廷会派遣官员先去选择祭祀中所需要的牛、羊、猪等牲畜作为供品在宰牲亭中宰杀。宰牲亭里面有一石槽,用来清洗大型牲畜供品。神厨是专门用来制作祭品的地方,牲畜在宰牲亭中清洗宰杀过后就送至神厨,制成祭品。井亭是为宰牲亭清洗宰杀牲口提供水源和调制祭祀羹汤的场所。井亭的顶部中心镂空,与井口相对,意为天地一气。

殿后区在整个建筑群轴线末端,从功能上服务于祭祀空间,因此建筑的尺度和等级必然小于前面的祭祀建筑。

从总体布局上来看,历代帝王庙的建筑分布构成中轴对称的总体格局,主祭祀建筑序列整体呈纵深方向发展。庙内中轴线上以崇圣大殿体量最大,配殿次之,祭器库、仪门、庙门、影壁建筑体量依次减小,轴线建筑排列结构清晰,层层递进。其中仪门前的院落呈方形,是祭祀的准备空间,大殿前的方形院落空间尺度更大,便于营造崇圣的祭祀氛围。配祀区的院落较小,处于轴线末端及轴线两侧,为祭祀提供器具及供品。

二、祭祀对象完善与将相配祀

最早的历代帝王庙是明太祖朱元璋所建造的南京历代帝王庙。洪武六年(1373)拟定入祀的帝王有十八位,分别是三皇五帝、夏禹王、商汤王、周文王、周武王、汉高祖、汉光武帝、唐高祖、唐太宗、宋太祖和元世祖。[①] 有史料记载,朱元璋对元世祖入祀南京历代帝王庙的祝文是:"惟神昔自朔土,来主中国,治安之盛,生养之繁,功被人民者矣。"这条祝文清晰地反映出明太祖已经将元世祖及其建立的元朝视为中华正统的一部分,并且从事功角度对于元世祖个人作为帝王的功绩予以肯定。

嘉靖十年(1531),翰林姚涞上书曰:"请黜元世祖,以正祀典。"但是,当时这样的要求被礼部以"胡元受命九世,世祖最贤,其一代之治有足称者……太祖

历代帝王庙内景

① 北京历代帝王庙管理处:《历代帝王庙史脉》,科学出版社,2015,第19页。

神谋睿断,必有见于此。载在祀典百余年,于兹矣,宜遵旧制,庙祀如故"驳回了。但是,到嘉靖二十四年(1545)时,明世宗批准了罢祀元世祖及五位元朝功臣的奏折,元世祖的牌位被请出历代帝王庙。不仅如此,北京元世祖庙的祭祀也被停止,而南京旧庙的元世祖塑像也被销毁。

在元朝之后,又一个少数民族政权——清朝——建立起来。随着清朝的建立,华夷血统之辨不再是正统论的主流问题,大一统问题再次成为当时正统论的焦点。不过,清代帝王想得更远:如何构建一个能包容所有少数民族政权的中华帝国,成了皇权在正统论上所希望解决的问题。于是,这个问题便交给了北京的历代帝王庙。

清军入关后,多尔衮将明朝诸帝的牌位从北京太庙中迁出,他在祭文中写道:李自成率领农民军灭亡明朝,明朝国祚已终。清朝夺得天下乃"天地之定数也"①。清朝通过将自己塑造成为明朝复仇的角色,并以朝代更迭作为"天地之定数"这样的解释,确立了新政权的合法性。与此同时,清朝帝王又将辽、金、元三个少数民族政权纳入中华帝王的祭祀体系之中,使正统论的讨论逐渐扩大到多民族的中华概念中。

雍正七年(1729),清世宗下令修缮历代帝王庙,这是北京帝王庙自建造以来的首次修缮。当修缮完成后,清世宗建造了东南碑亭,并于碑阳御笔亲书《历代帝王庙碑》。历代帝王庙内另一座由清高宗修建的御碑,位于正东,碑亭其上书写满汉合文《祭历代帝王庙礼成记》。此碑书于乾隆五十年(1785),更加详细地体现了清高宗对于正统论问题的反思,他认为,明太祖不祭祀辽、金帝王而单独祭祀元代帝王,表示了他认为元朝取代宋朝是正统的观点。清代开疆拓土,拥有历代所不及的广大疆域,理应祭祀疆域内曾经建立政权的南北朝、辽、金等历代少数民族帝王,以显公允。

同年,清高宗雍正十一年(1733)于东南碑亭历代帝王庙碑碑阴撰写了《御制仲春祭历代帝王庙礼成述事》,再次强调"敬忆《皇祖实录》敕议增祀谕旨,凡帝王在位除无道被弑、亡国之主,此外尽应如庙"这一帝王入祀的原则,并根据这个原则进行增祀。清高宗不仅增祀历代帝王和名臣,更提出了重要的"中华统绪,不绝如线"的观点,作为他眼中历代帝王庙传承的主要特点。

更值得关注的是,清高宗增祀东晋、南北朝和五代后唐的二十三位创业守成之主,他以"则辽金得国,亦未奄有中原"反驳了"若谓南北朝偏安,不入正统"的观点,将中国历史上诸多"小朝廷"也纳入中华正统的体系之内,这其中即

---

① 《清世祖实录》卷五,中华书局,2008,第1549页。

有许多少数民族政权。这个体系的建立,正是清朝统治者对于"中华"这一概念理解的反映。

同时,根据上述碑文内容,清高宗对明世宗罢祀元世祖一事还有过这样的评价,说"至嘉靖,至去元世祖,则是狃于中外之见,置一统帝系于不问矣"。这一点,也能很清晰地体现出清朝帝王所认为的正统,与明中后期的帝王所认为的正统,有着明显的差异。自此,历代帝王庙的一百八十八位入祀帝王的系统便被完整建立起来,当代恢复景德崇圣殿的设置时,也是按照乾隆时期的布局和入祀名单来安排的。

民国肇建后,历代帝王庙对于政府而言便不再是一个祭祀场所,它被分给内务部典礼司分管,建筑房屋等也通过典礼司出租出去。随着袁世凯复辟帝制,北洋政府政事堂分别在天坛和文庙恢复了对天神和孔子的祭祀,并合祀关羽、岳飞于改造清醇亲王的家庙而新建立的关岳庙。在这样的环境之下,历代帝王庙被当作拟建前代功德祠的场所。袁世凯曾试图效仿清帝入关时将明朝皇帝的牌位请出太庙送入帝王庙的举动,将清朝诸帝送入历代帝王庙进行祭祀,并对于"何为正统"一事进行了自己的解释。当时的袁世凯试图用这一举措来恢复帝制,但是因为受到全国的反对而宣告失败。

历代帝王庙中的从祀名臣与主祀帝王相近,并非同一时期形成,而是适应不同时代的需要,经过精心筛选,逐步构建而成的祭祀体系,是政治、思想、文化等多方面相互作用的结合体。

洪武六年(1373),朱元璋于南京初创历代帝王庙,当时庙中只祭开国之君,并无名臣从祀。洪武二十一年(1388)二月,由礼官李原名奏请,拟以风后、力牧、皋陶、夔、龙、伯夷、伯益、伊尹、傅说、周公旦、召公奭、太公望、方叔、召虎、张良、萧何、曹参、周勃、邓禹、诸葛亮、房玄龄、杜如晦、李靖、郭子仪、李晟、赵普、曹彬、韩世忠、岳飞、张浚、博尔忽、博尔术、赤老温、伯颜、阿术、安童等三十六人从祀历代帝王庙,后调整为三十七人。嘉靖十年(1531),明世宗在北京再建历代帝王庙,东西配殿从祀人物与南京的历代帝王庙无异。嘉靖二十四年(1545)二月,明世宗在大臣的提议下,以"元本胡夷,又甚于五季"为由,罢祀元世祖,同时还将元朝的木华黎、博尔忽、伯颜、博尔术、赤老温五位名臣一并撤祀,致使历代帝王庙从祀名臣由三十七人缩减至三十二人。

到了清代,对北京的历代帝王庙不仅承袭了明代的制度,而且有所发展。顺治二年(1645)三月,在多尔衮的授意下,历代帝王庙不仅恢复了元朝君臣的祭祀,还增加了辽、金二朝的帝王与名臣,同时也将明朝的两位开国功臣一并增祀。在这次调整中,历代帝王庙的从祀名臣增加了金臣完颜斡鲁(一作斡罗)、

历代帝王庙全景

完颜粘没罕(一作宗翰)、完颜斡离不(一作宗望),元臣木华黎、伯颜(一作巴延),明臣徐达、刘基。至此,历代帝王庙从祀名臣由明代的三十二人增至三十九人。

到康熙年间,清圣祖认为历代帝王庙的祭祀应从大历史观着眼,对于入祀君臣,只注重开国创业,而忽视治国守业的这种做法是不妥的。于是,大学士会同礼部官员在经过详议后,拿出了一套增祀的方案,但此时清圣祖已经猝然离世。清世宗继位后下旨,要求礼部官员迅速落实大行皇帝的遗旨。在康熙六十一年(1722)十二月二十六日,历代帝王庙的从祀名臣人数由原来的三十九位增加到了七十九位,增祀名单共四十人。自乾隆之后,历经嘉庆、道光、咸丰三朝,历代帝王庙的祭祀体系均未有任何变动。

同治四年(1865)三月初四日,时任吏科给事中的高延祜上奏,请以散宜生配飨历代帝王庙。据《清实录》载,一个月后,也就是同治四年四月己巳,"予周臣散宜生,北魏臣高允,从祀历代帝王庙,从吏科给事中高延祜请也。"由此可知,清廷在批准高延祜的这一奏请的同时,还把奏折中提到的北魏名臣高允也一并入祀帝王庙。

三、中华文明突出特性与历史文化见证

清代的历代帝王庙祭祀,在国家祀典中属于中祀,但在清朝的历代帝王庙祭祀系统中,历代帝王庙的建筑规制和某些祭祀礼仪则远超中祀的规格,显示

出此项祭祀的重要性和特殊性。皇帝通过历代帝王庙祭祀在继承中华统绪的同时，也证明了中华文明的连续性与统一性。

顺治二年（1645）三月，清廷遣官致祭历代帝王庙，"诸帝王祀以太牢，祭筵各一，祭品俱二十四"①，此为清朝历代帝王庙祭祀的开端。同年八月，规定"自后岁以春秋仲月诹吉，遣官致祭，著为定典。"②顺治二年，定祭历代帝王庙乐，六奏。③ 祭祀用乐基本承袭了明朝的典制，只不过以"平"字取代了明朝的"和"字作为乐章名字，表示清朝削平寇乱而得天下，以彰显其统治的合法性和正统性。清世祖注重吸收中原文化，多次强调祭祀仪式和祭祀乐舞的重要性。顺治八年（1651），定祭祀斋戒例。祭历代帝王斋戒二日，并于太和殿设斋戒牌、铜人。④

顺治十三年（1656），清世祖发布上谕称："古来圣帝明王，皆大有功德于民者，所以累代相因，崇祀不替。"鉴于此前俱系遣官致祭，决定明年春天亲祭历代帝王庙。翌年正月，定亲祭历代帝王庙礼仪。顺治帝所说的"累代相因"，不仅暗示清朝上承明朝在法统与治统上的合理性，也为中华文明绵延不断奠定了政治认同感。

清高宗继位之后，对历代帝王庙的祭祀非常重视，对其仪典多有更张。乾隆元年（1736），增加历代帝王庙祭品，加入了鹿和猪等祭品。翌年，以历代帝王庙祭祀向来有爵无垫，规定，"嗣后于奠献时用爵垫。"乾隆十一年（1746）正月，确定历代帝王庙祭祀乐为：迎神，肇平；奠帛、初献，兴平；亚献，崇平；终献，恬平；彻馔，淳平；送神，匡平。⑤ 乾隆二十七年（1762）二月，诏修历代帝王庙。礼部尚书陈德华上奏称，大殿的殿顶应该用黄琉璃瓦。乾隆皇帝采纳此建议，命大殿"改盖黄瓦，以崇典礼"⑥。从而把帝王庙正殿景德崇圣殿的等级提高到了紫禁城乾清宫的规制，使之成为一座最高等级的皇家庙宇。

乾隆二十九年（1764）二月，历代帝王庙正殿、配殿重修竣工，清高宗亲诣行礼。清朝历代帝王庙的祭祀典仪，在乾隆年间最后定型。清高宗不仅亲自为重修后的历代帝王庙正殿书写了楹联，撰写了重修历代帝王庙的碑文和诗文，而且在历代帝王庙大门前竖立了两通用满、蒙、汉、藏等六种文字刻写的"官员人等至此下马"石碑，体现了他对中华多元民族文化共存事实的认同和尊重，这对

① 《清世祖实录》卷十五。
② 《清朝文献通考》四库全书本，卷一百一十九《群庙考一》。
③ 《清史稿》卷九十四《乐志一》。
④ 《清世祖实录》卷五十五，顺治八年三月癸卯。
⑤ 《清高宗实录》卷二百五十六，乾隆十一年正月庚午。
⑥ 《清高宗实录》卷六百五十五，乾隆二十七年二月庚寅。

于统一多民族国家的发展具有重要意义。

历代帝王庙所确立的正统观可以反映清代的国家民族认同理念。清承明制,清朝统治者继承中国古代特别是明朝祭祀历代帝王的传统,入关之初即开始举行历代帝王庙祭祀。清世祖以降四位皇帝对入祀帝王庙的历代帝王不断进行调整和增补,最终确立了中华统绪一脉传承的祭祀理念,体现了多民族共同创造中国历史的国家民族认同观念。

关于历代帝王庙入祀问题,清高宗继承和发展了顺治、康熙、雍正诸朝先帝的思想,又有自己新的见解。他认为,中国历代统治一脉相承,对统一多民族国家形成和发展有贡献的历代帝王都要祭祀,中间不能有中断。开国君主和守成帝王都要祭祀,分裂时期的地方少数民族政权帝王也要同样对待。他还认为,在历代帝王入祀问题上,不应抱有南北之别的偏见。

在历代帝王位次排列问题上,也体现出清高宗的民族国家认同观。据大学士阿桂等奏,在乾隆四十九年(1784)历代帝王庙增祀过程中,礼部官员因将北魏移在晋代之前而获罪;又提到在辽、宋排列位次上,“辽代六帝系顺治、康熙年间始行从祀”,查得《大清通礼》各书中都将辽列在宋前,遵照清高宗谕旨,“以南北朝不当意存轩轾”一说,应予以厘正。而在翌年确定的帝王从祀位次方面,新增了晋、宋、齐、陈、魏、后唐、后周诸朝帝王。通过这次增祀,少数民族政权帝王在历代帝王庙中的正统地位得到了强化。

在选择前代帝王入祀帝王庙这个问题上,不管分裂时期还是统一时期、汉族帝王还是少数民族帝王,只要对中国统一多民族国家发展做出过贡献的,都应予以崇祀。乾隆五十年(1785)确立的历代帝王入祀者,终此后清朝没有变动。这在确立清朝统治合法性的同时,对统一多民族国家的巩固和发展也有积极作用。明清帝王对历代帝王庙祭祀礼制的推崇与规范,对祭祀帝王功臣的增补变更,证明了中华文明的连续不断与统一多元。

第六节　寿皇殿

景山寿皇殿是北京城中轴线上的重要建筑群,有着悠久的历史底蕴和深厚的文化内涵。寿皇殿在明清两代是皇家庙堂,明代寿皇殿始建年代至迟不晚于万历三十年(1602),寿皇殿与太庙、奉先殿祭祀既有联系又有区别,共同构成了明清帝王的祖先祭祀体系。[①]

一、建筑格局及内部陈设

从建筑命名来看,追溯"寿皇"二字的由来,仅能从《宋史·孝宗纪》中得知,此为宋孝宗于淳熙十六年(1189)传位于其子光宗后,光宗对孝宗尊号为"至尊寿皇圣帝"的省称,这与寿皇殿的命名并无直接借喻关系。从字面意思理解,"寿"为万寿无疆,"皇"即发扬光大,以此传达皇帝对长生不老、江山永固的美好寄望。

明清时期,寿皇殿建筑格局不断完善。明万历三十年(1602)之前,寿皇殿始建。明万历三十八年(1610),寿皇殿添盖匾,建筑格局完善。明代寿皇殿坐落于万岁山之东北,为一座完整建筑,规模较大,单层围墙格局,院内建筑类型较多,主体建筑由寿皇殿、臻禄堂、万福阁三组建筑由南向北一字排开,形成较典型的"前殿后阁"平面形式,臻禄堂左右两侧分列聚仙室和集仙室,万福阁东西依靠飞廊同永康阁、延宁阁相连,三组建筑整体形成倒三角形平面布局,以求平衡;将建筑位置与名称进行比照可知,万福阁位于最北端,与北极紫微大帝所处方位相呼应,臻禄堂居中,同文曲星一样起衔接作用,寿皇殿坐落于最南端,与南极星相对应。

寿皇殿上覆单檐歇山顶,面阔五间,坐于低矮台基上。寿皇殿后为臻禄堂,同为五开间单檐歇山建筑,后者较前者更高,规模更大,同时在臻禄堂左右各建

---

① 周悦煌、张凤梧、宋恺:《景山寿皇殿历史沿革及营缮考》,《故宫博物院院刊》,2020年第10期。

景山寿皇殿

一座面阔三间单檐歇山偏殿,增强了建筑的气势与地位。

到了清代,康熙十九年(1680),寿皇殿门进行修缮。雍正元年(1723),寿皇殿室内装饰进行替换翻新。雍正十年(1732),寿皇殿受地震影响,前殿和后殿进行修整。到乾隆十四年(1749),将原有寿皇殿拆除,移建到景山正北的现存位置。翌年,寿皇殿添建衍庆、绵禧二朵殿。乾隆十七年(1752),寿皇殿建左右碑亭各一。

从清军入关到寿皇殿移建完成,长达一百多年的时间里,寿皇殿始终维持着明代建筑格局,除陆续进行修缮装饰外,其形制未作更改。但与此同时,使用功能逐渐得到强化,为最终的改制移建奠定了基础。

到乾隆十四年(1749),明代寿皇殿被拆除并移建至景山北面。据《日下旧闻考》记载:"景山后为寿皇殿。(臣等谨按)寿皇殿旧在景山东北,乾隆十四年上命移建。"《御制重建寿皇殿碑文》详细阐明了清高宗移建的本意。移建后的寿皇殿坐落在北京城中轴线上,建筑组群由双重院墙内外围合,形成两进院落,整体近似方形平面;建筑单体为二十八座,主体建筑由南至北依次排列在中轴线上,附属建筑均以中轴线呈东西对称布置,结构严谨,秩序井然,为典型的皇家祭祖空间布局。

院墙外,由三座三间四柱九楼木构牌坊以东南西三面环列的方式围合出第一道半封闭式入口空间。外围院墙南向中心位置辟一座三券七楼式砖城门,为组群最主要的出入口,东西再辟两道随墙砖城门。南砖城门外东西两侧分立一座塌腰蹲坐石狮,以增强入口仪式感。由砖城门进入即为建筑群外院,东西两侧各有一座面阔五间单檐悬山建筑对称设置,东侧为神库,西侧为神厨,主要作为存放祭祀材料的场所。东西井亭分处神库神厨东北、西北方位,皆为四角盝顶形式。外院东西院墙中间各设一座砖城门,与东南、西南砖城门形制相同,临近东西砖城门北侧分别为七檩卷棚东西值房,二者呈东西对称布置。组群北院墙即为景山北向围墙,墙上开辟北中门一道,由此出可进入地安门大街。

其余建筑均集中于组群内院,建置严格,寿皇门坐于龙头须弥石座台基上,前后踏步各三出,面阔五间,进深六架椽,上覆单檐庑殿顶,门前立雌雄石狮一对,进一步增强了建筑仪式感。每逢大祭,皇帝都由寿皇门进入内院,其他王公大臣则从东西两侧随墙琉璃门进入。

院内东西两侧由南至北依次为东西焚帛炉、东西配殿、东西碑亭以及东西正殿,其中焚帛炉周身覆黄色琉璃,檐下刻黄绿旋子彩画;东西配殿隔院相对,坐于砖石台基上,台前踏步三出,单檐歇山顶,正殿五间,两山面及前檐出廊;东西碑亭均为重檐八角攒尖顶,周围廊,坐于龙头须弥石座台基上,前后各出踏步;两正殿紧邻寿皇殿大殿分立东西两侧,东正殿名衍庆殿,西正殿曰绵禧殿,均为单檐歇山顶,面阔三间,亦为龙头须弥石座台基,只前出踏步。

大殿为中轴线上最后也是最为重要的主体建筑,坐北朝南,采用重檐庑殿顶形式,黄琉璃瓦屋面,面阔九间,进深五间,前檐出廊,龙头须弥石座台基一重,汉白玉望柱栏板围绕,月台深远开阔,前出踏步三出,左右各一出,其上立铜鼎炉四座,铜鹤铜鹿各二。

除等级分明的建筑外,在院落中轴线上还铺有五米宽青白石御道,周围海墁城砖,乾隆十九年(1754),于内院添置二十八座须弥座造型树池,种植桧柏、油松等树木,以进一步营造庄严肃穆的气氛。

二、祭祀仪式

在寿皇殿落成之时,清高宗立即批准了《总管内务府现行则例·寿皇殿事宜》,根据规定,寿皇殿尊藏列圣、列后圣容,恭悬、恭收之日,照奉先殿后殿节令果品供例致祭,大祭之日照奉先殿前殿朔望大祭例,献瓷器、笾豆、供品致祭,计

寿皇殿戟门

典礼九款。

　　《清朝文献通考》记载了清高宗在景山寿皇殿的祭祀情景："先是五月初十日,内阁奉上御寿皇殿恭奉皇祖、圣祖仁皇帝、皇考世宗宪皇帝圣容,朕以时躬诣行礼。"还记载委派王爷恭代礼仪"遣王恭代仪:届期卯刻,王蟒袍补服,赞引官、对引官导王由转圈门戟门西旁门人,于月台西阶稍后立。"又记令太子、阿哥代祭仪:"是日,阿哥蟒袍补服。"在寿皇殿行礼之时,还要奏唱初献乐《敉平》之章、亚献乐《敷平》之章、终献乐《绍平》之章、撤撰乐《光平》之章、还宫乐《乂平》之章等乐章,行礼仪式非常繁杂。

　　民国三十六年(1947),寿皇殿宝坊三座牌楼立柱改为钢筋混凝土。1954年,寿皇殿被北京市青少年活动中心使用。1956年1月1日,北京市少年宫正式在寿皇殿成立。2007年8月28日,寿皇殿牌楼修缮工程开工,同年12月竣工。2013年12月31日,北京市少年宫迁出,寿皇殿正式回归景山公园。2014年,寿皇殿开始进行全面勘测和规划。2016年4月11日,正式启动寿皇殿修缮工程。2017年11月,寿皇殿修缮工程竣工。2018年11月22日,寿皇殿完成布展工作并面向公众开放。

第三章

水系文脉

都城的出现离不开水,历史上北京城的选址、规划、建设和发展都是由水决定,依水而行的。在北京城市发展史上有三个重要的里程碑,第一个是蓟城,它曾先后作为商周时期蓟国与燕国的都城;秦汉至隋唐五代一直是北方地区的军事重镇;辽朝作为少数民族政权的陪都。第二个是金

今永定河流域水系图

中都,它是北方少数民族政权——金王朝的首都。这两段时期的城址都是依赖莲花池水系建立起来的。第三个是元大都,它是多民族大一统国家元王朝的都城,依靠的是高梁河水系,此后的明北京、清京师由此相承。这三个里程碑的核心都在今西城区域内,而这些不同时期的主要城市水源——莲花池水系和高梁河水系,它们的主干也都流经今西城区。追根溯源,又都是由历史上的永定河发源、派生而来的。作为北京城的母亲河,永定河水系的形成及变迁,深刻影响着北京城的历史发展。元代以后,高梁河水系又承接了来自西山的水源,以玉泉水脉为主,延续性地构建了西城区水城共融的地理景观以及文脉和水脉相长的文化气象。

西城自古是水乡,东汉以前它位于古永定河之滨。永定河南迁之后,这里留下了积水潭、什刹海、北海、中海、太平湖、二龙坑等大大小小的湖泊,从北到南串联起整个西城区。湖光山色间,王府、寺庙、衙署、宅院扎堆兴建,文人雅士、富商大贾纷至云集,为本区留下了无数有形和无形的文化印迹,形成了高雅、精致、开放、大气的独特文化气质。

第一节　永定河与北京城

永定河,海河流域七大水系之一,发源于山西省宁武县管涔山,流经山西省朔州、大同,河北张家口地区,北京市延庆、门头沟、房山、丰台、大兴五区,再经河北廊坊、天津武清汇入海河,流至渤海,全长747公里(含永定新河),流经43个县市,流域面积4.7万平方公里。它古称漯水,隋唐时期称桑干河、清泉河,辽金时期称卢沟,元、明时期又有浑河、小黄河、无定河等名称。河流名称的变化,是其水文渐趋恶化的一种反映,尤其明清以来变得易淤易决,水患频仍。清康熙三十七年(1698)大规模整治河道、修筑河堤之后,始称今名。永定河从远古流淌到今天,不仅滋润了两岸肥沃的土地,哺育了包括北京、天津、大同在内的城市群落,更是孕育了悠久而独特的历史文化,形成了一道跨越京津冀晋蒙的大文化带。

一、地理空间与水土条件

永定河流经北京市境河段长169.5公里,流域面积3168平方公里,为过境内最大的河流,也是最古老的河流。自第四纪更新世晚期,河水从晋北高原穿过太行山脉北端的崇山峻岭奔腾而下,在广阔平坦的华北平原西北部随意地摆动、宣泄,形成了大片的洪积冲积扇,既造就了肥沃的土地,又留下了大量湖沼和丰富的地下水,哺育了北京地区最初的文明,并为其后续发展提供了优越的地理空间。永定河洪积冲积扇的范围包括今北京市石景山、西城、东城、朝阳、大兴等五区的全部及海淀区南部、丰台区东部、通州区西南部、房山区东缘与河北省固安、永清、安次、霸县的全部及涿州东北隅、新城东部、雄县东北部、天津市武清区西部等,总面积约为7500平方公里。海拔在50米—55米之间,地势平坦,土壤肥沃,河流密布,淀泊成串,地下水丰富,非常有利于农业开垦。由于历史上永定河的迁移摆动非常频繁,多条永定河故道并联、叠加,所形成的洪积冲积扇广阔而丰腴,富含水源的肥沃土地成为孕育北京城的温床,北京城就如

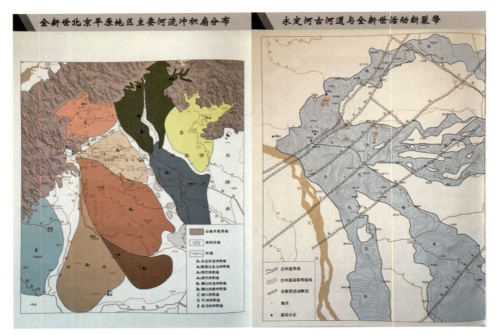

永定河洪积冲积扇及历史上流经北京城区的故道图

同坐落在母亲河宽阔厚实的胸膛上逐步发展壮大,由最初的村庄聚落发展为封国的都城——蓟。《史记·周本纪》记载,周武王伐纣胜利后,追思先圣王,"封黄帝之后于蓟"。① 这里先是蓟国之都,后来又成为燕国的都城。

二、渡口与蓟城的选址

蓟城得名于"蓟丘",蓟丘坐落在今西城区广安门外西北的白云观附近,白云观西墙外原有一处高丘,20世纪五六十年代还可见到。之所以称为"丘",是因为它处于永定河洪积冲积扇的一处高地,而附近正好又是永定河冲积扇的潜水溢出带,绿野平畴,有流泉萦绕、湖塘相间;还有丰沛的地下水,十分便于凿井汲水。郦道元《水经注》卷十三《漯水》篇中说:"昔周武王封尧后于蓟,今城西北隅有蓟丘,因丘以名邑也。"②蓟城所在的中心位置在今广安门一带,其西边今有莲花池,莲花池的前身就是蓟城西郊的西湖。

---

① 《史记》卷四《周本纪》,中华书局,1997。
② 郦道元:《水经注》卷十三《漯水》,上海古籍出版社,1990。

又据《水经注》记载："湖有二源，水俱出（蓟）县西北，平地导源，流结西湖。湖东西二里，南北三里。盖燕之旧池也。渌水澄澹，川庭望远，亦为游瞩之胜所也。湖水东流为洗马沟，侧城南门东注，……其水又东入㶟水。"①也就是说，这个西湖是由蓟城西北一带的泉流汇集而成的。而蓟城西北一带的泉流正是永定河冲积扇地下潜水的溢出。从西湖流出的洗马沟（即今莲花河）穿过蓟城的西南角，贴着南墙根向东流，是蓟城最大的水源。可以说，从蓟城初

古代蓟城与永定河及南北交通路线示意图（选自《北京宣南历史地图集》）

立，到战国的燕都、隋唐幽州城、辽南京城、金中都城，都是由蓟城在同一地点发展起来的不同阶段的城市，这些城市的主要水源都是这个西湖及其下游的洗马沟。

依据考古发现，在今西便门至和平门一线往南，至姚家井、郭公庄一带，广布着上至春秋战国、下至五代及辽金，大量的陶井与砖井。这正是北京的先民们饮用永定河故道地下水的遗迹。

永定河的古渡口也是蓟城形成的主要条件之一。永定河上最著名的古渡口，就是今天卢沟桥所在的位置。作为历史上太行山东麓的南北交通枢纽，这里本该最先成为北京城的原始聚落。但是，由于古永定河具有流量不稳定，夏季易涨水的特性，其渡口处并不适宜人们聚居。而蓟丘所在地西南距永定河渡口仅三十里，地势高平，附近河湖交错，水源充沛，正好具备建造大型聚落的理想条件。因此，在这个地方，出现了北京城的前身——蓟城。这样既得永定河水利，又免遭其水患。

三、永定河流域对北京能源方面的供给

在辽金以前，受北方气候的影响，永定河水量虽然也有明显的季节性变化，

---

① 郦道元：《水经注》卷十三《㶟水》，上海古籍出版社，1990。

但相对于后来还是较为稳定和丰沛的；流域内森林植被呈原始风貌，河流的含沙量也小。《水经注》里就有明确记载，"灅水自南出山，谓之清泉河。"①灅水流出西山后的下游河段被称作清泉河，这一名称一直延续到隋唐时期，说明了永定河在相当长的历史阶段是非常清澈而美丽的。隋唐时期，永定河还运载过成千上万的士兵和粮食，发挥着重要的航运作用。

元朝营建大都，将城市中心迁移到高粱河水系，而高粱河水系原本也是永定河的故道。在历史上，北京的主要水源涵养区和供给地都在永定河的几条故道上。如著名的昆明湖、圆明园、"万泉之地"万泉庄，沼泽湿地海淀、清河等，都位于其最北边的古清河故道；玉渊潭、莲花池、紫竹院、高粱河、积水潭、什刹海、北海、中海、龙潭湖等水域，都镶嵌在古金沟河故道的洼地中；万泉寺、南海子（南苑）、凉水河、凤河、龙河等，则是古灅水河道的遗存。这些水体的产生，要么是永定河流过后的积存，要么是永定河冲积扇的地下水溢出，就像永定河分出的枝杈或毛细血管，向北京大地输送着丰沛的水源。

历史上，永定河中上游流域广泛分布着茂密的森林。直到明代仍有文献记载永定河上游林深草密的景象，"大者合抱干云，小者密如切栉"，林中"虎豹穴藏，人鲜径行，骑不能入"②。金太宗天会十三年（1135），为了造战船由海道入侵江南，调集燕云两路民夫四十万人到蔚州交牙山，"采木为筏"③。不管这次伐木的动机是什么，一次调集四十万人到蔚州伐木，这是多么壮观的景象！可见当时蔚州地区森林的繁茂丰富。

元代以后，随着北京都城地位的确立、城市规模的扩建，对永定河中上游流域林木的需求也越来越大。元世祖至元三年（1266），重开金代曾开凿的金口河，从今石景山北引永定河水接旧金中都城的闸河，专门用来运送从西山采集来的木材、石料。显然，这是为新建大都城而开辟的物资供应通道。元代遗存至今的《卢沟运筏图》反映的正是当时卢沟河（即今永定河）上运输木排的繁忙景象。虽然学界也有人认为它是明代的作品，反映的是明代在卢沟桥设置竹木局以后对西山伐木伐薪进行抽税的事情，但这同样说明了西山采伐的程度。在元代，地处永定河中上游的蔚州、定安、凡山、宛平等州县都设有采山提领所、山场采木提领所、采木提举司等专门掌管采伐木材、石料及烧炭的机构。从这些专门机构的设置可以看出，永定河上游的茂密森林为大都城的建设提供了大量

---

① 郦道元：《水经注》卷十三《灅水》，上海古籍出版社，1990。
② 《明经世文编》卷四一六吕坤《摘陈边计民艰疏》、卷二四七胡松《答瞿中丞边事对》，中华书局，1962。
③ 《大金国志》卷九，《大金国志校证》本，中华书局，1986。

建材。

古代北京城市生活所需要的大量木柴、木炭,也大多来自永定河中上游地区。从元到清,地处永定河上游流域的保安、宣府、蔚州、涿鹿、怀来、延庆等地的卫所,每年需向宫廷采办输送的木柴、木炭多达上万斤,清后期上述各地每年要为皇家采办木柴达三万七千八百斤①。

四、漕运运道及水源补充

金、元、明、清四朝,漕运是保障京城物资供应的主要途径之一。但其实早在东汉时期,北京地区就有了关于漕运的文献记载。《后汉书》记:建武十三年(37),上谷郡太守王霸"数上书,言宜与匈奴结和亲,又陈委输可从温水漕,以省陆输之劳。事皆施行。"②尽管史学界尚有争议,但"温水"是"湿水"的讹传——也就是㶟水(今永定河)的观点,被很多人接受,因为历史早期的永定河确有水量丰富、河道宽阔、水清岸绿的风貌。

据《三国志》记载:曹操为了消灭占据辽东地区的乌丸(乌桓)政权,于建安十一年(206),"凿渠自呼沲(即今滹沱河)入泒水(今河北的大沙河),名平虏渠;又从泃河口凿入潞河(今潮白河下游之北运河,古称笥沟),命泉州渠,以通海"③。曹操所开凿的平虏渠和泉州渠,利用了天然的滹沱河、泒水、潞河下游(笥沟)、鲍丘水(今潮河)、泃河等河道,在其间开凿部分短程渠道加以沟通,从而使军粮可以从南向北用船运送。这是第一条真正意义上的、专为打通北京地区物资供应的人工运河。

隋朝建立后,南北方的经济交流与文化沟通更加紧密。隋文帝和隋炀帝时期先是开凿了广通渠、通济渠和山阳渎,使渭水、洛水、黄河、汴水、淮水、长江诸水系相连贯通,加强了对中原和江南地区的统治。随后,隋炀帝积极开拓北方疆土,为发动辽东战役而开通了永济渠。"大业四年(608)正月,诏发河北诸郡男女百余万开永济渠,引沁水南达于河,北通涿郡(治蓟城,今北京)。"④作为永济渠的北段,隋唐时期的桑干河(今永定河)发挥了很好的航运价值。当时的桑干河以流经今北京境内的北派河流——清泉水为主流,南来的漕船沿曹操平虏渠入潞河,然后向西北顺清泉河,抵达蓟城之南。直到唐末、五代至辽初年间,

---

① 尹钧科、吴文涛:《历史上的永定河与北京》第五章,北京燕山出版社,2005。

② 《后汉书》卷二十《王霸传》,中华书局,1997。

③ 《三国志》卷一《魏书一·武帝纪》,中华书局,1997。

④ 《隋书·炀帝纪上》。

桑干河主流由北派改徙南派之后，永济渠才不得不在今天津以西折入拒马河，至淤口关（今河北信安）后再北经永清县入桑干河，最后到达北京附近（时称幽州）。永济渠的开通，大大缩短了南北交通的时间，增加了漕运的规模和运力。当时循南北大运河自今江苏扬州到今北京，只需一个多月的时间，"发江淮以南民夫及船运黎阳（今河南浚县西南）及洛口（今河南巩义东南）诸仓米至涿郡（今北京），舳舻相次千余里"①，船队的规模也已经十分庞大。如此一来，幽州地区和中原及南方经济发达区域紧密联系在一起，为北京城历史地位的抬升和后来发展成为全国首都起到了重要的推动作用。

永济渠抵达蓟城之南的路线和具体位置，近年来在考古上得到了一些印证。今西城区白纸坊桥南清芷园工地中曾出现唐代以来古河道遗迹以及沉船遗物。据岳升阳先生研究，隋唐时期的永济渠利用了古㶟水的河道②，也就是当时被称为桑干河的永定河主流——清泉河的河道，其大致走向和蓟城的位置关系如下图所示：

从金代始，就有开金口河，引永定河水入北运河以通漕运的创举；元初和元末曾两次重开金口河，一成一败，为永定河助力漕运留下了可圈可点的经验教训（详见后文）。此外，元明时期，永定河的一派支流大致沿今凉水河的河道由

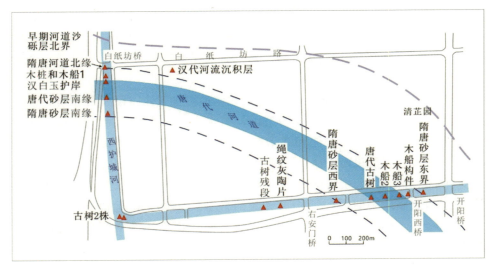

西城区白纸坊桥南古河道示意图（岳升阳绘制）

① 《资治通鉴》卷一百八十一《隋纪五》。
② 岳升阳、苗水：《北京城南的唐代古河道》，《北京社会科学》，2008年第3期。

唐代幽州城与古河道

高梁河

桑干河

永定渠

唐幽州

永济渠与蓟城位置示意图(岳升阳绘制)

东北转东南流,至马驹桥,过高古庄再转东北流,在通州张家湾一带汇入北运河,也是运河的一条支系,与大运河漕运息息相关。

五、流域内民族融合与文化交流

永定河跨越晋北高原与华北平原两大地理单元,沿途经过畜牧与农耕两类经济区域,河谷地带自古以来就是南北民族交往的通道、各种文化交汇的走廊。流域内的泥河湾遗址以及北京猿人、新洞人、许家窑人、山顶洞人、峙峪人、东胡林人等古人类的化石遗址近乎完整地记录着中国华北地区人类文化的起源,永定河流域是一条不断线的"东方文明起源谷、中华文化发祥地"。而中国多民族国家统一过程中的一连串问题,也最集中地反映在这里①。

在先秦、秦汉时期,永定河河谷地带既为秦晋文化与燕赵文化的沟通要道,更是西北草原民族进入中原的必经之路。从南北朝到辽金元明清,许多民族冲

① 苏秉琦:《中国文明起源新探》,生活·读书·新知三联书店,2000,第51页。

突与融合的历史"重头戏"也都在这个舞台上演。从传说时期的阪泉之战、涿鹿之战,到历史时期的白登山之围、安史之乱、高粱河战役、野狐岭之战、土木之变等,再到抗日战争及解放战争的主战场,这里既有刀光剑影、悲壮雄浑的战争场景,也曾有修筑长城、驻军屯田、移民实边、设置榷场等"五民杂处"、互通有无的和平景象和草原丝绸之路的繁荣。正是这种边界和拉锯地带的文化碰撞,促成了北京这个新的政治文化中心。

总之,自金、元历明、清,北京作为封建王朝的都城,无论在水源、漕运、城市建设、居民生活以及皇家苑囿的装点美化等方面,都依赖着永定河源源不断的贡献!因此说,永定河是北京的母亲河,对这座城市的奠基和哺育作用是非常重要的,而西城正好站在这座城市的起点上,无论是早期蓟城时代还是成为都城以后的金中都、元大都,西城所在区域都是城水相依、由水而兴的核心所在。

第二节　蓟城时期的水清木华

距今五千年左右,北京地区所在最大的城市——蓟城就开始出现了。此后,一部分黄帝后裔就一直生活在这里,并在三千多年前,被攻灭商纣王的周武王分封为诸侯国,以蓟城作为国都。这座蓟城,就在今西城区以广安门为中心的区域内,是北京城的最早起源。

一、莲花池水系与蓟城

蓟城得名于城外西北的"蓟丘",蓟丘坐落在今西城区广安门外西北的白云观附近。之所以称为"丘",是因为它处于永定河洪积冲积扇的一条脊部,地势较高。而其下又是永定河冲积扇的谷部,地下水丰富,有潜水溢出,绿野平畴,流泉萦绕、湖塘相间。蓟城西郊有一个很大的湖泊——西湖,今天的莲花池就是这个西湖的遗迹。

依据北魏时期郦道元所著的《水经注》,我们对这个西湖以及古永定河(时称㶟水)与蓟城的关系可以有个清晰的认识。该书卷十三《㶟水》篇记载的西湖(今莲花池)一带的河湖分布情况表明,西湖之水由蓟城西北部的平地流泉汇聚而成,这些流泉则是古永定河冲积扇低谷处的地下水溢出。从西湖中流出的"洗马沟"水(今莲花池河)穿过蓟城的西南角,贴着

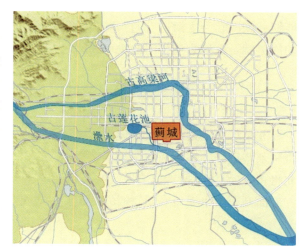

蓟城与永定河关系示意图(岳升阳绘制)

169

南墙根向东流。这是蓟城最大的水源,不仅提供居民牲畜的饮用水源和城池苑囿用水,还构成了蓟城护城壕的一部分。流经蓟城之后,又于蓟城之南汇入㶟水,本身是古永定河的重要支流。

在元代之前,由于城址基本没有太大变化,因而早期北京城的主要水源都是这个西湖及其下游的洗马沟,也就是今天穿过西城区西南隅的莲花河水系。

二、流经蓟城以南的清泉河

特别值得注意的是,《水经注·㶟水》篇里明确记载,"㶟水自南出山,谓之清泉河",也就是古永定河出西山后流经蓟城以南的这一条河被称作清泉河,"清泉至潞,所在枝分,更为微津,散漫难寻故也"。① 这一段描述了北魏时期㶟水下游表现为多条分支漫流的状况。郦道元告诉我们,高粱河凭借平地涌泉的水量补充保持了原有河道的模样,而清泉河行进到渔阳雍奴县(今天津武清区西北旧县村)后分汊成很多条小河沟,在下游平原上大体呈自西向东方向漫流,一部分与由北向南的潞水(今北运河)汇合,其余的则水量趋于微小,逐渐消失在雍奴薮等大大小小的淀泊中,因而形成了"高粱无上源,清泉无下尾"的局面。西晋发生"八王之乱"时,成都王司马颖密令右司马和演,设法杀死都督幽州诸军事的王浚,"于是与浚期游蓟城南清泉水上"②,也是指的这一段河流。事实上,"清泉河"的名称一直延续到隋唐时期,这说明了永定河在相当长的历史阶段水量丰沛而稳定,水质清澈而美丽,河流的含沙量较小。隋唐时期的永济渠能够一度以它为主河道直通蓟城(详见前文),就是一个证明。今凉水河所流经的河道就是被称为清泉河的㶟水故道之一。

三、横灌蓟城以北的车箱渠

北京历史上第一个大规模引永定河水灌溉土地的水利工程,是三国魏镇北将军刘靖创修的戾陵堰与车箱渠。据《三国志》卷十五记载,刘靖驻扎蓟城任镇北将军之后,为了保持边境地区的长期稳定,一方面加强险要地段的军事防御,一方面开渠引水灌溉农田、种植水稻,解决军粮供应与地方经济问题:"开拓边

---

① 郦道元:《水经注》卷十三《㶟水》,上海古籍出版社,1990。
② 《晋书》卷三十九《王浚传》,中华书局,1997。

守,屯据险要。又修广戾陵渠大堨,水溉灌蓟南北,三更种稻,边民利之。"①

《水经注》卷十四《鲍丘水》则全文记载了"刘靖碑"与"堨表"的内容,记叙更加详细:刘靖到任后,登上灅水边的梁山(据学者最新考证,梁山应是今石景山区四平山—黑头山②),实地考察源流与周围地形。他赞赏战国时期秦国在关中地区开渠引水以强国富民的壮举,决心仿效前贤在蓟城一带兴修水利。因此派遣手下的丁鸿督率上千士兵,于曹魏嘉平二年(250)在灅水之上修建拦河坝("戾陵堨"或称"戾陵堰"),在梁山与石景山之间的垭口设水门(水闸),向东利用古高梁河河道开凿车箱渠,将灅水引向东入高梁河河道,以此灌溉蓟城南北的农田。戾陵堨的施工方法是:首先加固灅水堤岸以提高抗冲刷能力,再把用藤条或竹木编织的笼子装满石块,用一个个石笼在今石景山西北向灅水河道中堆垒成高一丈、东西长三十丈、南北宽七十余步的主堨,也就是一道拦河的滚水坝,阻截灅水主流,抬高上游水位,在石景山和梁山之间形成一个洄水湾。然后,在石景山和梁山之间的垭口处设立水门(即水的闸门),水门连接以原来高梁河河道为基础疏浚开凿的车箱渠,把河水引向蓟城北。一旦遇到山洪暴发,灅水主干的河水就漫过滚水坝向下游分泄。当水位处在平常高度而需要灌溉农田时,就打开垭口处的水门把灅水引入车箱渠。修建了戾陵堨与车箱渠之后,在刘靖管辖范围内,每年灌溉水田二千顷,由此受益的土地达一百多万亩。

景元三年(262)担任河堤事务主管的樊晨又重新改造了水门。经过樊晨改造之后,从灅水引出的水流沿着车箱渠自蓟城西北流过,向东到达渔阳郡潞县(今北京通州一带)境内,滋润了沿途四五百里的土地,灌溉农田一万多顷。其中有一部分是流经今西城区的,即从高梁河中段今积水潭所在往东流向坝河的一段。

元康五年(295)六月,洪水暴发,毁损了戾陵堨四分之三的坝体,并冲入车箱渠导致决溢。刘靖的小儿子刘弘时任本地军事长官,他率将士遵循旧有规制,总计用工四万有余,修建起灅水沿岸的长堤,恢复多处被冲垮的石渠,重修遭到山洪重创的主堨和水门,恢复了车箱渠的灌溉功能。人们有感于刘靖父子等人修造戾陵堨与车箱渠的壮举,于元康五年十月十一日(295年11月5日)刻石立表,以铭记他们的功绩,同时录下修造戾陵堨的规格和做法以示范后人③。

可见,从曹魏至西晋间,利用戾陵堰与车箱渠引古永定河水灌溉蓟城南北

① 《三国志》卷十五《刘靖传》,中华书局,1997。
② 吴文涛:《北京水利史》,人民出版社,2013,第48—50页。
③ 郦道元:《水经注》卷十四《鲍丘水》,上海古籍出版社,1990。

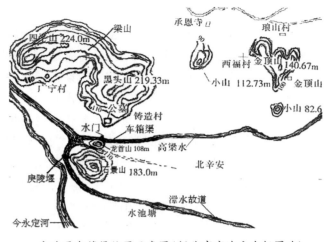

戾陵遏车箱渠位置示意图（据北京市地方坐标图改）

广阔的土地，持续获益达数十年之久。晋室南渡之后，北方陷入了战乱频仍的十六国时期，这一大型水利工程因年久失修而废毁。到了社会相对稳定的北朝，戾陵堰与车箱渠这套灌溉系统又曾几度兴复。北魏孝明帝时，裴延儁担任幽州刺史。当时因风雨不调，水旱灾多，饥荒严重。裴延儁就想到了"渔阳燕郡有故戾陵堰，广袤三十里，……疏通旧迹，势必可成"。于是亲自勘察地形水势，积极组织人力物力予以修复，没过多久就恢复了戾陵堰和车箱渠的水利功能，"溉田百余万亩，为利十倍"①。北齐河清三年（564），斛律羡任幽州刺史。为防御突厥侵犯，也积极备战备荒，"或斩山筑城，或断谷起障，并置立戍逻五十余所。又导高梁水北合易京，东会于潞，因以灌田，边储岁积，转漕用省，公私获利焉"②。其中，导引高梁水，北与易京水（即温榆河）合，东注潞水（白河），不仅利用了原车箱渠故道，而且还进一步发展了这一古老的灌溉工程。

此后，在永定河沿岸引水灌溉土地、种植水稻，也多有成功之例。隋朝开皇年间（581—600），裴行方任幽州都督，"引卢沟水，广开稻田数千顷，百姓赖以丰给"③。金朝开凿的金口河，虽然没能行舟船，但有灌溉之利。元初，郭守敬提出重开金口河时也指出："其水自金口以东、燕京以北，灌田若干顷，其利不可胜计。"④这些都是利用永定河水进行灌溉的证明。

正是由于古永定河水的滋润，北京建城之初蓟城周边拥有发达的水系、丰富的水源以及早期水利设施，使得蓟城周边的农业得以持续发展，为蓟城的驻军和居民提供了物质保障，蓟城这个军事重镇和行政中心逐步繁荣兴盛起来，直至金朝成为北半个中国的都城——金中都。

---

① 《魏书》卷六十九《裴延儁传》，中华书局，1997。
② 《北齐书》卷十七《斛律羡传》，中华书局，1997。
③ 王钦若等：《册府元龟》卷六百七十八《牧守部·兴利》，中华书局，1960。
④ 《元史》卷一百六十四《郭守敬传》，中华书局，1976。

第三节　金中都时期的水系格局

贞元元年(1153),海陵王完颜亮将金朝都城从上京(今黑龙江哈尔滨阿城)南迁至燕京(今北京),改称中都。从此,历史上的北京成为中国北方的统治中心。由于人口的增加和城市功能的扩大,饮用、灌溉、漕运、城池宫苑的建设和园林绿化美化等的水源需求也日益加大。如何满足日益增长的水源(尤其是漕运水源)需求,开始成为这个城市的难题。金朝的解决思路主要有两个:一是将玉泉山一带的泉水挽而向南,凿开海淀台地,汇入中都城以北的高梁河,再将扩大了的高梁河水分南北两支注入通州附近的北运河,使漕船能顺利进入金中都城北护城河。二是开凿金口河,从石景山麻峪引卢沟河(今永定河)入中都城北护城河,再东注北运河。这两项工程都规模浩大,是北京城诞生以来首次为开拓水源而做的工程。虽然最终算不上很成功,但为北京城走出莲花湖水系而向西、向北扩大水源做出了有效的尝试;也为北京的漕运发展奠定了基础。可以说,金中都开创了符合都城功能及需求的水系格局。

一、护城壕与都城苑囿水系

辽金时期,随着北方少数民族政权向南推进,蓟城相继成为辽朝的陪都——辽南京和金朝的首都——金中都。金中都是北京成为首都之始。金朝人仿效北宋都城汴京(今开封)的模式对旧城进行了精心改造。为了解决护城壕与城内宫苑的水源问题,一方面,仍引西湖水入护城壕环绕全城,同时汇聚城西的百泉溪、丽泽泉(今丰台区万泉寺、凤凰嘴、水头庄一带)等泉流,作为护城壕和洗马沟水源的补充;另一方面,把原在城外的洗马沟水圈入城内,引而流贯皇城西部,打造了一个极其重要的园林区——同乐园,又称西华潭;从同乐园南端又分出一支清流东入宫墙,在宫城西南一隅开辟了华美的鱼藻池,开了北京引水造池修建皇家园林的先河。洗马沟下游流经皇城南面正门(宣阳门)前龙津桥下,斜穿出城,东流为南护城河。经过如此改造利用,西湖及其下游的洗马沟水撑起了金中都城水系的完美布局。

（一）**同乐园** 又称西苑、西园、西华潭等,是金中都皇城核心区的园林,位于其宫城的西门玉华门外。具体位置在今广安门火车站以西的小红庙附近,在未修铁路之前,这里曾是大片苇塘,并与铁路东边的南河泡子(今称青年湖)相通①。据《金史》等文献记载,金朝皇帝经常在此打马球、射柳,任由百姓与官员观看。明昌元年(1190)三月,金章宗在西苑击球,百官都来观看②。五月,在这里拜天之后,章宗射柳、击球,听任百姓围观。承安二年(1197)三月,章宗又到西园检阅军中兵器③。

（二）**鱼藻池** 又称"琼林苑""瑶池",位于金中都宫城内,水系与同乐园相通,是同乐园伸入宫城的部分,属于宫殿区的园林。所以有很多文献把它和同

乐园混为一谈。它上接同乐园所引的洗马沟水流入宫城,形成一片宽阔的马蹄形湖面,中间围绕一个半岛,仿中原王朝古典园林"一池三山"的仙境意蕴,营造出瑶池、蓬瀛、柳庄、杏村等宫苑胜景。其遗址即今广安门南、白纸坊西的青年湖一带,今遗迹尚存,为北京市文物保护单位。

（三）**水关** 水穿城而过时都有专门的水关,南城墙水关遗址已被考古发掘,是迄今为止我国发现的古城垣水关中最大的一个,充分显示出金代在建造都城过程中对河流水系的合理利用及其高超的技术水平。位于今辽金城垣遗址博物馆内。

金中都南城垣水关遗址图

---

① 阎文儒:《金中都》,《文物》,1959年第9期。
② 《金史》卷九《章宗纪一》,中华书局标点本。
③ 《金史》卷十《章宗纪二》,中华书局标点本。

二、高梁河—白莲潭水系的开发利用

金朝在大力营建金中都城市水系的同时,也积极利用城郊的水源打造行宫别苑。位于高梁河畔的白莲潭水域(今什刹海—北海一带)成为金朝"北宫"或"北苑"——大宁宫的选址。

高梁河原是古永定河的一条故道(也称"三海大河")。从更新世晚期直至东汉末年,古永定河从今石景山附近向东流,经八宝山北、田村、半壁店、八里庄,到今紫竹院附近接纳众多泉水,又经高梁桥至今德胜门西,再南折入今积水潭、什刹海、北海、中海,穿过今长安街人民大会堂西南,再向东南流经前门、金鱼池、龙潭湖,经左安门以西流向十里河村东南,至马驹桥附近汇入潆水主干道(今凤河河道)。尽管永定河在东汉以后开始改道南迁,但由于有今紫竹院附近泉水(其实也是古永定河河道地下水的浅层溢出)的不断汇入以及原有水体残存形成的湖泊,从今紫竹院以下的河道并没有断流。上游田村、半壁店、五孔桥、八里庄以北直至紫竹院一段水体也因山脚泉水补充而断续存在(今双紫支渠即其遗迹)。由于当时今紫竹院附近的泉水还相当丰沛,高梁河河道在很长时期保留着丰富的水体,作为河道遗存的今积水潭—什刹海—北海—中海(金代统称白莲潭)这一片水域,水面比现在要广阔很多。加之沿岸丰美的水草植被和美丽的风光,辽金时期的皇帝就将这里作为其行宫的上佳选地。

辽代,曾在今北海公园的琼华岛一带建有游猎度假的行宫——"瑶屿"。金代,则进一步扩大湖面,浚湖筑岛,用开挖湖泊的土石堆筑了日后被称为琼华岛与瀛洲(或称"圆坻")的两个岛屿,然后以此为基础扩建为万宁宫(又称太宁宫、大宁宫、寿宁宫、寿安宫等)。其后为元朝所继承,成为元宫城的基础。这是一大片包括了亭台楼阁、湖光山色的宫殿园林。其西边依傍浩渺的水面,中间有琼华岛(即今北海公园琼华岛)和瑶光台(即今北海公园团城),景色迷人。一组组宫殿雕梁画栋,华丽气派。周围广布稻田菜地,颇有江南水乡之韵。因金世宗、金章宗二帝非常喜欢来此居住,经常在这里处理政务,这里被当时的官员称为"北宫"或"北苑",一些官员还留下了描绘其华美景色的诗词,如赵摅《早赴北宫》:"苍龙双阙郁层云,湖水粼粼柳色新。绝似江行看清晓,不知身是趁朝人。"[1]赵秉文《扈跸万宁宫》:"一声清跸九天开,白日雷霆引仗来。花萼夹

---

① 〔金〕元好问《中州集》卷九,商务印书馆《四部丛刊》本。

175

金中都附近水系图（马悦婷绘）

城通禁籞,曲江两岸尽楼台。柳阴罅日迎雕辇,荷气分香入酒杯。遥想薰风临水殿,五弦声里阜民财。"①赵秉文还把这里比作唐代长安附近的名胜"曲江"之地②。

白莲潭之畔万宁宫的修建,对金中都而言,其意义不仅仅是在政治上的犹如清代圆明园之与紫禁城的关系,更重要的是它启发了解决城市水源问题的一种开拓性思路,为城市的延伸、扩大开辟了新的触角和据点,对后来元大都的选址提供了水利基础和宝贵的经验。今北海公园为其部分遗址。

三、漕运入城的尝试

中都既立,金朝政治中心转移至此,其对粮食及各类物资的需求随之剧增,漕运成为金朝的经济命脉,扩大水源提高运河的运力也就成为本地区水利开发的重中之重。

金朝统治范围虽只限于淮河、秦岭以北地区,但粮食供给还是依赖于华北平原和辽东。借助于隋唐以来不断沟通、改造的华北水网,经由今卫河、滏阳河、滹沱河、子牙河、大清河等天然水道和其间的人工漕渠,漕粮及各种物资汇集到今天津地区以后,仍循潞河等(今北运河)到今北京通州。通州,在金朝以前一直称潞县,海陵王天德三年(1151)升潞县为通州,取"漕运通济之义"③,说明其已成为金中都的漕运枢纽。问题是从通州到中都城里这一段路程的运输如何解决?从通州至中都城约五十里,随着都城人口规模的扩大、居民消费的增加,每年漕运多达几百万石,只靠车拉肩扛,所耗费人力、畜力难以负担。因此,在中都到通州间开凿一段运力较大、流量稳定的运河就成为金朝政府着力要解决的问题。

① 〔金〕赵秉文《闲闲老人滏水文集》卷七,商务印书馆《丛书集成初编》本,1936。
② 周汝昌:《什刹海之谜》,《京华古迹寻踪》。
③ 郭子章:《郡县释名》,国家图书馆藏明刻本。

（一）金口河　由于卢沟河（今永定河）是当时流经北京地区水量最大的一条河流，理所当然地成为引水济漕的首选。据《金史·河渠志》记载，金世宗大定十年（1170），召集朝臣会商导引卢沟河水通漕方案，决计"自金口导至京城北入濠，而东至通州之北，入潞水"①。但因工程浩大，需要征调千里内民夫供役，直到第三年才完成前期准备而正式动工。

　　金口位于石景山北麓与四平山夹口的位置，即原石景山发电厂北门处、今阜石路广宁村附近。但这次的引水口却比三国时的车箱渠要偏北一些，《知太史院事郭公行状》记载："金时自燕京之西麻峪村分引卢沟一支东流，穿西山而出，是谓金口。"②亦即在卢沟水东岸的麻峪村附近筑堰引水。所引卢沟河水经过金口向东流出，经北辛安村南、古城北转向东北，再经杨家庄南又向东，经龚村南、田村南、老山北、半壁店南、铁家坟北、篱笆店南、甄家坟北、定慧寺南，东至今玉渊潭，又东转南大约至木樨地东南入金中都北护城壕。经中都北护城壕再往东大致经受水河胡同、旧帘子胡同、人民大会堂南、历史博物馆南、台基厂三条、船板胡同、北京站南部等地，下接通惠河河道，东至通州③。

　　近年来，岳升阳等学者通过考古发现对金口河河道提出了一些新认识：金口河上段——自玉渊潭往东是沿着今月坛南街东行的，在三里河东路以西转而向南，在白云观西北注入金中都北护城壕。三里河一带金口河故道宽度超过四十米，岸边有多层相互叠压的植物枝条与泥土层筑成的护岸，有的地方还打有木桩。笔者揣度，这也可能是后来开凿闸河时引高粱河水南下的渠道。此外，今玉渊潭南门附近也发现一条古河道：沿今永定河引水渠从军事博物馆北转向西南至北蜂窝会城门，再东去与流经今西便门的河道相接。他们推测这也是金口河的一段。但是否与从玉渊潭东往三里河走的河道同时存在？还是与它先后相继？这就有待进一步考察了。

　　金口河中段，在人民大会堂西边的国家大剧院地下发现有古河道遗址，上下叠加共有七层文化沉积层。经碳-14测定，该处至人民大会堂西路、西交民巷南往正阳门方向是古高粱河河道遗迹，宽约六百米，距地面十米左右（也就是上文提到的古高粱河）；其中第三层是金代的金口河沉积层，宽度约一百米，距地面八至十米④。也就是说，金口河在这里自西向东横穿过自西北向东南流的

---

①　《金史》卷二十七《河渠志》"卢沟河"。

②　〔元〕苏天爵编：《元文类》卷五十《知太史院事郭公行状》，商务印书馆，1958。

③　孙秀萍：《北京城区全新世埋藏河、湖、沟、坑的分布及其演变》，《北京史苑》第二辑，北京出版社，1985。

④　岳升阳等：《国家大剧院工地的金口河遗址考察》，《北京大学学报》，2002年第3期。

古高梁河河道，接纳了当时从白莲潭往东南流过来的高梁河河水，然后向东直至通州。

金代开金口与金口河的工程很快失败了，因为"及渠成，以地势高峻，水性浑浊。峻则奔流漩洄，啮岸善崩；浊则泥淖淤塞，积滓成浅，不能胜舟"。金世宗不无遗憾地说："分卢沟为漕渠，竟未见功，若果能行，南路诸货皆至京师，而价贱矣。"①最终还是决定将金口堵塞，以免卢沟河水冲毁中都城。关于导致这一结果的原因，当今水利专家给出了更为科学的分析②：金口所在的位置高程为90米，而金中都北城壕所在的今会城门、木樨地一带的高程为45米，水平距离约22公里，平均比降为2.2‰，卢沟水进入会形成激流；而如果没有现代抗冲刷材料做护岸，很难不被激流冲毁。可当时的卢沟河含沙量已经很大了，如果多设闸则容易淤积渠道，影响行船；少设则不免冲刷河岸形成崩塌。这些在当时的历史条件下都是很难克服的困难。开金口河的失败给后人提供了很多经验教训，元初郭守敬建言重开金口河时就说过，"其水自金口以东、燕京以北，灌田若干顷，其利不可胜计"③。

（二）长河　金朝人在开辟水源方面具有超越前人的眼光，他们除了在引用卢沟河水方面大做文章，还早早地把目光投向了西北郊外西山脚下丰富的湖泊和泉脉。前文所述在玉泉山附近引水圈湖、修建离宫别墅以及八大水院的事情只是其中的一个方面。更重要的是，他们尝试把西山脚下的水源水系与金中都的城池、苑囿联系起来，构成一个完整的体系，不仅沟通了其位于中都城内外的几处政治活动中心，而且为后来的漕运及新的城市水系格局奠定了基础。

玉泉山系西山东麓支脉，这里正是永定河冲积洪积扇的山前溢出带，地下水间断露出，所谓"玉泉山沙痕石隙随地皆泉"④。明代的《帝京景物略》等文献，生动地描绘了这里泉流密布的景象。金朝在修建高梁河畔的万宁宫时，或许是为了进一步增加白莲潭的水源，扩大其湖面；也或许是为了能够从这里更方便地前往玉泉山行宫，把两处行宫紧密地联系起来，首次将玉泉山一带的泉流向南引入瓮山泊（又称七里泊、金湖，即今昆明湖），然后开凿了从瓮山泊通往高梁河上源的人工渠道，把西山水系引向东南，汇入万宁宫旁的白莲潭，从此和高梁河水系接上了联系。沟通这瓮山泊和高梁河的人工渠道，就是今天被称为"长河"的那条起自今颐和园南门到今紫竹院湖的河道。

---

①　《金史》卷二十七《河渠志》"卢沟河"。

②　蔡蕃：《北京古运河与城市供水研究》第二章，北京出版社，1987，第21页。

③　《元史》卷一百六十四《郭守敬传》，中华书局，1997。

④　〔清〕于敏中等：《日下旧闻考》卷八十五《国朝苑囿》"静明园"。

这一段河道长度不过五六公里，从海拔五十米的昆明湖一带穿过海拔五十二米的土坡汇聚今紫竹院附近的泉水，只需开凿两米多深的河道，工程量并不是很大，在挖濠筑城、大修离宫别墅的金代，这是完全可以做到的。其初始目的可能是使高粱河上源的水量更加丰沛，白莲潭水域面积更大，并兼以周边农田灌溉功能。"引宫（万宁宫）左流泉灌田，岁获稻万斛"①；金章宗承安二年（1197），"敕放白莲潭东闸水与百姓溉田"；三年（1198），"又命勿毁高粱河闸，从民灌溉"②。这些利用高粱河水灌溉的实例，充分显示了增加高粱河上源水量确实有着很大的水利效益。但后来起到的作用就远非这么一点点了：它一是方便了从万宁宫到西山行宫的联系，助推了西山皇家园林的兴起；二是沟通了高粱河水系与西山水系，为漕运开辟了新的水源，使西山水系（以玉泉为主，故又称玉泉水系）开始成为助推北京城发展壮大的主动脉。

（三）**闸河**　为了保障中都的物资供应，金朝始终没有放弃开辟漕河的努力。泰和五年（1205），章宗采纳翰林院应奉韩玉的建议，开凿通州潞水漕渠终获成功，使漕船可自通州直驶到中都城下。韩玉的建议中采取了两项措施：一是放弃了以金口河引混浊的卢沟水为漕河水源的思路，而改为引用高粱河、白莲潭等各路清水作为水源；二是在通州至中都的漕河中设置数座水闸以解决因河床坡度过陡而致使河中存水不足的问题，因此这次开凿的漕渠也被称为"闸河"。

金代既相中白莲潭附近丰富的水资源和优美的水环境修建了万宁宫皇家园林，在漕运重任而水源困难的情况下，利用这么大片水域助力漕运的想法也就顺理成章，所以有了韩玉"为闸以节高良（即高粱河）、白莲潭诸水以通山东、河北之粟"的计划③。此计划的关键在于"节高良河（即高粱河）、白莲潭诸水"，也就是说，引入闸河的不仅是高粱河、白莲潭水，还有别的水源，这就是上文所说的由长河引来的西山水系，甚至是比玉泉山更往北、范围更大的水源。对此，清代学者赵翼《廿二史札记》曾做如下论断：

"京师至通州闸河，本元时郭守敬所开。……然此河不自守敬始。《金史·韩玉传》：泰和中，（韩）玉建言开通州潞水漕渠，船运至都。工既成，玉升二阶。是此河实自玉始。《（郭）守敬传》所云不用一亩泉者，盖玉所开河本用一亩泉为源，而守敬乃用白浮泉耳。守敬建闸，往往得旧时砖石故址，当即玉遗

①　《金史》卷一百三十三《张觉传》。
②　《金史》卷五十《食货志一》。
③　《金史》卷二十七《河渠志》"漕渠"。

迹也。"①

这里提到的一亩泉，应为瓮山（今万寿山）、玉泉山山后的泉水。明代陆釴所著《病逸漫记》记载："白浮泉，今入清河。一亩泉，在瓮山后，已塞。瓮山下玉龙、双龙、青龙等泉，入西湖，经高梁桥，注皇城壕。"②赵翼所说的韩玉所用"一亩泉"，应该是这个"瓮山诸泉"中的一个。后来元代郭守敬从昌平白浮泉引水向西又转而向南一路收集的泉水中也有个"孟村一亩泉"，但那是在今海淀北部北沙河上源的一亩泉。综合《元史·河渠志》、清光绪《昌平州志》等文献的记载，元代郭守敬所引的一亩泉大致在今海淀与昌平交界的辛庄、辛力屯以东至双塔村、白水洼之间，出水量巨大，是构成温榆河上源的重要水源。一亩泉和玉泉山附近的泉流一起被截流，引入瓮山泊、长河后，大大补充了高梁河、什刹海的水源。

正是有了这开创性的建议，而且后来实践证明效果也不错，所以韩玉得以"官升二阶"。能够导引这么远范围的水源，其先决条件就是那条人工开凿的长河。长河有了这众多西山泉水的接济，下游高梁河才有足够的水力灌注闸河，浮舟通漕。更是因为这些补充水源的水质清澈，才使得闸河避免了金口河的淤堵。此外，今玉渊潭、莲花池附近的水泊泉流也是闸河重要的水源。

那么，金代又是怎么从高梁河把水引入闸河的呢？综合各种对北京城古河道分布的研究，大致可以推测出有以下五条渠道：其一是从今动物园附近（当时高梁河西段水面比较开阔处）南岸开渠，顺今三里河路引水南流，于今木樨地东南汇入中都北护城河（可参考上文中所提岳升阳等文章有关三里河附近古河道遗迹的材料）；二是从白莲潭（包括今积水潭、西海、后海、前海、北海、中海及其附近）西岸即今积水潭桥以南，引水向南接闸河，这条河道也被后来元代的金水河用过，在明代则被称为大明濠，清代称为西沟沿；三是自白莲潭中段西岸开渠，导水西南流，入闸河，现在的西单东斜街可能是其遗迹；四是自白莲潭南端顺古高梁河河道引水南流，于今人民大会堂西南入闸河；五是在白莲潭东端即今后门桥以东开渠，引水向东转南流入闸河，这一段也就是后来元代通惠河城内河段的基础。笔者判断，以上这些渠道原本都应该是古永定河的高梁河故道和金沟河故道上的支汊河道，有天然的河道遗迹或水体保留，在这个时候又被人工疏浚、沟通，使其成为高梁河与闸河的联系通道，为漕运输送水源。

闸河工程于泰和四年（1204）开始动议，第二年兴工完成。翰林院应奉韩玉设计方案，近侍局提点乌古论庆寿负责督办。由于韩玉建议的方案得法，工程

---

① 〔清〕赵翼：《廿二史札记》卷二十八，王树民《廿二史札记校证》本，中华书局，1984。
② 〔明〕陆釴：《病逸漫记》，《丛书集成初编本》，商务印书馆，1939 年，第 10 页。

获得了很大成功,漕船由通州入闸,十余日而后至于中都。从中都城至通州的闸河河道,仍是利用金口河下段的旧河道。据考古发现,金代闸河的西端,即在今旧帘子胡同、高碑胡同一带的河道,比原金口河道偏南二百米左右,至今西交民巷北,且于距地表五米处发现有古码头的痕迹。在五米宽的沟中,发现六七百根东西走向、直径约二十厘米的粗木桩,整齐均匀地排列成八行。尤其值得注意的是,木桩

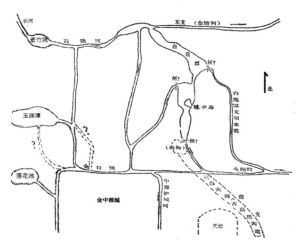

金中都闸河与白莲潭关系示意图(引自《北京水利史》第82页)

的顶端都在同一平面上,显然是为了在上面铺设木板。而距此二十米处也曾发现过同样的木桩。据于德源先生推测,这就是金代闸河的码头。因为它位于原金口河的南岸,从方位上看,该码头距金中都的东北隅不远,只能是为了使漕运的物资进出中都城方便。也就是说,金朝闸河的西端就在今北京西交民巷东口一带,从这里卸载货物进入金中都城东北隅的京仓也就顺理成章了①。

金代在中都至通州约五十里长的闸河上设置了五组闸门,用于调节水量,这条运河的正式名称应该是通济河。《金史·河渠志》记载:"通济河创设巡河官一员,与天津河同为一司,通管漕河闸岸,只名天津河巡河官,隶都水监。"②《金史·百官志二》又称:"都水监都巡河官,从七品,掌巡视河道,修完堤堰,栽植榆柳,凡河防之事……通济河节巡官兼建春宫地分河道。"③由此可见,通济河是指闸河,天津河应指通州以南的漕河。

金朝统治时间不长,金章宗之后朝政迅速陷于衰败,内忧外患导致河渠疏于治理,终因河道淤塞、上游水量有限等,不得不仍兼用陆路运输。尽管如此,闸河仍为金中都的漕运发挥了十几年的功效,尤其是为后世元、明、清北京城的经济命脉——通惠河的开通奠定了基础,因而具有非常重要的意义。

---

① 于德源:《北京漕运和仓场》第五章第一节,同心出版社,2004。
② 《金史》卷二十七《河渠志》"漕渠"。
③ 《金史》卷五十六《百官志二》"都水监"。

第四节 元大都的通惠河与金水河

　　元朝建立后,为了满足日益增长的都城人口用水需求,元大都城址从莲花池水系向高梁河水系迁移,向西北山区开拓了更大范围的水源供给面。城址迁移到高梁河水系后,不仅在皇城宫苑的布局上充分展现了街道、建筑的方正严谨与河流的弯转灵动之间的平衡、协调,还完美地实现了面朝后市、漕粮入城的宏伟设想,并由此奠定了自元明清延续至今的京城水系格局。

　　西城区所在正是实现北京城城址随水脉迁移的重要转承区域,无论皇家园林水系还是漕运水道都从这里生成或经过,成为"面朝后市"都城格局中水道连接的"黄金地段"。

一、定都选址高梁河畔

　　元朝时将城址迁移至高梁河水系,从而使城市获得了更加充足的水源。前文说过,高梁河原是古永定河的一条故道(也称"三海大河"),金代开凿长河后,高梁河承接了西山水源,水量更加丰富。据《析津志》记载:"朝宗闸二,在抄纸局外。此水(高梁河)直出高梁桥,入海子内。"过了朝宗下闸,就是"鸬雁之地,水草丰茂"的"海子",即今积水潭、什刹海、北海、中海一带,当时水面比现在广阔得多,沿岸风光旖旎,风景绝佳,金代在此修建的万宁宫,更是奠定了良好的宫廷苑囿的基础。元朝新大都城的选址,中心之台的确立,中轴线的确定,乃

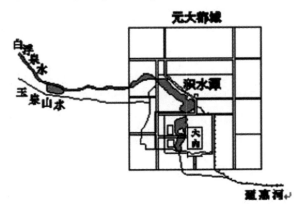

元大都与积水潭、太液池、琼华岛位置关系示意图

元大都宫城、皇城示意图（选自《北京历史地图集》）

至全城范围的划定，都与这片水域密切相关。

元大都选址高梁河畔，以金代万宁宫为中心，以积水潭（又称海子）为基础加以扩建，形成了面朝后市、布局方正、整齐划一、状如棋盘的城市格局，中有一条贯穿宫城、皇城，笔直、庄重、对称的轴线——南北中轴线，体现了古代帝王"唯我独尊"的政治理念。元朝人沿用了金朝人的做法，将积水潭的湖泊一分为二，南半部围入宫墙，即太液池（今北海与中海），并专门开通了一条御河从玉泉山引水通往太液池和宫城，称为金水河。在太液池的东西两岸环列着四组宫殿：东岸是属于皇帝和皇后的两组宫殿，称为大明殿和延春阁，即明朝紫禁城所在地；西岸是属于皇太子和皇太后的两组宫殿，称为隆福宫和兴圣宫。两岸宫殿对峙，中间则环抱太液池和琼华岛，四面高墙围筑，是为皇城。环绕在皇城外面的则是都城。

烟波浩渺的积水潭和太液池正好位于全城类似于心脏的位置；整个大都城的南北中轴线，正好穿过太液池东岸的大明殿与延春阁。南面是崇天门及丽正门，北面则是万宁桥、钟鼓楼及中心台。元大都的设计者将这么大的一片水面布置在全城如此重要的位置，以水的灵动衬托皇城的庄严，可谓气势恢宏而独具匠心，这一规划布局不仅是古都北京城市规划建设中的精华，在世界上也堪称都城的典范。

二、舳舻蔽水海子岸

为满足日益增加的漕运需求，元朝在杰出科学家郭守敬的设计指挥下，将金朝长河引水工程进一步向北、向东延伸。从今昌平白浮泉引水西流，沿途接纳更多西北山地泉流汇入瓮山泊（今昆明湖）和高梁河，再通过高梁河汇入积水潭；下游则连接通州北运河，使京杭大运河的漕运船队可以直接驶入积水潭，直抵大都城的心脏。由于积水潭漕运码头的出现，使南来北往的各种物资汇集于此，从而造就了从积水潭东岸至鼓楼周边繁华的贸易市场，商圈商脉绵延至今。

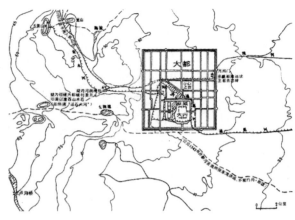

元大都附近水系关系图(选自《北京历史地图集》)

（一）**通惠河** 元朝杰出的水利专家郭守敬主持开凿的从昌平白浮泉连接通州北运河的人工漕渠。《元史·河渠志》记载："世祖至元二十八年都水监郭守敬奉诏兴举水利，……上自昌平县白浮村引神山泉，西折南转，过双塔、榆河、一亩、玉泉诸水，西至(水)门入都城，南汇为积水潭，东南出文明门，东至通州高丽庄入白河。"①《元一统志》对此则有更详细的记述："(通惠河)上自昌平白浮村之神山泉下流，有王家山泉、昌平西虎眼泉、孟村一亩泉、西来马眼泉、侯家庄石河泉、贯石村南泉、榆河温汤龙泉、冷水泉、玉泉诸水合。"②由文献记载得知，当时郭守敬通过对北京地区水资源及地形的详细勘察，精心设计导引了昌平白浮泉水向西行，从上游绕过沙河、清河谷地，循西山麓转而东南，沿着平缓的坡降，汇集沿途泉流，聚入瓮山泊；再从瓮山泊扩浚长河、高梁河至和义门（今西直门）水关，入大都城，汇入积水潭；再从万宁桥下沿皇城东墙外南下出丽正门东水关，东南流至文明门（今崇文门以北）外，与金代的闸河故道相接，下至通州高丽庄入白河（即潞水，今北运河），施工长度一百六十四里余。这项水利工程为大都城开辟了前所未有的新水源，使大都城内的积水潭成为新的大运河终点。

南来的漕船自通州的张家湾沿通惠河，沿闸向西运行至大都城下，然后自城南水门入城，自今台基厂二条向西北经今正义路北口，然后向北沿今南、北河沿大街一线至骑河楼，又经嵩祝院北巷附近向西折，经今东板桥街、东不压桥胡同，西北行至今雨儿胡同西口，复西北折，从今拐棒胡同和帽儿胡同之间穿过后门桥，汇聚积水潭。看到江南的漕船成群结队驶来，积水潭上桅杆林立、舳舻蔽

① 《元史》卷六十四《河渠志一》，中华书局点校本，1976，第1588页。
② 《元一统志》卷一《中书省统山东西河北之地·大都路》，中华书局点校本，1966，第15页。

水,元世祖忽必烈兴奋地将这条新开凿的运河赐名为"通惠河"。从至元三十年(1293)该河通航至元末的约五十年间,浩浩荡荡的船队曾络绎不绝地穿行大都城内,如此壮观景象今人已很难想象。

通惠河的建成,标志着京杭大运河的全面开通。这条南起浙江杭州,穿越钱塘江、长江、淮河、黄河、海河五大水系,直达北京的运河,全长一千七百多公里,成为元明清三朝的经济命脉、都城北京的生命线。

(二)**积水潭**　元代又称"海子",是金代白莲潭的拓展。通惠河的开通,使积水潭成为漕运码头,因而,元朝对积水潭也进行了相应的整治。"海子岸上接龙王堂,以石甃其四周。海子一名积水潭,聚西北诸泉之水,流行入都城而汇于此,汪洋如海,都人因名焉。"①所谓"以石甃其四周",就是把湖岸用条石砌起来,以抵御波浪的冲刷淘蚀,这对于减少水底淤积、保障漕船航行非常重要。新街口豁口外原北京变压器厂院内以及地安门商场地下,都曾发现元代积水潭的护岸石遗址,可见当年的积水潭比今日的什刹海要宽阔得多。经过整修的积水潭,南来北往的各种物资汇集于此,造就了元大都"面朝后市"的空间格局。元代史料记载,当时海子东岸至钟、鼓楼一带,米市、面市、绸缎市、珠宝市、鹅鸭市、果子市⋯⋯各种店铺鳞次栉比;茶楼酒肆、商铺作坊旗幌如林,南北大贾、西域客商充斥其间,车水马龙。可以说,这一时期的积水潭沿岸,呈现出的是一幅元朝的《清明上河图》。这一商圈的商脉绵延至今。

(三)**万宁桥**　俗称海子桥,北京人又称之为"地安桥"或"后门桥"。它始建于元至元二十二年(1285)。原本属于木制闸桥,桥下的澄清上闸(又名海子闸)是漕船进入大运河终点的最后一道闸门,闸上的木桥(元代中后期改建为石桥)也是漕船离开积水潭码头必经的第一座桥梁。桥梁连接的南北大道不仅是大都城的中轴线,也是陆路交通要道。南来北往的行人车辆要从桥上经过,川流不息的漕船则由桥下穿过,很快这一带就成了市廛辐辏、商贾云集之地。由于它南北向跨越通惠河(今玉河),是北京中轴线和大运河两大文化线路交汇的节点,因而是古都北京极

万宁桥及镇水神兽

①　《元史》卷六十四《河渠志一》。

为珍贵和重要的历史文化地标。

三、玉泉金水入大内

元代将积水潭的南半部圈入皇城,作为皇家苑囿中的太液池,为了保证其水源的圣洁,还专门开辟了御用水道——金水河。据《元史·地理志》记载:"金水河源出玉泉山,流入皇城,故名金水。"为使其不与沿途各水流混杂,用"跨河跳槽"(即渡槽)的方法跨越所经各条水脉,并有严格的管理制度。如至治二年(1322),元英宗敕曰:"昔在世祖时,金水河濯手有禁,今则洗马者有之,比至秋疏涤,禁诸人毋得污秽。"[①]又,据《都水监事记》记载:"金水入大内,敢有浴者、浣衣者、弃土石瓴甋其中,驱马牛往饮者,皆执而笞之;屋于岸道,因以陋病牵舟者,则毁其屋。碾硙金水上游者,亦撤之。"[②]也就是说,金水河上严禁一切洗涤、饮牲畜、乱扔垃圾、牵舟、过河等行为,甚至不许在上游设置石碾水磨、在河岸乱建房屋。可见其皇家御用的属性与规格是极高的。其主要的功能,就是能够以自流方式供给比较清洁的皇家园林生活用水。

综合侯仁之先生与蔡蕃等当代学者的研究成果,可视为金水河河道的总共有三条:一是从玉泉山引出的河道,二是从积水潭西侧引出被称为"西河"的河道,三是从积水潭南侧直接引入皇城的河道[③]。

(一)从玉泉山引出的金水河 《元史·河渠志》记载:"金水河其源出宛平县玉泉山,流至和义门南水门入京城,故得金水河名。"[④]十分明确,这是元代从玉泉山下引出的金水河。元代人记载"(玉)泉极甘冽,供奉御用"。泉水出流量不小,当时"燕京八景"之一就有"玉泉垂虹"。这条金水河行经的路线,文献记载十分简略,但1928年《河北顺直水利委员会地形图》上,玉泉山南有一条"金河",应当是当年金水河的孑遗。然后在今长河西南方与长河基本并行,直通到今火器营。火器营以南大概沿今车道沟向东,过北洼路北口、紫竹桥、白石桥,再沿西直门外南路,穿过西二环,从西直门南水门入大都城。

金水河的河床高于长河,因而沿途遇交叉河道则需"跨河跳槽"。《元史·河渠志》记载:"金水河所经运石大河及高梁河、西河俱有跨河跳槽。""运

① 《元史》卷六十四《河渠志一》。
② 〔元〕苏天爵编:《元文类》卷三十一《都水监事记》,商务印书馆,1958。
③ 侯仁之:《北平金水河考》,《历史地理研究——侯仁之自选集》,首都师范大学出版社,2010;蔡蕃:《北京金水河考》,见"水利史研究"公众号。
④ 《元史》卷六十四《河渠志一》。

石大河"是指郭守敬至元三年(1266)所开金口河的一条向北的分支,路线可能是经过今北洼路,那么交叉地点应在北洼路北口;"高粱河"应该指其西支的水道,即当年车箱渠下游,大约是今"双紫支渠"走向,那么与金水河交叉地点应在今三虎桥。文献中只有"西河"不见其他记载,解释分歧也多。过去一般解释"西河"是大都西护城河,"跨河跳槽"在西直门南水关前的护城河上;经过文献与地形实际分析,"西河"应是积水潭西边分支出的水道,也就是前文所述金代闸河通往金中都北护城河的一支。金水河进入大都城后东行,会与之并行。

前所引文献明确记载金水河"流至和义门南水门入京城"。另外有"金水河水门在和义门南"的记载。和义门即今西直门,20世纪五六十年代拆除西城墙时发现其南水门就在西直门南一百二十多米处。金水河入城后,经前半壁街、柳巷胡同,在柳巷胡同东口处通过"跨河跳槽",在"西河"之上向东行。然后向东南,过今北帽和大帽胡同(都是斜街),可能从当时的普庆寺(即宝禅寺,位于今宝产胡同路北)之北流过,然后穿过今新街口大街,流经元代崇国寺(即护国寺)。明人《帝京景物略》一书卷"崇国寺"条目下,录有公安袁宏道(1568—1610)诗《崇国寺葡萄园同黄平倩诸君剧饮》;以及袁宗道(1560—1600)诗《夏日黄平倩邀饮崇国寺葡萄林》:"数亩葡萄林,浓条青若若。""对泉坐良久,客衣增尚薄……依岸排绳床,禅玄入诙谑。"①这里提到河岸明确是有一条河流过。又,《析津志》有"无名桥,蒲萄园金河一"的记载,②证明从崇国寺流过的确是金水河,而且正是前面所说经过"跨河跳槽"向东流的那条河。

从崇国寺南门桥(依地理位置推测河道应该在寺南部)穿过东枪厂大坑(原来应该是水洼,后来形成不规则的胡同),再过厂桥(皇城北垣的兴圣宫北门前,对着后来的德内大街),流到"海子南岸东西道路"的南侧。这段水道应该是元代新开挖的。从地形和路线看,这条河道比较顺畅。过去认为金水河先向南绕沿赵登禹路向南流,再向北绕一个大弯入皇城,在水量供应、环境保护和河水高程上都有问题。一是难以保持从几十里外引玉泉水进城时的高程;二是一路上修建了"跨河跳槽"以保持清洁,而进城后又多流几公里,很容易受到污染;三是金水河从玉泉引出的水量原本只有总出水的一半,根本无法满足太液池两岸三四处用水分流支引。反观之,这条金水河最重要的目的是要供应琼华岛和宫城内用的最清洁的水源,因此必须处于优先的地位,以最短的河道实现引水入皇宫。从这两点上看应该选择最短的路线才合理。

---

① 〔明〕刘侗、于奕正:《帝京景物略》卷一《城北内外》,北京古籍出版社,1983。
② 《析津志辑佚》,北京古籍出版社,1983,第99页。

187

这条金水河向东流至今北海幼儿园处向南进入皇城。当时这支金水河行走在"海子南岸东西道路"南侧,海子在路北边,位置比较低,而金水河位置比较高,所以《元史·河渠志》记载:"海子南岸东西道路当两城要冲,金水河浸润于其上,海子风浪冲啮于其下。"上下是指两边水位的高低。这条道路由于两侧都有水浸润,经常泥泞难行,后来专门用条石砌筑才解决问题。

进入皇城的金水河大约沿今濠濮涧(北海公园东墙内今有水道),至北海东门附近,分出一支向西转从陟山桥位置过桥,供琼华岛、万岁山用水,这里是皇城内最重要的宫殿区。这就是《南村辍耕录》所记"万寿山……引金水河至其后"的路线。金河水到山后,"转机运碾,汲水至山顶。出石龙口,注方池,伏流至仁智殿后,有石刻蟠龙,昂首喷水仰出,然后由东西流入于太液池。"①石龙在今北海白塔山顶广寒殿后,仁寿殿在山南半腰。殿里用过的水分东西流入太液池。从太液池又在今北海中夹道南端主渠分出一支向东进入宫城(也就是文献中所称的"大内")。这样,历经几十公里小心翼翼倍加呵护的清洁之水终于到达了其最后的目的地。然后再从宫城南的周桥流出,与太液池西岸流出的水汇合,向东汇入皇城东墙外的河道,即通惠河水道。

(二)从积水潭西岸引出的金水河 从金代起,就存在白莲潭西岸分支的河道,主要是连通到中都北城濠,转运金漕河从通州运输来的粮食。这条河道最早应是白莲潭灌溉渠道,元代称之为"西河"。现存国家图书馆一张清初北京地图,清晰绘出积水潭西侧有一条河,沿板桥头条、东新开胡同汇入西直门内大街横桥下,沿今赵登禹路向南流,表明最晚清初积水潭西支河道还存在,也说明元代这条河应该仍在使用。西河所引积水潭水的水量大,可以供应皇城太液池西岸兴圣宫和隆福宫,然后流入太液池,也成为太液池的主要水源。这或许可以解释为什么元代积水潭的南端没有直接流入太液池的水道。另外因为这条水道引水位置靠近上游,还能保持一定的高程,可以实现自流供应太液池西岸各宫殿用水。

这条金水河的路线,经赵登禹路、太平桥大街南行,然后在前泥洼胡同西口分出一支,向东进入前泥洼胡同,经西斜街、宏庙胡同,过甘石桥东再分为北支和东支。北支经东斜街至西皇城根街、毛家湾,再向东,就是进入太液池西岸兴圣宫的金水河分支。兴圣宫位于今文津街国家图书馆以北,相当于今北海公园西岸。《北平考·故宫遗录》一书记载,"沿海子导金水,步邃河南行,为西前苑,

---

① 陶宗仪:《南村辍耕录》卷二十一《宫阙制度》,中华书局,1959。

苑前有新殿,半临邃河。河流引自瀛洲西,邃地而绕延华阁,阁后达于兴圣宫。复邃地西折和嘶(一作禾嘶,一作乐嘶),后老宫而出抱前苑,复东下于海,约远三四里。"①这是为解决皇城西北部兴圣宫一带环境风景用水,开挖了一条三四里的邃河(即暗河)。兴圣宫附近的金水河和邃河的水源,均来源于这支。因为到这一带金水河的水位已经比较低了,故建成暗河。这支水最后流入今北海。

前述过甘石桥分出的东支水道,经灵境胡同东入皇城,经隆福宫南,通太液池。隆福宫在今中海西岸,大约今紫光阁附近。这可以从《析津志》的记载中得到印证:"马市桥(今阜成门大街路口)水自东流入咸宜坊西,至襄八总管府桥、顺成门石桥(今甘石桥),转东隆福宫桥,流入于太液池。"《元史·河渠志》记载:"隆福宫前河,其水与太液池通。"在前引《析津志》记载之后还有"水自西北来,而转东至周桥,出东二红门,与光禄寺桥下水相合流出城"这样的描述,而"光禄寺桥"就是通惠河上的桥梁。因而,这说明金水河最后汇入了通惠河出城。

过甘石桥后沿今太平桥大街继续南行的一支至闹市口街北口转向东,再南、再东至察院胡同东口,南折入今民族宫南路,至受水河胡同、头发胡同西口附近和金中都北城濠交叉,最后亦汇入通惠河。元代金水河遗留的这条水道,明清称大明濠,民国以来称西沟沿等,直到1931年才完全改造成暗沟工程,如今成为赵登禹路、太平桥大街。

(三)从积水潭南岸引出的金水河 《析津志》记载"厚载门,松林之东北,柳巷御道之南。有熟地八顷,内有田。……每岁,上亲率近侍躬耕半亩许,若藉田例。……海子水透迤曲折而入,洋溢分派,沿演渟注贯,通乎苑内,真灵泉也。"这条"海子水透迤曲折而入"的渠道,正是从积水潭南岸支引的金水河。厚载门是宫城北门,与皇城(又称萧墙)之间是御苑,在这里开辟了八顷熟地,其东边还有一座水碾,每天可碾十五石米。皇帝在这里按藉田的规矩"躬耕",表示对农业的重视。这条金水河也有防火的功能。

《析津志》又记:"昇平桥,在厚载门,通海子,水入大内。"从地理位置上分析,元代积水潭东南岸有可能到白米斜街,那么沿乐春坊胡同向东南,可以引出一条水道,经过昇平桥,穿过"海子南岸东西道路",进入皇城。这也许正是元人马祖常《御沟春日偶成》诗所描述的"御沟流水晓潺潺,直似长虹曲似环。流入

---

① 〔明〕萧洵:《故宫遗录》,北京出版社,1963。

189

宫墙才一尺,便分天上与人间"①。诗中所言,"御沟"流不远就进入了皇城,河水立刻改变了身份,百姓再也见不到了。

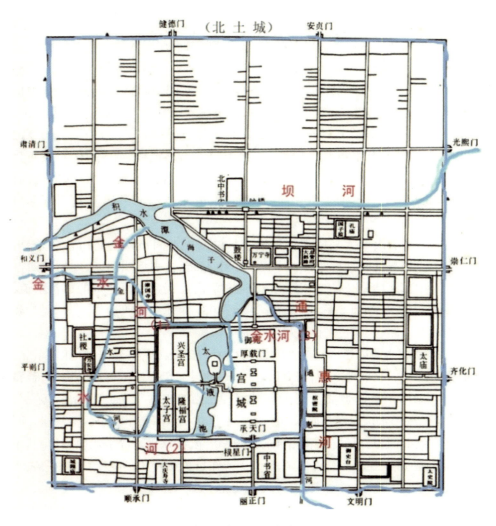

元大都水系示意图(蔡蕃绘制)

① 〔元〕马祖常:《石田集》卷四,《四库全书》本。

第五节　明清以来的玉泉—六海与内外护城河体系

一、玉泉—六海水系格局的形成

明朝建立后,北京城的水利建设大体集中在下列几方面:疏浚北京城区的河流沟渠,以保障城市供水与排水系统的基本功能;加固浑河(今永定河)堤防、堵塞决口、维修卢沟桥,以满足防洪治洪与交通需要;整修通州之南的大运河与通州至北京的通惠河,以维护作为国都经济生命线的漕运畅通;修治周边军事要地的城池或水关,在规避水害的同时提高防御能力;京郊州县开发农田水利,利用河湖泉流发展农业生产。但在解决城市水源问题上,未能延续元代曾经的辉煌,而是基本处于被动守成的状态。

元大都时奠定的城市布局到明代略微发生了改变,因此水系格局也随之发生变化:

一是将大都城北城墙向南缩进五里,从今天的北土城路健德门至安贞门一线南移到今德胜门至安定门一线。这里位于古高梁河外积水潭与坝河的南岸,以原有的河湖作为天然屏障,构筑了西北部有斜角的新城墙与北护城河。

二是永乐十七年(1419)将元大都时代的南城墙南移二里,到达正阳门、宣武门、崇文门一线,并开挖了南城壕亦即前三门护城河。东、西护城河仍按大都旧制,仅将它们向南伸延与前三门护城河相通,然后经东便门入通惠河。

三是将皇城北墙与东墙向外扩,使得元代可以经过皇城东北与正东到达积水潭的运河被圈入城中,漕船由此失去了直接入城的条件。元代丽正门左侧向东南流的那一段通惠河,也由于明代城墙南移后被包入城中而逐渐湮废。

四是伴随着明北京城北、南城墙的变化,明紫禁城相应东扩、南移,在元代太液池的南边又开挖了一个南海,使原来的太液池扩展为今人所称的"北海""中海""南海"三部分;并新凿紫禁城护城河和内金水河,使明代大内——紫禁城增加了水网环绕的密度,城的层次与水系的贴合度更高。

此外,元朝时从玉泉山独自流入太液池的金水河,到明代废弃。玉泉山水在汇聚到西湖景即元代的瓮山泊之后,过德胜门水关流进什刹海,然后分为两支:一支沿什刹海南岸开挖的新渠,经西不压桥流注太液池,然后分为内、外金水河,分别穿行宫城内外,最后又在太庙东南汇合,向东流入御河(亦即元代通惠河的上游),这是专门供应宫廷及其苑囿的用水;另一支仍自什刹海东岸海子桥(后门桥)出,继续利用元代通惠河上游河道,先向东再转南流入御河,用于补给漕运用水。宫苑用水与运河用水既同出玉泉山水一源,又殊途同归于通惠河。

总之,明朝在城市水系的微调循环和水网密度上做了一些改进,奠定了九桥九闸之内城护城河系统和新增外城城壕体系为基础的城市水系格局。

明代在皇家园林的水系营造方面,"一池"水面有增缩,北面缩小而增加了南海;"三山"的具体指代也有变化,但总体上"一池三山"的核心格局并没有改变,也因此给今天的北京城中心留下了一个宏伟严整、金碧辉煌之紫禁城与波光柳影、碧水蓝天之西苑交相辉映的人间美景。

清代城市水系的布局基本沿袭明代,而其治理河湖水系最大的成就在于加强了高梁河上源——玉泉水系的整治和疏通。乾隆时以昆明湖为中心对西山水脉、玉泉水系的收集整理,奠定了以玉泉水系为源头的城市水系格局,也为"三山五园"的兴盛奠定了水利基础,造就了京城的政

明皇城内太液池图(选自《北京历史地图集》)

192

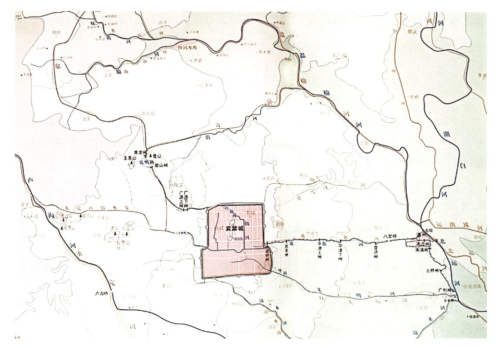

明清北京城水系图(选自《北京历史地图集》)

治副中心。乾隆年间,为了解决济漕用水和西郊园林用水问题,清政府大力开浚瓮山南麓的瓮山泊,在原东岸之外的低洼地带另建新堤,用以拦蓄玉泉山东流之水,原在瓮山泊东岸的龙王庙由此变成了湖中的一座小岛。又在原湖西岸建一南北走向的大堤,称作西堤,堤外,则将原零星小河泡开凿为一浅水湖,称养水湖。养水湖之上又进一步疏浚玉泉山东下的旧有渠道,开辟出一个蓄水库——高水湖。通过有序引导和阶梯形蓄集,使玉泉山水得以充沛而稳定地注入瓮山泊(又称金海),使之变成了一个范围广大、水量充足的人工水库,乾隆十五年(1750),将瓮山泊更名为昆明湖。值得一提的是,这次昆明湖的治理给后代留下了一座美轮美奂的皇家园林——清漪园(即颐和园)。

　　清代开拓西山水源加以补充后,北京城市水系逐渐演变成玉泉—六海水系。它以玉泉为"龙脉",以金代开挖的南长河河道连接高梁河,串接积水潭、什刹海以及北、中、南三海,再灌注三层护城河系统及内外金水河,最后,通过通惠河流出城外。至此,以明代九桥九闸之内城护城河系统和新增外城城壕体系为基础的城市水系格局完成了从源头到尾闾的疏通、串联,其作用流布至今。这个水系与"凸"字形的城市空间格局动静呼应、相得益彰,给方正、严谨、沉稳的北京城带来了隽秀、灵动、飘逸的气质,给大气、厚重的北京文化带来了自然、清新的生机与活力。沿水脉兴文脉,这一点最集中地展现在紫禁城的西部——今西城所在区域。

二、什刹海与内三海

明清以来演变形成的玉泉—六海水系,构成了北京城完整的水系格局延续至今。"六海"水面全部位于西城的腹地,它是元、明、清都城规划的重要坐标,围绕它而营建的北京城在世界都城规划史上是独一无二的。

所谓"六海",是指明代时利用高粱河水系原有的湖泊加以拓展而形成的六块水域。明朝在修筑皇城时,将积水潭(海子)的部分水域揽入城内,又加筑了南海,形成了北海、中海、南海,称为"内三海"或"前三海";皇城以外的水域则通称为什刹海,但又因被划分为前海、后海、西海而称为"外三海"或"后三海"。"六海"居于北京城市的中心位置,对城市的空间布局、景观及生态功能都起到了非常重要的积极作用,延续至今。

(一)什刹海(外三海) 继金代白莲潭、元代积水潭之后,明代这一片水域被称为什刹海。它由一水相连的前海、后海和西海(积水潭)共三部分组成,集水面风光、王府寺庙、市井胡同和民俗风情于一体,在历史上就以其湖光山色与文化气韵相映、天然野趣和市井风情交融的独特风韵,吸引着无数文人墨客和京城百姓,是京城著名的休闲览胜之处。东起旧鼓楼大街—地安门外大街,西至新街口南大街—新街口北大街,北起德胜门东大街—德胜门西大街,南至地安门西大街的这片区域,成为北京历史文化名城及古都风貌的标志性区域。

明朝以后,作为漕运码头的风光不再,许多勋臣贵戚开始竞相在湖边修建府邸寺庙、园亭别墅。如明朝大将徐达的后人所修建的别墅太师圃、刘百川别墅、刘茂才花园、米万钟的漫园、苗君颖的湜园,紧临的就是杨园。德胜门北湖旁有方阁老园等等。这些达官显贵的别墅花园围绕着宽阔的水面。水面上可以见到各种飞禽野鸟,往来飞翔。每当夏暑傍晚,人们坐在湖边乘凉,迎着徐徐吹来的清风,可以听见寺庙里传出的钟磬之声和庭院、别墅中席间的管弦笙歌。李东阳《慈恩寺偶成》一诗,开头就称赞什刹海是"城中第一佳山水"。

进入清朝,旧时庭院虽几易其主,王府别墅依然在此长盛不衰,先后出现了恭亲王府、醇亲王府、庆亲王府、庄王府、阿拉善王府、涛贝勒府、棍贝子府、德贝子府以及纳兰性德的渌水亭、恭亲王的鉴园、盛怀宣的盛园等。什刹海的别墅风景区渐渐地转移到了前、后海。"周围约三里许,荷花极盛。南岸树阴夹峙,第宅相望,多临街为楼,或为水榭,绿窗映之"①,许多官邸、豪门,在建筑格局上多采用借景的手法,对朝向什刹海的一面门脸往往精雕细镂,砌一座整砖平摆的垂花门,或者在临湖的院墙上开着扇形、桃形,或圆或方的透窗,可以一年到头,从早到晚地望尽湖光山色。而院内楼房的窗户,也大多向着湖面,以便于观赏盛夏时节的荷花。这些借景建筑进一步烘托了什刹海原有的自然景观,并被文人们描绘、发挥到了极致。

他们一是歌咏这里的江南景色:堤柳行植,畦中种稻,春天插秧时,"声疾以欲"的插秧歌;夏季"声衰以啤"的车水歌;秋天"声哗以嘻"的丰收赛社歌,声声悦耳。为便于人们来此望景听歌,这里曾建有"观稻亭",登临台上远望,稻田连片,树木成行,远处的寺庙和城墙掩映绿树之中,一片江南风光。

二是赞叹此间的溪水名桥:什刹海四周,平桥远树,小溪清流。西海位于什刹海西北,一条细长的月牙河几经弯曲将西海与后海相连。月牙河水自西海东南注入,水流激湍,两岸古槐垂柳,河面可行小舟,经李广桥、月桥、海子桥等在前海入水口,有一水闸,因水落差大,淙淙有声,又称响闸,亦称石闸,"石闸听瀑"曾是前海一景,响闸向西分水入西小海,向南至前海过银锭桥入后海,俗有"银锭观山水倒流"之说。

汇通祠,初名法华寺,又名镇水观音庵。位于今德胜门西大街甲60号。始建于明永乐年间,由姚广孝设计修建。姚广孝利用修造德胜门水关开挖河道的余土堆成一座小岛,让水从其两旁入积水潭。由通过水关的流水撞击铁棂闸和石螭时发出的响声,联想到观音圣地普陀山下的海水冲岸的情景,于是又在岛上建起了一座镇水观音庵。这不仅符合有水必有镇物的传统,而且强化了"海潮传音"的意境。登临岛上的小山,可将周围湖光山色尽收眼底。镇海观音庵在清乾隆二十六年(1761)时进行了重修,内有《乾隆皇帝御制诗碑》,并从此改名汇通祠。如今的汇通祠已改辟为郭守敬纪念馆。

银锭桥,位于后三海之间。元代这里水面宽阔,明代海水变浅建起一座小桥,最早的银锭桥犹如一倒置的元宝,桥以形得名,故称其为银锭桥。桥虽小但名气很大,"银锭观山"是明清"燕京小八景"之一。20世纪50年代以前由于没有现代化的高楼大厦阻挡,站在银锭桥上举目西望,视野开阔:近处是波光粼粼的湖水和黄绿相间的稻田,是亭亭玉立的荷花和风姿绰约的柳丝;远处是开阔的水面和平整的田野,水面像镜子一般映照着遥远的西山历历在目。加之隔海可见古城墙和掩映在湖际绿荫中房舍楼阁,还有桥下湍急清流,桥头树木迎风

① 李慈铭:《桃花圣解庵日记》,台湾商务印书馆,1973。

摇翠，景观别致。诗人宋牧仲有一首《过银锭桥旧居》诗："鼓楼西接后湖湾，银锭桥横夕照闲。不尽沧波连太液，依然晴翠送遥山。"《燕都游览志》云："此城水际看山第一绝胜地也。"明李东阳诗："城中第一佳山水，世上几多闲岁华……""银锭桥边看晚山"成为北京一处著名胜景。

德胜桥，始建于明初，位于西海、后海交界处，桥两边水面宽阔，昔日这里"绿柳映坂、缥萍映波"。桥北"高城数里，古色如一"。桥旁有一石兽遍体有鳞，头生一角，称镇海牛，被称为龙之九子"鸱吻"，平生喜水好吐，常据泄水处。每值夏秋月夜，不少人喜伫立桥头，观赏夜景。

总之，什刹海的兴衰变迁，记录了北京城市发展历程。是古都北京水系文脉重要节点和标志区域，具有十分重要的文化意义。随着城市建设发展，为维护城中这一富有历史意义和自然风光的市井宝地，北京市一直在加以积极保护和开发利用。自 1950 年起，全面整治城市河湖，改善了什刹海的水路。月牙河改为暗沟，长河来水由西海经德胜桥直接通入后海，过银锭桥入前海。洪水经地安闸泄入御河。将西小海改建成游泳池。清除淤泥，砌筑护岸，修建栏杆，广植花木。1987 年后，市有关部门制订发展规划，在西海重建汇通祠，并辟为郭守敬纪念馆。后海重建望海楼，修复广化寺等。前海改建银锭桥，建有"潭苑"水榭、"茗园"茶室，水面喷泉，恢复"荷花市场"。近年又改扩建万宁桥上下河道，使历经七百多年风雨侵蚀、斑驳古老的万宁桥重放异彩，对其下游的玉河河道及澄清中闸、下闸都进行了考古整理，亮出了历史原貌。如今的什刹海已是古城核心区一处以湖光水色为基调，以文物古迹为基础，以民俗文化为特色，具有浓郁古都风貌，集自然人文景观于一体的历史文化名胜。

（二）皇家御苑——内三海　一水相连的北海、中海，其前身是辽代的瑶屿行宫、金代的万宁行宫，元明以后是皇城内的西苑太液池。前文已述，元代围绕太液池布置了四组宫殿，即东侧的大明殿（皇宫）、延春阁（皇后宫），西侧的隆福宫（太子宫）和兴圣宫（太后宫），并开凿专门的金水河引玉泉山水注入太液池，形成了清澈宽广的湖面。原来的琼华岛改名为太岁山，疏浚湖底的土方夯筑成圆形高台——圆坻，上面建有仪天殿，又于太液池南部堆砌了第三座小岛——犀山台，从而形成"一池三山"的标准皇家园林模式。

明朝迁都北京后，也是在整治水源的基础上继续在此增修宫殿楼阁，营造太液池风景。湖岸楼阁中有著名建筑万善殿、紫光阁、水云榭。其中水云榭位于中海东岸水中，云水和楼榭遥相辉映，乾隆帝所竖燕京八景之一"太液秋风"石碑即在此处。而明朝最大的一项工程，就是在太液池南端开凿了南海，并在南海湖中堆筑了"南台"，从此"液池只是一湖水，明季相沿三海分"，在此基础

六海平面示意图

上"一池三山"也变成了以琼华岛、水云榭岛、南台为三山的新格局,使得此处水景风光更加宽阔而丰富。

清代,西苑进入其建设的高峰。顺治年间在北海琼华岛上建藏式白塔,山也易名白塔山。康熙年间将南海加筑宫墙,新建勤政殿,又扩建南台为瀛台等。乾隆年间更是连年营建,乾隆五年至四十四年(1740—1779)四十年间工程未停,这里的景观越发雄伟秀美。北海、中海、南海的水、山、石、道、亭、台、楼、阁,经过一千多年的持续打造、经营、雕琢,到如今呈现给世人的是一处美轮美奂、精彩绝伦的皇家园林景观和世界文化遗产。1925年、1928年曾先后被辟为公园向公众开放,结束了它作为皇家御园的历史。

三海的水源在辽金以前与古高梁河相连,金代始导玉泉诸水汇入高梁河。元代扩浚,又另挖金水河自和义门南水门入城,直达太液池。明清时期金水河汇入南长河,经什刹前海西压闸流入北海后门内左侧"三角湖"。"三角湖"虽小,关系至大,它不仅是连接"后三海"与"前三海"的梯级水面,还是紫禁城水系的分水枢纽。

三角湖枢纽包括三海闸、蚕坛闸和静心斋进水口。来水分西、东、南三路流入北海。三海闸平时墩板壅水,与什刹前海同一水位,向西经暗渠流入北海北岸的静心斋。静心斋是北海公园的园中之园,建于明代,乾隆二十四年(1759)扩建,内有莲池(分北、西、中、东池),池周围假山堆叠,细流回绕,格局精巧。向东经蚕坛闸沿东园墙南流,穿过一座自成体系、风格独特的小型园林,即藏在北海东岸土山后面的画舫斋和濠濮间,景致与外界隔离,水道暗地里与北海相通。传说乾隆帝南巡江南,带回描绘图本,依图仿建。这组庭园四面环山,含抱一池碧水,池面石桥曲折,徒步至此,耳闻林中鸟语,眼观水里鱼游,山坡上绿茵横生,别有自然风趣。自1956年在北海东南隅与西北筒子河之间,修建了双排输水连通管道之后,不再经蚕坛(闸)明渠向筒子河输水。画舫斋、濠濮间没有流水穿行,日渐淤塞,"园中园"失去往日景色。古人精心设计建造的内城河湖水

197

系——紫禁城水系是有科学道理的。修建蚕坛筒子河进水渠,宽阔的花岗岩条石结构,是兼有向沿途画舫斋、濠濮间湖输水功能的。三海闸溢流瀑泄(高约两米)是内城河湖水系中唯有的垂直动流景观,且常年不断,水清潾渌,淙淙有声。

主流经三海闸流入北海,宽阔的水面一平如镜,白塔山脚的"临水游廊",宛如一条彩带。以琼岛为中心,湖光塔影,波及西北岸和东岸,构成独特景观群。琼华岛位于整个北海水域的东南隅。岛上绿树成荫,把琼华岛点缀得好像一把绿伞覆盖在浩渺的水面上。岛的东面山脚下,山石、花树、亭角掩映簇拥着乾隆帝亲笔题名的"琼岛春阴"碑,是"燕京八景"之一的著名景观。

北海与中海连接处的东岸,是一座圆形城堡,被称为团城。它在金代是一个小岛,三面临水,元代开拓成一座圆台(即圆坻),上建有仪天殿。明永乐年间,因明皇宫南移,团城被圈在皇城墙外,中海与北海也随之分开。乾隆十年(1745),城周围砌以青砖和环形城墙,形成了今天的模样。它嵌在北海水面的东南,犹如一座盆景摆在水中,水光山色交相辉映。

团城脚下有一座白色石桥。这座桥的两端原有两座牌坊,西叫"金鳌",东称"玉蝀",故称金鳌玉蝀桥,又称金海桥或御河桥,是我国古老提栈式石拱桥的典型。新中国成立后,因车辆过往频繁,桥面过窄阻塞交通,1954年,拆除东西牌坊,保留团城,把中南海国务院的围墙南移,展宽了桥面和两侧的街道,改建成为如今的北海大桥。

站在团城上往南看,一座水中凉亭展现在眼前,这就是中海的水云榭。"燕京八景"之一的"太液秋波"石碣一方,立在亭中,这里云光映水,小亭如出水之莲,披波之燕。水榭建于康熙年间,清圣祖还专门写诗一首云:"水榭围遮集翠台,熏风扶处午后开。忽闻梵诵惊残梦,疑是金绳觉路来。"这是难得见到的康熙帝写景诗。

过了蜈蚣桥就是南海,南海建筑大多集中于瀛台,主要建筑有涵元殿。戊戌变法失败后,光绪帝被慈禧太后囚禁在这里。南海的正门,在清代是故宫西华门外坐西朝东的西苑门。1912年,袁世凯窃取革命果实当上大总统后,把中南海作为他的总统府,大兴土木。1915年,他将创建于清乾隆二十三年(1758)的宝月楼改建为总统府大门,并将其改名为新华门。从此,新华门成了中南海的正门。

在南海的东北角有一片假山石环绕的水庭院,路边的亭子叫"流水音"。该亭立于水中,亭内有流水九曲,系沿古时"曲水流觞"的习俗而建,取名"流杯亭"。当年这里曾有飞泉瀑布下注池中,风樑水槛,溅玉飞琼,曲流水响,不绝于耳。清高宗亲题匾额为"流水音"。在东边山石上有一座小屋,名叫"日知阁"。

今内有水闸,是南海的出水口,经织女河(已改建暗沟)、织女桥(已拆除)、中山公园水榭湖注入天安门前玉带河,经菖蒲河汇入御河——前三门护城河——通惠河。

上述"六海",全部位于西城区,这一大片水域集中了古都城市湖泊风光、运河古河道及历史文化街区风貌,构成了老城空间格局的主要框架,北京城中心独特而珍贵的园林景观,为区域生态和文化建设提供了重要支撑。尤其是"后三海"以其天然朴素的风采,与"前三海"金碧辉煌、雍容华贵的皇家园林形成强烈对比;一水相连的六片水面首尾相接、蜿蜒曲折,又和笔直中正、庄严雄伟的中轴线相辅相成、相映成趣。这不仅在中国历代古都中罕见,在世界古都名城中也属难得。

三、内外城护城河及城壕系统

北京护城河起始于元朝,定型于明朝,由内而外共有三层,分别为筒子河、内护城河、外护城河。三层护城河环绕中轴线和皇城,形成层层拱卫之势。同时"上承西山水源,中纳京城百秽,下通京杭漕运",在城市格局形态构成、水利调节、生态文化建设中占有重要地位。

(一)紫禁城水系 明清紫禁城水系是玉泉水系流入内城所构成的河湖水系的主体,包括:筒子河、内金水河、宫院暗沟、文化河、外金水河(织女河、玉带河、菖蒲河)。紫禁城是皇帝处理朝政,皇室居住的地方,这里的河湖水系与宫廷花园——西苑(北、中、南海)不同,有着特殊的功能。如:皇宫四周筒子河,主要用于防卫;内金水河主要用于宫院排水及消防用水;太和门前内金水河、太庙文化河及天安门前玉带河,则构成古代皇室坛庙"横桥南渡"的风水模式。

由于金水河在明代已渐湮废,来自玉泉山的水源从长河—高梁河汇入"后三海"后,经北海后门西压桥、先蚕殿南流,过濠濮间出苑墙,经西板桥大街东侧明渠过鸳鸯桥流入筒子河。古代都城建设一向讲究城池并重,即所谓"金城汤池",其中"池"就是护城河。为确保安全,明代在宫城四周建第二道护城河——筒子河,以午门、神武门为南北轴线,东华门、西华门为东西轴线,划分为西北、东北、西南、东南四个部分。在神武门、东华门、西华门路面下各有涵洞(均宽 0.47 米、高 0.5 米)连通。筒子河以条石护岸,水面宽 52 米,全长 3.5 公里。清澈、宽阔、规整的水面,映衬着高大的宫墙及精巧的角楼,显得紫禁城更加宏伟庄严。

紫禁城建成初期,宫内并无金水河,宫殿刚建好半年就发生了火灾。为防火排水,调节皇宫里的小气候,开始修建内金水河。水从西北筒子河角楼东水关入城,沿西侧宫墙南流,向东经武英殿前,过太和门、文华殿,由西向东过古今通集库(旧清史馆),向南出宫墙水关流入东南筒子河,全长2185米。据《明宫史》记:"明天启四年六科廊灾,六年武英殿西油漆作着火","皆得此水之力"而获救。

这条石砌水渠,也是紫禁城的排水总干渠。紫禁城内共有九十余座院落,各院落布置有纵横通达的暗沟。以神武门内石板道下横贯东西的暗沟最重要,西起城隍庙东,向东至东北城角南折,至东华门内入金水河。在三大殿建筑区,沿殿基布设沟渠,过殿阶处均开有券洞,使雨水通畅地流入金水河。院内共有九个排水出口,明暗沟长约8333米。自建成后,经历代精心维护,至今完好,五百多年来几乎不见暴雨积水记载。

暗沟的水排入内金水河,内金水河的水排入筒子河,筒子河的水主要通过两条暗渠分别经社稷坛(今中山公园)退水暗渠(西南筒子河至织女河)和太庙(今劳动人民文化宫)退水暗渠(东南筒子河至菖蒲河)排入外金水河。在清乾隆二十五年(1760),于西南筒子河东岸墙开一暗渠,自午门右侧西阙门下经午门前至东阙门外,循太庙西墙向南,折向东流入太庙戟门外明河。

织女河、玉带河、菖蒲河统称外金水河。织女河是南海退水河道,起自南海东岸日知阁闸,向东流穿过南长街石桥进入社稷坛院内,顺西墙内侧南流,经水榭湖至玉带河过金水桥向东流,入菖蒲河。在太庙东南角有东南筒子河退水渠汇入,向东过南池子石桥入御河,排入前三门护城河。

明清时期,天安门前广场(即天街)是皇朝禁地,南长街与南池子东西相距约三里,但东西间不能穿行,只能绕行南北河沿往北向西绕皇城一圈再拐到南长街;或者从南池子往南绕到前门外,从宣武门入城再拐到南长街,所以人们把南池子那座过河桥叫牛郎桥,把南长街那座过河桥叫织女桥,形容其间的遥不可及。织女桥始建于明代,1918年6月改建,为三孔石拱桥,桥长17.2米,桥宽17.66米,1951年织女河改暗沟时被埋入地下,1970年治理织女河时拆除。牛郎桥也被埋入地下,上面修成马路。

(二)护城河水系 古代城市都筑有坚固的城墙,城墙外则开挖护城河,也叫池或濠。所谓"沟池深于外,则城郭固于内,用其深以增其高也"。作为都城的北京自然更是重视护城河的建设。它不仅具有城市防卫功能,同时也是防洪、排水和漕运的重要渠道。通过护城河的活水连接起城内众多的河湖水系,环抱着金碧辉煌的宫殿建筑群,高大的城墙与蜿蜒的护城河动静结合,雄伟与秀美交相辉映,碧水清波,宛转灵动,给庄严的北京城带来清新与活力。

金中都城和元大都城四周均有护城河,今德胜门外的土城沟便是元大都北护城河的遗迹。如今所见到的护城河系明朝在元大都护城河基础上改扩建而成。明洪武元年（1368）徐达攻下大都城后，为便于防卫北方之敌，将北城墙南移到古高梁河外积水潭（原太平湖）和坝河（今北护城河）南岸，利用河道作为天然屏障，因而形成了一道西北部有斜角的城墙和北护城河。由于地形条件和战略需要，北城墙修筑得比其他三面高大得多。"壕池各深阔不等，深至一丈有奇，阔至十八丈有奇。"（《洪武北平图经志书》）永乐四年（1406），明成祖筹划营建北京皇城，开始修城垣，整治护城河。永乐十七年（1419）因宫城建设需要，将元代南城墙南移到前三门一线，同时开挖了南城壕，即前三门护城河。东、西护城河仍按元旧制，只分别向南伸延，与前三门护城河接通，向东流入通惠河。此后，又修造京师门楼、城壕、桥闸工程，遂形成了九桥九闸的内城护城河体系。

明代中期由于蒙古骑兵多次南下扰掠，威胁北京安全。明世宗于嘉靖三十二年至四十二年（1553—1563），加筑外城并开挖外城护城河。外城本应环绕内城，即古代所谓内城外郭之"郭"，但因财力不足，只修筑了南面。天启元年（1621），又将京城内外护城河大规模统一治理，内城共疏浚 7495.6 丈，外城疏浚 5150 丈，共 12645.6 丈。按明代工部尺（1 丈＝3.2 米）合 40.47 公里，这是较早的内外护城河精确统计数字。

清代对护城河更加重视，修建频繁，并在清初制定了管理条例。外城及护城河的修筑，使北京城在平面上构成了特有的"凸"字形轮廓。这一格局一直延续了五百多年，也正是这一格局构成了古老北京城重要的风貌标志。

西北护城河是玉泉山水向内城河湖水系输水的重要水源河道。其东端松林闸"通流四城濠，拱护都"，"四渊积水，聚盈御苑"。几百年来，对京城供水、排洪发挥了重要作用。东护城河（自东直门至大通桥）在清代康熙、乾隆年间曾长期从通惠河经大通桥北上，向朝阳门、东直门一带的裕丰仓、储运仓、禄米仓、万安仓等运送漕粮。清圣祖巡视通惠河时赋诗云："千樯争溯白苹风，飞挽东南泽国同。已见灵长资水德，也应辛苦念田功。"

明清时期，城内皇家园林都是禁园，不许百姓进入。护城河就成为市民游览的好去处。每到冬天，前三门护城河和南护城河都开辟冰上运输线，设冰床坐人。清代北京竹枝词写道："十月冰床遍九城，游人曳去一毛轻。风和日暖时端坐，疑在琉璃世界行。"

每年农历七月十五日为中元节。前三门护城河就成为民众放河灯、赏河灯的地方。清末震钧《天咫偶闻》载有诗云："坊巷游人入夜喧，左连哈达（指哈德门，今崇文门）右前门。绕城秋水河灯满，今夜中元似上元。"[1]热闹程度与元宵

---

① 震钧:《天咫偶闻》卷十，北京古籍出版社，1982。

201

节差不多。护城河相伴古城墙,犹如给北京古城镶嵌了一条美丽的银项链,千百年来不仅为京城提供着安全保护,本身也构成了一道独特美丽的风景。

四、近现代城市水系的改造

清代后期至民国年间,经过留学欧美的学者以及来华工作的外国专家的传播,近代西方水利科技在我国得到了比较广泛的普及。清末派出的留学人员学成归国之际,适逢辛亥革命前后时局发生重大转折的时代,他们的工程技术专长恰好被开国之初的民国政府所用。与此同时,国内成长起来的水利专家也在积极吸收西方先进的科学思想,共同为民国时期的水利发展做出了自己的贡献。这个时期在调查研究基础上做出的一批河道治理规划,如《顺直河道治本计划报告书》《永定河治本计划》《玉泉源流之状况及整理大纲计划书》《北平通航计划之草案》《北平市沟渠建设计划》《北平市河道整理计划》等一系列涉及北京的河湖水系整理方案,标志着近代水利科技改造和发展中国传统水利事业新局面的开始,在我国水利史上留下了宝贵的一页。

但是,民国时期频繁的政权更迭与日本侵略造成的社会动荡,使这些颇具科学思想的水利规划大多没有得到完全落实的机会。不仅如此,北京市内河湖因为疏于管理而大都淤塞严重。原为元代金水河的一段,在明代称为大明濠,清代称为西沟沿的城西一条重要的排水沟,由于淤塞严重,不得不在 19 世纪 20 年代改为暗沟,上面铺成马路。抗战胜利后,定名为赵登禹路。而通惠河沦为城市重要排水干渠。从后门桥至前三门河道,民国年间开始改为暗沟:第一段自前三门护城河南水关至长安街,于 1924 年完成;第二段由长安街至望恩桥(东安门桥南),于 1931 年完成。民国初期通惠河自大通桥至通州河道闸坝还保存完整,但已不再通航。

新中国成立以来,北京作为全国的首都,党和政府对京城河湖水系进行过多次整治,清淤污、建闸桥、砌护岸等取得重大成就。尤其是修建官厅、密云等大型水库,1957 年、1966 年引永定河水和潮白河水入城,为城市开发建设提供了新水源,年平均引水流量是新中国成立前的二十五倍,极大地改善了北京城市水环境。应当特别提到的是,1958 年北京市对城市水系的总体规划,曾明确提出在北京城内要修建"以永定河引水渠、前三门护城河、通惠河作为横贯中心区的一条主要河道"。与西北郊的昆明湖、京密引水渠相连接,形成一条山清水秀、名园绮丽、游船往来贯穿市中心的城市观赏河道。犹如伦敦的泰晤士河、巴黎的塞纳河、莫斯科的莫斯科河,会给古都增添优美的景色。根据这一规划,在修建永定河引水渠时,将护城河崇文门以东1.4公里、佟麟阁路以西1.73公里河底加宽至42米,水面宽100米。其中西端560米河道,原前三门护城河段不动,在岸肩2米以外开挖新河,两河之间形成一个长岛,建成天然游泳场。当时的双河岛,河面宽阔,碧水澄澄,垂柳婆娑,空气清新,给古老的京城增添了新景色。但受历史因素影响,这一规划未能全部实现。

(一)**转河** 转河是近代长河下游高梁桥以东的一段河道,与护城河相接。而在此之前,长河水出高梁桥入积水潭,没有转河。

清末,北京城旧有的帝都传统格局,随着近代工商业和交通运输业的发展,开始发生变化,清光绪三十一年(1905),我国杰出的铁路工程师詹天佑主持修建京张铁路(即平绥铁路),这是我国有史以来第一条由中国人自己设计、施工的铁路,于宣统元年(1909)建成通车。在选线、设计中的西直门火车站,位于长河高梁桥东侧,为保证站区铁路安全运行和河道正常输水,将长河过高梁桥后改道向北拐,经娘娘庙至净土寺南向东过京张铁路桥、车辆段铁路桥、笑祖塔院至索家坟折向南,直至东小村分水入西北护城河、西护城河。改道后河道平面呈"几"字形,即长河过高梁桥向北转一弯儿又回到原河道,通称"转(zhuǎn)河",全长约两公里。

民国年间,转河右岸大部分被西直门站区用铁丝网圈用,其余被西郊粮库围墙占用,河岸无路通行;左岸断续有滨河土路。后左岸被农用抽水泵站、民房、北郊木村厂篱笆墙占用,只能过人。南端东小村一带左堤,每到雨季常有漫溢,灾情不断。沿河垃圾渣土、污水到处都是,河道破烂不堪。

新中国成立后,市政府多次疏浚长河,1950年在转河尾闾修建钢筋混凝土结构的"三岔口分水闸"。经西闸分流入西护城河,只雨季分洪,平时不过水,定期放水冲刷下游河道;经南闸主流进入西北护城河向内城河湖、太平湖输水。20世纪50年代,西北护城河南岸有雄伟的城垣、环城铁路和滨河路,每当火车驶过,古朴宁静中便显现出一派生机。北岸及外侧的太平湖,沿河环湖绿柳成行,水流清澈,是京城西北偶一处天然野趣景区。

北太平湖,明初内缩北城墙后被截在城外的原积水潭的一部分,因附近有村名太平庄,故名太平湖。与城内积水潭遥遥相对,景色优美。1971年,修建地铁时被填埋,建成地铁车辆段。1977年,北护城河改建工程开始,又废除转河,自第一轧钢厂北侧起改线,修建860米暗沟与原河道相接。经长河来的水,到高梁桥进暗渠入北护城河明河,到东北城角又变成暗河,直到东便门再成明河。原来一个完整的河道水系,人为造成残缺不全、断断续续、忽明忽暗的河道。

为保护恢复古都水系风貌,改善市区北部地区的生态环境,2002年5月,市政府决定进行北环水系转河综合治理工程。开挖河道 3.7 公里,新增水面 5.7 万平方米,重新打通转河作为长河治理的延续,使北环水系(昆明湖、长河、转河、北护城河、亮马河、水碓湖等)实现"水清、流畅、岸绿、通航"的目标。随着新时期的治水理念的发展,历史文脉的延续性与都市生活的现代性得以有机交融。在满足河道功能的前提下,在沿岸有限的空间里精心营建了历史文化园、生态公园、叠石水景、滨水游廊、亲水家园、绿色航道等景观工程,体现了"以人为本、人水相亲、和谐自然"的新治水理念。把城市河道建成水和绿色的长廊,为市民提供了滨水游憩的空间、清新的水系生态景观,提高了城市文化品位。

(二)**南城明珠——陶然亭湖**　陶然亭既是历史名胜,又是新型园林,同时还是革命纪念地。陶然亭湖原是烧砖遗留的窑坑,长年汇集雨水而成。20 世纪 50 年代初辟建为公园,1958 年修建了太平街节制闸,每年春、秋两季用玉泉山水向湖中补水。

这里的历史可以追溯到公元前 3 世纪,1952 年疏挖陶然亭湖时曾挖掘出战国时的器皿。辽金时代,这里是中都城厢区,溪流纵横,塘泽错落,一片天然湿地风光。元代在这里建有庙宇慈悲庵,原名"招提胜境",是北京现存的古老寺庙之一。明永乐年间,为建宫殿、筑城墙之需,在此挖山取土,开设烧制砖瓦的官窑厂,专门烧制平常板瓦、大小开条砖、斧刃砖。其又称黑瓦窑厂,简称黑窑厂。从明永乐十八年(1420)到清康熙三十二年(1693)间,黑窑厂北部的土山全部挖平,平地挖到见水为止,使这里成了地势低洼的水坑。清康熙三十四年(1695),工部郎中江藻在慈悲庵内建西厅三间,取白居易诗中"更待菊黄家酿熟,共君一醉一陶然"的诗句,取名陶然亭。

明清时代,城内园林大部分成为宫苑禁地及私家园林,专供皇宫及权贵享用。陶然亭地处偏僻,所以一直是文人士绅和下层民众游历活动的场所。每年秋天九九重阳日,便有文人墨客到这里登高赋诗,举办游宴。清文人杭世骏写诗:"溪风吹面蹙晴澜,苇路萧萧鸭满滩。六月陶然亭子上,葛衣先借早秋寒。"当时的陶然亭有着江南水乡苇塘的风光。清末逐年衰败,到光绪二年(1876)已是"潢水所积,芦苇丛生,冢肆雪鳞",成为坟冢之地。由于荒凉偏僻,正好成了一些革命志士秘密活动的地方。清末康有为、梁启超等曾在此商议戊戌变法。民国初年孙中山先生来京,也在这里参加过政治集会。李大钊同志领导的"少年中国学会""曙光社""人道社",周恩来同志领导的天津"觉悟社",均在慈悲庵举行过重要集会。在陶然亭北面土丘之上,有着李大钊亲密助手高君宇及其伴侣石评梅烈士的墓碑。

新中国成立后,市政府采用以工代赈的办法,招募劳力挖湖堆山,引南护城河水,建成东、西两湖,植树造景,修建水榭、码头,恢复"抱冰堂"。附近还建起了中国戏剧学校、中国舞蹈学校、北京戏剧学校等单位,1954 年,市政府又将中南海东岸清代的"云绘楼"和"清音阁"建筑,仿照原型移建于陶然亭湖西南岸,与慈悲庵隔湖相望。经多年经营,陶然亭以"亭"为主建造了大量的亭、台、桥、楼,现已成为山环水绕,绿树成荫,具有自然山水风格的园林。

(三)**护城河改造**   民国时期,1934 年 9 月制订了《北平市河道整理计划》,对全市护城河进行了调查、规划、整治。据 1953 年调查,护城河总长 41.19 公里。其中西北护城河(西直门至德胜门外松林闸)1.84 公里,东北护城河(松林闸至东便门)10.91 公里,西护城河(西直门至西便门)5.22 公里,前三门护城河(西便门到东便门)7.74 公里,南护城河(西便门经永定门至东便门)15.48 公里。护城河总水面积约 80 公顷。

20 世纪 50 年代中叶前,护城河的水源主要来自玉泉山及西山泉水,流经长河至城西北角分为东西两支。东支为西北护城河,至德胜门西又分为两支,一支由铁棂闸入城,为城内水道(内城六海等)总入口;另一支沿城东行经安定门,绕城过东直门、朝阳门至东便门外,合前三门护城河及外城护城河,东流入通惠河。当时的东、北护城河里侧,在雄伟的城垣脚下,伴有环城铁路和滨河路。西支沿城南行,经西直门、阜成门至西便门外,复分为两支,一支穿越城墙东行为前三门护城河,流经宣武、正阳、崇文三门至东便门外入通惠河;另一支沿外城南行,合西北南旱河(今永定河引水渠)来水过广安门,合莲花河来水,绕外城经右安、永定、左安、广渠门至东便门外入通惠河。

新中国成立后,为改善紫禁城供排水系统,在北海与西北筒子河之间修建筒子河连通管道。为使四处筒子河之间输水通畅,1958 年,将天安门玉带河东西两端各延长 65 米,总长达 500 米。1968 年又增建了神武门过水涵洞、西华门涵洞、东华门涵洞,过水断面增加了近八倍。1970 年改建西南筒子河(中山公园)暗水渠。2002 年 5 月重新复建菖蒲河,建成了优美秀丽的街心公园,但作为内城河湖水系尾闾的菖蒲河的排水泄洪功能受到影响。

应当说,北京的现代化建设一直存在着与这座古老都城的风貌保护如何相结合的问题。尽管党中央、国务院多次强调"保护古都的历史文化传统和整体格局,体现民族传统、地方特色、时代精神的有机结合",但实际上,在大规模的城市基本建设中,却往往有不少具有历史文化价值的河湖被填埋占用。在 20 世纪六七十年代修建地铁、二环路和立交桥时,为避免拆迁,降低造价,1965 年把原本规划扩建为市中心游赏河的前三门护城河改为暗河,1974 年至 1984 年将北护城河上段和东护城河改为暗河,填埋护城河总长达二十公里。只留下了北护城河一段和南护城河,总长度不过原来的一半。

这些护城河改成暗河造成的后果是:在城市防洪排水方面,降低了城市抵御大洪水(超过设计标准的洪水)的能力。暗河不如明河,减少了调配洪水的机动性,从而加大了下游河道的洪水流量,加剧了上下游之间的排水矛盾;在古都风貌方面,城墙和护城河的消失,严重破坏了京城水系的河道系统格局及古都北京城的重要风貌标志;在城市生态环境方面,减少了河湖水面,使城市和居民失去了既可休闲、疏散又能调节小气候的空间环境。应该说,这是北京现代化、国际化建设过程中的教训。

古代的北京城曾是人类城市建设史上的典范。自金、元成为都城以来,在城市建设中充分利用河湖水系建成较完整的供排水系统,同时将河湖与整个城市总体规划相结合,构成园林景观与城市风貌交相辉映的独特风格,也形成了文脉随水脉延伸的独特水文化。

河湖水系不仅是古都北京历史文化的重要载体,也是首都北京生态发展的关键载体。现代世界大都市的发展,越来越重视保护自然环境,尤其是水环境及河流周边空间环境对城市发展的影响。这就要求我们遵循水景视觉规律,保护好山水自然环境,保护好古都北京的水系格局。近年来出台的一系列政策规划,显示了这一发展趋势。《北京历史文化名城保护规划》在历史河湖水系的保护方面,曾明确提出要"控制前三门护城河规划用地内的新建项目","在远期应予以恢复"。《北京城市总体规划(2016年—2035年)》则进一步明确提出,未来要"通过改善流域生态环境,恢复历史水系,提高滨水空间品质,将蓝网建设成为服务市民生活、展现城市历史与现代魅力的亮丽风景线"。

经过历代尤其是近四十年来持续的整治改造,如今内城河湖水系已形成以故宫为核心的"六海八水",包括内三海、外三海和北护城河、南护城河、筒子河、前三门护城河、通惠河(含玉河)、金水河、长河、莲花河,这些河流共同构成了与北京城中轴线贯通的水系格局,其中大部分在西城区域内或横穿西城区,奠定了西城区历史文化的蓝绿基底,为城市增添了文化水廊和园林之魂。

第四章

工商文化

西城是北京城市文明发展的重要源头——蓟城所在地。西周时期燕蓟已经有了原始商业的发展,至战国时期的燕国是北方最重要的商业中心,蓟城则被称为"天下名都"之一。隋唐时期,幽州成为国内一个重要的货物集散中心和边境贸易重地。辽金时期,北京地区开启了作为北方少数民族政权都城的历史,人口大量聚集,商业贸易也有了较大发展。元明清以来,北京政治地位再次提升,成为全国范围内统一政权的都城,它不仅是政治文化中心,也是最大的消费中心。南来北往的商货齐聚京城,东西方商人纷至沓来,带动了北京消费中心的形成。从空间分布来看,元明清以来,西城地区是北京商业中心所在,特别是明清以来宣武门、正阳门和崇文门为代表的"前三门"地区作为内外城的往来通道和城市商业中心,而大栅栏又是前三门商业区的核心区,从明初永乐年间建造廊房招商租赁开始,清初商民迁至南城,一直到民国年间铁路的修建,再次推动了西城地区工商业和金融业的发展。历史上西城地区工商业的基础,至今仍旧深深影响着首都经济的发展。

第一节　商业发展概况

西城地区开发历史较早,早在先秦的燕都蓟城,这里便被称为"天下名都"之一。丰沛的自然资源以及重要的地理交通位置,使得这里成为北方地区经济交流中心。辽金以来,伴随着北京都城地位的不断提升,工商业逐步走向兴盛。特别是元明清时期,这里已经成为北京城最核心的商业中心之一。

一、蓟城商业发展概况

蓟城在今北京市西城区广安门一带。燕国迁都于蓟之后,在蓟都旧城基础上又有所扩建。考古工作者在今西城区广安门外桥南约七百米处的古燕都遗址,发现了许多精美的青铜礼器、生活用具、车马用具、兵器、酒器、工具及玉器、角制品、漆器、陶器、贝、蚌等文物,这些文物展现了古燕都居民丰富的社会生活。[1] 而其中贝、蚌等原始货币的发现,说明在古燕都已经出现了原始的商业交易。

战国时期,蓟城已经发展成为一个商业发达的都市。作为中原民族与北方肃慎、山戎等民族杂居的地区,大量中原的商品与北方草原游牧民族文化特色的物品汇聚在燕地。研究表明,当时蓟城已经出现了较为繁荣的定期市集。据记载,当时在城内从事商业贸易的商人群体,除了本地和来自中原地区以外,甚至还有来自东北地区的东胡、朝鲜等族商人。市场中有粮食、麻、枣、栗、布帛、铁锹、铜器、陶器、食盐、狐裘、毡子、马匹等各类商货。此外,货币已经广泛使用,不仅有燕国自铸的"明刀",也有来自三晋地区的各种刀、布(货币)。货币的出现,充分说明蓟城已成为当时北方各民族共同的经济中心,故被称为战国

---

① 赵正之、舒文思:《北京广安门外发现战国和战国前的遗址》,《文物参考资料》,1957年第 7 期。

时代的"天下名都"之一。①

两汉时期,燕蓟地区有着较为丰富的物产资源。史载,燕地"粟支数年。南有碣石、雁门之饶,北有枣栗之利,民虽不佃作,而足于枣栗矣。此所谓天府者也"②。《史记·货殖列传》记载:"燕有鱼、盐、枣、栗之饶。"此外,燕蓟地区的桑蚕业起源也很早,据《晏子春秋·内篇杂上》言:"丝蚕于燕,牧马于鲁。"另据《史记·货殖列传》云:"燕代田畜而事桑。"东汉时,燕地仍植桑。当时的一首民谣曰:"桑无附枝,麦穗两歧,张君为政,乐不可支。"③当时的很多文学家对燕蓟地区的桑蚕事业之盛每每赞不绝口,如南北朝庾信《燕歌行》云:"寒雁邕邕渡辽水,桑叶纷纷落蓟门。"农业生产的发展,对于燕蓟地区的早期开发起到了重要作用。三国时期曹植曾撰有《艳歌行》,非常详细地描述了当时蓟城北部的田园风光:"出自蓟门北,遥望湖池桑。枝枝自相依,叶叶自相当。"可见当时蓟城的农桑植被已经相当丰茂。

得益于天然地理优势和丰富的物产资源禀赋,燕蓟地区的商业贸易有了较大发展。《史记·货殖列传》载曰:"夫燕亦勃、碣之间一都会也。南通齐、赵,东北边胡。……北邻乌桓、夫余,东绾秽貉、朝鲜、真番之利。"东汉初年,渔阳地区在战乱时期仍能保持富裕的状态,这不得不归功于当时较为兴盛的贸易往来。据《后汉书·彭宠传》记载:"是时北州破散,而渔阳差完,有旧盐铁官,(彭)宠转以贸谷,积珍宝,益富强。"尤其是与北部少数民族之间的贸易互市,更为频繁。在发达的商业贸易背景下,东汉时蓟城内还出现了身家不菲的富商。其中,公孙瓒在蓟城时所结交的刘纬台、李移子、乐何当三人,号称"富皆巨亿"。另有《三国志》魏书所引王粲《英雄记》:"所宠遇骄恣者,类多庸儿,若故卜数师刘纬台、贩缯李移子、贾人乐何当等三人,与之定兄弟之誓,自号为伯,谓三人者为仲叔季,富皆巨亿。"④

隋唐时期随着永济渠的开通和大运河体系的形成,南北物资交流更加频繁,带动了北京地区商业贸易的进一步发展。唐初曾设幽州大都督府于蓟城,尤其在开元、天宝年间,幽州商业进入了新的繁荣时期,城区北部设有固定的商业区,称为"幽州市"。关于幽州市场的状况,据房山《云居寺石经题记》记载,幽州城内有白米行、大米行、粳米行、炭行、大绢行、小新绢行、彩帛行、丝锦行、

---

① 《盐铁论·通有》诸子集成本,中华书局,1954。
② 《史记》卷六十九《苏秦列传》。
③ 《后汉书》卷二十七《张堪传》。
④ 《三国志》魏书八《公孙瓒传》。

绢行、油行、果子行、布行、杂货行、染行等行业,商业贸易已经有了非常精细的分工。作为中国北部重要的货物贸易集散地,幽州商业已经非常兴盛。其中,从幽州起家的安禄山早年就在范阳做过互市牙郎,从事贸易中介。据《安禄山事迹》记载:"潜于诸道商胡兴贩,每岁输异方珍货计百万数。每商至,则禄山胡服坐重床,烧香列珍宝,令百胡侍左右。群胡罗拜于下,邀福于天。禄山盛陈牲牢,诸巫击鼓歌舞,至暮而散。遂令群胡于诸道潜市罗帛,及造绯紫袍、金银鱼袋、腰带等百万计,将为叛逆之资,已八九年矣。"①正是因为有了较为丰富的贸易收入,才为其日后的安史之乱奠定了经济基础。

二、辽金时期燕京商业发展

辽金时期,北京城市地位有了重要提升,成为北方统一政权的都城所在。而今西城区广安门一带也正是辽南京和金中都城的中心所在。辽代会同元年(938)升幽州为幽都府,建号南京,又称燕京,开始作为辽朝陪都。辽南京继承了唐代幽州城格局,"坊市、廨舍、寺观,盖不胜书。"②史载,辽南京"城北有市,陆海百货,聚于其中",而且设有专门的商业管理机构,"命有司治其征"。③ 辽南京商业区集中在城市北半部和东南部,大体相当于今天北京市西城区东起菜市口、西至广安门外甘石桥以北,今广安门内大街迤南的区域。

以雕版印刷、书籍流通为特征的"文化商业"是辽南京商业的一个特色。1974 年 4 月对山西应县木塔抢险加固中,从释迦牟尼像内发现了一批辽代秘藏经卷,其中四件经卷均分别注明雕印地点是"燕京仰山寺前杨家印造""燕京檀州街显忠坊门南颊住冯家印造"等,说明这些经卷均在辽南京印制。其中有硬黄纸、皮纸或麻纸入潢(防蠹技术处理)以及磁青纸。经修复后,仍然光泽润滑、拉力度强、无一虫蛀,说明当时辽南京的造纸和雕印技术,已经达到相当高的水平。辽南京处于北宋东京与契丹上京之间,南北双方的使节往来、民间交往、商业贸易,都要通过这个特殊地理位置上的中转站来实现。这里也是把不同民族、不同文化连接在一起的纽带和桥梁,从经济交换和相互通婚开始,以汉族为主的语言文字、生产方式、生活习俗与法律制度,在各民族相互学习、相互接纳的过程中变得更加丰富。

---

① 姚汝能:《安禄山事迹》(上卷)。

② 《辽史》卷四十《地理志四·南京道》。

③ 《辽史》卷六十《食货志下》。

旧广安门外大街

金贞元元年(1153)金朝迁都于燕京,并改名为中都。金中都时期,由于都城地位的确立,人口规模增加,城市商业也由此获得了进一步发展。当时的中都城内设有管理商业的重要机构——市令司,"掌握平物价,察度量权衡之违式、百货之估直"。① 金海陵王迁都中都后,当年即以都城内的空地,赐给金廷大小官僚及亲军官兵用来设肆经商征税,此举直接改变了中都的商业格局和城市面貌,商业空间大为拓展,中都的商业贸易活动因此而遍及全城,十分兴盛。

在中都城内,设有多条商业街道,城门的关厢也开始有店铺,售卖各种货物。今天的菜市口西至广安门一线就是当年繁华的商业街市。辽代曾经兴盛一时的城北市场,此时变得更加繁荣,规模也得到扩大。随着商业空间的扩大,中都城从事商贸活动的商人也大幅增多,例如,金中都内新辟的市场之一——东开阳坊东面的天宝宫,市场中仅从事马匹买卖交易的商人就达到二百多人,此外中都城内还出现了拥有金六七万缗的大商人。

中都市场上的大宗商品最初主要是粮食、纺织品和日用手工业品。随着时间的推移,尤其是宋金议和以后,中都市场上的商品种类也越来越丰富,马匹、水果和蔬菜等也成为交易的大宗商品。而金银珠宝、玛瑙、首饰、化妆品、各类丝绵绢布、各类服装和皮草、鞋帽、床榻、帘席、车具、笔墨纸砚、各类器皿、蜡烛、

---

① 《金史》卷五十七《百官志三》。

柴炭、药材、各类铁器工具等商品,在中都市场上琳琅满目,应有尽有。通过商品贸易,江南民众的生产生活方式很大程度地影响到了女真人,除了日常的吃穿用等,饮茶之风也在金朝兴盛起来。金朝境内的茶叶一部分是宋人岁供,一部分在宋朝榷场以金帛、丝绢、食盐等交换,造卖私茶也比较普遍,金世宗、章宗多次以"费国用而资敌"为由加以限制。泰和四年(1204)十一月尚书省奏:"茶,饮食之余,非必用之物。比岁下上竞啜,农民尤甚,市井茶肆相属。商旅多以丝绢易茶,岁费不下百万,是以有用之物而易无用之物也。若不禁,恐耗财弥甚。"因"犯者不少衰,而边民又窥利,越境私易。①

三、元大都新旧两城的商业

辽、金时期,燕京虽然已经成为都城,但在辽代是陪都,在金代还不是一个大一统的王朝都城,而元代则是一个幅员辽阔、规模空前的大一统时代,故而大都城的人口很快就多达百万之数。"百司庶府之繁,卫士编民之众,无不仰给于江南"②,城内商品基本上靠商人贩运到大都各个市场,"民物繁伙,若非商旅懋迁,无以为日用之资"。③ 因此,元大都时期的北京商业繁荣程度远超辽金时期。《析津志辑佚》记载:元大都市中"诸蒸饼者,五更早起,以铜锣敲击,时而为之"。至元元年(1264),元世祖忽必烈开始营建大都城,经刘秉忠等人的实地踏勘,在中都城东北面以金代琼华岛离宫为中心另外建造了一座新城。至元八年(1271),大都城的宫城建成。这时正在建造的元大都,遵从《周礼·考工记》"左祖右社,面朝后市"的规划,不仅开创了这座都城的新局面,也在空间上改变了这里商业中心的格局。

政权的稳定和城市经济的发展,使得元大都新旧两城的商市和店铺也逐渐稳定并增多起来。其中,在蒙古国占领燕京及元代初期,旧城的商业已经十分繁荣;在大都新城建成之后,随着人口迁居,新城的商业也得到了迅速发展,特别是在新旧两城的交界地区,商业尤为兴盛。元人黄仲文《大都赋》描述了街巷交错、商贾繁忙的景象:"论其市廛,则通衢交错,列巷纷纭。大可以容百蹄,小可以方百轮。……华区锦市,聚万国之珍异;歌棚舞榭,选九州之秾芬。"其中对于几处城门的描述,写道:"顺承为南商之薮,平则为西贾之派。"表达了不同城

①　《金史》卷四十九《食货志》。
②　《元史》卷九十三《食货志一》。
③　《元典章》卷二十《户部六》。

门的商业特征。大都城中则是"天生地产,鬼宝神爱,人造物化,山奇海怪,不求而自至,不集而自萃"。①

新建的大都城里,形成了几个商业发展特别迅速的区域。第一个区域是在城市中心的位置,即鼓楼和钟楼的周围,这里是城市中心,四方的居民到这里进行消费活动比较便利,因此,商业的发展十分迅速,很快就形成了商铺林立的局面。而至元末年通惠河的开通,使得许多漕船通过京杭大运河把全国各地的商品运送到积水潭(当时又称"海子")码头,距钟鼓楼仅咫尺之遥,进一步促进了这个商业区域的发展和繁荣。贯穿南北的京杭大运河,其北端的终点码头就在钟鼓楼西侧的积水潭,所谓"元时开通惠河,运船直至积水潭"②。当时积水潭地区形成了缎子市、皮帽市、鹅鸭市、珠子市、沙剌(即珊瑚)市、铁器市、米市、面市等专业性的市集,此外这里还有一处专门出卖劳动力的穷汉市。

大都城西南面的平则门(今阜成门)内外一带,是大都新城和燕京旧城之间的交界处,故而形成了繁华的商业区。大都新城建成之后,大量居民迁居到新城,但是还有相当一部分居民仍然居住在旧城之中,从而形成了新、旧两城居民之间的频繁往来,进而带动了本地区商业贸易的兴盛。此外,比较繁荣的商业区域则是在新都城南面的丽正门、西南面的顺承门内外一带。丽正门是大都城的正南门,又被称为"国门",是人们从外地进入都城的第一门,也是都城居民南下中原和江南地区的陆路交通要道。而顺承门也是连接新、旧两城的要道,商旅往来频繁,故而成为当时主要的商业贸易区。

除了以上三处集中的商业区之外,元大都还形成多个贸易兴盛的固定市集。位于元大都宫廷正北方的钟鼓楼和积水潭北岸的斜街市是全城最繁华的商业区之一。斜街市的形成,主要得益于大都城的新建,尤其是在水利专家郭守敬的主持下,元大都疏通水系,开通惠河,使漕船直接进入城内,以积水潭为码头,成为南来北往货物的集散地。而且,附近一带居住着众多权贵豪门、达官贵人,从而使此处形成了新的商业中心。枢密院角市的形成,同样得益于漕运,因邻近的文明门为"舳舻之津",出入大都的税关便设于此处。齐化门也是南方商人进入大都的必经之路,《析津志辑佚·古迹》记载:"江南直沽海道来自通州者,多于城外居止,趋之者如归,又漕运岁储,多所交易,居民殷实。"元大都的这些市场后来演变成街巷名称,并一直保留了下来。羊坊店位于今军事博物馆西面,远在辽代这里就是羊匹的交易场所,后因城内拥挤,便将羊及牛、猪等家畜

---

① 沈榜:《宛署杂记》卷十七《民风一》。
② 余棨昌:《故都变迁记略》卷七《内城四》。

的交易迁至城外。金海陵王完颜亮于天德三年（1151）下令迁都，同时扩建燕京城。由于城市规模相对扩大，居民不断增加，对羊肉、羊皮、羊毛等商品的需求量也越来越大，故在城外西北方向专门开设了一个牛羊交易场所，俗称"羊市"。在此交易的人多是远道而来的牛羊贩子，以西北各地的商贩居多。

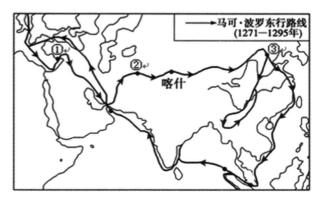

马可·波罗东行路线示意图

这些人白天交易，夜晚便住宿在附近的客栈里，初称羊房，后形成聚落称羊房店。元朝定都北京后，在金中都的东北部新建都城，金中都被逐渐废弃。明代羊坊店一带形成南北两个聚落，称羊房北店和羊房南店。到了清代，统称"羊坊店"，并沿用至今。

大都新城商业发展的鼎盛，在坊里名称的设置上也可体现。据《析津志辑佚·城池街市》记载："阜财坊在顺承门内金玉局巷口""金城坊在平则门内""安富坊在顺承门羊角市""请茶坊在海子桥北"等。从坊的命名来看，均与当时的商业活动密切相关。著名旅行家马可·波罗对元大都的商业有这样一番描述："此汗八里大城（即元大都）之周围，约有城市二百，位置远近不等。每城皆有商人来此买卖货物，盖此城为商业繁盛之城也。"[①]元大都还是当时世界商业贸易的中心，西域各国商人、欧洲商人和日本、朝鲜以及东南亚地区，甚至非洲国家的商人也来大都进行商业活动。《大可汗国记》称："其国货物种类，较罗马、巴黎为多，蕴藏金银宝石尤富。盖凡外国商贩来其处贸易者，辄留所带金银宝石于其国，而携归其地所产调味香料、丝、绸、缎、金、衣等物。"[②]当时来到大都进行贸易的朝鲜商人曾详细记述当时的街市景象："高丽商人赶着马匹，驮着施布、人参等货物，前来大都。在路上遇到了来自辽阳的汉族商人，也赶马到大都贩卖，于是结伴而行。到大都后，住在顺承门官店，在买卖马匹和其他货物后，

① 冯承钧译：《马可·波罗行纪》，上海书店出版社，2000，第235—236页。
② 〔意〕约翰柯拉：《大可汗国记》，张星烺主编《中西交通史料汇编》第一册，北京：中华书局，1977。

便采购了中国的各种货物,转回高丽。"①

四、明清时期商业的繁荣

明初战乱给北京地区商业带来了极大破坏,洪武初年仍未恢复,这种状况一直持续到永乐迁都之前。史载:"洪武初,北平兵火之后,人民甫定。至永乐改建都城,犹称行在,商贾未集,市廛尚疏。"②永乐迁都之后,北京城市商业得到迅速发展,永乐二十一年(1423)山东巡按陈济称:"今都北平,百货倍往时。"③弘治年间京城已是"生齿日繁,物货溢满,坊市人迹殆无所容"。④ 京城庞大的消费需求带动了以北京城为中心的商业中心市场的形成。大量外地商货源源不断地贩运到北京,满足了城市日用所需,促进了本地区商业的繁荣。嘉靖年间太医院张铎奏称:"京师万方会同,日用百物,不免资于商旅。"⑤

明朝皇室庞大的日用消费以及京城的大量官僚贵族等消费性人口的聚集,促成了北京高档消费市场的形成。永乐迁都北京之后,随着政权的稳固,北京呈现一派繁华的景象:"间阎栉比,阛阓云簇。鳞鳞其瓦,盘盘其屋。马驰联辔,车行击毂,纷纭并驱,杂沓相逐。富商巨贾,道路相属。百货填委,邱积山蓄。"⑥富商巨贾资财雄厚,御用华美,由此带动了本地区奢侈型消费风气的形成。明人张瀚《松窗梦语》评价为:"自古帝王都会,易于侈靡。燕自胜国及我朝皆建都焉,沿习既深,渐染成俗,故今侈靡特甚。余尝数游燕中,睹百货充溢,宝藏丰盈,服御鲜华,器用精巧,宫室壮丽,此皆百工所呈能而献技,巨室所罗致而取盈。盖四方之货,不产于燕而毕聚于燕。其物值既贵,故东南之人不远数千里乐于趋赴者,为重粝也。"⑦

为了满足京城奢靡的消费需求,大量外地商人携带当地特产以及贵重商货来到北京进行贸易。万历时谢肇淛则言"帝都所在,万国梯航,鳞次毕集"。⑧

---

① 转引自尹钧科:《古代北京城市管理》第四章《工商税务管理》,同心出版社,2002,第238页。

② 沈榜:《宛署杂记》卷十三《廊头》。

③ 《明史》卷八十一《食货志五·商税》。

④ 《匏翁家藏集》卷四十五《太子少保左都御史闵公七十寿诗序》。

⑤ 《明英宗实录》卷二百九,景泰二年十月丙子。

⑥ 于敏中等:《日下旧闻考》卷六《形胜二》。

⑦ 张瀚:《松窗梦语》卷四《百工纪》。

⑧ 谢肇淛:《五杂俎》卷三《地部一》。

旧西四丁字路口

城内商业贸易兴盛状况,在《松窗梦语》中亦有记载:"京师负重山,面平陆,地饶黍、谷、驴、马、果、蓏之利。然而四方财货骈集于五都之市,彼其车载肩负,列肆贸易者,匪仅田亩之获,布帛之需。其器具充栋与珍玩盈箱,贵极昆玉、琼珠、滇金、越翠。凡山海宝藏,非中国所有,而远方异域之人,不避间关险阻,而鳞次辐辏,以故畜聚为天下饶。"①

清朝顺治元年(1644),清军入关并定都北京。清政府实行旗民分城居住政策,内城房屋一律让给旗人居住,民人则移居外城,这对北京城市的商业格局再次产生了重要影响。一方面,朝代鼎革,社会动荡,造成了商业秩序的混乱。"势豪、满洲大臣霸占行市,恣行垄断,占据店房,迎截各省来京商人,亏价勒买,强霸木场,及缮造高大宅第,诚属实事。"②另一方面,由于清政府实施旗民分居的政策,许多汉民经营的店铺也被赶到前门一带落户。此外,清政府还不许在内城开设戏院、妓院和会馆等,这些场所也一并迁到宣武门、前门、崇文门外一带。原本在明代发展起来的内城商业中心逐渐衰落的同时,更多的商业设施则集聚在外城区域。随着清朝统治的稳固和人口规模的发展,北京再次恢复为"人物繁华第一都"③,庞大的消费需求促进了城市商业的繁盛,当时北京城"金

①　张瀚:《松窗梦语》卷四《商贾纪》。
②　《清通鉴》卷十七,顺治十七年六月二十九日。
③　郝懿行:《都门竹枝词》,《中华竹枝词》,北京古籍出版社,1997,第 174 页。

银璀璨,招牌门榜竞为新奇,椅卓帷帘穷极华侈"①,前三门外一带则成为清代北京的主要商业中心。

五、近代西城商业的发展与转型

民国建立之后,经过南北各种力量的博弈,北京保留了"国都"地位。辛亥革命虽然实现了中央最高政权的更替,但对国都北京而言,基本属于平稳过渡,自清末以来已经开启的城市近代化进程并未中断,市政建设水平提升,城市风貌改观,城市化进程加速,社会经济发展趋向多元。国民政府在南京建立国都之后,北京不再是都城,降为北平市。北平市政府相继推出一系列措施,力图重振地方经济,也收到一定效果,但被日军侵占北平打断。沦陷时期,日军以此作为侵略华北及全国的中枢,对北京有所投入,但因受战时政局影响而不能持续。抗战结束,内战再起,在历史的短暂缝隙中,作为支柱的财政金融体系无法独善其身,北平经济处于崩溃边缘。一直到新中国成立,北京确定为中华人民共和国首都,北京地区重获新生,如今的西城区,集中有金融街、西单商圈、前门商圈、什刹海旅游区等,仍旧是北京工商业发展的重要区域。

京都市政公所作为北平市的主要管理机构之一,对原清朝皇城实施改造,促使整体商业空间布局发生重大变化。长安街畅通,前门地区不再是东西城之间的必经枢纽,交通地位下降,一定程度上影响客流。同时,前门附近的东交民巷化为使馆区、西交民巷逐渐成为金融街,在一定程度上也影响了前门商业辐射范围。王府井、西单等新兴商业街区的崛起对于一向商贸繁荣的南城地区形成了较大的冲击,"惟东西城繁荣之发达,即系南城之凋敝。盖城内一切商业,无不具备,顾主自可就近购办,无须再赴城外,而舍近求远。以故平市之繁荣,内城与外城适成一比例"。②

由于市政建设水准的不均衡性,前门大街所处的南城地区与内城的差距进一步拉大,"自内城街市改良,各商店多迁入王府井大街及西单牌楼,所以南城的繁华的中心,也就日见萧索气象"。③ "前总商会会长孙学仕,联合北平市第十七、第二十一等自治街绅董,分别呈请公安社会两局,略谓城南一带,日见凋

---

① 洪大容:《湛轩书外集》卷九,林基中:《燕行录全集》第49册,东国大学校出版部,2001年,第20页。

② 《北平市况:南城的繁荣已被东西城所夺》,《大公报》,1933年3月2日。

③ 体扬:《南城繁荣计划之实现》,《市政评论》第一卷,1934年6月。

敝,市面萧索,住户减少,将成为僻地。兹为繁荣,以资救济失业商民起见,特呈请将江南城隍庙开为临时市场,并在该庙外设立西南晓市一处,以便商民交易,而资繁荣。闻公安社会两局,对于此事,正在核办中。"①

不过,毕竟拥有百年的商业积淀,民国年间的前门外地区仍旧十分兴盛。《申报》载:"北平商业热闹中心地,首推前门外、王府井大街、东安市场数处。前门外商铺,以资厚牌老胜,所谓'北京老住户'之购货,恒以该处购获者为讲究。近年世事推移,此辈老住户大半衰落,前门外之商业,已大呈颓势。王府井大街,以侨丽堂皇胜,其在平市观瞻上几可媲美上海之南京路。东安市场以小巧玲珑胜,摊肆夹道,百货杂陈,诱惑性且较王府井为甚。故一般顾客,摩登男女,多喜出入共间。外国人之来北平观光者,亦必以市场巡礼为必要之游程。"②

大栅栏是正阳门商业区的中心,泛指大栅栏街、廊房头条、粮食店街和煤市街。明清时期入夜实行宵禁,在街头巷尾设置栅栏,昼开夜闭,大栅栏因此得名。经过近百年的发展,前门大栅栏集中了绸布店、药店、鞋店、餐馆等数百家店铺和戏院。廊房头条、廊房二条曾是珠宝玉器市场;珠宝市街集中了二十九家官炉房,熔铸银元宝;钱市胡同、施家胡同、西河沿一带开设了许多钱市利银号;而王广福斜街、陕西巷等八条胡同则是妓院集中的地方,俗称"八大胡同"。《北平旅行指南》对此形容:"至大栅栏、观音寺、煤市粮食店、前外大街、珠市口、西柳树井一带,尤为繁盛之区,饭肆栉比、戏院林立。"③

---

① 《北平南城荒凉,商民提议繁荣,请设临时市场》,《大公报》,1930 年 12 月 13 日。
② 赓雅:《北上观感》,《申报》,1936 年 2 月 9 日。
③ 马芷庠编著、张恨水审定:《北平旅行指南》,经济新闻社,1937 年,第 9 页。

第二节　明清时期重要商市

　　明清以来,随着城市空间结构的稳定,商业中心也逐步形成,包括前三门为核心的固定商业区,以及庙市、灯市等定期性集市的形成,构成了北京城市商业空间分布的最主要特征。明代疏通大运河之后,元代曾依赖于漕粮运输而兴盛起来的城北鼓楼商业区有所衰落。与此同时,嘉靖年间外城修建之后,宣武门、正阳门及崇文门作为内外城通道,带动了邻近地区商业的发展,"前三门"地区成为北京最为核心的商业区,其中宣武门、正阳门附近的商业区都在今西城区域内。

一、街市分布与贸易状况

　　棋盘街主要依托于大明门(此后清代称大清门,民国称中华门)前各部衙门的设立而形成。棋盘街位于大明门与正阳门之间,永乐年间金幼孜所撰《皇都大一统赋》详细描述了棋盘街商业状况,内言:"列九衢之坦坦,引六街而相续。闾阎栉比,阛阓云簇。鳞鳞其瓦,盘盘其屋。马驰联辔,车行击毂,纷纭并驱,杂沓相逐。富商巨贾,道路相属。百货填委,邱积山蓄,又若歌楼舞榭,艳态秾妆。"可见当时棋盘街呈现庄严又不失繁华,馆肆林立、贸易兴盛的景象。① 另在《谷山笔麈》中记载:"大明门前府部对列,棋盘天街百货云集,乃向离之景也。……五部在天街之左,天下士民工贾各以牒至,候谒未出,则不免盘桓天街,有所贸易,故常竟日喧嚣,归市不绝。"棋盘街的贸易对象主要是位于大明门前各部官员,因此"若使俱以巳刻完事,候者皆散,市肆无所交易,亦皆早撤,则日中之景反觉廖阔"。② 另据《长安客话》记载:"棋盘街,府部对列街之左右,天下士

---

　　① 于敏中等:《日下旧闻考》卷六《形胜》,北京古籍出版社,1985,第94页。
　　② 于慎行:《谷山笔麈》卷三《国体》,中华书局,1984,第30页。

民工贾各以牒至,云集于斯,肩摩毂击,竟日喧嚣,此亦见国门丰豫之景。"①

嘉靖末年万历初年所作《皇都积胜图》描绘了棋盘街地区的繁荣状况。画中所见,络绎不绝的马驮、车载、肩挑、手提的商旅来到京城,在正阳门和大明门之间的"朝前市"

《皇都积胜图》局部

上,出现了布棚高张、纵横夹道的情景,出卖货物的摊子一个挨着一个,冠巾靴袜、衣裳布匹、绸缎、皮毛、折扇、雨伞、木梳、蒲席、刀剪锤头、陶瓷器皿、灯台、铜锁、马镫、马鞍、书籍、字画、纸墨、笔砚、彝鼎、佛像、珠宝、象牙、草药、线香、纸花、玩物等商货琳琅满目,应有尽有。② 清代的棋盘街仍旧是非常鼎盛的商业市集,查嗣瑮在竹枝词中写道:"棋盘街阔静无尘,百货初收百戏陈。"③乾隆年间随着城市经济的发展,棋盘街更为热闹,"天下士民工贾各以牒至,云集于斯,肩摩毂击,竟日喧嚣"④。不过,清末因义和团运动的冲击,棋盘街附近遭劫曾一度衰落,竹枝词言"车如流水马如龙,日日回还锦绣丛。一自红羊遭劫火,石栏杆外少人踪"⑤。

正阳门因处于外城"前三门"商业区之中心,其市肆之盛又胜于其他地方。在《日下旧闻考》中载:"今正阳门前棚房比栉,百货云集,较前代尤盛。足征皇都景物殷繁,既庶且富云。"⑥正阳门外大街的两侧,分布着各类专业贸易市场。肉市位于正阳门外大街东侧(今属东城),是北京最集中的酒楼饭肆之所,竹枝词言:"高楼一带酒帘挑,笋鸡肥猪须先烧。日下繁华推肉市,果然夜夜是元宵。"⑦这里饭馆酒肆聚集,热闹景象每至深夜尚不停歇。珠市位于正阳门大街西侧,"当正阳门之冲,前后左右计二三里,皆殷商巨贾列肆开廛",市中贸易鼎盛非比寻常,"凡金琦珠玉以及食货如山积,酒榭歌栖,欢呼酣饮,恒日暮不休,

① 蒋一葵:《长安客话》卷一《皇都杂记》,北京古籍出版社,1982,第11页。
② 王宏钧:《反映明代北京社会生活的〈皇都积胜图〉》,《历史教学》,1962年第7期。
③ 查嗣瑮:《燕京杂咏》,《中华竹枝词》,第34页。
④ 于敏中等:《日下旧闻考》卷四十三《城市》。
⑤ 富察敦崇:《都门纪变》,《中华竹枝词》,第246—247页。
⑥ 于敏中等:《日下旧闻考》卷四十三《城市》。
⑦ 得硕亭:《京都竹枝词》,《历代竹枝词选》,湖南文艺出版社,1987,第223页。

京师之最繁华处也"。① 正阳门南侧有街市名东西巷,东为帽巷,西为荷包巷。东西巷为城内百货售销处,道光年间专有诗文描述到了当时行旅往来兴盛的景象:"五色迷离眼欲盲,万方货物列纵横。举头天不分晴晦,路窄人皆接踵行。"②

明代正阳门外大街的商业贸易也十分兴盛,据《京师五城坊巷胡同集》记载:正阳门外廊房胡同,从北向南,依次有头条、二条、三条、四条和西河沿街,商品贸易异常活跃。其中头条胡同主要为灯笼市,这里聚集了二十多家灯笼铺,尤以文盛斋、华美斋、秀珍斋三家最为出名;廊房二条胡同,是玉器古玩商铺集中之地;廊房三条胡同,以经营针头线脑等小商品而闻名;廊房四条胡同(今大栅栏)的店铺经营品种繁杂,清代这里成为北京城内最为繁华的商业中心。

到清代,西河沿街介于正阳门和宣武门之间,商贩多在此屯货和住宿,由此带动了本地区的饮食等消费,因而此地以小型旅店和饭馆居多。据吴长垣《宸垣识略》记载:在正阳门前,连接东西城的是一条大街,大街东边分布有诸多商市(今属东城),而大街西边,"市房后有里街,曰珠宝市、曰粮食店,南至猪市口。又西半里许有里街,曰煤市桥、曰煤市街,南至西猪市口。其横胡同曰西河沿、曰大栅栏,……大栅栏西南斜出虎坊桥大街,此皆市廛、旅店、商贩、优伶业集之所,较东城则繁华矣。"③为招徕顾客,正阳门附近店铺之招幌也十分讲究美观,"正阳门东西街,招牌有高三丈余者,泥金杀粉,或以斑竹镶之,或又镂刻金牛、白羊、黑驴诸形象以为标识;酒肆则横扁连楹,其余或悬木罂,或悬锡盏,缀以流苏"④。

正阳门往西北,便是从元代开始兴起的西四商业区,中心位于西四牌楼附近,称为西大市。永乐迁都北京之后,外地货物进城通道除可由水路经东面的朝阳门之外,由中原地区及西北地区经陆路而至的商货可走西面的西便门进城,并集聚在阜成门及西直门附近,由此造就了西四牌楼附近商业区的繁荣。据载,明代北京居民日常饮食消费所用的猪、牛、羊等牲畜都来自西北地区,并集中在西大市地区进行贸易,久之这里便形成了专门的骡马市、羊市及猪市。同时,城内燃煤多由北京西山运来,也都集中在西大市销售。

西四牌楼附近商业的发展,也带动了本地区休闲娱乐业的兴盛。当时西四

① 俞蛟:《春明丛说》,《正阳门记灾》,《笔记小说大观》(五册),新兴书局,1975,第14页。
② 杨静亭:《都门杂咏》,《中华竹枝词全编》,北京出版社,2007,第186页。
③ 吴长元:《宸垣识略》卷九《外城一》;卷十《外城二》。
④ 《光绪顺天府志》第2册,北京出版社,2018,第580页。

《康熙万寿图卷·京城商业》局部

牌楼附近集中了众多的戏院和妓院,如西安门外的砖塔胡同,为当时著名的"歌吹之林",这里一度是北方杂剧的活动中心。同时,与东四牌楼相对应,西大市的勾栏院亦热闹异常。灯红酒绿下的西大市商业区,其休闲娱乐消费的繁荣,反之又进一步促进了西四牌楼商业区的兴盛。此外,还有缸瓦市、皮货市、箔子市、皮毛市等专业性的商品市场也都设置在这里。

而宣南地区是明清以来士人生活的主要区域,这里士商云集,文化兴盛,拥有着独树一帜的地域文化特征。明清以来,大量的文人雅士在此居住和交游,这里遂成为享有盛誉的"宣南士乡"。明清时期宣南地区是会馆最集中的区域,这里也成为外地士人寄居及叙事的重要场所。宣南地区又是明清时期最核心的商业区,这里有着大栅栏商业区、琉璃厂等不同类型的商业圈,是宣南士人日常文化消费的重要去处,而他们对于文化时尚的追求,也曾引领着北京城的消费风尚。

宣武门商业区以琉璃厂最为繁华,这里是清代北京最集中的文化市场。早在元代,在此设官窑烧制琉璃瓦;明代营建北京城,琉璃厂的规模得以进一步扩大。清初,此处渐成京师书肆集聚处。明代这里的书市便十分繁华,特别是会试期间,"书肆列于场前",此外在城隍庙中也有专门的书市,"每朔望并下澣五日,则徙于城隍庙中,⋯⋯至期百货萃焉,书其一也"。北京作为当时全国的文化中心,书市较比他处更盛,"燕中刻本自希,然海内舟车辐辏,筐箧走趋,巨贾所携,故家之蓄,错出其间,故特盛于他处。第其直至重,诸方所集者,每一当吴中二,道远故也。辇下所雕者,每一当越中三,纸贵故也。"①

清代乾隆年间,琉璃厂除有大量书肆外,又成古董、碑帖等物贩售之处。当

---

① 胡应麟:《少室山房笔丛》卷四《甲部·经籍会通四》,中华书局,1958,第55—56页。

时朝鲜使者至此,曾称"市中多书籍、碑版、鼎彝、古董",市集周长"可五里,虽其楼栏之豪侈不及他市",不过市中"珍惟奇巧充溢罗积"。① 嘉庆年间的诗作称:"琉璃厂甸又新开,异宝奇珍到处排。妇女摩肩车塞路,都言看象早回来。"道光年间的竹枝词亦称:"新开厂甸值新春,玩好图书百货陈。"晚清时期,琉璃厂较为知名的店铺有宝名斋、宝森堂等。

琉璃厂的书铺经营广泛,除了面向学者、藏书家销售古籍以外,还售卖当时科举考试、翰林院考试等各种考试的辅导用书。因此,琉璃厂"已隐然为文化之中心,其地不特著闻于首都,亦且驰誉于全国也"②。当时来到京城的很多文士名儒特别喜欢逛游琉璃厂,比如近代著名学者翁同龢、潘祖荫、李文田等经常相邀到此购书游玩。

前门外观音寺街

宣武门外西侧的斜街一带为文人雅士聚居的文化社区,由此也催生了鲜花市场的兴起,当时很多卖花人多聚集在土地庙附近。康熙年间朱彝尊即"为贪花市住斜街"。直至同治年间,下斜街花市依旧繁盛,竹枝词中记载:"下斜街里景如何?万紫千红锦绣窠。怪道寻香人不绝,瑞春厂内好花多。"可见当时花市之繁华。直至晚清,斜街土地庙每至逢三庙市,花香满溢,热闹非常,诗载:"下斜街畔日逢三,花翁卖花香满篮。花卖匆匆出城去,白盐黄酒一肩担。"③

---

① 洪大容:《湛轩书外集》卷十。
② 孙殿起:《琉璃厂小志》,北京古籍出版社,1982,第1页。
③ 〔清〕汪述祖:《北京杂咏》,《中华竹枝词》,第219页。

二、庙市、灯市等定期市集

固定商业区之外,明清以来以庙市、灯市为代表的定期商业集市,成为北京城市商业的重要组成部分。《旧京琐记》对市肆的记载:"京师之市肆,有常集者,东大市、西大市是也;有期集者,逢三之土地庙,四五之白塔寺,七八之护国寺,九十之隆福寺,谓之四大庙市,皆以期集。"①其中,土地庙、白塔寺、护国寺的庙会皆在今西城域内。另在《帝京岁时纪胜》中对集市也有记载:"朔望则东岳庙、北药王庙,逢三则宣武门外之都土地庙,逢四则崇文门外之花市,七八则西城之大隆善护国寺,九十则东城之大隆福寺,俱陈设甚伙。人生日用所需,以及金珠宝石、布匹绸缎、皮张冠带、估衣骨董,精粗毕备。羁旅寄客,携阿堵入市,顷刻富有完美矣。"②

庙市,是指依托庙宇而兴起的贸易市场,北京地区重要的庙市主要有花市火神庙、护国寺、隆福寺、吕祖阁、太阳宫、药王庙、卧佛寺、蟠桃宫、善果寺、灶君庙等处庙会,最著名的是都城隍庙市(位于今复兴门内的成方街路北)。关于明代都城隍庙市的繁华情况,在民国年间所做的庙会调查中也有追溯:"明代建都北平以后,新建庙宇更多,以都市商业发达及庙会自春场香火向前发展之结果,而庙市因之兴起。"在报告中考证到:"明代北平城中,最繁盛之庙会,为灯、庙二市。"其中庙市,最大规模则数都城隍庙庙会。除此之外,城中所建庙宇中,"如土地庙、白云观、护国寺、东岳庙等,明代均有庙会。"③

关于北京庙会的兴起,《五杂俎》记载:"京师朔望及二十五,俱于城隍庙为市,它时散处各方,而至此日皆合为一市者,亦甚便之。"④明代北京城西的城隍庙庙会规模最大,据《燕都游览志》记载:"庙市者,以市于城西之都城隍庙而名也。西至庙,东至刑部街止,亘三里许。其市肆大略与灯市同,第每月以初一、十五、二十五日开市,较多灯市一日耳。"⑤其开市范围,自"月朔望、念五日,东弼教坊,西逮庙墀庑,列肆三里"。城隍庙市物品丰富,交易繁荣,"图籍之曰古今,彝鼎之曰商周,匜镜之曰秦汉,书画之曰唐宋,珠宝、象玉、珍错、绫锦之曰滇

---

① 童书业:《中国手工业商业发展史》,中华书局,2005,第302页。

② 潘荣陛:《帝京岁时纪胜》五月《都城隍庙》,北京出版社,1961,第20页。

③ 《北平庙会调查报告》,北平民国学院印行,民国二十六年五月。

④ 谢肇淛:《五杂俎》卷三《地部一》。

⑤ 于敏中等:《日下旧闻考》卷五十《城市》,北京古籍出版社,1985,第796页。

都城隍庙旧景

粤、闽楚、吴越者集"①。可见庙市商品除日用品之外,还有诸多珍奇商品。在此经营的商人甚至还有远涉重洋的外国商人,据《谈经》载,"碧眼胡商,漂洋番客,腰缠百万,列肆高谈"。城隍庙的市场交易非常兴盛,市中"大者车载,小者担负,又其小者挟持而往,海内外所产之物咸聚焉。至则画地为界限,张肆以售"。对于购买者而言,"持金帛相贸易者,纵横旁午于其中,至不能行,相排挤而入,非但摩肩接踵而已"。②

明代北京城内的城隍庙市与灯市是当时最为重要的古董贸易场所,正如时人所述:"天下马头,物所出所聚处,苏杭之币,淮阴之粮,维扬之盐,临清、济宁之货,徐州之车骡,京师城隍、灯市之骨董,无锡之米,建阳之书,浮梁之瓷,宁台之鎣,香山之番舶,广陵之姬,温州之漆器。"③此外,诸如"珊瑚树、走盘珠、祖母绿、猫儿眼盈架悬陈,盈箱叠贮,紫金脂玉、犀角、伽倆、商彝、周鼎、秦镜、汉晋书、唐画,宋元以下物不足贵。又外国奇珍、内府秘藏、扇墨笺香、幢盆钗剑、柴

① 刘侗、于奕正:《帝京景物略》卷四《城隍庙市》,北京古籍出版社,1983,第 161 页。

② 李家瑞:《北平风俗类征》引《谈经》,北京出版社,2010,第 602 页。

③ 王士性:《广志绎》卷一《方舆崖略》,周振鹤编校:《王士性地理书三种》,上海古籍出版社,1993。

汝官哥"等物,应接不暇。及至庙市开市当日,"日至期,官为给假,使为留车,行行观看,列列指陈,后必随之以扶手,舁之以箱匣,率之以纪纲戚友。新到之物必买,适用之物必买,奇异之物必买,布帛之物必买,可以奉上之物必买,可贻后人为镇必买,妾媵燕婉之好必买,仙佛供奉之用必买,儿女婚嫁之备必买,公姑寿诞之需必买,冬夏着身之要必买,南北异宜之具必买,职官之所宜有必买,衙门之所宜备必买"。① 凡此种种,可见庙市商货十分齐全。

关于城隍庙市的繁荣景象,在明代的文人游记中屡有记载。比如晋江黄景昉访游之后写道:"黄金百如意,但向燕市趋。燕市何所有?燕市何所无。大寮青琅玕,中使锦氍毹。呵声填道路,竞过波斯胡。波斯坐上头,呼使碧眼奴。木客来秦地,鲛人出海隅。兼复善拂拭,手爪自然殊。十榻十毡围,问君何所需?买琴得蛇跗,买剑得鹿卢。双玉谓之毂,五珏谓之区。钗头金凤子,饰以明月珠。仙家高鞢鞴,石室富珊瑚。珊瑚何离离,枝叶自相扶。金膏差大国,水晶如小邾。是日政三五,顷城争此途。如在玉山行,不觉白日晡。好物好售主,大家各欢娱。"②

同样,来自歙县的汪逸逛游后亦有诗作言城隍庙市之景:"都城命市名非一,上庙为期月有三。日出日中人毕赴,迁无迁有物相贪。秋卿署口分廛肆,晓漏声余见负担。傀儡傍檐陈法器,侍臣归路解朝簪。奔驰络绎车联骑,位置参差北与南。衢巷气蒸纷惊鹜走,殿庭香绕吻鸥含。官虽屏从犹遮扇,客匪祈神亦住骖。廊庑肯容存隙地,工商求售厌空谈。看多异巧睛为眩,听各乡音耳讵谙。璞玉满前题作鼠,纂组通体不知蚕。明珠尽属蛟宫攫,秘典如从禹穴探。易得金钱仍易掷,难逢彝鼎亦难参。高呼牌帽来中使,叠坐鞍鞯观美男。行丐酡颜疑魃蜮,募僧黄面比瞿昙。摩肩迳窄恒如仆,触鼻尘污似若甘。每到日斜思减值,正愁钥下怅收函。应输禁院门门肃,曾是灯楼夜夜酣。袖可几缗徒目饱,囊羞仆笑腐儒惭。"③

当时柳人也曾在《游庙市记》中写道:"凡朔望及下午三日,布市籍者络绎捆载,殷殷隆隆,万货川徙,充轫错峙。"吴江沈孟则记载曰:"初入帝景大观光,皇城西头张庙市。未到庙市一里余,杂陈宝玉古图书……挤挤挨挨稠人裹,华与邻交市一家。"从时人对庙市中商货暨交易的描述,可窥当时庙市之繁华。④ 东、西四牌楼因分别有东、西庙而成为内城最为繁华的市集所在,东为隆福寺,西为护国寺。明末清初,这两处庙会市场即已十分兴盛,"古寺松根百货居,珍奇满

① 李家瑞:《北平风俗类征》引《谈经》,北京出版社,2010,第602页。
② 刘侗、于奕正:《帝京景物略》卷四《城隍庙市》,北京古籍出版社,1983,第166—167页。
③ 同上。
④ 同上。

227

目价全虚"。①

西城护国寺庙会则逢每月初九、初十两日,正所谓"西城市罢向东城,庙会何年刻日成"②。庙市当日一般在天亮之前开始设摊,"万货云屯价不贵,进城刚趁亮钟时。西边护国东隆福,又是逢三庙市期"③。嘉庆年间得硕亭在《草珠一串》中称:"东西两庙货真全,一日能消百万钱。"东西庙市所售货物种类繁多,上自贵族所好,下自黎民百姓日常所用,无所不备:"东西两庙最繁华,不数琳琅翡翠家。惟爱人工卖春色,生香不断四时花。"④

此外又有灯市,一般在正月十五前后十日间设置,"京师灯市,始正月八日至十三日而盛,十七而罢,市规也"。明代灯市设于东华门外灯市街,清初移至"正阳门外及花儿市、菜市、琉璃厂店诸处,惟珠市口南为盛"。灯市期间街市喧阗,货物集中,"灯花、百货、珠石、罗绮、古今异物,贵贱杂沓"⑤。康熙年间的高士奇描述琉璃厂旁侧灵佑宫灯市之盛况,称"晴和惬称上元天,灵佑宫西列市廛。莲炬星球张翠幕,喧声直到地坛边"⑥。又有菜市口旁黑窑地区的灯市,"黑窑灯市早春开,闲看游人拥巷来。惟有关东多买主,家家载得满车回"⑦。乾隆年间,灯市已成北京城最热闹之节市,"市之日,省直之商旅,夷蛮闽貊之珍异,三代八朝之骨董,五等四民之服用物,皆集"⑧。竹枝词称:"珠络流苏照宝灯,星球佳制出时兴。游人竞集琉璃厂,巧样争夸见未曾。"⑨

三、小市、流动摊贩

又如"每月逢三则土地庙市",俗称为外市,市中所售之物"系士大夫庶民之所用"。此外,京城市场中除了满足达官贵戚之用外,还有为数众多的普通民众,他们的日常消费则多由设在城内各处的二手市集。如正阳桥附近曾开设穷汉市,"日昃市,古贩夫贩妇之夕市是也"⑩ 作为下层民众购物的重要去处,城

① 钱澄之:《都门杂咏》,《中华竹枝词》,第 19 页。
② 佚名:《燕台口号一百首》,《中华竹枝词》,第 121 页。
③ 蒋沄:《燕台杂咏》,《中华竹枝词》,第 62 页。
④ 杨静亭:《都门杂咏》,《中华竹枝词》,第 189 页。
⑤ (康熙)《宛平县志》卷一《风俗》,第 17 页。
⑥ 〔清〕高士奇:《灯市竹枝词》,《中华竹枝词》,第 23 页。
⑦ 钱澄之:《都门杂咏》,《中华竹枝词》,第 18—19 页。
⑧ 于敏中等:《日下旧闻考》,卷四十五《城市》,第 708 页。
⑨ 符曾:《上元竹枝词》,《中华竹枝词》,第 97 页。
⑩ 李家瑞:《北平风俗类征》,"市肆"条,北京出版社,2010,第 396 页。

内黑市、小市轮番开设，"零星货物满天街，黑市才收小市开"①。此处所称"小市"指的是崇文门外的东小市及宣武门外的西小市，"凡日用衣服、几筵箧笥、盘盂铜锡、琐屑之物，皆于此取办"②，这里虽然描述的是东小市的情形，但西小市贸易情况也应相似。直至清末，城内小市交易仍旧兴盛，时人在竹枝词中写道："小市东西遥对峙，平明买卖闹如蜂。万般故物杂真赝，准备收摊九点钟。"③

街市小吃摊位

除固定交易地点的各类市集之外，各类穿行在城市大街小巷中的流动摊贩也是北京商业贸易体系的重要补充。盛夏时节，北京的街头便有卖冰水、西瓜等小贩的吆喝声，竹枝词中记载道："冰盏丁冬响满街，玫瑰香露浸酸梅。门前又卖烟儿炮，一阵呵呵拍手来……卖酪人来冷透牙，沿街大块叫西瓜。晚凉一盏冰梅水，胜似卢同七碗茶。"④清明过后则有担冰商贩上街贩卖，所谓"磕磕晶晶响盏并，清明出卖担头冰"。⑤ 炎夏季节，百姓对于冰块的需求更甚，"炎交三伏气如蒸，喝饮人消水数升。忽听门前铜钱响，家家唤买担头冰"。⑥ 而对于内城来说，甜水非常受人欢迎，当时有驴车装载着从南城贩来的井水沿街售卖："驴车转水自城南，买向街头价熟谙。"⑦

从西城地区的商市分布来看，从正阳门的商业街区，到固定的庙市、灯市集期，以及为下层民众服务的小市、流动摊贩等，构成了明清以来北京城市商业不同的市场层级和空间分布，这也是北京作为消费中心形成的主要表现。

① 杨米人：《都门竹枝词》，《清代北京竹枝词（十三种）》，第19页。
② 震钧：《天咫偶闻》卷六《外城东》，北京古籍出版社，1982，第135页。
③ 兰陵忧患生：《京华百二竹枝词》，《中华竹枝词》，第130页。
④ 杨米人：《都门竹枝词》，《清代北京竹枝词（十三种）》，第19页。
⑤ （嘉庆）佚名：《燕台口号一百首》，《中华竹枝词》，第114页。
⑥ 方元鹍：《都门杂咏》，《中华竹枝词》，第172页。
⑦ 褚维垲：《燕台杂咏》，《中华竹枝词》，第200页。

第三节　近代商业转型

清代北京由于受到政治制度、城市布局以及交通条件的限制,呈现出城市空间封闭性的特点。特别是内城中形成了诸多禁令,如不准经营商业、不准有娱乐场所等,几乎不具有日常活动的功能,绝大多数普通居民只能居住在外城,商业区多处于南城,以前三门(即崇文门、正阳门和宣武门)地区最为集中。尤其是正阳门(也称前门),作为内城的正门,是内城与外城的中心连接点,这里不仅紧密沟通着内外两城的交通往来,同时又因地理位置适中,周边地区聚集大量工匠作坊、茶楼和戏园,形成专门街市,商贸极为繁盛,所谓"凡天下各国,中华各省,金银珠宝、古玩玉器、绸缎估衣、钟表玩物、饭庄饭馆、烟馆戏园,无不毕集其中。京师之精华,尽在于此,热闹繁华,亦莫过与此"[1]。随着清末北京内、外城居住限制的放松,北京城市商业范围开始大规模由外城扩展至前三门以北的内城区域,并形成了"京师百货所聚,惟正阳门街、地安门街、东西安门外、东西四牌楼、东西单牌楼暨外城之菜市、花市"的商业分布格局。[2]

一、晚清商业概况

对于民国时期北平城市商业的基本情况,在 20 世纪 30 年代中期,清华大学的一位学生对于北平东、南、西、北四城的繁荣程度进行了描述,基本勾勒出当时全城商业区的空间分布和发展水平:

> 北平城分外城与内城。内城为古城迭次改筑而成,清[明]嘉靖三十二年,在内城南加建外城。现市民为便利计,复将北平城内分称东、南、西、北四城。大概所谓东城者,即指正阳门之北一带街市,如东、西

---

① 中国科学院历史研究所第三所编辑:《庚子记事》,科学出版社,1959,第 14 页。
② 震钧:《天咫偶闻》卷十《琐记》,第 216 页。

交民巷、东长安街、王府井大街、东单及东四牌楼等。西城则指西长安街、西单及西四牌楼、宣武门大街一带。南城指正阳门附近及正阳门外一带街市。北城指地安门、鼓楼大街、安定门大街一带街市。各城之情形不同,如东城为北平市最繁荣之区域。各国商店汇聚于东交民巷,西交民巷亦为各大银行麋集之所,王府井大街、崇文门大街为中外饭店旅馆商店集中之地,形成北平市最热闹之地带。西城亦极热闹,但较殊东城略逊一筹耳,西单至西四绒线胡同宣内大街,商廛云集。北城以鼓楼大街一段为繁盛。南城以正阳门大街商店甚多,大街两侧之街巷如廊房头二条又皆为巨贾营业之所,此区在民国初年时为北平市金融中心,现之金融中心已移至东城,前外已呈腐旧落伍之象,所有之娱乐场,如劝业场及天桥亦皆为下等娱乐场。[①]

翟宣颖也对北平商业的地理分布有如下描述:"北平若以营业分区,则前门外是珠宝市场的区域,西河沿是旧式客店的区域,打磨厂是刀剑铜器的区域,花儿市是纸花的区域,头发胡同是售旧书摊的区域,西皮市是皮条店的区域,西交民巷是银行的区域,崇文门大街是洋行的区域,八大胡同是南北班妓的区域,船板胡同是洋妓的区域。最近几年西长安街又是饭馆的区域,王府大街是时髦商店的区域,而历史最久驰名最远的又莫过于琉璃厂书店区域。"[②]在翟氏的描述看来,前门地区作为北京老牌的商业中心,在民国年间仍旧不容小觑。与此同时,东交民巷和西交民巷等地区伴随着金融等行业的发展,成为北京经济发展的另一重心。传统商业的延续和新兴贸易的崛起,在民国北平城市转型过程中,各自表现出不同的面貌和特征。

二、市集分布与变迁

以崇文门、正阳门和宣武门为中心的前三门外地区是明清以来北京最核心的商业街区。《宸垣识略》记载,大街以东"皆商贾匠作货栈之地";以西"皆市廛旅店、商贩、优伶丛集之所,较东城则繁华矣"[③]。光绪《朝市丛载》记载:"京

---

① 刘昌裔:《北平市电影业调查》,葛兆光主编:《学术薪火——三十年代清华大学人文社会学科毕业生论文选》,湖南教育出版社,1998,第 326—327 页。
② 铢庵:《北游录话》(二),《宇宙风》,1936 年第 20 期。
③ 吴长元:《宸垣识略》,北京古籍出版社,1983,第 182 页。

231

师地面辽阔,惟前三门为天下仕商聚汇之所。"①光绪二十七年(1901),京汉铁路延伸至正阳门西侧,并于次年建成正阳门西车站。翌年,京奉铁路修至正阳门东面的使馆区,并于光绪三十二年(1906)建成正阳门东车站。这两处车站是多条铁路总汇之处,从此出发可直达东北、华南、华东、江南,形成了四通八达的货物中转站与集散地,同时,也使正阳门周边地区成为巨大的人口流动中心,旅店与货栈数量进一步增加。虽然几次遭遇大火,但都能迅速重建,体现了正阳门附近地区巨大的商业价值。

大栅栏是正阳门商业区的中心,泛指大栅栏街、廊房头条、粮食店街和煤市街等。经过近百年的发展,前门大栅栏集中了绸布店、药店、鞋店、餐馆等数百家店铺和戏院,《北平旅行指南》对附近商市情况描写道:"至大栅栏、观音寺、煤市粮食店、前外大街、珠市口、西柳树井一带,尤为繁盛之区,饭肆栉比、戏院林立。而八大胡同点缀其间,乃声色争逐之场,其南朝金粉、北地胭脂、琵琶巷里、楚馆秦楼,脂香粉腻之气,管弦盈耳之盛,每至夕阳西下,华灯初张,车马喧阗,熙来攘往,联翩填巷,而飞觞醉月,呼五猜六,门庭若市,应接不暇,全市之繁华集于此矣。"②从酒楼饭肆、烟馆戏园,到古玩器玉、金银珠宝,大栅栏商业种类丰富、市场遍布其中,是当时最繁华热闹的商业中心所在。

光绪二十六年(1900)义和团火烧德记药房,据统计共延烧铺户"一千八百余家",兴盛的正阳门外大栅栏一带因大火而渐趋萧条。竹枝词对此亦有反映:"大栅栏前热闹场,无端一炬烬咸阳。……百万商民齐束手,市廛景象太萧条。"③不过,在1901年设前门火车站,大栅栏再度兴盛起来。时人对城中房租情况的调查,一定程度上也反映出不同地区的繁华程度:"北平市有三个商业中心区及一个银行区。(一)前门位于北宁铁路及平汉铁路两总站之中央。前门大街有第一路第二路电车顺行通过。第六路电车于珠市斜交,且夜市亦集于此。故前门大街、大栅栏、珠宝市乃绸缎、布匹、洋货、皮货、五金、饭馆、杂货等业之繁盛市场。此外一区、外二区地价之所以贵也。(二)王府井大街有东安市场及中原公司等百货公司,故地价亦列特等。(三)西单及西四牌楼为洋杂货及饭馆之所在地,故地价列为甲等。至西郊民巷则为银行区,地价乃归特等。"④

20世纪20年代前后对于大栅栏区域而言,则称得上较为艰难的时期。

---

① 李虹若:《朝市丛载》例言,第1页。

② 马芷庠编著、张恨水审定:《北平旅行指南》,经济新闻社,1937,第9页。

③ 复侬氏、杞庐氏:《都门纪变百咏》,《中华竹枝词》,第252页。

④ 魏树东:《北平市之地价、地租、房租与税收》,(台北)成文出版社有限公司、(美国)中文资料中心1977年印行,第37—38页。

1922 年《申报》载:"繁盛街市如前门外之大栅栏、廊房头条一带,均八九时即一律上门,行人亦稀少矣。"[1]1926 年因战后及军用票的流通等问题,前门外"各热闹街市已百分之九十关门停市"。[2] 据观察,"北京市面近日来倍形萧条",店铺纷纷"关门藏货",前门大街的"大栅栏、观音寺街、廊房头条等热闹市街头、二等之商店,已多数停止营业"。[3] 而昔日繁荣的前门地区,被指已陷入"腐旧落伍之象"[4]。《大公报》载:"北京虽为首都,素称文化区域,幅面宽广,居民众多,而商业向不发达,其铺户较为繁密者,不过前门大街、大栅栏、观音寺、廊房头条与东安市场,其余之崇文门大街、宣武门大街、骡马市大街等处。大庄铺号甚少,多系纸烟铺、茶叶店、点心铺、理发馆之类小本生意,专供居民日用,其所售之货物,多系由前门外大商号批发,转而零售以赚薄利。自战事发端以来,金融阻滞,市面不易流通,又因一部消费者或以薪俸不发,或被裁撤差务而归家,或因时局关系而南下,此等小铺大号所受影响至巨,物品销售较前顿减,一切绸缎、洋货、布匹、皮料等项销路,尚不及往年三分之一。贸易受影响较轻者只有纸烟、酒、煤油,又因子月来街道无形戒严,九钟后市上行人颇稀,商家大半收市,从前晚间灯光明亮、车马塞道之前门大栅栏一带,今则街空巷暗,营业上不免受重大损失。据商人云,今年入冬以来,不惟各项绸缎、皮衣、毛毡、大氅等货缺乏顾主,即手套、围巾、毛袜、卫生衣等应时需品,以原价出售,亦难消卖。而各种铺捐房捐警捐等,均须交纳,赔累实重。即前门大栅栏几家较大铺面,每日能交易百数十元者颇不易得,至其重要原因,不外金融窘迫,普遍受穷,人人均抱维持现状主义云。"[5]

值得注意的是,在前门商业有所衰落的同时,临近大栅栏商业区的观音寺街商业并未完全陷入"前门衰落"困境当中,而是经历了多次起伏。从光绪二十七年(1901)之后的十年间,关于观音寺街商业状况的记载相对较少,仅在当时的报章有部分零散记录,也多为一些社会治安案件的报道。如光绪二十八年(1902)位于观音寺街的广成银号发生未遂劫案,并因此枪毙铺伙一名。光绪三十年(1904)《大公报》提及"前门外观音寺街福隆堂饭庄"一处。[6] 同年,"前门

① 《追纪炮声中之北京状况》,《申报》,1922 年 5 月 11 日。
② 《京城气象之惨淡直奉意见之异趣》,《申报》,1926 年 5 月 1 日。
③ 《关门藏货之北京市面》,《申报》,1926 年 4 月 30 日。
④ 刘昌裔:《北平市电影业调查》,葛兆光主编《学术薪火——三十年代清华大学人文社会学科毕业生论文选》,湖南教育出版社,1998,第 326—327 页。
⑤ 《天寒岁暮之北京商业界》,《大公报》(天津版),1927 年 12 月 21 日。
⑥ 《洋商宴宾》,《大公报》(天津版),1904 年 1 月 6 日。

北平戏园庆乐园

外观音寺华美药房连夜被窃"。[1] 光绪三十二年（1906）提及"北京观音寺升平楼茶园"，当时茶园主人穆子光"在楼上每日宣讲报章，以开商人之智"，"每日晚间讲演往听者颇不乏人"。[2] 光绪三十四年（1908）外城巡警总厅报告，观音寺聚隆棚铺失慎。[3] 虽记载较少，但据上述报道可确定，当时观音寺街的商铺类别有药房、银号、饭庄、茶楼以及棚铺等，商业门类较杂。另外，光绪三十二年（1906）因"前门外大栅栏马路将次修竣，而直接之观音寺亦须开修。特由外城总厅出示，将该地段铺户应行拆让者，共有五十余家。"[4]据此可知，当时观音寺街上的店铺已有五十余家，这对于一条百米的商业街市来说，商铺数量已属为数不少。不过，清末动荡的社会时局，不可避免地成为京城商业发展的严重阻碍，观音寺街也未能幸免。宣统元年（1909）《大公报》观察，当时观音寺街的铺房多有关闭歇业者："北京市面以前门外西河沿、大栅栏一带为最繁盛，故该处即为北京商业竞争之烧点，街市铺房异常昂贵，间有停歇倒闭者，不转瞬而已有人承租，从无久空之市房。乃今见大栅栏观音寺一段，封闭未开之门面，竟有数家。虽其封闭之原因无从调查，而要之市面空虚，无人承顶可断言也。他处商业之不及该处者，更可想矣。长此坐困不思设法挽救，数年之后北京市面尚堪设想乎。此则有地面之责与有商务之任者所宜及早设法维持者。"[5]政权更迭的社会大背景之下，商业街市所受之牵连必然势不可免。

据1919年《京师总商会众号一览表》统计，当时观音寺街的商铺类别已经十分丰富。其中以药店数量最多，有西博济堂、锦昌参局、中英药房、华英药房、华欧药房、北洋药房、中华药房（宾宴华楼店）、伯贤氏药房等。布行有天德合、天利涌；棉花行有复兴号、正顺兴；靴鞋行有长荣斋、日升斋，以上共六家。杂货

① 《打贼遭殃》，《大公报》（天津版），1904年6月17日。

② 《茶楼讲报》，《大公报》（天津版），1906年7月12日。

③ 中国第一历史档案馆藏录副奏折：光绪三十四年四月二十日，档号21-0543-0105。

④ 《又将拆房》，《大公报》（天津版），1906年10月31日。

⑤ 《续北京观察识小录》，《大公报》（天津版），1909年11月5日。

行中有三家:其中,"同兴号"经营煤油广货,"晋义永"经营干果杂货,以及"恒昌"经营油业。首饰行包括泰华楼、长生楼、德森号三家。钟表行有同兴隆、德恒斋、豫康斋三家。旅店有中和客栈、京华客栈两家。饭庄和茶行各一家,其中茶行为汪正大,饭庄为惠丰堂。又如,精益眼镜店于宣

琉璃厂古董摊位

统三年(1911)在上海创立,次年即在观音寺街上设立了北京的第一处分店。

正阳门往西,宣武门外的琉璃厂图书贸易经久不衰,据咸丰年间的《燕台杂咏》记载:"琉璃厂畔逐闲人,古玩般般列肆陈。汉玉唐碑宋元画,居然历劫见风尘。"[1]民国时期著名的版本目录学家孙殿起曾辑成《琉璃厂小志》,称清代北京的琉璃厂地区"已隐然为文化之中心,其地不特著闻于首都,亦且驰誉于全国也"[2]。以青山居为例,在光绪初年仅是供珠宝行业在这里串货的一个场所,而到民国初年,已在花市上、中二、三、四条胡同等许多地方都开了内局,同时还具备加工能力,甚至朝鲜、泰国的客商都慕名而来,成为重要的珠宝玉器交易中心。进入清末民初,琉璃厂也成为北京一个极为重要、繁荣的商业市场,它不仅有今人熟悉的琉璃厂文化街,还包括厂甸、新华街以及与其相通的东、西、南、北

正阳门车站

园等。即使仅仅计算琉璃厂附近的文化街店铺,民国以后的数量也已是乾隆时的十倍左右。据1926年统计,这里有店铺二百三十多家。这时正值战乱,政府已经南迁,是琉璃厂的经营情况不景气的时期,但即使这样,仍可看出作为外城商业街琉璃厂的巨大发展。这时它的书店数量

---

① 褚维塏:《燕京杂咏》,《中华竹枝词》,第201页。
② 孙殿起:《琉璃厂小志》,北京古籍出版社,1982,第1页。

235

占全市书店数量的百分之六十,古玩店数量占全市古玩店数量的百分之二十七。

三、现代商场的出现与分布

清末西单地区已经聚集起一批流动性小商贩,经营范围包括日用品、小吃以及一些戏园。民国初年,北京政府的许多机构都设立在西单附近,周边还有一些教育机构,由此带动了周边地区店铺、摊商的兴起。1913 年,由六家商店集资修建西单商场,一批洋行也纷纷进驻,各种商店不断增加,包括三友实业社、真光照相馆、长安大戏院、新新大戏院等,使西单商业"较诸前外大街、大栅栏、观音寺,渐有起色",成为内城一处著名的商业中心。

1930 年 5 月,广东华侨黄树滉集资十万创办西单商场,"最初营业平常,嗣后逐渐发达,因之西单大街市面亦日见繁华"。西单商场逐渐发展为南北两场,据 1934 年统计,共计铺商一百五十七家,摊商二百八十余家,同时也带动了周边地区,进一步提升了西单地区在北京商业体系中的作用。在民国时期的北京,"市场"一词专指"东安市场",而"商场"一词在 20 世纪 30 年代之后逐渐成为"西单商场"的代称。①

西单商场的顾客群体以普通平民为主,规模和热闹程度都不如东安市场,后者更偏向中高端。"其营业种类多与东安市场同,亦以洋货商店、书店、布店、鞋店为多;糕点、纸店、茶庄、金珠首饰店次之。其一切布置,较之东安市场稍有逊色。游人均系普通人士,谓为平民商场,恰可名副其实",因而物价也相对低廉一些,如"书籍纸张及各种刊物、物品诸色价格均较东安稍廉矣"。② 在小说《离婚》中,老舍也比较了西单商场与东安市场的差异:"自迁都后,西单牌楼渐渐成了繁闹的所在,虽然在实力上还远不及东安市场一带。东安市场一带是暗中被洋布尔乔亚气充

怀仁堂第二门市部

---

① 太白:《北平的市场》,《宇宙风》,第 21 期,1936 年 7 月 16 日。
② 马芷庠编著、张恨水审定:《北平旅行指南》,经济新闻社,1937,第 332 页。

满，几乎可以够上贵族的风味。西单，在另一方面，是国产布尔乔亚，有些地方——像烙饼摊子与大碗汁麻酱面等——还是普罗的。因此，在普通人看，它更足以使人舒服，因为多着些本地风光。"①

位于观音寺街的宾宴楼及青云阁，均为当时商业之翘楚。据《燕都丛考》载："观音寺为外城之热闹处所，如宾宴楼、青云阁，均为新式之商场，百货陈列极见繁富。"②另在竹枝词中记载道："货物搜罗遍五洲，纷纷男女往来稠。大观游罢青云去，乘兴还登第一楼。"③新设商场更加注重布置之艺术，《戏剧报》登"观音寺街群增繁盛"，内称"前外观音寺街向即繁华，各行生意均极发达。最近东口又设一家新成百货店，记者路经改境，入内参观。内部布置非常艺术，货物如绸缎、布匹、洋品等杂货"，琳琅满目。④

前门外大街文明茶园

宾宴楼是一座现代综合性的商场，"前面四围楼房，后院与前一律，惟院稍大。前后院、楼房上下檐前均悬挂玻璃灯，后院楼房上尚有两三楼，房未修齐者，后门通杨梅竹斜街，前后门均有巡勇扎门。其所售物件以珠宝玉器为最多，楼上有鞋铺、洋货铺等，非如大观楼一律玉器行也。楼下后院有纱灯铺、画铺，并有点心铺在最前层。楼下为大观楼所无者，大约宾宴二字因此取名。晚间檐前灯及灯铺之灯一律点起，金碧辉煌，十分朗耀，游人如云，至夜不断，其热闹过于大观楼初开时也。并闻房价六七八两不等，视地势之优劣，定房价之多寡耳。"⑤值得一提的是，宾宴楼当时还推出了较为现代的促销方式，据载在宾宴楼开业一周年之际，"兹为招徕营业起见，特联合各商号举行纪念，凡顾客购买货品至一元者，赠给彩票一张附有赠品，以致该楼营业颇形发达云"。⑥

① 老舍：《离婚》，《老舍全集（二）·小说》，人民文学出版社，2013，第449页。
② 陈宗蕃：《燕都丛考》第三章《外二区各街市》，第50页。
③ 《清代北京竹枝词》，北京古籍出版社，1982，第133页。
④ 《观音寺街群增繁盛》，《戏剧报》，1941年10月16日。
⑤ 《记宾宴楼》，《大公报》（天津版），1903年1月9日。
⑥ 《商场一周之纪念》，《大公报》（天津版），1916年12月31日。

青云阁是观音寺街上的一座以茶楼为主的休闲娱乐场所,时为"骚人墨客丛集之地"。青云阁大致设立于清末民初,"起初是由回商穆子光等所创办,继由韩小辫儿承乏。韩、穆两家对于书画古玩都很喜欢收藏,在北平是颇有名气的;所以青云阁外表虽是仅仅一间茶社,而它的内容、书画却非常精雅:四壁琳琅,色香俱古,人人其中,各仿佛置身翰墨林中了"。不过,与老式茶馆相对,青云阁内部还有球社、棋社等,成为城内摩登人物趋集之处。"北楼为完全球社,一般绒冠革履,挟弹少年,多挈爱人、腻友徜徉其间。亦有一部分女招待,专为接待摩登人物而设。旖旎风光,韵事流传,每为一般色情狂所乐于趋集。南楼前部为茶肆,后部为棋社,每日有许多弈秋者流,煮茗敲子,丁丁之声不绝,从来没有旷误过的。以故南北两部,营业也来得特别兴旺,不致有坐冷凳板之虞。"即使在南部茶楼,也划分为两部,"东楼雅座间,则为讲恋爱及携眷品茗的人们的场合。因为那里有一个个的房座,各人分据一室,春光不至外泄,而又雅洁幽邃,实一绝好临时藏娇的处所哩。西楼为一敞厅,则为一般文人胜流总汇之地。其中有许多十余年之老茶客,日夕在那里品茗,风雨不断的"[1]。

民国初年开设于今天西城域内的现代商场,还有劝业场、首善第一楼等数十处商场:

劝业场,在正阳门外廊房头条胡同,后门通西河沿,楼凡三层,上有屋顶花园,每层复分南北中三部,因屡次失火,故最新建筑除窗棂略用木料外,其余悉用水泥铁心,俨然一洋式大楼也。场中商业,如古玩玉器、景泰珐琅、铜器骨角、雕漆刺绣、书画笔墨、南货南纸,以及儿童玩物、茶楼饭馆,莫不有之,该场提介国货,故并不陈售洋货,门前左右为花厂,杂陈异卉,不唯售卖得所,且为场前点缀,洵商场之冠者也。

首善第一楼,在正阳门外廊房头条胡同,楼三层,南北八间,东西五间,合计全楼之屋,凡七十八间。上层之南为玉芳照相馆,北为畅怀春茶楼,西南为球房。中层之南为中兴玉理发所,北为碧严轩茶楼,若东若西,则除电镀漆器茶店外,率为镶牙补眼之室。下层则货物杂陈,五光十色,灿然夺目,其品类,大率为古玩、玉器、珐琅、首饰、笔墨、书籍、南纸、南货、盔头、玩物,游人往来,络绎不绝,上层茶楼,座亦常满。

同时在民国前后兴起的珠宝玉器市场还有廊房头、二、三条,作坊和店铺达七八百户,从业人数有一两千人。仅廊房二条的玉器街上就有店铺九十多家,代笔者有同义斋、宝权号。与琉璃厂、廊房二条等相近似的市场还有西城的烟

---

① 《北平青云阁茶楼》,《大公报》(天津版),1936年7月2日。

袋斜街市场。辛亥革命后,这里成了八旗子弟变卖家产、古玩字画、金银珠宝的地方,这里曾出现过敏文斋、宝文堂、抱璞山房等有特色的古玩店。

京都市政公所成立之后,平垫香厂,修成经纬六条大街,如华仁路、万明路等,开启了香厂新市区建设,很大程度上改善了天桥周边区域的环境:"六年,高尔禄长外右五区。督清道队削平其地,筑土路,析以经纬。同时是区居民

制作水果饰品

卜荷泉诸人,复捐资于先农坛之东坛根下,凿池引水,种稻栽莲,辟水心亭商场,招商营业。茶社如环翠轩、香园;杂耍馆如天外天、藕香榭;饭馆如厚德福,皆美善。沿河筑长堤,夹岸植杨柳。其西南,各启一门,皆跨有木桥。河置小艇,每届炎夏,则红莲碧稻,四望无涯。一舸嬉游,有足乐者。"①随着新世界商场、城南游艺园在香厂地区先后建成,也为天桥带来了大量客流,天桥的经营面积大大扩张,"香厂由草昧慢慢地开化,连带着天桥的面目也渐渐改变起来"。1924 年电车开通后,天桥成为通往东西城的第一、二路电车总站,"东自北新桥,西自西直门,东西亘十余里,瞬息可至","交通既便,游人愈伙,而天桥遂极一时之盛矣"②。

宣武门内同春园饭庄

除集市外,民国北京还有一些综合性市场:

西安市场之繁盛次于东安,其地在西四牌楼马市,中有欣蚨来茶馆者,兼设评书场,面积至大,占其地之北半,余则南北路二,东西路一,则为酒馆书馆小饭铺笔墨庄洋

---

① 张次溪编:《天桥丛谈》,北京修绠堂书店,1951,第 11 页。
② 张次溪编:《天桥一览·齐序》,中华印书局,1936,第 4、1、3 页。

大华照相馆

货书籍等铺所在之地,中央有阅书处,供人阅览,为他市场所无,场北旧有戏园二,场之西南,为杂技场及食物摊,每日之晨,屠者于此售肉,门外则有菜市。

阜成市场,在阜成门内大街路北,地广屋少,其中仅一茶馆,余皆售卖旧物之冷摊,实不啻一故物市也。

新丰市场,在西城宝禅寺街,初甚繁盛,各种商店均备,且有戏园球房,旋以商业萧条,改为老天利工厂矣。

地安市场,在地安门外鼓楼前,地不广商店亦不甚多,以其中有天和戏园,故每届开演,北城士女,相率来观,夜亦开演电戏。

天汇大院,在地安门外桥南路东,中有估衣店袜店理发所小饭铺及其他商店,东北隅则多兼评书之沫茶馆,每日过午,游人咸集,此地乃天汇茶社旧址,因庚子后,无力建筑,遂俨成一小市场也。

公兴市场,在正阳门外西河沿,中分两区,东为菜市,西为鱼市,而鱼市之中,水族鸡鸭干鱼菜品,亦皆备具,盖皆昔日正阳门外大街之鱼市菜市所迁入者也,且地当卫途,凡正阳门左近居民,及客店饭馆中人之青晨购物,无不至此,商业之盛,可以想见。

广安市场,在宣武门外菜市口迤西,场门南向,外有铁牌楼,上标广安市场四大字,场中南北路二,东西路一,东路陈列鸡鸭鱼蟹海味野味,西路所售,大多数为猪肉,南北路皆有菜店对列,然亦有售鱼者,出场北门为一大院,各种青菜,堆积其中,购者云集,每日之晨尤盛。

华兴市场,在正阳门外香厂大川店路东,菜市也,而牛羊猪肉及鸡鱼亦有之。①

---

① 徐珂:《增订实用北京指南》第八编,食宿游览,商务印书馆,1919,第 23 页。

第四节 手工业和金融业的发展

作为北京地区有人类活动的重要区域，从最早的燕都蓟城，到隋唐时期的幽州，进而自辽金时期作为北方王朝的都城、元明清时期作为统一王朝的都城，西城地区一直处于北京城市发展的核心地位。政治核心地位也给本地区发展带来了重要契机，从地区开发、经济发展到文化繁荣，西城地区始终拥有独树一帜的地位。

一、手工业的发展

随着北京地区人类活动的发展，人们也开始了探索制作和使用简单工具。旧石器时代，北京猿人、山顶洞人、新洞人等都制造和使用石器。据初步统计，北京猿人遗址中出土的石片和石器约近十万件。根据石器的变化，将北京猿人的发展阶段划分为早、中、晚三个时期：早期工具简单，主要包括刮削器、砍砸器，修理工作比较细致；中期以端刃刮削器作为新的类型出现，尖状器大量出现，砍砸器减少；晚期砸击法的应用更为成熟，工具类型进一步分化，刮削器、端刃刮削器数量增加，尖状器数量猛增，类型增加，修理精致，进一步小型化，雕刻器数量增多，并出现了新的工具——石锥，砍砸器进一步衰落。进入新石器时代，北京地区原始手工技艺有了明显发展与提高，人们开始精细制作工具，并开始追求工艺的美观。这个时期蓟城还没有出现。

西周时期，北京地区手工业生产向前迈进了一步。这一时期不仅形成了发达的青铜冶铸业、陶器制造业和玉石器制造业，而且还出现了漆器制造业和原始陶瓷业。在房山琉璃河西周遗址，出土了不少青铜礼器、兵器、车马器和其他青铜工具，尤以青铜礼器最为突出。另外，这一时期也有了非常精美的漆器制作工艺，有豆、杯、俎、簋、彝、瓿、壶、罍等器形，有的漆器表面采用蚌片镶嵌技术，并用彩漆绘成各种图案。在今天西城区广安门护城河西岸的考古遗址中，发现了大量战国与战国之前的文化遗迹，包括细绳纹陶片、碎绳纹砖、陶鬲腿、饕餮纹残半瓦当等,其中后者被公认为是燕国宫殿常用的建筑构件。① 这个时期蓟城已经出现,但是在考古工作中还没有发现相关的器物。

进入春秋战国时期,北京地区手工业继续发展,不仅范围更加广泛,内部分工更加精细化,而且出现了一批新兴的手工业部门,如冶铁业、煮盐业等。秦汉大一统格局的形成,为幽燕地区的手工业发展奠定了基础,提供了有利条件。故这一时期,今北京地区,冶铁业、制陶业、玉器业、纺织业、漆器业都有了非常大的提高。在燕蓟地区,曾设有铁官来统一管理冶铁业。而且当时还出现了冶铁作坊,在铁器铸造技术上,也具有领先地位。制陶业则是汉代北京地区发达的手工业类型,在已发掘的墓葬和遗址中,出土了大量的陶器。

进入隋唐时期,幽州的丝织行业非常发达,据房山云居寺石经记载,当时的行业分工已经较为精细,仅丝绢行业就有绢行、小绢行、大绢行、新绢行、彩帛行、绵行等数种。另外,幽州自古有渔盐之利,盐业生产自秦汉至隋唐相沿不辍。开元二十五年(737)屯田格称:"幽州盐屯,每屯配丁五十人,一年收率满二千八百石以上,准营田第二等;二千四百石以上,准第三等;二千石以上,准第四等。"②唐代幽州地区的冶铸业继汉魏之后仍持续发展,这得益于幽州是北方军事重镇,无论是军事战争还是平常的农业生产,都需要大量铁器。据北京房山区云居寺唐代石经题记,当时幽州城内设有专门的生铁行。

辽南京的丝织业、印刷业等都得到了长足发展。契丹神册二年(917)与六年(921),新州裨将卢文进与防御使王郁相继带领所部军民投降契丹政权,据《唐明宗实录》记载:"庄宗(按:后唐李存勖)未即位,卢文进、王郁相继入辽,皆驱率数州士女,为虏南藩,教其织纴工作。"③这两名大将的叛降,无意中将中原纺织技术带到了契丹境内,促进了当地丝织业的发展。据北宋使者路振记载,契丹境内"力蚕之妇,十手并织,而老者之衣不得缯絮。征敛调发,急于剽掠"④,但丝织业仍然是在幽州地区占有重要地位的一个手工业门类。1955年在拆除北京西长安街马路当中的庆寿寺与双塔时,出土了一批图案生动、染色精美的辽金丝棉织品与刺绣,足见当时北京地区的丝织业发展已经有了较高水

① 赵正之、舒文思:《北京广安门外发现战国和战国前的遗址》,《文物参考资料》,1957年第7期。

② 《通典》卷十《食货典》。

③ 厉鹗:《辽史拾遗》卷一引《唐明宗实录》,商务印书馆1936年《丛书集成初编》本。

④ 路振:《乘轺录》,商务印书馆1936年丛书集成初编本。

平。① 此外,契丹清宁十年(1064)十一月,"定吏民衣服之制","诏南京不得私造御用彩缎,私货铁,及非时饮酒"②。这条诏令从侧面证实,辽南京的彩缎织造水平已经相当高超。

刻书业也是辽南京一项重要的手工行业。在悯忠寺、昊天寺、仰山寺附近出现了为数众多的印书作坊,雇用了大量刻工组成了专业化的刊刻队伍。悯忠寺僧人行均所著《龙龛手镜》刊印本很快便流传到了宋朝,并不断被翻印。此外,在山西应县木塔发现的辽代刻经中,咸雍七年(1071)刻《释摩诃衍论通赞疏卷第十》和《释摩诃衍通赞疏科卷下》题记,有"燕京弘法寺奉宣校勘雕印流通,……印经院判官……韩资睦提点"。民间刊刻的佛经也很多,可见燕京雕刻印刷的盛况,"表明辽燕京印经院和坊间拥有一批从事书写、绘画、雕刻、印刷、装裱等专业的技术工匠,同时造纸、制墨、锻造、织作业也相应发达。凡此皆说明,公元10世纪时,燕京是我国雕版印刷的一个重要中心"③。

金灭北宋之后,大量汴京工匠被掠到中都,为本地区手工业的恢复和发展创造了条件。"东京取医官、教坊、内侍、内人、作匠、司天、官吏、国主、元帅、大酋共分驱使燕山,得国主指挥,更不发遣,厚与养济,于诸寺院内安泊。内侍、内人,皆为大酋所有。医官开铺,乐人作场,司天行术,作匠执艺,各自营生,衣食方足。畿辅所破郡县尽皆驱虏,北行何啻千万。……燕山有市卖人,凡军兵虏得南人,视人立价卖之。"④随着政权稳定,金中都的纺织业、酒业生产都得到了较大发展。1955年,北京西长安街双塔出土有金代精美丝织物,则是北宋工艺引入中都,使丝织业的生产技术与花色品种大为改进的实物证明。

在元代的大都地区,手工业的发展出现了一个空前的飞跃。从蒙古军队攻占金中都城之后,在这里就逐渐形成了一个手工业生产中心。此后,元世祖忽必烈在这里建立都城,进一步使大都地区发展成为全国的手工业生产中心,并建立了一个庞大的手工业生产体系。在这个体系中,有着来自全国各地的最优秀的工匠,为皇家贵族、政府机构等不同部门进行大规模的手工业生产。大都地区大量设置手工业管理机构,是从元世祖定都这里之后开始的。

如始建于中统四年(1263)的器物局,"掌内府宫殿、京城门户、寺观公廨营缮,及御用各位下鞍辔、忽哥轿子、帐房车辆、金宝器物,凡精巧之艺,杂作匠户,

---

① 北京市文化局文物调查研究组:《北京市双塔庆寿寺出土的丝棉织品及绣花》,《文物参考资料》,1958年第9期。

② 《辽史》卷二十二《道宗本纪二》。

③ 张畅耕等:《应县木塔辽代秘藏考》,《文化交流》,1994年第3期。

④ 徐梦莘:《三朝北盟会编》卷九十八引赵子砥《燕云录》。

无不隶焉。"①其下辖有铁局、盒钵局、网局、刀子局、旋局、银局等。至元二年（1265）设置修内司，是为了建造元大都的宫殿，"掌修建宫殿及大都造作等事"。其下即辖有大木局、小木局、泥厦局、车局、铜局等工匠管理机构。又如至元三十年（1293）设置的将作院，是一个管理众多工匠的政府机构，其下辖有诸路金玉人匠总管府，其下又辖有玉局提举司、金银器盒提举司、玛瑙提举司、金丝子局、鞋带斜皮局、璀玉局、画局、妆钉局、大小雕木局等机构。除了体系完备的官营手工业生产之外，在元大都城中，私营手工业也有明显进步，其中比如丝织业、造酒业等，均是当时重要的手工业门类。

元明更迭之际，曾经导致北京地区的手工业一度出现了衰微状态。永乐四年（1406），明成祖开始营建北京，修建宫殿、城池、衙署，从全国各地征调来京的各种工匠也很多，土、木、瓦、窑、石、铁、织染等行业的匠人皆有。这些能工巧匠以后多附籍大兴、宛平两县，长期留住下来，加之迁都后城市消费骤增，北京地区的手工业遂得到迅速恢复和发展。明代北京的官营手工业组织与规模虽然不及元代复杂，但依然庞大。"举凡宫殿、坛场、公廨、营房的修建，盔甲、刀枪、祭器、刑具的制作，官冕、袍服、制帛、诰敕的染织，船只的建造，器皿、城砖、石灰的烧造，以及各种陶器、漆器、铁器、金属货币，甚至宫女、内监使用的棺材、便纸，无不包括在官营手工业工场造作范围之内。官营手工业营造的规模也很庞大。如永乐时代营建北京宫殿，费时十五年，参加建筑的有工匠二十多万人，还有从各省选调来的百万农民。"②到了明朝中后期，商品经济的繁荣和市场容量的增加，以及匠籍制度的进一步放松，为民间手工业的发展创造了客观条件。明代中期，在北京城内外出现了私营作坊，如磨坊、酒坊、机房、染坊等。也出现了一些私营的作坊，如铜作坊和铁作坊等。无论是宫廷匠作处还是民间手工店铺，很多都坐落于今西城域内。

清代京师的手工业，在康熙年间基本恢复起来，到乾隆年间基本达到鼎盛时期，如景泰蓝工艺，被称为"圆润坚实，金光灿烂"，工艺水准远超明代。清代中后期开始，传统的宫廷特种工艺品生产已转向民间，光绪年间清宫使用的景泰蓝、玉雕、雕漆等器物大多是民间作坊制作的。据回忆，当时杨天利制作的炉鼎器具，捏工十分精巧；周乐元画鼻烟壶，内画山水花果仿名人卷册，据称光绪初年每枚已值数十金。于啸轩所刻的象牙，寻常人目力所不辨者，皆刻画成文。

---

① 《元史》卷九十《百官志》。

② 陈诗启：《从明代官手工业到中国近代海关史研究》，厦门大学出版社，2004，第34页。

其中位于前门外打磨厂的德兴成等老字号景泰蓝作坊，均有上乘制品，色彩夺目，为独特秘技。①

明清以来，伴随着北京地区商业和手工业的发展，作为商人和货行的行业组织的商业会馆有了显著的增加，乾隆、嘉庆年间达到全盛。由于京师工商业在此时高度发展，工商业会馆犹如雨后春笋般出现。道光十八年（1838）《颜料行会馆碑记》中说：“京

景泰蓝点彩

师为天下首善地，货行会馆之多，不啻十百倍于天下各外省。且正阳、崇文、宣武门外，货行会馆之多，又不啻十百倍于京师各门外。”②比如靛行会馆在前门外珠市口西半壁街，约在乾隆末、嘉庆初建立，这是由京师的染坊商、蓝靛商建立，又名染坊会馆。③ 成衣行会馆为浙江慈溪县成衣行商人会馆，又名浙慈会馆，大约创立于清初，地址在前门外晓市大街。当业会馆在前门外西柳树井，嘉庆八年（1803）成立公合堂，又名当业会馆。棚匠会馆在陶然亭黑窑厂。④ 绦行公所，位于陶然亭内哪吒庙，由绦行商人建立，建立年代不详，现存最早碑刻为乾隆四十年（1775）的。帽业公会，位于前门外銮庆胡同，乾隆年间，在东晓市药王庙成立行会。手工业造纸同业公会，位于右安门内白纸坊。

二、近代工业的兴起

晚清年间近代工业开始在江浙、汉口、天津等地兴起，北京地区的工业也有较大发展，形成了以轻型工业、手工业为主的产业结构，如棉纺织、丝纺织、制革、毛纺织、造纸、印刷、水泥等。咸同年间，当时有西藏喇嘛僧师徒来到京师，在报国寺设地毯织制传习所，招贫寒子弟教授织制技术。自是，北京民间地毯

① 李淑兰：《北京史稿》，学苑出版社，1994，第399页。

② 李华：《明清以来北京工商会馆碑刻选编》，文物出版社，1980，第23页。

③ 李华：《明清以来北京工商会馆碑刻选编》，文物出版社，1980，第5页。

④ 李华：《明清以来北京工商会馆碑刻选编》，文物出版社，1980，第4—8页。

制造业日臻兴盛。此外,清代后期北京地区兴起料器、刻瓷等工艺,清末又发展起抽纱工艺。

光绪三十一年(1905)经清廷商部批准,在前门内顺城街筹办京师华商电灯公司,容量为 300 千瓦,额定资本 600 万元,实收资本 450 万元。翌年,京师华商电灯公司电灯厂开始发电,其中一台是柴油做动力的 75 千瓦发电机;其余两台150 千瓦发电机使用蒸汽带动电机,三台电机同时为京城路灯、商店、官府中的8000 盏电灯提供电力。到 1912 年添置两台 1000 千瓦汽轮机,又扩建锅炉四台,发电容量达到 3035 千瓦,使城区的电灯由开始的 3000 盏发展到 30000 盏。这是北京第一座供市民照明用的公用电厂,也是京津唐地区第一次出现的低压汽轮机发电机。[1]

另外,北京的近代玻璃业创建于光绪三十年(1904),时因慈禧欲建玻璃亭而拨官款两万两白银,于宣武门外老墙根处设厂,聘德国技师,又购德国机器。然而所制玻璃质量不佳,很快导致生产停顿。至宣统元年(1909),官绅蒋唐佑开办京师玻璃厂,资本为 25 万元。1914 年,北洋官僚江朝宗又兴办光明玻璃料器厂,资本仅五万元。据 1920 年统计,该厂有职工九十多人,日产玻璃片七箱。

国货运动是近代中国经济史上的重要事件,持续时间长,波及范围广。国货运动始于庚子事件之后,政府主张从官方层面"提倡工艺",鼓励商人参加国际博览会并在各地相继创设劝业场。光绪三十一年(1905),清政府在前门外廊房头条胡同开建"京师劝工陈列所",并于翌年建成,"专供陈列中国自制各货,供人观览,以为比较改良之张本"。[2] 陈列所建成之后,中间经历过几次大火,直至 1923 年重建。1928 年 8 月,南京国民政府工商部将陈列所改为"实业部北平国货陈列馆",并将馆址改设在正阳门箭楼,11 月正式对外开放。北平国货陈列馆的主要职能是征集全国出口商品、接待参观、研究仿制外货、提倡国货等。初期陈列品中以日常生活用品和艺术品占绝大多数。1933 年至 1934 年,随着"国货年"活动的开展,陈列品逐渐丰富,最多时有八千多件,涉及十二个门类,较为知名的品牌包括"双妹牌"茉莉霜、"梅花牌"头蜡、"三星牌"白玉牙膏、"越王牌"牙粉等。北平沦陷之后,北平国货陈列馆于 1941 年初迁入北海蚕坛,1947 年正式撤销。

1936 年"京师劝工陈列所"旧址改名"劝业场",意为"劝人勉力、振兴实业、提倡国货",主营百货,颇负盛名。鼎盛时期,劝业场经营范围覆盖二十多个行

① 刘金海:《当代北京民用能源史话》,当代中国出版社,2011,第 37 页。
② 农工商部统计处:《第二次农工商统计表》"农政",1910 年。

业,一百八十多个货摊,并配有电影院、剧场、舞厅和台球厅,号称"京城商业第一楼"。《燕都丛考》也记载道:陈列所"层楼洞开,百货骈列,真所谓五光十色,令人目迷"①。当时的竹枝词形容:"忽见广安门大街,劝工陈列所新闻。吾华制品多如许,日日游人结队来"。"万户千门百尺楼,收罗货物萃神州。唯将劝业为宗旨,男女随心任意游"。② 时人回忆,陈列所"杂罗百货,纵人游览",汪子贤撰有《商品陈列所谣》:"杰阁凌霄汉,经营费万千。何人师卜式,慷慨纳金钱。百丈鹅黄锦,千金狐白裘。明珠光百琲,更列最高楼。制器师前代,犹传景泰名。蔚蓝天一色,仿造及东瀛。采绿多休暇,同占五日期。游观不辞远,日暮趱城归。"③

三、金融业的发展

金融机构的出现是商业发展到一定阶段的产物,在近代银行出现以前,北京地区主要的金融机构是炉房、钱铺(银号)、典当等,当时民间流传着"四大恒、八大源、二十六家官炉房"的谚语,来概括北京的金融行业。晚清现代银行相继落户北京,成为北京金融业发展的重要推进力量。清末民初在东交民巷以及西交民巷地区已经出现了金融一条街,中国银行、大陆银行等集中于西交民巷,外资银行主要集中于东交民巷。1928 年,国都南迁之后,许多银行总部也随之南迁,同时,这些银行纷纷在王府井一带开办分行或办事处,直接提升了这一地区的消费水平与等级。

炉房于清代中叶出现,初以熔化零散碎银铸成银锭为唯一业务,后逐渐演变为经营信用为主。北京的钱铺在明代便已存在,清代获得长足发展。银号与钱铺属于同类金融机构,除不设炉化银外,其主要业务为兑换银钱,办理存放款,兼出银票、钱票。清代北京的典当业也相当繁荣。从典当的数目来看,主要集中在清代中后期。庚子年后,帝国主义国家纷纷在北京设立银行,清政府也成立大清银行、交通银行等近代银行。

炉房最初只代客商熔化零碎银两,定为大小元宝。后来炉房以存放现银为主要营业,反以熔化银锭为附属业务。道光年间,直隶深州孤城村卢天宝在前门外珠宝市创立了久聚炉房,专门从事银两的铸造,这是北京第一家有影响力

---

① 陈宗蕃:《燕都丛考》,第 496 页。

② 兰陵忧患生:《京华百二竹枝词》,路工编选:《清代北京竹枝词(十三种)》,北京古籍出版社,1982,第 128 页。

③ 余棨昌:《故都变迁记略》,北京燕山出版社,2008,第 151 页。

的炉房。聚义炉房自咸丰六年(1856)开张,初期仅为化银炉房,后始附带兼做存款、放款。到晚清时,北京炉房众多,而以珠宝市二十六家炉房信用最为卓著。民国以后,炉房不再拥有政府授予的特许经营权,又因币制改革,炉房业务日渐衰落。珠宝市街的炉房也改建成银号铺房,但这里仍延续着北京城金融中心的地位。1915年,珠宝市各家化银炉悉被拆除。1916年,聚义、全聚厚、同元祥、祥瑞兴、聚盛源等,相继在天津、上海设立分庄,除做存放款外,并兼做各种汇兑,开始改称为银号。

钱铺,又称钱店、钱庄、钱局或银号。北京的钱铺在明代便已存在,清代获得长足发展。自康熙年间到道光十年(1830)以前,先后开设的钱铺有三百八十九家。咸丰三年(1853)太平天国运动的发展,在北京钱业引起一次挤兑的风潮。到咸丰九年(1859),京城内外先后开设的挂幌钱铺共有五百一十一家。同治年间钱铺关歇的问题,也很严重。北京城内,几乎每月有几家关歇,甚至有些资本比较大、历史比较久的如乾源、公源、源隆等,也在同治八年(1869)关歇。

钱铺开始只单纯地经营银钱的兑换,随着经济的发展,钱铺的业务范围也在不断地扩大。首先发展起来的业务就是银两的成色鉴定与熔铸,其后还经营存放汇、贴现、兑换及其他信用业务。民国初年新式银行业已经兴起,北京古老的银钱业铺号虽已呈减少趋势,但依然存在。1912年至1918年之间,北京钱铺由一百四十五家减少至九十家。以后数量时有增减,但总量却继续减少,这几十家钱铺伴随私营银行而长期存在。

北京的银号,在康熙年间就已经开始活跃起来,最早是由浙江绍兴人创建于康熙六年(1667)的"正乙祠",亦称"银号会馆"。"正乙祠"在正阳门左右列肆而居,"操奇赢,权子母,以博三倍之利"。北京的银号最著名的要数"四大恒"。"四大恒"指的是开设在原来四牌楼的"恒利"、"恒和"、"恒兴"和"恒源"这四家大银号。这四家银号是联号,故称"四大恒"或"四恒号"。"四大恒"是祖籍浙江慈溪董姓人氏于清朝乾隆年间在东四牌楼摆设钱摊,兑换银两铜钱,逐步发展起来,由于资本积累渐丰,遂在东四牌楼附近开设了上述四家银号。正通银号开业于1917年,1949年停业,位于前门外珠宝市街路东。

施家胡同位于前门外大栅栏地区的东部,东西走向,东口在粮食店街,西口在煤市街。1949年以前,这条胡同堪称"银号街"。在二百八十米长的街道两侧,聚集了十几家银号。规模较大的银号有10号的谦生银号、11号的裕兴中银号、12号的义生银号、15号的福生银号、17号的启明银号、21号的三聚源银号、22号的集成银号、24号的丰盛银号、26号的余太亨银号、28号的广瑞银号等。施家胡同的许多银号仍然沿用旧式票号的某些经营特色。由于客户稳定,定向存贷,代理结算,所以基本不设对外营业大厅,而更多设置洽谈客房、租赁帐房和招待客户的厅堂住房,其构成颇像现代的商务公寓,裕兴中银号就是一个典型的代表。

典当是以物易钱的行业,又称当铺。在我国南方城市中称当铺为质铺。北京典当业在清末民初较为发达。咸丰三年(1853),京城有当铺一百五十九家。同治、光绪之际(1875年前后),北京当铺"计达三百余家",为该业最为辉煌时期。光绪二十六年(1900)以前,北京城内外有当铺二百一十余座。其中较殷实的总管(即总经理)号称常、刘、高、董、孟五号。这五号有的经营二三十家,有的经营一二十家,经营资本多来源于清廷内务府官员和宫中太监。庚子年被抢的当铺,百分之九十是山西商人开的,人称"山西屋子"。清末民初,北京仍有当铺二百家左右。

西交民巷东起天安门广场西南侧,西至北新华街,中与原羊毛胡同和前后细瓦厂胡同、平安胡同相交,全长约一千米。西交民巷胡同大约在明代天顺至成化年间形成,沈榜《宛署杂记》铺行条中记载,大时雍坊拥有中等以上的铺户共七百三十四户,可见最迟在万历年间这里便是一处繁华的商业街市。民国时期西交民巷随着诸多大型银行的落户,被称为华北地区的金融中心。今西交民巷曾设立的近代银行包括大陆银行北京分行(西交民巷17号)、华资商业银行总办事处(西交民巷17号)、中央银行北平分行(西交民巷17号)、中共农工银行北平分行(西交民巷50号)、户部银行(西交民巷23号)等。

在20世纪二三十年代,西交民巷的金融地位开始衰落。时任中华懋业银行北平分行经理陈宗蕃在《燕都丛考》中记述道:"民国十年以前,各银行兢于是谋建筑,颇有作成银行街之想,嗣以市面衰落,遂一蹶而不复振。"[①]随着1928年国都南

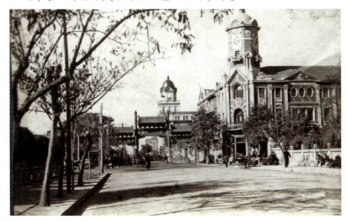

西交民巷

---

① 陈宗蕃:《燕都丛考》,北京古籍出版社,1991,第57页。

迁之后,中国的金融中心也转移到了上海,自此西交民巷的银行业也受到严重影响。

另外,设立于大栅栏周边的银行还有设在珠宝市的直隶省银行北平分行,设在廊房头条胡同的蒙疆银行、新华信托储蓄银行,设在南新华街的邮政储金汇业局北平分局、中南银行北平支行、正泰银行等。

清末民初,西河沿成为近代北京华资银行的聚集地,如河北省银行总行、河北省银行北平分行、上海商业储蓄银行北京分行、金城银行总管理处、中孚银行北京分行、国华银行北平分行、大陆银行北京分行、北洋保商银行、中央银行北平办事处、四联北平支行、中华懋业银行、中国实业银行北京分行、户部银行、北京储蓄银行、中国银行、中国银行北京分行、中国商业银行、北平市银行、法国农业银行、中国农工银行总行管理处、中国农工银行北京分行、大生银行、四行信托部北平支部、金城银行北京分行、中国联合准备银行。此外还有五族银行、通易信托公司、中华平民银行、殖边银行、新民商业储蓄银行、中华女子储蓄银行、北平商业银行、中华汇业银行、冀东银行等。

中国通商银行是中国人自办的第一家银行。它是由清政府督办全国铁路大臣盛宣怀奏准清廷后,于光绪二十三年四月二十六日(1897年5月27日),在上海开设,并在北京、汉口、广州、汕头、镇江等处设立分行。该行成立时额定资本五百万两,实收资本二百五十万两。翌年,该行开始发行银圆和银两两种钞票,这是中国最早发行的银行券。中国通商银行北京分行成立于光绪二十四年(1898),八国联军入侵北京时遭到焚烧和抢劫。1913年改为代办处,1917年以后未见记载。

在19世纪末到20世纪初叶的中国新式银行兴起的浪潮中,大清银行是继中国通商银行之后出现的第二家新式银行,它是中国历史上最早的中央银行。大清银行,原名户部银行,成立于清光绪三十一年八月二十九日(1905年9月27日),总行设在北京西交民巷。后户部更名为度支部,户部银行遂改名为大清银行。光绪三十四年(1908)7月28日起,总分行一律更名。该行自建立起至1911年辛亥革命终止,共有六年的历史。

交通银行于清光绪三十三年(1907)十一月由清政府邮传部奏请设立。《交通银行三十年史清稿》记载,当时邮传部设立交行"以募集公债赎回京汉铁路为主因,而经管轮、路、电、邮四政收支,办理国外汇兑,以及推行国币,辅助统一币制,亦均在邮传部设行规划之中"。交通银行北平分行的新办公楼于1932年6月6日竣工,位于西河沿街17号。中华人民共和国成立后,这里曾是中国人民银行北京分行所在地,1995年被列为北京市文物保护单位。

中国银行成立于 1912 年,孙中山根据大清银行商股股东联合会报告批准,改组大清银行上海分行为中国银行。同年 2 月 5 日,在上海大清银行旧址开业。4 月,北洋政府在北京将大清银行总行付诸清理,另组中行筹备处。同年 8 月 1 日,北京中国银行在大

旧广安门内大街

清银行总行旧址开业,其地位等于总行。上海中行遂改为分行。

北洋保商银行北京分行成立于 1912 年,地址在前门外打磨厂,经理叶兰舫,1920 年北京分行经理为王麟阁。30 年代,北洋保商银行将行址迁至西交民巷,新建的银行大楼采用西方古典式,该建筑地上三层,立面用花岗石做希腊式柱廊,檐口突出,雄伟坚固,是典型的近代银行建筑。抗日战争爆发后,该行于 1939 年 1 月停业。

盐业银行是中华人民共和国成立前的主要商业银行之一。据《北京大栅栏商业金融资料选编》记载:北洋政府以盐款为财政大宗,为维持盐业,调剂金融,于 1914 年 10 月筹设盐业银行,1915 年 3 月 20 日正式开业,设总管处于北平。北平分行同时开业,地址在前门西河沿街 11 号。盐业银行经营商业银行及储蓄业务,为当时全国商业银行之冠。

金城银行创办于 1917 年,当时是在前门西河沿街内佘家胡同的几间平房里开始营业的,不久就迁移到前门西河沿街 12 号。后来,这旧行址的老式平房一直作为有纪念意义的金城银行的"发祥地"未予拆建。

中华懋业银行是由中美两国人士集合资本,共同创办的中美合资银行,于 1920 年 2 月 6 日正式开业,行址设在前门西河沿街 198 号。中华懋业银行不仅在国内设立多处分支行,还在欧美各大城市如纽约、巴黎、伦敦、旧金山等地设立了二十多处代理店、往来店。

总之,西城地区作为北京都城发展的中心地带,工商业、金融业的孕育和发展,一方面始终与北京都城发展保持同步态势,与此同时又以其重要的地理位置和进程,而占据着核心地位,并一直影响着当今西城区域发展特色和文脉的形成。

第五章

园林文化

园林文化是中华优秀传统文化的重要组成部分。西城特殊的地理位置、优美的自然环境、深厚的历史底蕴，是最能体现北京园林特质的区域之一。《战国策·燕策》描述，燕攻齐取得胜利后，"蓟丘之植，植于汶篁"，有人解释为将齐国汶水流域的竹子当成战利品移植回蓟丘，这是燕都蓟城的园林，也是现今可见的最早园林营建记载。西城皇家园林文化是园林文化核心标识，滥觞于辽代，辽代的燕京城皇家园林只是处于离宫别馆的地位。到了金代的中都城和元代的大都城，皇家园林已经发展到了鼎盛阶段。从金代的西苑、北苑（今北海公园），到元代的太液池（也是北海公园），再到明清西苑，成就了中国古代园林文化的经典。此外，西城官僚士族、文人学士、富商豪贾云集，涌现出大量的私家园林。长期历史发展过程中，西城形成了众多的寺观园林、会馆园林和公共园林。这些园林文化均成为西城文化的重要组成部分。

第一节　皇家园林

在西城,历史上形成的皇家园林,表现出大气磅礴、深邃高雅的建筑特征。这里是元、明、清三代帝都皇家苑囿的荟萃之地,金代的代表是西苑同乐园和北苑大宁宫。此后,元朝从太液池的整治和琼华岛的建设开始,历经明清进入鼎盛期。这些园林依水而建,不仅展现了巧夺天工的建筑技艺,还具有深邃的儒、释、道文化内涵,成为中华优秀传统文化的综合载体。

一、金中都皇家园林

金灭辽后,海陵王完颜亮于贞元元年(1153)迁都燕京,改燕京为中都。金中都是仿照北宋东京汴梁之规制,同时又保留了一些自身民族特色的城市风格,在辽南京基础上扩建而成。在建都过程中,这里也开始出现皇家宫苑的建设。当时金中都既是北方政治中心,也是兴建皇家园林之开端。

自海陵王营建燕京开始,园林就是城市布局的重要内容,经过几代帝王的建设,形成了鱼藻池、同乐园、广乐园、万宁宫等多处皇家园林。[1] 鱼藻池又称琼林苑,位于宫城内西南侧,是显示金中都皇城、宫城、园林、水系特征的重要佐证。从中国园林发展史来看,鱼藻池也具有重要地位——它是北京最早的皇家园林之一,也是金中都皇城内宫苑留下的唯一遗址。

有学者认为,鱼藻池是海陵王在辽瑶屿基础上,经金海陵王、金世宗、金章宗三朝五十多年增建而成,堪称金中都宫中最为优美恢宏的苑囿,元代人称其"尽人神之壮丽"[2]。鱼藻池湖中有岛,岛上有鱼藻殿;大湖(鱼藻池)的东、北、西岸有许多楼、亭、殿、阁,是一所美丽、壮观的园林。《金史·地理志》中记载:

---

① 董焱:《北京园林史》,人民出版社,2019,第54页。
② 〔元〕耶律铸:《双溪醉隐集》卷一《琼林园赋》,民国辽海丛书本。

金中都鱼藻池遗址

"鱼藻池,瑶池殿位,贞元元年建。有神龙殿,又有观会亭,又有安仁殿、隆德殿、临芳殿,皇统元年有元和殿。""琼林苑有横翠殿、宁德宫。西园有瑶光台,又有琼华岛,又有瑶光楼。"

金末元初,鱼藻池因惨遭兵燹而成为废墟,其景状虽无确切的文字记述,但有几首诗却也约略能反映出当年鱼藻池情景:"琼苑韶华自昔闻,杜鹃声里过天津。殿空鱼藻山犹碧,水涸龙池草自春。民乐尚歌身后曲,弓弯不见舞时茵。绛桃谁植宫墙外,露湿胭脂恨未匀。"①

新中国成立后,经过历史地理与考古工作者确认,鱼藻池位置应在原宣武区(今属西城区)西南部的青年湖一带。遗迹早年仍依稀可见,即广安门外南滨河路以西的湖泊,后改建为游泳池。著名历史地理学家侯仁之先生提出,这里本应作为一处具有历史意义的园林,重加整治。在金中都鱼藻池遗址简介中对鱼藻池遗址价值进行了较为详细的介绍②:

　　　　金中都城宫苑遗址可见者,唯鱼藻池一处。其地原在宫城内之西南隅,西隔宫墙与皇城内西苑之太液池一脉相通,同为皇家邀宴之所。鱼藻池内筑有小岛,上建鱼藻殿,风景佳丽,自在意中。泰和五年端午节,金章宗拜天射柳,欢宴四品以上官于鱼藻池,事载《金史·章宗本纪》,去今适满七百五十周年。而今历经沧桑,宫苑古建荡然无存,仅得鱼藻池遗址,即今青年湖。近年营建西厢工程,于鱼藻池以东约二百米,发现大型建筑遗址夯土层二处,南北相值,可以确定为金中都大

　　① 〔元〕王恽:《秋涧集》卷十七《七言律诗·西苑怀古和刘景融韵》,四部丛刊景明弘治翻元本。
　　② 侯仁之:《北京城的生命印记》,生活·读书·新知三联书店,2009,第491页。

安殿与大安门故址所在。鉴于鱼藻池遗址与研究金中都城宫苑方位密切相关,已列入北京市文物保护单位。

一九九三年十月一日立石

鱼藻池之西,宫墙之外便是同乐园,《大金国志》卷三十三《燕京制度》云:"西出玉华门,曰同乐园。若瑶池、蓬瀛、柳庄、杏村尽在于是。"园中有瑶池可宴群臣,可赏莲花。有仙岛"蓬瀛",有柳庄、杏村,宛如一片世外桃源。此处瑶池并非仅指鱼藻池一处,而是泛指与鱼藻池相连的"游龙池""浮碧池"等水域,这些相连的水面便是太液池(又称西华潭)。中国古代习惯将皇家园林内之湖称为"太液池",如唐人白居易的《长恨歌》中"太液芙蓉未央柳"句中"太液"二字是指唐宫中之水池。金人赵秉文《滏水集》卷九《同乐园二首》:"春归空苑不成妍,柳影毵毵水底天。过却清明游客少,晚风吹动钓鱼船。"又"石作垣墙竹映门,水回山复几桃源。毛漂水面知鹅栅,角出墙头认鹿园",呈现了同乐园的园林景色。

金末元好问《中州集》记载,金章宗在中秋时曾于瑞光楼赏月,召大臣赋诗,有首诗写道:"秋气分平月正明,蕊珠宫阙对蓬瀛。"诗文中提到了瑞光楼、蕊珠宫(殿)、蓬(莱)、瀛(屿)等景观,并勾勒出这几处景观的位置关系,蕊珠宫(殿)与蓬莱、瀛屿两岛相对,瑞光楼在它们附近。而瑞光楼、蕊珠宫、蓬莱阁等应是鱼藻池北岸的宫殿群,宫殿建造得可谓"上切霄汉",即可在宫内御苑的宫殿上欣赏宫外同乐园内的美景。而同乐园的优美,亦有诗文为证:"晴日明华构,繁阴荡绿波。蓬丘沧海远,春色上林多。流水时虽逝,迁莺暖自歌。可怜欢乐极,钲鼓散云和。"①

鱼藻池、同乐园是金代皇帝重要宴饮娱乐之地,深刻影响了金王朝政治生活。如参与金中都营建的张浩,在迁都后就曾获得赐宴鱼藻池的荣誉。《金史》卷八十三《张浩传》记载:"贞元元年,海陵定都燕京,改燕京为中都,改析津府为大兴府。浩进拜平章政事,赐金带、玉带各一。赐宴于鱼藻池。"《大金国志》载:"(大定十年)宴群臣于同乐园之瑶池。"鱼藻池、同乐园等宫城内外皇家园林,因位于宫城西侧,也统称为"西苑",或"西园"。"金章宗明昌元年(1190)三月己巳,击球于西苑,百官会观。五月戊午于西苑射柳、击球。"又记载:"承安二年(1197)三月庚寅,幸西园阅军器。"

---

① 〔金〕元好问:《中州集》丁集《游同乐园》,清光绪三十四年至民国十四年武进董氏刻诵芬室丛刊本。

金末元初,在元军攻打金中都城期间,西苑遭兵燹,虽无确切描述,但在此后的诗文中,可以看到其凄凉的景象。"彩凤箫声彻晓闻,宫墙烟柳接龙津。月边横吹非清夜,镜里琼华总好春。行殿基存焦作土,踏锥舞歇草留茵。野花岂解兴亡恨,独学宫妆一色匀。"①

与西园相对的,还有东园,或称"东苑"。东苑位置,《北行日录》记载:"左掖门后为敷德门,其东廊之外,楼观翚飞,闻是东苑。"敷德门在宫城内,东廊外为东苑,其位于皇城内东垣内侧迤南,西邻宫城东垣,北至东华门处,即东宫之南。此处原为辽城内果园,金时外扩中都城,在此基础上建立东苑。② 东苑是金代帝王经常游玩的地方,"大定十七年(1177)四月三日,国主与太子、诸王东苑赏牡丹。"《金史》卷十二《章宗纪四》:"(泰和七年)五月己卯,幸东园射柳。"《大金国志》卷十九:"(承安三年)会是冬,赏菊于东明园。"或许东园与东明园实为同一处。"泰和七年(1207)五月,幸东园射柳。"东苑旁有芳苑,《金史》载章宗曾幸芳苑观灯。又记显宗病中居东宫时,或携中侍步于芳苑。芳苑与东苑一处在宫城内,一处在宫城外,它们之间有可能像是琼林苑与同乐园的关系,两者相连,抑或是芳苑是东苑的一部分。

除了这些主要宫苑外,中都城内还有一些诸如芳苑、后园等小型宫廷园林。《金史》卷十九《世纪》载:"(大定二十四年)三月,世宗如上京,帝守国留中都。初,帝在东宫。或携中侍步于芳苑。"这里的"帝"是指金章宗之父金显宗,他并未称帝,而是金章宗即位后所追尊。《金史》卷十《章宗纪二》载:"(明昌六年十二月)庚寅,上幸后园阅军器。……(承安元年六月)庚午,幸环秀亭观稼。"《金史》卷十一《章宗本纪三》亦载:"(泰和二年春正月)庚申,幸芳苑观灯。"

在金中都的皇家园林中,东北郊的太宁宫(万宁宫),又称北苑,对后世影响最大。

《金史》卷二十四《地理志》:"京城北离宫有太宁宫。大定十九年建。后更为寿宁,又更为寿安。明昌二年,更为万宁宫。"金之万宁宫位于都城外之东北,原是一片天然水域,为城北主要水源高粱河的一段河道,经金代扩展加深,使之成为水域宽广的湖泊,是今北海、中海、前海、后海和西海的前身。经过疏浚湖泊,堆土砌石成岛,先后建成了琼华岛、广寒殿,挖海堆成湖心岛和环海小土山,又从开封(汴梁)运来艮岳太湖石,使其成为规模宏伟、景色华丽的离宫别苑,历

① 〔元〕王恽:《秋涧集》卷十七《七言律诗·西苑怀古和刘景融韵》,四部丛刊景明弘治翻元本。

② 张隽:《金中都苑囿的方位布局及历史地位》,《北京规划建设》,2014年第4期。

经了十三个春秋才竣工。虽然在建成后的第二年就毁于一场大火，之后重建并将其更名为寿安宫，却一直深受金世宗、金章宗的青睐，几乎每年都要来此避暑、游玩，并在这里处理国家大事。这一离宫规模宏大，甚为壮丽。《金史》卷十《章宗纪二》："（明昌六年）五月丙戌，命减万宁宫陈设九十四所。"九十四所，即九十四处。其中就有摆放在薰风殿、临水殿等建筑中的陈设。虽然史籍仅记载有广寒殿、紫宸门、紫宸殿，但其实离宫内的建筑还有很多，故而有大量的陈设。

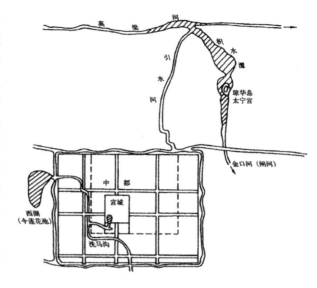

□ 辽南京（燕京）城址，金中都三面扩大了辽南京城址

金中都及太宁宫附近河湖水道示意图

金人赵秉文《滏水集》卷七《扈跸万宁宫五首》曰："一声清跸九天开，白日雷霆引仗来。花萼夹城通禁籞，曲江两岸尽楼台。柳阴罅日迎雕辇，荷气分香入酒杯。遥想薰风临水殿，五弦声里阜民财。"①可见万宁宫还有薰风殿、临水殿，环境优美，宫内种植槐花，水面荡漾，种满莲花。池水两岸，楼台映照，荷花香气袭人，垂柳倒影舒人心，是一处令人向往的园林景观。

金末，蒙古军占领中都，万宁宫遭战火破坏。丘处机曾在琼华岛作诗云："地土临边塞，城池压古今。虽多坏宫阙，尚有好园林。绿树攒攒密，清风阵阵深。日游仙岛上，高祝八纮吟。"可见宫阙已破坏严重，而林水景致依然存在。元灭金后，金代宫殿已经毁于战火，忽必烈从都城和林来到中都时，只好暂住在东北郊外的万宁宫。当他看到琼华岛上建筑精巧、花木繁盛、绿水环绕的景致，相比已经被焚毁的中都遗址要好很多，于是决定把都城向东北迁移，并以这里为中心，开始营建元大都城，并将万宁宫的湖泊定位为皇城的中心。流传至今

---

① 〔金〕赵秉文：《滏水集》卷七《扈跸万宁宫五首》，清光绪五至十八年定州王氏谦德堂刻畿辅丛书汇印本。

的"燕山八景"中的"琼岛春阴""太液秋风"的一春、一秋两景,曾被此后清高宗安放在这座苑囿之中。它也成为当今世界上"现存"最为古老的中国大型古典皇家园林"实物"之一。①

二、元大都皇家园林太液池

元大都城内最著名的皇家园囿,就是山水相依的琼华岛和太液池。这里原是金王朝的万宁宫,金朝定鼎中都后,金世宗以宋汴京"艮岳"为蓝本,于大定九年(1179)在中都的东北郊修建离宫——太宁宫。引白莲潭水为太液池,以浚湖之土筑琼华岛,又从开封运来太湖石,仿照艮岳堆成假山。金朝灭亡之后,蒙古行省官员曾经把这座园林送给全真教的道士丘处机,作为他从事道教活动的一处场所。丘处机在燕京(即金中都旧城)天长观举行道教活动,"每斋毕,出游故苑琼华之上。从者六七人,宴坐松荫,或自赋诗,相次属和。间因茶罢,命从者歌《游仙曲》数阕。夕阳在山,淡然忘归。由是行省及宣差札八相公以北宫园池并其近地数十顷为献,且请为道院。"②

元世祖忽必烈在即位之初,以位于漠南草原的开平府为上都城,在上都与燕京之间往来,往往驻跸琼华岛。因此,他的部下就曾经提出要重新修复这处前朝的皇家园林,中统四年(1263)三月,"亦黑迭儿丁请修琼华岛",此后不久,元世祖就决定以这处皇家园林为中心,在这里建造一座规模宏大的都城。这座都城就是元大都城。在都城里面最主要的建筑是皇城,而皇城里面的四组重要建筑,则是围绕着太液池与琼华岛分布的。在太液池东岸,建造有大明殿与延春阁两组宫殿,是元朝帝王和皇后居住的地方;在太液池西岸,则建造有隆福宫及兴圣宫两组宫殿,居住着皇太后和皇太子等。而琼华岛上的万岁山上,又重新恢复了广寒殿的建筑。这座建筑不仅规制宏大,作用也很重要。

广寒殿建在万岁山之巅,时人称:"广寒殿在山顶,七间,东西一百二十尺,深六十二尺,高五十尺。重阿藻井,文石甃地,四面琐窗,板密其里,遍缀金红云,而蟠龙矫蹇于丹楹之上。中有小玉殿,内设金嵌玉龙御榻,左右列从臣坐床。前架黑玉酒瓮一,玉有白章,随其形刻为鱼兽出没于波涛之状,其大可贮酒

---

① 张隽:《金中都苑囿的方位布局及历史地位》,《北京规划建设》,2014 年第 4 期。

② 〔元〕李志常:《长春真人西游记》卷下,清道光灵石杨氏刻连筠簃丛书本。

三十余石。又有玉假山一峰,玉响铁一悬。"①据此可知,这座大殿之中设置有小玉殿、金嵌玉龙御榻(《元史》中又称之为"五山珍御榻")、大黑玉酒瓮(《元史》中又称"渎山大玉海")、玉假山等,皆为稀世珍宝。

对琼华岛与万岁山的描述,当以元人陶宗仪《南村辍耕录》一书较为详细:"万岁山在大内西北太液池之阳,金人名琼花岛。中统三年修缮之。其山皆以玲珑石叠垒,峰峦隐映,松桧隆郁,秀若天成。引金水河至其后,转机运斛,汲水至山顶。出石龙口,注方池,伏流至仁智殿后,有石刻蟠龙,昂首喷水仰出,然后由东西流入于太液池。山上有广寒殿七间。仁智殿则在山半,为屋三间。山前白玉石桥,长二百尺,直仪天殿后。殿在太液池中之圆坻上,十一楹,正对万岁山。"

马可·波罗对皇城内的太液池有较为详尽的描述:

> 在这座宫殿的外角,朝着西北方向,是一个极大、极深的美丽湖泊(从湖中挖出的泥土被用来堆造下面提到的小山),湖中之鱼,种类繁多,大汗命人置于其中,鱼从各地搜罗而来,放入湖内喂养,大汗只要愿意和高兴,随时可以享用它们。一条不大的河,流到那儿,注满这个刚才提到的坑塘,并形成一个漂亮的鱼塘;各种动物前来此处饮水;然后,[河水]流出这个湖泊,穿过一条临近刚才提到的小山的引水渠,注入另一个极大、极深的坑塘,此坑塘介于大汗宫殿和其子真金宫殿之间,该坑塘中挖出的泥土也被用来堆造那座小山。河水从湖的另一端流出。一切规划得非常周密,没有鱼儿可以从湖中逃逸,在河水流入湖泊和流出湖泊的地方均设置了铁栅网和铜栅网,以防止鱼儿从两端逸出。湖上还有天鹅和其他水禽。……大汗宫殿和太子宫殿之间,有小桥架于水上。②

马可·波罗在这里描述的两个湖泊(坑塘),就是大都皇城内的太液池,相当于现在北海和中海的位置(南海为明代开挖),两湖之间有一条桥梁(浮桥)连通。

对于这座宫殿环绕的皇家园林,元朝统治者是十分喜爱的,除了岁时加以修缮之外,有时也会增加一些宜人景观。如泰定帝在位时,曾在泰定二年

---

① 〔元〕陶宗仪:《南村辍耕录》卷二十一《宫阙制度》,明崇祯虞山毛氏汲古阁刻清初汇印津逮秘书本。

② Moule, A. C. &Pelliot, Paul. The description of the world Marco Polo, Vol. 1, New York: AMS Press, 1976, pp. 210.

(1325)六月,"葺万岁山殿。"就是对园林景观的修缮。两年以后,泰定四年(1327)十二月,又"植万岁山花木八百七十本。"①这是在万岁山新种植的花木,以增加新的景观。在太液池中、琼华岛上,除了苍翠的古木之外,也种有一些北方不常见的花木。"太液池在大内西,周回若干里,植芙蓉。……犀山台在仪天殿前水中,上植木芍药。"②又如梅花多见于江南,而罕见于北方,在皇家园林里却有种植,时人作诗称:"太液池边柳未芽,上林梅萼又开花。霓旌绕树龙舆过,仙仗临轩羯鼓挝。晴雪微飘丹凤阁,香风暗度玉皇家。洪钧散作人间瑞,三白交辉见岁华。"③据此可知,皇家园林中梅花盛开之时,柳树尚未发芽,而"晴雪微飘"之句,不知是真有雪花,还是诗人把梅花的花瓣比喻为雪花。

元朝统治者在大都的皇城里面没有严格的禁制,因此有些文人学者得以岁时游览这里的美丽景色,并且吟诗作赋,以述景色之美妙。如元人刘鹗就写有一段对这处皇家园林的观赏文字曰:"广寒殿在万岁山上,山在水中,高数十丈,怪石古木蔚然如天成。殿在山两傍,稍下复建两亭,正当山半又有殿,紫然竹石间。山下积石为门,门前有桥,桥有石栏如玉。前有石台,上建圆殿,缭以黑粉墙,如太湖石状。台东西皆板桥,桥东接皇城,西接兴圣宫。水光云影,恍惚天上。"④

西苑团城

① 〔明〕宋濂等:《元史》卷三十《泰定帝纪二》。
② 〔元〕陶宗仪:《南村辍耕录》卷二十一《宫阙制度》,明崇祯虞山毛氏汲古阁刻清初汇印津逮秘书本。
③ 〔元〕周巽:《性情集》卷五《上苑梅》,清乾隆翰林院抄本。
④ 〔元〕刘鹗:《惟实集》卷六,四库全书本,商务印书馆,1989。

在万岁山的东侧，又建有一处皇家动物园，称之为"灵囿"，在此饲养了一大批奇兽珍禽。每当元朝帝王在万岁山举办大宴会，就会把一批奇兽拿出来，以供百官观赏。时人称："国朝每宴诸王大臣，谓之大聚会。是日，尽出诸兽于万岁山，若虎、豹、熊、象之属，一一列置讫，然后狮子至。身材短小，绝类人家所蓄金毛猱狗。诸兽见之，畏惧俯伏，不敢仰视，气之相压也如此。"①由此可知，在"灵囿"中豢养的奇兽有狮、虎、豹、熊、象等，皆为猛兽。

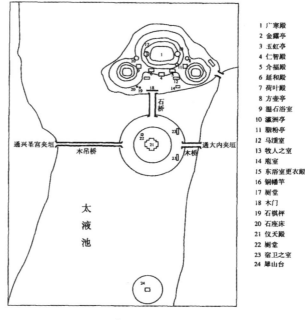

1 广寒殿
2 金露亭
3 玉虹亭
4 仁智殿
5 介福殿
6 延和殿
7 荷叶殿
8 方壶亭
9 温石浴室
10 瀛洲亭
11 胭粉亭
12 马㳋室
13 牧人之室
14 庖室
15 东浴室更衣殿
16 铜幡竿
17 厨堂
18 木门
19 石棋枰
20 石座床
21 仪天殿
22 厨堂
23 宿卫之室
24 犀山台

万寿山、太液池平面图

而在"灵囿"中饲养的珍禽也很多，数量较大的第一批珍禽来自南宋宫廷。至元十一年（1274），元朝军队攻占临安（今浙江杭州），"十一年江左平，宫籞禽玩毕达京师"，"厥后珍禽、奇兽陆贡川输，岁相望于道。彼隶鸟官、入上林，集万年之芳枝，蒙天颜之一盼，振羽和鸣，固有喙同而如瘖者矣。"据记载的珍禽有秦吉了、蘋茄儿、百舌儿、白头翁、柳莺、切仓子（又称"铁嘴儿"）、相思儿、白鹦鹉、玄鹤、金丝鸡、花鹭鸶、小鸮鹠等。其中，秦吉了、小鸮鹠等，"善作人语""能作人语"②。由此可见，天下有捕获珍禽者，皆被送到大都的"灵囿"中来。

三、明清西苑营建

明清时期是西苑营建的最高峰，明代开挖南海，使太液池又有了前三海（北

① 〔元〕陶宗仪：《南村辍耕录》卷二十四《帝廷神兽》，明崇祯虞山毛氏汲古阁刻清初汇印津逮秘书本。

② 董焱：《北京园林史》，人民出版社，2019，第80页。

海、中海、南海)之称,并进行了大规模的修建,使之成为一座风景绮丽的皇家园林。到了清代,皇家园林的兴建更加兴盛,西苑三海以其傍近皇宫的地理优势和优美的自然环境受到了皇帝的青睐,因而得到了精心的营建。特别是经过乾隆朝的经营,西苑三海更是尽善尽美,堪称皇家园林的经典之作。著名的燕京八景中就有"琼岛春阴"和"太液秋风"二景被清高宗定位于这里。

(一)**明代西苑营建**　明代西苑建筑疏朗、树木蓊郁,既有仙山琼阁的境界,又富水乡田园之野趣,犹如在厚重砖墙的层层包裹中,劈出一大片轻灵鲜活的自然环境。尤其南海一带,为明帝"阅稼"之所,树木蓊郁,具有浓郁的田园野趣。明人诗称:"别开水榭亲鱼鸟,下见平田熟稻粱。圣主一游还一豫,居然清禁有江乡。"①

明初的"西苑"大体保持了元代的规模和格局。明代西苑营葺始于永乐年间。永乐十九年(1421)明朝廷自南京迁都北京。迁都之前进行了长期营建新都的工程。孙承泽《春明梦余录》载,万寿山、仪天殿,"及明成祖建宫阙,益加修治。"明代皇城虽在元大内旧基上修建,但与元代不同的是,宫城的位置整体移向太液池东岸,为了适应宫城南扩的需要,永乐年间开挖了南海,使太液池水面扩展到承天门一线。开挖南海的泥土堆积在元代延春阁旧基上,形成一座土山,取名"万岁山",又称"镇山",取"镇压元朝王气"之意。史载"万岁山"在永乐十八年(1420)即已完成,据此推断,南海在此之前也应已开凿完毕。开挖南海是明朝初叶对西苑最大的改造,太液池从此形成了北、中、南三海的格局,南海上堆起一座小岛,称为南台,即今之瀛台。

明宣宗时,对西苑不断重修扩建,拓宽水面,踵事增华。宣宗撰有《御制广寒殿记》,又作《绿竹引》,颂称"光摇太液波心月,高出三山顶上松"②,后世传为"凤城万树"之景。宣德八年(1433),明宣宗对琼华岛重加修葺。杨士奇《赐游西苑诗序》云:

> 宣德八年(1433)四月,上以在廷文武臣日勤职事,不遑暇逸,特敕公侯伯师傅六卿文学侍从游观西苑,……自西安门入,循太液之东而南,观新作之圆殿,改作之清署殿。……降而登万岁山,至广寒殿,而

① 〔清〕于敏中等:《日下旧闻考》卷三十六《宫室》,清乾隆五十三年武英殿刻本。
② 〔清〕钱谦益:《列朝诗集》乾集卷上,清顺治九年毛氏汲古阁刻本。

仁智、介福、延和三殿及瀛洲、方壶、玉虹、金露之亭咸得遍造。①

实际上,这次修葺的不只是圆殿(承光殿)、清暑殿。明宣宗《御制广寒殿记》有"比登兹山(万岁山),顾视殿宇,岁久而随,遂命工修葺"的叙述,可见广寒殿及琼华岛万岁山上诸殿也均加以重修。不过整体而言,直至明宣宗时,西苑中建置大部分仍延元旧,并没有大规模地添建。宣德八年王直游览西苑记载"凡诸殿宇皆仍其旧未尝修治,我朝列圣恭俭之德于此可见矣"②。

明英宗朱祁镇即位后"工役繁兴"。天顺元年(1457)英宗复辟后更大事营建西苑,揭开了明代中叶西苑大规模建设的序幕。《明英宗实录》记载:

北海"琼岛春阴"碑

① 〔明〕陈子龙:《明经世文编》,卷十六《杨文贞公文集·赐游西苑诗序》,明崇祯云间平露堂刻本。
② 《日下旧闻考》卷三十五引《王文端文集》。

丁丑,新作西苑殿亭轩馆成。苑中旧有太液池,池上有蓬莱山,山巅有广寒殿,金所筑也。西南有小山,亦建殿于其上,规制有巧,元所筑也。上命即太液池东西作行殿三,池东向西者曰凝和,池西向东对蓬莱山者曰迎翠,池西南向,以草缮之而饰以垩,曰太素。其门各如殿名。有亭六,曰飞香、拥翠、澄波、岁寒、会景、映晖。轩一,曰远趣,馆一,曰保和。至是始成,上临幸,召文武大臣从之,游赏竟日。①

当时西苑风景之绮丽,建筑之华美,远胜前朝。北海部分沿岸添建有凝和殿、迎翠殿、太素殿、远趣轩、保和馆等建筑;此外,中海东岸椒园建有崇智殿、玩芳亭,西岸有兔儿山一组,乃元代隆福宫遗构;南台则建有昭和殿等建筑。太液池西北隅,养牲房与小山子之间,还有虎城。明英宗之后,孝宗、武宗继续在太液池沿岸的修建活动。弘治三年(1490)五月,孝宗"修承光殿及西海子石桥,立金鳌玉𬭚牌坊"。"其石梁如虹,直跨金海,通东西之往来者,曰玉河桥。有坊二,曰金鳌、曰玉𬭊。桥之中,空约丈余,以木枋代石,亦用木栏杆。"正德二年(1507)二月"修缮上林苑,海子行殿屋宇等处",八月于西华门筑禁苑宫殿,名曰"豹房",又称"新宅",终日于此行乐,后死于此。正德十年七月,重建太素殿,违"垩饰茅覆"的旧规,极其奢华。"凡用银二十余万两,役军匠三千余人"。② 此外,武宗还在中海西岸建平台一座,作为观看跑马骑射之地,台上有圆顶黄瓦小殿,并有斜廊垂接台下,是为紫光阁前身。

嘉靖年间西苑营建活动进入高峰期。嘉靖帝即位后,"西苑宫殿自十年辛卯渐兴,以至壬戌,凡三十余年,其间创造不辍,名号已不胜书。"③西苑在明代政治中的地位,自北京紫禁城建成后,也以嘉靖朝最高。自嘉靖中期世宗移居西苑至其去世的近三十年间,这里一直发挥着明帝国政治中心的作用。

嘉靖十年(1531)三月,改筑先蚕坛于西苑,便于后妃亲祭蚕神:"坛高二尺六寸,四出陛,广六尺四寸。东为采桑坛,方一丈四尺,高二尺四寸,三出陛,铺甃如坛制。台之左右树以桑。东为具服殿,北为蚕室,又为丛室以居蚕妇。"④由是揭开了明代后期西苑建设的序幕。同年,在西苑内隙地开辟农田,立帝社帝稷之坛,旁设无逸殿、豳风亭、省耕亭、恒裕仓、省敛亭等,"每岁耕获,帝辄临观。"

---

① 《明英宗实录》卷三百一十九,天顺四年九月丁丑。

② 〔清〕夏燮:《明通鉴》卷四十六《武宗》,清同治十二年宜黄官廨刻本。

③ 〔明〕沈德符:《万历野获编》卷二《斋宫》,清道光七年姚氏刻同治八年补修本。

④ 〔清〕于敏中等:《日下旧闻考》卷三十六《宫室》。

此后太液池沿岸添建了较多新建筑。《明史》记载,嘉靖十一年(1532),于太液池西岸建成清馥殿,以为行香之所。十三年(1534)九月,"西苑河东亭榭成,亲定名曰天鹅房,北曰飞霭亭,迎翠殿前曰浮香亭,宝月亭前曰秋辉亭,昭和殿前曰澄渊亭,后曰(趯)台坡,临漪亭前曰水云榭。西苑门外二亭,曰左临海亭、右临海亭;北闸口曰涌玉亭,河之东曰聚景亭",从文献记载来看,计有飞霭亭、浮香亭、秋辉亭、宝月亭、澄渊亭、临漪亭、水云榭、左临海亭、右临海亭、涌玉亭、聚景亭、撷秀亭等十余座。

嘉靖十五年(1536)翰林学士李默《西内前记》,描绘了当时西苑的部分建筑景致:

> 循塍而东过者省耕亭,亭额即向所观御书也。南并稻畦可二十亩,中有池方广十余丈,环置桔槔引池灌焉,……复导自东小门出,则湖堤万柳中也,缘堤稍南,树益茂密,闻无人声,林端望见昭光殿。常侍曰:此兔儿山也。稍北行,常侍别去,时夕阳半落湖心,波光闪烁,荷叶尽舒,花皆红白二种,望之情神俱澈,香不足言,葭菼苍然,有异鸟巢其末,时啾唧出芦苇间,白鹭片片,杳森难即。湖东列数亭为舣舟处,亭外为西苑门,殿阙参差,可历历指……步出教场北行,直石桥西,桥两端皆坊,东曰:金鳌,西曰:玉蝀。望圆殿梳妆楼如在席前,又闻桥北有龙凤丹虎圈诸胜。[①]

嘉靖二十一年(1542)十月,宫女杨金英等人趁嘉靖帝醉睡之际,企图将其绞杀,幸得皇后驰至解救,始得苏醒。为避免此类事件再度发生,世宗离开宫禁,移居西苑永寿宫。日常游赏有了更便利的条件,嘉靖帝进一步依照自己的意图来经营西苑。史籍记载中,西苑各个景点更名不断,如涌玉亭更为汇玉渚,远趣轩更为神应轩,会景亭更为龙泽亭,岁寒亭更为五龙亭,浮香亭更为芙蓉亭等。除更名以外,各景点的修缮、建设也未停止。如嘉靖三十五年(1556)建紫光阁,三十六年(1557)建大光明殿,四十三年(1564)建延年殿等。

明神宗时,又于万历二十九年(1601)五雷殿左右添建迎祥馆、集瑞馆。同年六月,在太液池北岸建乾德殿,后改为乾德阁,俗称"北台"。在建设乾德阁的过程中,将承华殿拆除,所拆石木皆用于乾德阁工程。此后天启元年(1621)因乾德阁高过大内,与风水不利,遂被拆毁,改建嘉豫殿。万历三十年(1602)秋,

---

① 〔清〕黄宗羲:《明文海》卷三百五十五。

267

在太液池北岸建五龙亭，"中曰龙泽，左曰澄祥，右曰涌瑞，又左曰滋香，右曰浮翠"。同时还建有龙寿、玉华、游仙三洞，后于天启元年（1621）拆除。万历年间每逢中元节时，还在紫禁城旁的道经厂、汉经厂做法事，放河灯于玉河桥（又作御河桥），谓以慈航普度，为历年之盛事。至崇祯年间，仅于崇祯五年（1632）修葺乾光殿，复名承光殿，此后史料中再无明代营建西苑的记载。

（二）**清代西苑营建**　清代定都北京后，基本沿用了明代的西苑作为皇家御苑，名称仍沿明旧。当时已有"三海"之称："禁中人呼瀛台南为南海，蕉园为中海，五龙亭为北海。"然而，由于连年战乱，疏于维护，西苑中的建筑已所剩无几，据《金鳌退食笔记》等史料记载，明末清初，万岁山北海一带的建筑仅存有承光殿、大西天经厂、五龙亭及亭北的斋馆等建筑。

世祖初年，清朝国祚未稳，暂时无力对西苑进行大规模的经营。对于北海部分，只有顺治八年（1651），应西域喇嘛恼木汗所请，在琼华岛上兴建了一座藏式白塔及附属的寺庙。清世祖所建白塔位于琼华岛顶部，广寒殿遗址上，琼华岛遂又被称为"白塔山"。

同时建成的还有普安殿、圣果殿、宗镜殿、正觉殿、转角房、顺山房等一组建筑，与白塔合称永安寺。琼岛白塔的建造对整个西苑乃至清代其他皇家园林的营建都有着深远的影响。白塔塔顶海拔一百一十二米，为当时北京城内制高点，在大内、皇城等处对其一览无余，成为城市空间的焦点。在三海园林中，白塔更是全园的视觉中心，之后清高宗对琼岛甚至整个西苑的营建都围绕着它来展开。同时，琼岛白塔也开创了以巨大尺度宗教建筑统率园林景观的清代御苑

北海五龙亭

268

规划模式,后来的避暑山庄、静明园、清漪园等的规划建设均采取了这种盛行的园林规划方式。

自康熙十九年（1680）始,在瀛台北部即南海与中海相隔的大堤上进行了较大规模的整修,最终建成了一组以勤政殿为中心的宫殿。其北部的宫墙,傍临中海水面,将

《康熙帝万寿庆典图》团城部分

南海分隔为一个相对独立的宫苑区。宫墙正中为三楹的正门,称作"德昌门",其左右为朝房各五楹。门内是北向的五楹正殿,殿后面南正门为"仁曜门"。仁曜门的南部有桥,与瀛台相连。根据《康熙起居注》的记载,勤政殿开始成为清帝听政的场所是在康熙二十五年（1686）。这年四月初五日,清圣祖移驻瀛台。翌日辰时(上午七点至九点),清圣祖在瀛台勤政殿听政。此后,只要是驻跸瀛台,清帝都是在这里处理政务。此外,康熙年间除两次大修白塔外,康熙二十年（1681）冬运琼岛太湖石至瀛台,康熙二十九年（1690）重建承光殿。从《康熙帝万寿庆典图》中可以看到,新建的承光殿周围已经相应建有敬跻堂、古籁堂、余清斋、昭景门、衍祥门等建筑。

清代乾隆年间,西苑建设进入全盛时期,现在所见到的西苑三海中的建筑,主要是这时建造的。此后嘉、道、咸、同诸朝,对西苑除个别建筑的更易增损之外,大体上仍保持乾隆时期格局。乾隆七年（1742）,清廷正式议定亲蚕典礼,同时选择在西苑东北角原明代宏济神祠的基址上新建先蚕坛。乾隆八年（1743）,先蚕坛建成。先蚕坛建成后第二年,即乾隆九年（1744）,孝贤皇后在这里主持举行了清代历史上第一次亲蚕大典。整个典礼过程声势浩大,规模空前。典礼结束后,清高宗即命宫廷画家郎世宁等绘制孝贤纯"皇后亲蚕图"长卷,作为历史性纪念。

乾隆八年（1743）,永安寺(白塔寺)扩建工程告竣,在原白塔寺的基础上添建了法轮殿、钟鼓楼、山门、紫照牌楼等建筑。同年,又添建悦心殿、庆霄楼、静憩轩、撷秀亭、蓬壶挹胜亭等。太液池北岸原有明代太素殿遗址。清康熙年间,清圣祖常奉皇太后避暑于此,后逐渐成为皇族游园休憩之所。此后孝圣皇太后认为此处清静,宜建成佛寺,清高宗遂遵母命,谕旨就其址改为佛殿,"上为慈圣

269

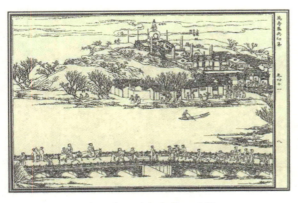
永安寺白塔与金鳌玉蝀桥

祝厘,下为海宇苍生祈佑"①,名曰"阐福寺"。

从乾隆十六年(1751)开始,西苑迎来了又一次营建的高峰期。在乾隆十六年到乾隆二十四年(1759)这段时间里,几乎年年破土,岁岁兴工,从未间断。营建项目也遍布琼岛、北海北岸及东岸。乾隆十六年,清高宗第一次下江南归来后,江南秀丽的园林美景给他留下了极为深刻的印象,也大大激发了他的造园灵感。清高宗随即着手对北海琼岛进行了更大规模的营建。他仿照镇江金山寺,以"金山江天"为原型营建了延楼建筑群。这一建筑群的营建延续二十余年。乾隆三十八年(1773),清高宗作记:"盖山之北以堂与斋为主室,而围堂与斋北临太液,延楼六十楹,东尽倚晴楼,西尽分凉阁,有碧照楼、远帆阁分峙其间,各对堂与斋之中。南瞻窣堵,北俯沧波,颇具金山江天之概。"②清高宗对这一建筑群颇为得意,为强调其与金山原型的意向关联,每"登楼与阁,偶有吟咏,无不以是为言",如"浮玉楼台似,江天入企情""太液漪澜虽迟待,金山消息已侵寻"等。与延楼组群同时修建的还有琼岛东岸的看画廊、交翠庭、智珠殿、般若香台(半月城)等建筑,同时立"琼岛春阴"碑于东岸山下,是为"燕京八景"之一。乾隆十七年(1752)三月,琼岛东岸添建见春亭。同年五月,开始对琼岛西岸进行经营,添盖了琳光殿、甘露殿、揖山亭、蟠青室、一房山、小玉带桥、小玉带桥牌楼、琳光殿牌楼以及游廊耳房等建筑,在构筑建筑的同时,还在小玉带桥东侧开凿水池,将太液池水引入其中,又环以太湖石若干,形成一处别有洞天的园林水景。与此同时,琼岛北岸在延楼组群后又添建延南薰、一壶天地亭、小昆邱等点景建筑。乾隆十八年(1753),先后添建了水精域、阅古楼、亩鉴室、烟云尽态亭等建筑。五龙亭东侧原有明代遗留的一组宗教建筑,称为大西天经厂。乾隆年间,在明代基础上,在这一带经营了西天梵境一组建筑,又称"大西天"。在大西天工程进行的同时,位于其西侧的另一组宗教建筑群也随之破土。按乾隆十五年《京城全图》所绘,

---

① 〔清〕于敏中等:《日下旧闻考》卷二十八《国朝宫室》,清乾隆五十三年武英殿刻本。
② 〔清〕李鸿章、黄彭年等:《(光绪)畿辅通志》卷九《帝制纪九》,清光绪十年刻本。

大西天西侧原是一片旗民住房,并不在西苑范围之内。清高宗在经营北岸时将这一带纳入北海,拆除原有民房,在此修建了大圆镜智宝殿、九龙壁等一组建筑,因位于大西天西侧,也称大西天西所。建成后的大西天西所沿轴线自南向北依次有九龙壁、真谛门、配殿、大圆镜智宝殿、宝网云亭和经板库房,俨然已成为一座独立的规模宏大的皇家寺庙。经过清高宗的一番经营,北海北岸的景色有了巨大的改观,阐福寺、大西天及大西天西所几座皇家寺院营造了一片西天佛国的氛围,澄观堂、镜清斋点缀其中,更丰富和活跃了整体景观,从琼岛上望去,楼宇相连、高低错落,形成了一片极为优美的风景。

在太液池东岸,清高宗将原海墙位置整体东移,把原来墙外的土地庙、水道和康熙时状元蔡升元的住宅,都圈入苑内。接着又将之前疏浚太液池的淤泥堆积在拓展后的土地上,形成连绵起伏的土山,缀湖石,莳花木,称名"桃花山"。同时在原龙王庙迤北开凿水渠,引太液池水,延入土山深处,与先蚕坛浴蚕河交汇。乾隆二十二年(1757),清高宗又以浴蚕河水系为基础,在明代天顺年间凝和殿的旧址上,精心营造了"画舫斋"和"濠濮间"两处小园林。经过清高宗的一番经营,太液池东岸一改原先局促单调的面貌,变得林木清幽、山水相宜,新建的"画舫斋"和"濠濮间"两处幽雅别致的园中园,很好地点缀了整个西苑的园林情趣,其清新脱俗的文人园林意象也正体现了清高宗一向崇尚的"内圣外王"的儒家情结。

乾隆三十二年(1767),清高宗为了给孝圣皇太后祝寿祈福,在阐福寺迤西又开工兴建有万佛楼。包括山门、牌楼、石幢、东西配楼(即宝积楼、髹辉楼)。东次轴线内原称东所,正中有垂花门,内有澄性堂、镜藻轩、致爽楼、澹吟室、湛碧亭、清约池及周围游廊等。西次轴线内原称西所,有垂花门、妙相亭,亭内竖立十六角石塔。翌年,又在万佛楼普庆门南建了一组"坛城"式建筑——极乐世界。中央一座极乐世界重檐大殿建筑面积一千平方米,有研究者认为是"亚洲最大的古代方亭式建筑"。大殿四周清池环绕,四座汉白玉石桥贯通四方,水池外有宇墙,连接着衬托四角的四座方亭及大殿四面四座三洞四柱七楼琉璃牌坊。经过精心营建,极乐世界与万佛楼构成了北海北岸规模最宏伟、最华丽的寺庙建筑,与东侧的阐福寺交相辉映,金碧辉煌,无比壮观,清高宗曾赋诗赞道:"碧镜光中拖曲堰,绿云丛里出高楼。"

整体而言,清代乾隆朝以前,西苑的营建集中在琼岛和团城上,主要有白塔及永安寺的建造和维修、团城承光殿的重建等。乾隆年间,西苑相继进行了一系列规模空前的营造活动,西苑中白塔山、东、北沿岸及团城新建各式殿宇、门座及坛庙建筑共一百二十六座(含九龙壁):亭子三十五座、桥二十五座、碑碣十六座、重修或改建旧有各类建筑十二座。此外,还疏浚湖池,增砌湖池泊岸,修建码头,用清挖湖池的泥土堆成土山,铺种草皮,广植花木,堆砌假山石及添建人工水景等。乾隆朝后,西苑的经营基本处于守成阶段,几乎没有任何改建和加建。直至清末,清穆宗、清德宗和慈禧太后又对西苑进行了全面的大修,其间对镜清斋、画舫斋等处进行了局部的增建,其他各处均保持乾隆时期原貌。

四、皇家园林的文化特征

元代以来营造的西苑,是中国古典园林的集中体现,是我国传统园林艺术的结晶。这里以其傍近宫城的地理优势和优美的自然环境,一直受到统治者的青睐。在营造园林方面,明代以后三海分割巧妙,以金鳌玉蝀桥与蜈蚣桥为界,划分为北、中、南三海,三海各有特色。北海面积最大,殿宇众多,亭台楼榭,游廊回绕,山石、树木、湖水等景色绚丽,尤以琼华岛景区最为突出,再傍以团城点景,使北海景色为三海之冠。中海水面辽阔,地域宽广,建筑疏朗而体量高大,以气势取胜。南海建筑较多,几个景区相对集中,也以山石、树木与湖面相配,和北海遥相呼应,形成别具一格的景观,有着深厚的文化意蕴。

(一)神话传说与仙境象征　皇家园林文化的内涵来源之一,是远古时期的神仙传说。先秦神话中,东海有三座仙岛,蓬莱、方丈(方壶)、瀛洲,岛上奇花异树,金玉台观,居住着不老不死的神仙,飞腾于岛间。传说中的仙境为古代帝王所憧憬。汉武帝于是把想象中的三座仙山岛屿建在了建章宫的太液池中,开创了"一池三山"的皇家园林模式。此后,南朝的建康玄武湖御苑、隋代洛阳的西苑北海都建有东海三岛的景观。唐、宋御苑中也有蓬莱山或蓬莱宫,寓意人间仙境。西城皇家园林继承了"一池三山"的传统,在金中都的皇家园林中,就有着"瑶池""蓬瀛""太液"等名称。而到了元代,在太液池中又堆筑了三岛,明、清继之,在宽阔的湖面上营造的主题景观依然是"三山"仙境。是追求人神之间的沟通。甚至主体建筑的名称,如太液池、琼华岛、广寒殿等,皆是远古神话中神仙居住的地方。

(二)重农劝农等国家治理观念　千姿百态、移天缩地的园林景观不仅是自然风光与人工雕琢的完美融合,也是统治者治国理念和政治理想的物化体现。中国古代社会以农立国,重农劝耕乃国家要务。因而农耕文化也反映在皇家园林的建筑上。历代帝王往往在御苑中开辟籍田躬耕以垂范天下。明代,在西苑增辟南海,湖中筑南台;又于南海东岸设闸,引水东流,汇为外金水河。闸门一带,水流湍急,稍北折,下游聚水一区,水中堆筑小岛,建亭三座,构成一处幽静的小园林。三亭中,最大者为涵碧亭,四面皆窗槛,中设御榻。东有乐成殿(后改称无逸殿),殿侧有屋,内设石磨、石碓各二,下激湍水,使之转动,御田收获的稻谷在此碓舂成米。另有豳风、省耕二亭,装饰简朴,东西梁槛临水。每岁秋成,在此做"打稻"歌舞表演。从乐成殿度桥转南,林木深茂。旁有水田村屋,明帝于此阅稼躬耕。①

清代,乐成殿一带园林改建为淑清院。康熙年间,于中海的西南角和南海的西北角建丰泽园,辟左近旷地为御田。据清高宗所作《丰泽园记》载:"自勤政殿西行,过小屋数间,盖皇祖养蚕处也。复西行,历稻畦数亩,折而北,则为丰泽园。"丰泽园一带地势较为开阔,园门外"一水横带",前有稻田十亩一分。清圣祖建此园,旨在劝课农桑、敦本重农,"用跻天下于熙皞之盛"。② 他本人为验田功、较晴雨,还曾在这里种过试验田。当然,这主要是依靠奉宸苑所雇庄头种植的,清圣祖在"万几余暇,亲御末耜"也或而有之。

《清实录》记载有这样一件事情。康熙三十一年四月二十二日(1692 年 6月 6 日),清圣祖在丰泽园内澄怀堂召见户部尚书库勒纳和马齐。二人进门后,清圣祖便问道:"尔等进来时,曾见朕所种稻田耶?"诸臣答道:"曾见过稻苗已长尺许矣,此时如此茂盛,实未有也!"清圣祖讲道:"朕初种稻时,见有于六月时即成熟者,命取收藏做种,历年播种亦皆至六月成熟,故此时若此茂盛。若寻常成熟之稻,未有能如此茂盛者。朕巡省南方时,将江南香稻暨菱角带来此处栽种。北方地寒未能结实,一遇霜降遂至不收。南方虽有霜雪,然地气温暖,无损于田苗。谚云:清明霜,谷雨雪,言不足为害也。总之,南北地气不同,节候各异,寒暑之迟早全视太阳之远近,所以赤道度数最宜详审。"随后,清圣祖又命他们观看澄怀堂后院所栽修竹、前院盆内所栽人参及各种花卉,并讲解道:"北方地寒风高,无如此大竹。此系朕亲视栽植,每年培养得法,所以如许长大,由此观之,天下无不可养成之物也。"可见,这位有作为的皇帝,并非仅将籍田作为点缀园林的景致,也是在那里观农验稼。

乾隆年间,为了宣示清廷的重农政策,还将丰泽园西部的一处建筑命名为春耦斋,将唐代画家韩滉的《五牛图》、明代画家项圣谟和康熙年间大学士蒋廷锡所仿绘的《五牛图》收藏于此。清高宗称,此斋的命名固然是为了庆贺"古今名迹一时会合"的"艺苑胜事";但"服畴力穑、牛之资田最钜",见画如见春耕景,"务本之意所为在此不在彼耳"。清高宗还专门写了一篇《春耦斋记》,将周

---

① 《西元集》,转引自《日下旧闻考》卷三十五。

② 〔清〕于敏中等:《日下旧闻考》卷二十三《国朝宫室》,清乾隆五十三年武英殿刻本。

朝较秦朝国祚久远的原因归于"重农为务,惟土物爱,知稼穑艰";并称清朝以"民本食天"为念,较周朝更有过之而无不及。

（三）**江南园林的效仿** 清代西城皇家园林的营建,与江南文化有着密切的关系。清圣祖和清高宗都曾六次下江南,目睹了江南经济和文化的繁荣,还遍访了名园和胜景,湖光山色之美与士人园林的清雅风韵使他们流连忘返,在御苑的营建中多有效仿。清代御苑内的水体景观,在宽阔的湖面岸边或湖中,往往仿造江南的名胜。

乾隆十六年(1751),于琼华岛北岸建成的临水游廊延楼,西起分凉阁,东至依晴楼,上下两层,长达六十间,即是效仿江苏镇江北固山"江天一览"之景致。清高宗在《塔山记》中写道"南瞻窣堵(佛塔,指白塔),北俯沧波,颇具金山江天之概"。除了模仿江南名胜,清代还以营建园中园的方式,将苏杭著名的文人园林仿造于御苑中。西苑南海淑清院中,有题为"千尺雪"的一组建筑,位于池塘中,"盖仿吴中寒山赵宦光所居之千尺雪而为之"①。他在《千尺雪诗》中称:"寒山自昔曾题句,临瀑三间教仿为。"这些仿制手法强调的是基本创作原则和意象的借鉴,而非具体形式或形态的简单照搬,如清高宗所言,为"略师其意,就其天然之势,而不舍己之所长",即在综合而深入地把握原型基础之上,结合当下具体情境,因地制宜地进行再创造,达到"谁道江南风景佳,移天缩地在君怀"的效果。

---

① 〔清〕吴振棫:《养吉斋丛录》卷十八,清光绪刻本。

第二节　王府园林

　　西城区王府园林不仅数量众多,在园林艺术方面也有着极高造诣。王府园林的代表,明代有定国公园、英国公新园、惠安伯园等。清廷定鼎北京后,对"诸王不锡(赐)土,而其封号但予嘉名,不加郡国。"皇子宗亲分封为王,不外出就藩,于京城赐建府邸而居,由是京师王公府第荟萃,园林景观宏阔壮丽,具有代表性的有醇王府园林、恭王府园林、郑王府园林等。

　　作为特殊的人物群体和文化群体居住的建筑群体,王府园林从规模、质量、气派上有着显著特点。一是等级色彩鲜明,如清代王府建筑作为仅次于皇宫的建筑群组,往往带有皇家建筑特点,设主轴线,分成几路。主轴线上依次建有府门、正殿、翼楼、神殿、后罩楼、花园、家庙等,以正殿为中心,其门、殿、楼、寝等,严格按照府制的规格建造,不得逾制。王府在兴建过程中,将老北京四合院与古典园林建筑结合起来,同时,又要遵循严格的亲王、世子、郡王、贝子、公府及公侯等的等级礼制,其背后的核心是皇权与等级思想。清代王公府园无论等级如何,皆有一些皇家御园的气派,如环境优美、宏阔富丽、气势雄伟等。许多王府花园本属于赐园,和御园一样由内务府主持设计施工,有些直接从御园中划拨而来。因此,在构园方法上受皇家苑囿的仪典隆重气氛的影响,在某种程度上带有御园特点。

　　二是崇尚富贵气息浓厚。一些园林花卉尤重视牡丹、芍药来体现富贵,也有通过建筑装饰、山水形态和匾额题名来强调"祈福"之义,有些王公府园拥有皇帝、太后所赐的匾额、楹联,带有较重的荣宠性质。最典型的是恭王府园,其中有山石名"福来峰",水池名"蝠河",后厅为"蝠厅",均以蝙蝠形状隐喻"福"字,其假山中还藏有康熙帝御书的"福"字碑,堂榭建筑中的"福寿"装饰更是多不胜数,堪称"万福园"。

　　三是追求"富丽弘敞"同时,推崇传统文化,喜欢"幽野自然"旨趣,如郑献亲王济尔哈朗六世孙、辅国将军长恒子、奉国将军书诚,字实之,号樗仙,"性慷慨,不欲婴世俗情。年四十,即托疾去官。邸有余隙地,尽种蔬果,手执畚镈,从事习劳以为乐"①。

一、明代公侯府园

（一）**定国公园**　明清两代府宅园亭曾盛极一时,什刹海一带常被视为北京内城修筑园林的首选佳地,定国公园又称"太师圃",位于德胜桥西,积水潭南。《日下旧闻考》引《燕都游览志》记:"定国徐公别业,从德胜桥下右折而入,额曰太师圃。前一堂,堂后纡折至一沼,地颇疏旷。沼内翠盖丹英,错杂如织。沼北广榭,后拥全湖,高城如带,庭有垂柳,袅袅拂地,婆娑可玩。堂左右书室,西筑高台,耸出树梢,眺望最远,滨湖园为第一。"②描绘了明万历年间定国公园的气象。《帝京景物略》记:"环北湖之园,定园始,故朴莫先定园者。实则有思致文理者为之,土垣不垩,土池不甃,堂不阁不亭,树不花不实,不配不行,是不亦文矣乎。园在德胜门桥右,入门,古屋三楹,榜曰太师圃,自三字外,额无匾,柱无联,壁无诗片。西转而北,垂柳高槐,树不数枚,以岁久繁柯,阴遂满院。藕花一塘,隔岸数石,乱而卧,土墙生苔,如山脚到涧边,不记在人家圃。野塘北,又一堂临湖,芦苇侵庭,除为之短墙以拒之。左右各一室,室各二楹,荒荒如山斋。西过一台……台遂不必尽望。盖他园花树故,故为容。亭台意特特在湖者,不免佻达矣。园左右多亭馆,对湖乃寺。万历中,有筑于园侧者,掘得元寺额,曰'石湖寺'焉。"③描绘出明代定国公园的景象。这处王府园林是环什刹海园墅中建园较早的一个。明代开国功臣徐达第四子徐增寿的后人世袭定国公徐光祚和徐文璧先后被封为太师,此当为其花园,故亦称"太师圃"。

定国公园最大的特点是自然质朴,"朴"就是崇尚自然,反对雕饰,讲究"绚烂之极,归于平淡",追求一种更高的艺术境界。正是在这种"白玉不雕,宝珠不饰"的美学思想指导下,才形成"虽由人作,宛自天开"的造园艺术创作思想。景致以自然取胜,以古朴闻世,是明代文人游览雅集的场所,明末清初贺世寿、余廷吉、吴惟英、张学曾等留有歌咏定国公园林的诗章。

定国公太师圃今已不存,毁于何时无文字记载。

（二）**英国公新园**　英国公新园位于城北后海银锭桥附近的观音庵,建于明崇祯六年(1633)。《帝京景物略》云:"崇祯癸酉岁(崇祯六年)深冬,英国公乘

---

① 〔清〕赵尔巽等:《清史稿》卷四八四《列传》二七一《文苑》一。
② 〔清〕于敏中等:《日下旧闻考》卷五十三《城市》,清乾隆五十三年武英殿刻本。
③ 〔明〕刘侗、于奕正:《帝京景物略》卷一《定国公园》,明崇祯刻本。

冰床，渡北湖，过银锭桥之观音庵，立地一望而大惊，急买庵地之半，园之。”英国公新园，园中建筑不多。其特点是园之周围风景极为壮丽，是一处观景的胜地。《燕都游览志》云：“银锭桥在北安门海子三座桥之北，此城中水际看西山第一绝胜处。桥东西皆水，荷芰菰蒲，不掩沦漪之色。南望宫阙，北望琳宫碧落，西望城外千万峰，远体毕露，不似净业湖之逼且障也。”①《帝京景物略》云：“园中构一亭、一轩、一台耳。但坐一方，方望周毕，其内一周，二面海子，一面湖也，一面古木古寺。”“园亭对者，桥也。过桥人种种，入我望中，与我分望。”即过银锭桥的往来行人，在园中分明可见，行人与园中之人同样可以观望四面景物。“南海子而外，望云气五色，长周护者，万岁山也。左之而绿云者，园林也。东过而春夏烟绿，秋冬云黄者，稻田也。北过烟树、亿万家甍，烟缕上而白云横。西接西山，层层弯弯，晓青暮紫，近如可攀。”②吴岩《沿银锭河堤作》云：“短短高柳接城隅，遮掩楼台入画图。大好西山衔落日，碧峰如障水亭孤。”英国公新园是一座别开生面，突破空间局限的王公园林，它不在于园内的造景，而是利用三面环水，四周景色优美来借景。所以园内只构一亭、一轩、一台，“杖履弥勤”“但坐一方”即可饱览四周的风景。文中虽无“借景”一词，却极尽借景能事。刘侗所说：“过桥人种种，入我望中，与我分望”，揭示出借景的真意，桥上行人种种皆成图画，说明城市生活本身即是构成景观的内容，所谓“互相借景”，不只在景物之间，而且包括着人在景中的活动；他处之景，为我所赏；我处亦景，为他人所观。造园的借景，不能脱离在景观中人的活动，这一点英国公新园体现得较为突出。

（三）惠安伯园　惠安伯园位于西城，以种植牡丹闻名。《帝京景物略》记载：“都城牡丹时，无不往观惠安园者。园在嘉兴观西二里，其堂室一大宅，其后牡丹，数百亩一圃也。余时荡然藁畦耳。花之候，晖晖如目不可极，步不胜也。客多乘竹兜周行塍间，递而览观，日移晡乃竟。”“花名品杂族，有标识之，而色蕊数变。间着芍药一分，以后先之”。

清初孙承泽的《天府广记》中也有记载：“张惠安牡丹园在嘉兴观西。其堂室一大宅，其后植牡丹数百亩，每当开日，主人坐小竹舆行花中，竟日乃遍。”这个花园在第宅的后面，是个占地数百亩之广，专门种植牡丹、芍药的花圃。我们还可以从袁宏道散文中了解其花卉园艺情况③：

---

① 〔清〕于敏中等：《日下旧闻考》卷五十四《城市》，清乾隆五十三年武英殿刻本。

② 〔明〕刘侗、于奕正：《帝京景物略》卷一《英国公新园》，明崇祯刻本。

③ 〔明〕袁宏道：《袁中郎全集》卷十一，明崇祯二年武林佩兰居刻本。

时牡丹繁盛,约开五千余,平头紫大如盘者甚多,西瓜瓤、舞青猊之类遍畦有之。一种为芙蓉三变尤佳,晓起如珂雪,已后作嫩黄色,午间红晕一点如腮霞,花之极妖异者。主人自言经营四十余年,精神筋力强半疲于此花,每见人间花实即采而归种之,二年芽始苗,十五年始花,久之则变而异种。有单瓣而楼子者,有始常而终冶丽者。已老不复花,则芟其枝。时残红在海棠,犹三千余本,中设绯幕,自篱落以至门屏,无非牡丹,可谓极花之观。最后一空亭,甚敞,亭周遭皆芍药,密如韭畦。墙外有地数十亩,种亦如之。

以上是花开后他第一次赏花的情景。其后,四月二十六日,他第二次到牡丹园赏芍药,"红者已开残,唯空亭周遭数十亩如积雪,约十万余本"①。

(四)李皇亲新园 位于城南金鱼池北三里河之故道。李皇亲即明神宗朱翊钧岳父李伟,封武清侯。因在海淀别有李皇亲园,故此处称新园。

李皇亲新园系疏浚三里河故道而建,园遂以水胜,园中筑亭,状如梅花,还有酒肆、典铺等。《帝京景物略》载:

三里河之故道,已陆作义,然时雨则淳潦,泱泱然河也。武清侯李公疏之,入其园,园遂以水胜。以舟游,周廊过亭,村暖隍修,巨浸而孤浮。入门而堂,其东梅花亭,非梅之以岭以林而中亭也,砌亭朵朵,其为瓣五,曰梅也。镂为门为窗,绘为壁,甃为地,范为器具,皆形以梅。亭三重,曰梅之重瓣也,盖米太仆之漫园有之。亭四望,其影入于北渠,渠一目皆水也。亭如鸥,台如兔,楼如船,桥如鱼龙。历二水关,长廊数百间,鼓枻而入,东指双杨而趋诣,饭店也。西望偃者,酒肆也。鼓而又西,典铺、饼炸铺也。园也,渔市城村致矣。

又云:此园土木工程尚未全部完成,日后想必"绕亭遍梅,廊遍桃、柳、荷蕖、芙蓉,夕又遍灯"。

二、清代王府园林

(一)醇王府园 醇亲王府花园位于西城区后海北沿,王府前湖水澄清,堤

① 〔明〕袁宏道:《袁中郎全集》卷十一,明崇祯二年武林佩兰居刻本。

醇王府花园

岸垂柳,景色宜人,环境幽美。醇亲王府府邸前身是清初大学士明珠的府邸,明珠长子纳兰性德曾居于此。后赐为醇亲王府。醇亲王府占地约八十亩,分正院、住宅、花园部分。纳兰性德在《渌水亭·宴集》中说:"予家象近魁三,天临尺五,墙依绣堞,云影周遭;门俯银塘,烟波滉漾。蛟潭雾尽,晴分太液池光,鹤渚秋清,翠写景山峰色。"①花园中有渌水亭和隙光亭。府内南楼前,有七株夜合花树,其中两株今已有二三百年树龄,传是纳兰性德亲手栽植,他在《夜合花》诗中说:"阶前双夜合,枝叶敷华荣。疏密共晴雨,卷舒因晦明。影随筠箔乱,香杂水沉生。对此能消忿,旋移近小楹。"②到清末,这里成为末代皇帝溥仪的生父醇亲王载沣府邸(即摄政王)的花园。院内松柏苍翠,绿草如茵,古朴典雅的建筑坐落于假山湖水之间。

(二)恭王府园 恭王府位于什刹海前海,前身为和珅宅园,府中建筑分为府邸和花园两部分。府邸占地46.5亩,分中、东、西三路。府门两重,南向,大门面阔三间,二门面阔五间。门内中路中轴线上建筑有正殿"银安殿"及东西配殿,后殿名"嘉乐堂"。东路建筑为奕䜣起居处,前院正厅名"多福轩",后院正

---

① 〔清〕纳兰性德:《通志堂集》卷十三《渌水亭宴集诗序》,清康熙三十年徐乾学刻本。
② 〔清〕纳兰性德:《通志堂集》卷四《夜合花》,清康熙三十年徐乾学刻本。

厅名"乐道堂"。西路前院正厅名"葆光室",后院正厅名"锡晋斋"。后出五间抱厦高踞月台之上,建筑内外檐形制仿故宫"乐寿堂",旧名"庆颐堂",有东西配房各五间。"葆光室"与"锡晋斋"间有一垂花门,上悬"天香庭院"匾。垂花门南有竹圃,北有两株西府海棠。府邸院落最后有一两层后罩楼环抱,东西长一百六十米,房四十余间,东名"瞻霁楼",西名"宝约楼"。楼中间偏西一间下层是过道门,是一座西洋式汉白玉雕花拱券门,南面题"静含太古",北面题"秀挹恒春",门上花岗石刻有"榆关"二字。过此门即王府后花园的园门。花园,又名"萃锦园",占地 38.6 亩,分中、东、西三路。东、西各有一山,东为"垂青樾",西曰"萃云岭",皆以云片石叠成。

花园主体建筑在中轴线上。入园门正面耸立一柱形太湖石,高五米余,顶刻"独乐峰",又名"福来峰""飞来石"。石后为一蝙蝠形小水池,名"蝠池",有"海渡鹤桥",过桥为正厅"安善堂",视野开阔,山水相映。堂前有东配房"明道堂",西配房名"棣华轩"。过"安善堂"有一排堂阁小屋名"韵花"。过此为主山"滴翠岩",山上有三间敞厅名"绿天小隐",轩前有"邀月台";山下有洞曰"秘云洞",康熙帝"福"字碑即在洞中。中路最后一组建筑为正厅"养云精舍",面阔五间,硬山卷棚顶,前后各出三间歇山顶抱厦,左右各有三间折曲形耳房,其瓦顶形式在与正厅相接处为硬山式,折曲处为庑殿式,两端则为歇山式,平面恰似一只展翅的蝙蝠,取福字谐音而名"蝠厅"。花园中路的重要景物,均呈拱揖之势朝向"福"字碑,形成中轴线上蝠池、福字碑、蝠厅三重以"福"字为主题的独

恭王府花园

特园林景观;花园东路正门为垂花门,门外右前方有一座流杯亭,名"沁秋亭",仿古人"曲水流觞"之意,亭内凿石成流杯渠,清雅别致。院内翠竹遮映,南侧三间东房名"香雪坞",其后为主体建筑大戏楼,面积六百八十五平方米,分为看戏厅、戏台、扮戏房三部分;西路正门即榆关,榆关内有"秋水山房""妙香亭""益智斋"等。再北有一方形水池,池中心有敞轩三间,名"诗画舫",又称"湖心亭",亦称"观鱼台",无桥相通,需乘船而至,以饮宴、观赏、垂钓。池西岸有"凌倒景",南岸有"浣云居",北岸有轩馆五间名"花月玲珑""海棠轩"。池北有五间两卷正厅,名"澄怀撷秀",三间东耳房,名"韬华馆"。花园另有曲径通幽、雨香岑、吟香醉月、蓺蔬圃、樵香径等景观。

恭王府花园集西洋建筑和我国古典园林风格于一体,"建筑数量多且造型丰富,假山分青石山、湖石山和土山三类,各具姿态;园中设有大小水池以及曲水流觞等景致,花木也极为繁盛,是现存北京私家园林中保存最好、水平最高的一个实例。"[1]更准确地说是王府园林的最好例证。

(三)郑王府园　位于西单以北大木仓胡同。第一代郑亲王济尔哈朗是清朝开国元勋之一,清太祖努尔哈赤之侄。顺治元年(1644)封为辅政叔王,康熙、乾隆时期又不断追封,命以亲王爵世袭罔替。该府邸建于顺治四年(1647),占地广阔,建筑巍峨。此后,历代郑亲王不断修葺,郑王府成为京城屈指可数大王府之一。郑亲王府的西部为花园,名惠园,为乾隆年间德沛袭王位后兴建,传为李渔的杰作,是当时著名的园亭之一。郑亲王府兼具南北园林特点,在叠山用石上多为北方产的青石和北太湖石,形体浑厚、充实、刚劲,植物配置上是常绿与落叶树种,园林建筑带有厚重、朴实、刚健之美。同时也吸收了江南园林构造手法,通过各种巧妙借景,叠山理水,花木配置,建筑技巧等,将传统士大夫对自然山水的追求融入了带有皇家色彩、门第森严、富贵气息浓厚的王府建筑中。江南园林的柔情与北方园林的刚健有机融合,散发出幽静、自然的韵味。《履园丛话》云:

> 惠园在京师宣武门内西单牌楼郑亲王府,引池叠石,饶有幽致,相传是园为国初李笠翁手笔。园后为雏凤楼,楼前有一池,水其清冽,碧梧垂柳掩映于新花老树之间,其后即内宫门也。……楼后有瀑布一条,高丈余,其声琅然,尤妙。[2]

---

① 贾珺:《北京恭王府花园新探》,《中国园林》,2009 年第 8 期。
② 〔清〕钱泳:《履园丛话》卷二十《园林》,清道光十八年述德堂刻本。

德沛袭爵之时，又对惠园大肆进行营构。《啸亭杂录》记载："德济斋夫子袭简亲王爵时，邸库中存贮银数万两。王见，诧谓其长史曰：'此祸根也，不可不急消耗之，无贻祸于后人也。'因散给其邸中人若干两，余者建造别墅，亭榭轩然。故近日诸王邸中以郑王园亭为最优。"①

（四）其他王府园林　清末，北京王府园林受西洋风尚影响，有在原厅堂基址上修建洋楼或安设西式建筑者。如醇贤亲王奕譞第七子载涛的涛贝勒府园林，在什刹海，以建筑和假山取胜，叠石富有特色，花木繁多，楼堂轩亭及游廊建筑沿周边布置，内部空间疏朗，并形成严谨的轴线关系。此园在整体布局、建筑装饰以及水池喷泉等方面借鉴欧洲园林的手法，并充分与中国传统的园林风格融合在一起，成为清末北京私家园林受到洋风影响的重要实例。② 又如载振贝子花园，在什刹海，占地广阔，格局灵活，有连绵的青石假山和两个曲折的水池，通过"弓"字形的游廊串联厅堂亭榭等建筑，还在敞轩中安装大镜子以倒映什刹海的风光，表现出独特的景象。园北墙内临水构筑了一座二层洋楼，宜于观景。③

---

① 〔清〕昭梿：《啸亭杂录》卷六。
② 贾珺：《北京西城涛贝勒府园》，《中国园林》，2008 年第 5 期。
③ 贾珺：《北京后海振贝子花园》，《中国园林》，2007 年第 6 期。

第三节　私家宅园

　　自辽、金建都后,历经元、明、清几百年,西城除兴建过规模宏大的皇家园林外,也营建了许许多多私家宅园。西城私家园林建造风格相对自由,园林的建造无不围绕主人的日常生活。有居住的需求,同时也兼具很强的观赏性,主人的人生经历以及情趣品位,都体现在园林的建造之中,或因权势和财力炫耀其家府的气派及政治地位,或因文采与癖好追寻其氛围的静雅。厅堂、寝室、书斋、祠庙等建筑,都是围绕主人生活起居而设。他们利用有限的空间,集山水、花木、奇石于一体,构筑精美曲幽的、效仿自然的意境。尤其文人,将他们对自然风景的深刻理解和对诗情画意的鉴赏能力融于自家园林的建造之中,更体现出其小中见大、以少胜多的高雅格调,以满足其物质和精神的享受。同时,私家园林也是京城士人重要的活动场所。尤其文人园林,兼有同僚聚会的功能,文人墨客之间互相唱酬,有大量传世游园诗文记录了这些场景。

　　北京私家宅园的代表,有明代的漫园、镜园、刘茂才园、湜园、杨园,清代的蒋溥宅园、张之洞宅园、麟魁宅园,民国时期的婪园、泊园等。西城私家宅园园主多为名士显宦,身在朝堂,品秩高,地位尊,权力大,能接触帝王,行为端谨,顾惜名声,廪俸优厚,生活优裕,远非致仕官宦或山野隐士可比,亦远非地方官员可比,因此"使得北京私家园林必然带有某种特殊的京官气质"①。其府宅亦往往如满族王公贵族与达官显宦一样,高屋华宇,讲求礼制,结构深邃,体现出主人的志向、见识、气量、审美观及品格;其名园别业中虽有花园以为日常游玩之地,但布局上常表现出端庄严谨、疏阔明朗的风格,显示出一定的庙堂气象;有些庭园恭悬御赐匾额,如王氏怡园"席宠堂"赐额及梁诗正宅园"清勤堂"赐匾,以彰显所受殊宠及品行风范,自身亦以题名或楹联着意强调忠君尽职、勤政清廉的理念,彰显着鲜明的道德倾向。李渔芥子园、冯溥万柳堂、朱彝尊古藤书屋、王崇简怡园、赵吉士寄园等,集一时之盛,既体现了以皇权为中心的京官文

---

　　①　贾珺:《北京私家园林社会文化内涵探析》,《建筑学报》,2008 年第 1 期。

化特性,同时,也不乏江南园林追求自然野趣的特点。宅园取名具有浓厚的古雅气息和尚俭之风,其寓意即如名臣张廷玉所言:"小筑园亭以为游观偃息之所,亦古贤达之所不废,但须先有限制,勿存侈心。"①而更多的中下层京官与文人雅士的小园,或"艺花以邀蝶,垒石以邀云,栽松以邀风,植柳以邀蝉,贮水以邀萍,筑台以邀月,藏书以邀友",极尽可能地创造出多方胜景与咫尺山林,将江南园林古朴、自然、含蓄、淡泊、高远、雅致的文人特质展现于辇毂之下,成为京师士大夫文化传统的充分反映。

一、金元时期私家宅园

史籍所见西城最早的私家宅园是赵延寿别墅。《辽史·太宗纪》记载,会同三年(940)夏,辽太宗"幸留守赵延寿别墅"。不过关于赵延寿别墅,仅《辽史》记过一笔,没有其他史料留传。

金元之际,今西城范围内曾有一处著名的私家园林,后人称之为梁都运别墅。梁都运指的是金朝后期名士梁陟,为金章宗明昌年间的进士,因曾任金朝同知南京路都转运司事之职,故而人称梁都运。金元之际,这处园林是当时名士宴饮雅集重要去处。金朝人的诗作中有《梁都运斗南新居落成》一诗曰:"购材燕市中,作室何翘翘。老手为拮据,百日不敢骄。室成仅容膝,勃溪益无聊。云胡写予怀,惟是风雨宵。先生名大夫,黼衣华四朝。枫堂接桂室,燕处俱逍遥。"②元初与梁陟交往的多为一时名士,如元好问与耶律楚材。元好问曾为梁陟作诗曰:"飞亭四望水云宽,亭上高人杳莫攀。已就湖山揽奇秀,更教乡社得安闲。风流岂落正始后,诗卷常留天地间。胜赏休言隔今昔,肩吾新自会稽还。"③梁都运别墅存在了相当长时间,元初名士王恽曾与梁陟的后人在这处私家园林中聚会,并作诗曰:"问字尝思过子云,一樽梁墅喜情亲。清灯夜话逢知友,乔木苍烟忆世臣。野水添杯无尽藏,侯门储庆有余春。五枝休数燕山窦,黄阁经纶见秉钧。"④作诗的时间是在元贞三年(1297)二月,据此可知,自金章宗明昌年间到元成宗元贞三年,这座梁都运别墅已经存在了百余年,应该是金元时期存世时间最长的私家园林之一。

---

① 〔清〕张廷玉:《澄怀园语》卷二,光绪间刊本。

② 〔金〕元好问:《中州集》卷七载张本所作诗,华东师范大学出版社,2014。

③ 〔金〕元好问:《遗山集》卷九《梁都运乱后得故家所藏无尽藏诗卷见约题诗同诸公赋》,吉林出版集团,2005。

④ 〔元〕王恽:《秋涧集》卷二十二。

钓鱼台澄漪亭

在元大都的私家园林中,许多都是和住宅连在一起,或者说是融合在一起的。元代文献中所显示出的元大都私家园林,至少有一百多处,其中不少分布在西城。较为知名的,有以下几处。

临锦堂,大文豪元好问在第一次来到燕京时,就到这里游赏,并写下了《临锦堂记》一文。其文曰:"燕城自唐季及辽为名都,金朝贞元迄大安,又以天下之力培植之,风土为人气所移,物产丰润,与赵魏无异。六飞既南,禁钥随废,比焦土之变,其物华天宝所以济宫掖之胜者,固已散落于人间矣。御苑之西有地焉,深寂古淡,有人外之趣。稍增筑之,则可以坐得西山之起伏。幕府从事刘公子,裁其西北隅为小圃,引金沟之水渠而沼之,竹树葱茜,行布棋列。嘉花珍果,灵峰湖玉,往往而在焉。堂于其中,名之曰临锦。癸卯八月,公子觞予此堂,坐客皆天下之选。酒半,公子请予为堂作记,并志雅集。"①这处私家园林建在金中都

---

① 〔金〕元好问:《遗山集》卷三十三。

城的西侧,是利用金朝皇家园林的废址而建造的,元好问又作有《鹧鸪天》词以描述,其词曰:"临锦堂前春水波,兰皋亭下落梅多。三山宫阙空瀛海,万里风埃暗绮罗。"①为了建造这处私家园林,刘公子是很费了一番力气的,引金沟河之水入园,以浇灌竹树、嘉花,又在园中堆砌有灵峰,景色堪比皇家园林。

与临锦堂几乎同时建造的,又有宋珍的丽泽堂。在元人王恽为宋珍所撰写的"墓志铭"中,描述了这处私家园林的建造过程:宋珍为山西云中(今大同)人,曾受到中书令耶律楚材的赏识,"遂荐为朝廷侍从官",其后辞官,"岁甲辰,自云中徙家燕都。得金沟水南形胜地十余亩,疏沼种树,中构堂曰丽泽碧澜、秀挺景气二胜。日以琴书自娱,教子孙为业。野服高闲,漠然不以世务撄其怀。然性喜宾客,乐觞咏,所交皆一时俊人。如王慎独之恺悌,张邻野之谐傲,蕴藉如杨西庵,才鉴若姚雪斋,王鹿庵之品洁一世,商左山之凝重朝右。每光风霁月,过其居者,燕乐衎衎,必极欢而后去"。②据此可知,丽泽堂位于金沟水之南,始建于甲辰岁,即元太宗皇后四年(1245),一时名流,皆曾在这里聚会宴乐。

张九思遂初堂(又称遂初亭),与廉希宪的廉园齐名。张九思,字子有(有的文献写作子友),世居燕京,故而这处私家园林位于金中都城内,时人称:"遂初亭,在施仁门北,崇恩福元寺西门西街北,旧隆禧院正厅后,乃张子有平章别墅也。"③施仁门是旧中都城东面三门中最南面的一座门,在施仁门内以北,元武宗曾建造有一座巨刹大崇恩福元寺,而在寺西为隆禧院,由隆禧院往北,就是遂初堂。著名文士虞集曾经描述了张九思建造这处私家园林的过程曰:"而故尝治园于南门之外,作堂曰'遂初',花竹水石之胜,甲于京师。常以休沐与公卿贤大夫觞咏而乐之。治具洁丰,水陆之珍毕具。车盖相望,衣冠伟然,从容论说古今,以达于政理。蔼然太平人物之盛,于斯见之,非直为一日之乐也。"④这里所云"治园于南门之外",南门当是指张九思家居第的正门,因此,这处私家园林与住宅应该是南北紧邻在一起的。

在张九思的遂初亭建成之后,很快就成为诸多文人墨客吟咏的对象。如当时名士王恽曾作有《寿张左丞子友》诗曰:"供职词林已四年,今春添寿倍增妍。诗如东阁梅花细,人在春坊璧月圆。汉业翼成无迹考,遂初亭暖觉春先。沙堤有语苍生福,好在论思拱御筵。"⑤王恽又作有《遂初亭》诗三首,其一曰:"韦杜

① 〔清〕朱彝尊、汪森:《词综》卷二十六《金词六十二首》,上海古籍出版社,1978。
② 〔元〕王恽:《秋涧集》卷四十九《宋珍墓志铭(并序)》。
③ 〔元〕李兰肹等:《元一统志》(赵万里辑本)卷一,中华书局,1986。
④ 〔元〕虞集:《道园学古录》卷十七《张九思神道碑》,吉林出版集团,2005。
⑤ 〔元〕王恽:《秋涧集》卷二十二。

城南尺五天，眼中朝市有林泉。不须苦泥与公说，丝竹何妨解倒悬。"①张九思好友刘因《张氏西园》诗曰："水府生烟晚更苍，翠阴含雨暗生凉。人间岂有赤松子，天上应无绿野堂。一日平原惊客散，千年郭隗又台荒。谁教老树夕阳在，留与凭栏遣兴长。"②名士赵孟頫也作有《都南张氏园寓居》诗曰："尺五城南迹似幽，乡心空折大刀头。杏花飞尽胭脂雪，日日东风未肯休。"③名士滕安上写有《题张詹事子有遂初亭》长诗，名士张之翰则写有《题张尚书遂初亭》长诗，等等，又如张之翰曾作《上张尚书子友》一诗曰："凤麟人物更能诗，出入青宫鬓欲丝。宝绘过于王驸马，好贤浑似郑当时。遂初亭馆春风早，詹事门墙昼景迟。见说调元消

玉渊亭

息近，阳和先到小桃枝。"④这些诗作大多描述了在这处私家园林中诗酒相会的盛况。当时大都的私家园林中大多种植有各种奇木名花，以供游人岁时观赏，张九思的园林也是如此。元代名士范梈即曾作有《追和卢修撰张平章园亭观花饮》诗曰："白藕花边香已秋，西郊风物野亭幽。未须短杖扶持病，且遣孤尊断送愁。紫气近连飞凤阙，青山遥隔钓鱼舟。胜游纵在招要外，犹解因诗颂醉侯。"⑤据此可知，在遂初亭的旁边是有池塘的，塘中白荷花入秋仍香气四溢，与遂初亭相衬，野趣更加浓郁。

① 〔元〕王恽：《秋涧集》卷三十二。
② 〔元〕刘因：《静修集》卷十一，吉林出版集团，2005。
③ 〔元〕赵孟頫：《松雪斋集》卷五，西泠印社出版社，2010。
④ 〔元〕张之翰：《西岩集》卷六，四库全书本，商务印书馆，1989。
⑤ 〔元〕范梈：《范德机诗集》卷七，国家图书馆出版社，2006。

二、明代私家宅园

明代是北京私家园林大发展时期。万历年间,私家造园之风日渐兴盛,主要分布于城内、西郊、南郊,又以什刹海地区和西郊最为集中,已经开始明显地强调对江南园林进行模仿。如勺园主人米万钟曾经在江南的六合县为官,深谙江南园林之趣,因此勺园颇多学习江南之处。《万历野获编》称:"米仲诏进士园,事事模效江南,几如桓温之于刘琨,无所不似。"武清侯李氏位于三里河故道旁的别业于"水岸设村落,宛如江浦渔市"。

(一)**湛园、漫园** 湛园、漫园的主人,均为明朝末年名士米万钟。其设计营造的勺园、湛园与漫园是明末北方园林的杰出代表。其中勺园位于海淀,后成为清代三山五园的组成部分。湛园、漫园均位于今西城区,湛园位于长安西门以西,漫园位于积水潭东。

湛园是米氏最早营造的园林,约建成于万历二十六年(1598),米万钟自题诗曰:主人心本湛,以湛名其园。有时成坐隐,为客开清樽。闲云归竹渚,落日深松门。登台候山月,流辉如晤言。①

孙国敉《燕都游览志》大致概述了湛园的结构布局,文云:

> 湛园,即米仲诏先生宅之左。先生自叙曰:岁丁酉(1597),居长安之苑西,为园曰湛。有石丈斋、石林、仙籁馆、茶寮、书画船、绣佛居、竹渚、敲云亭。曲水绕亭,可以流觞,即以灌竹。竹外转而松关,又转而花径,则饮光楼在望,众香国盖其下也。别径十数级,可以达台,是为狷台,俯瞰蔬园。②

米万钟曾亲自为湛园作图,描绘了米家园诗情画意的景物。李维桢《米仲诏诗序》言:"水石花竹之胜,图史琴尊之适,恒与高人韵士共之。"③由这些描述可知,湛园应建在米家住宅之旁。园内景点众多,且有大片竹林,这在北方弥足珍贵。

湛园建成不久,即成为京城名园。京城文人雅士于园中谈文论琴,十分惬

---

① 〔清〕唐执玉、李卫监修:《畿辅通志》卷一一八,《文津阁四库全书》,第 171 册,971页。

② 〔清〕于敏中等:《日下旧闻考》卷四四,北京古籍出版社,1981,第 688 页

③ 〔明〕李维桢:《大泌山房集》卷二一,《四库全书存目丛书》,第 150 册,752 页。

意。李维桢曾有诗作《送米廷评入京,家有湛园,余尝结社其中》,诗云:"名园卜筑帝城西,花下论文酒共携。杖履十年无旧好,琴书四座有新题。宫云缦缦毫端绎,玉烛煌煌阁上藜。野老江湖频北望,泰阶平正六符齐。"①万历二十六年(1598),进士黄汝亨在京时常做客湛园,与友人酌饮。其《寓林诗集》载有数首咏赞湛园的诗作,其中《为米仲诏湛园分赋饮光楼》云:"太空浩无垠,高楼兀以立。登楼四望之,纷纷虚白入。日月荡我胸,云霞烂俱集。引盼西山颠,爽爽青可抱。何必承金茎,神理有余渥。讵云帝座遥,因之通呼吸。"②黄氏又有《米仲诏招饮湛园,同汪明文山人、刘九畹同年,分得齐字》二首:"北地名园胜,西山杰阁齐。林丛迷石丈,水曲度花溪。爽气朝临笏,清光夜映藜。簪缨谁与易,此境足幽栖。""悠然书画意,次第入山园。竹渚日沈绿,松风不避喧。长林窥远志,片石领清言。无俟歌招隐,求羊自到门。"③黄汝亨诗描述了湛园水光山色、林石楼台的优美景象,敲云亭曲水环绕,文人雅士聚于亭内,如晋人曲水流觞,饮酒作诗,何其欢乐。

湛园景观引来游人无数,文人雅士为园林留下许多诗赋,米万钟为此颇为自得,乃将这些诗词歌赋汇集成册,称为《湛园杂咏》。《四库全书总目提要》记道:"尝构漫园、勺园,又构湛园,标园中佳胜为十八题,因裒集一时赋咏,类为《湛园杂咏》。"④可惜该诗集已散佚,大大影响了今人对湛园的认识。

米氏三园中的漫园为米万钟最后营造的宅园,其生前最后光阴亦是在漫园度过的。《日下旧闻考》引孙国敉《燕都游览志》载:"漫园在德胜门积水潭之东,米仲诏先生所构;中有三层,先生尝为湛园、勺园,及此而三。"漫园依积水潭而建,园内建有三层建筑,登楼远眺,满湖景致尽收眼底。

漫园内部景观,王思任《米太仆家传》记述:"(米太仆)晚作漫园,领蒹葭之趣。然喜为曲折展转之事,门移户换,客卒不得入,即入,亦不解何出。客方闷迷,公乃快。"⑤由此看出,廊桥曲折,蒹葭繁盛,是漫园主要特征。湛园以竹见长,勺园以水取胜,而漫园则以芦苇传趣。米氏自赋诗曰:"纪胜无劳出郭舆,卧游眺听日堪书。岚冲石发萦山带,梵挟松弦韵木鱼。狎主风烟俱老大,惯亲鸥鸟独迂疏。偶从图画新摹得,疑向江乡乍卜居。"诗中"风烟""鸥鸟"等,无疑与水相关,可见漫园内一定多水;"疑向江乡乍卜居",则反映了米万钟对江南生活

① 〔明〕李维桢:《大泌山房集》卷三,《四库全书存目丛书》,第 150 册,373 页。
② 〔明〕黄汝亨:《寓林诗集》卷一,《续修四库全书》,第 1369 册,602 页。
③ 〔明〕黄汝亨:《寓林诗集》卷三,《续修四库全书》,第 1369 册,633 页。
④ 〔清〕永瑢、纪昀:《四库全书总目提要》卷一九三,海南出版社,1999,第 1054 页。
⑤ 〔明〕王思任:《谑庵文饭小品》卷四,《续修四库全书》,第 1368 册,215 页。

勺园图

的向往,吟哦了城市山林之趣。其《漫园初成》就此亦有反映:"三年放作北山农,时看狂云失乱峰。归沐栖虽仍落落,乐饥流幸枕淙淙。鉴湖他日无须乞,彭泽清时好自容。桃李笑非零露地,且依秋水醉芙蓉。"①

　　与勺园一样,新建的漫园亦成为米万钟与友人诗会宴饮的场所。他还于此成立诗社,时常在漫园以诗会友。米万钟常邀友人在园中聚会,赋诗。流传下来的有刘荣嗣、陈以闻、韩弘达、方逢年、韩霖、刘道贞、贺世寿及米万钟本人诸多诗句。其诗作《立春漫园社集》即云:"岁开春反后,步向冻湖溪。试暖问遗雪,疑青寻隔堤。淑新蒸柳润,霭幕合山齐。莫缓冰车戏,东风渐解澌。未春期社集,朋至候春齐。晚驾冰嬉左,昏攀阁眺迷。藉灯生薄暖,度曲学莺啼。膏雨如留醉,浓阴覆席低。"②这两首诗作于崇祯初某个立春日,由于是诗社友人欢聚,故当有来园其他诗友的应和之作。刘荣嗣是受邀诗友之一,其《立春日米仲诏邀集漫园》诗,即作于此时的漫园:"结侣同幽赏,佳游不厌赊。看云来野岸,问柳到僧家。寒气通春信,回风逗雪花。心关石径草,青动几分芽。"③此外,当时在场的友人尚有陈以闻,有《立春日米仲诏招集漫园》诗云:"水阁山亲望,居然丘壑中。闲过多岁莫,重到与春逢。醉语停杯尽,郊容得候通。数星高点缀,已映禁城东。此地无尘事,寒光接远空。柳如先草碧,花欲借灯红。冰渡争迎岸,雨丝细验风。霏霏归骑晚,心与御河东。"④

---

　　① 〔明〕刘侗、于奕正著,孙小力校:《帝京景物略》卷五,第34页。
　　② 〔明〕刘侗、于奕正著,孙小力校:《帝京景物略》卷五,第34页。
　　③ 〔明〕刘侗、于奕正著,孙小力校:《帝京景物略》卷五,第33页。
　　④ 〔明〕刘侗、于奕正著,孙小力校:《帝京景物略》卷五,第35页。

米万钟去世后,其子米寿都承继父风,与众多名士唱和,于当时京城享有诗名。诗人陈子龙等与其交往甚密,曾作有《游米太仆漫园为米吉士赋》,诗云:

便觉市朝远,幽亭烟水涵。打鱼红拨刺,洗马碧骖骊。
花柳竞春态,楼台通夕岚。无劳望云树,万里忆江南。
大隐何年在,菰蒲好问津。下流宗太液,别院望宜春。
竹石悲生事,风骚寄后人。至今馀彦会,遗卷一伤神。①

虽然至今尚未发现漫园内部景物的图文资料,但通过以上诗文,也能使人深感兼葭苍茫、高亭水树之美景,"花柳""竹石""幽亭""楼台""水涵""云树""万里忆江南"成为京城园林之瑰宝。入清以后,乾隆时期漫园已废,详址待考。

(二)**镜园**　镜园位于积水潭南岸,明孝廉刘百世别墅。视野开阔,望西山遥青可鉴,有曲径抵湖。园内,堂三楹,南侧筑有宽阔的台级,于台级上可以眺看积水潭,湖光如镜,故取名镜园。镜园久已不存,详址待考。

(三)**刘茂才园**　刘茂才园在德胜桥附近,建于明代。园内有北房三间,东侧构多级台阶,下作朱栏小径。园北有两间小轩,南有小沼种莲。北扉当湖东,园内营建一平顶书室,兼作观景台。此园在湖中央位置,占据了南北最狭长处,号称"独胜"(《燕都游览志》)。刘茂才园清乾隆时已不存,详址待考。

(四)**梁家园**　现今南新华街以西,梁家园北、胡同往南,到骡马市大街,红线胡同以东,这块方圆数里的居民区,在明代曾是一处风景秀美的梁家园。《宸垣识略》记载:梁家园在十间房南,明时都人梁氏建,亭榭花木,极一时之盛。其地洼下,园内水域面积很大,建造这座园林时,充分利用了自然环境,在傍湖临水、林木掩映之中,先后建有疑野亭、半山房、朝爽楼、警露轩、看云楼、晴云阁等建筑。值得一提的是,梁氏曾把凉水河的水引入园中,使死水变活。当然凉水河不是现在的河道。现河道在右安门外,经南苑、马驹桥、张家湾入北运河。而当时的河道在宣武门西。明正统年间的钦天监正皇甫仲和说:"宣武门西旧有凉水河,可疏通以泄水势。"

梁家园曾一度是达官贵人、文人骚客的饮宴之地。《春明梦余录》记载:"亭榭花木极一时之盛。"大儒王鸿绪《招饮梁家园诗》:"半顷湖光摇画艇,一帘香气扑新荷。"沈心斋《招饮梁家园警露轩诗》:"野旷天高启入窗,门前一碧响淙

---

① 〔明〕陈子龙著,施蛰存、马祖熙标校:《陈子龙诗集》卷一一,上海古籍出版社,2006,第351页。

291

淙。"可见当时之景况。《茶余客话》记载:"黄兰岩民部寓梁家园,积水到门,额其堂曰半山房,后有疑野亭,朝爽楼,前对西山,后绕清波,极亭台花木之盛。而池之南北,旗亭歌榭不断,游人泛舟,竟夜忘返,赋诗者甚多。"《水曹清暇录》则说:"梁家园官房一所,中有晴云阁,俯临积水,地颇幽静。"王士禛昔日曾与宋琬诸君于此泛舟,有《过梁家园忆昔游》诗:"此地足烟水,当年几溯游。"①湖边绿柳成荫,湖面荷花荡漾。后来,梁家园成了花农的世界。清代《日下旧闻考》记载:"京师卖花人联住小南城,古辽城之麓,其中最盛者曰梁氏园。园之牡丹、芍药几十亩,花时云锦布地,香冉冉闻里余。"梁家园在清代后期逐渐荒废。《日下旧闻考》又记载:"但知北城有梁家园,空旷平原并无烟水。"《大清一统志》载:"梁家园在宛平县西南、宣武门东南旧城边……亭榭花木极一时之盛,今废。"《京师坊巷志稿》作者朱一新,于光绪五年(1879)至此地时,已无景致,"但见堆积粪土,后筑官房"。

三、清代私家宅园

清代西城私家园林,往往与住宅相连,面积不大,在几个院落中以一个较大的院子为主院,各进院落之间存在着明显的主次关系。构园追求素雅精致,平中求趣,拙间取巧,灵活飘逸,要能居、能游、能观、能思,建筑的形式较为丰富,厅、堂、轩、馆、亭、榭造型各异,体量也显现较大的差别,具有别致的错落感;假山多为园中主景,占据院落中心位置,大多设有小径和洞穴,可登可游;也有一些实例模仿江南园林,以水池为中心,形态曲折,追求一种"胸藏丘壑,城市不异山林,兴寄烟霞,阆浮有如蓬岛"的意境。

这些文人雅士在其住地,布设山石、花木、亭阁、廊榭、流水,题联赋诗,藏书存画,并大都取一个风雅的斋号。如宣武门斜街之南有乔莱"一峰草堂"②及顾嗣立"小秀野堂",取苏东坡"花竹秀而野"得名,五架三间,傍花映竹。康熙三十五年(1696)二月,顾嗣立入都,寓宣武门壕上(上斜街),背郭环流,杂莳花药,查嗣瑮(查浦)颜之曰"小秀野"。又请鸿胪寺卿禹之鼎画《小秀野图》,并自题《小秀野四绝并序》。顾嗣立又"漫赋四绝",结果"诗传辇下,一时属而和者百余人"。顾嗣立将和诗编为《小秀野唱和诗》③,著名画家王原祁为之作《秀野

---

① 〔清〕吴长元:《宸垣识略》卷十《外城二》,第185页

② 〔清〕戴璐:《藤阴杂记》卷七《西城上》,第75页。

③ 《秀野草堂诗集》卷七,道光廿八年刻本。

草堂图》。顾氏在京广为结纳,"作逢十之集",与名士"往来邸舍","文酒留连无虚日",小秀野之名"亦遂传于都下"。①

魏染胡同,查慎行曾迁居于此,因"西邻枣树垂实"而名为"枣东书屋",与张大受、缪沅于此饯饮。又有"饲鹤轩",相传为吴伟业故宅,后祝德麟、曹锡宝、汤右曾皆曾寓此。魏染胡同迤南有大宅,是乾隆元年(1736)状元金德瑛宅第,宅内有"一经斋"。②正阳门、宣武门二门间有陆锡熊"绿雨楼"。绿雨楼东曰素轩,北曰澹室,中为书窟,藏有嘉靖所赐宫扇,曾邀程晋芳、阮葵生、曹仁虎、吴省钦诸人联句。③

虎坊桥路东,珠市口西大街贾家胡同以西延旺庙(阎王庙谐音)街有岳钟琪宅第,后为纪昀"阅微草堂"。李铁拐斜街(铁树斜街)有朱筠的"椒花吟舫"。朱筠"自安徽学政罢归,燕闲无事,旦日出坐椒花吟舫,朋友门生,及四方问字之士踵接于门,阍者不能尽通,听其自入,宾位不足,常有循栏坐者,先生笑语酬酢,竟日无倦容"④。

烂缦胡同名士庭园亦多。汤右曾旧居接叶亭,汤氏曾咏斋中草木至五十二首,足见景致之佳。雍正时张鹏翀曾居之,赋《小集牛字韵》八首。乾隆元年(1736),鸿博征士来京,杭世骏、周长发、申笏珊常集于此。翌年,侍郎沈廷芳寓居,与吴应芬招同人宴集。后为查礼、祝德麟、吴裕德寓居。接叶亭对门有大宅,是王顼龄的旧第"锡寿堂"。胡同内还有嵇璜、陈用光、史贻直的宅邸。杨梅竹斜街有梁诗正的赐第"清勤堂",有御赐匾额。梁诗正以清廉自守,署所居为"味初斋",以示不忘初衷⑤。据《藤阴杂记》卷五记载,清勤堂前藤花,汪由敦、严遂成有诗。又据吴庆坻《蕉廊脞录》"藤花"条,清勤堂"中有藤花厅,藤花尚

---

① 顾氏所居,多为名士雅集之地。如康熙四十四年(1705)再应召入都,入怡园之四朝诗馆,与林佶、缪湘芷等"为文酒之会,饮如长鲸,酒酣耳热,狂歌间作,见者谓为风流人豪"。与京师名士诗酒之会,笔墨之事,友朋之聚,殆无虚日。四十六年移寓宣南"春树草堂"。四十七年五月,举"消夏诗会",王式丹、查慎行、查嗣瑮、陈鹏年等十六人参加,有《草堂月下分韵诗》,自谓"京华风韵,赖以不坠,实自余始也"。五十一年中进士,入翰林,迁居教场四条胡同,请同年林佶题写"晚翠",将友人诗酒唱和结集为《晚翠阁唱和诗》。——戴璐:《藤阴杂记》卷八《西城下》,第99页。

② 〔清〕戴璐:《藤阴杂记》卷九《北城上》,第110—111页。

③ 〔清〕戴璐:《藤阴杂记》卷五《中城南城》,第59页。

④ 〔清〕姚鼐:《惜抱轩文集》卷十,上海古籍出版社,1992。

⑤ 〔清〕陈康祺:《郎潜纪闻三笔》"梁文庄感激恩遇""梁文庄无愧清秩"条。——该书卷11,第638—639页。徐珂《清稗类抄·恩遇类》亦记"梁文庄墨渍袍袖""梁文庄素衣入直"佳话。——该书,第291—292页。

茂,车过时尚能见之。"①

绳匠胡同北有雍正大学士陈元龙宅,有圣祖御书"爱日堂"额,西有园亭,通北半截胡同。南横东街路南有毛奇龄的"四屏园"②,毛氏在虎坊桥另有"众春园",曾会博鸿同年于此,各赋一诗。③ 保安寺前有王士禛、陈维崧宅第,陈维崧常与吴伟业、龚鼎孳、姜宸英、王士禛等交往,尤与朱彝尊近密,曾合刊《朱陈村词》。横街有程景伊的"绿云书屋"。④ 铁门胡同有施闰章的"寄云楼",永光寺西街有田雯的"方壶斋"、徐倬的"野航"。田雯在粉房琉璃街另有"古欢堂",其《古欢堂诗话》云:"先至其处,督奴子搬家具。闷坐久,作诗题壁,有'墙角残立山姜花'之句。俄而渔洋至,见而和之。遍传都下,和者百人。"⑤

(一)芥子园　地处外城韩家胡同中段路北,为清康熙年间著名造园家、画家、文学家、戏曲理论家,浙江钱塘人李渔寓居之处。李渔,字谪凡,号笠翁,浙江金华人。入京后成为贾汉复幕僚,并建芥子园和半亩园。"芥子园"命名"取内典小如芥子"意,共有房屋三十四间,游廊十五间,结构精巧,树石交错,曲径深幽,清雅别致。初甚有名,后改为广东会馆。

乾隆十年(1745)售予番禺人卫廷璞,不久即改为广东会馆,馆内有楹联曰:"近依辇毂光仪,雅集定多蓬莱客。话到乡园奉为,选词应谱荔枝香。"《道咸以来朝野杂记》云:"南城韩家潭芥子园,初甚有名,亦李笠翁所造者。后归广东公产。当年沈笔香、梁伯尹两前辈皆曾寓焉。予造访者屡矣。看其布置,殊无足助,盖屡经改筑,全失当年丘壑,不过敞厅数楹,东南隅略有假山小屋而已。"该园坐北朝南,门额"贱者居"。结构精巧,环境清雅。其间树石交错,曲径深幽。时为京城著名宅园。《鸿雪因缘图记》记载:"当国初鼎盛时,王侯邸第连云,竞侈缔造,争延翁为座上客,以叠石名于时。"李渔之后,屡易其主,直到清末民初,吏部主事梁伯尹还曾居住于此。

(二)怡园　坐落在宣武门外,东起米市胡同,西至南横街南半截胡同,原是明朝权臣严嵩的花园,又名七间楼。康熙年间为大学士王崇简、王熙父子的别业。《宸垣识略》云:"怡园在横街西七间楼,康熙中大学士王熙别业。"《清稗类抄》载:"京师北半截胡同潼川会馆南院有石山,曲折有致,昔与绳匠胡同毗连,为明严嵩父子别墅,北名听雨楼,世蕃所居,南名七间楼,嵩所居也。康熙间,相

①　〔清〕吴庆坻:《蕉廊脞录》卷二"藤花"条,中华书局,1990,第67页。
②　〔清〕戴璐:《藤阴杂记》卷九《北城上》,第110页。
③　〔清〕戴璐:《藤阴杂记》卷十《北城下》,第113页。
④　〔清〕戴璐:《藤阴杂记》卷十《北城下》,第115页。
⑤　〔清〕戴璐:《藤阴杂记》卷十《北城下》,第112页。

国王熙就七间楼遗址构怡园。"

该园出自造园家张然之手，池塘、亭榭、假山、曲桥，水石之妙，宛若天然。园中有圣祖御赐"席宠堂""耆老硕德""曲江风度"匾额，彰显着主人身份之尊贵。怡园之中最著名的景物，也是园中景点为江南华亭（今上海市松江区）著名造园家张然所砌假山石。王士禛《居易录》云："怡园水石之妙，有若天然，华亭张然所造。"王熙曾请内廷名画家焦秉贞绘《怡园图》，图中主要建筑有临水两座三楹楼房，正中一楼后面有院落。楼前有池塘，其南为亭榭、假山，其北有贴水双栏曲桥相连。西部有一座平房跨院。园中间植松柳，园中有席宠堂、射堂、摘星岩等。园域宽广，景点多变，颇有"山重水复疑无路，柳暗花明又一村"的韵味。

怡园园主王熙，为康熙年间重臣，常与顾炎武、吴伟业、龚鼎孳、孙承泽、毛奇龄、米汉雯、王铎等宾朋在怡园觞咏，诸名家皆留有诗作，如毛奇龄《怡园诗》咏怡园胜景曰："山庄清沐驻骖骥，曲径通接出巷南。才到射堂门启处，门纱映出一山蓝。青溪百折泆流低，不见桃花路已迷。欲向岩前寻旧迹，渔舟尚往洞门西。赤阑斜度暗杉关，树底吹笙鹤自还。行过摘星岩畔坐，红亭高出碧云间。小雨初过景倍清，山堂设馔午烟晴。绿腰唱罢弹俱歇，满耳惟闻流水声。草花续树晚犹生，石栈连云断复行。怪道午桥风景别，一花一石手经营。平门近市亘修廊，西北高楼傍粉墙。桂槛下临光德里，柳丝低拂永丰坊。"

怡园全盛在康熙中期左右，可惜不及数十年，到乾隆初，这里就已衰败。池塘平，高台摧，地则析为民居，鞠为茂草，仅余荒石数堆，供人点缀。《藤阴杂记》记王文端《感宛平酒器》诗的"华屋难追金谷盛"注"怡园毁废数年"是为乾隆戊午（1738）。此后房屋拆卖殆尽，尚存奇石老树。而"席宠堂""曲江风度"赐匾委之荒榛中。空地悉盖官房。其后，有韦谦恒将四松亭构于松、石之间，筑有椒书屋做私邸，后因建吴兴、潼川两会馆而拆除。南横街粤东会馆曾是怡园旧址的一部分，现为南横街小学，余皆为民居。

（三）**孙公园**　孙公园位于今和平门外琉璃厂以西，为清康熙年间左侍郎，《春明梦余录》和《天府广记》的作者孙承泽的宅园。园内有研山堂、万卷楼、戏台等建筑，"万卷楼"上下共十四间，存放他费心收集的书籍。万卷楼对面，越过花木扶疏的庭院，有一大厅，即研山堂，是孙承泽会客和写作之处。中间有一大戏楼，是他宴客观戏的地方。《藤阴杂记》中说："孙公园后，相传为孙退谷别业。前为安州陈尚书第，后有晚红堂，吴白华司空官翰林时赁住。……宅后一第，有林木亭榭，沈云椒侍郎寓焉。有兰韵堂，诗云：匝地清阴三伏候，参天老树百年余。"由此可见，孙公园自孙承泽以后，住有很多名人。康熙年间，洪昇的《长生殿传奇》写成后,曾在这里举行过演出。

（四）**寄园**　位于教子胡同。清康熙年间,户科给事中赵吉士在此构建别墅,"浚池累石,分布亭馆,种花木",一时成名园。园中山水明秀,草木清郁,亭馆雅致,"海内名士入都恒流连不忍去",大有超尘脱俗之感。吕履恒《月夜寄园》诗曰:"暝色苍然至,瑶光剧可怜,鸟栖明月下,人语落花前。有约琴樽合,无拘坐卧偏。暗香通石罅,清响接云巅。心觉缁尘洗,衣看白夹鲜,草萌茵藉软,茶洁碗生妍。远市城烟重,高台树影连。"乾隆时期亭馆已圮,仅存遗址。

（五）**方盛园**　位于方盛园胡同。是安徽昆曲名家方成园邸宅。清《京师坊巷志稿》记有"放生园"之称。属外城北城日南坊。据张江载《方盛园记》中说:"旧为皖肥昆曲名家方成园故宅。""成园号盛园,地以人传也。""今盛园已变为小巷,仅有方盛园之名。"方成园活跃于江南,久负盛名,乾隆帝游江南时,招为供奉,随侍来京,卜居于此。园中花木山石,颇有逸趣,当时士大夫乐与之游,咏觞无虚日。

（六）**蝶梦园**　位于阜成门内。宅前临小河,屋后花园不足十亩,松、柏、桑、榆、槐、柳、棠、梨、桃、杏、枣、柰、丁香、藤萝之属,交柯接荫。有一轩、二亭、一台,在花木掩映之下,别有幽趣。园本无名,嘉庆十六年至十七年(1811—1812)间,阮元凭居于此,因所藏董其昌诗扇上有"名园蝶梦,散绮看花"之句,而嘉庆十六年秋又恰有异蝶飞来园中,故命名为"蝶梦园"。后逐渐荒废。

（七）**古藤书屋**　海波寺街有"古藤书屋",为朱彝尊居所。他曾与王士禛、梁佩兰、汤右曾等在紫藤花下醉歌。诗人蒋景祁有《集竹坨太史古藤书屋分赋·惜黄花》词曰:"露明秋树,烟寒蔬圃。御堤边,正萧萧柳梢堪数。散发玉堂仙,遁迹金门侣。招好友,四围芳俎。帘衣风舞,蛮声夜语。落藐花,又疏疏六街凉雨。此别会何时,美景谁留取?最恼煞、丽谯催去。"同赋者黄庭、姜遴、陈枋、蒋运昌。赵吉士《饮于中翰章云汉翔古藤书屋》诗曰:"一曲新翻出酒楼,春来六日趁人留。豸台共指红灯拥,蚕陌群酤白粥流。坐啸三休丛桂老,居停五易古藤留。自嗤旧物坚牢甚,欢宴吟传四十秋。"①也是在此吟咏的写照。

---

① 〔清〕戴璐:《藤阴杂记》卷九《北城上》,第 101—102 页。

第四节　寺观园林

西城区法源寺、白云观等佛刹道观，见证了北京从边陲军镇发展成为都城的历史过程。中国佛教寺院以殿堂为主的"庭院式"布局，也为寺庙园林发展提供了条件。金元以后，中国传统文化中寺庙与园林融合一体的造园艺术在西城迅速发展起来。各进院落中，或植以树木花卉，或引清泉水溪，或为池，或叠以山石，或筑以亭台廊榭，使寺庙建筑与庭园组成要素融为一体，成为中国古典园林重要的组成部分，是传统造园文化与宗教精神的物质承载。很多寺庙，本身具有园林性质；寺庙周围往往种植花木，兼有园林境界。还有一些寺庙，本身不具备园林功能，但其周围，或有名贵花木，或有湖水溪流，如长椿寺、白塔寺、万寿寺等，形成很多以寺庙为中心的风景游览区。与皇家园林、私家园林迥异，寺观园林一开始就面向普通大众开放。其宗教性质承载着百姓的精神寄托，除了祭祀祈祷之外，还承担了诸如集市贸易、社会救济、游览观光、文化交流、文人聚集讲学等很多社会功能。

一、法源寺

北京法源寺浓缩北方地区寺庙园林的特点，是北京城发展演变的亲历者、见证者。寺庙在历史沿革、园林环境、建筑布局、植物配置等方面都具有鲜明的宗教性、艺术性、人文性、游赏性。

法源寺几百年间为北京寺庙园林之冠，此寺亦为北京城内最古老的佛寺之一。该寺始建于唐武周万岁通天元年（696），初名悯忠寺。此后，唐代及辽代皆曾重建重修，至元末明初，寺毁于兵燹，仅存遗址。较大规模的重建始于明正统二年（1437），改名崇福寺，今法源寺之格局于此时期大致形成，南北约一百八十米，东西五十米，并"缘以周垣，树以嘉木"。此后，明万历年间及清顺治、康熙、雍正年间均进行了大规模的整修和增建，清雍正十一年（1733），改名法源寺至今。

法源寺大雄宝殿

今日所见法源寺基本为清代风貌,进山门后为第一进半封闭式院落,迎面为天王殿,系最大庭院,东西为钟鼓二楼,殿前甬路有一炉二狮,天王殿后为大雄宝殿,建于石基上,为第二进院落;大雄宝殿后为观音殿(亦称念佛台、悯忠台),为此寺第三进院落;观音堂后为毗卢殿(原名净业堂),为此寺第四进院落;殿前有双层石座的巨大石钵,毗卢殿后为大悲坛,系三开间殿堂,为第五进院落,堂后檐下有抱厦,与前堂为一体,旧称庄严亭;第六进院落为藏经阁,系两层五开间木构建筑,阁前有古银杏一株,阶前有西府海棠树,此院布置手法颇具匠心,平面布置系采取"欲露先藏""欲纵先收"的手法,从东侧门进入藏经阁,使人有曲院幽深之感。

法源寺之花木比它的古老历史和建筑格局更负盛名,素有"花之寺"之称,寺中古木有唐松宋柏,清人刘少珊有诗称"唐松交禾柏,葱郁作长春",还有数百年之银杏,枝干婆娑,荫覆半院,更有高大的文冠果树,寺之石刻《法源寺八咏》有罗聘诗"朵朵红丝贯,茎茎碎玉攒"为此树之赞。

法源寺庭园中,为人所称道的花中佳品有:海棠、牡丹、菊花与丁香。但几百年间,著称之花种并非一成不变,往往因年而异,所谓"岁岁年年花不同"。清人诗词中歌咏法源寺之花甚多,大致可反映出不同时期花卉发展盛况。寺以花盛著称,始于乾隆时期。此前已有菊圃,并有井渠灌溉,但供水不足,"取水于阜成门外,三车番递,往往不给"。至乾隆年间,这一带地下水忽然发生变化,有"新泉输然",故称其为"大王菩萨灵井",乾隆三十七年(1772)勒石为记。自此,法源寺花卉大为繁盛,并有养花工匠,乾隆年间著名诗人黄景仁曾访法源寺的种花老人,有诗称"佛地逢人意较亲,灌畦老叟面全皴,于今花价如奴价,可惜种花人苦辛",诗中为老花工的辛苦和花价的降低而鸣不平。乾隆四十四年(1779)春,黄景仁在法源寺养病,正值都人来此赏花,使他不得安宁,他写了《恼花篇时寓法源寺》诗:"寺南不合花几树,闹春冠盖屯如蜂,遽令禅窟变尘巷,晓钟未打车隆隆",写出了当年法源寺赏花盛况,海棠为法源寺名花,乾隆时期诗人洪亮吉写过歌咏法源寺海棠的诗句:"海棠双树复绝奇,花背深红面复白,岂惟花色殊红白,日午晓露光犹澈。"①

嘉庆十三年(1808)龚自珍游法源寺,留得海棠残瓣,10年后,"偶检丛纸中得花瓣一包",引起诗人的无限深情,"泫然得句",词云:"人天无据,被侬留得香魂住,如梦如烟,枝上花开又十年",直至清末民初,法源寺之海棠仍不断吸引游人,有"悯忠寺前花千树,只有游人看海棠"之咏。

牡丹亦为法源寺之名花,种植在庄严亭等处,清代中期即有不少诗人题咏,至清末此处仍然牡丹盛开,清末震钧称:"僧院中牡丹殊盛,高三尺余,青桐二株过屋檐。"清代中叶与牡丹齐名的尚有丁香数百株,植于钟鼓楼、念佛台、斋堂别院、方丈前院等处,有白丁香、紫丁香等品种。盛开之际香气浓郁,香闻数里,故一些文人年年于此举行丁香大会,多有歌咏。清末《竹枝词》有"都下名花盛海棠,同时作伴有丁香"之句。

法源寺之菊花亦颇负盛名,此与北京发展菊花的历史相联系。据法源寺碑刻,乾隆年间此寺已有菊会之设,但昭梿称"京中向无洋菊,篱边所插黄紫数种,皆薄瓣粗叶,毫无风趣。宁恪王弘皎,为怡贤王次子,好与士大夫交,因得南中佳种,以蒿接茎,枝叶茂盛,反有胜于本植。分神品、逸品、幽品、雅品诸名目,凡名类数百种,初无重复者,每当秋膡雨后,五色纷披,王或载酒荒畦,与诸名士酬唱,不减靖节东篱趣也"。与此前曹雪芹笔下"携锄秋圃自移来,篱畔庭前故故栽","别圃移来贵比金,一丛浅淡一丛深","瓶供篱栽日日忙"等诗句相印证。由于这些王公贵族和文人墨客的提倡,清代中叶至清末,法源寺的菊花已极负盛名了。如嘉庆年间《竹枝词》有:"悯忠寺里菊花开,招惹游人得得来,闻说菊

① 〔清〕李鸿章修、黄彭年纂:《(光绪)畿辅通志》卷一百七十八《古迹略二十五》,清光绪十年刻本。

仙花更好,不知陶令有何才?"道光年间《竹枝词》有"高楼曲榭望崚嶒,赏菊西园秋兴增"等歌咏。

二、崇效寺

崇效寺位于宣武门外白纸坊。有文献称崇效寺乃"唐幽州节度使刘济舍宅所建",起初名"崇教寺",后谐音为崇效寺。寺中有枣树千株,故又名枣花寺。清乾隆年间,曾以丁香盛称一时。同治、光绪年间,则以牡丹冠绝京华。寺僧珍藏旧本,搜以新类,众心栽培,中以绿、墨牡丹为稀世珍品,每逢暮春,人们纷至沓来争相观赏。《顺天府志》载:"又寺中旧传四季多花,游屐颇盛。"[①]"王士祯、朱彝尊辈,俱有题咏。有红杏青松长卷。又有王、朱手植丁香。吴嵩梁又移海棠于丁香左,今俱存"。1816年农历四月二十一日,林则徐出门拜客,曾到崇效寺观牡丹。戊戌变法的志士康有为、梁启超也曾到此观花。

三、白云观

寺庙附设园林者,于晚清尚有白云观,为道教著名寺院,于每年正月十九之燕九节,京城居民倾城出游,为盛集之一,据光绪年间富察敦崇《燕京岁时记》称:"观后有亭园一区,乃近年所构,其先无之。"

白云观园林兴建结合道教特点,其整体由三个庭园组成,中心为中院之"云集山房",亦为全园中心,山房建于石台基上,建筑独具一格。后为土山,四周有参天古木,于山顶可望西郊群山,天宁寺塔亦在望中,故有"篮舆携伴惬幽怀,古寺寒钟景色佳。开阁青山方满坐,入门红药已翻阶。清谈未厌王濛茗,枯坐真同苏晋斋。会向射堂看秉烛,知君不惜酒如淮"。"浮图宝铎半空闻,仙观还看傍白云。霜树绀园鸦自集,岩花丹灶鹤依群。碑镌仁寿留千载,跸驻崆峒记数君。行乐只应凭眺遍,未妨徙倚到斜曛"[②]诗句。

山房对面有戒台,两侧有长廊与东西跨院连接。西院有角楼,院内假山为太湖石,仿蓬莱仙境及我国道教名山。山下一洞,额为"小有洞天",洞旁有石阶上山,山上有石碣,书"峰回路转"。山顶有亭,为游人憩息之所。东院亦有石

① 〔清〕万青藜、周家楣:《(光绪)顺天府志》卷十六《寺观》,清光绪十二年刻十五年重印本。

② 〔清〕吴长元:《宸垣识略》卷十三《郊坰》,清乾隆五十三年池北草堂刻本。

白云观邱祖殿

山,有亭并有巨石竖立,石上镌"岳云文秀"四字,仿佛山林洞府。白云观,"都日人至正月十九日,致醮祠下,为燕九节。车马喧阗,游人络绎。或轻裘缓带簇雕鞍,较射锦城濠畔;或凤管鸾箫敲玉版,高歌紫陌村头。已而夕阳在山,人影散乱归,许多烂醉之神仙矣。"①

①　〔清〕潘荣陛:《帝京岁时纪胜》,清乾隆刻本。

第五节　会馆园林

　　明永乐年间开始,北京城内陆续修建了一批会馆,大多由同省或同府、同县人筹资建造,主要供同乡人进京时借宿、集会、庆典用,以联络乡谊,并成为各地举子进京赶考的主要住宿地或同籍官员在京活动的场所;另有一些会馆属于行帮商业会馆性质,由从事某种工商业的同行集资修建,用于议事、聚会、宴饮。明清时期北京的数百处会馆,绝大多数集中于今西城区宣武门以南,即所谓"宣南地区",许多名人曾经在此寓居、活动,也就使许多会馆具有了重要的历史意义。

　　会馆建筑,承载着"乔寓京都"的谋仕、谋利、谋生群体的梦想与人生,供异地乡人在京食宿、娱乐、祭祀、养葬等,多设有戏楼、神殿、正厅、客厅、祠堂、魁星楼、花园等,呈现小而全、整而备的独特风貌。其中华丽者,多由达官显宦、文人名士舍宅第、名园为馆,或富商巨贾捐资购买民房官宅而建,许多会馆设有附属园林,成为中国传统园林分类系统中的代表之一——会馆园林。

　　清代的北京,又建有许多各地会馆,作为外地文人入京做官、赶考和经商的落脚之处。在有些规模较大的会馆中,也有一些园林景观。如位于宣武门外的江苏会馆,时人称:"宣武门外半截胡同江苏会馆,院落修广,见遍地纤草如罽,名'铺地锦'。时届暮春,著花五色,每色又分浓淡数种,或一花具二色、三色,或并二色、三色为一色。如茶绿、雪湖之类,殆不下数十色,风偃濲纹,蠡绣弥望,当时绝爱赏之。"①

　　各省、府、县的会馆大小不等。但会馆的正房中,均按祠堂格局布置,里面供奉同乡知名先人的木牌。至于会馆的规模,有的会馆规模较大,馆中有假山、池塘、亭榭、花园,如安徽会馆,就有园林府邸,园中有假山、亭榭,还有月牙河,尤以庭堂建筑知名,有晚红堂、兰韵堂、研山堂等。园中还建有戏楼,后来成了会馆中较为少见的建筑。

---

　　① 〔清〕况周颐:《餐樱庑随笔》。

会馆园林以规模较大的省馆园林为代表,其中包括河南会馆、直隶会馆、全浙会馆、南昌郡馆、安徽会馆、广州会馆、南海会馆、湖广会馆等。这些会馆园林直接由私家宅园改建而来,因而在布局模式上与私家园林趋同,庭院空间均为四合院的变体,大多格局偏于方整,拥有明确的中轴线和正厢观念。

清代会馆集中于外城,而外城住宅的庭院尺度往往明显小于内城住宅,导致会馆园林的多数院落宽度偏窄,从而显得比较紧凑。会馆园林的建筑形式,以厅堂、亭、轩为主,偶尔出现楼台、水榭,种类比其他类型园林要少,造型变化也不大。虽然各会馆的建造者来自全国各地,但包括园林在内的建筑样式基本上仍为典型的北京官式建筑,与地方建筑风格迥异。由于在会馆园林中经常举行聚会、宴饮活动,因此对宽敞的厅堂建筑最为重视,而亭类建筑一般以方亭最为常见。

会馆均建于稠密的市井坊巷之中,没有直接引水的条件,因此其园林的水景大多非常简单,以方池和月牙池为主。其中唯有直隶会馆因为兼有畿辅先贤祠的性质,花园规模较大,有条件开凿大面积的荷塘,景致疏朗,是罕见的特例。一些会馆园林也会含蓄地反映其故乡的历史文化。如安徽会馆在园中辟方形水池,悬"半亩塘"之额,又在拜石山房内陈设朱熹手迹石刻,从各个角度呈现这位当地儒家圣贤的文化精神;湖广会馆以楚畹堂纪念楚地大诗人屈原;河南会馆的洛社和嵩云亭都是该省历史和景物的反映。

会馆本身属于同乡或行帮的公产,非私人所有,会馆园林作为会馆的附属部分,也具有半公共的性质,与纯粹的私家园林不同。会馆园林的营造和维护费用主要来自集资或捐款,数目有限,其使用者不能永久占据并传之后代。因此这些园林的规模不会很大,精致程度很难达到上层社会府宅花园的水准,总体成就不算很高,只能算是园林史上一脉相对次要的支流。但因为其特殊的历史地位,曾经留下很多名人印迹,自有其不可忽视的社会文化价值。[①]

一、湖广会馆

湖广会馆位于虎坊桥,北邻骡马市大街,嘉庆十二年(1807)由协办大学士刘权之、侍郎李钧简等倡议集资创建,作为湖北、湖南两省的合属会馆,道光至民国时期先后经历四次大规模重修,其中道光二十九年(1849)八至十月的重修工程由时任礼部右侍郎的曾国藩亲自主持,《曾文正公年谱》有载:"旋又修湖广

①　贾珺:《清代北京会馆园林述略》,《风景园林》,2020 年第 1 期。

湖广会馆

会馆,位置亭榭,有纡余卓荦之观。"①会馆中的花园格局自此奠定。

　　会馆规模很大,分为中、东、西三路,花园主要设于中路后院以及西路。中路后院之北建有五间宝善堂,东西两侧环以爬山游廊,通向南侧高台上的风雨怀人馆;此馆为三间悬山建筑,北向,背靠先贤祠,在此可登高远眺;院内堆叠假山,传说其中的太湖石源自纪昀的阅微草堂。西院建有一座前后两券三间的楚畹堂,内壁镶嵌名人手迹石刻,前后庭院中花草竹木茂盛。民国石荣暲《北平湖广会馆志略》对园中景物有所记载:

　　　　宝善堂,后院中堂,五楹,南向,题曰"宝善堂"。东西翼以长廊,院南堆有假山,堂高宏敞。民国后乡人开会,每集于此。楚畹堂,堂在西院,前后各三楹,堂中装修雅洁,四壁嵌有名人手迹石刻。园中竹木浓荫,花草繁植,春秋佳日,益多情趣。前清时名流学士每于此宴会唱酬。今则堂庑朽败,石刻多遗。回忆前尘,曷胜感喟。风雨怀人馆,假山后有楼焉,爽垲清华,阑楯周接,足供凭眺。传为曾文正公所布置,久无名称。以叶润臣观察寓此,时有《风雨怀人馆图册》,广征题咏,或

<hr />

①　〔清〕黎庶昌:《曾文正公年谱》卷一,清光绪二年传忠书局刻本。

即在此,亦未可知。

会馆乡贤祠前有井一口,口径约二尺,深七丈有余。《阅微草堂笔记》记载:"子、午二时汲则甘,余时则否。"①讲的是每日逢子午时,清泉上涌,清甜异于平时,其他时候就不甜了。民国年间,湖广会馆董事长吴子昂、董事石苊年等重新疏浚了这口井,据传也是每日逢子、午时,清泉上涌,甘洌异于平时,至于其原因,则"其理究不可知"。

清末民初铁路专家袁德宣《续修湖广会馆募捐序》称赞此园景致佳美:"卅六湾明月照彻宣南,七二岫行云飞来冀北。楚香畹畔依然兰芝披芬,宝善堂前犹是桑梓雅集。自此云连楼阁,与天心奥略俱新。从兹日映亭台,较岳墅精庐更美。"将园中建筑比拟长沙天心阁、武昌奥略楼以及北京的岳云别业、楚学精庐。

1944年湖广会馆董事长、法政专家吴家驹所作《北平湖广会馆志略序》夸耀湖广会馆"楼阁之崇闳,轮奂之华美,官爵匾额,煊赫一时。山石亭林,点缀幽致"。新中国成立后因为拓宽骡马市大街,会馆北部的宝善堂被拆除,两侧游廊、假山、花木均失。

二、河南会馆

河南在北京先后建有好几处省馆,位于达智桥胡同之北、上斜街之南的河南会馆又名"嵩云草堂",由出身于河南睢州(今河南睢县)的清初名臣汤斌于康熙十年(1671)营建,主要用于酬酢雅集,奠定了花园的最初雏形。会馆分为中、东、西三路,西路北半部辟为花园,分前后三进院落,第一进院内有一个月牙形的水池,池中叠石并蓄养游鱼,池南岸建听雨楼和嵩云亭,东西相对,传说清末袁世凯曾经题写匾额,池北岸的正厅池北精舍宽敞华丽,是整个会馆最大的一座厅堂;第二进院主要种植丁香,称"丁香院",北房为听涛山馆;最后一进院种植海棠,称"海棠院",北侧为始建于康熙年间的洛社大厅。晚清李慈铭曾作诗咏在河南会馆花园中池北精舍宴集的场景:"胜地招邀萃羽觞,丽楼阑槛带虚堂。清池水影先浮磴,高柳秋声欲满廊。云物略存嵩少意,钟鱼犹接梵龛香。双藤宰相风流歇,尚有寒松翠过墙。"②诗中描绘园中有楼阁、厅堂、水池、柳树、

---

① 〔清〕纪昀:《阅微草堂笔记》卷七《如是我闻》,清嘉庆五年北平盛氏望益书屋刻本。
② 〔清〕李慈铭:《越缦堂诗续集》卷七,民国二十四年上海商务印书馆排印本。

藤萝、松树,景色清幽。

三、直隶会馆

直隶会馆位于下斜街路东,原为清末重臣张之洞宅园,后由张之洞捐出营建"畿辅先贤祠",同时设有住宿用的馆舍和聚会用的厅堂、楼阁。会馆规模庞大,正门面西,分为东西二区。东区完全辟为园林,大半地段为水池所占,岸边垂柳掩映,中央位置设有一座水榭,称"泉亭",东西两侧以桥与池岸相连。南岸筑有石平台,北岸堆叠假山,形成障景,其北建三间正厅,左右各设耳房,厅前对称种植两株海棠,还有椿树、槐树、丁香等花木,秋日则遍地菊花盛开。西区南部设有祠堂正殿、配殿,其东为独立的花厅小院,西为住房,北面又设一座花园,中央筑正厅不朽堂,堂前植小松树五十余株,其北为遥集楼,楼前对称设有花池,种槐树、海棠、杏树,左右两侧设爬山游廊,分别通向东侧的六角形平面的凉亭和西侧的小楼、绿胜盒。盒前设藤架,种丁香,檐下悬有张之洞所撰楹联"河朔人才葛禄记,斜街花事竹垞诗"。

四、安徽会馆

安徽会馆位于北京市西城区后孙公园胡同,原为清初孙承泽的别业孙公园旧址。同治五年(1866),皖籍京官吴廷栋等联名倡议设立京师安徽会馆。此倡议得到时任湖广总督李鸿章的支持。李鸿章等皖籍官绅购得孙公园。其时,此地仍然是"地势衍旷,水木明瑟,池馆为宜"。从同治八年(1869)二月始"廓而新之",至十年八月,会馆落成。

会馆分中院、东院和西院三院及一花园,套院屋宇轩敞,宏丽壮阔,《新建安徽会馆记》记载:"中正室奉祠闵、朱二子(神楼),岁时展祀……又前曰文聚堂,宏伟壮丽,东偏若思敬堂、藤间吟屋,宽闲深靓,可以觞宾。其后曰龙光燕誉者,则以侍外吏之朝觐税驾者也。迤北有园广数亩,叠石为山,捎沟为池,花竹扶疏,嘉树延荫,亭馆廊榭,位置妥帖。凡馆之中,屋数百楹。"[1]除了文聚堂、神楼、思敬堂、藤间吟屋外,尚有前后檐明廊、戏台、议事厅、碧玲珑馆等馆舍建筑,雕梁画栋,富丽堂皇,高阁飞檐,气宇轩昂;花园中有夹道簇亭、仙苑、云烟收放亭、龙光燕誉亭、叠翠亭、子山亭、假山、池水等园林建筑,竹石垂杨,为京师之冠,李

---

① 王汝丰点校:《北京会馆碑刻文录》,北京燕山出版社,2017,第286页。

306

安徽会馆碧玲珑馆

鸿章亲题会馆楹联"依然平地楼台,往事无忘宣榭警;犹值来朝车马,清时喜赋柏梁篇"。

会馆有戏楼,蜚声京城,与湖广会馆、正乙祠、阳平会馆并称京师"四大戏楼"。每逢年节、喜庆日、月之朔望或神诞之日,在会馆戏楼酬神演戏。富有园林之美的安徽会馆成为徽籍京官名流在京举行栖止、祀神、交往、欢歌、宴饮、聚议活动的重要政治场所。晚清李慈铭《桃花圣解庵日记》曾记载自己与友人在安徽会馆宴饮和游赏园林的经过:"冒夫、琴岩来,偕至广和居小饮,午后同冒夫诣安徽会馆宴请朝鲜使臣杜璨卿,荇丈、麟伯、香涛、味秋、廉生、清卿皆至。饮于碧玲珑馆,颇有竹石,清池曲阑,垂杨映之,为最佳处。"文中提及花园内有山石、竹子、垂杨、水池以及曲折的栏杆,景致佳美。

总之,京师会馆的园林色彩愈浓厚,会馆的建筑就愈加富丽宏阔,会馆所承载的政治和经济力量亦愈加雄厚,因为"园林化建筑为会馆创造了陶冶乡人性情的良好场所,为会馆文化的世俗化开辟了一条新的途径。这些会馆建筑规模的大小与创建者、管理者及客籍同乡官员多少、情趣爱好都直接相关"。由于会馆是汇聚众力、集思集智的产物,因此,它往往可以把当时人们心目中一般建筑的理想形态化为现实,因而多在客居地一般性的商民署衙建筑群落中,脱颖而出,形成鹤立鸡群的态势。不同地域的会馆以各自不同的建筑风格、建筑材料、

307

建筑设置争奇斗艳,成为各地会馆的一大文化景观。明清时期,林立于京师与商业城市、交通要冲之地的会馆建筑群落,虽有样式之别、群落院进多少大小之异,但如果从建筑文化学角度来考察审视的话,它不仅是会众群体的聚集、议事、生活、供奉、祭祀、娱乐、义冢空间,而且还是官绅、商人、移民、举子群体共创的会馆文化载体,是会馆文化向客居地及周边地域进行文化传播、传承、传感的中介物和媒介质。同时,作为特定历史时代涌现和产生的会馆文化的标识、标记物,它是本籍文化的物化语言,并向其所在客居地展示自身地域文化精神、风格和风尚的最佳渠道和炫耀宣传手段。正因为如此,会馆建筑群落存在的本身,客观上为客居地都市城镇增添了一道独特、亮丽、颇具个性的风景线。①

---

① 王光英:《中国会馆志》,方志出版社,2002,第 327、348 页。

第六节 公共园林

西城区不论古代还是近代均出现过具备公共游览功能的园林供百姓游览。公共园林,有学者将其定义为"具有优美的自然风貌,经世代逐渐开发建设而成的拥有大量著名的旅游点,并带有公共性质的游憩场所"。大多处于城市近旁景色优美、交通便捷之地段,规模较大,内容广泛,寺庙宫观、商市瓦肆散布其间;同时以自然山水为基础,仅于适当地段稍事休整,缀以若干个人工景点;还有一特点是,历代经营开发,人文景观丰富,一园之内常具有不同时代、不同艺术风格的景点①。这些具有优美自然风光和蕴含深厚人文内涵的公共园林构成了城市重要历史文化遗产,不仅对改善城市环境起着重要作用,而且对后世城市公共园林的建设、传承北京文化以及城市公共空间的塑造具有重要价值。

一、古代公共园林

早在魏晋时期,蓟城一带的天然风景就为公共园林产生奠定了自然基础。《水经注》记载,灅水(今永定河)又东北径蓟县故城南。"蓟城南七里有清泉河……水俱出县西北,平地导泉,流结西湖,湖东西二里,南北三里,盖燕之旧池也。绿水澄澹,川亭望远,亦为游瞩之胜所也。"

隋唐的统一推动了幽州公共园林的发展。金朝灭亡后,随着大都的建设,原中都城日渐衰落,原鱼藻池等金朝的皇家御苑,成为当时人们游赏之地。元人乃贤亲临凭吊前朝故宫遗迹,曾有《西华潭》诗:"秋水清无底,凉风起绿波。锦帆非昨梦,玉树忆清歌。帝子吹笙绝,渔郎把钓多。矶头浣纱女,犹恐是宫娥。"②作为金中都留下的遗址,也是北京城最早的皇家园林遗址,在元代以后作

---

① 赵兴华:《北京园林史话》,中国林业出版社,1999,第5页。
② 〔元〕乃贤撰:《金台集》卷二《西华潭》,清光绪三十四年至民国十四年武进董氏刻诵芬室丛刊本。

为大都人们经常踏青游赏之地,起着公共园林的作用。

大都居民的游览之风益盛,所谓踏青、斗草成了大都民众的习俗。元大都城内和城郊公共园林的分布显著增加。明清时期的公共园林以及公共游览地在金元基础上蓬勃发展,进入公共园林繁盛期,出现"游人以万计,簇地三四里"的景象。历史上西城的公共园林广泛覆盖了城市各个阶层,承载了丰富的民俗活动。

(一)什刹海 什刹海(即积水潭)是元代以来北京城内最大一处开放水域,上至皇亲国戚、下至黎民百姓共同的乐园,承载了丰富城市生活和民俗活动。元代随着白浮泉、一亩泉、马眼泉等西山诸泉的导引入城,积水潭的水量和水面较之金代均有很大增加。良好的湿地环境,吸引了大量水禽来此栖息,"朝宗闸,即国家鹜雁之地,水草丰茂。"① "花头鸭与江南者盖多来海子内,与太液池中水鸭万万为群"②。宽阔的水面,优美的自然环境,不仅使积水潭成为元代南北大运河的北方终点,同时也成为大都城内最具平民性的一处重要风景区,为士大夫与平民百姓休闲游憩之地。③ 元人宋本所撰《都水监事记》对积水潭一带的湖光山色有极形象的描写:"(都水监)堂后为大沼,渐潭水以入,植夫渠荷芰,夏春之际,天日融朗,无文书可治,罢食,启窗牖,委蛇骋望,则水光千顷,西山如空青,环潭民居、佛屋、龙祠,金碧黝垩,横直如绘画;而宫垣之内,广寒、仪天、瀛洲诸殿,皆岿然得瞻仰。"④《析津志》记载:"西斜街临海子,率多歌台酒馆,有望湖亭,昔日皆贵官游赏之地。"每年的新科进士受到帝王召见后,都要到海子岸边万春园来,会见同年。新科进士宋褧曾经写《同年会》诗,并自注:"泰定元年登第……四月二十九日会于海子岸之万春园。"著名画家王冕诗中云:"燕山三月风和柔,海子酒船如画楼。"⑤大书法家赵孟頫在海子(即积水潭)上,与年轻的诗人李材作诗唱和,缔结为忘年交,成为佳话。

明朝攻占元大都时,曾将北城墙南移,在积水潭的北岸另筑起城墙,上游又建造了德胜门和德胜门大街,积水潭的水量减少,水域多荷花和稻田。明初"上林苑监"的"川衡署"在湖内种植荷花,把深水湖改造成浅水的莲池。根据《燕

① 〔元〕熊梦祥:《析津志辑佚》,河闸桥梁,北京古籍出版社,2001,第96页

② 〔元〕熊梦祥:《析津志辑佚》,翎之品,北京古籍出版社,2001,第237页。

③ 邓辉:《元大都内部河湖水系的空间分布特点》,《中国历史地理论丛》,2012,27(03),第32—41页。

④ 〔元〕宋本:《都水监事记》,〔元〕苏天爵编:《元文类》卷三十一,国朝文类,四部丛刊本。

⑤ 〔元〕王冕:《竹斋诗集》卷二《送人上燕》,清光绪间徐氏自刻邵武徐氏丛书本。

都游览志》记载："积水潭水从德胜桥东下，桥东偏有公田若干顷，中贵引水为池，以灌禾黍"，逐渐有了"小桥流水人家"的江南景象。净业寺山门之前为极佳的观景地点，《帝京景物略》记述称："立净业寺门，目存水南。坐太师圃、晾马厂、镜园、莲花庵、刘茂才园，目存水北。东望之，方园也，宜夕。西望之，漫园、湜园、杨园、王园也；望西山，宜朝。深深之太平庵、虾菜亭、莲花社，远远之金刚寺、兴德寺，或辞众眺，或谢群游矣。"①东南西北，景致朝夕变化不同。《天咫偶闻》称"从祠上望湖，正见其缥缈。从楼上望湖，又觉其幽秀。神光离合，乍阴乍阳，妙无定态"②。元人黄清老有《海子上有期》诗云："金堤晴日共鸣镳，倾盖松阴待早朝。数尽荷花数荷叶，碧云移过水东桥。"③《帝京景物略》中也描述说，每年盛夏，荷花飘香，人们来到这里，选好地点，铺上苇席，席上摆着酒菜佳肴，三五知己围坐席上，一面饮酒，一面赏荷，别有一番风味。

什刹海夜景

---

① 〔明〕刘侗、于奕正：《帝京景物略》卷一《什刹海》，明崇祯刻本。

② 〔清〕震钧：《天咫偶闻》卷四《北城》，清光绪三十三年甘棠转舍刻本。

③ 〔清〕顾嗣立：《元诗选》二集《海子上有期》，清康熙三十三年至五十九年顾氏秀野草堂刻雍正印本。

明代许多文学主张和创作风格的流派都曾经在什刹海活动。如万历年间湖北公安袁氏三兄弟,在今护国寺创建葡萄社,倡导公安派的文学革新主张,反对复古主义。他们经常在什刹海边畅游赋诗,影响很大。另外有茶陵诗派、前后七子、竟陵派等很有名。明代文渊阁大学士李东阳,曾经居住在这里,并写过许多关于什刹海的诗作,称赞这里是"城中第一佳山水"①。

明代什刹海周边已有不少酒棚饭馆,湖内还设有游船。游人在酒棚饭馆中饱饮之后,租乘一只小舟,游湖行乐。泛舟可由净业湖往东,过德胜桥一直驶进鼓楼前的莲花池。高珩《水关竹枝词》说:"酒家亭畔唤渔船,万顷玻璃万顷天;便欲过溪东渡去,笙歌直到鼓楼前。"正德以后,兴起了"冰床围酌"的游戏。每逢严冬季节,邀集同僚,围坐在驰驶如飞的冰床上举行"野餐"。《燕都游览志》说:"好事者,恒觅十余床,携围炉酒具,酌冰凌中。"《倚晴阁杂抄》记载:"闻明时积水潭尝有好事者联十余床,携都篮酒具,铺毹氍其上,轰饮冰凌中,亦足乐也。"

入清以后,随着三山五园建设,西郊山水为帝王所占,于是什刹海、西直门外长河,东便门外二闸便成了人们争先游览的风景胜地了。什刹海地处内城,又是堤柳成荫、芙蓉掩映,游客自然远比长河、二闸两处要多得多。清初,什刹海被分成三个部分,德胜桥以西为积水潭,东南为什刹海,再东南为莲花泡子。清初词人纳兰性德、阳羡词派代表陈维崧、浙西词派朱彝尊三人风格各异,但常常一起到后海北岸纳兰家的渌水亭切磋。纳兰性德是朝廷重臣明珠之子,他淡泊名利,常常与当时的名士游宴赋诗,题材多写什刹海风光,著有《渌水亭杂识》。

清朝时什刹海的娱乐活动与明朝时差异不大,更多的是百姓有机会参与其中。清初的《帝京岁时纪胜》对于洗马、赏荷、放灯、滑冰、冰床等活动都有记载。蔡省吾的《北京岁时记》中说:什刹海每逢"六月间,仕女云集",清朝中后期商业较为发达,什刹海附近的商家酒楼逐渐多了起来,许多酒楼都是为当时的权贵和八旗子弟服务的。鼓楼前后、地安门附近都是商业活动的中心,出现了烤肉季、会贤堂、合义斋、集贤居等老字号店铺,也出现了烟袋斜街那样的商业街。同治以后,什刹海已经是茶铺、酒馆林立和各式小贩云集的地方了,"同治中,忽设茶棚,添各种玩艺"。游人可到茶棚品茗饮茶,参加各种游艺活动。民国初年,什刹海地区已经成为平民百姓娱乐游玩的好去处。当时北京城内公园极少,什刹海俨然成为北京最热闹的"公园"所在。《北平俗曲十二景》有云:"六

---

① 〔清〕法式善:《明李文正公年谱》卷五《慈恩寺偶成》,清嘉庆刻本。

312

月三,好热天,什刹海前正赏莲,男男女女人不断,听完大鼓书,再听什不闲。逛河沿,果子摊儿全,西瓜香瓜杠口甜,冰儿镇的杨梅汤打冰乍卖,了把子莲蓬,转回家园。"①

(二)**陶然亭**　陶然亭位于城南郊原金代中都东部城厢区。元代这里有古刹慈悲庵,《日下旧闻考》记载"招提胜境由来旧矣"。明清两代为专门烧制宫殿、城墙用砖瓦的窑厂。明永乐间,工部衙门在此设立黑窑厂,中心的窑台占据制高点,视野开阔,重阳节后,"芦花摇白,一望弥漫,可称秋雪",颇饶雅趣。明末清初成为京城的登眺胜地,吸引了众多文人。《燕京岁时记》载:"时至五月,则搭凉篷,设菜肆(市),为游人登眺之所。"他们又嫌"窑台"原名不够雅致,亦称其为"瑶台",寓仙境之意。雍正、乾隆年间,到窑台登高游览的诗人雅客越来越多。窑台之上遂建起了太清观;窑台下的路口处又有三门阁和铁马关帝庙等建筑。"窑台登眺"便成为北京南城的一处名胜。如鲍桂星《春日窑台看雪》及《雪后登窑台》等诗,都是描写窑台雪景的,清人富察敦崇在《燕京岁时记》一书中,还专门对"窑台"做了一番解释。《藤荫杂记》记载:"黑窑厂登高诗充栋。"

陶然亭公园

---

① 　金子成:《北京西城往事》,作家出版社,2005,第331页。

清康熙三十四年(1695),工部郎中江藻奉命监理黑窑厂,在慈悲庵西部构筑了陶然亭,取白居易"更待菊黄家酿熟,共君一醉一陶然"诗意;又因其系江藻始创,亦称"江亭"。陶然亭虽名为亭,实际上是一座敞轩,甚得城市山林之野趣。《光绪顺天府志》中记载:(陶然亭)"坐对西山,莲花亭亭,阴晴万态。亭之下,孤蒲十顷,新水浅绿,凉风拂之,坐卧皆爽,红尘中清净世界也。"陶然亭的创建者江藻亦常常为之陶醉,并作有"愧吾不是丹青手,写出秋声夜听图"的赞美诗句。同时,在陶然亭周围,也聚合了许多历史胜迹,除慈悲庵东侧有文昌阁外,陶然亭西北有龙树寺;东南有黑龙潭、龙王亭、哪吒庙、刺梅园、祖园;西南有风氏园;东北有花神庙、香冢、鹦鹉冢等。迄至道光年间,相对完整的陶然亭园林区已基本成形。

清朝实行旗民分居,汉人士大夫尽居外城,而进京参加科举考试者多半住在城外(即南城),宣南一带会馆林立,冠盖云集,形成独特的宣南文化。"士大夫中性耽风雅者,往往假精庐古刹,流连觞咏,畅叙终朝"[1],成就诸多人文名胜,如崇效寺、慈仁寺、法源寺、长椿寺、报国寺、松筠庵等。可偌大的北京城,除去市肆庙观,实在没有更多的风景区可供游览,于是陶然亭便成了他们畅舒胸怀,饮酒赋诗的绝佳胜地。陶然亭不是孤立的个案,而是与宣南士乡相生相成的,是宣南人文景观群落的一个代表。同时,又由于陶然亭不同于一般人文建筑,别具天然景致,且最成规模,因此独领风骚,成为清代北京标志性的文化空间。只在今日陶然亭公园的范围内,就曾经有过刺梅园、封氏园、祖园、龙树寺、龙泉寺等名园古寺先后出现。

刺梅园在陶然亭东北,是清代士大夫最喜欢聚会、宴饮、赋诗的地方。《藤阴杂记》载:"城南刺梅园,士大夫休沐余暇,往往携壶榼,班坐古松下,觞咏间作。"曹贞吉《游黑龙潭还过刺梅园》诗:"刺梅花未发,有约故人来。落叶纷如萝,松风对举杯。"光绪初年,亭榭楼台已渺无踪迹,池沼变为苇塘。

封氏园也是陶然亭附近的园林之一,明朝即成为城南著名的园林。这个园林的故址在今云绘楼,清音阁附近,园中的风光独具一格,尤其以苍劲的古松驰名京师。园内一株粗大的酸枣树,至今尚存,是城南唯一得以幸存的最古老的树,这古雅的景物,时常吸引些文人骚客来此聚会觞咏。

陶然亭与士大夫相辅相成,陶然亭为宣南士人提供了在京城中一处可供想象驰骋、追攀永和遗风的清净地;而正是经由士大夫群体的文化与书写实践,造就了陶然亭独特的文化意象和雅集传统。作为清代士林题咏的胜地,陶然亭

---

① 〔清〕朱彭寿:《安乐康平室随笔》第6卷,何双生点校,中华书局,1982,第282页。

"春秋佳日,宴会无虚"①,有组织的雅集更是不胜枚举,以道光九年到十八年(1829—1838)间的"江亭雅集"最为典型。

多少年来,许多名人学者在这里留下过遗迹,写下过诗文,而这些历史的遗迹和诗文不仅具有时代的特征,也生动地反映了陶然亭的历史。鸦片战争中民族英雄林则徐,就曾经是陶然亭的常客,并在其楹柱上写下过"似闻陶令开三径,来与弥陀共一龛"的对联。其间,卢禅普、江峰青等人,感于这里幽雅的自然景色,也曾题有"爽气抱城来,挂笏看山宜此地;绿荫生昼静,凭栏觅句几闲人"。以及"果然城市有山林,除却故乡无比好;难得酒杯浇块垒,酿成危局有谁支"的楹联。

二、近代园林转型

现代城市公园是城市变迁的产物,也是中西文化碰撞、交融的产物。工业革命时期的欧洲,由于人口增加、污染加剧,尤其是与工业革命伴随的周期性工作制度的确立,休闲观念逐渐兴起,具有娱乐、教育或保持自然风光等功能的公园,开始在一些都市兴建。清末民初,公园作为现代化都市文明的象征,在被引进北京的过程中,折射出了北京的市政变革和都市文化的变迁。

关于"公园"这一概念何时在中国出现,对近代北京城市建设历史颇有研究的史明正认为:"公园这一概念是于20世纪初期首次引入中国的。公园一词似乎是在这一时期新增进汉语词汇中的,20世纪前的文化典籍中不存在这个词,这表明它诞生自国外。之所以将 public park 直译为'公园',是因为公园不同于'花园'和'园林'。公园意味着公众所有,大家皆可享用,而花园和园林则蕴含着它是皇家或私人财产。"②

1905年天津《大公报》刊发《中国京城宜创造公园说》,批评政府"年来建一离宫,修一衙署,动辄靡费数十万以至数百万金,宁独于区区公园之经费而勒之",建议在京城建造公园:"国中之偏隅小邑,犹可缓造公园,至于皇城帝都之内则万不可不造公园。何则?皇城帝都者,万国衣冠之所荟萃其间,市廛繁密,车马殷阗,空气少而炭气多,无公园宜疏泄之,则不适于卫生,而疾病易起,是以各国京城地方皆有公园,且不第有一处之公园。今中国之北京,市肆之盛、民居

① 〔清〕戴璐:《藤荫杂记》卷十《北城下》,第99页。
② 史明正著,王业龙、周卫红译,杨立文校:《走向近代化的北京城——城市建设与社会变迁》,北京大学出版社,1995,第137页。

315

之稠与泰西各国等,而街衢之不洁,人畜之污秽,则尤非各国京城可以举似于此。而不设公园,其何以造福于臣民而媲美于各国哉?"①

清政府方面也开始出现了倡议的声音。1906 年,出洋考察归来的戴鸿慈、端方等人奏请清廷,把"公园"列为政府应该兴建的四大公共文化设施之一:"各国导民善法,拟请次第举办,曰图书馆,曰博物馆,曰万牲园,曰公园。",恳请先就京师首善之区,次第筹办,为天下倡,这为北京兴建公园提供了官方的舆论支持。②

辛亥革命后,以朱启钤为首的京都市政公所推行公园开放运动,将皇家禁苑改造为现代公园,并尤为注重公园的教化功能,公园中附设的图书馆和茶座成为一道独特的风景。民国时期西城公园因此具有公共文化空间的性质,新旧文人可在此社交、写作,获取新的知识与信息,从而影响到文学的创作和传播。先后开放的公园有中央公园(原为社稷坛,后改称中央公园,1914 年)、三贝子花园(先后更名万牲园、农事试验场、天然博物院、乐善公园、园艺试验场等,1908 年)、先农坛(亦名城南公园,1915 年)、海王村公园(原名厂甸,1918 年)、北海公园(1925 年)、景山公园(1928 年)等。

(一)**中山公园(社稷坛公园、中央公园)**　中山公园是北京最早实现公园转型的皇家禁苑。1914 年,在北洋政府内务总长朱启钤的创意、主持下,将社稷坛辟为公园向社会开放,初称中央公园,是当时北京城内第一座公共园林。1925 年孙中山先生逝世,在园内拜殿(今中山堂)停放灵柩,举行公祭,1928 年改名为中山公园。

1912 年北洋政府成立,朱启钤任交通总长,1913 年 3 月清隆裕太后丧,定于太和殿公祭,他奉命巡视社稷坛时,见坛内殿宇恢宏、古柏参天,且地处城中心、交通便利,即起意辟之为公园。次年春,热河行宫古物运来北京,时任内务总长的朱启钤向北洋政府建议,由他出面与清室交涉,将三大殿以南除太庙外划归政府管辖,以便在各殿阁安置古物。在与清室交涉成功、顺利接管之后,同年秋,他正式动议将社稷坛辟为公园,得政府许可。草创之初,经费不足,为促成早日开放,朱启钤动用私人关系,请步军统领江朝宗指派工兵营全营士兵前来协助清理,以惊人效率在短短十数天内完成清理庭园、辟建南门、平修道路等工程,遂于 1914 年 10 月 10 日首度向公众开放。"男女游园者数以万计……游

---

① 《中国京城宜创造公园说》,《大公报》(天津版),1905 年 7 月 21 日。

② 《考察政治大臣端方、戴鸿慈奏陈各国导民善法请次第举办折》,《大公报》,1906 年12 月 8 日。

中山公园社稷坛门

人初睹宫阙之胜,祀事之隆,吊古感时,自另具一种肃穆心情"①,成为北京首家公园。

民国北京公园的一大特色,在于其尤为强调文化教育作用。1914 年京都市政公所《市政通告》发布《社稷坛公园预备之过去与未来》,从西人公园有益于"活泼精神,操练身体"谈起,使公园有别于中国传统的园林。1916 年社稷坛大殿被改造为教育部中央图书阅览所,向公众开放,是中国最早的公立图书馆之一。

除了对于教化功能的重视,公园也不偏废休闲娱乐功能。中央公园被旧式文人称为"稷园"(因原为社稷园)"文宴甚盛",新旧交替之际的最后一代士大夫们在此追慕前人传统,诗酒优游,留下大量唱和之作,如乙亥水榭修禊,以及丙子祝东坡寿两次盛会,"一觞一咏,颇极一时之盛"②。1929 年曾为北洋政要的夏仁虎自宦海退隐后,与老友傅增湘、郭则沄、关颖人、张伯驹、吴廷燮、赵椿

---

① 中央公园事务所:《中央公园二十五周年纪念刊》,1939,第 8 页。

② 中央公园事务所:《中央公园二十五周年纪念刊》,1939,第 241 页。唱和诗作部分录于《中山公园二十五周年纪念刊》第七章《本园艺文金石略》及第十一章《余记》。

年等流连于京城各大公园,诗酒酬唱。其第六子夏承楹的妻子林海音回忆:

> 公公自宦海退休后,读书、写作自娱,过着潇洒的文学生活。和傅增湘(沅叔)、吴廷燮(向之)、赵椿年(剑秋)、郭则沄(啸麓)、张伯驹(丛碧)等国学界前辈最为友好,酬唱往来,享尽文人的乐趣。多年来的夏日黄昏,他几乎每天和这些好友在中山公园柏树林下的春明馆茶座聚晤,谈谈天,下下棋,入夜各自返家。①

　　另一方面,中央公园也深受新文化人士的青睐。蒋梦麟、陶孟和、任鸿隽、丁文江、王文伯、张慰慈、高一涵、钱玄同、李大钊、马寅初、吴虞、高梦旦、沈兼士、张君劢等常在中央公园邀请友人游玩、聚餐。鲁迅与人合作翻译的荷兰童话《小约翰》就是在中央公园完成的。1926 年 7 月 6 日至 8 月 13 日间,几乎每天下午,他都前往公园译书,风雨无阻。

　　中央公园成为当时京城上流文化人社交聚会的场所,他们常在"长美轩"或"来今雨轩"等雅座相约吃饭饮茶,即便不提前约定,也能在园内偶遇许多熟人,然后再相聚畅谈、交流信息;此外,尚有许多文化活动、社团集会,也借公园茶座举办,如胡适等人组织的"文友会"、新月俱乐部早期的"聚餐会"等。文学研究会即在中央公园来今雨轩成立,后常在此开例会;新潮社常会也设于中央公园;少年中国学会亦于中央公园创建,并定期在"来今雨轩"举办茶会。

　　(二)北海公园　1913 年,清逊帝将北海交给民国政府,但是园内一直驻扎军队,将北海摧残得不成样子。社会有识之士一直在呼吁将北海归还市民改建成公园。1925 年 6 月 13 日,北海公园由公园管理处接管,他们相继对公园进行了修理:锄草、修路、安设路灯、修建厕所,将公园的部分房舍租给商人经营饮食、照相等业务。北海以古建筑称胜,游览有水、陆二路。北海的名胜有白塔山、昆仑六洞、五龙亭、九龙壁等,均极工精意巧。北海的水面宽阔,春夏湖面上轻舟荡漾,在绿树的映照下,十分惬意。北海内还新建了一些服务设施,如在积翠堆云桥西临水筑屋名双虹榭,白塔后筑屋数楹,名揽翠轩,开设餐厅、茶肆等服务设施。五龙亭东侧开设"仿膳房",专仿御膳房的制作方法制作一些糕点、菜品,供应游人,深受顾客欢迎。为纪念蔡锷,1922 年在快雪堂设立松坡图书馆,馆藏中文书籍四万多册。

---

　　① 林海音:《枝巢老人的著作和生活——〈清宫词〉编校后记,〈家住书坊边:我的京味儿回忆录〉》,台北,纯文学出版社,1987,第 129 页。

北京北海中之划船者

《燕都丛考》载："北海自民国六年以来，即有改为公园之议，荏苒数载，至民国十三年始实行开放，定名为北海公园。以团城东首之承光左门为其正门，并于西不压桥之南，辟一新门，为其北门。其南面之桑园门暨东西之陟山、阳泽二门，迄未开启。园中除画舫斋为公园董事办事之所，静心斋为政府留待宾客之地，快雪堂为松坡图书馆外，余若漪澜堂、五龙亭、濠濮间各处，俱辟为品茗设肆之区，每当春秋佳日，夕阳西下，新月微开，和风送凉，金波曜景，游人士女，三五群集，或打桨中流，或吹箫隔岸，或赌棋于别墅，或放饮于池头，西湖秦淮，殊不是过。其天王殿、阐福寺、小西天等处，则荒凉零落，游踪较少。民国十六年，直鲁军曾于天王殿设阵亡将士追荐道场，虽一时铙钹喧天，莲灯耀水，然为时亦暂，不足动后人过去之思。若夫时届严冬，万籁萧瑟，游人既多敛足，而近年漪澜堂、五龙亭左右，各设冰场，以为滑冰之戏，事实沿旧，不知者乃以为欧美高风，青年之人，趋之若鹜。化装竞走，亦足以倾动一时、较之他处人造之冰场，复乎胜矣。"

(三)**景山公园**　庚子事变八国联军入侵北京后，曾在景山驻军，园内古建筑遭破坏，此后景山一度荒芜，处于年久失修的状态。但作为清朝皇室御用之地，除皇室成员外，其他文武百官不经准许仍不得擅自入内。辛亥革命后，帝制废除，但根据《清室优待条件》，景山仍归属前清皇室使用。不过此时的景山已不复往日皇家园林的威严。虽未对外开放，但已有普通民众日常游览景山的记录，如民国十二年(1923)《辟才杂志》曾有学生在青年会外国人的引领下到景山游玩的记录。

1924 年冯玉祥等发动"北京政变"后，作为清室财产的景山由清室善后委员会接管，1925 年 10 月后归属故宫博物院管理。以此为契机，民国政府相继下令把昔日的皇家园林与皇宫皆归还于民，逐渐成立众多公园并向大众开放。景山也于 1928 年作为公园对外正式开放。《燕都丛考》记载："景山又名煤山，明庄烈皇殉国于此。今其自缢之树尚在，惟已枯其半。寿皇殿存有清历代御容，前年古物陈列所取去，清室提出异议，几成讼。周赏亭已圮。民国十七年葺而新之，其余各亭一并修葺，遂开放为游人登览之所。"

景山公园

作为前皇家御苑，身处动荡社会环境中的景山公园不仅具有休闲娱乐的属性，更兼具文化教育、政治宣传等职能。1934年清明节，北平植树典礼在景山公园绮望楼前举行；1935年，中国博物馆协会于绮望楼举行成立大会；1936年，北京学生游行队伍齐集景山公园，要求政府态度鲜明地抗日；1944年，北平有关人士为提振民族气节，冲破大汉奸王揖唐阻力，在景山公园明思宗自缢处竖立"明思宗殉国三百年纪念碑"。

（四）**动物园（万牲园）**　距西直门外二里许，俗称三贝子花园，又名万牲园。清末，清政府为了实行新政，按端方、戴鸿慈的奏请，由商部奏准，在西郊原乐善园、继园（又称"三贝子花园"）和广善寺、惠安寺旧址基础上建万牲园，占地一千零一十二亩。万牲园的设计是集游览观赏与科学研究为一体，因而它的建设也体现了这一特色。在开建之初，清德宗就一再叮嘱要注意风景，因而万牲园充分利用了自然的湖泊、河流及山林景色，将园内的鬯春堂、观稼轩、来运楼、停云轩、松风萝月轩及动物馆舍等，参差建造于山水之间，形成独特的园林景观。

（五）**先农坛公园（城南公园）**　民国时期北京外城人口格外稠密，在中央公园的示范带动下，外城也有设置公园的强烈意愿，1915年《市政通告》报道：

中央公园开放数月以来，各处布置的渐臻完美。一般市民非常表示欢迎。可见京都市民之对于公园并不是漠然置之。惟认真讲起来，京都市内面积如此之大，人口如此之多，仅仅一处中央公园实在不足供市民之需要，因为中央公园设在前门里头，仅便于内城一带居民，而于南城外头，有城墙阻隔，终觉不便。要据户口调查起来，外城居民较

北京动物园(万牲园)

　　内城格外稠密,红尘十丈很难找一处藏休息游的地方。①

　　1916 年,市政公所将位于正阳门外天桥迤南、原皇家祭祀先农的先农坛修整开放,初名先农坛公园,后改为城南公园。先农坛周围六里,中有山川坛、太岁坛、先农坛、籍田、神仓、具服殿等古建筑。园内古柏参天,数量极多。经过改建,园门外设有跑马场、茶座。园内随着甬道设有红木栏杆,古树下设有茶座。园西设有运动场,有秋千两架。园北划为城南游艺园。园内还兴建了鹿园、花肆等。

　　先农坛公园的特点是占地广大、古树众多、空气清新,适合于运动、休闲。《北京市志稿》载:"先农坛市民公园系于中华民国四年春间筹备开放,售票任人游览。六年,经市政公所请拨外坛北半部作为城南公园。7 月 5 日,又以一坛不便设两公园,请将先农坛公园并城南公园。九年,经内务部将城南公园收回,改设先农坛事务所。十一年,将外坛北半部空地出售与人民建筑,并将北半部坛墙拆去、先农坛内坛至今仍以先农坛古迹名义售票准入游览。"

---

① 《市公园之增设》,载于《市政通告》第 18 卷(1915 年)第 89 页。

《燕都丛考》又载：

先农坛，自民国初年即改为城南公园，售票较其他公园为廉，然以僻在城南，游人较少，坛地甚广，外坛北面之一部分，于中华民国三四年间，划为城南游艺园，其余各地，均归公园管理。袁项城时，政府委托新华银行发行之有奖储蓄票，三届抽签，均在该园旷场举行。郑汝成被刺于上海，亦在园内开追悼会。颇极一时车马喧阗之盛。嗣是以后，沉寂无闻。然园中古柏参天，苍松偃地，神祇坛内左右森列数十株，偃蹇扶疏，实较他处为奇古。民国十六年，内务部以薪俸无所出，几欲伐之以为薪，嗣以市民力争，事始中辍。入门左侧为鹿圈，畜鹿十数。其南为神仓，庙坛管理处设于此。或云即旗纛庙旧址。南为花肆，与神仓相对者为牺牲所。又南为具服殿，前有月台，今为公园事务所办公处。民国十六年，改为诵翻堂，其南为观耕台，台上建八角琉璃亭，亭西栽果木甚多，每届春时，桃花盛开，数千百株，灿烂如锦，为城中看桃花第一处。

（六）海王村公园　琉璃厂所在地区在辽代形成村落，称为海王村。明朝永乐初年迁都北京后，在此地设立工部所属五大厂之一的琉璃厂。乾隆年间，琉璃厂各处琉璃窑迁往门头沟，外城居民即以原琉璃厂所留空地和神祠为依托，形成集市，雅至古书文物珍玩，俗至风车耍货糖葫芦，摊店相连，令人目不暇接。民国北洋政府时期，在新市区规划中，琉璃厂被规划为永久性商业街，在厂甸地区修筑围墙，在墙内铺设草坪、建造喷泉（水法池），取名"海王村公园"，为带有园林风格的市场。

《燕都丛考》载：

南新华街直贯于厂甸之中间，其东有海王村公园，民国六年厂甸旧址所创建。

民国《北京市志稿》记载：

"前京都市政公所于民国六年就琉璃厂厂甸空地创建海王村公园……并于园之东西两旁建平房五十余间，招集各商设肆营业其间，以便游人之选购。是年冬，全工告竣，即于七年元旦实行开放"。

又载："琉璃厂厂甸系海王邨旧址，为士女游观之地，惟是车马纷沓，摊肆纵横，十丈红尘，击摩凌杂，殊匪足以昭秩序也。经前京都市政公所于整理之中绚习俗之意，遂于民国五年有设立海王村公园之议，就原有地基缭以围墙，两旁建筑商铺，借示规模。广场之中，辟治路径，每值岁首，自元旦至元宵节，订定开放规则，仍准照旧设立临时商市，以存俗尚；其平时则惟置山石，建筑喷水池，栽种花草，借于市廛之内得观林泉之趣。

1915年赵世炎来到北京求学，其《海王村公园游记》生动地描绘了公园热闹景象与前后变化："人声鼎沸，车马驱驰……公园之乐无之也……陵夷至今，成为市场，其变迁诚不可测矣……"林海音在《家住书坊边》回忆："海王村公园里面，摆了几百个摊子，玩具、饮食、玉器等等各有其集中点。这是给儿童及一般家庭妇女逛的。据齐如山先生说，典型的中国制玩具有几百种，过年时候就会全部在厂甸出现了。记得早上起来，在家里就可以听到胡同里赶早班逛厂甸的儿童买的风车、卟卟登玩具，一路风吹、人吹，呱呱山响。饮食摊位则在海王村门口两旁及后面，而海王村里面中央在'北京'时代则搭起一高台子，设许多茶座，是为了逛厂甸的文人雅士携眷或携妓来居高临下风光一番的。这到北伐以后就没有了。"

民国时期海王村公园大门

第六章

戏曲文化

西城的戏曲文化源远流长,灿烂辉煌。元代是杂剧最繁荣的时期,与唐诗宋词一样成为一代文学的代表,是我国古代戏曲的第一个高峰。前期大都是杂剧的兴盛之地,最优秀的杂剧作家大多是大都人。元曲"四大家"的关汉卿、王实甫、马致远三人都是大都人,另外一位剧作家白朴,虽然在真定定居,但也多次往返于真定和大都之间,与大都的剧作家和艺人结下了深厚的情谊,并参与了关汉卿发起的玉京书会。明代自明成祖迁都北京之后,京师教坊仍以传习金元北曲为主,自嘉靖年间魏良辅改革昆山腔之后,昆曲风靡江南,也于万历年间传入京师,改变着教坊演剧的格局。士大夫圈层凡官府公宴、私邸宴会,以听昆曲为风雅。江南蓄养家班的风气也在北京兴起,西城的米家班、田家班等都是当时著名家班。清代,西城是京剧艺术的发源地。随着徽班进京,京剧艺术日渐兴盛,店铺密集、商业繁荣的前门外戏园也如雨后春笋般地涌现,与前门外相距不远的椿树地区、大吉片区也出现了很多戏园,广德楼、三庆园、庆和园、庆乐园、同乐轩、中和戏院等共同构成了西城异彩纷呈的戏园景观。民国时期,西城又出现了一批新式剧场和戏院,除了大栅栏外,西单商场、天桥市场一带也成为新的戏园聚集地。

第一节　元明时期的戏曲文化

元代在短短的几十年内,出现了一批优秀的剧作家,创作了很多代表性剧本,像关汉卿的《窦娥冤》《望江亭》,王实甫的《西厢记》,马致远的《汉明妃》(即《昭君出塞》),白朴的《墙头记》(即《墙头马上》)等,七百多年来,这些剧目仍久演不衰。明代在万历之前,由于统治阶级的控制和打压,京城的戏曲创作和演出基本上一片荒漠,后期随着思想解放和统治阶级控制能力的减弱,昆曲传入北京引起社会各阶层的喜爱,宫廷演剧、商业戏班、士大夫家班共同构筑起京师昆曲演出的文化生态。

一、元杂剧

元杂剧(元曲)以北方音乐为基础,又被称作"北杂剧",形成于宋末,繁盛于元,创作和演出都极为突出。优秀的剧作家通过丰富多样的角色刻画,演员通过惟妙惟肖的表演,表现了不同社会阶层和人物的命运,反映了社会的多样性和不稳定性,隐含对当时社会问题的态度。

(一)**多元文化交融的产物**　元代是一个多民族、多文化融合的时期,汉、蒙、回等多民族文化的交流,为元杂剧的诞生提供了文化土壤。杂剧中的乐曲主要有大曲诸宫调、胡夷之曲和北方民歌俗谣。王骥德在《曲律》卷四中说:"元时北虏达达所用乐器,如筝、篡、琵琶、胡琴、浑不似之类,其所弹之曲,亦与汉人不同,见《辍耕录》。"①这些北方民族的歌舞音乐不仅丰富了元杂剧的歌舞表演,而且还充实了杂剧的曲牌,吸收了北方草原民族富有民族色彩和地方特色的民谣歌曲的杂剧,也具有了刚劲豪健、劲切雄丽的特点。元杂剧以金、元之交的河北、河南、山东等中原地区的北方话为基础,并吸收糅合了女真、蒙古等北方游牧民族所使用的腔调及其语言,特别是蒙古族语言通俗活泼、丰富多彩、诙

---

① 王骥德:《王冀德曲律》,湖南人民出版社,1983,第208页。

谐幽默、质朴浅切,适合普通民众的欣赏口味。

（二）**宫廷演剧**　蒙古统治者对于歌舞戏曲的特殊爱好,为大都杂剧的崛起提供了政治保障与风气引领。太师木华黎在戎马倥偬之际也不忘歌舞燕乐。元世祖忽必烈在桓州指挥作战时,曾征调戏班到军中搬演杂剧,这种举措既反映了元统治阶层对戏曲歌舞的偏好与提倡,也为元杂剧的普及和提高创造了有利环境。"①么书仪在《戏曲》里说:"元王朝统治阶级对歌舞戏曲的爱好,鼓励了戏曲的发展。"②据《马可·波罗行纪》载,当时宫廷贵族宴会不是伴以高雅的赋诗填词,而是通俗的戏剧、歌舞。在宫中除了专门的乐人演剧之外,教坊或行院艺人也经常进宫演出,如每年二月十五日,"凡社直一应行院,无不各呈戏剧";"仪凤、教坊诸司乐工戏伎,竭其巧艺呈献,丰悦天颜"。至腊月,"仪凤司、教坊司……日日点习社直、乐人、杂把戏等……"(《析津志》"岁纪")。《马可·波罗行纪》在叙述宫内活动时记载"席散后,有音乐家和梨园子弟演剧以娱乐众宾"的活动,这里"梨园子弟"指的则是民间艺人。

（三）**大都剧作家**　杂剧以创作者众、成就斐然和旗帜性领军人物的涌现而彰于史,剧作家更是位于全国之首,主要代表作家有关汉卿、王实甫、马致远等。元代知识分子中断了仕宦之路,除太宗九年(1237)曾举行过一次科举外,中止科举七十七年之久,直至仁宗延祐元年(1314)才恢复科举取士。汉族知识分子仕进无门,政治地位一落千丈,处于"八娼九儒十丐"(谢枋得《叠山集·送方伯载归三山序》)连娼妓都不如的低贱地位,他们在世俗文艺中书写精神苦闷,逐渐挣脱功名利禄的因袭重负。《元史》记述当时"贡举法废,士无入仕之阶,或逼进勾栏行院"。③《录鬼簿》著录元杂剧四百五十二种,前期杂剧作家五十六人,大都籍作家十七人,位列全国之首;这十七位作家共一百五十六种作品,超过总数的三分之一。尤其是"梨园领袖"关汉卿,一人就贡献了五十八种。当时大都出现了很多"书会"。为了提升杂剧的创作水平和影响力,剧作家自发成立书会,以关汉卿为中心的玉京书会和以李时中为中心的元贞书会最负盛名。玉京书会汇聚了关汉卿、马致远、纪君祥、杨显之、费君祥、庾天锡、梁进之、王仲文等八位大都籍作家,占了前期大都作家的半数以上。在书会里可以一起创作,互相交流帮助,共同提高进步。④ 书会组织打破了以往个人化的创作时代,出现了

---

① 李修生、赵义山:《中国分体文学史(戏曲卷)》,上海古籍出版社,2001,第14页。
② 么书仪:《戏曲》,人民文学出版社,1994,第83页。
③ 〔明〕宋濂等:《元史》,中华书局,1976,第2461页。
④ 吴戈:《"书会才人"考辨》,《上海师范大学学报》1988年第4期。

众多作者署名的情况。① 元贞书会的马致远和其他作家一起创制多部杂剧作品,如《黄粱梦》是他与李时中、花李郎、红字李二四人合作而成。马致远还与史敬德合编了《萧淑贞祭坟重会姻缘记》,另外与史九敬先合编了《风流李勉三负心记》等。

（四）演员队伍庞大 据《马可·波罗行纪》记载:"凡卖笑妇女,不居城内,皆居附郭。因附郭之中外国人甚众,所以此辈娼妓为数亦伙,计有二万余。"②虽然这些青楼女子不一定都"能诗词,善谈笑",但其中应该有数量可观的梨园艺人。根据《青楼集》记载,元代著名的戏曲艺人有一百多位,其中杂剧、院本、南戏、角戏艺人八十七位,而大都女艺人约四十多位。③ 这是有文献记载的、相对出名的女艺人数目,那些没成名角、不见经传的普通艺人应该更多。最著名的杂剧女演员是珠帘秀,《青楼集》说她"杂剧为当今独步",花旦、小生等"悉造其妙",她与关汉卿、卢挚、冯子振等文士都有密切交往。

二、明代戏曲

随着杂剧衰落和戏剧中心的南移,北京在一百多年的时间内戏剧发展基本处于停滞状态,除明初尚存元代杂剧创作的余波外,几无作为。明代中叶传奇剧在南方兴起后,南曲北上,天顺间北京已有"吴优"演出,嘉靖以降,弋阳、海盐、昆山诸腔戏先后进入北京。万历年间终于由弋阳腔和昆山腔取代北杂剧,占领了戏曲北京的演出舞台。④。据明人史玄《旧京遗事》记载,万历年间"京师所尚戏曲,一以昆腔为贵"。⑤ 到了天启、崇祯年间,京师剧坛已是"四方歌曲皆宗吴门"的局面。⑥

（一）宫廷演出 教坊司并非明朝的独创,而是从唐朝开始就有的制度,一直就是管理宫廷演出音乐、舞蹈及戏剧的组织。明初明太祖痛恨奢侈、腐败的官场风气,礼仪乐舞机构一律从简,仅设置太常寺与教坊司两个机构管理宫廷

---

① 季国平:《论元大都杂剧作家群》,《北京社会科学》,1992 年第 4 期。

② 陈开俊等:《马可波罗游记》,福建科学技术出版社,1982,第 97 页。

③ 李真瑜:《北京戏曲艺术》,北岳文艺出版社,2002,第 92 页。

④ 刘水云:《试论晚明昆曲之入京》,《东南大学学报》(哲学社会科学版),2000 年第 4 期。

⑤ 〔明〕史玄:《旧京遗事》,北京古籍出版社,1986,第 25 页。

⑥ 徐树丕:《识小录》卷四"梁姬传"条,丛书集成续编:子部(第 89 册),上海书店,1994,第 1071 页。

中演出音乐、舞蹈及戏剧。后来，朝廷又设立钟鼓司，属于宦官二十四衙门之一，艺人全部由太监充任，掌内廷祭乐、宴乐及更漏、早朝钟鼓诸事。钟鼓司负责内廷的奏乐演剧，教坊司负责外廷的宴享乐舞。

万历朝以前北京宫廷的演剧活动，除英宗正统、天顺前后两朝曾有收敛外，总的情况是日益频繁，持续不衰。宣德朝宫廷歌舞演剧耗用无算，宣宗死后英宗即位之初诏令减员，一次便释放教坊乐工三千八百人。成化朝教坊司九百多乐户竟不敷用，又行文山陕布政署选取乐户供役。成化朝以后歌舞演剧愈益盛繁。正德朝武宗失德无状，沉浸于荒淫娱戏，歌舞演剧更是不计糜费。万历之前的演剧内容一直没有改变，基本是北曲杂剧和杂戏扮演。顾起元《客座赘语》卷九"戏剧"条载："南都万历以前，公侯与缙绅及富家，凡有宴会，小集多用散乐，或三四人，或多人，唱大套北曲……若大席，则用教坊打院本，乃北曲大四套者，中间错以垫圈、舞观音，或百大旗，或跳队子。"是知万历以前南教坊以北曲杂剧、散曲及百戏供役于缙绅宴飨。南都尚且如此，北京更不会例外，宫廷的演剧活动尚在北曲范围，具体有过锦之戏、杂剧故事、水傀儡戏、散曲和剧曲演唱、滑稽表演等。都穆《都公谈纂》"卷下"载，天顺年间（1457—1464）北京已有"吴优"演出，①虽然英宗对南方的戏曲很感兴趣，但是当时宫廷其他艺人对于民间进来的南方艺人还是极为排斥的。

嘉靖时期经音律家魏良辅改革后，昆山腔吸收北曲及海盐腔、弋阳腔的长处，形成昆曲委婉细腻、清远悠长的"水磨调"风格，奠定其在曲坛的"正音"地位，从此取代其他各腔，风靡全国，独霸中国曲坛数百年。南方新兴诸声腔传奇剧，由嘉靖朝开始先后传入北京，经过市肆民间流行，终于在万历年间进入宫廷，改变了宫廷单以院本北杂剧承应的状况，这一变化是由明神宗设玉熙宫和四斋近侍习外戏开始的，俱由内使掌管，承应外戏演出。

万历年间，神宗设玉熙宫，沈德符《万历野获编》补遗卷一"禁中演戏"条记载："内廷诸戏剧俱隶钟鼓司，皆习相传院本，沿金元之旧，以故其事多与教坊相通。至今上始设诸剧于玉熙宫，以习外戏，如弋阳、海盐、昆山诸家俱有之，其人员以三百为率，不复属钟鼓司。颇采听外间风闻，以供科诨，……又有所谓过锦之戏，闻之中官，必须浓淡相间，雅俗并陈，全在结局有趣，如人说笑话，只要末语令人解颐。盖即教坊所称耍乐院本意也。"除玉熙宫外，明神宗还设立了四斋，《明宫史》载："神庙孝养圣母，设有四斋近侍二百余员，以习宫戏、外戏。凡慈圣老娘娘升座，则不时承应外边新编戏文，如华岳赐环记，亦曾演唱。"玉熙宫

① 都穆：《都公谈纂》；《金忠淳辑·砚云甲编》，上海申报馆本，光绪年间，第21页。

和四斋都不属于钟鼓司,但也由内臣掌管,其职能与钟鼓司和教坊司相类,不仅演出宫廷戏,也学习并演出外戏。可见到明中后期,宫廷演剧活动也向外扩展,吸收外戏入宫。玉熙宫,为明代皇家宫阙,万历以后成为宫廷演剧的机构和场所,在今北海公园西侧国家图书馆文津街分馆处。四斋地址无稽考。

（二）**民间观剧** 嘉靖朝以后朝纲不振、吏治不修,贪墨成风,官僚士大夫纵情声色。时值南曲北上,诸声腔戏班争相进入北京,于是观剧之风起,无论官府公宴还是官僚士大夫的私邸宴集,必张戏乐。万历十三、十四年间,礼部尚书沈鲤奏请禁奢崇俭禁倡优,因受到其他朝臣的反对而未能行,而且遭物议,被看作"未为知体",可见当时的社会风气。

明代谈迁《枣林杂俎》载:"张太岳编修时,本院公宴,演《千金》传奇。至萧何追信,凝视久之。同列以专注谑之,答曰:'君臣将相遇合之难如此,勿得草草。'"①张居正于嘉靖二十六年(1547)进士,不久授翰林院编修,这里所记载的应该是翰林院一次公宴时演戏,从张的凝视久之可见他很喜欢这次演出。这时歌妓侑酒已成公然之事,就连衍圣公进京朝见皇帝,居然也叫歌妓给他唱曲。官僚、士大夫宴集和往来应酬时听曲已是蔚然成风,而且如万历朝"躬践排场"者也大有人在。《虞阳说苑》记有万历刑部左侍郎陈瓒在家扮演《荆钗记》里王十朋事。连尊如衍圣公,贵如陈侍郎,竟然都如此爱好听曲串戏,可见当时演戏之盛行。

袁中道(1570—1623),湖北公安人,为"公安派"领袖之一。他酷爱昆曲,曾多次入京。一次是于万历三十八年(1610)到京师会见师友,住在石驸马街(现在的西城新文化街)仲兄袁宏道家中。姑苏会馆乃苏州在京官宦、文士聚集之所,正月初一在此观看吴优戏班搬演的昆剧《八义记》。② 同年,京师极乐寺有国花堂,以牡丹花闻名,友人招待袁宏道、王石洋前往观赏,宴饮席间观看了《白兔记》,"座中中贵五六人皆哭欲绝,遂不成欢而别"③。极乐寺在阜成门外,高梁桥西三里,明代成化年间(1465—1487)建。万历四十四年(1616),袁中道因应会试再次来到京中,这时京师昆曲的演出更胜当年,他多次观看昆班演出。户部主事米万钟两次邀请他去观剧,一次是前往位于京城城西的净业寺,观看歌儿演新曲;一次则是同去位于顺城门外斜街的长春(椿)寺,观看屠隆创作的昆剧《昙花记》。这两处都在西城,净业寺位于现在的德胜门内西顺城街 46 号,

① 〔清〕谈迁:《枣林杂俎》圣集《先正流闻·张居正急才》述郑斋抄本。
② 陈文新:《日记四种》,崇文书局,2010,第 231 页。
③ 〔明〕袁中道:《袁小修日记》,胡协寅校阅,游居柿录,广益书局,1936,第 63 页。

是什刹海名刹之一,建于明嘉靖三十七年(1558),初名曰智光寺,后改名净业寺。长椿寺位于现在的长椿街,建于明代万历二十年(1592)。

江南文人祁彪佳(1603—1645),浙江山阴人,戏曲家。他曾于崇祯四年(1631)丁忧服满回京,在京师生活一年半的时间,频繁往来于同乡好友、官绅同僚的邀约聚宴,在他的《祁忠敏公日记》中,仅在壬申年(1632)四月至十二月短短九个月的时间内,便在京师观看了近四十部传奇,多为昆曲剧目。又如同年六月二十一日"赴田康侯席,……观《紫钗》剧,至夜分乃散";再如同年八月十五日赴"同乡公会观《教子》传奇";再如同年十月十四日"入公席观《檀扇记》";同年十一月十四日"入陆园观《牡丹亭记》";翌年于"真定会馆"观《花筵赚》。其中《明珠记》《拜月记》《牡丹亭记》等热演剧目,在京师也大为风行。祁彪佳还在京师两次观看了好友王伯彭所编创的传奇《异梦记》,足见江南曲家新创剧本极快便能流传于京师。①

(三)著名家班 随着昆山腔在北京地区的流行,江南一代文人士大夫蓄养家班的风气也传进北京,并且,明末北京的家庭戏班大都是从江南采买的演员。

米家班。明成祖时禁止漕船进城,积水潭作为码头被废弃,但是风光秀丽的景色依然吸引了达官显贵和文人名士在什刹海兴建私家园林、别墅园苑。特别是明末书画家、爱石成癖的米万钟所建的漫园和湛园,不仅是登高望湖的好处所,而且还有戏班在园内演出。明代书画家米万钟(1570—1628),北宋书法家米芾的后人,父辈起即迁往顺天(今北京)定居,万历二十三年(1595)进士。米万钟建有著名的"米家三园":勺园(位于海淀)、漫园和湛园。漫园位于积水潭北岸的净业寺和德胜门水关之间,有三层楼阁,还修建了一座梅花亭。米万钟常邀友朋故旧来漫园流连观景,社集吟诗,赏花评石,甚至看戏听曲,冰上嬉戏。湛园(今西长安街一带)建于明万历二十六年(1598)。万历四十四年(1616)春天,米万钟邀请袁中道等文人雅士来到湛园,一起观赏初绽的梅花。米氏家班是北京较早演出昆曲的家班,将当时北京地区原本的传奇剧本改为昆腔演唱,在昆曲史上无疑具有重要意义。

范家班。继米氏家班之后,北京昆曲家班日渐繁盛,就连一再声称"素不蓄歌儿"的范景文②也一改初衷蓄起歌儿来了。吴应箕《留都见闻录》卷下载:"北

---

① 张婷婷:《论明代京师的昆曲演出》,《戏剧影视学研究》,2021 年第 3 期,第 154—156页。

② 范景文(1587—1644),字梦章,号思仁,别号质公,河间府吴桥(今属河北)人。万历四十一年(1613)进士。历官东昌府推官、吏部文选郎中、工部尚书兼东阁大学士。崇祯自缢后,景文留下遗书曰:"身为大臣,不能灭贼雪耻,死有余恨。"后赴双塔寺旁的古井自杀。

直范质公自解任后而吴桥适为蹂躏,遂不能归,借居同乡刘京兆之第,宾客不绝于门,公亦时以声乐娱客,又性博爱,士乐趋之。"黄宗羲《思旧录》也说:"公(范景))有家乐,每饭则出以侑酒。风流文采,照映一时。"

田家班。外戚田弘遇(? —1643)是明思宗田贵妃之父,他的昆曲家班名闻京师。史玄《旧京遗事》云:"今京师所尚戏曲,一以昆腔为贵。常州无锡邹氏梨园,二十年旧有名吴下,主人亡后子弟星散。今田皇亲家伶生、净,犹是锡山老国公也。"田家班"以园亭声伎之美,倾甲于都下,……诸妓歌喉檀板,辄自出帘下"①。其家乐艺妓大都来自吴门昆伶,如陈圆圆、顾寿、冬哥等名角。

周家班。明思宗周皇后之父周奎,曾下江南苏州一带,渔猎声妓置办家乐。也有人说是他带回了陈圆圆,究竟是谁买陈圆圆进京暂时无法判断,但周奎也有家班却是确定无疑的。吴三桂奉诏出镇山海关时,周奎以家乐佐觞,"延陵(吴三桂)方为上倚重,奉诏出镇山海,祖道者绵亘青门以外。嘉定伯首置绮筵,饯之甲第,出女乐佐觞"②。

---

① 〔明〕史玄:《旧京遗事》卷一,北京古籍出版社,1986,第6页。
② 〔清〕钮琇:《觚剩》,上海古籍出版社,1986,第69页。

第二节　清代宫廷演戏

清代是历代宫廷演戏的高潮,清代诸帝无不嗜好戏曲,又以乾隆和光绪两朝为最盛。宫廷演戏对京剧的发展起到了重要的推动作用,"培养了一批京剧业余爱好者……有一定鉴赏能力的观众;民间艺人……提高了艺术素质……演出质量有所提高"①。

一、南府和升平署

康熙朝设立专门机构"南府"与"景山"管理戏曲排练与演出等事务。道光七年(1827)南府改组为升平署,取"海内升平"之意,京师民间伶界却始终习惯叫南府。南府一直沿袭至宣统三年(1911)结束,历时一百六十二年。南府与升平署的设立给戏曲艺术的发展提供了某些有利条件,升平署经年积累的戏本、档案,研创的演剧规制、规模、技艺、脸谱儿、行头等堪为精华,开阔并提升了当时戏班伶人的眼界和剧艺水准。不少旧演出本词多不通,表演艺术亦较粗俗,经过升平署的修改,词曲较为明畅,艺术也趋于严谨。每逢年节和皇帝诞辰、大婚等喜庆之日,都要在宫中畅音阁和重华宫等处隆重演出戏剧,清初以昆弋腔为主,光绪末年以京剧为最盛,但昆弋腔仍有少量演出。

南府在明代名为灰池,清初栽花移木,得名"南花园"。南府与教坊司不同,不属礼部,而隶属内务府。宫内凡遇登基、祭天、祭祖、祭社、朝贺、册封、大婚、出征、凯旋、万寿、诣陵等事典,除由礼部主持,钟磬管弦奏以黄钟大吕之雅乐伺以典礼外,另由南府组织内外学(内监与外面伶人)竟日演剧并伴以杂技百乐以迎贺,名曰"大差"。内学指太监伶人,外学由来自江南等地的优秀民间艺人及从内务府三旗子弟中挑选的旗籍伶人组成。清高宗对唐明皇设教坊创梨园颇

---

① 北京市艺术研究所、上海艺术研究所:《中国京剧史(上)》,中国戏剧出版社,2006,第 239 页。

向往之，遂把内学太监集中于南花园内练功学戏，并嘱由内务府掌礼司管辖。为区别于北边的内务府，南花园就称作"南府"。外学则在景山，规模比南府小。乾隆十六年（1751）首次南巡带回苏扬一带昆弋好角，这些民籍伶人进京后不便在南府与内学太监杂居，就安置在景山之内，与

升平署旧址

"官学"同处一地。景山和南府没有隶属关系，都归内务府管辖。内外学除按品秩领钱粮外，嘉庆朝还专门下谕赏赐西直门外数百亩地给内外学员分取地租。

乾隆时南府规模较前扩大，在一千五百人左右。这时期的戏曲发展达到了清代的第一次高峰，当时所修戏楼之多、创作剧本之丰富、节日承应之频繁、庆典演出之豪奢都无出其右者。乾隆五十五年（1790）举行八旬大寿庆典时，动用了"京城戏曲人等共三千二百六十五名；两淮戏曲人等共二千一百六十二名，班头八名；浙江戏曲人等共八百七十五名，班头四名"。其人力之多、场面之大可见一斑。

嘉庆年间革退部分民籍学生，戏曲膨胀发展的势头得到了遏抑，南府、景山的民籍学生仅存三百余人。道光三年（1823）又进行大的改组和裁减，道光七年（1827）革去全部外学，改南府为升平署。道光九年（1829），升平署的人员包括总管、首领、太监伶人、后台人员仅一百余名，规模不足乾隆时期的十分之一，乾隆时期建立的庞大的宫廷剧团已经基本上被拆解。不过宫中例行的"月令承应""庆典承应""临时承应"等，清宣宗没有明令废除，升平署也还是能够样样支撑，只是演期缩短、规模简化。咸丰之前，皮黄（京剧）尚未完备成形，统称为乱弹。咸丰十年（1860）清文宗三十寿诞，内廷继乾隆十六年（1751）后，正式开启传外面戏班进内廷演剧。当年五月初六起至月末，分由三庆班、四喜班、双奎班及外班（京剧班）各行当好角儿数十人进宫承差。事后留下若干人任内学教习，在宫内当差，是为供奉。同治二年（1863）除留太监承应外，外籍学生全部裁退。

光绪时期，由于慈禧太后酷爱声腔，清代宫廷戏曲发展的第二次高潮随之到来。由于升平署的演出规模和水平不能满足慈禧的需要，光绪九年（1883）为预备慈禧太后五旬万寿，挑选张淇林、杨隆寿、鲍福山、彩福禄、严福喜等十八人入宫当差，不仅演唱，且当京剧教习，向太监们传授技艺。自此，"升平署"每年

均选著名艺人习称"内廷供奉"进宫当差,不定期地召进内廷演出,截至宣统三年(1911),计有谭鑫培、杨月楼、孙菊仙、陈德霖、王楞仙、杨小楼、余玉琴、朱文英、王瑶卿、龚云甫、穆凤山、钱金福等生、旦、净、丑的名家一百五十余人入宫演出或授艺,几乎网罗了北京伶界生、旦、净、丑各行名角儿。演戏兼教戏的伶人领双俸,供奉"每月食银二两,白米十口,公费制钱一串",每次承差还另有恩赏。内廷还专门成立了以慈禧太后长春宫太监为主的戏班,即所谓的本家班、本宫班、普天同庆班,不向升平署支钱粮,内监李莲英曾任总管。人员多是长春宫(时为慈禧寝宫)内侍太监,总计一百八十余人,由享供奉钱粮的外学好角儿(即教习)给他们说戏。他们既独自承差,有时也与内外学配合演戏,戏目由升平署分派。这样,光绪时期的宫廷演剧就由长春宫戏班、升平署内外学和民间戏班三种类型的人员来承担。前者大致负责吉祥戏,中者负责承应戏,而后者则负责流行新戏的演出。

由于慈禧太后喜欢皮黄,皮黄成为内廷演戏的主流,不仅令艺人将乾隆时期昆、弋腔的历史大戏改为皮黄上演,而且内廷教习及享供奉钱粮者多为皮黄好角儿,昆曲、梆子降为次席等。宫内很少再演昆曲类连台本戏,而是改演短小精彩的皮黄折子戏,戏码儿与外面戏园儿商演的大致相同。每折用时多为四刻至八刻(十二刻钟的戏码儿很少),一天演四五出至八九出不等。当时内廷演戏已非之前那般严格,传外面戏班及伶人供奉进宫承差变得相对频繁且随意。

二、宫廷戏台

清代宫廷演戏场所很多,紫禁城先后有过十多座戏台。如建于康熙年间的崇雅殿;建于乾隆年间的畅音阁戏台、漱芳斋戏台、风雅存戏台、倦勤斋戏台、景祺阁戏台、颐和轩如亭戏台、寿安宫戏台、敬胜斋戏台;建于同治年间的长春宫戏台;建于光绪年间的怡情书室戏台、丽景轩戏台等。这些戏台既有室内外之分,也有高大小巧之别。它们大多数只是一座台面,承办一般剧情戏,不能上演大型神鬼戏曲。

(一)**崇雅殿** 建于康熙年间,原名崇雅殿。乾隆七年(1742)曾称惇叙殿,后改名颐年殿。道光、光绪年间,升平署曾于此组织演出整本大戏《雁门关》《铁旗阵》《昭代箫韶》《征西异传》等杨家将、薛家将的故事,慈禧太后曾命人将《昭代箫韶》改编为京剧剧本。此处演于冬、春两季。民国初年被改名"颐年堂"。

(二)**畅音阁** 它是紫禁城中最大的一座戏台,与颐和园内的德和园大戏楼、承德避暑山庄的清音阁大戏楼并称清代三大戏楼,位于养性殿东侧,宁寿宫后区东路南端,建筑宏丽。乾隆三十七年(1772)始建,乾隆四十一年(1776)建成。内有上中下三层戏台,上层称"福台",中层称"禄台",下层称"寿台"。使用三层台的剧目不多,绝大多数只在寿台上表演,福台和禄台则只在一些神怪戏中才用。据《京都古戏楼》记载,乾隆四十一年(1776)戏台落成之日、太后祝寿、金川祝捷等都曾在此演戏庆贺。乾隆五十五年(1790),清高宗八旬万寿庆典也是在此举行。西太后当政时期,凡遇节日总要到畅音阁看戏,并且由皇帝、皇后、妃、嫔、命妇以及王公大臣等

故宫阅是楼大戏台

陪同。与畅音阁相对而建的是"阅是楼",分为上下两层,这是皇帝及后妃们看戏的地方。东西北三面都用两层圈楼围绕,宫女和大臣可以在两侧楼的廊下看戏。

规模宏大的畅音阁专为重大节庆演戏时所用,演出的戏曲大多是歌舞升平的吉祥神仙戏,史料记载最多时可容上千人同台表演。京剧大师杨小楼曾多次上畅音阁表演,他回忆昆曲群戏《地涌金莲》时的壮观情形:"挺热闹,末了从五个井口慢慢升上五朵大莲花座,上坐五尊菩萨。每一个莲花瓣里都有灯。莲花座是井下有人推磨给托来的。""推磨"指地井内的绞盘。"五个地井"并非真正水井,实际上是连接"地下室"的通道,主要分布在台下地面的四角,上面盖着木板,又起聚音扩鸣之效果。地下室内真有一眼水井,位于南边的中间,可为戏中表演喷水提供水源。载涛、耿进喜、王瑶卿三人都曾见过《罗汉渡海》的演出,"有很多水族的'形',还从天井系下来'海市蜃楼',是一出灯彩切末的昆腔戏。开头,福台、禄台都有人,后来都归到寿台上。有个一丈来长的大鳌鱼切末,鱼肚子下有小轮,里面藏了人推着走,到台口由鱼嘴往外喷水(里面有水箱和唧筒)。唱完这场戏,院子里已汪起水,好在听戏的都在屋里。"戏台以及戏台所在的院子里水漫金山,观众却不受影响,这是因为设计者没有将舞台与观众席设置在同一个单体建筑内。

(三)纯一斋 又名"水座""水台""凉台",为夏日演戏处,而"春耦斋"称为"暖台",为冬日观戏之处。

（四）**漱芳斋戏楼** 重华宫漱芳斋正殿对面，建于乾隆年间，戏台顶棚和台板部分均有天井和地井，供演出神仙剧使用。1923 年 8 月 22 日，最后一次宫廷演出在"漱芳斋"戏楼，共演出十六个剧目，马连良、茹富兰、梅兰芳、王凤卿、尚小云、余叔岩、杨小楼等人参加了这次演出。

（五）**风雅存戏台** 位于漱芳斋后殿西间，攒尖亭式，台前挂有"风雅存"匾额和对联，均为清高宗御题。此戏台多承应皇帝进膳时观看的短小宴戏。

（六）**升平署戏楼** 位于西长安街 1 号，建于乾隆五年（1740），现为北京市第一六一中学。戏台分上、下两层，阁楼与天井相接的梁柱间设有铁滑轮，上、下阁楼为木楼梯，戏楼南侧有三间扮戏房。戏楼北面的北房前出轩，适合帝后观赏演出。

三、王府戏台和戏班

帝王的喜好直接影响王公大臣的选择，一些王府贵族纷纷仿效宫廷，在自己的王府宅第内搭建戏台，或自设家班或请戏班来家演奏。西城主要的王府戏台有庆王府、肃王府、豫王府、端王府、庄王府、涛贝勒府、洵贝勒府、恭王府和醇王府等。

恭王府戏台

醇王府戏台

（一）**恭王府戏台**　位于什刹海北岸的恭王府,是现在北京城里清代王府中保存最完整的一个。曾是和珅私宅,嘉庆四年(1799)改为庆王府,咸丰时又改为恭王府。咸、同年间(1851—1874),恭亲王奕䜣重修王府,在"萃锦园"建造了戏楼,也叫怡神所。整个大戏楼是纯木结构,采用三卷勾连搭式屋顶,以前供亲王观戏,戏楼内厅堂很高大,但音响效果非常好,处在大堂最边远的角落,唱词也听得清清楚楚,设计绝妙。这是将戏台底下掏空后放置了若干口大缸,巧妙特殊的构造增大了共鸣混响空间,使观众身处戏楼里的任何位置,都能清晰地听到不借助任何传声工具的演员的演唱。

（二）**醇王府戏台**　同光年间建于后海北沿醇王府花园内,1963年拆除,位于宋庆龄故居草坪处。

（三）**庆王府戏台**　道光年间建于定阜大街庆王府内,1971年毁于火灾。

（四）**郑王府戏台**　同光年间建于大木仓胡同郑王府惠园内。

（五）**端王府戏台**　清末建于宝禅寺(后改宝产胡同)附近。

（六）**庄王府戏台**　清末建于平安里太平仓。

（七）**涛贝勒府戏台**　清末建于柳荫街25、27和乙27号。今十三中校内,戏台已不存。

除了恭王府戏台还在使用,其他王府戏台早已不存。

当时朝廷有严格规定,不准王公大臣到民间戏馆观剧。于是各王府邸出资办起戏班,培植演艺人才,既供自娱,也在外间出演。于是,办班成一时风尚,主要是昆弋班。如成王府的小祥瑞班,醇王府的安庆班、恩庆班及小恩荣班和肃王府的复出安庆班等,都是当时颇有名声的王府家班。

第三节 京剧发祥地

乾隆五十五年(1790),为给清高宗祝寿,从扬州征调了以著名戏曲艺人高朗亭为台柱的"三庆"徽班入京,三庆班在京成功后迁至大栅栏韩家潭内。之后又有诸多徽班进京,也在大栅栏一带演出,以三庆、四喜、和春、春台四家名声最盛,形成各自不同的艺术风格,出现了"四徽班各擅胜场"的局面(《梦华琐簿》)。嘉庆、道光年间,汉调(又称楚调)艺人进京,参加徽班演出,徽调和汉调的艺人互相吸收各自的艺术营养,同时融合了昆曲、秦腔的部分剧目、曲调和表演方法,逐渐演变成京剧,并取代日渐衰落的昆曲,流行全国。据刊于道光二十五年(1845)的杨静亭《都门纪略》记载,三庆班程长庚、四喜班张二奎、春台班余三胜和李六、和春班王洪贵等常演的剧目,如《文昭关》《捉放曹》《定军山》《击鼓骂曹》《扫雪打碗》等,与后来京剧舞台常见的传统剧目已大体相同,徽班向京剧的嬗变到此已基本完成。由于清朝禁止汉人住在内城,徽、汉、昆、京、梆的艺人来京住于南城(现西城),久而久之大栅栏、椿树、广内、牛街、陶然亭、先农坛、天桥等地区,逐渐形成梨园界的聚居地。二百余年沿袭,祖孙师徒传承,或者姻亲缔结,京剧在此孕育、成形、开枝散叶、名家辈出,西城就成为京剧的发祥地。

一、大栅栏戏园子

大栅栏地区是旧京的典型性代表区域,有"京师之精华尽在于此,热闹繁华亦莫过于此"之盛誉。大栅栏在京剧的发展史上曾经起到过重要的作用,从徽班进京到京剧在戏剧舞台上大放异彩,都与这块地方关系密切。戏园为求人客兴旺,一般都会选址建在繁华的商业区,明清以来,前门大栅栏商业街店铺林立、客商云集、市场兴旺。清政府自入京以来就不许汉人居住内城,内城也"永禁开设戏馆",而前门既在内城以外又离内城不远,于是愈加繁荣,人口稠密,商业繁华,成了京城戏园最集中的地方。据《道咸以来朝野杂记》记载:"戏园,当年内城禁止,惟正阳门外最盛。属于大栅栏内者五处:曰庆乐、曰庆和、曰广德、曰三庆、曰同乐轩。"其实近邻还有两处:一为该街西口内路南的大亨轩(今大观楼电影院原址);一为粮食店街中和园。因大亨轩规模小徽班不去,故未曾列入名园。能与以上名园比肩齐名者,在京城只有肉市街的广和楼了。从道光时起,四大徽班和另外几个有实力的戏班子,主要集中在大栅栏和肉市街、鲜鱼口一带的戏园子轮流转演。几代戏曲名家谭鑫培、杨小楼、金少山、梅兰芳、余叔岩、马连良等都曾在大栅栏的戏园演出过精彩的剧目,至今仍为人所称道。下面列举几个有代表性的戏园,前两个虽然位于东城,但也在大栅栏附近。

(一)**广和楼(查楼)** 坐落于前门大街东侧肉市街46号,是北京历史上最悠久的戏园。查楼原是明末盐务臣商查氏的花园,《宸垣识略》书中云:"查楼在肉市,明代巨室查氏所建的戏楼。"最初查氏后人把花园儿改成茶园,建了个小型戏台,边卖茶边有艺人说评书、演杂耍。后于清同治年间易主,由北京东郊务农的"白薯王"王静斋经营,改名"广和楼",增大戏台面积,经常邀来好的戏班演出,成为老北京最早对平民百姓公演戏剧的剧场。孔尚任的《桃花扇》与洪昇的《长生殿》先后在此演出。三庆班亦曾长期在此演出。光绪年间连遭两次大火,损失惨重。清末至民国

广和楼戏园

初期是广和楼的黄金时代,与华乐楼、广德楼、第一舞台并称为京城四大戏园,富连成科班长年在此演出,梅兰芳、周信芳、马连良、谭富英、雷喜福、裘盛戎、袁世海等名角都在此登台献艺。广和楼是许多戏迷的乐园,鲁迅、曹禺、吴祖光都曾是这里的客人。

(二)**天乐园(华乐园、华乐戏院)** 位于大栅栏对面鲜鱼口胡同68号,嘉庆二十一年(1816)已有天乐园,为二层楼建筑,可容纳观众一千多位。清末著名梆子演员田际云先后创办了小玉成、小吉祥、崇雅社等科班,培养了一大批戏曲人才,天乐园便是学生们进行实践演出的场所。宣统三年(1911),梅兰芳开始在这里登台演出。程砚秋的四出代表剧目《朱痕记》、《沈云英》、《风流棒》与

《红拂传》都在这里首演。1920年，田际云把天乐园让与孟秉初接办，改称华乐园。其后众多京剧名家在此纷纷登场，特别是四大须生之高庆奎、四大名旦之程砚秋等长年将华乐园作为演出地。1926年，华乐园更名为华乐戏院。1942年因近邻长春堂药店失火，戏院后台被卷入火窟，除前面柜房保留外，其余均化为灰烬，富连成戏社价值三十余万元服装道具也被焚毁。

（三）**三庆园**　位于前门外大栅栏街18号，京城"四大名园"之一，又与广德楼、广和楼、庆乐园、同乐轩、庆和园、中和园被誉为"京城七大戏园"。三庆园的前身是宴乐居，乾隆年间著名饭庄。嘉庆元年（1796）宴乐居同三庆班合营成立三庆园，又称三庆茶园，"四大徽班"长期在此

三庆园戏园

轮演。复建后的三庆园不仅演出京剧，还放映电影，是北京最早放映电影的戏院之一。民国初期，三庆园的演出异常红火，刘喜奎、侯喜瑞、梅兰芳、尚小云、程砚秋、荀慧生、徐碧云、言菊朋、谭小培、马连良、孟小冬、杨宝森、李万春、谭富英、筱翠花、王又荃、王长林、茹富兰、周瑞安、王瑶卿、高庆奎、俞振庭等名角多次在此演出。

广德楼戏台

（四）**广德楼**　前门外大街大栅栏街39号，与广和楼对峙而略晚于广和楼，大约兴建于清嘉庆元年（1796），是北京现存最古老的戏园之一。程长庚、余紫云、梅巧玲、余三胜、汪桂芬等京剧名角以及后来的"喜连成""双庆社""斌庆社"等曾先后在此长期献艺，是当时京城人气最旺的戏园之一。

中和戏院

（五）**中和戏院** 位于前门外粮食店街3号,有二百多年的历史。乾隆五十五年（1790）,率先进京的三庆班在中和园、正乙祠戏楼、广德楼戏园等处演出。同治、光绪年间,谭鑫培、王瑶卿、王长林三位京剧名家曾在中和园合演《打渔杀家》,时称"珠联璧合之绝唱"。北京最早一批女伶在中和园登台演出,清代燕都梨园史料《哭庵赏菊诗》中有"中和三庆两园女伶歌"的诗句,说明当时在中和园和三庆园出现了女伶。民国初期坤伶刘喜奎、金刚钻、小香水曾在此演出河北梆子。1928年,梅兰芳新排剧目《凤还巢》在此演出。1936年,程砚秋礼拜一至三在中和园贴演。1938年,尚小云创建荣春社后,也长期在这里演出。此后,中和园长期作为程砚秋、俞振飞、王少楼、哈宝山等人的固定演出场所。

（六）**庆乐园** 位于大栅栏街东段北侧7号,建于明末清初。光绪二十七年（1901）,京剧名家杨小楼时年二十四岁在此演出,头天演出勾脸戏《铁笼山》,次日短打戏《恶虎村》,第三天长靠戏《长坂坡》,三天演出后备受称赞。20世纪40年代,李万春创办的"鸣春社"在这里演出有机关布景的《天河配》与《济公传》轰动一时。李万春又从上海请来武生演员,上演《铁公鸡》等武戏,火爆异常,其时北京的武行演员大半参加了演出,号称"武生大会"。

（七）**同乐园** 位于大栅栏中间路北门框胡同路西,建于宣统元年（1909）。它的台面和后台都小,不适宜演大型京剧,只有小型杂耍、曲艺等在此演出。俞振庭的双庆社曾在这里演出。1920年秋,荣庆社结束了两年半在天乐园日场的演出,改在同乐园演出日场。

（八）**庆和园** 位于前门外大栅栏东头路北。后改成了东鸿记茶庄,是北京城最高档的茶庄之一。

（九）**文明茶园（华北戏院）** 位于前门外西珠市口煤市街南口外路北,造型和广德楼相似,也分楼上、楼下,能容纳千余人。它原是一家饭馆,光绪三十三年（1907）由著名武生俞菊笙联合雷震远、乔荩臣、朱仲孚等商人改建而成。后来俞菊笙次子俞振庭继任文明园经理,上任不久就最先设立了女座。俞振庭还推出了一些创新举措:改良戏单、出版戏报、上演流行的连台本戏等。当时文明园与第一舞台都属于新式剧场,彼此竞争非常激烈。由于文明园地理位置优越,吸引了不少的名角在此登台,杨小楼和梅兰芳共同组织的"崇林社"常于此演出,梅兰芳的《孽海波澜》在此首演。文明园先后约聘知名演员王又宸、谭小培、周瑞安、王长林、律佩芳、李洪春、侯喜瑞、尚和玉以及梆子班侯俊山等演唱。日寇入侵前后,评剧班喜彩莲等长期在这里演唱。

（十）**庆升园**　宣统元年(1909)夏,谭鑫培于庆升园营业戏中贴演《珠帘寨》,这是谭氏入宫后首次在营业戏中贴演此剧。言菊朋闻讯急请假往观,来不及更换制服,恰遇学校监督亦在座中,遂得记大过一次。1914 年 6 月 7 日,谭鑫培、黄润甫、李顺亭、刘春喜在庆升园演《骂曹》。

（十一）**青云阁**　位于大栅栏西街 33 号,已有两百多年的历史,光绪三十一年(1905)重新翻建,是一座典型的轿子型建筑,楼有三层,是清末民初北京四大商场之一。清末民初之时,不少戏曲名角都在京城各处茶园里献艺,程砚秋、马连良、梅兰芳等京剧名角先后在此登台亮相。

二、西城其他戏园

除了前门大栅栏附近是戏园聚集处,四大徽班主要演出地之外,西城还有其他地方的戏园。

（一）**裕兴园**　位于宣武门内大街南段西侧抄王胡同,建于乾隆年间。

（二）**万年茶园**　位于鼓楼前,乾嘉时"常以名班演剧,如遇无戏之日,则陈杂耍"(《日下新讴》)。

（三）**德胜园**　位于德胜门外,建于嘉庆年间。

（四）**万兴园**　位于西四牌楼迤北路东,建于嘉庆年间。

（五）**天汇茶园**　原为天汇轩大茶馆,开业于道光末年。光绪末年,天汇轩由茶馆改为戏园,名曰天汇茶园,约集京剧名角轮流演唱,同时还加演评书和单弦。1912 年"壬子兵变"时曾遭兵燹,1921 年歇业。[①]

（六）**天和茶园**　位于地安门外大街北口内路西,即后来的庆和堂饭庄,咸丰年间建成,可容纳观众五百余人。初为曲艺杂耍饭馆,至清末民初时,方演戏曲。该园约于 1921 年停业。

（七）**阜成园**　阜成门外一所重要的戏院子,咸丰十年(1860)被管理精忠

---

① 　成善卿:《什刹海的民俗风情》,当代中国出版社,2008,第 195—207 页。

庙事务的衙门收购，成为内务府和升平署挑选民间艺人的场所①，为皇帝、太后演出的内廷供奉都要先被这里的观众接受。因此，在阜成园演过戏的名角不胜枚举，程长庚、张二奎、卢胜奎、杨月楼、刘赶三、谭鑫培等，都在这里出演过。光绪二十六年（1900），八国联军入京，阜成园被毁，商业演出就此结束。②

（八）庆隆园（和声戏园）　位于西四牌楼迤北口袋胡同新丰市场内，光绪年间建成。诸多名家先后来此演出，如谭鑫培、陈德霖、杨小楼等常应邀来此献艺。翠峰庵票房、张晓山票房均曾在此营业演出，且票价不低于一般戏园。不少曾于此演出过的名票，下海后成为名伶，如金秀山、黄润甫、德珺如、韦久峰、许荫棠、金仲仁等。民国年间停业。

（九）西安园　位于西四牌楼东北角，临近西安市场（今胜利电影院迤北处）。光绪年间建成，曾红火一时，民国初年停办。

（十）春仙茶园　位于宣武门内大街路西，西单牌楼迤南。原本是曲艺杂耍馆，光绪三十二年（1906）扩建戏台后改为戏园。谭鑫培、孙菊仙、许荫棠等诸多京剧前辈名家，均曾应邀来此演出。富连成社亦常至此演出，马连良尚未出科时，亦曾来此登台。1921 年停业。

（十一）和声园　位于新街口迤南护国寺街，建于清晚期，1929 年关闭。

（十二）新丰园　位于西四口袋胡同，建于清晚期。

（十三）同益园　位于阜成门内大街马市桥东（今人民医院所在地），建于清末民初。王又宸下海初期曾在此演出，贾洪林也曾在此演出。

（十四）阜华园　位于阜成门外月坛对面，原为一大茶肆，习称北大院儿。建于清末民初，1914 年改名为阜华园。③

民国时期是京剧发展的重要阶段，新建了一些剧场和戏园，这些在当时属于最新型的戏院，吸引了众多观众观看演出。

（十五）第一舞台　1914 年 6 月 9 日，珠市口西大街路北第一舞台开业，这是北京近代以来第一家新式剧场，出资人是著名武生杨小楼、著名旦角姚佩秋和商人殿阆仙。这座剧场是当时北京乃至全国规模最大、设计最先进的剧场之一，可容纳三千人。首演当天，各界名人到场祝贺，为了庆祝开业组织了日、夜两场戏，不料夜戏开演不久，楼前院内罩棚突然起火，抢救及时，未殃及主体建筑。④　不过

①　侯希三：《戏楼戏馆》，文物出版社，2003，第 201 页。

②　李畅：《清代以来的北京剧场》，北京燕山出版社，1998，第 110 页。

③　刘嵩崑：《西城梨园史料（下）》第 859 页。

④　侯永国，民国初年北京"第一舞台"债务纠纷案研究，北京史学，2020 年春季刊，北京，社会科学文献出版社，2020。

第一舞台旧址

从此开始了京剧演出的夜场。经过整修后,7 月 3 日重新开业,杨小楼以《水帘洞》打炮,连演七场,场场爆满,轰动京城。1916 年,河北梆子著名坤旦刘喜奎在此演出了《新茶花》和《电术奇谭》等时装戏,轰动京城,大大提高了第一舞台的知名度。1918 年又着了一次大火,戏院几乎烧了三分之一,经杨小楼多方奔走,再度修复。1920 年 9 月 12 日,在此举办了北京梨园公益总会十六省水灾急赈义务戏,尚小云与程砚秋、程继仙、李多奎等人合演《双探母》。1928 年 1 月 13日,在此举办了春节义务戏,杨小楼、梅兰芳、尚小云与李多奎等人合演《大登殿》。1936 年,梅兰芳由沪回北京后,每礼拜一至五在此贴演。1937 年 11 月 18日下午,戏园后台楼上电门突然走火,因当天没有演戏安排,戏园里无人看守,大火燃烧约四个小时才被发现,尚小云的重庆社的戏箱全部烧毁,损失惨重。当时日寇侵华,百业凋敝,无力修复,第一舞台就此于京城消失。

（十六）**新明戏院**　位于前门外西珠市口西边香厂路内南端东侧（香厂路小学）,1919 年 1 月 24 日开业,它是京城第一座自称为"戏院"的剧场。曾任市政公所督办的国会众议院议员蒲殿俊,是重要的投资股东。戏院为二层砖木结构建筑,大门进去就是观众席,座位分成包厢、池座、廊座三种,楼上楼下可容纳一千二百人。开业没多久,姚佩兰、王毓楼组织喜群社众多名角儿在新明大戏院演出。当年的七夕节,新明戏院演出了轰动京城的应节戏——《天河配》。该剧由梅兰芳扮演织女,姜妙香扮演牛郎,程砚秋、芙蓉草、刘凤林、小凤凰等人扮演八个仙女,李连仲扮演牛郎的哥哥,张文斌扮演嫂子,可谓众星云集。此戏在新明大戏院连演三天,场场爆满。1919 年 9 月,新明大戏院由余叔岩、王凤卿、高庆奎、姜妙香、朱桂芳等分别演出三四场单折戏。随后,梅兰芳演出八本《雁门关》,一天一本,八天演全,新明大戏院名声更振。1920年3月5日,梅兰芳在新明大戏院首演《上元夫人》。该剧引起轰动,各地戏曲艺人争相效仿,《上元夫人》成为京津戏园元宵节必演的应节戏。此后,新明大戏院上演过很多新鲜好戏。1926年,孟小冬在新明大戏院演出《击鼓骂曹》,不到二十岁的女老生居然以唱大轴的头牌身份出现,可见其功力和号召力。据说杨派武生沈华轩曾在此演出《连环套》《盗御马》,用真马上台(马是北京同仁堂药铺财东乐七爷赠送)。马全身白色,由于训练成熟,虽有锣鼓声响,它毫不惊恐,转动自如,因此轰动全城,连演数十场,上座始终不衰,都说堪与当年京剧名丑刘赶三在宫廷为西太后演唱《探亲家》的真驴上台媲美。1927年6月,新明大戏院改称新明电影院,专门放映电影,并在夜场加奏西洋音乐。1928年11月14日大火将新明大戏院吞噬,仅存八年多的新明大戏院就这样结束了它的历史。

北京开明戏院旧照

(十七)**开明戏院** 位于前门外西珠市口路南,1921年建成的一座新型戏院,造型和外边门脸都仿照外国戏院,可容纳800余名观众。建成后只演电影,后来加演文明戏(即话剧)。京剧名角梅兰芳、杨小楼、余叔岩、孟小冬等经常在开明戏院演出,盛极一时。1924年印度诗人泰戈尔访华,梅兰芳在此为他演出新排京戏《洛神赋》,令他叹为观止。1928年京戏泰斗杨小楼邀请新艳秋在此同台演出《霸王别姬》,开风气之先,轰动一时。20世纪40年代初,评剧皇后白玉霜在此演出。自珠市口往南,就是天桥一带劳动人民游乐的茶园,当时有一条不成文的规定,天桥艺人要得到主流社会的认可,首先要能进入开明戏院演出才算成功。在天桥演出的梁益鸣、新凤霞等都是在开明戏院演出后走红的。开明戏院每逢盛夏还在屋顶开办别开生面的屋顶消夏晚会,举办曲艺演出和戏曲清唱。

自西单商场开辟后,西单一带已成为西城的商业中心,20世纪30年代前后修建了三座剧院,分别是哈尔飞戏院、长安戏院(东城)、新新大戏院。

(十八)**哈尔飞戏院** 原址是奉天会馆,坐落在西单西侧旧刑部街路北,即今西单十字路口往西路北(西单剧场)。1930年9月4日开幕,开场戏有梅兰芳的《贵妃醉酒》，名角荟萃，火爆一时。雪艳琴、荀慧生、言菊朋、马连良等知名演员和富连成科班都在此演出过。但好景不长，1937 年距哈尔飞戏院不远的长安大戏院和新新大戏院先后开业，设施规模都好过哈尔飞，哈尔飞不得不于 1938 年改为瑞园茶社，改演曲艺杂耍。1940 年又改建为大光明电影院，1945 年又改为大光明戏院。

（十九）**长安大戏院**　地址在西单牌楼以东，1937 年 2 月 1 日开业。它仿照天津大光明电影院，戏院有两层楼，舞台是长圆形，楼上三面围绕戏台，前排是包厢，后边是散座，观众座位全是活屉

长安大戏院旧址

椅子，全场能容纳一千二百人。北京名角如杨小楼、程砚秋、尚小云、荀慧生、马连良、高庆奎、郝寿臣、金少山、李少春、李万春、叶盛章、叶盛兰、侯喜瑞、奚啸伯、陆素娟、章遏云、徐东明以及富连成社科班、中华戏校，都在这里演过日戏和夜戏，生意很是兴旺。

（二十）**新新大戏院**　位于西长安街路南。1937 年 3 月 8 日，由京剧著名老生马连良等人集资创办的"新新大戏院"开幕。造型完全仿照天津中国大戏院，只是比天津中国大戏院小得多，休息室、后台都很小，一进大门不到五米就是观众席。楼是两层，楼上前排也是包厢，后面是散座。楼下池座能容纳一千人，楼上能容纳四百人，全是活屉椅子。开幕式是马连良扶风社演唱的，轰动一时。以后又遍约各大名角每天日夜两场演唱，场场满座。新新大戏院在当时算是第一流剧场，演出过不少有纪念意义的戏。如李少春拜余叔岩后首演《战太平》，马连良排演的新戏《临潼山》，孟小冬拜余叔岩后偶一登台，以及一些大型合作戏、义务戏等，都在此演出。1940 年被日本华北电影公司强行收购，改为新新电影院。

（二十一）**劝业场新罗天游艺社**　位于廊房头条 17 号，天安门西南八百米处，与国家大剧院遥相呼应。目前的建筑为 1923 年完成，是第六批全国重点文物保护单位。光绪三十二年（1906），清政府征用廊房头条的会元堂旧址设立"京师劝工陈列所"，次年落成。这是近代北京最早最大的综合性商场，地上三层地下一层，在当时蔚为壮观。正门（南门）在廊房头条 17 号，北门在西河沿 24 号，更靠近正阳门，且离前门火车站很近，出入的游人更多，因此北门客流量更

陶然亭清音阁

大。1918 年,劝业场遭遇大火,重建后的劝业场增加到四层,是北京首个设置箱式电梯、游乐场和开敞式卖场的商业楼,堪称 20 世纪二三十年代北京最时髦的去处。1936 年改名为北京劝业场。1940 年万子和①在四层租用了八十三个摊位,改建而成"新罗天"游艺社,分为南、北两个剧场,买一张票可以到两个剧场随意观看。南场能容纳五六百人,经常演出评剧,有时也演京戏和话剧。著名评剧老艺人芙蓉花、鸿巧兰、筱鸣钟(赵富成)在此演出过评剧。上海韩兰根领衔的新苏剧团来京时,曾在该场演出过《钦差大臣》《日出》《雷雨》等,当时轰动京城。北场是容纳三四百人的剧场,到夏季则迁到屋顶露天演出。著名曲艺艺人焦德海、刘德志、高德明、绪德贵、曹宝禄、王佩臣、花小宝、马小荣等在此演出过。

(二十二)**大舞台**　原为劝业场内"第一楼茶馆",1912 年改建为大舞台,聘请刘鸿声主持,但人们仍习惯称第一楼。梅兰芳曾在这里演出,当时他就有一定的观众群了,有时先在中和园唱,唱完就赶往第一楼,有些观众也跟着过去。有时先在第一楼演唱,然后再赶往中和园。不久大舞台生意倒闭,依旧开茶园。

(二十三)**新世界游艺场**　位于前门外西柳树井香厂路内(今东方饭店隔路东侧),1918 年 2 月 11 日开业。这是模仿上海的大世界游艺场,是一座西洋式风格的五层环形楼,一楼是剧场;二楼是电影、杂耍场;三楼是曲艺场;四楼是中西餐馆;五楼是可以俯瞰京城的屋顶花园。楼内还设有当时北京少见的电梯,刚开张时人气异常兴旺。新世界的剧场由当时著名的坤伶剧社"崇雅社"演出,演员有五十七名,并邀请白素忱和李月卿协同演出,昼夜演唱。国民政府南迁后,生意一落千丈,不久就闭门谢客了。

(二十四)**城南游艺园**　1919 年 2 月 1 日在永安路南的先农坛北段又开张

---

①　万子和热爱京剧,同梅兰芳、程砚秋、尚小云、荀慧生等人交往深厚,他既是华乐戏院的老板,又在新新大戏院任经理,是京剧名伶马连良多年的合作伙伴。

了一家城南游艺园(今友谊医院西院),与新世界游艺场一样也是集吃喝玩乐为一体的综合性游乐场所。只要两角钱就可以在里面任意玩一天;看完日场还可以看夜场。只有京戏、文明戏的包厢须另交座位钱。这里是坤角和坤班的一个重要演出基地,先后在这里演出的有老生李伯涛、李桂芬;武生韩月樵、刘文奎;花脸张子寿;青衣花旦金少梅、雪艳琴、程艳芳、筱云霞、碧云霞等。外地来京的坤角儿大都先在此处招徕顾客,最早一唱而红的是碧云霞和琴雪芳,她们来京后受到达官显贵的赏识,坤伶又入中兴时代,继碧、琴之后又出现了雪艳琴等人。孟小冬为女须生中之佼佼者,也曾在这里演出。著名文明戏演员张笑影领益世白话社在此演唱多年。国民党政府南迁后北平市面萧条,苦撑数载后倒闭。七七事变前一度重张,不久即又关门。

(二十五)天桥市场的戏园子 位于前门大街以南,永定门大街以北。天桥的剧场规模小,设备简陋,设施不能与前门外的几个大型剧场相比,且流动观众较多,文化素质以及戏园服务水平也很一般,以演曲艺,杂耍和评戏,梆子为主。可以说这里是北京戏园聚集区的地方戏市场,在其他戏园很难经常看到这么丰富的地方戏剧目。

歌舞台,天桥南大街路东,是天桥市场出现最早、声望最显著的戏院。宣统三年(1911)由郭慎斋、刘春甫等四人筹建席棚结构的演出场地。1912年和1917年两次失火,后由刘兴周、刘万达等八家股东集资重建为砖木结构、白皮罩顶的演出场地。观众席有两层,楼上为女座,楼下为男座,可容纳一千名观众。该场地主要演梆子,自1913年京城著名的秦腔(河北梆子的前称)班社"群益社"在此演出,领衔主演的是被誉为秦腔梅兰芳的崔灵芝。1923年在此成立梆子、二黄"两下锅"的群益社科班,培养了六十多位青年演员,后来成为京剧四大名旦之一的荀慧生当时是河北梆子演员,他以"白牡丹"的艺名也在歌舞台演出。1931年,又一次失火,再无重建。

万盛轩,在天桥公平市场西南端。1934年由王英山在原席棚的基础上改建为灰砖墙、铅皮顶棚。著名评剧演员李文芳、曹金福、曹芙蓉等都曾在这里演出并成名。1948年,新凤霞从天津来到北京,落脚在"万盛轩"领班唱戏。从20世纪三四十年代直到解放后,天桥的评剧演出都十分火爆,小桃园、德盛轩、荣华等戏园子以演评剧为主,其中万盛轩最为知名。

天乐戏园,在天桥公平市场东南角,1933年在茶棚的基础上改建而成的,原来正门朝南,与小桃园对门,因生意不好,遂改正门向西,座位七百个。1935年改建为砖木结构。1938年后,有"天桥马连良"之称的梁益鸣和著名武生张宝华组成的鸣华社长期在此演出,场场爆满。他们凭借自己的努力终于可以到长安大戏院和前门外的庆乐戏院、大众剧场、中和戏院演出,打破了街南的戏班不能到街北演出的规律。①

三、梨园名家居住地

八大胡同曾是花街柳巷的代名词,其实,八大胡同最有意义的绝非是妓院集中地,而在于它是京剧发展史上无可超越的丰碑地标。四大徽班进京被认为是拉开了京剧二百多年波澜壮阔发展历程的序幕,当时四大徽班的班社和艺人都在八大胡同,三庆班在韩家潭(今韩家胡同),四喜班在陕西巷,和春班在李铁拐斜街(今铁树斜街),春台班在百顺胡同。由于当时戏园主要集中在前门外大栅栏地区,戏班演员为了往来方便,并且满足训练、住宿、消费等各种需要,就选择了大栅栏以南、新华街以东的八大胡同一带住宿,由西往东依次为:百顺胡同、胭脂胡同、韩家潭、陕西巷、石头胡同、王广福斜街(今棕树斜街)、朱家胡同、李纱帽胡同(今大力胡同或小力胡同)。另外还有一种说法,"八大胡同"并不专指这八条街巷,而是泛指前门外铁树斜街、观音寺街以南的多条胡同。

(一)**百顺胡同** 四大徽班进京时,春台班就住进了百顺胡同,四喜班的老板兼须生时小福,也住在百顺胡同。随后大量名伶居住在此。胡同西口内路南第一家(今门牌40号)是俞菊笙故居,也是"春台班"的旧址。俞菊笙死后其子俞振庭在此居住,成立了"斌庆社"科班。学生在这里练功、学戏、排戏,科班长期在大栅栏"广德楼"演出。百顺胡同36号是京剧表演艺术家、京剧老生前三杰之一的程长庚的故居,也是三庆班、四箴堂科班班址。百顺胡同西段路南38号是戏剧大师迟月亭的故居。55号是著名戏曲教育家陈德霖的住所。光绪二十六年(1900),梅兰芳因家道中落,将铁树斜街祖传老宅售去,搬到了百顺胡同,与杨小楼为邻,在胡同附近一家私塾读书。

(二)**韩家胡同** 京剧界有句俗话说:"人不辞路,虎不辞山,唱戏的不离百顺、韩家潭。"可见百顺胡同、韩家潭在戏曲史上的地位。据统计,当时居住在大栅栏的一百二十多位京剧名伶,有百分之七十七均选址百顺胡同、韩家潭。《京师梨园故居》记载,清代至民国有京剧界人物近八十人住在韩家胡同。同光十三伶之一的丑角刘赶三住在这里。刘赶三原名刘保山,他曾在韩家潭三庆班演毕,由前门进内城,再到隆福寺景泰园、东四泰华园演出,一月连赶三场,同行遂以"赶三"呼之。著名京剧小生陆华云住在韩家潭路北,光绪三十年(1904)下

① 张卫东:《北京天桥的"天乐戏院"话今昔》,《北京档案》,2014年第3期。

半年,与胡二立(素仙)在自己宅内创办长春班,其斜对门路南即余玉琴寓所。名旦朱幼芬宅住在这里,民国九年(1920)朱幼芬在自家创办福清社。清初戏剧理论家李渔把韩家胡同的院子设计成类似江南芥子园的花园,依然叫芥子园。园小如芥子,却精致玲珑,名流们常在此诗酒流连,小园子名满京城。20 世纪 50 年代,以谭富英为团长、裘盛戎为副团长的太平京剧团驻在韩家胡同。

(三)**陕西巷** 南起珠市口西大街,北至铁树斜街,全长约五百米。据《京城胡同徐瀛速写集》记载,明初聚集了许多陕西籍的木材商囤积木料,故名陕西巷。近代随着宣南文化的兴旺,成为当时南城最繁华的地点之一。凡是提及老北京南城的繁华之所,就有:"前门大街大栅栏,石头胡同陕西巷"之说。现在陕西巷附近依然能够看到两边有二层青砖小楼式建筑,在当时多为戏园、茶社或妓院。四大徽班之一的四喜班曾入驻此巷,住在这里的京剧名家有:张紫仙、孔元福、白云胜、朱桂芳、刘吉庆、李砚侬、苏雨卿、沈玉斌、张天元、陈兰仙、陈芷香、卢胜奎、侯永奎、董文、董凤岩等。

(四)**石头胡同** 明代就已存在的古老街巷。明代修建城墙时皇宫所用石料曾存放这里,故名石头胡同。清嘉庆年间,安徽嵩祝戏班进京后曾驻此胡同内。"四大徽班"的春台班主、京剧老生、最早的三大流派创始人之一的余三胜住在胡同 61 号,现为民居。另一京剧创始人张二奎在北京的故居有两处,其中一处就在石头胡同 39 号,现为民居。程长庚的寓所也有两处,分别在百顺胡同和石头胡同。

(五)**李铁拐斜街(今铁树斜街)** 北京胡同中可能是最古老的,金朝就已存在。东通大栅栏街,西通虎坊桥,为大栅栏地区交通要道,昔日曾繁华一时。四大徽班之一的和春班于嘉庆八年(1803)在此组建,该班以武戏见长。道光十三年(1833)解散。这条街上有"水仙花"郭际湘与二弟郭际亭在寓所内创办的京剧、梆子"两下锅"的科班鸣盛和。100 号是梅兰芳外祖父杨隆寿的寓所"荣春堂",后在他的寓所先后设立科班小荣椿和小天仙。101 号是梅兰芳祖父梅巧玲的私寓景和堂,光绪二十年(1894)阴历九月二十四,梅兰芳出生于此。房屋虽破旧,但保存完整。在斜街对面的大外廊营有京剧大师谭鑫培的故居。谭家从清末咸丰年间便在此居住,直到"文化大革命"期间从老宅搬出,前后住了六代人,长达一百三十多年。

民国时期,一些梨园人士渐渐蔓延出前门,西至椿树胡同周围;东至崇文门外;南至大吉片区。

(六)**椿树胡同** 这里也是一个梨园名伶集中地。"四大须生"之一的余叔岩当年住在椿树上二条,孟小冬、李少春等名家都曾拜在其门下为徒。因为他有夜半三更吊嗓子的习惯,有痴迷的戏迷大半夜披着棉被在他家院门前候着,成为胡同里热闹非凡的一景。椿树上二条还住着净行(花脸)宗师金少山,他因与梅兰芳合作,并成功出演《霸王别姬》中的项羽而有"金霸王"的称呼。椿树下二条1号住的是四大名旦之一的尚小云,也是他创办的"荣春社"旧址所在地。椿树上三条住过的名家有"四大名旦"之一的荀慧生、"四大须生"之一的高庆奎和"四小名旦"之一的毛庆来。荀先生在北京曾住过不少地方,如宣外的棉花上二条、上七条和山西街等,但椿树上三条住的时间最久。上三条与高庆奎相邻的院内住过著名旦角演员张曼君、张曼玲姐妹一家。下三条8号是余叔岩的家祠。

(七)**北大吉巷** 在前门之南,住过多位梨园行名人。建于明代,属宣南坊,崇祯时称"打劫巷",乾隆时曾更名"大街巷",清末改称"大吉巷",20世纪60年代北京整顿街巷名称时,将其南边的羊肉胡同改称"南大吉巷",此巷在北就称之为"北大吉巷"了。7号住过清末著名青衣时小福的四子时慧宝,他是武老生,又是梨园界有名的书法家。鸣春社科班旧址在19、21号院,1939年,著名京剧武生李万春取他两个儿子鸣举、万春之号中各一字定名为"鸣春社",共招收了两期学员二百多人。22号院是李万春故居。"文化大革命"初期李万春全家受迫害被赶出此宅,后留在内蒙古京剧团。与梅兰芳先生合作多年的花脸演员刘连荣住在39号,他是和梅兰芳配戏的名角,在《霸王别姬》中演楚霸王。

四、著名科班

在没有现代专门的戏曲学校之前,旧时培养京剧演员除官办的梨园、教坊之外,大都采取口传心授的方法,或拜师学艺,或艺学家传。明代出现培养演员的"大小班"和专门培养童伶的科班。清代中期随着民间戏班的兴起,科班也迅速发展,如道光时永和、永胜及棒子科班,之后又有四箴堂科班、益合昆戈科班等。清末民初出现了规模较大、专门培养童年演员的科班,如富连成社、崇雅社、昆剧传习所等。许多知名戏曲演员大多是科班出身,梨园行里的人也都以入科班为荣耀。

(一)**双奎班** 咸丰二年(1852)四月,"前三杰"之一的张二奎创办了双奎班。根据学者王芷章的考证,双奎科班是"接收了嵩祝的旧摊子而成",主要教师有徐宝成、任春廷(七十)、曹二官等,都是道光年间嵩祝班培养出的优秀演员。咸丰十年(1860)六月,清朝内廷第一次传皮黄戏班入宫演戏,双奎班与三庆、四喜同时应召,待遇无分轩轾。这一年,双奎班的青衣陆翠香,武丑韩双盛、赵广发、陈九儿均被挑选入宫充任"内廷供奉",可见该班人才之盛。双奎班还附设小科班,晚清名角老生陈春元、武生杨隆寿、武净李永泉等,都是这个小科班出身。张二奎还设有一个私寓——"忠恕堂",招收的弟子有陆玉凤、俞菊笙、杨月楼等人。

（二）**四箴堂**　位于前门外百顺胡同程家寓所,由程长庚及其养子程章圃于同治年间主办,聘有教师崇富贵、田宝琳、朱洪福等,三庆班也在此处。京剧老生鼻祖程长庚晚年创办四箴堂科班,培养了许多京剧表演人才,最著名的有钱金福、陈德霖、李顺亭（大李五）、张淇林（张长保）、路杏林、李寿峰（李六）等。杨月楼、谭鑫培、汪桂芬、孙菊仙也是程门弟子。

（三）**小福胜**　内庭供奉朱廷贵与其弟朱廷德于同治二年（1863）创办之昆曲、皮黄兼授的科班,班址位于前门外西柳树井（今珠市口西大街）赣州会馆内。总教习李兴大,科班艺徒均以"福"字排名,共计六十名。

（四）**醇贤亲王府昆弋戏班**　光绪之父奕譞从小酷爱戏曲艺术,他在醇王府（即中央音乐学院内）曾三度兴办昆弋班—安庆班、恩庆班、小恩荣班,委托"高腔刘家"执掌班务,先后培养出"庆"字辈、"荣"字辈两批艺人,其中不乏出类拔萃者。光绪十七年（1891）元旦醇贤亲王去世,两班相继解散,演员们大多分散到京东、京南诸县。

（五）**胜春奎科班**　太监黄三为应宫内传演之需要,于同治年间创办,位于南长街南口路西胡同内。领班人曹永泉,特聘曾为内廷供奉的张三福及其子张富有等诸多名家为教师。艺徒有王长林、牛长宝、钱长永、李连仲、李顺德、陆金贵、李燕云、冯志奎、董志彬等。光绪三年（1877）报散。

（六）**全福班**　同治十二年（1873）七月,恭王府成立了全福昆腔科班。恭亲王奕訢非常赏识当时的昆坛俊彦、著名旦角伶工杜步云的才艺,遂出资组办科班,命杜氏为领班人,主持一切教务、出演事项。这是一家传习正宗昆腔的科班,班址初在八角琉璃井,后迁至樱桃斜街,又移至铁树斜街,最后移至玉皇庙。总教习陈寿丰（一作寿峰）,其他教习都是当时著名的昆曲伶工,有小生陈寿彭、丑周阿长、徐阿二、净袁大奎、生姚起山、旦彩福禄等。他们都是授艺兼演出,师生共九十余名。同治十三年十二月初五（1875年1月12日）,清穆宗崩逝,戏班俱遵制停演,全福科班也不例外。班主杜步云遂谢职携眷南归,杜氏离去后,又收进二科学生,不久即告停办。全福科班办学虽历时不满两年,然而对昆曲艺术的延续、传承功不可没,学京剧必须以昆曲打基础,从那时就形成了一项行之有效的做法。

（七）**小荣椿**　位于前门外铁树斜街。光绪八年（1882）,杨隆寿和沈景丞、姚增禄、范福泰、裕云鹏、沈易成、王求安等人一起创办小荣椿科班,初名"荣春堂",设在杨隆寿寓所。杨隆寿为著名皮黄戏武生演员,梅兰芳的外祖父,出身于梨园世家,父亲为昆曲名伶,曾任升平署教师。杨隆寿自幼随父进京,先入双奎班学京剧武生,后拜程长庚为师。继搭四喜、三庆班,工武生,有"活武松""活石秀"之称。光绪九年(1883)四月三日,选入升平署。首科学生于光绪十四年(1888)满师,学生以春字排名,有武生杨春甫(杨小楼)、老生蔡春桂(蔡荣贵)、小生程春德(程继先)、旦角郭春翠(郭际湘)、老生叶春善、武老生刘春喜、小生方春仙、小生冯春和、净角孙春泉、丑角郭春山等。该科班在第二科学生未卒业的时候即停办,有老生谭春富(谭小培)等。后重建改名"小天仙",又培养出不少出色的学生,有武生迟月亭、武生张增明、武净范宝亭、武旦阎岚秋(九阵风)等。张淇林(张长保)、茹莱卿、董凤岩三位武生,早在杨隆寿创办小荣椿科班前,即为杨氏手把徒弟,后此三人均在该科班授艺。

(八)**小天仙**　位于前门外铁树斜街。杨隆寿继创办小荣椿春班后,于光绪十九年(1893)和刘吉庆、张玉贵、迟遇泉、胡俊亭、王春山等人共同创办,设在杨隆寿寓所内。该科班培养出迟月亭、张增明、张荣奎、陈祥瑞、茹锡九、阎岚秋、鲍吉祥、谭小培等诸多名家。

(九)**小玉成**　著名梆子花旦"响九霄"田际云于光绪十一年(1885)创办的梆子科班,也兼学皮黄、昆曲。开科典礼在珠市口迤西给孤寺东夹道(今棕树二条)田氏寓所举行,后移班址于前门外鲜鱼口内江西丰城会馆。领班李连仲、何景云,主要教师有李诚玉、李祥、刘永桂,刘庆喜、尚思荣等。艺徒均以"玉"排名,如王玉瑞、刘玉芳、李玉凤、李玉亭、李玉奇、李玉奎、李玉隆、李玉贵、张玉兰、张玉峰、张玉鹏、德玉楼、梁玉德等,共七十余人。光绪十三年(1887),田际云率小玉成班赴沪演出,历时四年之久,享誉沪上。光绪十七年(1891),田际云率小玉成班载誉返京,遂将此班并入大戏班玉成班,并邀请梆、黄名家侯俊山、黄月山、李连仲、瑞德宝、王楞仙、龚云甫、夏月恒、朱素云等加入该班,使之成为北京第一个梆黄合演的戏班。

(十)**小福寿**　位于前门外百顺胡同西段路南 34 号迟家寓所后院,原为程长庚寓所及其三庆班、四箴堂科班之班址。迟韵卿、余玉琴和俞菊笙、范福泰、陈德霖、陆华云、贾丽川等十家股东,于光绪二十年(1894)九月共同创办,艺徒均以"德"字排名,如孙德祥(棣珊)、朱德芳(湘泉)、许德义、茹德荣(锡九)、贾德安、贾德宝(玉峰)、董德春等,以及范宝亭、郝寿山、沈杰林、余小琴等均曾在此学艺。清末迟韵卿逝后,该班亦随之报散。

(十一)**小洪奎**　位于前门外樱桃斜街陈丹仙的寓所"春茂堂"内。陈丹仙于光绪中期创办,艺徒以"洪"字排名,仅招收二十八人,著名的甄洪奎是三庆班、四喜班著名武生,曾收徒贾洪林。

(十二)**京城第一科班——富连成社** "一所富连成,半部京剧史",它是中国京剧教育史上一座丰碑,规模最大、历史最长、培养人才最多、传承剧目最广。光绪三十年(1904),吉林商人牛子厚和梨园世家的叶春善共同创办"喜连成"社,1912年牛子厚将财东让给沈昆,改名为富连成社。社址最初在琉璃厂西南园,后迁到宣武门外前铁厂,后搬到虎坊桥东。富连成社自光绪三十年(1904)就常在广和楼演出,后在西城哈尔飞、东城吉祥园加演夜戏,叶盛章挑班后又在华乐园长期演出。富连成社长期以科班学生为主,戏票价格便宜,一般工资收入的观众都能承受,尤其这些小演员虽然演技稚嫩,却又异常认真,舞台上呈现的齐整风貌令观众觉得满意,为此在北京城形成了固定的观众群,极受青年观众特别是青年学生的喜欢。四十四年间共培养了"喜""连""富""盛""世""元""韵""庆"八科九百多名学生,其中雷喜福、侯喜瑞、马连良、于连泉(筱翠花)、马富禄、谭富英、裘盛戎、叶盛兰、萧盛萱、孙盛武、袁世海、李世芳、毛世来、江世玉、艾世菊、谭元寿、茹元俊、冀韵兰、夏韵龙、叶庆先等均为京剧名家。一些出类拔萃的京剧艺术人才,如梅兰芳、周信芳等开宗立派的"大师级"人物也曾在这里"搭班学艺"。他们中的不少人又传承、培养了一批又一批学生,为京剧事业的发展做出了不可磨灭的贡献。1948年,"富连成社"因经济原因而停办。

(十三)**长春班** 陆华云与胡二立(素仙)于光绪三十年(1904)下半年创办,即在前门外韩家潭(今韩家胡同)路北陆氏宅内。该班教师有三十多位内廷供奉,如谭鑫培、鲍福山、王福寿、李寿山、张长保、董凤岩、陈德霖、余玉琴、朱文英、钱金福、方秉忠、曹心泉等。他们奉慈禧之旨来教戏,科班人员还要进宫演出,因此教师都认真授艺,惜该科班创办仅三年,因陆氏病故而解散,有的转至承平社,有的归入富连成社。

(十四)**鸣盛和** 为"水仙花"郭际湘与二弟郭际亭共同创办的京剧、梆子"两下锅"的科班,班址设在前门外李铁拐斜街(今铁树斜街)郭氏寓所内。聘请著名昆旦钱金福次子、名净钱宝奎为承班人,方士元为领班。光绪三十四年(1908)阴历五月二十日,由姚虎巨呈册报庙备案。招收艺徒近百人,连同教师等其他人员共约一百三十人。该社于宣统二年(1910)首演于吉祥园,后又演于天乐园等处。该科班仅办一科,于民国四年(1915)报散。

(十五)**正乐社** 清宫太监李莲英之侄李际良与"十二红"薛固久、"十三红"孙培亭两位梆子老生名家共同出资创办,是京剧梆子"两下锅"的科班,初名

357

"三乐社",取三人共乐之意,设在西城东河沿的孙培亭宅内。宣统三年(1911)七月三十日呈册报庙备案(一说1909年为筹备阶段),孙培亭任承班人,聘请张士珍为领班,招收艺徒六十八名,艺名均以"三"字排名,如尚三锡(即尚小云)、尚三霞(即尚德福)、沈三玉等,连同其他人员共一百一十三人。后有带艺入科的,如白牡丹(即荀慧生)、芙蓉草(即赵桐珊)等。1914年,由于薛、孙二位股东退出,易名为正乐社,迁至崇文门外东茶食胡同东口、南五老胡同北口内路西一大院。尚小云、白牡丹、芙蓉草被誉为"正乐三杰"。该班常演出于前门外王广福斜街(今棕树斜街)汾阳会馆内民乐园及庆乐园。1916年该班报散。

(十六)崇雅社 河北梆子著名花旦田际云于1916年8月3日在北京创办,这是我国历史上第一个女子科班。招收学生五十七人,兼授京剧、梆子,培养了生、旦、净、丑的各行女演员。8月,该科班于北京天乐园首次公演,陆续演出了《斩黄袍》《闹松林》《对银杯》《浣纱记》《池水驿》《汾河湾》《碰碑》《贾家楼》京梆等剧目。随之又演出了《二进宫》《青石山》《恶虎村》等诸多名戏。出于此科班的有老生铁宝山、李伯涛等,小生梁桂亭等,武生梁春楼、梁瑞楼等,旦角金少梅、福芝芳、常九如、张碧玉、郑菊芳(武旦),净角张子寿、范凤茹、龚翠兰等均曾享名一时。1919年解散,科班中部分学生转入奎德社、庆麟社坤班。后来金少梅、福芝芳等仍以崇雅社名义演于城南游艺园。碧云霞、秦雪芳、雪艳琴、孟丽君、孟小冬、云飘香、于紫云、于紫仙、盖荣萱、蓉丽娟、李桂芬、李慧琴、方震涛、苏兰舫、郭瑞卿、任绛仙、章遏云等相继在此演出时,班底基本是原崇雅社演员,仍保持坤班的性质。田际云晚年仍拄拐杖多次来此进行艺术指导。

(十七)斌庆社 原址位于百顺胡同西口路南(今40号),1917年由"余派"武生创始人余菊笙之子俞振庭和果仲莲(湘林)创办斌庆社。先后共办三科,学员以"斌""庆""永"三字排名,培养和造就了一大批优秀的京剧演员。1919年开始在吉祥园、三庆园、广德楼等演出。1930年起,北平市政府取消男女合演禁令,第一次男女合演的戏班是俞振庭主持的斌庆社,在广德楼首次演出,挂头牌的旦角是雪艳琴,老生是郭仲衡、王文源,花面是裘桂仙、侯喜瑞,俞振庭本人也参加演出,其余大都是斌庆社的学生,还有他的外甥孙毓,侄子俞步兰,阵容相当强大。1930年,俞振庭另组咏平社,该社报散。

(十八)福清社 位于前门外韩家潭(今韩家胡同)朱幼芬宅内。1922年名旦朱幼芬在自家创办,招收艺徒多以"福"字排名,如王福庭、叶福才、叶福琴、连福仙等。叶盛章、叶盛兰兄弟在入富连成社科班前曾在该社学习。

(十九)小荣华 杨小楼门婿刘砚芳于1923年创办,位于前门外煤市街南段西侧小马神庙(今培智胡同15号)寓所内。刘氏早年坐科鸣盛和,艺名为刘鸣福。时间不长即报散,后一度以"荣华社"戏班之名演出,后也停办。

(二十)**文林社**　富连成坐科的任富宝、陈富康、方富元世家于20世纪30代初共同创办的京剧科班,筹建时得到梆子名旦"还阳草"杨韵谱及景涌泉、柳春华两位中医大夫的资功。班址最初建成在西城永光寺西街,后迁至校场口路南的四合院内。一年后又迁址到米市胡同72号(今80号)六(安)英(山)霍(山)会馆,后又迁至烂缦胡同路西湖南会馆。该科班教师除三位创办人外,尚有钱富川、宋富亭、陈盛德、张英奎、孙甫亭、佟瑞三等。艺徒均以"文"字排名,殷文忠(老生)、张文麟(武生)、王文处(老旦)、亨文笑(武丑)四人被誉为"文林四杰"。巡回演出一年之久。后该科班被困于温州,尚小云派人携款将科班全体人员接至津门,不少人转入荣春社继续学艺,如方荣慈、王斌春、田荣芬、刘雪春、顾荣长等。1938年,任富宝在京又召回原文林社大部分艺徒,成立"宝兴社"科班,设在虎坊桥腊竹芯胡同(今腊竹胡同),后迁至米市胡同南侧南横西街26号"粤东新馆"。艺徒均以"宝"字排名,如殷宝忠、高宝贤、蔡宝菜、马宝林、李宝勇、尹宝常、孙振泉等。该科班常演于三庆、庆乐等戏园,所演彩头戏《火烧红莲寺》《韩湘子得道》等,颇为叫座。名旦陆蕊芳与陆蕊芬,花脸娄振奎、小生王维筠等加入,使演员阵容更为加强。1939年因经费不足,该科班倒给白纸坊一印刷局杨局长之子,科班又易名"龙吟社",但不久即报散。

(二十一)**国剧传习所**　北京国剧学会附设的教育机构,招收学员七十二人,1932年5月12日下午举行开学典礼,与会者有曹心泉、叶春善、钱金福、程继先等京剧名家及社会名流刘半农、傅惜华等人。来此授课的有梅兰芳、余叔岩等京剧名流,还有一些戏剧界老艺人及戏曲理论家徐凌霄、北大教授刘半农等人。1935年,梅兰芳定居上海,余叔岩卧病,国剧学会停办,传习所也随之解散。

(二十二)**荣春社**　1937年夏,"四大名旦"之一尚小云在椿树下二条1号筹建,第二年即1938年3月16日在中和戏院公告成立并正式公演,举行三天招待演出。1948年底解散,开办逾十年,尚小云先后卖掉七处房产作为科班的活动经费。荣春社共办两科,第一科排"荣""春"二字,第二科排"长""喜"二字,先后招收学生达四百多人。荣春社演出的剧目,除大量传统戏外,还排演过许多新编本戏。荣春社长期在中和戏园、三庆、华北、长安戏院轮流演唱,极博观众好评。

(二十三)**鸣春社**　1938年,李万春在大吉巷寓所斜对面的8号、9号(现19号和21号)创办"鸣春社",通过培养徒弟来组建自己的戏班子。鸣春社培养了"鸣""春"两科学生二百多人。

第四节　堂　会

　　堂会是官僚、富户喜爱的,每逢节日、寿辰或者婚丧嫁娶等大事时,便请戏班或者优伶到家中、戏园、会馆、饭庄等主人私定的场所演出助兴。此种演出的受众面相对比较小,但演出质量一般高于商业剧场,而且机动灵活,主办者可以点戏是其一大优势。嘉道以降,堂会演剧空前兴盛。根据演出场所可以分为家庭堂会、会馆堂会、饭庄堂会、戏园堂会(上节已述)等。

一、家庭堂会

　　旗人听戏一般在家里办堂会,边吃边听。清人崇彝在《道咸以来朝野杂记》中说:"早年王公府第,多自养高腔班或昆腔班,有喜寿事,自在邸中演戏。"清代说唱文学子弟书《家园乐》里,写到了一位旗人退休高官闲来无事,在家叫戏班子唱戏。《红楼梦》里贾府中也经常出现叫戏班子唱戏的场面。四喜班因擅长昆曲演唱,表演风格雍容雅正,是道光以前官宦人家办堂会的首选。

　　嘉庆、道光年间以来,各王府除了竞相办班以外,再有就是以过生日、贺喜庆、办满月、做团拜为由,举办大小堂会,汇聚名伶,点演佳剧,以饱眼耳之福,大过观赏之瘾。这些堂会戏的奢华场面显现了王府生活的奢侈铺张无度,但也给当时的戏曲从业者带来了名利、剧艺双赢的机会。

　　恭亲王奕䜣很热衷办堂会,逢年过节、过生日、贺喜庆、办满月,只要有名目就大张旗鼓地办堂会。王府张灯结彩,管弦之乐昼夜不停,达官贵人的轿子从前海停到后海,来唱戏的皆为名角儿,最有名气的"同光十三绝"即清同治、光绪年间的十三位名角儿,几乎都曾被请到恭亲王府献艺。奕䜣不但生旦净末都能扮,而且打鼓、司琴样样精通。《道咸以来梨园系年小录》和《五十年来北平戏剧史材》两书中,记下了恭王府举办的两次堂会戏的戏目单。光绪十一年(1885)八月初七恭王府堂会,何桂山、余紫云、杨月楼、金秀山等著名演员均参加演出。1887年(光绪十三年)萃集了当时京中各大名班的诸大名伶,连演数日,演出剧目达七十余出,创当时堂会戏规模之先例。两次堂会戏所选用的班底,一次是四喜、一次是春台;外串中还有三庆、小荣椿、同春各名班的演员。可以说,将当时剧艺冠绝一时、负有声望的各个行当的顶尖人物都邀集到了,阵容之强大史无前例。如"同光十三绝"中的时小福、余紫云、朱莲芬、杨月楼、张胜奎、谭鑫培六位;老生后三鼎甲(亦称"后三杰")的汪桂芬、孙菊仙、谭鑫培三位都各有戏码儿参演;文武花脸中的佼佼者何桂山、刘永春、穆凤山、钱宝峰、叶中定、黄润甫、金秀山、李连仲、高德禄、李寿山等一位不少;小生中的王楞仙、德珺如、朱素云、陆杏林、顾芷荪;武生中的张淇林、姚增禄、董凤岩;且行中的陈德霖、余玉琴、杨朵仙、田桐秋(桂凤)、侯俊山(十三旦)及武旦朱文英;文武丑行中的罗寿山、刘七、王长林、高四保、德子杰、张黑等也都到齐了。其中包括名声显赫的几位班主,如春台班主俞菊笙、三庆班主杨月楼等。能够邀请到这些名伶参演,权势和财力缺一不可。

民国以后,升平署停办,戏界萧条了几年,演员就专靠堂会来提高收入。从1913—1928年堂会戏异常之多,差不多每星期都有两三次。无论大小官员和富商巨贾,凡是有钱有权的都可以办堂会。一场盛大的堂会戏,往往集中当地和外埠的一些著名演员,从下午一直演到翌日凌晨。对于豪门巨室和达官显贵来说,这是显摆的机会和生活享受的需要;对于戏班、演员来说,唱堂会赏赐多,收入往往数倍于平常的业务演出,是一笔很可观经济来源,且又容易结识贵人,因此戏班子都积极争取,乐此不疲。1916年侯玉山受邀去洵贝勒府(西单北大街110号)参加堂会演出,指名要他演开场戏《钟馗嫁妹》。民国初年恭亲王溥伟将恭王府抵押给天主教堂,花园不在内。1937年春夏之交,溥心畬和溥叔明弟兄二人为庆祝母亲项太夫人七旬大寿,在恭王府的大戏楼举办了最后一次堂会。这一天用的富连成班底,当时在科的著名学生如叶盛章、叶世长、黄元庆、李世芳、毛世来、傅世兰、刘元彤等都参演了戏。当晚外串有程继先的《临江会》、尚和玉的《四平山》、孟小冬的《骂曹》,中间还有一出票友下海的李香匀演《廉锦枫》。

二、会馆堂会

北京的会馆发端于明代,在清代达到鼎盛。清代内城被八旗圈占后,会馆大都集中于外城,而且随着士人向宣武门外地区集中,会馆分布的重心也由东部向西部转移,清代会馆在宣南地区占十分之七,外城东部约占十分之三。明清会馆一直具有演剧功能。近人夏仁虎《旧京琐记》记载:"堂会演戏多在宣外之财神馆、铁门之文昌馆……至光绪甲午后,则湖广馆、广州新馆、全浙会馆继起,而江西馆尤为后进,率为士大夫团拜宴集之所。"①会馆几乎为堂会宴集所专设。著名京剧大师梅兰芳在其《舞台生活四十年(第三集)》中也记载道:"北京的各地会馆,大多数都在宣武门外,有省的会馆,县的会馆。在省的会馆中规模大的有戏台,规模最大的如虎坊桥湖广会馆,三面有楼,和大栅栏的广德楼差不多。小一些的如越中先贤祠、江西会馆、全蜀会馆。"②

(一)**湖广会馆**　位于宣武区骡马市大街东口南侧(原虎坊桥以西),嘉庆十二年(1807),湖南籍的体仁阁大学士刘权之会同湖北籍的顺天府尹李钧简,为联络乡谊,方便湖湘学子上京科考,共同集资改建成湖广会馆。嘉庆二十五年(1820)进行扩建,戏楼上下两层,可容纳千人,清末民初,谭鑫培、余叔岩、梅兰芳、程砚秋等名角都在此演出过。1914年,交通部部长叶恭绰之父六十一岁生日,假湖广会馆演戏庆祝:"是日之戏,多北京名伶。共有十八出,而梅兰芳一人独演五出之多,为从来所未有。"同年,梁启超在湖广会馆为父庆寿,请谭鑫培唱堂会,谭鑫培演出了平时很少露演的《一捧雪》。

(二)**正乙祠**　明代时是寺院,清康熙初年,浙江在京的银号商人们集资建了祠堂馆舍。康熙五十一年(1712),浙江商人对正乙祠进行了初建,祠内有戏楼。乾隆年间浙商对正乙祠进行扩建,戏楼内部高三层,戏台三面开放,两层舞台之间开有方形孔道,设吊钩,演出神怪戏时用来制造特效。扩建时正赶上徽班进京,正乙祠因紧邻大栅栏、八大胡同、琉璃厂等南城三教九流聚集之地,因此成了徽班进京的落脚点,一时成为京城内最著名的戏楼。同治年间,京剧创始人程长庚在正乙祠登台演出。吴焘《梨园旧话》记载了他同治年间在正乙祠观看堂会戏的剧目:程长庚演《昭关》,徐小香演《射戟》,卢胜奎演《空城计》,何桂山演《五台会兄》,黄润甫演《取洛阳》,春兰演《祭江》。末出武戏为《五人义》,麻得子饰周文元。③　一场堂会竟然聚集如此多的名角,这是戏园商演难以达到的。光绪七年(1881),四喜班班主梅巧玲(梅兰芳的祖父)进京,一直在正乙祠唱戏。经常在正乙祠演出的"长春班"则是慈禧太后直接支持的。1919年,京剧名角余叔岩在正乙祠为母亲庆祝六十大寿,名角云集,盛况空前,白天杂耍、曲艺,晚上京昆,名角反串,妙趣横生。余叔岩出演了拿手好戏《问樵闹府》《辕门射戟》,架子花脸李寿山反串丫鬟,旦角芙蓉草反串强盗张三,武花脸

① 〔清〕夏仁虎:《旧京琐记(卷十)》,北京古籍出版社,1986,第103—104页。
② 梅兰芳:《舞台生活四十年》,中国戏剧出版社,1987,第962页。
③ 吴焘:《梨园旧话》,张次溪编纂:《清代燕都梨园史料》(下),中国戏剧出版社,1988,第853页。

安徽会馆戏楼

钱金福反串村姑,尤其是梅兰芳反串的《辕门射戟》里的小生,一时传为佳话。1925 年 8 月 23 日,北京电灯公司总办冯公度为其母祝寿,在正乙祠举办堂会,撮合了梅孟的一段佳话。① 直奉战争后,张作霖进入北京把持国民政府,他的属下黑龙江督军吴俊升的儿子吴泰勋(吴幼权)酷爱京剧,师法余叔岩,时常到正乙祠票戏,人称"吴公子"。1937 年于腊月在正乙祠为其母做寿、办堂会,邀名角贺寿,其中有余叔岩的《碰碑》。

(三)安徽会馆　位于椿树街道后孙公园胡同 3 号、25 号、27 号。同治八年(1869),直隶总督、北洋大臣李鸿章会同淮军诸将集资购得孙公园的大部分,兴建安徽会馆。同治十年(1871)落成,时称"京师第一会馆",为京中会馆之首,壮观的戏楼被称为"京城一绝"。与其他省级会馆不同的是,安徽会馆既不是专为进京赶考的举子设立的"试馆",也不是促进工商业发展的行业会馆,而是专供安徽籍淮军将领和达官贵人在京活动的场所,只接待在职的州、县级官员和副参将以上的实权人物。安徽会馆的戏楼与正乙祠、湖广会馆、阳平会馆戏楼被合称为京城"四大戏楼",四大徽班进京曾借住于此,在此演出过《长生殿》,许多京剧表演艺术家如谭鑫培等均曾在这里登台献艺。

(四)江西会馆　位于宣武门外 28 号。原址为江西新建会馆,筹建人为乾隆时吏部侍郎、内阁学士曹秀先。光绪九年(1883),新建会馆移至王广福斜街。戏楼可容纳两千多人,各种堂会、义务戏都在这里演出。民国时期会馆戏楼全部对外开放,湖广会馆和江西会馆戏楼是南城最热闹的地方。1917 年张勋进京时为了掩饰复辟意图,每天在江西会馆中听戏。鲁迅在日记中也曾提到到江西会馆看戏:"1920 年 5 月 2 日,上午以高阆仙母八十寿辰,往江西会馆祝,观剧二出而归。"俞平伯、吴梅、袁克文等票友常在江西会馆登台献技。袁克文喜爱昆曲,曾在江西会馆演唱过《千忠戮》。刘成禺、张伯驹所著《洪宪纪事诗三种》记载:"自民四张勋入京,集都下名角于江西会馆,演戏三日。克文亦粉墨登场,彩

---

① 李仲明:《梅兰芳的梅风兰韵》,东方出版社,2008,第 383—384 页。

串《千忠戮》昆曲一阕。"春阳友会票房、言乐社、言乐会及袁克文专门组织的昆曲组织消夏社、饯秋社、温白社、延云社等活动时,还邀请一些内行和票友在江西会馆彩排,每次都挤满了座客。1918年4月16日,梁启超邀请韩世昌的荣庆社在江西会馆演出。吴梅、赵子敬等人在江西会馆成立赏音社,集合了北京当时一些高水平的昆曲票友。韩世昌在《我的昆曲艺术生活》中回忆:"民国八年时,由教育部社会教育司长高阆仙主持,每两周在江西会馆举办一次昆曲晚会,我就是在一次晚会上和孙菊仙合作同台演出的。""唱同出戏,一个唱昆曲,一个唱京剧,这才是真正的'昆黄两下锅'。我和孙菊仙就这样合演过一次。地点是在宣武门外江西会馆,戏目是《钗钏记》的《大审》一折,他的问官,我的旦角。"1922年11月17日,前财政总长张英华为其子完婚,在江西会馆办堂会,大轴是余叔岩主演的《定军山》。

（五）梨园会馆　北京的"梨园会馆"既担负北京属地戏班、戏曲艺人的组织管理,又有议事、宴众、演剧、酬神以及同业互济等功能,同时还承担着应承皇家演出、传达官方政策与意志的职能。梨园会馆地址几经变更:雍正年间在陶然亭公园西南侧;乾隆时期迁至珠市口西大街路北83号,为明代惠济祠改建而成;同治年间搬迁至精忠庙内,即东城区珠市口东大街18号金霖酒店;民国初年,伶人谭鑫培、田际云、程长庚等易名"正乐育化会",改设正阳门外精忠庙中;1924年春,在王蕙芳樱桃斜街中间路西旧宅一所改建梨园新馆。梨园会馆是梨园同人集合议事的公共场所,每年三月十八唐明皇之诞辰日,会馆内聚集各戏班名角,梨园名人便在自己的戏园内募捐义演,集资后再修建梨园会馆等公共设施,如学校、义园等。由于梨园会馆具有将全行业所有艺人聚在一起的能力,因此挑选参加演出的演员自然是最好的艺人,这是哪一个会馆或者戏园都不可能达到的。如1919年正乐育化会组织的义务戏,演员有孙菊仙、高庆奎、王又宸、杨小楼、梅兰芳、周瑞安、筱翠花(于连泉)、白牡丹(荀慧生)、王凤卿、陈德霖、龚云甫、王瑶卿、余叔岩、俞振庭、九阵风等,可谓把名伶一网打尽,是戏曲界名副其实的盛会。

三、饭庄堂会

饭庄不仅要有宽大的院落和跨院,讲究的还有楼台亭阁和曲径通幽的小花园,正厅必定有富丽堂皇的戏台,专供主顾们唱堂会戏用。各衙门每逢封印、开印、春卮、团拜、年节修禊以及红白喜事、做寿庆典,大半都在饭庄里举行,一开席就是一百多桌。清乾隆年间的杨米人《都门竹枝词》曰:"小旦亲来为执壶,两边官座碧纱厨,日斜戏散归何处?宴乐居同六合居。"这首诗反映了当时京官们吃喝玩乐的奢靡生活,提到了当时的著名饭庄"宴乐居"和"六合居"。其他著名饭店还有聚贤堂、福寿堂、会贤堂、庆和堂、同和堂、同兴堂、惠丰堂、庆丰堂、福庆堂、天福堂、燕寿堂、聚寿堂、隆丰堂等。宣南一带的方壶斋、蓬莱轩、升平轩等大饭庄子也有戏台。

(一)**泰丰楼** 开业于同治六年(1867),至今已有一百多年的历史,位于前门外煤市街1号,经营正宗的山东鲁菜。饭庄规模较大,环境优美,离戏院近,所以当时京剧界一些大型活动,如一些名角过寿辰和拜师会都选在泰丰楼举办。1938年10月19日,余叔岩先生收李少春先生为徒的拜师会就是在泰丰楼举办的。拜师会盛况空前,轰动京城,出席者有高庆奎、王凤卿、谭小培、郝寿臣、李洪春、袁世海等。1939年10月8日,宦门子弟刘迎秋在泰丰楼拜程砚秋为师。[1]

(二)**会贤堂** 位于前海北沿18号,建于清晚期。是一家私宅改的饭庄,前后大小七座院落,西跨院内设戏台,只是没有台顶和楼,时有堂会戏。

(三)**聚贤堂** 在西单牌楼报子街,建于晚清时期。1939年尚小云在此办四十寿辰,当日京剧界同人齐聚一堂。1949年1月,京城"四大名医"之首的萧龙友先生过八十寿诞,广发请帖,在此请客办堂会。

(四)**同兴堂** 位于取灯胡同东口路北,巷内1号即其旧址。山东人开办的大规模饭店,院子有三四进之多,可容纳几百人就餐看戏。同兴堂的大戏台既承办戏曲演出,又应酬梨园行大佬们的各类喜庆宴会,程砚秋大婚、陈德霖寿庆、余叔岩续弦、昆曲花脸名票胡井伯收戏曲学校费工策做徒弟、尚小云荣春社周年庆,都是在这里办的酒席。过去梨园界文武场拜师都在同兴堂进行,磕完头拜完师,再一起在饭庄请客吃饭,此乃梨园界不成文的规定,久而久之形成惯例。

(五)**晋阳饭庄** 1936年春,梅兰芳从上海来到北平,在虎坊桥东侧的晋阳饭庄,原北京富连成科班的所在地,收被誉为"小梅兰芳"的李世芳为徒,名角荟萃,场面热闹非凡。

(六)**方壶斋** 旧时方壶斋胡同位于宣武门外大街北侧路东,今胡同已无存。雍正、乾隆年间方壶斋是京城一座著名的戏园,到了乾隆、嘉庆年间,方壶斋依然幸存,光绪年间已不是戏馆,而是作为地名存在。

---

① 郭庆瑞:《京剧名家与泰丰楼饭庄》,《中国京剧》2007年第2期,第48—49页。

第五节　票房和票友

清政府规定旗人不得卖艺,八旗子弟只能把戏曲表演作为业余爱好,自己出资延请名优教习。当时管不正式登台卖艺,自行娱乐的演唱,叫作"走票",演唱者称为"票友"。票友须有一个进行排练、演唱的活动之处,由票友所组织的演唱地点称为"票房",票房的首领称为"把头"或"票首"。西城由于商业繁华,戏园和会馆众多,王府也不少,所以参与票房活动的票友也很多,少则十几人,多则数十人,甚至上百人。1914 年之前在西城成立的彩唱"票房"有十四家,占了同时期全市票房的三分之二。西城"票房"多使用庵馆寺院所拥有的半公共性场所的房屋开展"票房"活动,如"翠峰庵票房""元恩寺票房""关帝庙票房""果子观票房"等等。

一、著名票房

京城票房的高潮从道光三十年(1850)起直到清王朝结束,同(治)光(绪)年间正是京剧的鼎盛时期,票友、票房遍及京城,不下数百个。在这五六十年间,西城出现了一些大小不等的票房几十个,比如同声园、风流赏月、塔院、护国寺、辛寺庙、公余同乐、悦性怡怀、张晓山票房等等。这些票房的活动对京剧艺术的发展曾经起了很大的推动作用。

（一）**三箫一韵票房**　同治三年(1864)成立于宣武区王恭厂,是京城较早的票房。

（二）**赏心乐事票房**(1871—1908)　清代最大、影响力最强的票房之一,在西直门内的盘儿胡同,也称"翠峰庵票房",成立于同治十年(1871),清朝宗室载雁宾所创建,主持人安敬之(名寿),原工刀马旦,后改老生,满族旗人。翠峰庵本是载家的家庙,僻静宽敞,而且有许多空房子,于是,载雁宾就聚集了一帮戏迷票友在这里唱戏、切磋技艺,设立票房,光绪二十年(1894)后由德珺如主持。三十多年来从这里走出来的名票有八十多位,名净如黄润甫、金秀山,小生如德珺如、金仲仁,老生则有汪笑侬、许荫棠、韦久峰、刘鸿升,老旦首推龚云甫,还有后来成为郝派创始人的名净郝寿臣等等,这些人后来都成为冠绝一时成宗立派的名伶。每逢三六九,定期过排整出戏。这个票房行当全、剧艺高、戏码硬,在京城很有名气,常于"和声园"彩唱,甚至票价和前门外的戏园相同。

(三)**赏心悦目曲艺票房** 同光年间,贝勒载澄在府中成立赏心悦目曲艺票房,该票房具有八角鼓之全堂,分鼓(大鼓)、溜(相声)、彩(戏法)三类,俱精整。载澄本人也加入演唱,并应外约。

(四)**和声园票房** 位于西四口袋胡同,何佩华、金鹤年、卧云居士等曾在此参加活动。

(五)**风流赏月票房** 同治十年(1871)成立于西城区蒋养房(今新街口东街),票首为戴序之,票友有金秀山等,光绪三十年(1904)报散,活动达三十三年之久。

(六)**埙篪和畅票房** 光绪三年(1877)成立于北海东侧大石作胡同,票首为李昆山。

(七)**公余同乐票房** 光绪八年(1882)成立于太平仓,创办人为敏斋主人,工老生。

(八)**雅韵集贤票房** 光绪十九年(1893)成立于宫门三条,票首为李静山。票友有花脸苏子敬,老生清静泉等。

(九)**悦性怡怀票房** 光绪二十年(1894)成立于西单大街,票首为祥瑞峰,票友有旦角安宝臣等。

(十)**公悦自赏票房** 光绪二十年(1894)成立于宫门口,票首即原翠峰庵票房主持人安敬之。

(十一)**塔院票房** 光绪二十年(1894)左右成立于护国寺,票首为祥云甫及戴阔亭、萧润峰、恒乐亭、古同轩、云雨三等,他们曾是翠峰庵票房的票友。

(十二)**游目骋怀票房** 光绪二十一年(1895)成立于西直门内,票首为英松岩,工老生。

(十三)**张晓山票房** 光绪二十六年(1900)庚子事变后成立于府右街内太仆寺街,票首即"盔头张"张晓山,《广太庄》《八义图》《战太平》《镇潭州》为其拿手剧目。参加者有章晓山、张小山、金仲仁、韩俊峰、满子善等,亦常于和声园彩唱。1917年张晓山赴外省教戏,票房因此报散。

(十四)**熙春社** 陈虎杨担任社长,晚清时期曾于正乙祠活动达七年之久,是活跃在南城的一个比较好的、时间最长的票社。章晓山、包丹庭、陈虎杨、陈墨香等曾在此演出。社员来自各个不同行业,每月交纳会费,随时可介绍新人参加。社员很多,有言菊朋、朱琴心、陈墨香、章晓珊、包丹庭、陈湖杨(原名陈虎杨,熙春社社长)。此外,果仲禹后来被第一楼茶社聘请清唱。大约在 1926 年左右,熙春社解散。

(十五)霓裳雅韵票房 光绪三十二年(1906)成立于新街口正觉寺南侧禁卫街(今航空胡同),玉鼎臣于自家宅内创办。

(十六)言乐会 红豆馆主溥侗创办于 1918 年,宗旨是弘扬雅乐,保存昆曲之余脉。常在江西会馆处演出,社会影响很大。成员中业余曲家有钟秋岩、袁寒云、赵子敬、王季烈、刘富梁、刘梦溪、王麟卿、汪匏庵、朱杏卿(即著名琵琶演奏家朱荇菁)、徐兰荪等;皮黄组成员有包丹庭、言菊朋、胡子鋆等。聘请传授昆曲、皮黄剧目,并合作串演的著名演员有陈德霖、钱金福、陆金桂、王福寿、李寿峰、李寿山等;聘请专业昆曲乐师兼拍曲说戏教师有曹心泉、浦阿四、方秉忠、梅雨田等,后期还有唐春明等;由南方来京的笛师中,早期有张云卿,后来陆续有何金海、沈锡卿等。1919 年是言乐会最兴旺的时期,教育部社会教育司司长高步瀛主持,邀请言乐会及其他业余昆曲组织在江西会馆每两周举办一次昆曲演出晚会,遂使这一时期昆曲演出精彩纷呈。红豆馆主在清唱曲会的组织上非常讲究排场,自解私囊举办赏月曲会,在北海公园租赁一条大船,聘请有名的厨师在船上做菜,邀请同人乘舟荡游,顾曲品韵,尽昼夜之欢。北京沦陷后,红豆馆主离开北京,言乐会终止了活动。

(十七)继家票房 1915 年,著名票友荣稚峰和唐仲三先生在麻花胡同前清内务府总管继子寿家成立继家票房,主持人唐仲三,每月逢三、六、九日举办活动。裴云亭(即明娃娃)、王文源、王福山(王长林之子)、姜鑫坪、萧婉秋、陈月山、溥华峰、李质轩、秦渔村、尚逊之(碧萝馆主)等先生都是继家票房的票友。1926 年冬停止活动后,继禄的后人继文屏在此创办了"乐雅和韵社",继文屏工武生,拿手戏为《金钱豹》。金鹤年、李庆山、王华甫、铁麟甫、张唤庭、王文源、黄兰卿、王云卿等均为此社的票友。

(十八)兴化寺票房 1925 年夏成立于厂桥兴化寺街(今定阜大街南),票首金继贤于自家跨院内搭设凉棚,每逢一、四、七日进行活动。参加者有金鹤年、王华甫、铁麟甫、陶畏初、吕正一、李辑五、阎敬仁等。陈富康、杜富隆、王多芬、朱德奎、何兰云等亦常来此演唱。

(十九)剧艺实进会 1931 年秋成立于西单横二条甲 30 号,票首为徐凌霄、金仲荪等人。参加者有程砚秋、荀慧生、吴富琴、焦菊隐、王泊生、周大文、张敬明、刘守鹤、沈正元等。属于研究性组织,入会者须由本会会员介绍,每逢星期六进行活动,1934 年解散。

（二十）**果子观票房** 位于德胜门内甘水桥果子观，票首为满族贵胄子弟汪绍，工老生，曾拜王长林为师。由于嗜戏成癖，不惜耗费巨资玩票，常租于云鹏戏箱组织彩唱，最后倾家荡产，下场凄凉。名票有恩禹之、宁子臣、松介眉、关醉蝉、张小山、程茂亭、乔荩臣、赵芝香、小凤凰、于冷华、吕正一、张德祉、翁偶虹等。

（二十一）**北平国剧协（学）会** 梅兰芳和余叔岩联合齐如山、李石曾、冯耿光、周作民、王绍贤、张伯驹、傅惜华、陈半丁等社会名流，于1931年11月在虎坊桥成立北平国剧协（学）会，举行开学典礼。是日晚间，演剧招待来宾，大轴合演反串京剧《八蜡庙》，梅兰芳饰演褚彪，朱桂芳饰演费德功，张伯驹饰演黄天霸，徐兰源饰演关太，钱宝森饰演张桂兰，姚玉英饰演院子，王惠芳饰演费兴，程继先饰演朱光祖，白寿饰演金大力，姜妙香饰演王栋，陈鹤荪饰演王梁，朱作舟饰演小姐……其余角色亦皆反串。通盘大合作，大家都反串，可谓是中国京剧史上几十年不遇的盛况，此后一直成为戏剧界传颂的佳话趣事。1936年停办，转给富连成社用作学生宿舍。1937年七七事变后，历时三年的北平国剧陈列馆被迫关闭。

（二十二）**辛未社票房** 1931年，翁偶虹与孟振甫、杨少泉等，于什刹海大翔凤胡同创办，1935年解散。

二、京剧茶社

清唱茶社类似于京剧票房的组织，20世纪初在京城涌现，一般只清唱不彩唱，俗称"清音桌"，演唱者表演时不化妆，不穿戴行头（戏装），也没有锣鼓伴奏。票友最初只是凑在一起拉拉唱唱，或者针对京

茶园演剧图

剧艺术闲谈阔论，仅是娱乐消遣而已，既不响锣鼓，也不粉墨登场，更不对外演出。后来票房扩大了，票友增多了，经济实力增强了，他们的演出也随之升级，逐渐演变到不仅场面齐全，而且能演整出戏了。民国时期西城较为有名的京剧

茶社主要有：

（一）**劝业场第一楼茶社**　位于前门外观音寺劝业场内，是水平高、场面齐、名演员参加最多的茶社。主持人书子元、马俊涛。李洪春、杨宝忠、陈喜兴、朱琴心、李鸣玉、朱桂芬、梁小鸾、关丽卿、赵曼云、马连贵、高文静、邢君明、蒋君稼、李吉甫、赵子仪、来伴琴、陶畏初等均来此活动。《取洛阳》《雅观楼》《骂殿》《探庄》《定军山》等清唱戏，上座极佳。1931 年停业。

（二）**畅怀春茶楼**　清末民初，京城四大著名商场除了东安市场在王府井之外，其他三家均在今天的大栅栏地区，分别是廊房头条的劝业场、观音寺街的青云阁和"首善第一楼"。"首善第一楼"开业于光绪三十三年（1907）。1923 年出版的《老北京实用指南》介绍"首善第一楼"三层，上层有畅怀春茶楼，二层有碧岩轩茶楼，上层茶楼生意更好，每天往来的人流络绎不绝。不是茶品有什么特殊之处，而是畅怀春当时聚拢了京城里很多京剧"名票"，这里是最有名的"清音桌儿"。畅怀春由当时的名票胡显亭主持，胡显亭有"票界张春彦"的雅号，跟名票邢君明唱的《珠帘寨》为一绝。畅怀春茶楼卖的是茶水，唱的、听的分文不取。当年戏曲界一些名角也常来此处会友聊天，就像今天的文艺沙龙，是京剧票友们的根据地，因而人气大盛。后来，青云阁、劝业场等商场里的茶馆也追随仿效。

（三）**欣蚨来茶社**　位于西四的西安市场内，1913 年由德珺如主持，金秀山等在此清唱，1918 年停止。

（四）**西庆轩茶园**　在西安市场北部，常有单弦、大鼓书、双簧、数来宝、相声等节目，有时还会请京剧票友来清唱。1939 年，日本人改建为电影院，当时叫北平电影院，1949 年正式定名为胜利电影院。

其他还有阜成门外的龙泉居茶社、宣武门内紫霞宫茶社、前门外的宾宴楼茶社、西四的三盛茶社、西单的民生茶社和桃李园茶社、新街口的二合居茶社等，都是当时有名的京剧茶社。

三、票　友

票友多数是有官位有身份的人，甚至不乏王公贝勒，他们不同于地位低下的职业优伶，一心痴迷戏曲，请教习、买行头，完全按照专业标准来，很多票友的水平相当高。西城不单票房众多，高水平的票友数量在老北京也是首屈一指的，如红豆馆主、卧云居士、金仲仁等都是清宗室爱新觉罗氏的成员；德珺如、袁世凯的公子袁克文、民国四公子之一的张伯驹等都属于官宦子弟、文人名士；富商豪绅如同仁堂的经纪人周子衡等都是造诣很深的名票，他们为京剧的发展做出了重要贡献。有的票友因为技艺高超不仅得到了专业演员的赞赏,而且还成功下海成为专业演员。

(一)宗室子弟　清朝几乎大部分皇帝都喜爱戏曲,尤其是醉心于京剧艺术,受其影响,亲王、贝勒、宗室子弟大多也是戏迷,很多王府都有戏台、戏班,内行云集,本身就是高水平的票房,再加上他们的兄弟子侄,票友相当庞大。

奕绮(1802—1842),清朝宗室,经常参加演出,在京城颇有名气。

载澄(1858—1885),恭亲王之子,在邸中成立赏心悦目票房,本人也加入演唱,并应外约,阵容齐整,茶水自备,不取车资。①

溥绪(1882—1933),清季贝子,民国后以庄为姓,称庄清逸,号清逸居士。他能登台演出,工文武生,能戏颇多。又熟谙梨园掌故,大量收藏南府、升平署剧本档案和梨园耆旧抄本。凭借较高的文艺素养和对京剧艺术的熟谙,为著名京剧演员高庆奎、尚小云、马连良、李万春等人创作改编了数十出京剧剧本,为京剧艺术的发展做出了不可磨灭的贡献。

溥侗(1877—1952),溥仪族兄,世人尊称"侗五爷"。他与南方著名昆曲艺术家徐凌云以瑜亮并称,有"南徐北侗"之美誉,是公认的"昆乱不挡,六场通透"的"票界大王",生、旦、净、丑没有他演不了的角色,毫无反串一说。许姬传在其《许姬传七十年见闻录》一书中还记述红豆馆主与其兄伦四合演《连升店》,伦四饰小生王明芳,侗五则饰店家(丑行,此剧重白口),此剧系名丑罗寿山亲传与他,所以演来也极精妙。《奇双会》一剧红豆馆主能演赵宠、李桂枝、李奇三角,均甚出色。老生戏《定军山》《连营寨》《清风亭》《打棍出箱》酷肖"谭大王"(谭鑫培),旦角戏《金山寺》中"水斗、断桥"乃陈老

谭鑫培、王瑶卿《汾河湾》剧照

夫子陈德霖所授。红豆馆主还向京昆兼擅的小生名宿王楞仙学过《牡丹亭·拾画》及《镇潭州》等戏。他所演的《阳平关》《战宛城》的曹孟德,无论是念白、做派,皆有黄润甫(时人呼为黄三)的神韵,"马踏青苗"一场的趟马身段干净利

① 〔清〕崇彝:《道咸以来朝野杂记》,北京古籍出版社,1982,第21页。

索,气宇轩昂,煞是好看。此外他还向梅兰芳的伯父胡琴圣手梅雨田学过昆曲,向姚增禄、李顺亭、余玉琴等学过京剧。他和许多京剧名家同台演出,可从来不唱"翻头戏"(即一年之内不唱重复剧目)。可见其腹笥渊博,能戏极多。谭鑫培曾对人说:"侗五爷若下海,你们无论何人都得没饭。"他在京剧《群英会》中,一人能演周瑜、鲁肃、蒋干、曹操、黄盖五个角色,而且个个都演得出神入化。

载涛(1887—1970),溥仪的叔叔,从小嗜戏,武功扎实,既能长靠又能短打,更擅猴戏,所演《铁笼山》《金沙滩》《白水滩》《水帘洞》《安天会》等,深为内行所称道。《安天会》与杨小楼同出一师,均为张淇林亲授,李万春曾随他学戏三年。除武生戏外,还能演《青石山》的周仓、《贵妃醉酒》的杨贵妃等,梁小鸾曾向其学过《醉酒》。

金仲仁(1886—1950),清代皇族,原名爱新觉罗·春元,世袭奉恩将军,就学于贵胄学堂。曾为翠峰庵票房、肃王府票房之票友,下海后拜德珺如为师。与王瑶卿交谊甚厚,常年辅佐荀慧生,与张春彦、芙蓉草、马富禄一起被誉为留香社的"四大金刚"。

(二)旗人或者世家子弟　旗人作为特权阶层,每月都有政府发放的钱粮,无工作也能保证优越的生活,世家子弟生活无忧,无官职,约束少,可以自由追求自己的喜好。因此票友中无职人员甚多,有钱有闲,很多人把所有时间都投入进去,在戏上花的精力一点都不比职业演员少。

夏山楼主(1897—1962),本名韩慎先,祖父曾为清吏部官吏。曾自开古玩店,后向陈彦衡学戏,对谭派唱腔颇有研究并讲究字韵。其拿手戏为"三子",即《法场换子》《桑园寄子》《辕门斩子》。余叔岩曾从其学《南阳关》唱腔,并传韩《战太平》唱腔,互相传授。

言菊朋(1890—1942),曾任蒙藏院录事,世袭清朝武官。原为春阳友会、清音雅集、言乐社票房之票友,曾拜红豆馆主为师。1923年以票友身份随梅兰芳赴沪演出,言派老生创始人。

奚啸伯(1910—1977),满族,原为机关职员,祖父裕德为清朝大学士,父亲曾任度支部司长。为燕居雅集票房之票友,曾得清逸居士指点,拜李洪春、言菊朋为师。1929年正式下海,为奚派老生创始人。

德珺如(1852—1925),道光时期重臣穆彰阿的嫡曾孙,父为侍郎。德珺如原为翠峰庵票房的票友,初工旦角,因面长,人咸以驴头旦呼之,遂改小生。光绪二十年(1894)后主持翠峰庵票房,为此被家族注销宗谱,而促使他正式下海。他和金秀山、李辅臣、袁子明等搭入四喜班。与菊仙、秀山合演《二进宫》,有"三羊开泰"之称,因三人皆票友出身。

袁克文(1890—1931),号寒云,为袁世凯次子。昆乱不挡,生、旦、净、丑皆

372

能,其小生、丑角表演尤为出色,常演于江西会馆。他最爱唱昆曲,拿手好戏是《长生殿》和《游园惊梦》。

包丹庭(1881—1954),北京富绅。酷爱京剧、昆曲,曾师从王福寿学文武老生,并向侯俊山问艺。原为春阳友会票房之票友。其《水斗·断桥》能演白蛇、青蛇、许仙、法海、小和尚、神将、水族等剧中所有角色,所演许仙堪称一绝。梅兰芳、尚小云、雪艳琴、赵啸澜、叶盛兰等均曾向其请教。

张伯驹(1898—1982),河南项城人,直隶都督张锦芳的儿子,民国总统袁世凯的表侄,和张学良、溥侗、袁克文被称为民国四大公子。余派老生,常与余叔岩切磋技艺,并从钱宝森、王福山习武工。《别母乱箭》为常演剧目。与田桂凤、梅兰芳同台演出过,杨小楼、余叔岩、程继先、王凤卿等曾为其傍演《失·空·斩》。

(三)平民票友 论数量之庞大还是底层票友为最。他们的社会地位、剧艺水平、经济条件虽然无法与家庭优越的官宦子弟相比,但其中也不乏出色的票友,水平极高。

周子衡(1815—1905),同治、光绪年间程(长庚)派名票,原为金店老板。据说他的声带天生酷似大老板,学程达到乱真的地步,曾得到程大老板的赞许。汪桂芬、余胜荪、王凤卿等均曾向其请教,称他"周三爷"。同仁堂乐家几代人嗜戏,把他接到家里,应名书办,实为戏剧门客。

刘鸿声(1876—1921),原名鸿升,曾为刀剪铺学徒,原为翠峰庵票房、塔院票房之票友。先习净后改老生,1918年继谭鑫培任正乐育化会会长。他凭借自己的高音亮嗓,创造了"楼上楼"唱法(高八度翻唱)。

金秀山(1855—1915),北京人,茶役出身,嗓音洪亮圆润,有黄钟大吕雄浑之美。他曾为翠峰庵票友,经德珺如介绍专业演戏,并拜何桂山为师,演铜锤花脸。初搭阜成班、长春和班,后入嵩祝成班、同春班、四喜班。他还有一个大花脸儿子金少山。

麻穆子:曾为工部挑笼子出身,后卖私酒。先拜孙菊仙学老生,因嗓音过于宽阔,改花脸。下海后入四喜班,被选入内廷供奉,有"假黄三"之称。

许荫棠(1852—1918),齐化门外粮店出身。学张二奎,嗓音洪亮,有张二奎复生之号。

张雨庭:眼镜店掌柜。学谭鑫培。光绪年间曾挑班,与姜妙香合演。

冰王三:卖冰出身。唱老生,曾隶四喜班。

(四)下海的票友 业余的票友经过业余的演出后选择成为专业的演员,即所谓的"下海"。很多名票下海后成为著名艺人,如孙菊仙、张二奎、汪笑侬、言菊朋、郭仲衡、奚啸伯、黄润甫、金秀山、德珺如、许荫棠、金仲仁等都是京剧舞台上举足轻重的艺术家。

孙菊仙（1841—1931），"孙派"老生创始人。出身粮行，原为天津雅韵国风社票友。弃官来到北京后，投奔到著名的老生程长庚的门下学习。光绪十二年（1886）为内廷供奉，在宫廷内演戏同时兼任教习达十六年之久。孙菊仙的京剧表演艺术甚受慈禧太后的称赏，被赐予三品顶戴。

张二奎（1814—1864），原为清工部都水司经承。二十四岁以票友身份在和春班客串演出，后正式下海，曾为该班班主。咸丰年间与大奎官共组双奎班，是"奎派"老生创始人，为京剧老生三鼎甲之一，曾兼任精忠庙首。

卢胜奎（1882—1889），出身仕宦之家，因考试不中后入梨园。为程长庚赏识，搭三庆班，演孔明最为拿手，有"活

张二奎故居

孔明"之誉。他擅编剧，三庆班所演《三国志》连台本戏，即出自他手笔。他取名"胜奎"，意欲与张二奎一争高下。

汪笑侬（1858—1918），满族，拔贡知县，学汪桂芬。原为翠峰庵票房之票友。被誉为"梨园儒伶"，"汪派"老生创始人。

龚云甫（1862—1932），早年是玉器行工人，光绪十一年（1885）入南宫园之华笙习韵票房，师从刘桂庆学老生。光绪十四年，入小洪奎班客串演唱。后拜孙菊仙为师，搭四喜班。光绪十八年（1892），接受孙菊仙建议，拜熊连喜为师，改演老旦。光绪二十六年（1900）后，搭福寿班，经常与陈德霖、王瑶卿同台，后又搭玉成班。光绪三十年（1904）选入升平署。民国以后先后搭鸿庆等各班，与谭鑫培、杨小楼、梅兰芳等均曾合作。1914年6月9日西柳树井第一舞台成立，龚云甫《目连救母》创老旦演大轴之先河。自他开始，老旦成为一个独立的行当，使老旦的唱腔、念白和身段逐渐规范化，具有独特的风格。宗其艺者有赵静尘（卧云居士）、文亮臣、李多奎等。

松介眉（1875—1930），戏曲评论家翁偶虹曾说过：唱工老旦，自从龚派形成以后，绝大多数的演员都是宗法龚派的。有两位业余演员，都以学龚而成名，一位是松介眉，一位是卧云居士。松介眉不但能唱，而且能做，还能演方巾丑。

卧云居士（1891—1944），原姓爱新觉罗，民国后改名赵静臣。他崇尚龚云甫的演唱艺术，曾到言乐会与言菊朋同台演出，并切磋演唱技艺。他的嗓音极

好,清脆甜亮而富于韵味,颇似龚云甫。一次同一晚,龚云甫演于华乐戏园,卧云居士演于广和楼,而且都是演大轴,结果这场"对台戏"均是座无虚席。在梨园同行的建议下,卧云居士拜龚云甫为师。

穆凤山(1840—1912),满族,原为翠峰庵票房之票友,下海后曾搭四喜班。光绪十一年(1885)为内廷供奉。

黄润甫(1845—1916),满族,曾在内务府当差。原为翠峰庵票友,后拜四喜班的朱志学为师,下海后搭三庆班,被选入内廷供奉。有"活曹操"美誉,世称"黄三"。

庆春圃(生卒年不详),满族,下海后曾搭春台、四喜班。铜锤、架子、武净皆能,尤擅短打。世称"庆四",与黄润甫并称"黄三庆四"。

郎德山(1855—1958),回族,北京票友,拜金秀山为师,下海后曾搭四喜、春台、天福、宝胜和等班,被选入内廷供奉。

刘赶三(1816—1894),曾一日连赶三场,被同人讽为"赶三",遂以"刘赶三"为艺名。初习老生后改丑行。下海后先搭永胜奎班,后入三庆班。后被选入内廷供奉,曾任精忠庙首,为"同光十三绝"之一。

德子杰(生卒年不详),人称"麻德子"。曾在内务府当差,下海后为三庆班著名武丑。

傅小山(1880—1934),满族,幼练五虎棍,动作敏捷,后拜许福雄习武丑,曾佐周瑞安、杨小楼。光绪三十年(1904)选入内廷供奉。

第七章

宗教文化

宗教文化是人类发展到一定阶段后出现的重要社会现象，其历史十分悠久，在政治、军事、经济、民族等多方面都产生过巨大作用，在精神文化上的传承和影响则更为深远。北京有着三千余年建城史、八百多年建都史，汇聚了华夏各民族多元融合的宗教文化。而西城则以其得天独厚的区位优势，形成多种宗教荟萃、共同传承发展的传统文化格局。

　　在中国数千年的传统文化中，儒、释、道三教长期融合，共同发展。早在辽代以前，西城就是北京城市发展的核心区，因而宗教文化发展历史悠久，内涵深厚。金、元、明、清定都以后，西城宗教文化更长盛不衰。释、道等传统宗教寺庙随处可见，伊斯兰教、基督宗教也先后在此生根发芽。民间社会以宗教文化活动为主的庙会，亦所在多有。和谐共存的多元宗教文化，与西城民众生活的各个方面发生了密切联系，成为西城历史文化不可分割的重要组成部分。

　　西城宗教文化的特点，一是多元和谐共存，二是政治地位崇高，三是历史文化深厚。如万松老人塔是北京城内仅存的元代砖塔。大高玄殿为明、清两朝重要的皇家道观。清高宗以汉、满、蒙、藏四种文字撰写的《敕建回人礼拜寺碑记》，标志着清代伊斯兰教在西城的新发展。清末聘为京师大学堂首任总教习的传教士丁韪良，在近代中西文化交流方面也发挥出重要作用。至于分布于西城范围内的佛教法源寺、道教白云观、伊斯兰教牛街礼拜寺、基督宗教宣武门教堂，更是目前各大宗教在北京历史最为悠久、最具代表性的宗教活动场所，充分展现出西城宗教文化在首都北京乃至整个中国所具有的独一无二的重要地位。

第一节　佛教文化

佛教文化是西城宗教文化最为重要的组成部分。佛教为三大"世界宗教"之一,经西域传入中国后,逐渐传播到包括北京在内的北方各地,并在中国化的历史进程中发展繁荣,最终与土生土长的儒教文化、道教文化鼎足而立,成为中国传统文化不可或缺的核心内容。

一、佛教文化的传入与发展

作为北京佛教文化的典型代表,总体而言,西城佛教文化经历了隋唐五代之前的初兴、辽金时期的发展、元明至清前中期的鼎盛、清末民国以来的转型等历史阶段。

对于佛教最早传入北京的时间,学术界尚存争议,有东汉、西晋、十六国等不同说法。秦汉之际佛教经西域始传东土,其时燕地是否即有佛教文化的传播,尚未见有明确记载。据说京西潭柘寺可以追溯到晋代的嘉福寺,为燕地最早佛寺。但据学者考证,这种后人广泛流传的说法,并不可靠。[1] 这是因为,辽金之前的幽州(今西城)主要定位为镇守北方的边陲军事重镇,佛教的传入与发展,要比当时作为政治与文化中心的长安、洛阳等地相对落后。

南北朝与隋唐时期,佛教文化在全国范围内传播发展,受到波及的幽州亦逐渐出现僧侣活动与寺庙建筑。与西城相关的早期佛寺,有北魏蓟城奉福寺,以及东魏尉使君寺。奉福寺始建于北魏孝文帝时期(471—499 年在位),规模宏大,"为院百有二十区"。后人记称,金代都城三十六大寺,独奉福寺"基于后魏,历唐及辽,以迄于金,比他寺为最古",可见其文化传承之悠久。[2] 尉使君寺始建于东魏元象元年(538),创建人为时任幽州刺史尉苌命。唐代《重藏舍利

---

① 王岗:《潭柘寺史事略考》,《北京史学》,2019 年春季刊。
② 赵万里辑:《元一统志》卷一。

1940年前后莫里循拍摄的法源寺内景

记》记称,幽州子城东门大衢以北的智泉寺,原为尉芮命于后魏元象元年建造,"遂号尉使君寺"。① 后人又称作魏使君寺。

隋唐时期,随着佛教文化的传播,幽州寺庙进一步增多。隋唐盛行的八大佛教宗派中,流行于幽州地区的,就有律宗、禅宗等五个。后世历久相传的西城法源寺,即始于唐代的悯忠寺。见于《析津志辑佚》者,除著名的悯忠寺、大悲阁以外,尚有归义寺、延洪寺(原名天城院)、宝集寺、崇国寺、宝塔寺等等。后世相传始于隋唐的幽州佛寺,则有隋代所建白马寺,以及幽州刺史窦抗重建的智泉寺(后改名普觉寺)。唐代三百余年间,又先后兴建或重修崇效寺、奉福寺、晋阳庵、淤泥寺(后称鹫峰寺)、北留寺、万善寺、仙露寺、佑圣庵、弘善寺、吉祥庵、龙泉寺、崇孝寺、金阁寺、报恩寺、胜果寺、善化寺、北清胜寺、佑圣寺、施药院、天王寺、唐安寺、宝应寺、圣寿寺、峨眉寺等众多寺院。② 其时相继发生中原"三武一宗灭佛"事件,地处边陲的幽燕成为僧侣躲避"法难"的重要地区。高僧静琬在京西云居寺开创的石经刊刻,就是这种历史条件下出现的佛教文化盛举。

西城佛教文化的发展与鼎盛,还是在其城市性质有了根本转变,亦即由军事重镇上升为国家都城之后的辽金以降。辽代取得燕云十六州,升燕京为五京之一的"南京"。辽帝多崇奉佛教,燕京的佛教文化进入全新发展阶段。辽中后期的圣宗、兴宗和道宗三帝,对燕京佛教文化的贡献尤其巨大。

史载辽圣宗"留心释典",后人誉称其于佛、道二教,"皆洞其旨"。他下令高僧诠明等在燕京整理、雕印大藏经典,此后历时七十余年,至道宗咸雍年间形成考订精确、选经严格的《辽藏》,又称《契丹藏》。辽兴宗"尤重浮屠法",曾亲

---

① 于敏中等:《日下旧闻考》卷六十。

② 何孝荣:《明代北京佛教寺院修建研究》上,南开大学出版社,2007,第19—29页。

至佛寺受戒,并召见僧侣研讨佛法。兴宗又继承圣宗整理大藏经之遗愿,"志弘藏教,欲及迩遐,敕尽雕镂"。其时位膺三公、三师并兼政令的僧侣,即有二十余人。

辽道宗更精研佛法,曾遍召在京僧徒及群臣,"执经亲讲",又御撰《大方广佛华严经赞》颁行天下,故传有"菩萨国王"之称。咸雍八年(1072),道宗将新编成的《大藏经》颁赐给高丽,对于佛教文化在朝鲜境内的流传与发展,产生了重要影响。在帝王崇奉的刺激下,"僧居佛寺,冠于北方"。其时,辽南京华严、净土、法相、密、律诸宗并荣,名僧辈出,佛学兴盛,寺庙鼎新。后人谓为"宝坊华宇,遍于燕蓟之间",辽代也成为西城佛教文化发展的第一个高潮。

金初吸取"辽以释废"的教训,对佛教曾有所抑制。不过随着局势的稳定,金廷对佛教的政策也渐趋缓和。皇统二年(1142),金熙宗以皇子诞生为由,颁令于原辽燕京、西京两路及新占领的河南境内普度僧尼,"得度者无虑三十万"。这是金初汉地佛教文化振兴的标志性事件。海陵王也一度打击僧侣冗滥,但随着其南伐失败,为人宽厚的金世宗上位,金代对佛教文化以抑制为主的政策,也很快转变为利用、限制并重。尤其是承安年间,金章宗更以祈嗣而大行佛事。他曾捐印《无量寿经》一万卷,又召集高僧举办七日普天大醮。可见自迁都以后,金中都的佛教文化再次获得恢复与发展的机遇,并逐步成为北方的佛教文化中心,在南北佛教界的地位大大提升。

金代全盛的世宗、章宗两朝,金中都的佛教文化达到繁荣阶段。其时寺院塔幢大量兴修,各宗派的活动也日渐活跃。如遗址位于今宣武门外南横街的大延圣寺,始于天会年间,皇统间竣工。金世宗再加扩建,大定三年(1163)建成,"崇五仞,广十筵,轮奂之美,为郡(都)城冠"。世宗又塑造大佛供奉,并改额大圣安寺,成为金中都影响广泛的大型皇家佛寺。① 大定二年(1162),金帝在城外东北近郊舍宫为寺,建成后赐名大庆寿寺,后来与天长观一起,成为释、道二教在金中都的代表宗教活动场所。金世宗诏请玄冥颐公禅师为庆寿寺开山始祖,赐沃田二十顷为寺产。大定二十六年(1186),庆寿寺又被赐作太子功德院,在金代皇家寺院中的地位进一步提升。

庆寿寺内圣容殿供奉泗州大士僧伽及宝公真身,称誉一时。金章宗曾多次临幸,金末名士耶律楚材亦作有《化万僧疏》,称"隐迹林泉,置死生于度外。随身瓶钵,寄口腹于人间。欲隆三宝之风,强遣万僧之化"。明昌年间,金章宗延请曹洞宗高僧万松行秀入内庭讲说佛法,据说金章宗"亲奉锦绮大衣,腋而升

---

① 熊梦祥:《析津志辑佚》。

座。自后妃以下,皆从师受法,罗拜位下。各施珍爱,建普度会"。① 受其影响,金中都的士庶、僧人亦集资于城内兴建福圣寺、十方观音院等佛寺多座,反映了佛教文化在民间的繁荣。

在此背景下的山西民女崔法珍刊刻《赵城金藏》,亦在金中都佛教文化史上具有重要地位。《金藏》首倡者崔法珍,潞州(今山西长治)人,"幼习佛乘,明了大义,性喜流通正法,书写刊布,终年不倦"。后断臂发愿,募化刻造大藏经,于皇统九年(1149)前后开雕,大定十三年(1173)左右完毕。大定十八年(1178),崔法珍"印经一藏,进于朝"。世宗于圣安寺设坛为其受戒,"为比丘尼"。② 明永乐九年(1411)《最初敕赐弘教大师雕藏经板院记》记其详情,称崔法珍将《金藏》运到中都后,"奉敕旨,令左右街十大寺僧香花迎经,于大圣安寺安置"。既而崔法珍又进贡经板,诏许赐钱运输。随又颁赐紫衣,号"弘教大师",并将其所雕的经板收藏于大昊天寺内,刷印流通。③

《赵城金藏》是由私人募资雕刻而成的大藏经,在《大藏经》的雕印与流通史上,极富文化意义。现在历经劫难遗留下来的《赵城金藏》,与《永乐大典》(残存部分)、《四库全书》、《敦煌遗书》一起,并称为国家图书馆的四大"镇馆之宝"。

元明清三代,是西城佛教文化的繁盛时期。元大都成为南北统一多民族国家的首都,西城佛教文化进一步得到发展。曹洞宗万松行秀、临济宗海云印简

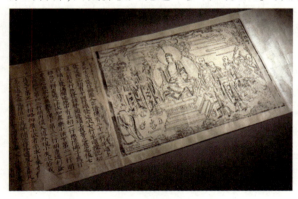

《赵城金藏》书页

等高僧,不仅是元代名噪一时的佛教领袖,在国家政治生活中也发挥过重要作用。大都城墙兴筑时,元世祖敕令将金代以来的庆寿寺裹入城内,就是对其社会地位与文化影响的充分肯定。元初兴建于西城的大圣寿万安寺(今白塔寺),堪与皇宫相媲美,此后又开创了在佛寺内设置帝王神御殿(又称"影堂")的先

① 释明河:《补续高僧传》卷十八。
② 熊梦祥:《析津志辑佚》。
③ 李富华、何梅:《汉文佛教大藏经研究》,宗教文化出版社,2003,第98—100页。

河,元武宗大崇恩福元寺、元仁宗大承华普庆寺、元英宗大永福寺等皇室巨刹,相继于西城范围内兴建,岁时奉祀。元廷创设的"帝师"制度,则给西域喇嘛以前所未有的政治地位,既开启了藏传佛教在大都发展的崭新时代,也大大助长了汉传佛教的声势。元大都已成为全国的佛教文化中心,而西城则是其中最核心的部分。

白塔寺内阿尼哥塑像

明初北京佛教曾短暂中衰,但成祖迁都后,西城佛教文化再度恢复与兴盛。名僧道衍禅师(即广为人知的姚广孝)以"靖难"之功受"太子少师"高爵,永乐十六年(1418)于庆寿寺病故,成为与元初刘秉忠相提并论的"缁衣宰相"。姚广孝逝后于庆寿寺内设置影堂,后又配享太庙,为佛教文化的复兴提供了政治契机。明代帝王有请人"代替出家"之制,明武宗则尊崇藏传佛教,自称"大庆法王"。明后期的神宗生母李太后,也以"好佛"著称,助资在京师内外葺修梵刹多处,并以"九莲菩萨"之号著入史册。万历四十年(1612)于南城西部修建的长椿寺,是神宗为李太后祈寿敕建的最后一所大寺,曾被誉为"京师首刹"。

宦官是明代佛教文化发展的又一扶持力量。他们利用自己特殊的地位,或创敕寺,或建私庙,或扩旧寺。权宦王振重修的庆寿寺,"壮丽甲于京都内外数百寺","第一丛林"的牌楼更彰显其独特的地位。

明代主张禅、净结合的名僧德宝,"居西城之柳巷,人罕知者",然在佛教界有极高声誉,提出信、志、时为学道三要。据说位居"明代四高僧"的真可和德清,都曾向其叩问禅要。虽然相对而言,明代帝王对于皇家寺庙的热情以及藏传佛教在京城的政治影响,均已不及元代。但在多种因素影响下,明代西城的佛教文化仍持续兴盛。成于西城铸钟胡同附近的永乐大钟,更成为明代佛教文化与传统科技完美结合的艺术精品。

清代北京汉传佛教有所衰落,但统治者崇奉黄教,并上升到"安众蒙古"的国策层面,因而藏传佛教达到新的繁兴阶段。清帝按照"众建以分其势"的策略,先后建立"活佛转世"和"金瓶掣签"制度,利用藏传佛教来巩固清朝在蒙藏地区的统治。顺治八年(1651)在西苑万岁山(今北海公园)兴建的永安寺,为清军入关以后西城尊崇藏传佛教的最早标志性建筑。清代汉传佛教在西城亦续有活动。顺治十六年(1659),临济名僧木陈道忞应召入京,受封"弘觉禅师"，居于悯忠、广济等西城名刹，并常入内廷与清帝讲论佛法。此后清圣祖亦尊崇佛教，在太液池西南大兴土木，将明代旧殿改建为弘仁寺。自号"圆明居士"的清世宗，先重修西城名刹千佛寺，赐名拈花寺。继将律宗名刹悯忠寺赐额"法源寺"，并颁赐御碑。乾隆十一年（1746），高宗尊生母之愿在北海五龙亭之北，仿正定隆兴寺规制改建大阐福寺，"珠网璇题，金碧照耀，冠于禁城诸刹"。寺内佛像塑有"千手千眼"，乃西苑内为太后祈福的重要佛寺。

　　总体而言，元明清三代是西城佛教文化大发展的繁盛时期。全国各佛教派的精英与领袖人物，多进京弘传佛法，在西城开展活动。皇家大寺与传统旧寺交相辉映，其规格之高、规模之大、影响之广，均居全国之冠。清代中晚期，随着朝廷财力日衰，西学渐入，西城佛教文化亦逐渐由盛转衰，进入向近代转型的新时期。民国年间，西城佛教界亦开始庙产兴学、举办各类慈善事业等改革举措，以适应社会的发展。社会动荡之际，诸多寺庙接办丧葬以维持寺庙的生存。位于西城的嘉兴寺、拈花寺、广化寺、翊教寺，甚至千年名刹法源寺，都成为北京有名的"停灵暂厝"场所。文化名人梁启超去世后，就安排在宣武门外广惠寺内吊唁，并举行了传统的佛教仪式。

　　与此同时，佛教界与学术界亦有感于佛教的沉沦，日渐兴起佛学研究，为西城佛教文化的发展，注入新的时代内容。1922年，北京僧俗发起成立佛心会，计划于北京设本部，各省设支部。北京本部所立办事处六处，其中广济寺、法源寺、拈花寺、观音寺四处，均位于西城。1924年，阜成门大街慈因寺内，又成立北京藏文学院，旨在召集有志青年修习藏文，"为入藏研究佛法做准备"。1926年，在北京大学佛教学者张克诚等于鹫峰寺组织居士堂讲经的基础上，社会名流、佛教界耆宿再集资购置西安门大街房产，兴办华北居士林，以"弘扬正法，救济众生。学修并重，显密兼弘"。1927年韩清净（1884—1949）在西城北长街组

织成立的"三时学会"，更是中国近代研究佛教唯识法相的重要学术文化团体。韩清净也因此与在南京创办支那内学院的欧阳竟无同誉为民初唯识学的两位泰斗，以"南欧北韩"并称。"三时学会"旧址，现为中国佛教文化研究所所在地。

三时学会旧影（载《海潮音》11卷12期，1930年）

　　1928年在宣武门附近观

音寺成立佛教平民教育联合会,宗旨包括普及平民教育、发展平民工艺、顺应时代进化等新的内容。1932 年,在新街口头条成立北平妇女佛学研究社,体现了近代以来佛教界对于妇女问题的关注与重视。1936 年周叔迦担任华北居士林理事长后,又建立佛教图书馆、开办佛画研究班,同时设立佛学研究会,编辑佛教史志多种,进一步扩大了佛教文化的社会影响。1939 年,广化寺创办广化佛学院,亦聘请周叔迦、溥儒等佛教学者任教。在此期间,著名佛教居士韩清净及其门人朱芾煌、周叔迦,以及学者陈垣、汤用彤等人,将佛教信仰、教义弘扬与学术研究有机结合起来,产生了较大社会影响。这些人的活动,多与西城相交集。如朱芾煌故居在西城大石作胡同,陈垣故居亦在什刹海附近的兴华寺胡同。所有这些,无疑体现出北京佛教文化在社会变迁过程中与西城之间的密切联系。

二、重要佛寺及其文化

(一)**尉使君寺**　尉使君寺是西城早期所知流传有绪的著名佛寺,始建于东魏元象元年(538)。寺为时任幽州刺史尉苌命创建,故名尉使君寺,后人又记作魏使君寺。尉苌命即《北史》中的尉长命,"性和厚,有器识",以军功累迁幽州刺史,统督安、平二州,"虽多聚敛,然以恩抚人,少得安集"。[1] 尉苌命以幽州主管身份创建佛寺,其规模及在城内诸寺中的地位,自不待言。此后寺庙多次改名,多次被毁,亦多次重修。不过作为俗称的尉使君寺,一直口耳相传。

大概在尉苌命身后不久,尉使君寺首先改称智泉寺,但随后毁于后周。隋文帝仁寿四年(604),幽州刺史窦抗复于寺中"创木浮图五级,安舍利于其下",改名普觉寺。此缘于当年佛诞之日,隋文帝诏令于全国三十州广建舍利塔,分送供养,同时下诏任人布施,地方官吏并停止政务七天。建塔安置舍利,成为隋代轰动一时的佛教大事。窦抗特意重修尉使君寺以珍藏朝廷分送的舍利,亦可证该寺在幽州的政治地位。

入唐后,尉使君寺又多次改名,并留下历史变迁的痕迹。载初元年(690)重九日,太后武则天改唐为周,改元天授。六十七岁的"神圣皇帝"敕令两京、各州兴建大云寺,珍藏、讲解以女性经变故事为主题的《大云经》,为其登基称帝制造舆论。尉使君寺因此改称大云寺,进一步巩固了其"幽州首刹"的地位。玄宗开元六年(718)前后,又改称龙兴寺,是为李唐复国后又一次统改寺名。唐文宗太和八年(834),以暴风雨"灾火延寺",主体建筑基本化为烟烬。会昌五年(845)

---

① 《北史》列传第四十一《尉长命传》。

385

"灭佛"期间更遭到严重破坏,"佛寺废毁"。次年唐宣宗继位"再崇释教","敕修废蓝,将兴",于废基下掘出石函舍利。因尉使君寺寺院已毁,于是移送悯忠寺供养,"俾士庶瞻礼",随后复埋藏至悯忠寺多宝塔下。舍利在佛教传播中具有特殊的文化意义,原藏寺中的舍利移置他寺,很大程度上成为尉使君寺在唐代后期地位下降的体现。

唐宣宗大中年间(847—860),节度使张信伸复"奏立精舍并东西浮图",分称殊胜、永昌,又获赐寺额"延寿",遂改称大延寿寺。所言"张信伸",很可能即幽州节度使张允绅,大中四年(850)因幽州卢龙军乱,以衙将自称"留后",后授节度使,封燕国公,卒于咸通十三年(872)。① 张信伸的修建,对于尉使君寺在唐末及五代的传承具有重要意义。至辽景宗保宁年间(969—979),再次大修,"建殿九间,复阁衡廊,穷极伟丽"。辽兴宗重熙年间(1032—1055)复遭灾毁,不过随即重修。辽代崇敬佛教,延寿寺香火亦繁盛一时。辽圣宗、辽兴宗均临幸饭僧。辽末宋军入燕,亦于寺中立碑记功。

金代延寿寺赓续传承,皇统二年(1142)还得到燕京留守、邓王完颜奭的垂青,"益加完葺"。完颜奭(?—1143)为金太祖完颜阿骨打嫡孙、赵王完颜宗杰的长子。金代宗室的重视,本可给延寿寺大增光彩。可惜仅过一年,完颜奭病逝于西京留守任上。② 再过一年,重修未久的佛寺亦遭遇大火。天德三年(1151)海陵王迁都燕京之际,延寿寺更被占据为宫。直到大定二十一年(1181),金世宗会同有司,另择地"重建此寺",至金章宗泰和二年(1202)竣工。传承六百四十余年、一度列为"幽州首刹"的尉使君寺,由此也走到了尽头。《元史》"泰定帝纪"载元后期泰定四年(1327),皇子允丹藏卜曾"受佛戒于智泉寺"。此智泉寺,或系金代移建中都城外之延寿寺的旧称。③

沿至清代,时人已谓尉使君寺"隋塔及唐时所立精舍并东西浮图,与辽时所建殿,其遗址今俱无考"。④ 现在更是荡然无存。其位置,唐代《重藏舍利记》记为幽州子城东门东百余步大衢之北,《元一统志》谓在大都"旧城悯忠阁之东",《春明梦余录》则称位于"悯忠寺前"。综上所述,大概应分布在西城今法源寺东南的盆儿胡同往北至烂缦胡同一带。

(二)**法源寺** 法源寺是北京城内现存唯一的唐代佛教名刹,肇于唐初贞观十九年(645)。时太宗亲征辽东,回师途经幽州,诏于城内创建佛寺,以哀悼东

---

① 《新唐书》本纪第八、第九,列传第一百三十七。

② 《金史》列传第七。

③ 包世轩:《抱瓮灌园集》,北京燕山出版社,2011,第145页。

④ 于敏中等:《日下旧闻考》卷六十。

征阵亡将士，"念忠臣孝子没于王事者，所以建此寺而荐福也"。① 但修建历时多年，至武则天万岁通天元年（696）方最后竣工，并赐以"悯忠"为额。会昌五年（845）"灭佛"，幽燕八州"惟悯忠独存"。② 次年唐宣宗"再崇释教"，原秘藏尉使君寺废塔下的舍利重现于世，后移置悯忠寺的多宝塔下。悯忠寺在幽州的地位进一步上升，骎骎然有替代尉使君寺，成为幽州"第一名刹"的趋势。

唐后期中和二年（882）悯忠寺遇火，"楼台俱烬"。景福年间（892—893），幽州卢龙军节度使李匡威复加修整。景福元年《重藏舍利记》称为"大庇生灵，巨崇象设"。李匡威捐献禄俸，建造了高大的观音阁，"横壮妙丽，逾于旧贯"。同时将寺中舍利请出巡示，"皆澡浴瞻礼，傺施重沓"，一时轰动内外。清人朱彝尊谓碑文"侈陈发缄时舍利光芒，异香郁烈，外石函封，内金函闶，其崇奉象教至矣"。此后悯忠阁遂为幽州城内的标志性佛教建筑，"悯忠高阁，去天一握"的俗语也不胫而走，可见其在唐代幽州的文化影响。

辽代悯忠寺毁于地震，咸雍六年（1070）修复，称"大悯忠寺"，奠定了此后佛寺延续的基本格局。辽大安十年（1094）《观音地宫舍利函记》称："愿我国家，二仪齐于圣寿，两曜等于文明，三宝长隆，四方永肃"，"获圆通之法门，愿大作于佛事"，大悯忠寺已成为辽南京重要的皇家祈福寺庙。金大定十三年（1173），金廷于寺内策试女真进士，夜闻铃声，考官认为"文路始开，而有此得贤之祥"。③ 礼部又于寺中刊刻《令史题名记》，"所以示君子仕进之难，持己既廉，从事既勤"，展现了悯忠寺与金代中枢官员之间的文化交往。元好问《中州集》录金人史肃《登悯忠寺阁诗》称："喧卑三界尽，制作六丁愁。聚土闲童子，移山老比丘。"至元九年（1272），元人登览悯忠阁，复赋诗感慨："辽宋封疆归一统，幽燕形胜控三齐"，又谓"安得凭风溯寥廓，一枝回首谢卑栖"。陈孚《观光集》亦载其与友人共游诗，谓"天京朝万国，十二舜神州"，又称"国恩难独报，儒术幸同侪。偶此登阿阁，悠然想蓟丘"。金元时期的悯忠寺，一直是金中都、元大都令人向往的人文胜景。

入明后，悯忠寺因其独特的人文氛围，继续受到士人青睐。明初华亭（今上海松江区）诗人袁凯登阁览胜，激发思古幽情，称"唐家高阁古城隈，远客登临宿雾开"，又谓"闻说关河有戎马，故园南望思悲哉"。明正统二年（1437）寺僧修葺寺庙，经英宗赐名"崇福寺"，但民间仍多以"悯忠寺"称之。清初以"好佛"著

① 于敏中等：《日下旧闻考》卷六十。
② 《元一统志》卷一。
③ 于敏中等：《日下旧闻考》卷六十。

称的清世祖于寺内建立戒坛,清圣祖又御书"觉路津梁"匾额,并亲笔为寺院藏经阁题字。雍正十一年(1733),清世宗"发帑重加修饰",次年竣工,赐额"法源寺",此后遂以"法源寺"之寺名著称。乾隆四十三年(1778),清高宗再次拨资修整,赐大雄宝殿"法海真源"御匾,并"慧雨昙云,清净契无为之旨;金乘珠藏,通明开不二之门"等诸多御联。法源寺在清代顺、康、雍、乾四朝屡受皇恩,为这座千年古寺进一步提高了政治地位与文化地位。

法源寺在北京佛教文化史上有着重要影响。唐代悯忠寺为幽州律宗的传播中心,清代更被清帝钦定为律宗寺庙,以传授戒法见重。寺内保存的唐代《无垢净光宝塔颂》《藏舍利记》《为荐福禅师造陀罗尼经幢》,以及辽代《菩萨地宫舍利函记》等石刻经幢,皆为珍贵的佛教文物。辽代著名的《契丹藏》,也是由高僧诠明在大悯忠寺内编纂完成的。金代宋钦宗赵桓被俘北上,曾囚居于此。宋末遗臣谢枋得抗元失败,亦在此寺中绝食身亡。宋遗民汤雷奋曾作诗誉其"大节应无憾,初心不忘还",复谓"纲常元未泯,公死实相关",可见其文化影响。

基于其悠久的历史传承,清代法源寺不仅受皇室重视,在平民百姓间也遐迩闻名。乾隆年间的《龙王菩萨灵井记》谓寺内"胜幡所树,津逮诸方。香积之厨,日食千指"。《燕京杂记》亦记清代法源寺"放生大会"盛况,称四月初八佛诞日,京人群集寺内,"豪商妇女、显宦妻妾凝妆艳服,蜂屯蚁集","车击毂,人摩肩","于是品绿题红,舄交履错,遗珠落翠,粉荡脂流。招提兰若中,竟似溱洧濮上矣"。①

法源寺成为民众祈福还愿的香火之所,也是京城文人聚吟雅集的胜地。清代顾炎武、翁方纲、纪昀(纪晓岚)、洪亮吉、蒋士铨、何绍基、龚自珍、林则徐等名士,都曾在寺内吟咏唱和。以金石著称的藏书家王昶有诗赞称:"宝塔开兰若,珠幢记竹林。教犹传讲律,时已阅辽金。紫褐名谁考?苍苔字半沉。戒坛春雨细,花外语幽禽。"嘉道年间著名的宣南诗社,也在此留下了众多唱和佳作。

清末民初年间,"法源寺的丁香"成为都城"四大花事"之一。法源寺初以海棠闻名,清代《法源八咏》第一首即礼赞海棠之诗,后来法源寺改以丁香著称。丁香在佛教文化中具有特殊含义,被誉为"西海菩提树",是中国西部的佛教圣树。每当丁香盛放,满院繁华,有"香雪海"之誉,法源寺因而获得燕京"香刹"的雅称。1914 年,经学家王闿运入京,曾召聚一百多人在法源寺中赏花叹咏。1917—1919 年,作为"北漂"的齐白石两度入住寺内,在此结识了大批耆老名宿,并开始"衰年变法",形成了大写意花鸟画的独特风格。1920 年,著名学者

① 彭兴林:《北京佛寺遗迹考》,宗教文化出版社,2012,第 425 页。

杨昌济病逝后停灵法源寺,青年毛泽东前往寺中为恩师守灵,协办后事。1924年,又有印度大文豪泰戈尔在徐志摩、林徽因等人陪同下,慕名赴寺游赏,成为中外文学史上的佳话。至于台湾作家李敖撰写的小说《北京法源寺》,虽不尽合史实,但以佛寺的暮鼓晨钟见证了清末维新变法的历史悲剧,将这座千年古刹与时代恩仇、家国情怀、民族命运紧密联系在一起。

20 世纪 40 年代法源寺庭院内的丁香

从悯忠寺到法源寺,自唐代以来历久相承,屡经修缮,于清代最终定型,民国年间再建,为西城留下了遐迩闻名的宗教文化胜迹。法源寺现为全国重点文物保护单位,规模宏大,布局严谨,也是中国佛学院、佛教图书文物馆所在地,成为中国佛教文化传播和佛学研究的重镇。

(三)天宁寺、崇效寺、庆寿寺　天宁寺位于西城广安门外,是北京著名古刹之一。关于天宁寺早期的史料,《日下旧闻考》著录有《神州塔传》《续高僧传》《广宏明集》《帝京景物略》《长安客话》《析津日记》《隩志》《民齐笔记》《明典汇》《冷然志》等众多文献,然其间详略不一,叙述亦不无抵牾。[①]《析津日记》断言天宁寺的历史,为"在元魏为光林,在隋为弘业,在唐为天王,在金为大万安。宣德中修之,曰天宁;正统中修之,曰万寿戒坛"。《顺天府志》亦综称:"寺为元魏所造,隋为宏业,唐为天王,金为大万安。寺当元末,兵火荡尽。明初重修,宣德改曰天宁,正统更名广善戒坛,后复今名,……寺内隋塔,高二十七丈五尺五寸。"

这些说法为后人承袭,竞相援引。不过梁思成、林徽因考察后认为,康熙、乾隆御碑根据"不完全的文献材料"叙述有关天宁寺的历史,"其确实性根本不能成立"。[②]王世仁先生亦指出,古籍所载"天宁寺的前身是北魏光林寺,隋代

---

①　于敏中等:《日下旧闻考》卷九十一。
②　林徽因:《平郊建筑杂录》(续),原载1935年《中国营造学社汇刊》,第5卷第4期。

改名为弘业寺,寺内建塔,即今天的天宁寺塔"等说法,有"张冠李戴"之嫌。①

其实天宁寺中引人注目的古塔,并非明清以来众口相传的隋代佛塔,而是始建于辽末的天庆九年(1119)。《大辽燕京天王寺建舍利塔记》明确有载,乃封秦晋国王、时任南京留守的皇叔耶律淳(1063—1122),"奉圣旨起建天王寺砖塔一座"。永乐大典本《顺天府志》称:"天王寺在旧城延庆坊内,始建于唐,殿宇碑刻皆毁于火。"《宛署杂记》谓寺庙于唐开元年间,"改名天王"。故而天宁寺的前身仅可追溯至唐代天王寺,而与北魏时期的光林寺、隋代的弘业寺,并不相干。②

幽州天王寺自唐代建成,历经五代,但其前期历史已湮灭无存。辽末南京留守耶律淳"奉旨"于唐天王寺旧址上修建高塔,为天宁寺早期史上最重要的文化活动。当时燕京城内的著名佛寺,如大昊天寺、大延寿寺、大悯忠寺等寺的高僧,几乎都参与了此项工程。入金后,据说曾在大定年间一度改称"大万安禅寺"。不过金元之间的寺庙详情,尚不明了。元末,天王寺毁于兵火,唯砖塔独存。《析津志》仅记其"在黄土坡上,有塔"。

明清以后,天宁寺的传承则历历可数。明初高僧道衍禅师(即著名的姚广孝)入居,以及燕王朱棣、宣宗朱瞻基等主持重修,成为天宁寺走向北京寺庙前台的重要转折点。《长安客话》记称:"寺当元末,兵火荡尽,文皇在潜邸,命所司重修。姚广孝退自庆寿,曾居焉。宣德间,敕更今名。"明正统十年(1445),天宁寺改称广善戒坛,旋又恢复旧名。正德、嘉靖年间,天宁寺两度修缮。

明代天宁寺逐渐受到文人学士的重视。明初画家王绂游吟天王寺诗称:"鸟啼空院僧何在,树老间庭鹤自归。静对方池移石坐,高临孤塔看云飞。"可知其时天宁寺内外尚萧条冷落,人迹罕至。但到明代中期,关学大儒南大吉则在《天宁寺行》中感慨:"君不见年年四月天,倾城车马纷联翩",又称"螓首佳人解诵经,朱袍公子能受戒"。可见随着寺庙的修复,其香火亦迅速兴旺。信众更传称寺中塔内藏有隋代传承下来的舍利,又谓寺中法磬始自汉明帝时,"每诵一经,书其经名帖于上,则磬自鸣,经完乃止"。李梦阳甚至还赋诗称"兹塔多鬼怪,光芒夜夜至"。流传于民间的种种神秘传说,进一步增加了佛寺的文化韵味。

天宁寺内的高塔倒影,尤传为奇观。张居正《太岳集》有记:"京师天宁寺塔,殿门阖处观之,其影倒悬,人以为异。"《帝京景物略》谓倒影在天宁寺大士殿,"日方中,阖殿中门,日入门罅,塔全影,倒现石上"。《冷然志》则称:"亭午

① 王世仁:《天宁寺塔到底建于哪年》,原载《北京日报》,2017 年 12 月 28 日,收入《文物古建遗踪集萃》,现代出版社,2022,第 200—204 页。
② 包世轩:《抱瓮灌园集》,第 141—143 页。

日射右扉,倒影落石上,作双椽烛形。"清初康熙《宛平县志》将"梵宫塔影"列为"宛平八景"之一,天宁寺在京城的文化影响,亦进一步扩大。朱国祚《晚过天宁寺诗》称:

> 郭外秋山百里晴,日斜深院晚凉生。
> 十三层塔半扉影,一鸟不来风铎鸣。①

明末天宁寺损毁,清初塔顶亦坍塌,至康熙二十一年(1682)重建,乾隆年间复两次大修。天宁寺几经重修,殿宇、斋堂规制齐整,成为集礼佛、观赏、应酬于一体的人文胜迹。此后又栽植花木,开设花肆,尤以芍药驰名。高宗《御制重修天宁寺碑》记称:"夫名胜遗留愈久,愈动人流连。"随着其名气不断上升,天宁寺也成为民众饯别登高

天宁寺塔

的重要场所。明代饯别诗称"法界彩烟飞五凤,梵天珠树下双凫。论交几驻青丝骑,惜别还倾白玉壶",又有登高诗谓"帝京重九日,朋旧共开樽。地达城西寺,台高蓟北门",可窥当时盛况。

清代中后期,梁启超誉为"湘学复兴之导师"的邓显鹤,在重阳前一日特邀友人游赏天宁寺,并赋诗感叹:"黄叶西风古寺深,平原落日雁行沉。持螯且醉桑干酒,采菊问穿祇树林。"②戊戌政变后,礼部尚书李端棻被谪戍新疆,挚友张元济、赵炳麟等亦在此寺中为其送别,"相对凄然",或赋称"莫辞樽酒留荒寺,明日舻棱隔暮烟",表达惋惜留恋之情。③凡此等等,足见天宁寺在明清士人中的文化地位。

清代民国年间,天宁寺移建山门,修复塔前殿宇,但广善戒坛、宗师府等湮

---

①　于敏中等:《日下旧闻考》卷九十一引《介石斋集》。
②　邓显鹤:《沅湘耆旧集》卷五十九,岳麓书社,2007,第319页。
③　柳和城等:《张元济年谱》,商务印书馆,1991,第28页。赵炳麟著、余瑾等校注:《赵柏岩诗集校注》,巴蜀书社,2014,第17页。

灭无存。1949年后,天宁寺一度沦为厂区、仓库,山门也演变为民居。20世纪70年代初,杨振宁参观未能如愿,但逐渐引起重视。1988年天宁寺公布为全国重点文物保护单位,遮掩的古塔亮出,又经大修。目前已恢复为宗教活动场所,成为尼众修行的道场。

崇效寺位于宣武门外白纸坊,是旧京寺庙"四大花事"的又一重要处所。《析津日记》记称,早在唐初贞观元年(627)此地就建有佛寺。元至正初年,又在唐代佛寺旧址上重建寺庙,"赐额崇效"。明代《重修崇效寺碑略》亦断言,崇效寺为宣武门外古刹,"创自唐贞观元年,宋元末因罹兵火,日就倾颓"。不过考索源流,崇效寺在元代之前的早期历史已湮灭无闻,仅留碑刻所记口耳传说。其寺庙文化的繁兴,则延至明代以后。

明天顺、嘉靖年间,崇效寺两次重修,并立碑为纪。《重修崇效寺碑略》称崇效寺自元代重建后,"年久就敝",于天顺年间重修。世宗以外藩登极未久的嘉靖元年(1522),太监袁福又捐资倡议,会同崇效寺了空和尚"秉虔修葺,焕然一新"。寺院规制由此基本定型,包括山门、天王殿、大雄宝殿、后殿等主体建筑。三十年之后,与袁福同为内官监太监的李朗,复在寺庙中央捐建藏经殿一座,为佛寺增添了新的文化内涵。但时人传称藏经殿的建造方位有碍"风水",故万历年间破败倒塌后,又迁至寺院后面的方丈室旧址,重建藏经阁五间。阁的东北有台,至清代中期塌圮,"仅存其址"。台后明代有僧塔三座,"环植枣树千株"。至清代僧塔增至六座,曾经茂盛的枣林则多遭毁伐,仅留下数株作为纪念。[①]

《析津日记》记明代崇效寺"以地僻,游人罕有至者"。不过到明朝末期,崇效寺的文化影响力已迅速上升。尤其是寺中盛开的枣花,成为京城一景,崇效寺也因此获得"枣花寺"的雅称。清初著名学者王士禛有《过崇效寺访雪坞法师看枣花诗》,称"祇园枣花时,招携共游散。仿佛旃檀林,吹香绿阴满",又称"王谢居东日,颇爱支道林。亦有雁门僧,宗雷共招寻"。在朝代鼎革的动荡之际,文人学者赴空寂的佛寺中涤洗"烦襟",与山水"契心",蔚为风尚。明隆庆五年(1571)造作的《万缘碑》,也引起后人关注。史料载称"其制俶诡",碑首"镂瓦屋形,檐溜斗拱咸备",碑心又镂刻尺余的小碑形状,上下排列百多格屋形小格,"中镌人名,盈万有奇"。清代诗人王士禛、朱彝尊等均叹为奇异,赋诗题咏。

"欹枕不知清梦破,一帘微雨枣花香",明末清初的崇效寺以浓郁的枣花驰名京城,崇效胡同、枣林街等特色地名也遐迩尽知。清代查世官作有《枣花寺》诗称:

---

① 于敏中等:《日下旧闻考》卷六十。

落木寺门天远大，荒郊秋雨水纵横。

野花当户有寒意，老桧啸空答梵声。①

　　乾隆朝崇效寺复以西来阁旁芬芳的丁香花称盛，后又以牡丹盛放著名，"冠绝京华"。清末民初，崇效寺的牡丹被列为北京寺庙的"四大花事"，与天宁寺的芍药、法源寺的丁香，以及花枝寺的海棠相提并论。民国年间，据说全国幸存的墨牡丹上品仅有两株，一在杭州法相寺，一即在北京崇效寺，"名花令誉，不减当年"。其中绿墨两色牡丹尤为珍品，每届暮春时节，"旧都人士，结伴寻芳，流连花下"。为让民众一睹风采，北宁铁路局甚至专门开设观花专车，"游踪所至，故莫不以一瞻崇效寺牡丹为幸"。② 寺院花木不仅供游人观赏品评，更具有重要文化意义。晚清著名思想家龚自珍有《枣花寺海棠花下感春而作》：

词流百辈花间尽，此是宣南掌故花。

大隐金门不归去，又来萧寺问年华。③

　　金门指汉代长安用于学士待诏的金马门，《史记》"滑稽列传"称"金马门者，宦署门也，门旁有铜马，故谓之金马门"。龚自珍借用崇效寺中的"宣南掌故花"，其实是用以含蓄表达文人怀才不遇的忧愤与感慨。这与著名《己亥杂诗》中的"九州生气恃风雷，万马齐喑究可哀。我劝天公重抖擞，不拘一格降人材"，恰好构成一隐一显、相互呼应的诗意脉络，生动体现出崇效寺在晚清社会剧变中的文化意义。

　　作为宣南文化重镇，崇效寺又藏有三幅珍贵图卷，在西城寺庙中具有重要影响。其一为乾隆年间住持宁一禅师所作《驯鸡图》，图绘公鸡伏地，静听诵经，而暗寓"禅机"。宁一禅师出身名门，诗画俱佳，文人墨客慕名纷至，《驯鸡图》成为崇效寺的"镇寺一宝"。

　　其二为《青松红杏图》，玲珑古朴的画面上，仅简描红杏一、青松一、禅僧一。《天咫偶闻》记为："一老僧趺坐，上则松荫云垂，下则杏英霞艳。"《青松红杏图》作者为清初名僧智朴拙庵，传说本为明末边将，松山、杏山大败后落发出家，故

①　丁成泉：《中国山水田园诗集成》第4卷，湖北教育出版社，2003，第4909页。

②　马芷庠：《老北京旅行指南》，吉林出版集团有限责任公司，2008，第84页。

③　汤克勤：《龚自珍诗全集汇校汇注汇评》，崇文书局，2019，第163页。

作此图"以寓松、杏山河之感"。后人纷纷题赋,自康熙年间的王士禛、朱彝尊、查慎行,直到清末民初的王闿运等,总数竟达"千余家",画卷也由初始的二尺余陆续裱至三四十丈,成为宣南闻名遐迩的"文化长卷"。不过后人注意到,久主盘山的智朴和尚屦与清圣祖唱和,"意不类前明遗逸",卷中题咏,亦"绝无涉及朱明"。清末"庚子之乱"期间,《青松红杏图》遗失,光禄寺少卿杨寿枢得到后复归于寺,京城传为文化义举。时人赋《重过崇效寺》诗称:"拙庵《红杏图》,宣南有故事。世换更偷夺,旧观还此地。"即指其事。① 寺僧以牡丹四本回赠,姜颖生为"画《归卷移花图》以荣之",饶阳刘佩珩又作诗三首传颂,其一云:

> 月明秋夜照禅关,说甚松山与杏山。
> 三百年来一弹指,长留图画在人间。

其三称:

> 归卷移花又一图,沧桑世变感须史。
> 杨公高义姜生画,韵事流传旷代无。②

《王湘绮日记》亦载 1914 年,时年八十二岁的湖南名人王闿运应袁世凯之征来京出任国史馆馆长,友人特于崇效寺大设宴席,"招集同来诸人,看《红杏青松长卷》",更可见其寺、其图之文化影响,经久相传。③

其三为光绪末年《楸荫感旧图》。崇效寺藏经阁前古楸二株,浓荫如盖。光绪十三年(1887),清末国粹思潮在北方的重要代表、"著泾吟社"发起人沈太侔,招集徐芷帆、徐养吾兄弟聚于楸下,诵咏赋绘。徐氏兄弟辞世后,沈太侔有感于徐芷帆所作《楸荫感旧图》遗失未存,遂邀请同社李国瑞之夫人、著名画家陈佩彤据诗意重绘《楸荫感旧图》。图中两楸骈立,高耸入云,庭院廊庑在绿叶红花映衬下,意境深远,"四十年前高会处,皆被此图表现无遗"。后又"遍征题咏",名流题诗者"达四十余人",成为崇效寺的又一文化佳话。④ 著名学者夏孙桐赋有《题徐芷帆楸阴感旧图》,称"阅尽缁尘影,认参天古绿,深锁空坛",又谓"尽展画疏帘,寻题坏壁,意总阑珊"。《崇效寺看牡丹》则谓"名花偏傍空王,石

① 龙顾山人纂、卞孝萱等点校:《十朝诗乘》卷十六,福建人民出版社,2000,第 643 页。
② 顾冠英:《中华全国名胜古迹大观》第 1—3 编,大陆图书公司,1921,第 33—34 页。
③ 邓云乡:《宣南秉烛谭》,河北教育出版社,2004,第 365—366 页。
④ 陈果:《京华古迹寻踪》,北京燕山出版社,1996,第 178—180 页。

坛净扫,来寻胜处",又感叹"难得过门相呼,游侣如故",进一步扩大了崇效寺的社会影响。

1949年以后,崇效寺走向衰败,为财政部子弟小学占用。1954年孟春,寺中日渐凋零的牡丹名花,也在文化老人叶恭绰先生提议下,移入中山公园种植。画家陈半丁绘《崇效寺移花图》,以纪其事。崇效寺主体建筑现已基本不存,仅作为区文物保护单位的藏经阁为白纸坊小学校史陈列馆。而校门前挺拔的古槐、古楸,则仍以其独特方式昭示着昔日崇效寺的繁盛风物。

崇效寺山门旧影

西城诸寺在北京文化史上各擅胜场,但若论其在北京城市发展史上的政治影响,则首推曾经矗立在西长安街北侧的庆寿寺。关于庆寿寺的创建年代,或说在金世宗初年,或说为金章宗初年。《佛祖历代通载》载大定二年(1162)"敕建大庆寿寺成,诏请玄冥禅师颐公开山第一代"。《明英宗实录》则谓:"寺初名庆寿,禁城西,金章宗时创。"揆以实际,庆寿寺当创于大定年间。元代后又以寺中双塔引人注目,"若长少而肩随立",而多俗称"双塔寺"。

庆寿寺创建时,其地尚处金中都的东北郊外。寺中以"圣容殿"最为著名,内供泗州大圣志公和尚等四人"圣容",系金代"四太子"完颜宗弼(即广为流传的"金兀术")自江南取来。金章宗后来亦多次临幸,并在石桥上题写了"飞渡桥""飞虹桥"六大字。庆寿寺遂成为金中都近郊著名的佛教大刹,元代王恽记其"精蓝丈室之前,松樾盈庭,景色萧爽,尝引流水贯东西梁",水堙桥废后石屏犹存,传为金章宗御笔的大字"笔力遒婉,势极飞动"。直至明嘉靖十七年(1538),御笔石屏方遭损毁。[1] 寺内又有金大定二十六年(1186)修撰党怀英所书小篆《庆寿寺碑》。党怀英为宋代太尉党进后裔,"能属文,工篆籀,当时称为第一,学者宗之。"[2]其所书丹而成的《庆寿寺碑》,为中都重要人文胜迹,后人誉

① 于敏中等:《日下旧闻考》卷一百六十。

② 《金史》列传第六十三。

为"八分书最妙"。可惜至明代正统年间,亦"为中人所毁"。

在元、明北京城市的发展史上,庆寿寺扮演了极为重要的角色。金末名士耶律楚材(1190—1244)与庆寿寺关系密切,为寺作有《化万僧疏》,略称"何须异味,唯求野菜淡黄荠。不用多般,只要山田脱粟饭"。① 蒙元初期住持庆寿寺的高僧海云印简,曾被成吉思汗呼为"小长老",深受僧俗两界推崇,声望日隆。海云的得意弟子子聪(即刘秉忠),后来更积极参与世祖各项军政机要,成为元代最为著名的政治家。他对大都的规划设计,奠定了北京作为南北统一之都城的发展雏形。而城墙修筑时,为了保护海云、可庵二师之塔,元世祖敕命"远三十步许,环而筑之",特将寺庙圈入大都城内,足见庆寿寺在元代崇高的政治地位与文化地位。

海云印简虽出身释门,却推重儒教,"凡与当世王侯论治民之道,必以儒教为先",并屡次建议"孔子圣人,宜世封以祀",又称"颜子、孟子后,及习周、孔学者,皆宜免差役",大大推动了蒙元统治者对于中原文化的吸纳。中统年间,蒙元曾给庆寿寺赐赏陆地五百顷。大德乙巳年(1305),"好贤乐善,有德有文"的朝鲜国王,在寺中捐施《大藏经》一部,"归美以报于上",成为中朝文化交流的重要见证。至顺二年(1331),又"绘皇太子真容,奉安庆寿寺之东鹿顶殿,如累朝神御殿仪",庆寿寺的政治地位进一步巩固。② 元代重修后的庆寿寺更加完整壮丽,一度"为京师之冠"。③ 元代文化名人赵孟頫有《庆寿僧舍即事》诗,誉称其"白雨映青松,萧飒洒朱阁",又谓"客居秋寺古,心迹俱寂寞"云。

明代因道衍禅师(即姚广孝)住居寺内,庆寿寺在北京的影响进一步扩大。洪武十三年(1380)经太祖"钦点",姚广孝北上住持大庆寿寺,为马皇后诵经荐福。此后二十余年间,燕王朱棣"礼遇甚厚",两人关系日渐密切。④ 迨建文年间削藩,姚广孝密为燕王朱棣谋划,"竭忠效谋,克殚心膂,识察天运,言屡有验"。⑤ 此后朱棣以"靖难"夺得帝位,又将都城北迁,极大影响了北京城市的演变与发展。首倡其事的庆寿寺僧人姚广孝,也因此位列"靖难功臣第一"。都城营建即将告成的永乐十六年(1418),八十四岁高龄的姚广孝自南京北上,"病甚,不能朝,仍居庆寿寺"。朱棣多次前往探视,"车驾临视者再"。⑥《燕都游览

---

① 耶律楚材:《湛然居士集》卷八。
② 《元史》本纪第三十五。
③ 永乐《顺天府志》卷七。
④ 姚广孝:《相城妙智庵姚氏祠堂记》。
⑤ 朱棣:永乐十六年三月三十日《御祭文》。
⑥ 《明史》列传第三十三。

志》记为:"初,文皇欲为姚广孝建第,广孝固辞,竟居庆寿寺中"。庆寿寺在明初的政治和文化影响,均臻其极。如洪武年间,前来中土学法的日本僧人无初德始(?—1429)至寺挂单,被住持姚广孝视为"法门犹子",引至方丈室内畅谈,"相与激扬临济宗旨,意甚相得"。至永乐年间,无初德始又在姚广孝引荐下,住持京西名刹潭柘寺,大力整顿寺务,成就中、日佛教文化交流的盛事。①

　　姚广孝逝后,庆寿寺内设有"少师"影堂,供奉其画像、遗物。正统四年(1439)大火,寺庙颓败。正统十三年(1448),权宦王振重修,英宗役使军民万人,"费至巨万。既成,壮丽甲于京都内外数百寺",更名"大兴隆寺",又称"大慈恩寺",牌楼号为"第一丛林"。主持工役者,为明代著名的宫廷建筑师蒯祥。② 明大臣、内阁首辅杨一清赋有《兴隆寺诗》称:

　　　　三日兴隆寺里斋,彩幢缭绕覆天街。
　　　　过门不敢长驱马,上有君王万岁牌。③

　　嘉靖九年(1530),崇道的明世宗借故将姚广孝撤出太庙配享,"移祀大兴隆寺,太常春秋致祭"。④ 五年之后的一场大火,又将寺庙烧毁一空,仅剩两座砖塔。经此劫难,庆寿寺元气大伤。嘉靖十五年(1536)以后,庆寿寺也由百官的习仪所,先后改为

清末民初年间外国人绘制的庆寿寺双塔

"讲武堂""演象所",昔日风光不再。明后期吴国伦有《双塔寺诗》称:

　　　　石塔参差御苑西,凌空双雁识招提。
　　　　梵铃风起声相激,仙掌云分势欲齐。

　　① 释明河:《补续高僧传》卷十五。
　　② 《明英宗实录》卷一百六十三。
　　③ 于敏中等:《日下旧闻考》卷四十三引《石淙稿》。又作:"三日兴隆寺里斋,旌旗缭绕望天街。过往不敢长驱马,上有君王万岁牌。"参见北京市地名办公室、北京史地民俗学会:《北京地名漫谈》,北京出版社,1990,第2页。
　　④ 《明史》列传第三十三。

似引飞凫朝帝阙,岂烦鸣马护禅栖。

长安落日驰车骑,何处逢人路不迷。①

入清后,庆寿寺曾于乾隆二十九年(1764)复修,寺庙规模有所恢复。1955年因扩展西长安街的需要,矗立了七百多年的庆寿寺与双塔均被拆除,其故址在今电报大楼附近。

(四)圣安寺、广济寺、广化寺　位于宣武门外南横街西口的圣安寺遗址,其渊源可以上溯至金天会年间(1123—1135)帝、后为佛觉、晦堂二大师所建佛寺。《元一统志》有载:"金天会中,佛觉大师琼公、晦堂大师俊公,自南应化而北,道誉日尊,学徒万指,帝、后出金钱数万为营缮费,成大法席。"皇统初年赐名大延圣寺,大定七年(1167)改额大圣安寺。新落成之佛堂,"崇五仞,广十筵,轮奂之美,为都城冠"。② 元人乃贤《金台集》,记寺中供奉"金世宗、章宗二朝像",清代朱彝尊引宋显夫"停骖惆怅圣安寺,后堂空祀李宸妃"诗,称"寺中所留像,不独二帝"。可见圣安寺在金代中后期地位显赫,为中都重要的宗教活动场所与政治舞台。

圣安寺其地本名东湖柳村,寺临碧湖,垂柳依依,故又俗称为柳湖寺。《湛然居士集》记寺庙庭前有"怪柏数株"。金元以来,文人学士多逡巡其间,引人注目。乃贤《圣安寺怀古诗》称"兰若城幽处,联镳八月来。宝华幢盖合,衮冕画图开",犹得其遗意。金元鼎革后,圣安寺作为皇家佛寺的地位持续未变。元世祖中统二年(1261)九月朔日,"奉迁祖宗神主于圣安寺"。③ 次年十一月,又敕令于圣安寺"作佛顶轮会"。④ 可见元代圣安寺崇高的地位。延续金代文人雅赏之余绪,元代圣安寺还成为朝臣告老还乡的礼宴场所。元初名臣王磐(1202—1293)以资德大夫致仕回乡,"行之日,公卿百官,皆设宴以钱。明日,皇太子赐宴圣安寺,公卿百官出送丽泽门外,缙绅以为荣",可见其概。⑤

金代具有重要影响的佛教典籍《金藏》,也与圣安寺发生了密切联系。此后迄至明初,圣安寺代代相传。明正统十一年(1446)复修,易名普济寺。营建宦官为显示其兴建之功,将庙中旧有碑碣尽数损毁,致使后来的考古者"无足征"。学者认为,明清时期的圣安寺,很可能经历了迁址移建的过程,"我们今天见到

① 于敏中等:《日下旧闻考》卷四十三引《瓿甊洞稿》。
② 于敏中等:《日下旧闻考》卷六十。
③ 《元史》本纪第四。
④ 《元史》本纪第五。
⑤ 《元史》传第四十七。

的圣安寺,很可能经历了迁地移建的过程,我们今天见到的圣安寺,应该就是明朝太监建造的普济寺,而不是金朝的皇家寺庙圣安寺"。[①] 具体如何,尚待考古发掘与文献史料的梳理印证。清初《燕舟客话》载圣安寺中"有佛像三、诸天像四,以藤为胎,泥金装饰,璎珞甲胄,俱嵌珊瑚、青金诸宝石,庄严精好",寺僧声称均为明末崇祯年间由大内赐出。寺之东廊又有二明碑,前后分刻佛像,亦体现出独特的文化意蕴。其一前刻旃檀佛像,后刻菩提达摩像,号为"青莲居士"的李言恭(1541—1599)赞称:"法本无法,身非即身。非法非身,湛然常存。"其二前刻观音像,后刻关圣像,释道二神合为一体,更为罕见文化奇观。寺院大殿绘画,具有明代初期中国宗教壁画的典型风格,相传出自宣德时期的著名画家商喜之手。

　　清初圣安寺一度沉寂,乾隆四十一年(1776)朝廷复发帑重修,寺门以"敕重建古刹圣安寺"为额。其内天王殿、瑞像亭、大雄宝殿,均加悬高宗御书匾额。后殿四尊精美的佛像,则移入清内廷中供奉。其中的三尊三世佛像,移往三山五园中的静明园内。旃檀铜佛像,则移至紫禁城宁寿宫内。圣安寺在游僧学士的安禅吊古中,渐显萧条。晚清名人李慈铭与友朋修禊崇效寺时,曾赋诗感叹:"清游重忆十年前,破寺楸花四月天",又称"休教更话金源事,尘画明昌问圣安"。1949年后,圣安寺先改为私立圣安小学,后续为南横街第一小学、宣武区少年科技馆。20世纪60年代末期,寺中残存的佛像和精美壁画均遭损毁,保存完好的瑞像亭则迁至陶然亭公园内。现仅存的天王殿、山门已重加修葺,有望作为圣安寺遗址公园的文化标志性建筑。

　　现为中国佛教协会所在地的广济寺,亦为北京著名古寺,在佛教界享有崇高声望。广济寺全称弘慈广济寺,位于阜成门内大街,《寺志》谓其"东望西安门,西接平则门、帝王庙,南邻干石桥、万松老人塔,北近大

20世纪30年代的圣安寺瑞像亭

　　① 王岗:《再谈金中都御容殿》,《北京日报》,2024年3月28日。

街"。明代重建后,有"寺基二十亩",规模宏大。

广济寺初创人为金代的刘望云,时称西刘村寺。元代改称报恩洪济寺,著名高僧万松行秀住持时名声大振,寺南所留万松老人塔即其遗迹。元末寺庙全毁,废墟无存。景泰年间(1450—1457)掘出佛像、供瓷、石龟等物,方知为古刹遗址。天顺初,山西僧人普慧偕弟子圆洪等云游至此,发愿复兴。随后得到"掌御用冠冕、衣服、靴履"的尚衣监太监廖屏等人支持。成化二年(1466),经廖屏奏闻,明宪宗下诏赐额"弘慈广济寺",其政治地位与文化影响力均显著提升,《寺志》甚至誉为"京师宝坊,斯为第一"。

明代中后期,彭城伯张守忠、惠安伯张元善等以寺庙"殿宇倾颓",于万历年间重修,"易朽成坚,稍称完整"。清初设立戒坛,成为律宗道场。此后得到大臣及朝廷重视,名声再次上升。康熙初,畿辅巡抚王国弼之母刘氏捐资修缮,王氏兄弟又捐供旃檀佛像。三十八年(1699)复奉敕重修,颁赐渗金释迦、观音、普贤圣像,又竖立御制"弘慈广济寺碑",谓其"峙凤城之兑位""境幽尘隔,如在山林""夙称名刹",同时赞叹寺中浓郁的佛教文化,称"藏经阁敞,珠联贝叶之文;说戒坛高,石点雨花之偈。是以驻跸常临于净地,挥毫特贲于禅扉"。五十余年后,清高宗亦车驾降临,并作《御制铁树歌》,称"石桥之北凤城西,庄严净域开招提",又特意揭出"戒坛内'持戒律'匾,圣祖御笔也",以证其独特的政治地位,最后赞叹"饱参佛定得如是,熟阅世道何纷纭"。[1]

清代中后期直至民国年间,军政要员、商贾名流、文人才子常赴广济寺中流连忘返,留下了不少文化逸事。1912年9月,受邀北上的孙中山在广济寺参加"两翼八旗生计会"举办的欢迎会,就是其中的典型。[2] 孙中山在演说中提出"政治改革、五旗一家、不分种族"的主张,尤其受到北京各界人士欢呼。民国年间的广济寺虽在佛教日渐衰落的大趋势下难续过去辉煌,但仍以深厚的文化传承与适中的地理位置深受名流偏爱,成为佛教活动的重镇。当时的护法大居士,如交通部部长叶恭绰、教育部参事蒋维乔等,都是名闻遐迩的文化名人。他们组织讲经会,邀请高僧大德讲经说法,大大促进了北京佛教文化的传播。1921年,近代佛学大师太虚应邀在广济寺举办法会,更是轰动一时。广济寺"厚待僧俗"的传统沿为寺风,前来挂单的僧人与居士与日俱增,善信盈门。[3]

1931年广济寺失火,殿堂均遭焚毁。四年后,在醉心佛学的闻人吴佩孚等

① 于敏中等:《日下旧闻考》卷五十一。

② 中国人民政治协商会议北京市委员会、文史资料研究委员会:《文史资料选编》第19辑,北京出版社,1984,第104页。

③ 释永芸、岳红:《北京伽蓝记》,商务印书馆,2015,第168页。

资助下,依明代格局重修,寺庙内外焕然一新,僧俗两界的活动亦得以延续。抗战期间,最早将老舍先生招入私塾的"刘善人"、后来享誉北京的宗月法师圆寂于广济寺内,远在重庆的老舍先生得知后,立即写了一篇充满感情的悼念文章,称"他是不是真的成了佛? 我不知道。但是,我的确相信他的居心与言行是与佛相似的。"[①]1949 年以后,广济寺继续得到关注。1952 年进行全面修缮,次年又选为中国佛教协会会址。广济寺由此成为中国佛教文化中心,多次接待来自世界各地的佛教领袖与代表团,在促进民间文化交流方面发挥了重要作用。2006 年,广济寺被公布为全国重点文物保护单位。寺内精美的汉白玉戒坛,为北京市内唯一的清初戒坛。包括逾十万册的珍贵藏书、三万余张云居寺石经拓片在内的众多历史文物,更使广济寺蜚声海内外。

广济寺之南近在咫尺的万松老人塔,亦是北京佛教文化的生动见证。万松老人塔位于西四南大街,是金元时期名僧万松行秀的灵骨塔,也是北京城区仅存的密檐式砖塔。元杂剧《张生煮海》中的一句"你去那羊市角头砖塔胡同总铺门前来寻我"台词,足证万松砖塔文化深厚的历史。万松行秀(1166—1246),河内(今河南洛阳)人,曾以"以儒治国,以佛治心"教导元初著名政治家耶律楚材。耶律楚材对其极为倾心,誉称其"全曹洞之血脉,具云门之善巧,备临济之机锋,诚宗门之大匠,四海之所式范"。[②] 万松老人晚年住居寺内从容庵,撰著《从容庵录》。全书阐发《颂古百则》的精微妙意,深得后世称许,与《碧岩录》并称为禅门"二大宝典"。明人赞誉万松老人"兼备儒释,机辩无际",有诗称"传灯过佛祖,留字到儿孙。不读《从容录》,安知老宿尊",可见其概。[③]

明清时期,万松老人塔渐趋荒芜。乾隆十八年(1753),康亲王"奉敕重修",清塔中包裹元塔。1927 年,文化名人叶恭绰等又组织"万松精舍"筹资整修,并亲书石额"元万松老人塔"。高简挺拔、古朴典雅的万松老人塔,成为北京早期建筑与宗教文化的重要标志。1972 年中日建交后,日本曹洞宗经常组团前来参拜。附近的砖塔胡同,也留下了近代史上诸多名人的足迹。有"文化革命主将"之称的鲁迅在这里写出了《祝福》《中国小说史略》等重要作品。鸳鸯蝴蝶派作家张恨水,亦在此走完了其人生的最后旅程。

作为北京市佛教协会所在地的广化寺位于鸦儿胡同,东邻银锭桥,是什刹海周边幸存的著名古刹。广化寺大约建于元代,但清代已"无碑碣可考",故其

① 舒乙:《老舍先生》,中国青年出版社,2016,第 52 页。
② 于敏中等:《日下旧闻考》卷五十。
③ 刘侗、于奕正:《帝京景物略》卷四。

具体创建年代不详。《日下旧闻考》征引《析津日记》称："广化寺在日中坊鸡头池上，元时有僧居之，日诵佛号。每诵一声，以米一粒记数。凡二十年，积至四十八石，因以建寺。"①而明代的《正宗记》碑和《敕赐广化寺记》碑，则载广化寺开山第一代住持、释号大舟的灵济和尚，于天顺年间（一说在元至顺年间）发愿禁足二十年，"日诵弥陀圣号，以米记数，贮米四十八石"，遂创建大刹。② 综合而言，广化寺在元代或已有佛寺建筑，至明初又重建扩大，名声渐著。

后人认为广化寺创寺传说中的米四十八石，乃"象征弥勒佛四十八种宏愿之数"。③ 而据《佛说无量寿经》，可知发下四十八大愿者，实为"西方三圣"中的阿弥陀佛。明清时期的广化寺，亦为以《无量寿经》《阿弥陀经》等为主要经典的净土宗寺庙，寺内向有弥陀法会持续相传。但一直到晚清、民国年间，广化寺在北京的影响方逐步扩大。徐继畬《重修广化寺碑记》记称："都城西北隅有巨浸曰十刹海，以环海有丛林十，故名。广化寺者，十刹之一。……入国朝数修数废，久益倾圮。"先是道光年间，广化寺原住持以寺内财力微薄，于是敦请禅宗大德出任广化寺中兴第一代方丈，寺庙遂得更新为"禅净双修"的十方丛林。

光绪年间，广化寺内能诗善画的灵山和尚，又与权倾一时的恭亲王奕䜣相来往，从而为寺庙获得了崭新的政治与文化资源。时人有记，称光绪初年的广化寺犹"残败殊甚"，后募化于恭亲王奕䜣，"为之重修正院殿宇"，寺庙遂焕然一新，整洁的南北院亦被恭王府中人"视为家庙"。④ 灵山大和尚曾以自绘的墨兰题赠恭亲王，奕䜣则集古人诗句相答，略称："石室无人到，兰泉涤我襟。观空色不染，一镜入湖心。"恭亲王答诗一直留存寺内，成为遐迩流传的人文逸事。广化寺与权贵的交往，也进一步扩大了寺庙的社会影响。

清末民初成立的"京师图书馆"，给广化寺增添了新的文化内涵。光绪三十四年（1908），时任学部大臣张之洞将个人藏书存放广化寺内，成立学部藏书楼，随又奏请建立京师图书馆。次年清廷谕准，由缪荃孙主持建馆，这是北京图书馆（今国家图书馆）的前身。缪荃孙为著名藏书家、目录学家、史志学家，是中国近代图书馆的创始人之一。他在担任京师图书馆监督的一年时间内，借鉴此前筹办江南图书馆的经验，为图书馆建设和藏书整理奠定了良好基础。作为佛寺的广化寺，也见证了《清学部图书馆善本书目》《清学部图书馆方志目》等中国古籍目录编制典范的诞生。

---

① 于敏中等：《日下旧闻考》卷五十四。
② 张羽新：《中国寺庙宝典·华北东北卷》，中国藏学出版社，2002，第5页。
③ 赵林：《什刹海》，北京出版社，2018，第101页。
④ 崇彝：《道咸以来朝野杂记》，北京古籍出版社，1982，第28页。

中华民国成立后,教育总长蔡元培派人继续筹建,次年京师图书馆在广化寺内正式开馆。时在教育部担任金事的周树人(即鲁迅)分管其业务,常因公来往寺内,或讨论筹建事宜,或借阅浏览典籍,对于京师图书馆的运营与完善做出了诸多贡献。随着国子监南学典籍、内阁大库残

广化寺现状

卷、个人私藏、各类官书以及大型丛书等的征购、调入、移送,广化寺屋舍狭隘、潮湿的缺点日益显露,兼之其地址偏僻,读者往来亦多有不便。不久京师图书馆迁址他处,广化寺又恢复为佛教寺庙。1927年,担任住持的玉山法师注重修持,实行不攀龙附凤、不外出应酬、不私自募化的"三不"制度,广化寺在北京僧俗两界名声大振,常住僧侣增至五十多人。1938年,寓居广化寺的居士溥心畬又邀请知名书画家题字作画,以义卖所得协助重修山门殿、天王殿、大雄宝殿、万佛阁等主要殿堂,广化寺内外焕然一新。次年,广化寺创办"广化佛学院",聘请周叔迦、溥儒等著名佛教学者任教,又创办广化小学,免费招收学生,直到1952年由北京市教育局接办。

鉴于民国以来广化寺在北京的持久影响,1952年虚云大师率弟子七人自武汉来京时,即驻锡寺内。当时在京的知名人士李济深、叶恭绰、陈铭枢,以及高僧巨赞、众多的佛教信徒居士,纷纷来寺参礼。1981年,北京市佛教协会在广化寺内宣告成立。1984年,广化寺被公布为市文物保护单位。1986年在寺西祖堂内成立北京佛教音乐团,翌年赴西德、法国、瑞士等国巡回演出,轰动欧洲,成为中外文化交流史上的一大盛事。

多次整修后的广化寺布局严谨,殿宇巍峨。寺内藏有各级文物一千七百多件,包括明版《大藏经》、乾隆版《频伽藏》与日本《续藏》在内的大量佛经,尤其引人注目。明永乐《华严经》、清世宗手抄《金刚经》、民国溥心畬血书《心经》,以及各个时期的名人字画,也蕴含着丰厚深厚的文化内涵与博大精深的艺术魅力。

(五)三圣庵、白塔寺、护国寺 北京历史上有多座佛教庵庙以"三圣庵"为名。佛教所谓"三圣",一般指净土宗专修的"西方三圣",即以阿弥陀佛为中心,观世音菩萨立于左,大势至菩萨立于右。有时也指西方极乐世界阿弥陀佛、

娑婆世界释迦牟尼、东方琉璃世界药师佛这"三大佛祖"。此外又有《华严经》中的"华严三圣":文殊菩萨、毗卢遮那佛、普贤菩萨;以及称为"药师三尊"的"东方三圣":日光菩萨、药师琉璃光如来、月光菩萨。不同的"三圣庵",供奉不尽相同。明人记宛平县境内,就有三圣庵四座,其中北城日中坊二座、朝天日中坊一座,城外西新房村一座,但具体供奉不详。① 清代《五城寺院册》记南海淀、长春园大北门外前营,以及安河桥,也曾各有三圣庵寺宇。②

西城南北,亦各有驰名的三圣庵,一存一毁。其南者为黑窑厂三圣庵,在陶然亭北里,坐东朝西,方位独特。此地清代称三圣庙街,民国后改称三圣庵。传说庙宇始于宋仁宗时期的清法和尚,即北京步入都城之初的辽南京阶段就已有此庙。不过黑窑厂三圣庵早期的历史传承已湮灭无闻,大概在明代烧制砖瓦的黑窑厂繁华之后,庙宇亦逐渐知名。

沿至清末民初,黑窑厂三圣庵有院落三进,正殿一层供"西方三圣"即阿弥陀佛、大势至菩萨与观世音菩萨,二层供"三佛祖",即释迦牟尼、阿弥陀佛与药师佛。据说民初大修时,笃信佛教的大总统黎元洪,还捐助了元宝状的琉璃瓦以及飞檐上的"五脊六兽"。因附近多为坟地,晚清民国年间,三圣庵逐渐成为停灵祭奠的佛教场所。名妓赛金花去世后,即于此停棺。据说接三时由龙泉寺和尚念经起度,前往吊唁者有名流闻人数十,轰动一时。2001 年,黑窑厂三圣庵被公布为北京市文物保护单位,山门拱券上的石质雕龙,引人注目。

其北者为什刹海三圣庵,在德胜门内东,瑞应寺西路之南。据《乾隆京城全图》所绘,有东西两院,东院正殿三间,西院南北房三间。三圣庵作为什刹海"九庵一庙"之一,明代即以田园雅趣驰名。《燕都游览志》有记:

> 三圣庵在德胜街左巷,后筑观稻亭,北为内官监地。南人于此莳水田,粳秫分塍,夏日桔槔声,不减江南。③

万历二十六年(1598),诗人袁宗道与朋友往游,专门作《三圣庵纪游》称:"沿池数里,绿杨鬖鬖,一望无际。池边一庵,曰三圣,面市背田。门前古木四章,身如青铜,亭亭直上,苍翠可爱",又谓其殿堂并不高大,"然极雅丽"。庵外风景,尤为可观:"庵西隙地,方广如庵,豆棚瓜架,楚楚整洁。东行数武,有台高

① 沈榜:《宛署杂记》卷十九。
② 于敏中等:《日下旧闻考》九十九、卷一百。
③ 于敏中等:《日下旧闻考》卷五十四。

可二丈,台上有亭一。登此台,则畦陇之参差,林水之掩映,佛宇之稠密,城楼之雄丽,攒簇目前。"友人盛赞三圣庵体制与像设"俱不俗,酷似江南佛刹"。① 于奕正、刘侗等人亦生动描述了什刹海三圣庵的优美景致,略谓:

> 门前古木四,为近水也,柯如青铜亭亭。台,庵之西。台下亩,方广如庵。豆有棚,瓜有架,绿且黄也,外与稻、杨同候。台上亭曰观稻,观不直稻也,畦陇之方方,林木之行行,梵宇之厂厂,雉堞之凸凸,皆观之。

袁宗道、于奕正等文化名人对于什刹海三圣庵景致的赞美,口耳相传,产生了持续影响。时人颂称"群鸭蒲边戏,有人林外歌。视听殊未尽,无奈夜深何"。又谓"白月满天雾露长,禾光树影四周墙。风吹红雨纷花片,不辨其花辨得香"。② 美文远近流传,使三圣庵成为什刹海畔的人文胜迹。可惜年久失修,到清代中期已是"亭久圮,地甚窄,非复旧观,特存其名耳"。③ 民国年间,什刹海三圣庵遗迹犹存,此后逐渐为人挤占损毁。

白塔寺位于阜成门内大街,正名妙应寺,其历史可上溯至辽南京时期。《长安客话》称世传寺右白塔"创自辽寿昌二年,为释迦佛舍利建,内贮舍利戒珠二十粒,香泥小塔二千,无垢、净光等陀罗尼经五部,水晶为轴",《春明梦余录》亦谓"白塔寺建自辽寿昌二年"。寿昌二年,即《辽史》道宗寿隆二年(1096)。④ 不过佛塔"后因兵燹湮没",其真正兴起则在历经辽金之后的元代。至元八年(1271),元世祖与皇后"发而详视",见"舍利坚圆,灿若金粟",大为高兴,"即迎舍利,崇饰斯塔",大兴土木,"角垂玉杵,阶布石栏,檐挂华鬘,身络珠网""亭亭炭炭,遥映紫宫。制度之巧,盖古今所罕有矣"。⑤ 历经八年,世祖敕令于辽塔遗址上建造的喇嘛白塔,在尼泊尔巧匠阿尼哥主持下,于至元十六年(1279)竣工,佛舍利随即迎请入藏。

《燕都游览志》谓"相传西方属金,故建白塔镇之"。塔成之年,世元祖又下令以塔为中心,兴建"大圣寿万安寺",至元二十五年(1288)夏初落成,"佛像及窗壁皆金饰之"。次年,世祖"诏天下梵寺所贮《藏经》,集僧看诵,仍给所费,俾

---

① 孟祥荣:《袁宗道集笺校》,湖北人民出版社,2003,第236页。
② 刘侗、于奕正:《帝京景物略》卷一。
③ 于敏中等:《日下旧闻考》卷五十四。
④ 于敏中等:《日下旧闻考》卷五十二。
⑤ 蒋一葵:《长安客话》卷二。

为岁例",又亲自临幸大圣寿万安寺,"置旃檀佛像,命帝师及西僧作佛事"。①
此后万安寺成为元廷皇家寺院,也是百官习仪与译印蒙、维吾尔等民族文字佛
经的场所,"殿陛阑楯,一如内庭之制"。因其地处大都城西,又称"西苑"。至
治元年(1321)英宗在神御殿之东西分奉元世祖、裕宗帝后影堂,万安寺的政治
地位进一步提升。

《元史》载世祖影堂供藏"玉册十有二牒,玉宝一钮",又有珍珠帘及珊瑚
树、绿松石山之属,地位尊崇,成为大都城内最重要的皇家寺庙。元成宗、英宗、
文宗多次赴寺中做佛事、饭僧。寺中形制独特的白塔是尤为引人注目的文化胜
景。《宛平县志》称一般佛塔为"下丰上锐,层层笋拔",唯独西城白塔"其足则
锐,其肩则丰,如胆之倒垂。然肩以上,长项矗空,节节而起。顶覆铜盘,盘上又
一小铜塔,塔通体皆白"。②

作为中国现存年代最早、规模最大的喇嘛塔,阿尼哥主持修建的万安寺白
塔完美融合了中尼佛塔的建筑文化,既具备内涵丰富的佛教意蕴,亦以其异乎
寻常的巍峨塔式,为北京增添了新的人文风采。因此标志性建筑而获得的"白
塔寺"俗称,更不胫而走,流传后世。明宣德年间曾敕修白塔,景泰末宛平县民
复请求修寺。天顺元年(1457),刚复辟为帝的明英宗赐额,改名妙应寺。三年
(1459)三月,又颁赐《大藏经》一部。③

成化年间,在塔座四周"砖造灯笼一百八座,以奉佛塔",时人记为"百八灯
龛",妙应寺的影响进一步扩大。每年正月,北京信众男女群赴寺内祈福,"士女
绕塔,履屣相蹑,至灯市盛乃歇。"④顺天府尹谢杰曾有《白塔寺》诗称:"飞锡僧
归银汉表,梦琼人堕玉山前。化城知近华清路,一柱长擎兜率天。"⑤时人亦感叹
"帝城西去霭烟笼,仰见招提入汉隆",又谓"杳然人世隔,花雨半皇都"。⑥

清代白塔寺因其藏传佛教的文化背景,更得帝王的重视。康熙二十七年
(1688),清圣祖敕修白塔、寺庙,立"御制妙应寺碑"为纪。乾隆年间又多次重
修,并竖立"御制重修妙应寺碑"与"御制重修白塔碑"。清代帝王高度称赞白
塔寺"屹金方之名区""兆庶瞻仰"的独特贡献。清高宗更手书《般若波罗蜜多
心经》一卷,颁赐梵文《尊胜咒》及《大藏真经》七百二十四函,"用以为镇"。后

---

① 《元史》世祖纪。
② 于敏中等:《日下旧闻考》卷五十二。
③ 沈榜:《宛署杂记》卷十八、卷十九。
④ 于奕正等:《帝京景物略》卷二、卷四。
⑤ 沈榜:《宛署杂记》卷二十。
⑥ 于奕正等:《帝京景物略》卷四。

又赐《御制满汉蒙古西番合璧大藏全咒》《西番首楞严经》《维摩诘所说大乘经》予寺"敬谨尊藏"。以及"意珠心镜""具六神通""风散异香禅偈静，鸟窥清呗法筵开"等御匾、御联，都成为白塔寺内历代传承的珍贵文物。①

随着信众增多，清中期以后白塔寺又逐渐形成定期集市，并演变为北京著名庙会之一。民国年间的白塔寺，甚至成为"老北京风情的象征"。②自1922年起，每月五、六两日

20世纪60年代房居簇拥中的妙应寺白塔

庙会之期，"商贩云集""游人如蚁"。一直持续到1956年才撤掉。1961年，妙应寺白塔被公布为第一批全国重点文物保护单位。

全国许多地方都有以"护国"命名的佛教寺庙，如浙江天台山、南岳衡山、河北赤城、湖北黄冈、四川郫都、山西朔州、上海嘉定等等，不胜枚举。位于白塔寺东北方向的西城护国寺，亦为老北京著名的"八大寺庙"之一。护国寺全称大隆善护国寺，在德胜门大街西，始建于元至元二十三年（1286），系丞相脱脱舍邸创建，初名崇国寺。明清时千佛殿旁塑立二像，"一老髯幞头朱衣，一老妪凤冠朱裳者"，据说即是创建寺庙的元丞相夫妇。

元代崇国寺几经修缮，"皇庆修之，延祐修之，至正又修之"。明宣德四年（1429）大修，更名"隆善"。其时受封"净觉慈济大国师"、三次出使西藏的高僧班丹扎释，即驻锡寺内三十余年，长期主持各项宗教事务，接待释迦也失第二次入朝，在促进藏区与中央的政教关系上，发挥了重要作用。成化八年（1472）复加"护国"，《御制大隆善护国寺碑》谓为"皇图巩固宗祀隆，四海民物归帡幪"。此后遂以"护国寺"传世，而文人仍多以"崇国寺"称之。正德七年（1512），喜好藏传佛教的明武宗再加扩建，"中殿三，旁殿八，最后景命殿"，殿旁有佛舍利塔

① 于敏中等：《日下旧闻考》卷五十二。
② 陈晓苏：《老北京风情的象征——白塔寺》，《漫步北京历史长河》，中国书店，2004，第369—376页。

二,又竖立敕碑二。随命大庆法王、大觉法王等居之,"为西僧香火地"。护国寺作为藏传佛教寺庙的地位,进一步巩固。

元明护国寺"诸碑林立",其中梵语碑、赵孟頫《崇教大师演公碑》、危素《隆安选公传戒碑》以及众多御制碑文等尤具特色。嘉靖年间,"靖难首勋"姚广孝撤出太庙享祀后,亦迁至护国寺内僧录司署之右,设姚少师影堂祭祀。其像"露顶,袈裟跌坐",有自题偈语:"看破芭蕉拄杖子,等闲彻骨露风流。有时摇动龟毛拂,直得虚空笑点头。"护国寺更成都中士人往还的胜迹。王鏊《姚少师像》诗称"独留满月龛中像,共识凌烟阁上姿",又谓"金陵战罢燕都定,仍是癯然老衲师",感叹其功成身退的飘然身影。明人叹赏护国寺中的人文胜迹,有《邀饮崇国寺葡萄林》诗称"以藤为幡幢,以叶为帷幕。以蔓为宝网,以实为璎珞",又谓"同来四五朋,一笑破缠缴。依岸排绳床,禅玄入诙谑"。① 晚明著名散文家、公安袁氏兄弟亦邀人修禊会文,逶巡寺内。袁宏道作《崇国寺游记》,谓"谈《易》至丙夜,锋颖叠出,几不欲归",可见其概。②

明末清初,寺庙毁于兵火。清康熙六十一年(1722),蒙古汗王、贝勒、贝子等为圣祖祝釐延寿,再三请奏,于是奉敕重修,以遂蒙古各部"感恩思报之诚"。护国寺成为清代京城重要的藏传佛教寺庙,由理藩院直接管辖,额设喇嘛八十八名。乾隆十二年(1747),高宗车驾降临,作《御制护国寺诗》立碑庙中,称"护国祇园已有年,胜迹灵踪传日下",又以寺内的元丞相塑像,感叹"道同岂必系衣冠,雀弁黄收异周夏。北魏金辽率殷鉴,谬云复古罪无赦",后注称:"北魏、金、辽及有元,皆易汉衣冠者也,不一二世而陵夷衰微。盖忘本弃旧,徒尚虚文,虽复古何益耶?!"③以寺庙文物陈设,发思古鉴今之幽情。

清代中后期,护国寺庙会日渐繁盛,"每月逢七、八两日有庙市",成为与东城隆福寺并驾齐驱的"西庙"。时人有《竹枝词》称:"东西两庙(隆福寺、护国寺名曰东、西庙)货真全,一日能消百万钱。多少贵人闲至此,衣香犹带御炉烟。"④《燕京岁时记》亦记"自正月起,每逢七、八日开西庙,九、十日开东庙。开庙之日,百货云集"。两庙售卖鲜花的花厂尤其为京城难得一见的"雅观","淘足以巧夺天工,预支月令"。《都门杂咏》谓为"东西两庙最繁华","生香不断四时花"。

光绪二十六年(1900),护国寺在庚子事变中遭到严重损坏。数年后的两次

---

① 于奕正等:《帝京景物略》卷一。

② 冯君豪:《袁宏道游记笺评》,香港绛树出版社,2014,第259页。

③ 于敏中等:《日下旧闻考》卷五十三。

④ 得硕亭:《草珠一串》。

大火,更将寺中主要殿宇焚毁。此后护国寺主要以物资商贸的庙会知名,直到1960年方才停办。历经数百年,原来规模宏大的九层护国寺,仅残存殿宇数间。"可怜当日太师宅,枯木残碑泣夕阳。"①2004年地藏殿复遭火灾,成为其佛教文化遗迹的最后厄运。

(六)报国寺、拈花寺、长椿寺　报国寺位于宣武门外广安门以东,又称慈仁寺、双松寺。相传寺庙始建于辽代,明成化二年(1466)明宪宗遵周太后之命,于山门原址东南为太后之弟亦即其皇舅周吉祥敕建新庙,改称慈仁寺。其西北隅原寺,民间遂呼为"小报国寺"。宪宗在新修寺内竖立"大慈仁寺碑",称"其宏敞静深,崇严壮丽,与夫像塑绘画,无不尽美,足以起四方万国之具观,而极浮屠之盛",报国寺由此获得新的发展契机。②

《燕都游览志》记其景致:"大慈仁寺殿前二松,相传元时旧植,台右一株尤奇。寺后毗卢阁甚高,望芦沟桥,行骑历历可数。阁下瓷观音像高可尺余,宝冠绿帔,手捧一梵字轮,相好美异。僧云得之窑变,非人工也",对寺中几处具有重要影响的景物,做了细致描述。

其一即"双松寺"俗称来由的殿前双松,为寺庙标志性风物,《春明梦余录》有记:"过正殿,则双松偃盖,皆数百年物。东者可三四丈,有三层,西则仅高二丈。枝柯盘屈横斜,荫数亩。其最修而压地者,以数十红架承之。移榻其下,梳风幕翠,一庭寒色。"树下凉荫成为京城士绅饯亲别友的胜地,时人谓为"送客出广宁门者,率置酒报国寺二偃松下"。

其二为寺后高阁,孙承泽谓"登大毗卢阁,三十六级,阁外通廊,环行一迴。俯视西山,若在襟袖"。重阳佳节,多有文人学士来此登高望远。《帝京景物略》有记:"九月九日,载酒具、茶炉、食榼,曰登高。……显灵宫、报国寺,高阁也。释不登。赁园亭,闹坊曲,为娱耳。"明代儒学大家唐顺之亦有《登毗卢阁诗》:"高阁迥临飞鸟上,丹梯千仞恣攀登。窗邀佛日金绳下,地逼宸居玉殿层。"

其三窑变观音瓷像,更是众口相传的佛教"圣物"。参礼窑变观音的诗咏赋作,成为明清时期京城的一道人文风景。湖广景陵(今湖北天门)进士龚奭称"烟火观空幻,琉璃入妙思",又谓"礼拜窑开际,当其晏坐时"。麻城散文家刘侗亦赞叹"人莫之为,而巧莫过",又感喟"我谛观已,随众悲仰"。③ 至清代高

①　雷梦水:《北京风俗杂咏续编》,北京古籍出版社,1987,第201页。
②　于敏中等:《日下旧闻考》卷五十九。
③　于奕正等:《帝京景物略》卷二、卷三。

宗,犹为窑变观音神龛绘制"慈竹"数竿,录诗其上,又作《御制窑变观音像记》,称"埏泥屑石,止于因物付形,自非大具神通,何由宝饰珠装,顷刻幻成相好?"称颂其"不可思议功德"。①

清初北京实施"旗民分居",西城深具影响的城隍庙市南迁慈仁寺,逐渐发展为与土地庙、药王庙并列的"清初三大庙市"。慈仁寺尤以文玩古董、书画花鸟著称,每月朔、望及二十五日开庙三日,百货云集,游人如织。康熙间人称"龙眠五才子"的张英曾以唐代鼎盛时期的长安春明门,借指清初人文荟萃的宣武门,赋称"春明门外红尘起,共向慈仁寺里行。璀璨离奇百宝集,游人游女倾都城",可见其盛。②

清初京城文坛巨擘王士禛等人,亦是慈仁寺庙市中的常客。据说王氏为购买罕见善本,往往不惜重金,先后觅购旧刻《山海经》《毛诗郑笺》《陈子昂文集》等珍贵古籍。宋荦"华灯九陌挂春风,独买残编古寺中",程盛修"此日风流谁嗣响,慈仁廊下觅尚书"等诗,皆不失为纪实之作。王士禛后来在《古夫于亭杂录》中回忆,他住居京城之时,士人多有欲前往会见而不获者,尚书徐乾学笑着指点:"但值每月三、五,于慈仁寺书摊候之,必相见",可推见清初慈仁寺内外浓郁的文化氛围。此期报国寺僧人与文士学者的交往唱和,一时也蔚为风气。曾经寓居寺内的清初"三大儒"之一顾炎武,更为寺庙增添了新的文化内涵。

康熙十八年(1679)华北发生大地震,慈仁寺建筑大部分被损毁,名闻遐迩的双松也先后枯萎。这大大影响了庙市的发展,以致庙市到康熙中后期逐渐衰落。乾隆十九年(1754),慈仁寺重修,改称大报国慈仁寺。其建筑格局基本恢复,清高宗亦颁赐御匾、御联,又在内府制作的窑变观音神龛上绘竹题诗,但清初报国寺文化影响之盛况,一时尚难恢复。

道光二十三年(1843),翰林院编修何绍基、张穆等在报国寺内修建祭祀顾炎武的顾祠,定期集会公祭,再次成为晚清京师最引人注目的士人雅集。顾祠位于报国寺西侧,院落五进,门楼石匾篆书"顾先生祠",吸引士人竞相前来。每年三月初三日上巳、九月初九日重阳,以及五月二十八日顾炎武诞生之辰,"京朝仕宦之号称名士者,几无一不与此祭"。顾祠公祭前后延续八十余年,成为近代历史上持续时间最长、规模最大的文人雅集之一。1941年,留居北平的瞿宣

---

① 于敏中等:《日下旧闻考》卷五十九。
② 张英:《慈仁松下对酒歌》,《文端集》卷五。

颖甚至感叹:"此世运之关键,君子所以俯仰百年而有深忧者,有以夫!"①因而晚清迄至民国年间,报国寺再次成为宣南文化重地,在北京不同阶层发挥出重要影响。

清同治七年(1868)秦炳文《顾祠雅集图》(局部)

拈花寺位于旧鼓楼大街,始建于明万历初年,乃当时的权宦冯保奉孝定皇太后之命,为西蜀名僧遍融真圆禅师所创建,初名"护国报恩千佛禅寺",简称千佛寺。遍融为临济宗法嗣,俗姓钱,世代书香,后出家峨眉山。他赴京师遍游法席,曾于柏林禅院潜心读经,声望日隆,疑为"弥勒再世"。后自庐山复游京师,权宦冯保闻其名,购地建寺,请其"主佛事",并得到圣母李太后大力支持,"捐膏沐资",潞王、公主等亦各"佐钱"。故新修的千佛寺规制齐备,地位尊崇,所供千佛尤为驰名。

《帝京景物略》谓拈花寺"殿供毗卢舍那佛,座绕千莲,莲生千佛,分面合依,金光千朵",又称"时朝鲜国王贡尊天二十四身、阿罗汉一十八身,诏供寺中。其像铜也,而光如漆,非漆也",将千佛寺尊天、罗汉等铜像记为朝鲜国王所贡。时人甚至诗称"千层瓣涌毗卢座,万里函来舍利光"。② 不过乔应春《新建护国报恩千佛寺宝像碑略》对此明确有记:"御马监太监杨君用受遍融上人指,铸毗卢世尊莲花宝座,千佛旋绕,四向若朝者然。铸十八罗汉、二十四诸天,复塑伽蓝、天王等像。工始于万历庚辰,浃岁而告成。"③可见明代中后期盛传的千佛寺罗汉出自朝鲜外藩,不过是民众间流传增衍的附会之辞。

清雍正十一年(1733),千佛寺奉敕重修,次年竣工,赐名拈花寺。清世宗将之视为整理佛教的重要举措,在《御制拈花寺碑》中谓"梵宫禅宇,焕俨辉煌,堪为大众熏修参学之所",又追溯清初以来禅宗之衰,强调居寺者当实力修行,"不负世尊当日拈花示众,与世祖皇帝护持佛法深恩,以为直省刹寺倡"。"拈花一笑"为禅宗中的著名典故,宋僧普济在《五灯会元》中称"世尊在灵山会上,拈花

① 段志强:《顾祠:顾炎武与晚清士人政治人格的重塑》,复旦大学出版社,2015,第1—4页。

② 于奕正等:《帝京景物略》卷一。

③ 于敏中等:《日下旧闻考》卷五十四。

示众,是时众皆默然,唯迦叶尊者破颜微笑"。法薰则颂称:"世尊拈花,迦叶微笑。正法眼藏,永永流通。古佛今佛,心同道同。"①清世宗以"拈花"名寺,可见其期望之深。

清代重修后的拈花寺分中、东、西三路,山门石匾书"敕建拈花寺",殿外悬挂清世宗御书"觉岸慈航",殿内悬挂清高宗御书"普明宗镜"。其建筑兼具明、清两个时期的风格与特点,成为北京明清寺庙建筑文化的重要实例。自清代中期以来,拈花寺一直为京城"名刹"。20世纪20年代响应开发"僧智"潮流,设立佛学院,又积极参与粥厂、工读学校等慈善事业。1932年退居北平的吴佩孚,也一度居入寺中,研究佛学。1939年,拒绝日伪拉拢的吴佩孚病逝,即停灵拈花寺,直至1945年日本投降,方移枢玉泉山安葬。1949年以后,拈花寺被占用,现为市文物保护单位,中路和西路基本格局仍存,但寺内部分铜像已迁移至白塔寺、法源寺中,旧观不再。另东城崇文门外亦有拈花寺,本清初冯溥万柳堂故址,后改建为寺庙,经清圣祖御题"拈花禅寺",此不赘。

位于宣武门外土地庙斜街、西南距报国寺不远的长椿寺,在北京文化发展史上具有重要地位。长椿寺乃明神宗奉其母李太后之命,为来京的水斋禅师敕建。关于长椿寺创建年代,《北京百科全书》及地方史志曾据清初兵部尚书宋德宜所撰《重修长椿寺碑记》,定于万历二十年(1592)。但详细考察,其实创修于万历四十年(1612),乃是明神宗特意为生母李太后七十大寿来临而敕建的佛寺。② 因《庄子》中谓"上古有大椿者,以八千岁为春,八千岁为秋",故神宗敕名"长椿",意在为母延福祈寿。《明史》载李太后"顾好佛,京师内外多置梵刹,动费巨万,帝亦助施无算"③。西郊(今在海淀区)万寿寺、慈寿寺,就是其中的代表。在南城修建的长椿寺,则为李太后修建的最后一所大寺,规模尤大。

明代长椿寺供奉"黄绫装裱"佛像二轴,一即"绘九朵青莲花"的明神宗生母李太后,一为"戴毗卢帽,衣红锦袈裟"的明末帝生母刘太后,因而深得内廷礼敬,地位尊崇。④ 在文人学士间更具影响,明清之际曾有"京师首刹"之誉。明代东林党"三君"之一的邹元标曾感叹:"实无一事金门客,时过长椿佛子堂。"山西思想家、诗人张慎言则在《过长椿寺》诗中颂称:"彭泽篱迎酒,远公钟送人。相邀过此日,何为逐蹄轮。"天启初年开铸的渗金多宝佛塔,造型仿辽密檐式木塔,周身饰以浮雕,工艺复杂,犹为罕见的佛教艺术精品。万历年间工部郎中米

---

① 《石田法薰禅师语录》,王国平:《西溪文献集成》9,杭州出版社,2016,第27页。

② 郑永华:《长椿寺创建时间考辨》,《北京社会科学》,2019年第10期。

③ 《明史》列传第二,孝定李太后传。

④ 于敏中等:《日下旧闻考》卷五十九。

万钟礼塔偈称为"级级凡十三,创获未曾有。更以黄金汁,鐕窣堵波身"。[①] 米万钟撰书的《水斋禅师传》碑,亦成为长椿寺内历久相传的"镇寺之宝"。

长椿寺开山祖水斋禅师画像,今藏天津博物馆

清初出任礼部尚书的龚鼎孳,在西侧为号称"横波夫人"的宠姜顾媚创建妙光阁,宣南长椿寺更增人文风景。康熙年间,内阁大学士冯溥又以长椿寺在地震中损毁严重,"见而悯之,捐资修葺"。乾隆二十一年(1756),长椿寺再次重修。长椿寺遂由明代皇家敕寺,演化为京城文人的雅集之所,常常高朋满座。康熙二十八年(1689),"岭南三家"之一的梁佩兰(1629—1705)告假归里,朱彝尊约集姜宸英等学者十多人,在长椿寺内联句饯行,尤为文人雅集高潮。由此直至乾嘉时期,长椿寺一直是文人墨客的流连之地。参与纂校《四库全书》的孙士毅就说过:"寻幽访人外,古寺知长椿。"何绍基也将长椿寺与顾祠等,并列为晚清京城四大"吟社"。重臣祁寯藻听说寺内牡丹初开,兴致勃勃地前往观赏,赋诗称:"独向空王礼优钵,阒无人处两三丛。"又谓"培根一年开十日,人间富贵作花看",感悟人生如云烟过眼。[②] 清末谭宗浚将精本八万余卷庋藏寺内,更是长椿寺与文人密切交往的珍贵见证。

民国以后,长椿寺继续谱写新的文化篇章。1929年,著名画家张大千到长椿寺礼佛之际,应邀绘《松下观瀑图》留赠寺中,题诗借用文豪苏东坡与好友佛印谈佛论经,留下玉带"永镇山门"的典故,续写了巴蜀文人与僧侣交流的文化佳话。秉承清代以来的传统,民国年间的长椿寺成为在民众间影响广泛的"公共寄枢之所"。担任过民国总理的周自齐、文化名人陈三立,以及最后一位状元刘春霖去世后,都在寺内停灵。民国初年武昌首义者之一的张振武,因反对独裁被害,亦停灵于此。1927年,中国共产党创始人之一李大钊英勇就义,也先移长椿寺,后在寺西侧浙寺中停灵数年。1933年,又在浙寺举行盛大的公祭仪式。

① 刘侗、于奕正:《帝京景物略》卷三。
② 祁寯藻:《寿阳祁氏遗稿》。

继民初"张振武事件"之后,长椿寺再次哀声满庭,成为世人瞩目的焦点。长椿寺也因此与浙寺一起,成为瞻仰先烈的重要遗迹。

2002年,长椿寺经过大规模修缮,开辟为宣南民俗文化博物馆。衰败百年的长椿寺,再次迎来新生。2019年,长椿寺被公布为第八批全国重点文物保护单位。2023年,历经三年多文物修缮,重新展设"风声、雨声、读书声——北京宣南士乡历史文化展",全面展示宣南士乡的历史文化内涵,以及北京士人心系家国、勇挑大任的人文精神。

第二节　道教文化

作为土生土长的制度化宗教,道教文化在西城文化中占有重要地位,在民众中间尤其具有深远影响。西城道教文化是北京道教文化的重要组成部分,其传播、发展与繁荣,也与北京道教文化的整体进程相一致,大体分为隋唐之前道教文化的萌芽与初传、金元时期道教宗派的勃兴与繁荣、明到清前期道教文化的持续发展以及清中期到民国年间道教文化转向民间等几个大的历史阶段。

一、道教文化的传入与发展

西城地处幽燕形成初始之所在,因而自道教文化史的前期以来,就体现出深厚的道教文化渊源。先秦时期流传于燕国境内的神仙传说、热衷于"不死之道"的燕王(或作燕君),以及后来为秦始皇广求"仙药"的燕地方士卢生、东汉末年活跃于广阳地区的太平道等等,都是西城早期道教文化源远流长的具体反映。司马迁在《史记》"封禅书"中,更明确写道:"宋毋忌、正伯侨、充尚、羡门高最后皆燕人,为方仙道,形解销化,依于鬼神之事。驺衍以阴阳主运,显于诸侯,而燕齐海上之方士传其术不能通,然则怪迂阿谀苟合之徒自此兴,不可胜数也。"在很大程度上,秦汉以来盛行于燕地的种种神仙传说,可视为早期道教文化酝酿与产生的重要社会土壤。

南北朝时期"清整"道教的道士寇谦之(365—448),自称上谷昌平著姓寇恂之第十三世孙,可谓北京早期历史上最为重要的道教人物。不过寇家从上谷昌平迁至关中以后,寇谦之与北京以及西城的联系,已不可考。西城道教文化的明确传入,则是在道教发展繁荣的隋唐时期。

隋末著名茅山派道士王远知受召北赴涿郡,炀帝接见于临朔宫(在今西城),"亲执弟子之礼"。此为当时远近轰动的大事,对于西城早期道教文化的刺激,可以想象。唐开元二十九年(741)建成的幽州天长观,"颇极壮丽",后来更发展成为西城历久传承的北京"第一道观"。唐代刘九霄《再修天长观碑略》有记:"天长观,开元圣文神武至道皇帝斋心敬道,以奉玄元大圣祖。"天宝十三年(754)《故开元观道士王公墓志铭并序》,亦提及"爰自弱岁,栖身道门,符紫气之精,契金章之录"。以文献碑刻见证了幽州天长观悠久深厚的历史文化。今白云观内奉为"镇观三宝"之一的老子石像,据说也是从那时流传下来的。

辽南下取得燕云十六州后,大力吸收中原文化,"三教并行"。作为"辽南京"的燕京,其道教文化也获得进一步发展。金代《十方大天长观重修碑》就说道,五代幽州以及辽南京时期的天长观,"咸所严奉"。至金中都时期,河北新创立的太一教、大道教、全真教亦先后传入,并竞相在西城开展活动,因而大大促进了道教文化的传播和发展。如金代正隆年间(1156—1161)复建的"十方大天长观",即以中都城内规格最高皇家道观的身份,成为整个中国北方的道教文化中心。当时的道教宗师应诏来到中都时,多住居于天长观,或至天长观内主持斋醮仪式。据说太一教二祖萧道熙应召住入观内不到一月,四周新来的信徒就已容纳不下,而不得不于道观之外挤住。当时全真领袖王处一入京时所作诗句"入得天长正位宫",亦可推见中都天长观地位之尊崇、像宇之庄严。

元初全真掌教丘处机受邀西行,载誉返回燕京,附近全真教势力高涨,"京人翕然归慕,若户晓家喻,教门四辟,百倍往昔。"①全真道教在西城范围内,改造、新建道观多处。元初太一教四祖萧辅道也有"山中宰相"之誉,五祖萧居寿更深受元世祖器重。大都奉先坊(位于今西城宣南)创建有太一广福万寿宫,"香火衣粮之给,一出内府"。至元十六年(1279),太一教受敕举办长达五昼夜的祠醮,"奏赤章于天",大都阖城为之震动。萧居寿乘机建议皇太子"参预国政",显示了大都太一教对于元廷上层政治生活的影响。②

元代另一宗派真大道教,也发展迅速。《元史》载其五祖郦希成居于西城天宝宫,"见知宪宗"。八祖岳德文在位,又为丞相安童视病"立差(瘥)",更是名声大振。真大道教遂"西出关陇,至于蜀;东望齐鲁,至于海滨;南极江淮之表",奉教者"皆功苦力作,严祀香火,朔望晨夕望拜",尊礼八祖岳德文有如"神明"。③ 元代自江南北上、在大都城外创建东岳庙的正一玄教,对西城道教文化的繁荣也产生了一定影响。又元代道士、后随从尼泊尔著名雕塑家阿尼哥学习的刘元,为大都"南城"的东岳庙塑造仁圣帝及其侍臣像时,以名臣魏徵画像为借鉴,"即日成,士大夫观者,咸叹异焉"。④ 此亦为元代道教文化的经典案例,

---

① 李志常:《长春真人西游记》卷下。

② 《元史》卷二百二,释老。

③ 虞集:《真大道教第八代崇玄广化真人岳公碑》,《道园学古录》卷五十。

④ 《元史》卷二百三,工艺。

后人曾以为此东岳庙即齐化门(今朝阳门)外张留孙所创建的东岳庙,但大都时期所谓"南城",实指金中都时期的旧城,亦当位于今西城。

明代道录司所在地广福观

明到清代前期,是西城道教文化持续发展的重要时期。明清后道教各宗派归入全真、正一两大派别,竞相发展,西城白云观与东城外的东岳庙,成为它们在都城的代表宫观。明代正一派占据了北京道教主流,位于皇城西北的元代天师府,又扩建为朝天宫,成为西城地位尊崇的皇家道观,内设道录司,后又成为百官习仪之所。王世贞《雪后朝天宫习仪》诗,谓为"闻道汉祠先奏瑞,岂应梁苑复论才"。元末损毁殆尽的长春宫,明初以来又被东侧的白云观取而替代,此后宣德、正统、景泰年间历经修缮扩建,遂成为北京闻名遐迩的"第一道观",比往昔更加雄伟壮丽。其他灵济宫、显灵宫及大高玄殿、大光明殿等皇家道观的创建,以及都城隍庙的大修、地安门外火神庙的尊崇等等,在明代西城的道教文化发展史上,都起过非常重要的促进作用。

清初,在著名高道王常月(?—1680)等人努力下,明代长期衰隐的全真教,又获得新的发展契机,并开启全真龙门派在全国的兴盛。西城的白云观,在其中起到了核心作用。王常月于观内确立开坛传戒制度,成为全真传法的基本仪轨。这在整个中国道教史上,都具有非常重要的意义。王常月病逝后,亦入葬白云观西路的祠堂内,据说朝廷还追赠"抱一高士",教内更誉之为清"高士第一流人物"。清末因住持高仁峒与慈禧太后联系密切,白云观再次名闻一时。观内太监道士刘诚印还创建霍山派,在北京内外兴建寺庙,兴盛一时。相沿数百年的白云观燕九节,更成为民众传承道教文化的生动体现。

清代中期以后,虽然道教教义发展日渐式微,道教整体渐呈现衰败迹象,但道教文化日益与民俗文化相结合,对西城基层社会的影响反而有扩大之势。在道教民俗文化的繁荣推动下,清代到民国年间,西城又创建或扩修了一批新的道教宫庙,持续活动。如南城土地庙斜街的都土地庙,本为元代以来递相传承的老君堂"古迹"。明万历后期,经神宗代其生母李太后"完愿"扩修,成为敕建道庙。土地庙每月逢三日开庙,"游人杂沓",占卜者、相面者,江湖人、生意人,摩肩接踵。早在明清时期，土地庙就已与西城护国寺、东城隆福寺称盛，并列为京城"四大庙会"。丰台花乡十八村的花农，更是这里的常客。清末翰林徐琪撰写的正殿楹联"天街福荫仰神功，补大造权衡，坐看四时花竞巧；锦市人多知岁美，数香尘车马，每逢三日我先来"，生动展现了土地庙的民俗与文化特色。

前门西河沿正乙祠，原为明代"古寺"。康熙六年（1667），经营银号的浙江商人集资修缮为行业会馆，"以奉神明、立商约、联商谊、助游燕"。正乙祠主奉正乙玄坛老祖，亦即民间广为人知的财神赵公明，因而得名。康熙四十九年（1710）又加扩建，设立戏楼，由此"春秋假日，祀神饮福"，历数百年而不衰。正乙祠经历了中国戏曲从"雅部"向"花部"的转型，更见证了京剧艺术从诞生、发展直至繁盛的整个历史过程，被誉为中国戏楼的"活化石"。其台柱楹联"八千觞秋月春风，都付于蝴蝶梦中、琵琶弦上；百五副金笋檀板，尽消磨桃花扇底、燕子灯前"，包含了《蝴蝶梦》《琵琶记》《桃花扇》《燕子笺》等诸多昆曲名剧，蕴含着浓郁深厚的中国传统戏曲文化。

清代育强胡同的玉皇阁，系在明代朝天宫的废墟上所建天元观重修而来，一度规模宏伟。研究者认为，《红楼梦》中所述的"玉皇阁"，很可能即指此处，因曹雪芹曾在距其不远的右翼宗学中任过职。顺城街的吕祖宫，传说本为白云观隶属的火神庙。晚清咸丰年间重修改建为吕祖宫，此后成为嗣传龙门法脉的重要道观。道观位于当代金融街，古典幽雅，仍散发着传统文化的浓浓韵味。鼓楼西大街的关岳庙，原为清末醇亲王奕譞的家庙，光绪十七年（1891）兴工，二十五年（1899）建成。但醇亲王故后并未入祠，1914 年改祀关羽、岳飞这两尊在民间影响最大的道教神祇，遂称为关岳庙，后又加以"武庙"之名。其他遍布西城的龙王庙、娘娘庙、财神庙，以及宣南会馆中供奉的各类道教神祇，亦享受着信男信女的大量香火。所有这些，均表明道教文化在西城的社会影响，仍以不同形式在演化扩增。

二、重要道观及其文化

（一）**从天长观到白云观** 白云观有"北京第一道观"之誉，是北京流传有绪的最早道观。白云观的历史，可以上溯到唐代的天长观。据《再修天长观碑略》记载，幽州天长观的创建，乃是唐玄宗为尊奉"玄元大圣祖"即道教始祖李耳，于开元二十九年（741）敕令各州统一兴修而成的。竣工后初称"玄元皇帝庙"，天宝年间改称为"紫极宫"。天长观之俗称，则缘于每年皇帝诞辰日（又称"天长节"）循例举行的祝寿大醮。唐末咸通七年（866），幽州节度使张允伸以年久衰败,派人复修。此后历经五代及辽南京时期,作为幽州地位尊崇、规模宏大的标志性道观,持续相沿。

金代海陵王迁都,北京在全国的政治地位迅速上升,天长观的地位随之发生重大变化。正隆年间(1156—1161),天长观为大火所毁,"数百年之缔构,一昔而烬"。大定七年(1167),"游心玄妙"的金世宗诏令复建。历经八年,规模宏大、装饰华丽的道观落成,世宗亲率百官瞻礼,赐名"十方大天长观"。这是天长观具有脱胎换骨意义的重建,具有承上启下的重要意义。

金代天长观不仅是中都规格最高的皇家道观,也成为中国北方的道教文化中心。各派道教领袖应召赴京,即多敕居观内,或在此演法讲道。典型者如"全真七子"王处一,有《入天长观》诗称"入得天长正位宫,交参殿宇映重重。金坛玉壁朝元像,七宝玲珑显圣容",可见其概。①

金后期天长观衰败,至元初丘处机入住,再次焕发生机。成吉思汗十九年(1224),率十八弟子"西行"的全真教主丘处机载誉自雪山东返,被蒙古行省迎入燕京太极宫。二十二年(1227),成吉思汗又旨令将太极宫改名"长春宫",并赐以"金虎牌",命其执掌全国道教。不久丘处机去世,全真教上下在长春宫东侧营建藏蜕之所。燕京宣抚使王楫题写观名"白云"、堂名"处顺",后世历久相传的白云观,由此肇端。元代长春宫、白云观东西并立,深受元廷重视,成为元代多民族统一国家的道教文化中心。文人学士常来游赏怀古,张养浩作诗称赞"层楼复观此谁构,只疑天巧非人工",袁桷则叹喟"之人去已久,松声有余哀"。②

元末长春宫损毁殆尽,入葬"丘祖"的白云观侥幸存留。明洪武二十七年(1394),燕王朱棣始以白云观为中心重建,永乐迁都以后,进一步受到明廷重视。此后历经修缮扩建,白云观逐步成为明清时期的京城"第一道观"。其著者如明宣德年间兴修玉皇阁、衍庆殿等,一时"宏耀京师"。景泰年间"谋新之殿三楹",恢复丘祖塑像,又绘十八宗师之像,观貌比以往更加壮观。

清初复兴全真龙门派的王常月,在观内"三次登坛说戒,度弟子千余人",为白云观的复振提供了重要契机。清代康熙、乾隆年间,白云观多次大修,香火亦持续繁荣。清圣祖赐予御匾"驻景长生""琅简真庭",清高宗复御书"葆素含元""紫虚真气"诸匾。清高宗颁赐邱真人殿的御联"万古长生,不用餐霞求秘诀;一言止杀,始知济世有奇功",高度称赞丘处机的不朽功绩,更在民众间产生

① 王处一:《云光集》卷二。《道藏》第25册,第658页。
② 于敏中等:《日下旧闻考》卷九十四。

了重要文化影响。

金元以后,随着北京逐步奠定其全国道教文化中心的地位,白云观也成为《道藏》编纂与流传的枢纽,体现出道教文化中心的鲜明特色。早在金大定四年(1164),原藏汴京(今开封)的宋《政和万寿道藏》经板北运燕京,开启了北京《道藏》文化的新纪元。大定末明昌初年,天长观住持孙明道校订补缀宋《道藏》旧板,形成六千四百多卷的《大金玄都宝藏》。这是北京历史上首部刊刻的《道藏》,在道教文化史上具有重要意义。

元代《道藏》成于山、陕等地,但其意始发于全真教核心的燕京长春宫,大宗师尹志平的鼎力支持,更成为元代《道藏》告成的重要保障。明代编纂汇集道教文化大成的正、续《道藏》,也与作为京城道教中心的白云观密切相关。此后明版《道藏》在观内赓续传承,在教内、教外都影响深远。道光年间,白云观又将观内残缺明版《道藏》抄补齐整。1950年,白云观将明版《道藏》移交国家图书馆,珍藏三百多年的"镇观之宝"成为享誉世界的文化珍品,同时以实物见证了白云观在《道藏》传承史上的独特地位。

数百年长盛不衰的"燕九节",也是白云观作为道教文化中心的重要体现。康熙三十二年(1693)戏剧家孔尚任招友同游,尤为白云观"燕九"文化盛事。"燕九节"始自元初,每年正月十九日即丘处机诞辰之时,大都阛城男女齐赴长春宫、白云观,"纵情宴玩,以为盛节"。[①] 明代诗歌中有"燕市重逢燕九,春游载选春朝"的生动描述。清初《燕九竹枝词》更总结为"长春修炼白云多,长春去后年年客"。时人记其盛况称:

> 车骑如云,游人纷沓,上自王公贵戚,下至舆隶贩夫,无不毕集。[②]

到民国年间,白云观香火也似乎未受大的影响。时人感叹:"都门之古庙多矣,如护国寺、白塔寺等皆颓败不堪……而此(白云)观独巍峨壮丽,未改旧观。"[③]"漫锣紧鼓拦游客""观前观后笛声高",白云观庙会上演的人间百态,生动展现了"燕九"的道教文化魅力。"会神仙""打金钱眼""摸猴""骑毛驴"等民俗活动,亦深受群众喜爱。

---

① 熊梦祥:《析津志辑佚》。

② 袁启旭:《燕九竹枝词序》,《清代北京竹枝词(十三种)》,北京古籍出版社,1982,第3页。

③ 汪剑森:《白云观会神仙》,《新轮》,1940年4月。

观内历久相传的唐老子石像、元赵孟𫖯手书道经石刻、明《道藏》等"镇观之宝"，使白云观不仅成为全真"祖庭"之一、龙门派"圣地"，也奠定了其"天下道教第一丛林""北京第一道观"的地位。1949 年以后，白云观继续得到保护与重视，2001 年被列为全国重点文物保护单位。设于观内的中国道教协会、中国道教学院、中国道教文化研究所等机构，进一步体现出白云观作为道教文化中心的重要影响。

1930 年代白云观庙会期间拥挤的棂星门

（二）地安门外火神庙　火神庙即供奉火神、祈禳火灾的道教宫庙。北京城内外曾建有大小火神庙二十余座，而以地安门外火神庙、前门外琉璃厂火神庙、崇文门外花市火神庙最为著名，并称为"京城三大火神庙"。其中位于什刹海东侧的地安门外火神庙，为北京三大火神庙中保存最完整、规格最高的火神庙宇。

地安门外火神庙正称火德真君庙，《帝京景物略》载为"唐贞观址，元至正六年修"，明万历三十三年"改增碧瓦重阁"。后人多据此认为，什刹海畔火神庙"即唐火德真君庙"，甚至具体称其"始建于唐贞观六年（632）"。[①] 不过从历史演变来看，唐初此地尚为幽州城外东北一处偏僻的濒水湿地，即便已建有庙宇，也很可能不过是规模很小的龙王水府或土地社公之类，在幽州内外并未留下任何记载或影响。将地安门外火神庙上溯至唐初贞观年间，尚无可靠的史料依据。

考其沿革，火神庙的创建当在以什刹海东侧为大都城兴建基点的元代，其始修即为文献记载的元至正六年（1346）。而火神庙真正兴起，则在二百多年后的明代中后期。万历三十八年（1610），由于禁城皇极殿、乾清宫等屡遭火灾，明神宗特命将地安门外火神庙扩增改建，"建庙北而滨湖焉，以水济而胜厌也"。[②]火德真君庙由此成为显赫的敕建道庙。其前隆恩殿为主殿，赐琉璃瓦以镇火，

---

① 齐心主编：《北京元代史迹图志》，北京燕山出版社，2009，第 293 页。
② 〔明〕刘侗、于奕正：《帝京景物略》卷一。

火德真君庙

后置万岁景灵高阁,又配以左右辅圣、弼灵等六殿,一时"金碧琉璃,照映涟漪间",蔚为大观。① 天启元年(1621),明熹宗在多次祭祀的基础上,进一步诏命太常寺官员"以六月二十二日祀火德之神,著为令"。②

火德真君庙成为岁时例祭的皇家道观,在西城乃至整个北京的影响进一步上升。寺后视野开阔的临水高阁,更吸引民众士人登临览胜。晚明"公安派"宗师袁宗道在题赠庙内道士的诗中称:"事火道人事,翻来水上居。鹤窥烹石处,鱼呷洗丹余。"其弟袁中道也有诗感叹:"作客寻春易,游燕遇水难","石桥明树里,谁信在长安?"天启进士、后来任国子监助教的"邢台四大才子"黄元功,亦赋诗赞颂"地静烟云满,开轩水上栖",又谓"火德时为帝,冰心日有跻"。③

作为专职禁城宫殿安全的火神庙,火神庙自明神宗敕命增建,历经清代,一直享有崇高地位。乾隆二十四年(1759)发重资重修,火神庙易旧为新,又将山门及万岁景命阁(明原万岁景灵阁改名)等易为黄瓦,规格进一步抬升。灵官殿(即隆恩殿)、火祖殿(荧惑宝殿)、玉皇阁(万岁景命阁)等精美建筑分布于中轴线上,充分体现出道教文化的深邃与丰富。火祖殿高悬的御匾"司南利用",及御联"菽粟并资仁,功成既济;槐榆分布令,序美惟修",均由清高宗亲书。殿内漆金八角蟠龙藻井,亦展示出皇家道庙的等级尊严,也蕴含了古人以水镇火的立庙本意。

清代后期,火神庙香火继续繁荣。光绪年间,来自龙虎山的六十二代天师张元旭在火神庙内主持盛大的"中元法会"。1916年袁世凯称帝时,张元旭再次进京,在新华宫"奏斋醮三坛"。近现代史上张天师这两次进京,均驻跸于火神庙,在京城轰动一时,学者称足见其"显赫地位"。④ 不过清末民国年间的火神庙,已在道教日渐衰落的大趋势下逐渐破败。1928年,火神庙曾倡议成立"北

① 〔清〕于敏中等:《日下旧闻考》卷五十四。

② 《明熹宗实录》卷八。

③ 〔明〕刘侗、于奕正:《帝京景物略》卷一。

④ 常人春:《清代火神庙的中元法会》,《中国道教》,2002年第6期。

平市道教慈善联合总会",这是北京历史上最早"具备现代形态"的道教慈善团体。后来火神庙又成为营办丧葬的重要庙宇,继续在民间发挥宗教与文化影响。但总起来说,皇家火神庙的繁华盛景已远去不再。1984年,火德真君庙被公布为市级文保单位。2010年又作为中国道教协会直属宫观对外开放,再次展示道教文化的悠久与精深。

（三）**玉虚观、天宝宫、朝天宫**　西城历史上亦有诸多发挥过重要影响的道观,因各种因素而湮灭无存。金元以来曾繁盛一时的玉虚观、天宝宫、朝天宫,就是其中的代表。

玉虚观始于金代,"在旧城仙露坊",遗址位于今诚实胡同路西。据《故太师梁忠烈王祠堂碑记》,玉虚观由完颜宗弼的王妃所创建,初以家中侍从出家祈福,后又延请"有道之士"主持香火。完颜宗弼即金初著名的太师梁王,金太祖完颜阿骨打之子,为金初重要开国功臣,民间则多以"金兀术"知名。宗弼曾驻守燕京,皇统八年(1148)于上京病亡后,燕京玉虚观内亦设立祠堂,以做祭奠之所。正隆迁都,海陵王猜刻宗室,梁王之子受抑身死,王妃亦逝,梁王之祭祀遂绝,"而独此祠庇于道宫,故得受岁时之享"。① 随着金世宗对于宗弼的重新肯定,大定年间玉虚观的地位也随之提高。金廷发帑重修玉虚观及观内的太师梁忠烈王祠堂,使其规模与文化影响都有所扩大。观内所藏道教典籍,亦为金代《道藏》的编修提供了校核与补充。泰和二年(1202),金章宗以祈子有应,"幸玉虚观,遣使报谢于太清宫"。② 可见此时的玉虚观,很可能已成为皇家道观。

金元鼎革之际,全真掌教丘处机受邀于成吉思汗十五年(1220)春抵达燕京,蒙古行省长官特将其安顿于玉虚观中。③ 丘处机与燕京士庶广泛交际,玉虚观也因此影响倍增,遐迩传颂。史料铺陈丘处机入驻时:

　　尸居而柴立,雷动而风行,真异人也。与之言,又知博物洽闻,于书无所不读。由是日益敬,闻其风而愿执弟子礼者,不可胜计。自二、三遗老且乐与之游,其余可知也。④

燕京宣抚使、汉族士人领袖王檝与丘处机的诗词唱和,尤其具有示范意义。丘处机答称"万里欲行沙漠外,三春遽别海山遥",述其西行之志。四月,又绘制

①　熊梦祥:《析津志辑佚》。

②　《金史》本纪第十一。

③　李志常:《长春真人西游记》,赵卫东辑校《丘处机集》附录一,第202—203页。

④　孙锡:《长春真人西游记序》,赵卫东辑校《丘处机集》附录一,第200页。

太极宫斋醮《瑞鹤图》，燕京士大夫竞相题咏，一时成为文化盛事。其时与丘处机往来唱和者，有孙周、杨彪、师谓、李士谦、刘中、陈时可、吴章、赵中立、王锐、赵昉、孙锡、王观、王直哉诸文士。燕京的道俗民众，更将全真掌教的来临视作其存身免祸的良机，"自尔求颂、乞名者日盈门"。① 可推测丘处机馆驻期间，玉虚观门庭之拥挤，影响之深广。

《元一统志》又载，至元七年（1270）"建玉虚观"，后来成为真大道教一支的核心宫观。真大道教初名大道教，是金初沧州乐陵（今属山东）人刘德仁创建的华北三大"新道教"之一。金、元之交，大道教分裂为天宝宫和玉虚观两派，分别传法。《玉虚观大道祖师传授之碑》载："四祖毛希琮号纯阳子，复得希夷子（张信真）之传，丁亥（1227）葺玉虚观以居之。戊子（1228）乃立李希安为五祖，号湛然子。修葺琳宇，妆严圣像，焕然一新。"以玉虚观为核心的真大道教得到元廷承认与宠信，"岁在辛丑（1241），被征命，辞老不起，宪宗皇帝以法服赐之。乙卯年（1255），世祖皇帝在王邸，闻其道行，赐以真人之号。中统二年（1261），命之掌管大道。"玉虚观升观为宫，可能亦在此前后。此后真大道教传六祖刘有明，再传七祖杜福春。至泰定元年（1324），又有正一大道真人刘尚平参与投奠龙简的周天大醮。自真大道迄改名正一大道，元代玉虚观系派别一直是符箓特色鲜明的大道教"嫡脉正传"。② 元代著名少数民族诗人乃贤作有《玉虚宫诗》，称"楼观回深巷，松枝夹路低"，又谓"白须张道士，送客过桃溪"云。

随着元代后期正一大道与玄教、太一教等逐步融入正一教，玉虚宫也开始衰落。明初，其遗址为锦衣千户据作别墅。正统年间，法师吴元真"游其地"，得悉金元道观逸事，"顾瞻徘徊，有作新之志"。千户吕仪慷慨捐基，又得总戎石亨之弟石贵大力捐资，"京之巨室亦赞襄之，殿陛廊庑，焕然一新"，天顺二年复获敕额"玉虚观"。关于金玉虚观、元玉虚宫以及明代玉虚观的沿革关系，清代已含糊不清，谓"金有玉虚观，元有玉虚宫。今之玉虚观，未审即其遗址否"。③ 不过金、元玉虚观均位于"仙露坊"，明、清玉虚观亦在"都城外西南隅里许"，二者方位相近，观名相同，很可能属前后相沿的关系。明中期成化年间玉虚观曾修理墙垣，清中期乾隆年间再次重修庙宇。明清时期的玉虚观，已成为南城一座声名不显的普通道观。1928 年寺庙登记时，尚存殿房五十多间、神像一百二十多尊。但 1949 年以后，历经"千人食堂"、日用化工厂的演变，金元时期显赫一

---

① 李志常：《长春真人西游记》，赵卫东辑校《丘处机集》附录一，第 203—204 页。

② 刘晓：《元代大道教玉虚观系的再探讨——从两通石刻拓片说起》，《中国史研究》，2005 年第 1 期。

③ 〔清〕于敏中等：《日下旧闻考》卷五十九。

时的玉虚观,难寻昔日的文化旧迹。

　　天宝宫"在旧城春台坊",为真大道教分裂后另一分支天宝宫系的嗣法中心。天宝宫的创建,一般上溯至真大道教五祖郦希诚,时在成吉思汗二十二年(1227)。《大元创建天宝宫碑》有记:"初,太玄(指五祖太玄广惠真人郦希诚)之主法席也,岁在丁亥(1227),冲虚(指三祖冲虚静照真人张信真)高弟刘希祥等,市燕故都开阳里废宇,为焚修之所。为殿为门,像设俨然。辟道院以栖云众,正函丈以尊师席。至元八年(1271),通玄(指六祖通玄真人孙德福)于琳宅之左,创立殿五楹,金碧辉煌,高出霄汉。而又建层坛于中央,敞三门于离位。十年(1273)敕赐宫额,曰'天宝'。"① 可见元初以来,天宝宫成为真大道教五祖郦希诚主持的传教中心。至元年间扩建,并正式获得"天宝宫"敕额。

　　《元史》载真大道教五传至郦希诚,"居燕城天宝宫,见知宪宗,始名其教曰真大道"。郦希诚获得太玄真人之号,"领教事,内出冠服以赐,仍给紫衣三十袭,赐其从者"。② 以天宝宫为核心的真大道教支派,在大都获得发展。此后六祖孙德福、七祖李德和承其余绪,继续发展。至元十九年(1282),八祖岳德文开始掌教,得到元廷认可,"宣授崇玄广化真人掌教宗师,统辖诸真大道教事,又赐玺书褒护之,自是眷遇隆渥。"此后岳德文声望日隆,玉虚宫、天宝宫两派亦合而为一,真大道教臻于极盛。时人称为"西出关陇,至于蜀;东望齐鲁,至于海滨;南极江淮之表",甚至连奉正一道为主的江南亦受到渗透。③

　　其后继任的真大道教九祖张清志"制行坚峻",天宝宫在大都内外的影响进一步扩大。张清志掌教期间,又大力营建天宝宫,颂经之堂、礼师之祠、寮舍库厩等,均修葺一新。天历二年(1329)十一月,为给元明宗追资冥福,元文宗命道士"建醮于玉虚、天宝、太乙、万寿四宫,及武当、龙虎二山"。④ 可见玉虚、天宝二宫,均为大都具有重要文化意义的代表道观。元代著名诗人马祖常有《祠星天宝宫作》,诗称"教命司诸席,元辰集醮筵",又谓"藩釐归帝胄,孚佑播农田"。另一文学大家袁桷,亦有《次韵马伯庸过天宝宫》作,称:"朝回香满室,祠罢月生襟",并感叹其环境之幽静"小溪流不歇,呜咽似鸣琴。"可惜到明代以后,随着真大道教衰亡,天宝宫亦迅速荒废,遗迹难觅。⑤

　　明代重要的道观朝天宫亦始于元代,入明后改建扩修,赐名朝天宫,附近街

① 〔元〕王之纲:《大元创建天宝宫碑》。
② 《元史》列传第八十九。
③ 〔元〕虞集:《真大道教第八代崇玄广化真人岳公之碑》,《道园学古录》卷五十。
④ 《元史》本纪第三十三。
⑤ 〔清〕于敏中等:《日下旧闻考》卷一百五十六。

巷以"朝天宫街"为名(遗址在今阜成门内)。史料称朝天宫位于皇城西北,即元之天师府,乃宣德年间仿照南京朝天宫之制,修建三清、通明殿以及普济、佑圣、文昌、玄应等殿宇十二座,规模宏大。① 建成于宣德八年(1433)闰八月,"靓深亢爽,百物咸具"。其中三清殿供奉上清、太清、玉清三位道教尊神,通明殿专奉上帝。其余九殿各奉诸神,又建东西具服殿,"以备临幸"。宣宗作有御制诗文,勒碑纪事,称"一心绥怀副高旻,都城乾位宫宇新",又谓"巩固社稷宁家邦,时和岁稔民物亨"。宣宗下令将原来在庆寿寺、灵济宫等地举行的百官习仪之典,改至新落成的朝天宫内进行。每年正旦、冬至、圣节庆典之前,先集百官于朝天宫内演练。② 朝天宫由此获得异乎寻常的地位和影响,后人多有咏颂之作。吴宽《游朝天宫》诗称"紫府新开延日月,碧岑高筑傍云霄","为忆景星酬帝力,手摩石刻是前朝"。李梦阳《雪后朝天宫》感叹"蓬莱咫尺无人到,松柏黄昏有鹤还","浮尘扰扰江湖远,怅望岩栖不可攀"。著名文人王世贞亦有诗,略谓"玄宫雪后静芳埃,环佩千门曙色来"。

正统年间,又在朝天宫东北复建天师府,由此形成朝天宫、天师府两位一体的格局。后人记为:"朝天宫内有天师府,(龙虎山)张真人所居停者。真人来朝,奉敕建醮,此则其醮坛也。"③其首位入居者,为入京庆贺英宗登基改元的四十五代天师张懋丞,"敕建天师府于朝天宫内东北隅,此先帝之命,至是落成"。礼部官员将张懋丞迎入天师府内,"给以饩廪,命修升真大斋于本宫"。④ 成化十七年(1481),明宪宗"承太祖、宣宗朝天之心",又发帑重修朝天宫、天师府,规制与影响进一步扩增。明宪宗有御制诗赞称"禁城西北名朝天,重檐巨栋三千间","百官预于兹肄仪,羽士日于兹祝釐"。明人诗称"近臣未识天颜喜,极目彤云捧露盘",又谓"斋沐明朝齐献寿,九霄深处喜龙颜"。元代赵孟𫖯《张天师像赞碑》、《大道歌碑》及虞集《黄箓大醮碑》等重要道教文物,亦在宫府内持续相传。⑤ 嘉靖年间,朝天宫更受重视,"斋醮无虚日"。可惜到明末天启六年(1626),朝天宫遭遇大火,十三殿几乎全毁,"今虽有宫门口、东廊下、西廊下之名,其实周围数里,大半为民居矣。"⑥

清代朝天宫、天师府未再修复,附近则"因其余址"而修葺关帝庙,"然止大

---

① 〔清〕孙承泽:《春明梦余录》卷六十六。
② 〔明〕于奕正等:《帝京景物略》卷四。
③ 〔明〕蒋一葵:《长安客话》卷二。
④ 〔明〕张正常撰、张宇初删定、张国祥续补:《汉天师世家》卷四。
⑤ 〔明〕于奕正等:《帝京景物略》卷四。
⑥ 〔清〕吴长元:《宸垣识略》卷八。

殿三楹,殿前甬道绵亘数百武,砌石断续",犹可见明代朝天宫的规制。乾隆年间,"宫后向存旧殿三重,士人呼为狮子府,盖即元天师府也,今皆废。"①其大概位置,在今西城平安里西大街翠花街与狮子西巷一带。其地东廊下胡同拆迁前某民房临街后墙上镶嵌的"麒麟阁"石匾,据说即是始自元代天师府的遗物,现已收入《北京名匾》一

疑为元天师府遗物的"麒麟阁"石匾,传为大书法家赵孟頫手笔

书中,内称"传为元代大书法家赵孟頫手笔",不过尚待挖掘史料佐证。②

　　(四)都城隍庙、江南城隍庙、宛平城隍庙　城隍为中国本土宗教的重要神祇,其文化渊源可上溯至《周易》。城隍本义,是指便于聚民而居所修筑的城墙,以及用于维护城垣的水池或壕沟。《周礼》"蜡祭八神"中的水庸,可能即后世城隍神的原型。演变为城市保护之神后,中唐"城隍"信仰迅速从江南发展至全国,入宋后更成入正祀。北京亦当在唐、宋时期,即开始出现城隍信仰的萌芽,后又因上升为都城而获得独特地位。清高宗谓"幽冀肇域以来,有城即当有神",又称"今天下自县而州,而府而省,莫不立庙,而都城隍庙尤天下所会归,不与他等"。③　具体而言,北京配置有等级不同的城隍庙,包括国家级层面的都城隍庙、江南城隍庙,皇城内廷层面的皇城城隍庙、紫禁城城隍庙,以及附郭县级层面的大兴城隍庙、宛平城隍庙。而以位于西城的都城隍庙、江南城隍庙、宛平县城隍庙影响最大,也最能体现出都城城隍文化的特点。

　　都城隍庙位于宣武门内成方街(即原城隍庙街),是北京最重要的城隍庙。后人称"耶律会同之世,始建城隍;金源天德之时,增修宫室"。④《金史》亦有大定二十一年后上京"修宫殿,建城隍庙"的记载。⑤　推测北京在升入都城之初的辽南京、金中都时期,很可能就已建有与其政治地位相称的城隍庙。后世相传

　　①　〔清〕于敏中等:《日下旧闻考》卷五十二。
　　②　齐心:《北京名匾》,北京美术摄影出版社,1996,第179页。
　　③　〔清〕于敏中等:《日下旧闻考》卷五十。
　　④　〔清〕于敏中等:《进〈日下旧闻考〉表》。
　　⑤　《金史》志第五。

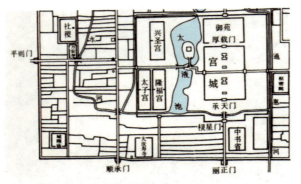

大都城隍庙位置示意图（引自唐晓峰：《深入了解金中都对北京地区发展的历史地理意义》）

的都城隍庙，则始于元初。虞集《大都城隍庙碑》有详细记载，称至元七年（1270），太保刘秉忠、大都留守段贞、礼部侍郎赵秉温等上奏，言大都城池既经建成，"宜有明神主之，请立城隍神庙"。元世祖遂于新城西南隅，择地"建城隍之庙，设像而祠之，封曰佑圣王"。随又下令全真道士、葆光大师段志祥等"筑宫其旁，世守护之"。① 此即《析津志》所记的"新都城隍庙""京都城隍庙"。此后元廷又多次崇加城隍封号，岁时崇奉，庙内香火也因而长盛不衰。时人谓为"每遇朔望，车马毕集，祈祷于神者，莫之胜纪"。② 又记其爵号、祀秩独尊之由，盖"以宗社宫阙攸在，示礼重也"。③

明初太祖朱元璋将城隍按城市等级分为王、公、侯、伯四等，原大都城隍庙短暂降为郡府城隍。而永乐迁都之后，又再次恢复都城隍庙的政治地位。经过永乐、宣德、正统年间的崇饰扩建，都城隍庙规制逐渐完善。明英宗在御制碑文中，更强调城隍神"能公其善恶是非之隐而不爽，恤其菑害疾疫之生而不倦"，同时申明"资神弼我所未逮，故兹相方为筑宫"，明确表达了以神道辅政的教化意义。④ 正统大修后的都城隍庙规模宏大，"为屋以间计者一百九十，其地以丈计者深七十一、广四十一有奇"。嘉靖年间因灾重建，万历年间再经重修。《春明梦余录》记其布局，中为正殿大威灵祠，后为寝祠，左右有斋，两庑为十八司。正殿前有阐威门，门外设钟鼓楼，最前为大门即都城隍门。每年春秋，按例遣官员致祭，二门内则列各省城隍神，"冠笏立侍"，展现了都城隍庙独特的文化意蕴。

受其鼎盛香火之刺激，明代中后期都城隍庙又形成遐迩闻名的庙市，"人生日用所需，精粗毕备。羁旅之客，但持阿堵入市，顷刻富有完美"。庙会之日，"族族行而观者六，贸迁者三，谒乎庙者一"。尤其是其中"画书骨董，真伪错陈"，更吸引了文人学士的目光，盛称"图籍之曰古今，彝鼎之曰商周，匦镜之曰

① 〔清〕于敏中等：《日下旧闻考》卷五十。
② 〔元〕韩从政：《佑圣王灵应碑序》。
③ 〔元〕任栻：《大都城隍庙碑》。
④ 《明英宗实录》卷一百六十，正统十二年十一月壬辰。

秦汉,书画之曰唐宋"。时人诗谓:"经年树暗深廊昼,长日风飔古砌尘。粉署政闲来伏几,俨将心术对神明。"泰昌初年,著名学者邹元标、冯从吾入京,"公暇,辄会讲城隍庙百子堂,自绅衿氓隶,听者数百人",更成为明末京城重要的文化事件。①

入清后,都城隍庙继续得到"敬礼崇饰"。雍正四年、乾隆二十八年,都城隍庙再经大修,又在庙内建立御制碑亭,"恢宏巨丽,视昔有加"。清世宗、清高宗给都城隍庙颁发御匾、御联,谓"永佑畿甸","保障功隆,俎豆千秋修祀典;邦畿地重,灵威万国仰神明",又谓"神依民社","灵巩天垣,和会九州风雨协;报崇国祀,盈宁亿禩社方安",进一步阐发城隍信仰的政治意义,并赋诗称"盛德承天施厚贶,大清奕叶巩金汤",在民众中间产生了深远影响。这从北京城隍民俗文化的兴起与繁荣即可见一斑,具体详见后。

江南城隍庙位于宣武门外南横街路北、先农坛之西,文献又记作"前门外南下洼"。明代《涌幢小品》载都城隍庙仪门内塑有十三省城隍,"皆立像,左右相对",《帝京景物略》同之。但清人考察后发现,都城隍庙中仅排列十二省城隍,而独缺江南城隍,"盖明代以江南省为陪京,故不与各省并耳"。② 可见江南城隍庙的建立,很可能是在南北两京并立的明代,并因其系陪都,因而取得与都城隍庙大体并列的地位。

清代江南恢复为普通行省,但江南城隍庙作为专庙继续存在,乾隆朝重修。每年清明、中元、十月初一,都城民众往庙中"迎赛祀孤",后来更演变为京城妓女的聚集祭奠之所。崇彝记称清明时节,前往江南城隍庙"上冢以妓女为盛,多著素服,亦悼其同类意也。有痛哭欲绝者,但所吊者或百年外之人,或数十年前者,绝不相识也",成为口耳相传的一道风景。七月江南城隍庙兴办中元节,南城又以具有佛教因素的河灯吸人眼球。时人记为:"街市买纸扎荷花灯,供儿童玩具,争奇炫胜,有大至七八尺者,飘扬市廛,人多注目。"③《竹枝词》亦谓"满街秋月群儿闹,长柄擎来荷叶灯"。

同治十年(1871)都城隍庙发生火灾,大兴、宛平二县城隍拜谒都城隍,便改至此庙举行。此即文献所称"内有城隍行宫",即清末的江南城隍庙,曾短暂行使都城隍庙的功能。民国年间,江南城隍庙与其东关帝庙、西三官庙连成一体,"庙外围以瓮城,辟东西二门",上刻"表正天衢""崇光帝里"诸字。庙会之日

---

① 〔明〕刘侗、于奕正:《帝京景物略》卷四。
② 〔清〕于敏中等:《日下旧闻考》卷五十。
③ 〔清〕崇彝:《道咸以来朝野杂记》。

20世纪40年代外国人拍摄的宛平城隍庙"烧火判"

"小贩云集,游人拥挤",烧香还愿者亦"纷至沓来,犹见迷信风俗盛之"。

宛平县城隍庙在地安门外西皇城根路北,民间俗称为"北城隍庙"。宛平县城隍庙毗邻宛平县署,为专职管理宛平县域的城隍庙,《北平旅行指南》记其"香火颇盛"。每年正月十三至十七日庙会五天,壁悬纱灯,夜间万烛齐明,游人转较白日为多。庙内火判钟馗届期以煤火烧透,烟焰由七窍喷涌而出,信众尤叹为奇观。

每年城隍"三巡会",亦即城隍神于春、夏、秋期间三次"出巡"街市,更成为民众参与广泛的道教民俗。四月二十二日宛平城隍"出巡",开北京诸城隍"出巡"之先河,仪式亦格外隆重。是日城隍"迎祭"由宛平县主官及属吏主持,阖城士女随同祈福。"出巡"即"抬神游街"时,城隍下属判官鬼卒由宛平县中的衙役装扮,信众则或枷锁红衣为"罪人",或露臂挂灯为"仆童",还愿酬赛,以答神庥,"种种异常",不一而足。参与者更是神人同娱,"鼓乐笙簧,喧振数武。观者丛头,挥汗如雨"。直至夜幕降临,众人方尽兴而散。① 二十九日东城大兴城隍"出巡",亦略如西城宛平城隍。

至五月初一日都城隍庙开庙,民众祭祀更逐步达到高潮。先是大兴、宛平两县城隍至都城隍庙"朝见",秧歌、高跷、五虎棍等香会举办花样百出的"献神"活动,打扇的、扮"罪囚"的、献唱的、赶"鬼囚车"的,如同演戏一样排练有素,"沿街空巷,逐队而观"。② 《北京竹枝词》戏称为"执事排来异样新,一番赛鼓拜迎神。请看热闹城隍会,都是梨园馆里人"。其后继以庙市持续十余日,"百货毕陈,游人尤盛"。价格便宜、花样繁多的"估衣市",更引来四郊妇女儿

① 〔清〕让廉:《京都风俗志》。
② 〔清〕崇彝:《道咸以来朝野杂记》。

童。其终曲,则为十一日的都城隍诞日庆典,太常寺官员代表清廷致祭,"居民香火之盛,不减于东岳之祀"。① 自四月下旬由宛平城隍"出巡"启动的京城城隍信仰民俗,前后持续二十余日,至此方告一段落。

十月初城隍再度"出巡",且与民间"送寒衣"的民俗连在一起。"寒衣节"又称"十月朝""祭祖节""冥阴节",为民间文化中的重要祭祖节日。民众于城隍"出巡"之际,给逝去的祖妣寄送"寒衣"以表达思念,成为孟冬时节影响广泛的道教文化民俗。

(五)灵济宫、显灵宫 明代诸帝崇奉道教,除奉祀与修整原有宫观之外,又特意修建新的道宫以供祈禳。明成祖所创的灵济宫、显灵宫,就是明初重要的皇家道观。

灵济宫、显灵宫与朝天宫并列为明代道教"三宫"。明人称灵济宫、显灵宫"雄丽轩敞,不下宫掖",每年花费的珠玉锦绣"至数万",其香火与名气甚至远超列于祀典内的大神。② 灵济宫位于西华门外灵境胡同,始建于永乐十五年三月,奉祀"二徐真君"徐知证、徐知谔。徐氏兄弟在南唐时已初具名声,后经宋高宗赐额,逐渐在福建民间传播。明代于京师敕建专庙,则是由于明成祖朱棣闻其"灵应尤著","遣人以事祷之辄应,间有疾或医药未效,祷于神则奇效",遂"专使函香,迎请神像至于北京",于皇城之西建立专庙,赐名"洪恩灵济宫"。明成祖给徐氏兄弟崇加金阙、玉阙封号,又扩修其福建原庙,春秋遣人致祭。二徐洪恩真君信仰,由此从福建直接传进京城。

缘于明成祖的大力尊崇,明前期百官习仪,亦多安排在庆寿寺、灵济宫内进行。明英宗登基后,又加以大修。次年正月,御制《洪恩灵济宫碑文》,铺述自永乐朝"岁时荐祭,式丰以严",洪熙、宣德二朝亦"率循旧章,咸隆祇礼"。英宗"仰体先志,增崇祠宇",又崇加封号,并作诗铭颂之,谓"宫城之西,灵宇岿然。皇图神祀,同千万年"。③ 灵济宫遂成为明代皇室最为重要的道观之一,徐氏兄弟也成为明廷岁时礼祭的国家"正神",进而获得都城士民信众的大量香火。

成化年间,明宪宗为洪恩真君崇加"上帝"尊号,其父、母称圣帝、元后,配偶亦加元君之号。明廷的尊崇,达于极盛。弘治元年(1488),因礼部侍郎倪岳奏劾其"诞妄不经",革去新加的"上帝"等封号,然其祭祀照旧。明武宗时期,下令仅由太常寺官员行礼,不再遣派内阁重臣,其祭祀规格有所降低。④ 但灵济宫

---

① 〔清〕王养濂《宛平县志》卷一。
② 〔明〕沈德符:《万历野获编》,补遗卷四。
③ 《明英宗实录》卷十三。
④ 〔清〕于敏中等:《日下旧闻考》卷四十四。

"古木深林,春峨峨,夏幽幽,秋冬岑岑柯柯","中有碧瓦黄甍,时脊时角",优美的风景吸引了大量游人,其文化影响更是持续相传。明代著名文学家王世贞作有《灵济宫》诗,称"绮色深三殿,钟声散五陵"。李梦阳亦赋《灵济宫十六韵》,赞誉"爵陟王侯上,尊同帝者师",并以昔日盛景不再,感叹"累朝盟誓册,玉柜少人知"。①

明代中后期的灵济宫"讲学",尤为京城的文化盛事。嘉靖三十二年至三十三年(1553—1554)间,在王阳明再传弟子、大学士徐阶以及礼部尚书欧阳德、兵部尚书聂豹、礼部侍郎程文德等人相继主持下,灵济宫内多次举办传道讲学活动,"学徒云集",竟至千人之众。又有罗汝芳邀请其师颜钧入京,连续在灵济宫内主讲,听众主要为入觐官员与应试举人,灵济宫"讲学"的名声传至大江南北。此后太仆少卿何迁从南京来到北京,再次推徐阶主盟,在灵济宫内时行讲会。徐阶等人以首辅的身份在灵济宫内倡导讲学,直接推动了明代后期朝野内外的讲学之风。

明末灵济宫香火逐渐冷落,入清后官立更不承认二徐真君。灵济宫遂废弃湮灭于历史长河,仅留下灵清宫、灵境胡同等以讹传讹的地名,在民众中间口耳相传。

显灵宫位于西城鲜明胡同,亦为明成祖朱棣敕建的祈禳道观。永乐年间,来自杭州的道士周思得以"灵官法"显于京师,更因扈从北征,"祷辄应",被成祖誉为"活神仙",于是"命祀神于宫城西",创建天将庙与祖师殿,以奉祀天将王灵官及其师萨守坚。周思得后来历事五朝,受赐"灵通真人",享寿九十二,谥"弘真道人",成为北京深具影响的高道。始于周思得的天将庙,亦累经朝廷崇奉。宣德年间扩建为大德观,增建崇恩殿、隆恩殿,加封萨真人为崇恩真君,王灵官为隆恩真君。成化初年,再次升观为宫,称显灵大德宫,规格进一步提升。崇恩、隆恩二真君的神像袍服,四季按期更换,"三年一小焚化,十年一大焚化",相关祭祀也更加严整。每年皇帝圣诞、正月初一、冬至以及二真君示现之日,"皆遣官致祭"。嘉靖三年,又于宫内营建龙虎殿,"以奉真武",规模进一步扩大。②

明廷崇奉日盛,显灵宫在民间的文化影响也迅速扩大。《燕山丛录》记载,显灵宫内有道士韩承义工于蹴鞠之技,"肩背膺腹,皆可代足",可同时对垒数人,又可使蹴球环绕周身,"终日不堕",吸引了众多的爱好者观摩。九月重阳,成化年间增修的弥罗阁(俗称显灵阁),则成为士民登高赏景的胜地。位列明代

---

①　〔明〕刘侗、于奕正:《帝京景物略》卷四。
②　〔清〕于敏中等:《日下旧闻考》卷五十。

"文坛四杰"的何景明作诗称"眺迥山河出,登高殿阁开",又谓"不到玄宫久,桃源更此行"。有"齐郡二彦"之誉的冯琦,亦赋《九日登显灵阁》诗称:"阁峻嶒倚绛霄,相传殿宇自先朝。金书玉笈无消息,菊蕊黄枝对寂寥。"显灵宫西殿的雷劈"折枝柏"亦颇有文化影响,"折而不殊,二百年葱葱",成为京城竞传的"七奇树"之一。有诗赞誉"车马柏阴下,威仪香殿中。阁深朝秉烛,符秘字成龙",又谓"栝柏抟阴古,蒲桃抱蔓新。玄虚通上德,俛仰悟前身"。

明末显灵宫渐不如前,时人谓为"先帝祈灵太乙祠,重来空忆翠华旗。殿中香火仪犹具,海上仙人事转疑"。① 诗人袁宏道更在与友人的聚集中,以《显灵宫集诸公以城市山林为韵》,表达对朝政日非的不满,称"新诗日日千余言,诗中无一忧民字"。清乾隆年间,显灵宫获得重修,香火逐渐恢复,松柏犹存。清代后期,山门内部分建筑逐渐圮废,仅余少量遗存,《天咫偶闻》甚至谓"今已废尽"。光绪年间又有所修缮,民国年间寺庙登记时,尚有房屋五十一间及神像、礼器、神龛、石碑等文物,略具规模。但到 1949 年前后,显灵宫七号院已不复存。2003 年以来,鲜明胡同迤西,更被开发拆除。

(六) 大高玄殿、大光明殿 明代中期,明世宗为便于玄修祈祷,又在禁宫附近兴修大高玄殿与大光明殿。大高玄殿位于玄武门外西北,东西与景山、北海近在毗邻,始建于嘉靖二十一年(1542)。竣工之际,世宗举办安神大典,称所建乃"祇天礼神,为民求福",派遣大臣赴朝天各宫及京内祠庙遍行祭告。五年后大高玄殿毁于火,世宗随即下令修复。万历十八年(1590),再次重修。明代大高玄殿巍峨的前门称"始青道境",其南面牌坊正题"乾元资始",背题"大德曰生";前门左右又立二牌坊,东题"孔绥皇祚",背题"先天明境";西题"弘佑天民",背题"太极仙林"。又有炅音阳真阁、阴音阴灵轩二阁。主殿东北建象一宫供奉"象一帝君",据说即明世宗身穿道服的金身"玉容",足见他对于大高玄殿的尊崇与信奉。

大高玄殿位于深宫禁苑,用于内廷帝王祈禳求福。明人记大高玄殿为"习学道经内官之所居",又谓其内有三清像设,"至今崇奉尊严,内官宫婢习道教者,俱于其中演唱科仪,且往岁世宗修玄御容在焉,故得不废"。② 嘉靖年间,大高玄殿为世宗于西苑修玄的重要斋宫,不时举办斋醮,并诏传朝臣撰拟上奏天庭的"青词"。夏言有《雪夜召诣高玄殿诗》:

---

① 〔明〕刘侗、于奕正:《帝京景物略》卷二、卷三、卷四。
② 〔清〕于敏中等:《日下旧闻考》卷四十一。

迎和门外据雕鞍,玉蛛桥头度石栏。
琪树琼林春色静,瑶台银阙夜光寒。
炉香缥缈高玄殿,宫烛荧煌太乙坛。
白首岂期天上景,朱衣仍得雪中看。①

由此可见殿内皇家醮典盛况之一斑。万历年间进士杨四知,亦有《高玄殿诗》：

高玄官殿五云横,先帝祈灵礼太清。
凤辇不来钟鼓静,月明童子自吹笙。②

明亡清兴,大高玄殿避讳改名大高元殿、大高殿,但作为皇家道观的地位没有改变。雍正八年(1730),崇尚道教的清世宗拨款重修,乾隆十一年(1746)再次复修。清高宗御书"乾元资始""元宰无为"等牌坊、匾额,又书御联"烟霭碧城,金鼎香浓通御气;霞明紫极,璇枢瑞启灿仙都"。雷坛之后的高阁上圆下方,上额"乾元阁",下额"坤贞宇",内供玉皇。清代大高殿为帝王祷求雨泽的重要地点,亢旱年份更多举办隆重的祈雨仪式。每月的初一、十五,清帝亦至大高殿内"拈香行礼"。岁时节日,大高殿则举办种种不同名目的道场,具体包括元旦的迎新禧道场、庆祝玉皇上帝诞辰的天诞道场、庆祝皇帝诞辰的万寿平安道场,以及民俗流行的上、中、下"三元"道场,还有祭祀天、地、祖先、后土的道场等等,成为宫内道教文化的重要体现。

清代后期,大高殿又多经修饰完善。历经明清两代修整的大高玄殿,建筑类型齐全,构造各具特色,充分反映了明代中后期以来的传统营造技艺。清末"八国联军"入侵北京,大高殿为法兵占据侵扰,其建筑与文物均遭严重破坏。1949年以后,大高玄殿又被长期借用。直到2004年实施"人文奥运"工程,方于原址复建南牌坊,成为恢复故宫周边历史风貌的重要举措。随着腾退工作的陆续完成,作为全国重点文物保护单位的大高玄殿,将在大修后对外开放,继续发挥其明清皇家御用道观的历史文化价值。

大光明殿位于西安门大街路南、光明殿胡同(今称光明胡同)以西,亦为明世宗敕建的皇家道观,始建于明嘉靖三十六年(1557)。清高宗《御制光明殿

① 〔清〕于敏中等:《日下旧闻考》卷四十一引《桂洲集》。
② 〔清〕于敏中等:《日下旧闻考》卷四十一引《长安客话》。

大高玄殿牌坊与习礼亭旧影

诗》称"今日三清境,前朝万寿基",清末《燕都杂咏》亦谓"指点光明殿,当年仁寿宫",均将大光明殿的前身基址上溯至明初燕王朱棣的潜邸万寿宫（又称仁寿宫）,甚至传称其地本为张三丰真人来京入觐明成祖时的居所,然尚无史料佐证,或属后人附会。

痴迷玄修的明世宗晚年喜爱清静,长居西内,大光明殿的创建应与其个人的宗教需求相关。《日下旧闻考》载其门"东向",即朝向东边的西苑。前为主殿大光明殿,左右配以太始、太初二殿。中为太极殿,东西配以统宗、总道二殿。其登丰、广福、广宁、永吉等门,以及宣恩亭、帝师堂、福真憩、禄仙室等建筑,均体现出浓郁的皇家文化色彩。后为天元阁,重檐圆攒尖顶,则系仿天坛大享殿样式,下有圆形汉白玉石座,内供玉皇大帝。大光明殿因而获得"小天坛"之誉,民间传说每年玉帝诞辰的正月九日,以及其下巡人间的十二月二十五日,明世宗都会前赴殿内行香朝礼。《明实录》记载了数次嘉靖朝的庆典,崇祯十七年正月末帝又曾于殿内行祈谷之礼,略可推测明代后期大光明殿内之香火不断,道韵高扬。[1]

清雍正十一年（1733）,同样尊崇道教的清世宗拨帑兴修大光明殿,将其宠信的龙虎山高道娄近垣封为妙正真人,作为第一代"开山"正住持。四十年后,乾隆三十八年（1773）再次大修。除原有主体装饰一新之外,清代又添建三星殿、三皇殿、慈佑殿、慈济殿等建筑,并颁赐"鸿钧广运"及"覆育普无私,穆然垂

---

① 《明世宗实录》卷四百五十三、卷四百六十一、卷四百九十三等。

435

象;监临昭有赫,俨若升阶"等御匾御联,大光明殿的影响进一步扩大。作为皇家专用祭坛,大光明殿金顶建筑的大气恢宏,与斋醮仪典的雍容华贵相互映衬,远非一般寺观可比。雍乾年间江南道士施远恩所撰《大光明殿步虚词》中,渲染"巍巍金阙耸瑶天,羽盖朱轮满大千",又谓"道人报国无他愿,只祝风调雨顺来"。① 清高宗亦作诗称:"讵慕神仙术,惟祈旸雨时。来斋心惕若,顾諟奉无私。"所有这些,均体现了皇家宫观祈祝国泰民安、风调雨顺的宗教文化意义。

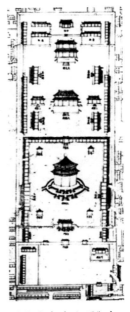

《乾隆京城全图》中的大光明殿布局

清末"义和团"兴起,大光明殿与西皇城根的旃檀寺成为"老团"设坛练拳的核心,多次在此拘禁审讯中国教民。八国联军攻入北京后大肆报复,纵火将旃檀寺与大光明殿焚毁一空。原珍藏于大光明殿内的十二万多块明版道典经板,亦随同灰飞烟灭。《正统道藏》《万历续道藏》经板是集传统道教典籍之大成的珍贵文物,具有重要的文化与历史价值。清末大光明殿与道教经板之被毁,正是中国近代屈辱历史的生动见证。

晚清日渐荒芜的大光明殿

① 《道家诗纪》,《上海图书馆未刊古籍稿本》第60册,复旦大学出版社,2008,第100—101页。

第三节　伊斯兰教文化

伊斯兰教始传于7世纪初,创立者为西亚阿拉伯半岛上的穆罕默德。初唐时期,伊斯兰教随来中土贸易的阿拉伯人传入广州、泉州、扬州等南方沿海地区,随又逐步扩散到其他各地。教内传说早在辽宋时期,伊斯兰教就已传入幽燕之地。不过其大的发展,还是在北京上升为统一国家都城的元、明之后。

一、伊斯兰教文化的传入与发展

清代牛街礼拜寺《古教西来历代建寺源流碑文总序略》(俗称"白匾"),称其教"始于西域,流衍中华,其来旧矣",又说到"自唐、宋、元、明流衍至今,千有余年,愈传愈广,秦晋齐楚、吴蜀闽越、滇黔燕辽,以及穷巷僻壤,无不建寺奉教"。这里叙述的是伊斯兰教流入中土以后的大致传播概况,但对于其传入北京的具体时间,尚有不同说法。辽宋时期,中国境内的穆斯林数量进一步增加,其活动范围逐步扩大到各地。教内传说西城最古老的牛街礼拜寺,即肇始于此时。不过"白匾"的相关叙述并不十分明晰,可信的文物佐证迄未发现。从历史演变来推测,随着北京城市地位的上升,辽金时期信奉伊斯兰教的穆斯林被吸引到辽南京、金中都来进行商贸、生产,应该说还是极有可能的。但其时是否已有机会"奉敕"于燕京的"东郭""南郊"兴建专门的礼拜寺庙,这一教内相传的标志性事件具体发生于哪一个朝代,则尚待考察。

元代是西城伊斯兰教明确传入的初步发展时期。元初蒙古大军西征,中国与阿拉伯之间的通道被进一步打开,大批穆斯林在元廷政策的优待下东来,最终形成《明史》所载"元时回回遍天下"的新局面。元代允许来自西域的回回编入户籍,标志着他们能最终"以中原为家",大大促进了伊斯兰教文化的传播。王恽《为在大都回回户不纳差税事状》一文中提到,至元世祖中统四年(1263),统计大都路入籍的"回回人户",已经达到两千五百九十三户。有学者认为,若以每户四至五人计算,则元初大都路附近信奉伊斯兰教的穆斯林,至少已有一万人之多,而相当一部分就居住、生活在西城范围之内。其中不乏"富商大贾、势要兼并之家",兼之擅长"兴贩营运",在商贸往来与中外文化交流方面,均具有较大影响。西城锦什坊普寿寺相传即始于元代,甚至远在城外的通州、顺义、房山等地,相传在此前后亦开始兴建清真寺,可大略推见其时伊斯兰教在大都内外的发展。

明代是伊斯兰教文化在西城得到巩固与传播的时期。民间素有"十大回回保明朝"的说法。明初重要回族将领常遇春、蓝玉等人的赫赫战功,为伊斯兰教在明代获得合法地位奠定了政治基础。燕王朱棣借助"靖难之役"夺得帝位,将都城北迁,则进一步扩大了伊斯兰教在北京地区的传播。清代《冈志》有载:"今燕都之回回,多自江南、山东二省分派来者,何也?由燕王之国,护围[卫]军僚多二处人故也。"可见明初受到朝廷优待的军卫中,"从龙"回人较多,并成为伊斯兰教在北京发展的新生力量。

明代敕建的"四大官寺"中,牛街礼拜寺、锦什坊普寿寺即在西城。《冈志》载称:"明宣武门之西南,地势高耸,居教人数十家,称曰'冈儿上',居者多屠贩之流。教之仕宦者,率皆寓城内东、西牌楼,号曰'东西两边'。居'两边'者,视'冈儿上'为乡野。"明代宣武门外的"冈儿上"(即今牛街一带)以及内城西四牌楼附近,均已成为"回回"人成规模聚居、生活的重要地区。明代礼部给京城敕建的清真寺掌教与伊玛目颁发札副,以加强清真寺的制度建设与日常管理,其后形成累代相传的世袭掌教制度,有利于伊斯兰教文化的传承与发展。明代西城阜财坊的白回回胡同、咸宜坊的羊肉胡同,南城正西坊的羊肉胡同、白纸坊的牛肉胡同等,都有大量穆斯林会集活动的遗迹。位于笤帚胡同的前门清真寺,相传亦建于明朝末年。其时北方各地的伊斯兰教大族也陆续地迁来北京,或在西城安家落户,或于西城商贸往来,大大促进了北京与处地伊斯兰教文化的传播与交流。

清代是伊斯兰教进一步适应社会的重要时期。清初在"满汉分居"政策的影响下,内城的伊斯兰教一度受到冲击,《冈志》称为"驱民出城,居'两边'者失其所有,遂尽趋'冈儿上'"。元明以来北京穆斯林以东西两城为活动重心的文化格局,由此发生重大变化。《冈志》记牛街地区的兴起,谓"迩来时移世易,年久贫富变迁,向之茅舍零星者,今且烟火万家矣",可见一斑。

清代中后期,内城迁出的穆斯林陆续返回,因教徒迁徙而衰败的清真寺逐渐恢复。乾隆年间在西长安街敕建的回回营礼拜寺,更成为内城伊斯兰教文化复振的重要标志。而随着北京伊斯兰教的恢复与发展,西城清真寺也逐步向关厢与郊区扩展,阜成门外大关清真寺、德外关厢法源寺等新寺陆续建立。原有的清真旧寺则陆续翻修,新寺创建亦时有举行。始于明朝末年的前门清真寺,康熙年间、乾隆年间续有重修,内存蓄人华巴巴手抄的《古兰经》,在西城穆斯林中口耳传诵。《冈志》载教子胡同清真寺亦始于明末,康熙后期复建,并获赐额"永寿寺",后来成为牛街地区的"东寺",又称"小寺"。康熙年间重修的德胜门外清真法源寺,为中国古典式建筑,有"开天古教"横额,古雅端庄。乾隆年间,山东德州马氏迁居地安门外,始建什刹海清真寺,至道光年间,其后裔复置办房产,扩大重修,正门前的桥形琉璃瓦影壁,造型尤其精美。始建于道光年间的北沟沿正源清真寺,虽规模较小,但礼拜殿、阿訇室、沐浴室等基本设施齐备。德胜桥东侧的后海清真寺,据传亦始于清代。

清末又有历掌保定各清真寺的张子文应邀进京,到西单清真寺(时又称"牛街下寺")担任第一任教长。此后他参与创办北京"清真教育会",并出任《清真杂志》《清真白话报》《北京民报》等总发行人,成为清末民初著名的伊斯兰教育家、社会活动家。西城这一伊斯兰教文化交流的优秀传统,渊源悠久。早在明清鼎革之际,"学通四教"的穆斯林学者王岱舆北上京师,研经讲法,就与刘智、马注等伊斯兰学者交往密切。

山东著名经师常志美弟子王允卿来京,更受到牛街广大穆斯林的热烈欢迎。《冈志》载称,王允卿来京游学时,"冈人如获奇才,老少数十人乘骡策马迎于良乡,开放寺正门以纳之"。王允卿居寺期间,"开大学于北廊,馈食献帛,仰若神明",连德高望重的掌教白世祥亦"俯身降体,执经门下"。清代作为北京"第一大寺"的牛街礼拜寺,成为伊斯兰人教学的文化重心,大大促进了京城与全国各地伊斯兰教的交流与发展。

民国是西城伊斯兰教文化的转型与发展时期。在时势潮流的影响下,西城伊斯兰教开始兴建学校,创办伊斯兰教文化团体、报刊,随又兴起留学之风,为各地穆斯林提高文化素质,进一步保存、更新伊斯兰教传统文化,起到了很好的表率作用。牛街寿刘胡同清真女寺的率先创建,在伊斯兰教文化发展史上尤其具有重要意义。

早在 1905 年,出生于北京的著名报人丁宝臣,就在西单清真寺内行医,同时兼办《正宗爱国报》《天津商报》等事。《正宗爱国报》是北京回人最早创办的白话报纸,以开民智、"反帝爱国、改良社会、宣传民族团结"为宗旨,同时抨击时弊,在京津以及华北穆斯林中均具有较大影响。辛亥革命后,《正宗爱国报》在揭露袁世凯帝制复辟阴谋等方面,发挥了重要作用。而丁宝臣本人,则以"暗助党人,希图推翻政府""煽惑军心"等罪名被害,成为民国初年宣扬民主共和的回族先驱。

1912年,牛街清真寺阿訇王宽、国民政府教育部次长马邻翼等又发起成立中国回教俱进会,本部亦设在西单清真寺。回教俱进会为早期回族的重要社会团体,以"联合国内回民,发扬回教教义,提高回民知识,增进回民福利"为宗旨,成立后进行了《古兰经》翻译、设立清真中小学与阿拉伯文专科学校、创立讲演社、刊行《穆光》半月刊、倡设男女工艺厂等伊斯兰教文化、教育与慈善事业。回教俱进会在各地陆续建立分会,在全国的穆斯林中,均产生了很大的社会影响。不过到1936年,北平市政府以中华回教公会成立并注册在案为由,将中国回教俱进会强令取消,其影响亦逐渐式微。

　　民国时期西城重修、创建的清真寺,也打上了浓厚的时代烙印。1940年西北五省回民集资改建的米市胡同清真寺,是北京唯一具有南方建筑风格的清真寺。1946年德胜桥东侧重建的后海清真寺,亦具有典型的民国西洋建筑气息。1949年,宣武门外"河沿杨家"捐地兴建后河沿清真寺,但至1952年方才落成使用。所有这些,对于动荡时期西城伊斯兰教文化的转型与发展,都具有非常积极的意义。

二、重要清真寺及其文化

　　(一)牛街礼拜寺　牛街礼拜寺位于西城广安门内牛街,坐东朝西,是北京最重要的清真古寺,1988年被公布为第三批全国重点文物保护单位。

　　一般认为牛街礼拜寺是北京历史最为悠久的清真寺,但关于其创建年代,学界仍存争论,尚有辽宋、元代、明代等不同说法。[1] 乾隆四十六年(1781)寺内重制的《古教西来历代建寺源流碑文总序略》,称宋真宗至道二年有西域辅喇台人筛海革哇默定"入觐中国,常感异梦,而生三子",其中"留居东土"的次子筛海那速鲁定、三子筛海撒阿都定"知燕京为兴隆之地",于是"请领敕建寺",分别建寺于东郭、南郊,"而皆受赐基以茔墓于西阜焉。原夫鲁定君之寺,即吾牛街寺也,旧名柳河村岗儿上"。学者据以提出牛街礼拜寺始于北宋至道二年(996),或笼统将穆斯林在北京的活动上推至北宋年间。亦有人对此提出质疑,认为寺内有元初筛海墓,教内也有牛街礼拜寺于元初"扩建"的传闻。而元代"回回遍天下",故此当为伊斯兰教于北京得到发展之时,也是西城伊斯兰教文化兴起的重要阶段。

---

① 《北京志·民族·宗教卷·宗教志》北京出版社,2007,第360页。

牛街礼拜寺《古教西来历代建寺源流碑文总序略》复制石碑

入明以后,牛街礼拜寺则明确载入碑刻、文献等多种史料。明中期弘治九年(1496)立于寺内的《敕赐礼拜寺碑记》《敕赐礼拜寺重修碑记》,以及明后期万历癸丑(四十一年,1613)所刻《敕赐礼拜寺记》,均将其"奠址"时间上溯至明初宣德二年(1427)。综合文献记载,可见牛街礼拜寺于明初宣德二年(1427)扩建,正统七年(1442)整修,成化十年(1474)经都指挥詹升题请名号,正式奉敕赐名礼拜寺,遂成为闻名北京的四大"官寺"之一。

从北京城市演变的轨迹来看,明嘉靖年间修筑外城以及清初"满汉分城",对于牛街礼拜寺的发展,尤其具有重要意义。牛街《冈志》有载,明代宣武门外西南地势高耸,居教的数十家多为普通负贩,遂称为"冈儿上",以与"东西两边"(即寓居城内东、西牌楼)的仕宦者相区别。而其时"居'两边'者,视'冈儿上'为乡野"。嘉靖年间增筑外城,"则'冈儿上'为城内地",两者之间的差距开始缩小。明亡清兴,"驱民出城,居'两边'者失其所有,遂尽趋'冈儿上'",原来居住于内城东西的穆斯林,转而聚集汇聚至宣武门以南的牛街附近。可见自明代中期圈入城内之后,生活在牛街的穆斯林与北城穆斯林间的交流与联系逐渐增多。

清初内城穆斯林的移居,进一步提升牛街礼拜寺的政治地位与文化地位,

民国年间的牛街礼拜寺邦克楼

并使其逐渐取代东四礼拜寺,成为京城伊斯兰教的"第一大寺"。也正是鉴于清代牛街礼拜寺在伊斯兰教文化发展过程中的重要地位,传说康熙三十三年(1694)圣祖曾亲笔书写"敕赐礼拜寺"匾额,又颁赐"圣旨"牌匾。这从一个侧面反映了清代对于伊斯兰教的抚治政策,牛街礼拜寺也成为北京伊斯兰教的文化中心。来自国内各地的著名伊斯兰学者,多赴牛街礼拜寺交流。

晚清世承牛街礼拜寺阿訇的王宽锐意兴学,先后在寺内倡办回文师范学堂、清真两等小学堂(又名清真第一两等小学堂,民国后改名牛街小学),大力普及回民教育。民国年间,牛街礼拜寺又开北京创办清真女寺之先河。这对于北京乃至全国的近代回民教育来说,都具有深远的文化意义。

明清以来牛街礼拜寺的多次修缮,奠定了其主体建筑的基础。民国年间教众又集资翻修南北讲堂,增建走廊、浴室。新中国成立后更数次投入巨资,使其面貌焕然一新。历经传承的牛街礼拜寺占地六千余平方米,布局严谨对称,有正门、望月楼、礼拜殿、讲堂、邦克楼、筛海墓等重要建筑,成为中国古典建筑传统与伊斯兰教文化相结合的典型。筛海墓所葬为元初来华的两位伊斯兰学者,碑刻阿拉伯文字苍劲有力,既是牛街礼拜寺悠久历史的实物见证,也生动体现了中外文化的交流融合。现存明代古瓷香炉、纪事石碑、《古兰经》手抄本,以及清代铜香炉、清圣祖"圣旨"牌匾等等,都是非常珍贵的历史文物,具有重要文化价值。

(二)锦什坊普寿寺 锦什坊普寿寺坐落在阜成门内锦什坊街中间路西,明代亦为京城"四大官寺"之一。1989年被公布为第一批原西城区文物保护单位,现为西城伊斯兰教协会所在地。

锦什坊普寿寺相传始于元代,"锦什坊"之名,据说即元代"金城坊"的讹转,但具体年代已不可考。明万历年间的地方志书有记:"普寿寺(古刹)、普照寺、护国寺、鹫峰寺(正德四年建),以上俱在金城坊。"明代金城坊一牌三铺为阜成门里大街,可见早在明代中后期,普寿寺的前期沿革就已不明,故只能笼统地

锦什坊普寿寺大殿

称为"古刹"。① 悬于牛街礼拜寺内的"白匾"载称,明代伊斯兰教"节蒙皇恩,敕建北京清真寺、法明寺,或为普寿、或因名礼拜寺,各匾额不同,增建设立住持,以供焚修"。所言"普寿",即位于西城的锦什坊普寿寺。清乾隆年间的《宸垣识略》有记:"普寿寺,在锦石坊街,有敕建额",后附按语称:"寺系回教,其大门内有小楼一座,四面凌空,殆即回部朝夕礼日之所,名为纳马兹也。"②吴长元所言"朝夕礼日",或以寺内望月楼之名而生义,实"礼月"或"礼拜"之讹。

此后朱一新《京师坊巷志稿》、光绪《顺天府志》、陈宗蕃《燕都丛考》等所述,均极为简略。如《顺天府志》仅称,锦什坊街之普寿寺,"有敕建额,回人礼拜寺也"。民国时期的调查报告,提到普寿寺残存的石刻上有"大明天启某年重修""崇祯岁次乙亥春月谷旦重修",可见该寺在明代晚期又有重修。

教内相传普寿寺因系"敕建",曾规模宏大,其南起王府仓胡同,北直至大水车胡同,占地甚广。但对于其历代的沿革情况,史料未见记载,已难知其详。综合教内传闻与史料记载,一般认为普寿寺于明正统十四年(1449)重建,成化十年(1474)经都指挥詹升题请名号,遂获"普寿寺"之敕额。明后期万历十年(1582)、天启六年(1626)、崇祯八年(1635),续有修葺。

入清后普寿寺持续相沿,成为西城穆斯林重要的礼拜场所。现存清真普寿寺为清代建筑,整体坐西朝东,原有大门石砌歇山顶,上书"敕赐普寿寺",体现了该寺明代以来崇高的政治地位与文化地位。二门处即原望月楼所在,民国年

---

① 〔明〕沈榜:《宛署杂记》卷十九、卷五。
② 〔清〕吴长元:《宸垣识略》卷七。

间增建垂花门,其石额两旁刻有"崇祯岁次乙亥春月谷旦重修"等字样。内有浴室、讲堂、礼拜大殿等主体建筑。大殿楹联"古兰载正道,教传东土;圣谕劝佳行,法自天方",以"教传东土"和"法自天方",又见于新疆哈密陕西寺、山东济南清真北大寺等著名的清真古寺,形象叙述了伊斯兰教文化从阿拉伯半岛向中原传播的文化交流路径。窑殿上又悬有汉文匾额,分别题作"原无更""再无转"。所有这些,都生动体现了伊斯兰教义与中国传统文化的融合贯通。①

(三)回回营清真寺 回回营清真寺,原位于紫禁城西苑门的南墙之外,正门北对宝月楼(今新华门),大体在今东安福胡同、铜井大院至石碑胡同一带。寺始建于乾隆二十七年(1762)春,二十九年(1764)夏建成,占地二十多亩。因清高宗在《御制敕建回人礼拜寺碑记》中称"且准部四卫拉特内附,若普宁寺、若固尔札庙既为次第创构,用是宠绥。回人亦吾人也,若之何望有缺耶?"②民间误谓清高宗曾敕赐"普宁寺"之名,转而将寺名讹称为回回营普宁寺、清真普宁寺,或曰普宁清真寺。

清高宗于禁苑毗邻之地创建清真寺,首先出于平定准噶尔部、回疆后安抚内附穆斯林的国家治理需要。史料对此有明确记载,称乾隆二十五年(1760)奉旨授予自新疆来京的白和卓为回族佐领,"以投诚回众编为一佐领,于西长安街路南设回营一所居之",共建房一百四十七楹,内设办理回人佐领事务处。此为内附新疆维吾尔族于西长安街路南安居之始,后民间俗称为"红帽回"。两年后,清高宗即下令于其地创建清真寺,用于日常礼拜。《御制敕建回人礼拜寺碑记》详叙其原委,称"平准噶尔,遂定回部各城,其伯克霍集斯、霍什克等并赐爵王公,赐居邸舍。而余众之不令回其故地者,咸居之长安门之西,俾服官执役,受廛旅处,都人因号称回子营"。为"统同合异",遂发内帑,命将作"就所居适中之地,为建斯寺",以便"回众以时会聚其下"。此后清高宗又在咏赞宝月楼的御制诗"北杓已东转,西宇向南凭"中,注称"楼临长安街,街南俾移来西域回部居之,室宇即肖其制"。次年又赋诗"鳞次居回部,安西系远情",并注称"墙外西长安街,内属回人衡宇相望,人称回子营,新建礼拜寺正与楼对"。③

竣工后的回回营清真寺建筑宏伟,"穹门垲殿,翙庑周阿,具中程度",成为清代北京城中"唯一的国立清真寺",且与牵涉西陲稳定大局的维吾尔族穆斯林直接相关,因而在清代北京清真寺中"具有特殊的地位"。此后不仅明代内城的

---

① 《北京志·民族·宗教卷·宗教志》北京出版社,2007,第364—365页。
② 〔清〕于敏中等:《日下旧闻考》卷七十一。
③ 〔清〕于敏中等:《日下旧闻考》卷七十一、卷二十三。

清真旧寺"皆得恢复",又在京城内外陆续兴建了不少新寺。其中位于西城范围内的,就有德胜门内什刹海清真寺、西直门内北沟沿清真寺、阜成门内粉子胡同清真寺,以及宣武门内的手帕胡同清真寺、牛肉湾清真寺、西单牌楼清真寺等等。可见回回营清真寺的落成,很大程度上成为清代中后期清真寺文化于北京内城复振的重要标志。①

晚清光绪年间,乾隆时期三百多人的回子营佐领,发展到一千八百余人。这些定居西长安街的"红帽回",除近六十名额定披甲以外,更多的维吾尔穆斯林专职从事"回部乐技"即在宫廷筵宴时演奏回乐、表演回部舞蹈与杂技,或在理藩院从事翻译,或在御膳房担任厨师,以特殊形式加强了西域新疆与中原地区的文化交流。直至清末,回回营清真寺仍持续传承。时人载其"大殿建筑亦颇费匠心,明七暗九,四面皆走廊,周配角亭四座,殿中央起作为亭式,金顶火檐,高起云涌,有如天坛之钦年殿然。碧色之琉璃瓦与朱色窗柱相映壮丽,极尽辉煌之能事"。②

袁世凯登上总统之位后,将中南海辟为总统府邸,以新华门(原宝月楼改建)为正门。其南正对新华门的清真寺正门、唤拜楼、大殿等建筑,遂被尽数拆毁,"有关西北缠回之回回营清真寺从此不复旧观"。教众曾于东部配房内暂时礼拜,后复于大殿旧基重建小房数间,其门也由北向改为南向,但规模大为缩减。1933年,热心新式教育的"回回营普宁寺"教长马雨亭又尝试于寺内倡办清真义塾,旋以经费无着而止。1938年据马雨亭口述,西长安街及和平门一带,尚有领取俸禄的穆斯林一百零八户、约八百人。③ 不过随着清廷资助的断绝,民国年间的回回营清真寺每况愈下,"终成一片荒凉",甚至连寺中教长亦于主麻日"就他寺聚礼","抚今追昔,令人不胜凄凄之感"。④ 几经变迁,2011年在原址以西重建清真寺,珍贵的清高宗《御制敕建回人礼拜寺碑记》,亦被重新安置于院内。

清代回回营清真寺正对西苑宝月楼,清高宗又纳有回部和卓氏容妃,民间便传说其为"香妃",回回营清真寺正门上的望月楼就是香妃父母思念女儿时的"望儿楼",禁苑内的宝月楼则为纾解香妃乡愁的"望家楼"。民国年间,徐珂

①　姜立勋等:《北京的宗教》,天津古籍出版社,1995,第245—247页。
②　宗正:《回回营清真寺》,于善浦、董乃强编:《香妃》,书目文献出版社,1985,第181页。
③　沙之沅等:《北京的少数民族》,北京燕山出版社,1988,第257页。
④　宗正:《回回营清真寺》,于善浦、董乃强编:《香妃》,书目文献出版社,1985,第182—183页。

《庐欢荟景图》中乾隆帝庆祝其母七十大寿之"回人献伎"

《清稗类抄》及枝巢子(夏仁虎)《旧京琐记》均载录其说,又赋诗称"南向丹梯宝月开,香妃曾此望家还。小楼一角遥相对,下有天方聚族来"。日本人在游记中谓:

> 街上可见之高楼曰望儿楼。据说回部酋长某之女进宫后,酋长思之,常于此楼之上眺望,故有此称。隔长安街与此楼相对,紫金城中亦有一楼巍然耸立,抑或父在此楼女在彼楼,隔街相望,以寄相思之情。①

可见香妃传说虽与历史事实不尽相符,但于教内教外竞相传播,成为民众特殊的"历史记忆",对于回回营清真寺的繁荣与持续也产生了重要文化影响。1949 年以后,甚至进一步演变为清代各民族团结、友好,"共同维护祖国统一"的象征。②

　　(四)牛街寿刘胡同清真女寺　　清末民初,在兴女学、重女权等思潮的影响

---

　　① 〔日〕宇野哲人著,张学锋译:《中国文明记·北京之名胜·回回营》,光明日报出版社,1999,第 41 页。
　　② 艾哈迈特·霍加:《"香妃"的传说——大小和卓木政权灭亡后被迁居北京的维吾尔人的历史记忆》,《清史论丛》2009 年号,中国广播电视出版社,2008,第 222—251 页。

下,各地逐渐兴起创办清真女寺的热潮。牛街清真女寺,就是其中的典型。

有学者注意到,唐宋以来多元并存的女性宗教文化传统,为生活在中原地区的穆斯林创造并发展伊斯兰教女性文化"提供了可能"。明末清初大办经堂教育过程中倡立的清真女学,则为男女穆斯林在坚持伊斯兰教信仰、发展本土伊斯兰文化上开启了合作道路。① 清真女寺,既是伊斯兰教本土化过程中的文化产物,也反映了穆斯林的日常生活需要。不过直到传统帝制被推翻的民国时期,北京清真女寺方正式出现。

牛街寿刘胡同清真女寺始建于 1925 年,其初创,乃出于牛街向有"西寺"(牛街清真寺)、"东寺"(教子胡同清真寺),而一般信众"住室狭小",女性礼拜、沐浴均感不便。1922 年,从事玉器行业的乡老闵德仁(号信权)等人出面协商,倡建女寺,得到大家响应,"均愿襄此善举"。乡老马志清捐献东、西两寺间的寿刘胡同空地与水井,于是购料动工,旋以经费不济停建。1925 年,主事者复召集各坊阿訇、乡老筹集款项,又得到西北穆斯林闻人马福祥的资助,清真女寺建设遂得顺利推进,"完成此创建女寺之义举"。②

捐资赞助牛街清真女寺的马福祥,时任西北绥区防务总司令,后又出任青岛特别市市长、蒙藏委员会委员长等要职,对于女寺的兴建与发展,都具有积极的影响。建成后的牛街清真女寺坐北朝南,硬山顶大门,门口曾设石狮两座。大门东山墙面,镶嵌建成时所刻"清真女寺"石碑一块(见后)。寺内院落两进,第一进包括正房、倒座房与礼拜殿等主体建筑,第二进主要为面阔五间的沐浴房。全寺计大小屋宇三十余间,各房之间由平顶游廊相连。时人称:"北平女寺之冠,要属牛街的女寺了。"每日前来礼拜的妇女"络绎不绝",每次均七八十人,"各处同教妇女,来该

牛街寿刘胡同嵌于墙上的"清真女寺"刻石

---

① 水镜君:《从清真女寺的历史看本土经验的现代价值》,见华涛、姚继德:《回儒文明对话论文选集》,云南大学出版社,2017,第 278—289 页。

② 刘仲泉:《清真女寺首创碑记》。

寺沐浴的很多"。①

　　牛街清真女寺为北京最早的清真女寺，虽然规模不大，设施也不太完善，但其率先创建，实为伊斯兰教文化史上的一件大事。牛街清真女寺落成之后，"回民妇女教门，日有进展"，阜成门外、崇文门外、朝阳门外、德胜门外、马甸等地的清真女寺相继兴建。这对于全国各地清真女寺的兴建，也具有重要的文化表率意义。1958 年，牛街清真女寺改为回民幼儿园。"文化大革命"期间，一度改属毛纺厂。1997 年危改时移址重建于牛街礼拜寺之后，这一具有重要历史意义的文化遗迹，得到保护与延续。

---

　　① 寻真:《北平清真寺的调查》，1931 年《正道》创刊号。载李兴华、冯今源主编:《中国伊斯兰教史参考资料选编》上册，宁夏人民出版社，1985，第 412 页。

第四节　基督宗教文化

基督宗教始兴于公元初期,历经长期发展传播,最终衍生出天主教、基督教(又称"新教")、东正教三大组成部分,成为与佛教、伊斯兰教并称的世界"三大宗教"之一。基督宗教在唐、元、明、清时期曾先后四次传入中国,不过前两次的传入,并未在西城留下文化遗迹。明、清以来的后两次传入,则以天主教、新教为代表,逐渐在西城范围内修建教堂,传播发展,其文化影响也不断扩增。

一、基督宗教文化的传入与发展

基督宗教第一次传入中国是在唐初的贞观年间(627—649)。其时,景教即基督教的聂斯托里派传入,史料载称"法流十道,寺满百城",可见曾获得一定发展。但到唐代后期,随着朝廷与各地官府的取缔与打击,景教在中国很快销声匿迹。此期的幽州城(主要在今西城)作为军事重镇,是否已有景教徒的活动,尚未发现记载。

元代景教再次传入中国,东正教、天主教也先后传入,并在大都有所活动。今房山十字寺石碑上的"十"字,很可能就是元代遗留下来的,这是目前北京地区最早的基督宗教文化遗迹。其时俄罗斯的东正教徒因蒙古西征,随军来到大都生活、定居。罗马天主教亦派遣方济各会修士若望·孟高维诺(Giovanni da Montecorvino,1247—1328)到大都传教,后来又设立汗八里总主教区统辖中国各地教务。元廷对来华基督宗教各派别采取"兼收并蓄"的政策,统称为"也里可温",即谓"有福缘之人"(也有的说其意为"上帝教",或谓是"信奉上帝之人""信奉福音教之人"),并在大都设立了专门的管理机构。《北京市志稿》记载孟高维诺虽未成功说服元代帝王"崇奉西教",但在大都获得传教便利,"立教堂于京师,入教者约六千人"。其时毗邻西城、很可能位于海子桥以东的靖恭坊十字寺,曾作为祭祀显懿庄圣皇后即元世祖生母的"原庙"。则元代西城亦有基督教徒的活动,可以推见。不过伴随元明鼎革的兵燹变迁,元大都十字寺迅速衰败,明初又被征用改建。明代中前期的一百多年间,基督宗教在西城的文化影响,几乎湮灭无存。

明代后期至清初的第三次传入,则为基督宗教在西城的拓展,打下了初步基础。其中贡献最大的先驱,为意大利人利玛窦(Matteo Ricci, 1552—1610)。他于万历二十九年(1601)底带着《圣经》等礼物抵达北京,并以"严事天主,谨事国法,勤事器算"得到明神宗的信任,从而获准长居京城。利玛窦采取"驱佛补儒"的策略,开始在包括西城在内的北京范围内传播基督教义,先后吸引了一批官僚士大夫的注意。其中礼部尚书兼文渊阁大学士徐光启、万历进士李之藻,以及顺天府少京兆杨廷筠等人的加入,成为天主教成功传入中国的重要标志,此三人亦被视为中国天主教的早期"三柱石"。北京四大天主堂中最早的宣武门教堂,也创立于这一时期。与此同时,作为杰出的科学家,徐光启、李之藻等人也积极配合利玛窦翻译《几何原本》《坤舆万国全图》等西方科技书籍,大大促进了东西方的科技文化交流。万历三十八年(1610)利玛窦在京病逝,明神宗在西郊为其赐予墓地,此后持续传承,形成著名的"滕公栅栏"外国传教士墓葬群,成为见证中西文化交流的重要文化遗迹。

明亡清兴,德国耶稣会士汤若望(Johann Adam Schall von Bell, 1592—1666)继续担任钦天监监正,参与编制《时宪历》(又名《西洋历法新书》)。汤若望在中国生活了四十多年,清世祖对其非常尊重,赐以"通玄教师"之号,又兴工扩建南堂。天主教在西城的影响,进一步扩大。康熙时期,另一耶稣会士、比利时人南怀仁(Ferdinand Verbiest, 1623—1688)再次受到朝廷信用,监制的天文仪器也

栅栏墓地中的利玛窦、汤若望、南怀仁墓碑

是当时最先进的观测仪器。汤若望、南怀仁等人遵从明末以来耶稣会的"利玛窦规矩",天主教在清初几十年间也获得一定发展,甚至宗室、大臣中亦有人加入。康熙四十二年(1703)在西安门内敕建蚕池口教堂,成为清初西城天主教传播的重要事件。但到康熙后期,由于方济各会、多明我会等宗派的反对,罗马教皇发布"禁令",禁止中国教徒参加祭祖、祭孔等传统礼

仪。清圣祖改变态度,下令禁止天主教在中国传播,并一直持续到雍、乾、嘉、道年间,产生了极其深远的影响。"百年禁教"期间,北京虽仍然兴建有西直门天主堂,外地天主教亦间有秘密传布,但西城天主教的整体发展,无疑遭到毁灭性打击。

鸦片战争之后的第四次传入,是基督宗教在西城发展的重要阶段。借助不平等条约的特权,西方教会先后获得在中国内地传教的权利。西城被没收的教堂资产发还,西堂、南堂等天主教堂亦陆续重建。此期天主教在西城获得远远超乎此前的发展。据不完全统计,到同治七年(1868),北京附近的天主教直隶北部传教区教徒已超过两万人。到清末义和团运动前夕的光绪二十六年(1900),北京天主教徒的人数又有大幅度的增长。与此同时,基督新教的各派别也竞相进入中国,并在西城得到迅速传播。英国伦敦会起始于同治二年(1863)的西四缸瓦市教堂,就是其中的典型。光绪二年(1876)由美北长老会创建的鼓楼西堂,在长老会的北京传播史上也占有重要地位。其他英国圣公会,美国美以美会、波士顿公理会等新教宗派,也先后派遣传教士来到北京,在西城或开设医院、或建立学校,同时传播教义,建立教堂,不断扩大其文化影响。

晚清基督宗教活动的扩展,也逐步激化了教徒与绅民之间的矛盾。光绪二十六年(1900)"义和团运动"爆发,直隶、山东等地团民进入北京设立"香堂",教堂、洋行开始遭受攻击,西城基督宗教的传播遇到巨大挫折。《辛丑条约》签订后,恢复活动的基督教会开始文化反思,逐渐改变传教策略。美国长老会鼓楼西堂在义和团运动期间被毁后,光绪二十九年(1903)复在附近鼓楼西大街路南购买一处大院,兴建了带有花园和传教士住宅的崭新教堂。光绪三十三年(1907),中华圣公会救主堂在南沟沿兴建了第一所救主堂,又名英利甘堂,后来曾作为中华圣公会华北教区的总堂与主教座堂。圣公会救主堂建筑主轴采取巴西利卡风格设计,正门山墙上的圆形玫瑰花窗体现出哥特式建筑痕迹,但山墙整体则采用中国传统的硬山形式,作为教堂的钟楼和天窗的八角亭子亦为中式建筑。教堂内部构造,同样体现了中西建筑风格的统一。光绪三十四年(1908)南堂天主教圣母会在前门西大街创办的法文专科学校,呈凹字形的二层楼建筑,也体现出中西合璧建筑风格。法文专科学校虽由法国工部局管辖,但教师主要由天主教圣母会修士担任,为中外文化交流做出了一定贡献。

民国年间,西城的基督宗教普遍加强了学校、医院等文化与慈善活动。1912年,天主教知名人士马相伯、英敛之联名上书罗马教廷,请求在中国创办公教大学。1925年,终于在辅仁社的基础上创办辅仁大学。这是由罗马公教在北京创办的天主教大学,民国年间与北京大学、清华大学、燕京大学并称为"北平四大名校",在近代文化史上据有重要地位。1917年,法国天主教仁爱遣使会在教场胡同创办佑贞女中,原名仁爱会修女管理学校。1923年在其东侧又增建盛新男中,即圣母会修士管理学校。两座教学楼外,又有礼堂、医务室、办公平房等附属建筑,具有欧洲折中主义风格,是民国年间较为典型的教会学校建筑。1921年以后,天主教圣母会法文学校又改为南堂小学,1943年再次升级为南堂中学。

教会也开始注重培养中国宗教人才,教徒则逐渐呈现出争取自立自养的倾向,有的教徒还加入"反帝爱国运动",要求收回教权。1923年初缸瓦市教堂公布《中华基督教会现行规约》,成功从英国伦敦会手中夺回教堂和教会的管理权,就是基督宗教"中国化"、本色化历史过程中极富象征意义的典型案例。传入中国的基督宗教因时而变,西城的基督宗教文化也逐步涌现出新的景象。1925年,美国长老会鼓楼西堂在新街口设立分堂,1927年又加入中华基督教会。中华圣公会教堂镶嵌在墙壁上的1918年、1928年、1946年纪念碑,亦见证了基督教堂在民国年间的曲折发展历程。

二、重要教堂及其文化

(一)**宣武门教堂** 宣武门教堂全名"圣母无染原罪堂"(The Cathedral of the Immaculate Conception),俗称"南堂",为驰名中外的北京四大天主教堂之一。1996年公布为全国重点文物保护单位。

南堂位于宣武门东大街路北,是北京城内最古老的天主教堂。其始由明末著名传教士利玛窦创建,清人曾概述其沿革,谓"天主堂明万历二十八年建,本朝顺治十四年修,康熙五十一年重修。乾隆四十年毁于火,四十一年重建"。清人所谓"明万历二十八年建"并不准确,实为利玛窦第二次抵达北京的日期。次年明神宗破例允许其留居京师,但直到万历三十三年(1605),利玛窦方于宣武门内找到一处固定住所,并在其东侧修建"一间漂亮宽阔的礼拜堂",这就是南堂的前身。

利玛窦初创时教堂规模不大,中国式建筑的醒目位置上安放有十字架一座,成为北京第一所天主教堂的明显标志。清初南堂得到顺治、康熙两代帝王尊崇,扩建拓新。顺治七年(1650),在耶稣会传教士汤若望主持下,于南堂原址上大兴土木。竣工之际,清世祖御制《天主堂碑记》,一方面称赞汤若望"素习泰西之教,不婚不宦,祇承朕命,勉受卿秩,洊历三品,仍赐以通玄教师(康熙后避作'通微教师')之名",同时谓其新筑教堂焕然一新,"见神之仪貌,如其国人,堂牖器饰,如其国制",因而特赐"通玄佳境"门额,希冀其"测天治历,克殚其长。敬业奉神,笃守弗忘"。康熙年间,再赐"万有真原"御匾及"无始无终,先作形声真主宰;宣仁宣义,聿昭拯济大权衡"御联。其西偏的时宪书局,亦得世祖、圣祖两代帝王赐予御匾、御联。南堂及其附属时宪书局内,又设置有简平仪、龙尾车、沙漏、远镜、候钟、天琴等西方科技仪器,在清代内廷以及京城的影响也迅速扩大。①

康雍时期,南堂历经修缮,并引进欧洲流行的穹窿顶建筑风格,进一步突出了教堂的高敞与气派。乾隆四十年(1775),南堂被大火焚毁,清廷随拨款重修。道光年间南堂一度关闭,直到咸丰十年(1860)英法联军进入北京后,教会收回南堂并重新开放。清末义和团时期,南堂再次被毁。四年后主堂与附属房舍重修竣工,成为传承至今的南堂建筑。美国人阿灵顿在《古都旧景》中,谓其外观"相当具有现代化的风格"。1979年底,南堂见证了天主教宗教活动在中国大陆的恢复,并再次成为天主教北京教区的主教座堂。

南堂历史传承悠久,文化内涵深厚。教堂内的宗教绘画,即为其中之典型一例。清代进士赵慎畛(1762—1826)曾详加描述,称"崇文门内天主堂,建在康熙年间,乾隆时重修。客厅东、西两壁,画人马凯旋之状。堂内供奉彼国圣人,皆图画全相。四围男女老少,聚集嬉戏,千态万状,奕奕如生"。②所言"崇文门内",乃"宣武门内"即南堂之误。南堂内的宗教绘画,自始建之时即引人注目,孙承泽《春明梦余录》已有记载,谓"所画天主乃一小儿,妇人抱之曰天母。其手臂耳鼻皆隆起,俨然如生人"。乾隆年间,画家郎世宁"又为南堂作壁画四,一曰君

1904年重修竣工的南堂

① 〔清〕于敏中等:《日下旧闻考》卷四十九。
② 〔清〕赵慎畛:《榆巢杂识》卷上,《笔记小说大观》第32、33册,江苏广陵古籍刻印社,1984,第344页。

士坦丁大帝凯旋图,二曰大帝赖十字架得胜,存南北二壁,东西二壁则为第三、第四图"。① 嘉道年间士人详记其绘事之精妙:

> 南堂内有郎世宁线法画二张,张于厅事东西两壁,高大一如其壁。立西壁下,闭一目以觑东壁,则曲房洞敞,珠帘尽卷,南窗半启,日光在地。牙签玉轴,森然满架。有多宝阁焉,古玩纷陈,陆离高下。北偏设高几,几上有瓶,插孔雀羽于中,灿然羽扇。日光所及,扇影、瓶影、几影,不爽毫发。壁上所张字幅篆联,一一陈列。穿房而东,有大院落,北首长廊连续,列柱如排,石砌一律光润。又东则隐然有屋焉,屏门犹未启也。低首视曲房外,二犬方戏于地矣。
>
> 再立东壁下以觑西壁,又见外堂三间,堂之南窗斜日掩映,三鼎列置三几,金色迷离。堂柱上悬大镜三,其堂北墙树以槅扇。东西两案,案铺红锦,一置自鸣钟,一置仪器,案之间设两椅。柱上有灯盘子,银烛矗其上。仰视承尘。雕木作花,中凸如蕊,下垂若倒置状。俯视其地,光明如镜,方砖一一可数。砖之中路,白色一条,则甃以白石者。由堂而内,寝室两重,门户帘栊,窅然深静。室内几案,遥而望之饬如也,可以入矣。即之,则犹然壁也。线法古无之,而其精乃如此。惜古人未之见也,特记之。②

雍乾之际,郎世宁以西洋画之方法绘制中国画,令人耳目一新,给相对沉闷的清宫画坛以巨大震撼。南堂壁画尤以传播广泛,在教内教外影响深远。乾隆年间《遁斋偶笔》述北京天主堂壁画"或三五岁稚子,神态俱活,皆有肉翅能飞",又称"盈尺孩童,圆活浑跳,洵称绝笔"。其后《秋坪新语》,亦极道其摹人"如俯窥,如笑睨,如侧立,如怒扑,如欲下击,如与上骞。纵横颠倒,隐现蔽亏,千态万状,飞动骇人,几忘其为绘素也"。又称其绘景"殆如神州瑶岛可望不可即,令人怅惘久之",并将其上溯至明末利玛窦之时,"云其画乃胜国时利玛窦所遗,其彩色以油合成,精于阴阳向背之分,故远视如真境也"。所述虽不尽确切,但足见南堂天主教壁画对于京城社会的巨大冲击。郎世宁绘画时,正值其技法娴熟之期,充分体现了中外艺术的融汇与交流。可惜精美的南堂壁画,已于清

---

① 方豪:《中西交通史》下,上海人民出版社,2015,第770—773页。
② 〔清〕姚元之:《竹叶亭杂记》卷三,《笔记小说大观》第33编,第5册,第312—313页。

末随同教堂被尽数损毁。

(二)北堂：从蚕池口到西什库　作为北京四大天主堂的西什库教堂,也称北堂,曾长期作为天主教北京教区的主教座堂,是北京最大和最古老的教堂之一。1984年成为北京市重点文物保护单位,2006年被列入第六批全国重点文物保护单位。

西什库教堂在西什库大街,其前身为蚕池口天主堂。教堂原址在今国家图书馆文津分馆的斜对面,中海西岸怀仁堂附近。《日下旧闻考》称"蚕池在三座门西街南,东邻西苑",又记"蚕池口内西,为天主堂"。蚕池口天主堂的历史,可以上溯到清康熙三十二年(1693)。其时由于两位天主教传教士洪若、刘应(一说为张诚、白晋)以奎宁治好了清圣祖的痢疾,遂获赐于皇城西安门内蚕池口建造教堂。康熙四十二年(1703)建成开堂,时称"救世主堂",镌刻有"敕建天主堂"五字。

相传清圣祖还为新建北堂颁赐"万有真原"御匾,以及"无始无终,先作形声真主宰;宣仁宣义,聿昭拯济大权衡"的御联。不过《日下旧闻考》记载南堂亦有同样的御匾、御联。或者两座教堂重修时,都曾悬挂该御匾、御联,以展现中外文化的融汇与交流。

清世宗继位后颁布禁教令,北堂遂被废弃。清代后期,随着民众与教会摩擦的加剧,清廷于道光七年(1827)将蚕池口天主堂没收并拆除。第二次鸦片战争后,清廷归还教堂财产,同治三年(1864)又在原址上重建哥特式教堂。但由于蚕池口临近皇家禁地,光绪十三年(1887)以扩建西苑,经过交涉,由清廷拨银四十多万两,将蚕池口教堂拆除,再迁建至西什库大街。次年新建教堂落成,包括修道院、图书馆、后花园、孤儿院、医院、学校及神甫宿舍等等,设施齐全。

义和团运动时期,西什库教堂曾被拳民和清军围攻两个多月,义和团营中甚

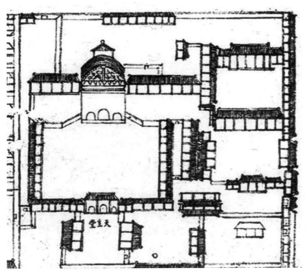

《乾隆京城全图》中的蚕池口天主堂

至流传:"吃面不搁酱,炮打交民巷。吃面不搁醋,炮打西什库。""西什库教堂事件",一时成为轰动世界的焦点,直到八国联军攻陷北京后才告结束。"庚子事变"平息后,清廷再次出资修缮遭到损坏的西什库教堂,形成目前的建筑格局。1985年国家又拨款重修,恢复正常宗教活动,成为北京具有代表意义的天主教堂。

清末修建的西什库教堂,为中西合璧的建筑。主体为三层哥特式建筑,平面呈十字形,顶端由尖塔构成。钟楼尖端高约三十一米,曾是北京内城最高的单体建筑。其下则为传统的中式台基,环绕以传统装饰的中式汉白玉栏杆。大堂正门南侧,各有一座黄顶琉璃瓦碑亭,配有中式的石狮子。亭内安放御碑两通,其上的《天主教堂迁建谕旨碑》《迁建天主堂碑记》记载了教堂的创立与迁建过程。除主体建筑外,西什库教堂又有面积较大的附属建筑,但在历史变迁过程中多被占用。

西什库教堂不仅见证了天主教在近代中国的曲折发展历程,其丰富而独特的"北堂藏书",更具有巨大的历史与文化价值。北京四大天主教堂中,原来都有数量不等的中外藏书。1860年英法联军进京之后,四堂图书遂总归于北堂,形成著名的"北堂藏书"。此后藏书又有所增补,亦续有遗佚,一直保存到民国

西什库西方古典风格的教堂与两侧中式传统的黄顶琉璃瓦碑亭

年间。1949年统计整理,出版了《北堂图书馆目录》,共计有藏书四千一百零一册,五千一百三十三卷。此后藏书移送国家图书馆保存,成为国图重要的文化藏品。

北堂藏书包括中、梵、英、法、拉丁、藏、满、蒙等多语种早期图书,还有一批非常稀见的珍贵文献,被公认为16世纪至19世纪欧洲思想的集萃和世界的文化遗产。它对于研究西方的哲学、历史、宗教、法律、文学、科技,特别是在西学东渐和中西文化交流方面,具有重要史料价值与文化意义。

(三)**西直门天主堂**　西直门天主堂即"西堂",原名"七苦圣母堂",全称加尔默罗圣母圣衣堂(The Church of Our Lady of Mount Carmel),是北京四大天主堂中唯一非耶稣会士建立的教堂。

西堂坐落于西直门内大街,在北京四大天主堂中历史最短,规模亦最小,创始人为意大利遣使会士德理格·佩德里尼(Teodorico Pedrini,1671—1746)。康熙后期,德理格作为罗马教宗特使的随同来到中国,留在北京演奏西洋音乐,颇得欣赏,又受命担任皇子等人的教师,为中国宫廷音乐注入了新的文化元素。

西堂老照片

康熙末年,德理格因涉入"礼仪之争",被投入大牢。雍正元年(1723)获释,两年后开始于西直门内购置土地,建造教堂。德理格将之献给其所隶属的罗马教廷传信部,以供来华传教士居住使用。此后他一直在西堂内从事宗教活动,直至乾隆十一年(1746)辞世。

德理格在中西音乐传播史上具有重要地位。其参与编撰的《律吕正义·续编》,是中国第一部介绍五线谱的书籍,后收入《四库全书》。演奏与教授的奏鸣曲,也是早期传入中国的重要音乐作品。现珍藏于国家图书馆的《德里格小提琴独奏和通奏低音奏鸣曲》手稿,成为见证中西音乐交流的重要文物。2011 年首届"西堂文化周"闭幕式音乐会上,演奏了大提琴独奏、长笛合奏、美国乡村风格的吉他弹唱,以及德理格神父第七奏鸣曲等西方音乐。随后进行的纪念德理格神父诞辰三百四十周年奏鸣曲音乐会,来自美国的仿古小提琴家等人,还一同朗诵了德理格当年的信件。① 这在很大程度上,也呈现出西学东渐的悠久历史。

西堂是"百年禁教"时期北京建造的唯一教堂,在基督教会传播史上也具有特别的文化意义。教堂建造之初,与德理格有教派矛盾的耶稣会士并不承认。不过后来西堂成为北京基督教友可以行礼的唯一"圣堂",因而大受重视。嘉庆十六年(1811),清廷颁令禁教,西堂被下令拆除,堂内的四位神父也遭驱逐出境。到咸丰年间,西堂已改为民居多年,教堂文化的遗迹几乎被彻底抹去。直到第二次鸦片战争之后,天主教获得恢复活动之权,西堂地基又被发还教会。同治六年(1867),西堂重建。但到清末,西堂再被义和团损毁。1912 年又在原址上第三次重建,"七苦圣母堂"亦更名为"加尔默罗圣母圣衣堂"。"文化大革命"期间,西堂一度成为工厂仓库,尖顶塔楼也被拆除。1994 年重新开放,恢复宗教活动。2007 年列为西城区文物保护单位。

重建的西堂为比较典型的哥特式建筑,拥有一座三层的尖顶塔楼。整座教堂坐北朝南,虽然在周围的背景中并不十分突出,但其内部高大的科林斯壁柱与尖顶券窗,充分展现出教堂的庄严和华丽。现建于门内的圣母山,是北京唯一一座建在室内的圣母山。教堂入口处墙壁上记载西堂历史的石碑,东侧为希腊文,西侧为竖排中文,亦与西堂的文化传承遥相呼应。

(四)缸瓦市教堂 缸瓦市教堂坐落于西四南大街,是北京现存最早的基督教堂,同治二年(1863)由英国伦敦会(London Missionary Society)创建。

晚清咸丰十一年(1861),毕业于医学学校的伦敦会传教士雒魏林(William Lockhart,1811—1896),以英国驻京公使馆医官的名义从广州进入北京,先在东城租用英国公使馆房产创办诊所兼传教,是为协和医院的前身。两年后,伦敦会在天津活动的艾约瑟(Joseph Edkins,1823—1905)亦来京,与雒魏林一起负责北京传教事工。两人将诊所从使馆迁出,开始在西城各地开展活动,明为诊疗,暗中传教,成为缸瓦市教会的最早起源。不久,毕业于格拉斯哥大学的医学博士德贞(John Dudgeon,1837—1901)来京,代替雒魏林工作。到同治二年(1863)前后,艾约瑟、杜德根等伦敦会传教士,在缸瓦市大街购得房间一所,遂改建为

---

① 孙晨荟编:《天音北韵——华北地区天主教音乐研究》,宗教文化出版社,2012 年,第 175 页。

缸瓦市教堂

缸瓦市教堂,兼作医院,一面传教,一面行医。

　　缸瓦市教堂建立后,伦敦会在西城的传教活动遂有了相对固定的地点。随着教徒人数的陆续增加,光绪四年(1878)增建小礼拜堂一所。光绪十一年(1885),又对教堂进行扩大改修,规模遂具。义和团运动期间,缸瓦市教堂与北京城内其他十余座教堂,于一天之内被团民焚毁一空。但事变过后,很快又扩充地基,予以重建。竣工后,分为南北两院,有大、小两座礼拜堂,成为基督新教在西城的重要教堂。

　　民国年间,缸瓦市教堂南院开办仁济医院,北院开办小学,形成教堂、医院和学校一体的格局。1949年以后,教堂由吕仲岩牧师继任,并向政府登记。1958年,西城其他宗派的基督教堂全部关闭,信徒合并到缸瓦市教堂,改称北京基督教西堂。“文化大革命”期间停止聚会,1980年恢复礼拜,此后又陆续扩建副堂、教会办公室,对外开放。缸瓦市教堂的文化不断拓新,在国际上也产生了一定影响。美国总统布什、国务卿赖斯访华期间,就先后赴缸瓦市教堂参加主日礼拜。

　　缸瓦市教堂不仅是北京最早的新教教堂,在中国基督宗教本色化的历史进

459

程中,也具有标志性的文化意义。辛亥革命之后,中国基督教徒逐渐表现出自办教会的倾向,缸瓦市教堂成为这一时代潮流的先行者。当时的缸瓦市教堂吸收了许多杰出教友,1919年、1922年先后受洗的陈垣、老舍(时名舒庆春),就是其中的代表。1921年,从伦敦大学神学院毕业归来的宝广林(又名宝乐山,北京满洲人)主持缸瓦市教堂教务,组织"率真会"、"青年服

相传毁于义和团运动时期的缸瓦市教堂残迹

务部"、英文夜校等工作。老舍等人经常聚集在一起,讨论开展宗教改革与社会服务事业。在担任主日学总干事期间,老舍就提出改良缸瓦市教堂"主日学"的倡议,主张对儿童不搞赎罪祷告,不背诵《圣经》,而要讲授科学知识,让儿童手脑并用,全面发展,成为对社会有用的人。[1] 将缸瓦市伦敦会改建为中华教会,争取自立自养,更是大家关心的重要内容。

经过反复酝酿,《北京缸瓦市中华基督教会现行规约》于1923年初正式公布,全文共八章二十八条,系统完整地规定了自办教会的宗旨与组织原则。规约草案由老舍"拟具",参与起草讨论的,还有易文思、许地山、宝广林、陈援厂(即陈垣)等多人,最后召集全体教友大会,郑重宣布。[2] 这是中国发起"教会自立运动"的重要成果,在中国基督宗教文化史上"谱写了一曲鲜为人知的爱国乐章"。[3]

---

① 纪开芹:《柔而刚的老舍》,北京工业大学出版社,2016,第96页。
② 张桂兴:《老舍年谱》(修订本)上,上海文艺出版社,2005,第29—30页。
③ 佟洵:《缸瓦市教堂与老舍先生》,《北京科技大学学报(社会科学版)》,2000年第2期。

第八章

特色文化

在西城区的区域文化中,特色文化占有十分重要的地位。这些特色文化,显示出都城文化在全国的引领地位,发挥着重要的"首善"作用。例如,宣南文化,表现出清代北京作为全国文化中心的地位。全国各地的学者,虽然在当地已经有了很高的声誉,但是,只有在北京的文坛占有一席之地,才能够成为全国的一流学者。许多地方的著名学者,都是在这里相互交流,相互融合,才拓宽了他们的学术视野,成就了他们的学术影响。宣南地区不仅是全国的学术高地,也是北京著名学者的荟萃之地,如清代前期的王崇简、王熙父子,清代中期的朱筠、朱珪兄弟,清代中后期的翁方纲等,皆曾在宣南地区居住过。

又如什刹海文化,则表现出水域在北京的重要地位。水是漕运得以产生的物质基础,也是城市生活的基本来源。在古代世界的许多著名城市中,都有一条或多条河流穿城而过,西城所在的"六海"水域(即前三海与后三海),就是北京城市得以存在并有进一步发展的基础和源泉。名人文化与休闲文化,都是围绕这片水域展开和发展、繁荣起来的。

再如琉璃厂文化和天桥文化,反映出北京市民文化的多元色彩。琉璃厂文化是宣南文化,也就是士人文化的延伸,体现了"大雅"的阳春白雪风格。而天桥文化则是什刹海文化的延伸,是休闲文化在北京下层民众生活中的真实记录,集中体现了"大俗"的下里巴人风格。

第一节　宣南文化

宣南是北京地域文化的源头。从古蓟城，到唐幽州城、辽南京和金中都，基本上都在今宣南一带。明、清时期，宣南成为北京外城的组成部分，是皇城大内和北京市井社会的接合部。宣南会馆云集，又是外省文化和京城文化交会之处。浓郁的历史文化氛围吸引了大量的汉族士人聚居于此，以至形成"宣南士乡"。宣南成为北京士人文化最具代表性的地方。清代以来，宣南一带先后出现过众多对全国政治、文化产生重大影响的文化精英和知识群体，如乾嘉学派诸大师、宣南诗坛诸名士、戊戌变法诸先驱等，并由此形成宣南文化在不同历史时期从不同角度反映社会变革趋向的重要历史特征。

由于宣南居住着来自全国的各色人等，五方杂处，他们带来了不同地区、不同民族的文化，饮食文化在宣南汇聚，形成风味多、名菜多的饮食文化特点。

在历史的发展过程中，北京创造了独具特色的宣南文化。它既有地域性的文化特征，又有全局性的影响。宣南文化反映了明、清以来北京思想界进步变革的趋向，从诸多方面揭示了近代中国历史发展的规律；宣南文化内涵涉及近代中国的哲学、史学、政治学、文学艺术以及民俗学等各个方面，从诸多领域展示了中华优秀传统文化的丰富多样性。

一、宣南文化概说

历史上的宣南地区，大体上指北京市原宣武区的管辖范围。宣南文化源远流长、内容丰富、影响深远。

宣南地区是北京建城、建都肇始之地。北京城市形成的历史可以追溯到三千多年前古蓟城的出现。根据侯仁之先生的研究，蓟城起源于周武王伐纣灭商之后，据《礼记·乐记》载："武王克殷反商，未及下车，而封黄帝之后于蓟。"而在分封之前黄帝后裔就应该建有城池，此为北京建城之始。蓟城的中心就在今西城区的南部，广安门内外的区域。

春秋战国时期,蓟城成为燕国的国都,因而迅速发展起来,当时的蓟城就坐落在今天以广安门为中心的地方,后来的"宣南"大多在其范围之内。汉代蓟城是华北地区最大的城市,桓宽在《盐铁论》中说:"燕之涿、蓟……富冠海内,皆为天下名都。"蓟城在与北方民族的交往中,发挥着枢纽作用。

隋朝炀帝时,为平定辽东地区的叛乱,进行了三次大规模的战役,每次皆以蓟城为基地。唐代,蓟城为幽州治所,北方的军事重镇。唐初平定辽东,也是以蓟城为基地,唐太宗为了悼念战争中死亡的战士,曾想在幽州城内修建悯忠寺(今法源寺),后由女皇武则天建成。

辽金时期,幽州成为少数民族学习中原文化的基地。辽、金是契丹、女真族建立的政权,但是辽金统治者都非常重视汲取汉族的文化。他们打下后晋、北宋的汴梁,把中原的典籍、图书、法器、乐谱、百工、方技掳来,传承了唐、宋两朝的文化。

辽代的南京是五京中最大、最繁荣的一座都城。商市也很繁荣,曾出现白居易、苏东坡等著名文人的诗集。檀州街即南京城内一条东西向大街,约位于今广安门内外大街。檀州街刻字雕版印刷尤为知名。

在城市布局上,金中都仿照北宋都城开封对辽南京城进行了改造和扩建。中都新建宫殿大安殿、仁寿殿,同乐园里筑瑶池、蓬瀛等,这些豪华壮丽的建筑每令南朝使者惊叹。中都的南北中轴线适在今天的广安门稍西,宫殿北面约在今广安门内大街,是最热闹的商业区,尤其下斜街南口的大悲阁一带,除了食物、百货,还有酒楼、瓦舍、勾栏……有杂剧、诸宫调、院本、说书、讲史……演出。其中董解元的《西厢记诸宫调》创作于金章宗明昌年间,是故事完整、抒写精致的杰作,为元代王实甫创作的《西厢记》奠定了基础。

明代嘉靖年间建起了外城,宣南位于外城的西部。清代前期,统治者实行"旗民分治"政策,尤其到了雍正时期,政府一再下令内城禁止开设戏院及旅店。随着商人从内城迁出,内城的商业日益萧条,而外城则反而由这一政策逐渐繁荣,变成了商业、服务业、文化娱乐业的中心。外城还成为流动人口的集中地,由此外城文化的发展空前扩大,逐渐形成了商业集聚区和仕宦集聚区。前门一带成为当时北京最大的商业中心区之一,而宣武门外成为士人官宦的集聚区。

二、士人文化

宣南一带是历代文人雅士的聚集之地。西周末年,燕国已将蓟城作为都城,这里曾留下燕昭王黄金台遗迹。燕昭王为强国而四方招募人才,使燕国出现了贤才汇聚的局面,有儒、法、阴阳、纵横、兵各家代表,为历代文人所称颂。汉代燕国的儒学开始兴盛。唐初大诗人陈子昂的《登幽州台歌》被视为黄金台吊古之杰作,堪称千古绝唱。

自清初起,北京外城宣武门以南一带,成为汉族仕宦的聚居区。他们在此地的生活居住情况,充分体现了士文化的特色。尽管这一区域与商业闹市紧临,却依然保持着独特的士乡雅韵,同时,也体现了各种新文化信息的交融。

清初,诗风甚盛,吴伟业、龚鼎孳、朱彝尊、王士禛、陈廷敬等,先后继起,纵横文坛。他们在宣南地区,结诗社、兴诗会,诗酒流连,分韵吟唱,留下了大量灿烂不朽的诗篇。王士禛的渔洋诗派主诗坛数十年,更是倾倒海内,风靡一时。

宣南文化博物馆(原长椿寺)

顾炎武旅居京师近二十年,大部分时间寓居京师报国寺,在此写下《天下郡国利病书》《日知录》等重要著作。他的"天下兴亡,匹夫有责"的传世名言,成为一代又一代精忠报国的炎黄子孙的座右铭。在文学上,他的诗多伤时感逝,刚健古朴,充满强烈的现实性和政治性;格调苍凉浑厚,反映了诗人深厚的民族感情和沉雄的艺术风格。

朱彝尊故居

朱彝尊的故居在海柏胡同,称古藤书屋,是三百多年前宣南士人雅集的场所。朱彝尊在古藤书屋秉烛夜读,呕心沥血,完成了《日下旧闻》的编纂,成为研究北京历史文化的著名典籍。朱彝尊还是浙派词家的代表,后人对他评价很高,称:"竹垞所选《词综》,自唐至元,凡三十八卷,一以雅正为宗,诚千古词坛之圭臬也。其所自作,浓淡相兼,疏密相称,深得风雅之正。"①

嘉道之际,社会危机日趋严重,英国、俄国在中亚、西亚一带的扩张活动日益加剧,导致西北边疆动荡不安。道光年间发生了张格尔叛乱,同治、光绪之际发生了阿古柏侵占新疆事件。在这种情形下,京师兴起了一股热衷于西北地理研究的新风气。代表人物祁韵士、徐松、龚自珍、张穆、何秋涛等人,大多居住在宣南或来往于宣南,他们之间的聚集活动充满了对国家忧患的关注。

宣南成为清代士人的聚居区,与这一地区的人文环境有着密切关系。清初,这里不但有明朝显宦遗留下来的故宅别业,为汉族官员提供了现成的宅第;而且有很多古刹名寺,是云游京师的士子们理想的驻足之地。清初时,这里街区十分宽敞,自然环境优美,隙地尚多,可用来增建民舍、扩建住宅,又有水潭土阜、丛苇茂林,为文人骚客聚会吟咏提供了天然场所,可使其怡然自乐于闹市之外,堪称士乡形成的物质条件。

清代北京宣南地区的"士乡",是在各种历史和社会因素的交互作用下,自

纪晓岚故居

---

① 〔清〕陈廷焯:《词坛丛话》。

然形成的士民的聚居区。宣南士人有着相近的认同意识和共同的价值取向,是传统的士文化在清代发展到最高阶段的代表。由于地处京师,各地学子频繁往来驻足于此,使其成为文化信息的交流中心。纵然依傍着一个尘嚣纷杳的商业社会,士人们却竭力为自己营造着田园诗般的环境和氛围,表现了传统的儒家文化特色。

三、会馆文化

明清时期的宣南,是当时北京乃至全国知识、人才最为密集的地区。士人文化构成了宣南文化的主体,而存在于宣南的众多会馆,就是形成这一文化的摇篮和重要载体。

会馆又称试馆,提到这个名称,人们往往很自然地把它与科举考试联系起来。据明《帝京景物略》记载,北京的会馆始于嘉靖、隆庆年间。今人程树德在《闽中会馆志序》中说:"京师之有会馆,肇自有明,其始专为便于公车而设,为士子会试之用,故称会馆。"

明代初年至中期,是会馆的初始阶段,其特征主要是官绅阶层的聚会场所,以后它作为一种为客居人员服务的有效社会组织形式而被广泛应用到来京人员的群体之中,形成主要为士人服务的试馆或为商人服务的商业会馆。进入清代,北京的会馆有了大规模发展。由于清朝入关以后实行"旗民分居"的制度,因此,会馆大多设在外城,即正阳门、宣武门、崇文门之外的地区。

宣南地区的会馆主要集中分布在南新华街、粉房琉璃街以西,校场五条、烂缦胡同以东的地区。其中,又以骡马市大街为界,分成南北两大区域:南部以潘家胡同和粉房琉璃街一带最为集中;北部则以校场五条至宣武门外大街两侧及椿树周边地区最为集中。其中较著名的会馆主要集中在宣武门外大街、米市胡同、潘家胡同、粉房琉璃街、虎坊桥大街、骡马市大街、贾家胡同、烂缦胡同、保安寺街、丞相胡同等地方(外城东部的会馆则多集中于长巷头条至四条、草厂头条至十条、打磨厂、鸾庆胡同、高庙胡同等),以至在京城出现了这样的民谚:"官员出入正阳门,士子出入宣武门,商人出入崇文门。"

宣南会馆的建筑规模大小不一,主要根据兴建者的政治地位、经济实力而定。从用途方面看,大致可以分为三类:一类主要供旅京同乡特别是科考士子居住,建筑为普通的四合院,大的如南海会馆、婺源会馆、临汾会馆、中山会馆,通常包括四五座院落,六七十间房屋;小者如广东惠安会馆,只有一所小院,不足十间房屋。如位于珠朝街5号的中山会馆,是清末广东香山县(民国时期改为中山县)在京官员筹资修建的,占地达四千多平方米。

第二类是以祭祀、议事、集会为主,兼有少量供达官、富商、名人居住的小院,占地面积大,但房屋未必很多,著名的有江西会馆、粤东新馆、湖广会馆、安徽会馆等,其中以建成于同治十年(1871)的安徽会馆最大。安徽会馆的前身是明末清初著名学者孙承泽的寓所"孙公园",由李鸿章、李瀚章倡议修建,是淮军系统加强政治与宗法联系的活动场所,占地九千多平方米,包括左、中、右三路套院,房屋六十余间,还修建了戏楼和花园。

第三类是祭祀、议事的场所,大部分是工商业界建立的行业会馆和会馆附属的专祠。例如:绦行的会馆是哪吒庙,供奉神话里以混天绫作为武器的少年英雄哪吒;玉行的会馆名叫长春会馆,祭祀长春真人丘处机;图书行业的人士建立的会馆为文昌会馆,祭祀决定着读书人命运的文昌帝君;银钱行业的会馆是正乙祠,供奉正乙玄坛元帅即民间熟知的财神赵公明;专祠则有山西的三忠祠、江西的谢公祠、云南的赵公祠等。

会馆在联络同乡士人,增进乡谊,使离乡士人感到乡情的温暖,乃至相互间进行学术交流等方面都起着非常特殊,且是其他组织形式无可替代的作用。近代以来,影响中国历史进程的人物,在来京时大多与宣南的会馆有千丝万缕的联系。

米市胡同的南海会馆,是康有为当年进京赶考时居住的地方。因为院内有七棵树,又称"七树堂"。院内北房也被命名为"汗漫舫"。康有为在这里与维新党人策划变法方案,并在这里写过很多维新变法的诗文。举世轰动的"公车上书"的万言书,就是康有为在这里起草的。

南海会馆(康有为故居)

北半截胡同的浏阳会馆,是"戊戌六君子"之一谭嗣同的故居"莽苍苍斋"。谭嗣同在这里提出了许多变法维新的主张。

468

湖广会馆在清末民初是政治、社会活动聚会的场所。1912 年 8 月 25 日,伟大的革命先行者孙中山先生来到湖广会馆,在这里举行了国民党成立大会。

1912 年,鲁迅先生随国民政府移到北京,搬进绍兴会馆,为《新青年》写了《狂人日记》《孔乙己》《药》等著名小说,还完成了数十篇杂文和译作,为中国文学史留下了宝贵的篇章。

坐落在烂缦胡同路西的湖南会馆,曾经是 1920 年 2 月毛泽东同志组织召开"湖南各界驱逐军阀张敬尧大会"的地方。

此外,坐落在高家寨胡同的莆阳会馆、南横街的粤东新馆、粉房琉璃街的新会会馆、米市胡同的泾县会馆等等,它们在很大程度上都与晚清及民国时期的政治、文化活动有着密切的联系。

浏阳会馆(谭嗣同故居)

四、饮食文化

自金代开始,历元明清至民国初年,北京饮食的发展与繁荣,与宣南地区饮食业的发展变迁密切相关,并为北京的饮食文化做出了较大贡献。

金代至元代前期,这里曾经开设了不少酒楼、饭馆,较为著名的有崇义楼、揽雾楼、遇仙楼、平乐楼、状元楼、披云楼、明义楼、大安楼等,有些酒楼饭馆中还有歌舞演出。金中都城内大悲阁又曾有专卖食品的蒸饼市。

著名的餐馆、老字号是北京饮食文化的集中体现。始创于明永乐十四年(1416)的便宜坊烤鸭店,开设在菜市口米市胡同,堪称北京商业老字号中的"鼻祖"。明末清初,尤其是清同光年间直至民国初年,北京出现以"堂""居""楼""春""坊""斋"为字号的饭庄,清真名餐馆以及外省进京的经营地方菜的老字号大多落户宣南一带。当时规模最大,承办红白喜事的饭庄中"堂"字号有:大

鸿宾楼

栅栏的衍庆堂、观音寺街的惠丰堂、煤市街的天寿堂、李铁拐斜街的德兴堂、樱桃斜街的东麟堂、取灯胡同的同兴堂等。

由于"堂"字号经营方式不适应时代发展而逐渐被"楼""居"字号所替代。当时著名的"八大楼""八大居"也都集中在大栅栏地区。如"八大楼"中的泰丰楼与致美楼在煤市街,鸿兴楼在廊房二条,春华楼在五道庙。此外尚有新丰楼在万明路。"八大居"中福兴居、万兴居、同兴居、东兴居均在前门外。"八大居"中还有万福居在大栅栏,广和居在北半截胡同。此外,北京官府菜的谭家菜在宣武米市胡同,还有开业于明末清初的致美斋,道光年间经营南味的著名餐馆天然居,分别在煤市街和观音寺。

在清代,宣南地区饮食业的兴盛,有着深刻的历史原因。主要是顺治元年(1644)五月,清军进入北京城后,随即占据内城,安置八旗子弟。到了雍正年间,清朝统治者一再下令内城禁止开戏院及旅馆,只允许八旗子弟有居住权。但他们既有钱又有闲工夫,需要吃喝和娱乐。被赶出内城,在前门外至永定门一带的商业设施,就在这个地区经营为八旗子弟提供餐饮、娱乐服务的行业,因此饮食业与提供娱乐的行业就发展、繁荣起来。当时梨园界名角大多居住在西草厂、棉花地等附近的胡同内,饮食业则集中在大栅栏地区。

其次是清朝继承中国历代的科举考试制度,宣南处于北京南城,南方各省进京的士人大多经永定河的卢沟桥进入北京,首先进入这一地区,尤其进京赶考的举子进京住宿,大多选择住进家乡的会馆。清康乾盛世以来,大致在来京的一百三十万名举子中就有不少人居住在宣南的会馆之中。这些外省市进京的举人自然有衣食住行和交际应酬的需要。在京的餐饮服务业投其所好,也就形成各地风格不同的烹饪技艺,从而促进了京城,特别是宣南地区饮食业的发展。

烤肉宛

光绪二十六年(1900),北京有了铁路,修建了前门火车站,南来北往的人员进一步造就了宣南商业、饮食服务业的繁荣。历史上的大栅栏商业区一带,供应各种货物的商家及饮食店鳞次栉比,星罗棋布,并以其特有的高质量产品和优质服务,赢得了信誉而长盛不衰,促进了宣南文化的进一步繁荣。

第二节 什刹海文化

什刹海文化是北京城市文化的重要组成部分,是北京城市文化中的瑰宝。什刹海及其周围附近地区所蕴含的古今各种文化现象,可统称为什刹海文化。而什刹海文化所涵盖的地域,就狭义的理解来讲,除了什刹前海、后海、西海这"后三海"之外,还应包括其周围附近地区。经过元朝的初创和明清两代的发展,什刹海逐渐形成集漕运文化、名人文化、休闲文化等文化内容于一体的什刹海文化,成为京城文化中一张亮丽的名片。

一、漕运文化

什刹海包括前海、后海、西海三个弓形湖泊。其名称随着时代更替和水域变迁,也在不断发生变化。总的来看,从隋唐辽金时期的白莲潭,到元代的积水潭,再到明清以来至今的什刹海,什刹海的水面有一个随着时代前进而逐渐缩小的过程。

关于什刹海之得名,历来说法不一。有一种说法认为,由于在历史上,其附近有万善寺、广善寺、净海寺、三圣庵、海会庵、心华寺、慈恩寺、金刚寺、龙华寺和广化寺等十座寺庙,故称"什刹海"。另一种说法是因什刹海畔有什刹海寺而得名。并解释说,此寺是明朝万历年间,陕西僧人三藏来京时所创建。

什刹海一带的水域,最早是由北京西部古高梁河故道和洼地的积水、地下水流汇聚,至迟在辽代即已形成。据《金史·河渠志》记载:"金都于燕,东去潞水五十里,故为闸以节高梁河、白莲潭诸水,以通山东、河北之粟。"[1]"白莲潭"是什刹海一带水泊的最早名称。

什刹海真正繁华起来,是在元代。元大都城兴建之后,原称之为"白莲潭"

---

① 《金史》卷二十七《河渠志》。

重修后的积水潭汇通祠

的水域发生了重大的变化。大都城修建过程中,将金代行宫万宁宫的太液池作为皇城的中心,由此而建造的整个都城。而被隔在皇城北面的这片水域,称为海子,又称积水潭。《元史·地理志》记载:"海子在皇城之北,万寿山(即琼华岛)之阴,旧名积水潭,聚西北诸泉之水,流入都城而汇于此,汪洋如海,都人因名焉。"①

为更好地解决大都城的漕运问题,郭守敬主持修建通惠河,引白浮泉诸水至积水潭,再由积水潭引通惠河水至通州的漕运河道,使积水潭成为京杭大运河的北端码头。由南方北上的漕船,沿京杭大运河北上,顺着通惠河可直接驶入海子。来自全国的物资商货集散于积水潭码头,停泊在这里的船只几乎遮盖了积水潭宽阔的水面,形成"舳舻蔽水"的宏伟景观。漕船云集、盛况空前的积水潭,已经成为京杭大运河漕运文化的一个重要组成部分,并因此留下了众多体现漕运文化的遗迹。

1368 年,明朝大将徐达、华云龙领兵攻陷元大都,元朝灭亡。不久,朱元璋命令华云龙将大都城改为北平府,北面城墙向南大量压缩。此后明成祖营建北京城,遂将北京城的南城墙向南拓展,由奉天门(即今天安门)一线拓展至前三

---

① 《元史》卷五十八《地理志一》。

门一线。由于城墙的变迁,因此,南方北上的漕船就不再驶入积水潭,也就使得什刹海失去了漕运码头的作用。

明成祖在把首都迁到北京之后,对皇城进行扩建。皇城的北墙向外扩展,将积水潭南部的一部分水面圈入皇城。皇城的东墙也向外移,将原来的一段通惠河圈入皇城。德胜门城门建成后,修了一条南北向的大街,从积水潭中间拦腰穿过,将一片水面分成两大部分。德胜桥西部的水面仍称积水潭;德胜桥东部的水面则被称为什刹海。后来,什刹海又分为两部分,中间由银锭桥隔开,桥东南叫前海,桥西部叫后海。积水潭、后海、前海由细流相连。

清代,什刹海水面变化不大。清末在与北海相连通的什刹海前海西南部(今前海西沿),又筑起了一条贯通南北的长堤(又称和堤),将什刹海前海一分为二,长堤中间偏北处有桥连通被分割的湖水(晚清时发展成荷花市场)。光绪二十七年(1901),京杭大运河供应北京的漕运工作全面停止,什刹海湖水用于漕运的作用也彻底结束。

二、名人文化

什刹海地区,历史上就是名人荟萃的胜地。这里环境优美,湖水荡漾,垂柳夹岸,鸟语花香,碧荷莲藕,极为宜居,因此吸引着不少达官显贵、名人雅士在此定居。

元代,什刹海是诗人墨客不定期雅集唱和的地点。赏荷、观景,并与友人汇聚于湖畔的酒肆饭庄吟咏,为文人雅士所津津乐道。元代著名书画家赵孟頫、西域诗人萨都剌、著名画家王冕,以及众多杂剧作家、表演艺术家都曾在什刹海畔吟咏诗文,演唱歌舞。

元大都漕运商业的发达造就了什刹海一带的繁华兴盛,并使元曲在什刹海畔传唱开来。元曲及元杂剧,在元大都城可谓风靡一时,这里的勾栏瓦肆成为杂剧产生的主要场所,又是杂剧的演出中心和交流传播中心。元人钟嗣成在《录鬼簿》中记录的著名作家共有八十余人,其中籍贯为大都的就有关汉卿、马致远、王实甫等人。此外,还有许多虽然籍贯不是大都,但

民国后日渐破败的护国寺山门

长期生活在这里的作家。他们在这里举行了形式多样的书会和诗社活动，并创作出很多佳作。

最早在什刹海畔建设宅邸的是元代丞相脱脱。他的故居旧址在护国寺。

明代最早进驻什刹海畔的是明代开国元勋徐达的后裔，当年他奉命攻打元大都。元兵败退后，将大都城改为北平府，并压缩北城至德胜门一线，明朝帝王特赐徐达后裔在什刹海畔建有太师圃，又称定国公府。

德胜门内大街三不老胡同为郑和故居。郑和（1371—1433）本姓马，小字三保。明洪武十五年（1382）入宫为太监，人称"三保太监"，郑和曾七次下南洋。由于郑和曾在此居住，这个胡同的原名三宝胡同。

李东阳是明代弘治朝的宰相，文学流派——"茶陵诗派"的首领。他幼时曾居于什刹前海的西岸，后迁至城南太仆巷。李东阳曾把自己在什刹海的居所称为"西涯胜地"，并建有怀麓堂和西涯书屋。李东阳成年后离开了什刹海，但还经常回这里游览，又以"重经西涯""再经西涯"为题写诗数十首，盛赞什刹海的风景。身为茶陵诗派的领袖，他经常与诗派中的志同好友在什刹海畔雅集唱和，并观赏美景，留下很多诗词作品。

明代太监李广在什刹海月牙河修建豪宅，并引玉泉水入宅，门前筑桥，旧称李广桥，后因罪被参奏，饮鸩死。其宅址今称柳荫街。

"公安派"是晚明时期在诗歌散文领域以湖北公安县袁氏三兄弟（袁宗道、袁宏道、袁中道）为首而形成的文学流派。什刹海畔的慈恩寺曾是公安派文人聚会的场所，万历十六年（1588）以后，袁宗道与袁宏道等人曾多次游览此地。万历二十六年（1598）袁氏三兄弟等人曾于什刹海畔崇国寺（今护国寺）内的葡萄园结社，取名"葡萄社"。葡萄社积极贯彻公安派的文学主张，公开反对复古主义推行文学潮流，在当时的北京，先后有二十余位文人加入葡萄社。

米万钟是宋代书法大家米芾的后裔，明代万历年间进士。米氏喜好园林文化，一生建有三园，即湛园、勺园和漫园，皆依湖而建。善书画、爱石成癖的他因羡慕什刹海的绮丽风光，在积水潭东侧修建了漫园。米万钟经常邀集诸文士到园内的楼阁中聚会，开展宴游唱和活动。他作有《立春漫园社集》一诗："未春期社集，朋至候春齐。晚驾冰嬉左，昏攀阁眺迷。借灯生薄暖，度曲学鸾啼。膏雨如留醉，浓阴覆席低。"[①]诗中描绘了米万钟邀集韩霖、刘道贞、陈以闻等名士于立春前一日在漫园社集并坐冰床嬉戏的情景。

在清代，什刹海地区除了广建王府、贝勒府、公主府之外，还建有许多达官

---

① 〔明〕刘侗、于奕正：《帝京景物略》，上海古籍出版社，2001，第34页。

北京鲁迅故居

宅第。在什刹海后海北岸,有清代兵部尚书、吏部尚书、武英殿大学士纳兰明珠故居。什刹海前海西岸有清康熙时大学士定西将军抚远大将军图海故居。今平安里以北麻状元胡同人呼状元街,有清顺治壬辰科状元麻勒吉故居。今柳荫街,旧有清代大贪官和珅故居,还有大学士法式善故居和大学士蒋廷锡故居。法式善被乾隆帝称为奇才,他的宅邸门额为"梧门书屋"。清末,曾官至军机大臣的洋务派代表人物张之洞晚年时将宅第选在地安门外的白米斜街。张氏自称其住所为"最胜桥东第一宅"。张之洞晚年在京任职,常与友人到后花园的望湖楼观湖赏荷,这里常年高朋满座、胜友如云,是京城名流聚会论道之所。

民国初期,不少思想家和进步人士曾在什刹海地区聚会,探讨和开展新文化运动。前海的荷花市场和会贤堂等地是这些名人闲暇时邀朋引伴、闹市寻幽的必游之地。文学家鲁迅,史学家、辅仁大学校长陈垣,古典文学家顾随,著名画家张大千、齐白石、溥心畬等都曾是荷花市场的常客。什刹海附近的"松树胡同七号"是中国诗歌史上著名的"新月派"俱乐部所在地。"新月俱乐部"是一个带有文化倾向的社交团体,出入者是北平的上流人士。"五四"时期的很多文化名人,例如闻一多、徐志摩、林徽因、沈从文等都曾在此聚会。民国时的熊十力、梁漱溟和冯友兰被称为现代新儒学家,其中熊十力曾住在护国寺的大觉胡同,梁漱溟曾住在积水潭西侧的小铜井胡同,两地均在什刹海一带。此外,蔡元培、梁启超、郁达夫、王国维、钱玄同等文化界名流在工作之余也经常来到什刹海一带观景饮茶,共议民族文化的兴衰。

三、休闲文化

从清代晚期到民国年间,每年从端午节到中元节,大约三四个月的时间,什刹海前海南、北、西三面岸上和中间大堤上,席棚布帐鳞次栉比,各种摊贩云集,形成交易市场。因此时大片荷花盛开,故以荷花市场得名。老北京人常说:"咱

什刹海夏荷

们逛河沿去!"即指这里的荷花市场。据《京华春梦录》记载,每于长夏,傍晚,"火伞初敛","裙屐争趋,咸集于斯"①。

什刹海荷花市场之所以成为人们消夏娱乐的胜地,因为其有得天独厚的条件。什刹前海中间有道南北向的长堤,适将前海水域分成两部分。东部约占全水域的三分之二,沿长堤种植荷花,水域以东则种植芡实(老北京人称为"老鸡头")。西部约占全水域的三分之一,早年曾种植水稻。长堤里许,稍北有河口,使东西两水域沟通,上有小石桥。两岸杨柳成行,夏日熏风摇曳,碎影筛金,荷香扑面,大有江南水乡之景色。

荷花市场始于何时?据清光绪三十二年(1906)刊印的《燕京岁时记》记载:"十刹海俗呼河沿,在地安门外迤西,荷花最盛。每至六月,士女云集,然皆在前海之北岸……谓之前海,即所谓莲花泡子者是也……北岸一带风景最佳,绿柳垂丝,红衣腻粉。"②清人沈太侔也有过类似的说法。他所辑的《春明采风志》曰:"什刹海,地安门外迤西,荷花最盛,六月间士女云集,然皆在前海之北

① 李家瑞:《北平风俗类征》,商务印书馆,1937,第80页。
② 〔清〕富察敦崇:《燕京岁时记》,北京古籍出版社,1981,第73页。

岸。同治间忽设茶棚,添各种玩意。"①以上两段记载,皆反映了什刹海种植荷花的历史悠久,是市民盛暑游玩之处所。不同在于,《燕京岁时记》并未提及商贩云集之事。而《春明采风志》补充说,随着游玩的人越来越多,到了清朝同治年间,便有商人在什刹海岸边设茶座卖茶,供赏花的人品茗休息。据此可知,什刹海荷花市场在清末已具雏形。

1916 年,地方上应当地绅商所请,将业已形成的临时市场略加整顿,规定以前海中间的长堤为中心,于每年旧历五月初一至七月十五日,开办荷花市场。荷花市场最繁盛时是民国时期。据邓镕《辛未禊日集十刹海,用颜光禄曲阿后湖诗,分韵得陈字》诗云:"高梁水入城,潴蓄为陂淀。西头净业湖,脉络相贯穿。弄田钩盾令,淀于富赢蚬。三伏菡萏华,万柄朱霞绚。贵家临水槛,菱藕冰盘荐。沿堤陈百戏,鱼龙极曼羡。"原注:"近年伏日,士女就湖荫消复。堤上茶棚鳞次,商贩云集,颇有庙市之观。"②此诗作于辛未(1931),可知荷花市场,至北洋政府及国民政府初建立时,已颇具规模。

荷花市场以中间大堤为主要活动场地。堤中间为通道,两边搭棚,棚大部分在水上,少部分在陆地。先在水中立桩,再绑上横梁,梁上铺上木板,形成一个小小的水上天地。棚只在下半部围以席,上部无遮拦,棚顶也设有可以卷舒的天窗。坐在棚中既可品茗听曲,也可欣赏湖中荷花和观看堤上游人。棚在水上,清风拂水,凉气习习,暑热顿消。大堤的南半部多是出售食品的摊子,北半截主要是茶馆和杂耍园子,东岸白米斜街西口外,就是现在的小街头公园,过去也是一块空地,是马戏、武术等的活动场地。北岸一带更为热闹,有戏曲清唱、曲艺、杂耍,也有小茶馆和食品摊,还有捏面人儿、草编等民间艺人边表演,边出售,以及卖蝈蝈、蛐蛐等小昆虫的摊子。

早先在什刹海荷花市场出售的食品以凉为主,多系清凉爽口的食品。由于生意兴隆,食品摊越来越多,锅贴、馄饨等也来设摊应市,虽然破坏了什刹海以凉为主的风格,却大大丰富了荷花市场上的食品种类,可以满足各种游人的口味和需要。

每年来荷花市场设摊出售的食品有黄白年糕,豆沙、枣泥、豌豆黄等各种馅的年糕,以及栗子糕、豆面糕、驴打滚、艾窝窝、小窝窝头、扒糕、灌肠,甜咸各种馅的油酥火烧,还有红白马蹄烧饼、腰子饼、烫面饺、烧卖、三鲜肉饼、花老虎油条、爆肉、爆肚、炸鸡蛋、苏造肉、水晶肉、杏仁豆腐等等。稀的有八宝莲子粥、荷

---

① 李家瑞:《北平风俗类征》,商务印书馆,1937,第 80 页。

② 邓镕:《荃察余斋诗存再续》,1932 年刊本,第 24—25 页。

叶粥、豌豆粥、八宝茶汤、油炒面、杏仁茶、馄饨、豆汁等等。最受欢迎的还是应时的凉粉等清凉食品，以及酸梅汤等清凉饮料，还有什刹海前后海生产的鲜藕、鲜菱角、鲜鸡头米等。

地安门外清真饽饽铺增庆斋和后来的"一亚一""雪莲阁"的八宝莲子粥是值得一提的风味小吃。这是用白江米、去了糠心的薏仁米等熬成雪白色的粥，摆上去掉苦心的莲子，撒上白糖，点上玫瑰木樨，再缀以切得均匀细密的桃脯、杏脯、苹果脯、桂圆肉、缩勒葡萄、青红丝、百合瓣、金糕条等五色粥果，晶莹香艳，煞是好看。此粥分冰镇、热饮两种，游人可随心饮用。

荷花市场里的时令"河鲜儿"最具特色。当年郑记河鲜在地安门一带远近闻名。郑家经营的鲜菱角、老鸡头米、白花果藕除来自什刹海外，还从京西六郎庄河地进货，在荷花市场搭开席棚，名曰"藕局"，与景四爷的藕局、回民杨五爷的藕局鳞次栉比地排开，招揽游人。藕局的席棚里都摆着几个注满清水的大木槽，木槽中泡着酥甜汁多的果藕，槽边戳着一捆捆长挺的鲜莲蓬，莲子饱满。席棚前的大木案上铺着整块的蓝布，搁着盛水的"木浅儿"，旁边的一个大青花瓷盘子里盛着果实丰盈的"河鲜儿"。所谓"河鲜儿"，就是去皮剥好的鲜核桃仁、大扁杏仁儿、鲜菱角米、鲜老鸡头米的四合一食品。

什刹海荷花市场

在荷花市场的众多吃食中,季德彩独树一帜,在银锭桥畔,设摊出售烤牛羊肉。在盛夏季节吃烤肉,是北京人的一种特殊享受,再加上季德彩卖的烤肉,选料精,切片薄,香嫩可口,因此深受顾客的欢迎。从此"烤肉季"的名声就传开了。

说到什刹海的饮食,还应该提到会贤堂饭庄。会贤堂饭庄虽不是为荷花市场而设,但因其开设在什刹海,从而为荷花市场增色不少。会贤堂在什刹海的西北角,坐北朝南,面向湖心,翠柳环抱,环境优美。该堂于清光绪末年开业,是北京有名的八大饭庄之一。经营山东菜,用料和制作均甚讲究,四时皆有名菜佳肴。会贤堂取用什刹海荷花、鲜莲蓬、果藕较方便,如鸭丁烩鲜莲子、鸡肉鲜莲子馅的饺子,还有一道名菜叫高丽莲花,用鸡蛋清加少量淀粉打和成糊状,用荷花瓣裹成荷花状,食用时鲜美适口。餐末,专有一道用鲜荷叶调制过的米粥,叫荷叶粥,加上白糖,清香甜美。还有用鲜核桃、鲜莲子、鲜菱角、鲜果藕、鲜鸡头米五样放在一起,小件叫冰碗,大件叫冰盘,鲜嫩清凉,受到顾客的好评。

会贤堂的服务对象,除什刹海游人外,还有一个得天独厚的有利条件,地安门内外一带是清代显宦贵胄群居之所,如庆王府、恭王府、醇王府等。这些王公大臣结交应酬讲排场,经常光顾会贤堂。至于一般文人墨客,到此宴饮唱和更是常事。很多知名演员如杨小楼、梅兰芳、王瑶卿、程砚秋等经常来会贤堂演出堂会戏,在演戏之余或有暇时也来逛逛荷花市场,听听曲艺,看看杂耍,吃点河鲜儿和风味小吃,一般游人得以一睹其风采,使荷花市场的气氛更加活跃热闹。

第三节　琉璃厂文化

琉璃厂文化因琉璃厂文化街而闻名于世。琉璃厂作为清代以来北京文化经营的重要街区，其历史文化影响和所汇集的文化品类，是北京文化发展历程中重要的标志之一，并且成为清代康熙以后北京文化活动的重要地域之一。

清代初期琉璃厂附近地区居住的大批文化名流、宣南地区的众多会馆，使得这里成为北京重要的文化区域。寓居此处的文人雅士、不断流动的各地学子和进京官员成为琉璃厂文化街的主要文化消费群体。而琉璃厂鳞次栉比的店铺成为流通、传播传统文化载体的基本渠道。这一切为各朝代的图书典籍、文房四宝、金石碑帖乃至古玩珠宝等的流通以及迅速向全国各地传播，提供了良好的物质环境。此外，琉璃厂各个店铺丰富经营内容和鲜明的行业文化特征成为文化街发展繁荣的优质土壤。

一、书肆文化

"书肆"，古代又称为"书坊""书林""书铺""书堂""书棚""经籍铺"等。清代琉璃厂书肆的兴起和发展，使北京古代书肆业发展到鼎盛阶段，并且以其特有的经营风格、经营品种和经营方式，成为全国书肆业的标识。

清代康熙年间，琉璃厂逐渐繁荣起来，并开始出现书肆。至乾隆时期，随着慈仁寺集市的衰落，书肆逐渐东移，集中到琉璃厂一带。当时，一方面由于清朝实行"旗民分城居住"的政策，汉族官员以及文人学士多居住于琉璃厂一带；另一方面，在琉璃厂附近，集中许多会馆，各地举子进京赶考、官员到京述职或候补，多居住于此地，客观上刺激了琉璃厂一带的书肆发展。

李文藻在乾隆三十四年（1769）记载，当时琉璃厂已经有书肆三十余家。乾隆三十八年（1773），朝廷开"四库馆"编修《四库全书》，琉璃厂书肆的发展得到极大的促进。翁方纲曾记述，参加编撰《四库全书》的编修官们"午后归宿，各以所校阅某书应考某典，详列书目，至琉璃厂书肆访之。是时，江浙书贾奔辏辇

琉璃厂书摊

下。书坊以五柳居、文粹堂为最。""四库馆"的开设,成为琉璃厂书肆繁荣的重要契机,琉璃厂的书肆发展出现了第一次高潮。很多书肆从小小的书摊或书铺发展成为陈设上格外讲究、经营上也形成一定规模的大店。

到清朝后期,较大的书店在收售古旧书的同时还刻版印书,琉璃厂出现了二酉堂、三槐堂、聚珍堂、文有堂、文禄堂、修绠堂、富文堂、善成堂、正文斋、来薰阁、邃雅斋、通学斋等著名坊刻。清末时的京城官员和文人墨客,常常不约而同地到琉璃厂寻书搜宝,竟日方归。甚至还有人寻得好书,却一时囊中羞涩,竟就典当随身衣物买书的。

琉璃厂书业的另一个兴盛阶段是在清末至民国中期。其间经八国联军入侵北京、辛亥革命废帝制立共和、军阀混战,世家望族的图书大量散出,为书业提供了丰富的货源。清末虽然废除了科举,但旧学并未消亡,随着新式学校相继成立,图书馆需要充实图书,大量士子进京求学,许多人成了琉璃厂的主顾。辛亥革命以后,新发迹的达官与军阀们,为附庸风雅,也视蓄书为乐事。而中国的国门在打开之后,西方的有关机构、学者,急于了解中国的情况,也大肆搜购中文图书资料。这些因素汇集到一起,就促成了琉璃厂书业的繁荣。书肆、书摊如雨后春笋般设立,北京城内一度发展到近四百家,主要是在琉璃厂,其他有些分布在隆福寺、西单商场、东安市场等。著名的如文友堂、文禄堂、通学斋、富晋书社、松绮阁、邃雅斋、来薰阁、藻玉堂、文奎堂等皆是。

作为服务于文人雅士的琉璃厂书肆业,很注重为前来光顾的顾客提供一个优良的环境和儒雅的氛围。首先是在硬件的建设上颇为讲究,不管是店铺的外观还是内部的陈列,往往与京城其他的店铺有很大区别。琉璃厂的铺面房都修建得很精致,一般都是水磨砖的砖木建筑,门面油漆得很整齐。开间大多都是两间或三间,再多开间的铺面就很少了。店铺的门口,夏天挂着大竹帘子,冬季则挂着蓝布镶黑云头夹板棉门帘,店铺的橱窗多为嵌着玻璃的老式窗棂,店门则是对开的两扇红漆门,铺面显得十分气派。

琉璃厂的书肆在布置和陈列上讲求一种文化情调,以迎合文人墨客的喜好,这成为琉璃厂店铺的一条最基本的经营规则和习惯。如乾隆五十五年

琉璃厂

（1790），柳得恭在记述琉璃厂的聚瀛堂时说：聚瀛堂"特潇洒，书籍又富，广庭起
簟棚，随景开阖，置椅三四张，床桌笔砚，楚楚略备，月季花数盆烂开。余卸笠据
椅而坐，随意抽出看之，其乐也"。琉璃厂古旧书业有个通常的说法，叫"夹包袱
皮"，就是古旧书肆的经营者用包袱皮包裹着古旧书送到文人学士家中，有的就
是以此为经营，没有固定的门店，就是较大的门店，也保留着这种经营方式。这
从一个侧面反映出琉璃厂古旧书肆与文人学者的那种亲密关系，体现了琉璃厂
书肆"以店为媒、以文会友"的优良经营传统。

　　琉璃厂书肆中流传着许多与文人学士交往的逸闻、佳话。近现代著名的版
本学家、藏书家伦明（哲如）在北京大学文学院任教授时，嗜书如命，所得薪金多
用于购置古书，经常破衣烂衫，出入琉璃厂书肆，时人称之为"破伦"。在长期交
往中，伦明与琉璃厂书肆中人建立了深厚的友情。为搜罗珍本，他出资委托孙
殿起开办"通学斋"书肆。二人经常切磋、交流学识，成为莫逆之交。近代著名
的政治家、学者梁启超，资助王雨开设"藻玉堂"书肆，代己搜购图书，王雨成为
出入饮冰室的座上宾。文学巨匠鲁迅在京十四年，日记中记载到琉璃厂访书购
物达四百八十多次，采买图书、碑帖达三千八百多册。

二、品牌文化

琉璃厂有许多著名的老店,有荣宝斋、戴月轩、一得阁、文盛斋、宝古斋等,这些老字号大多是在清代中后期或民国期间创立发展的。有的以经营书画为主,有的以经营古玩为主。琉璃厂也因之声名远扬。

琉璃厂最古老的商店当推荣宝斋。其前身为松竹斋,创建于清康熙年间,光绪二十年(1894)更名为荣宝斋。从康熙时期算起,至今已有三百多年了。

松竹斋是江南浙东一个姓张的人于康熙十一年(1672)开办的南纸店,以经营宣纸、笔墨、砚台、印泥等商品和承应装裱字画为业务。松竹斋前店卖货,后设作坊,装裱字画,工精价廉,后来又请来刻制木版的师傅,增加了印制信笺和诗笺的业务。松竹斋印制的信笺和诗笺色彩鲜艳、精美,享誉京城。乾隆、嘉庆年间,是松竹斋生意最红火的时期。

松竹斋接待的顾客都是文化人。它为顾客服务十分热情周到,顾客买了纸,如果要裁成各种尺寸,伙友会立刻拿出半圆形的裁刀帮忙裁好;顾客如果习字要用各种规格的"九宫格",伙友也会帮忙装订好;顾客如果拿着扇面要配副扇骨,伙友也会帮忙当面装好,分文不取。因此,松竹斋声誉日隆。

由于松竹斋的铺东张姓是读书人,不善于经商。特别是张姓后人,喜交友,只知从松竹斋往出拿钱,对松竹斋的业务不知过问,致使松竹斋的买卖虽然赚钱,但是生意却亏损。

松竹斋买卖做到光绪二十年(1894)已无法维持,只得易主,改换牌匾。新店主取"以文会友,荣名为宝"之意,将松竹斋改名为"荣宝斋"继续营业。新店聘请了广交京师名士的庄虎臣为经理,同时请同治年间的状元陆润庠为店铺题写了匾额。

易名以后,荣宝斋保持了松竹斋时期的优良传统,继续与文化界保持着密切的联系。民国以后,它还在上海、天津、汉口、南京等大城市开设了荣宝斋分店,聘请具有较高文化素养的人来从事业务经营工作,因此它能够和文化界名流广交朋友,很多知名的书画家、艺术家都是荣宝斋的朋友。

荣宝斋之所以能够继松竹斋之后,在北京众多南纸店中居于首位,一是其经营的纸张、笔墨、印泥等商品都是上等的佳品;二是它拥有一批当代书画、金石篆刻名家在店中挂笔单,像陈师曾、齐白石、张大千、张伯英等大师都曾在荣宝斋挂过笔单;三是荣宝斋的木版水印画,刻工精细,印刷精美,在美术界有很高的声誉,像荣宝斋印制的《二十四节令信封》《七十二候诗笺》以及1933年和

1934 年为鲁迅、郑振铎二先生刻印的《北平笺谱》《十竹斋笺谱》等面世后，立刻受到各界人士的欢迎，多次再版重印发行。

琉璃厂有好几家笔墨店，如"贺莲青""李自实""李玉田"等，都享有盛誉。但名望最高且开业时间最长的当推戴月轩。

戴月轩湖笔墨店创办于1916 年，原名"戴月轩笔墨庄"，又名"戴月轩笔铺"。戴

20 世纪 20 年代的北京荣宝斋南纸店

月轩，名斌，月轩是其号，浙江湖州（今吴兴）人。湖州是历史上著名的出产毛笔的地方，当地大多数人都以制笔为生。戴斌幼年即从家乡来到北京，在贺莲青湖笔店做学徒。他学艺刻苦，短短几年即学会了羊毫、狼毫及紫毫的制作方法，掌握了一套精湛的制笔技艺，尚未出师即小有名气。

民国初年，戴斌出师后，便以自己的名字为店名，在琉璃厂东头路北开设了一家笔墨店，于1916 年阴历九月开业。

戴月轩开业后，制笔所需原料均由浙江湖州善琏镇进货，再由戴月轩制成笔以保证其正宗。善琏镇依山傍水，气候温和，所产制笔原料均为上乘，尤以所产羊毫笔质量特别好。戴月轩每制作一支湖笔要经过水盆结头、装套、择笔刻字等多道工序，每道工序都要认真制作，严格把关，所以其制作之笔都能达到内优外美，笔头尖、齐、圆、健四大特点，支支有笔锋，深受书法家和画家的信赖。

戴月轩前店后作坊，后面的四合院也是住家。笔工每天在临街的南窗下拣毛制笔，从街上可以看到他们每天在那里认真地剔去笔中的"贼毫"，即用不着的废毛。制笔的功夫在拣毛，能把废毛剔去，好毛留着，撮在一起，其中还有几根用作"锋"的，即为好笔。一根好笔，能用好几年，就是因为毛好。戴月轩还能代客修理毛笔，即书画家把用残了的笔送去，由他设法添上几根好毛，就又能用了。

戴月轩笔好，当然利润也高一些。从前他在湖州购进的小楷羊毫笔每一百支（叫一封）现洋一元三四角钱，经他拣毛以后卖银圆二角一支，每支笔净挣一角八分。一支羊毫笔至少能用三个月。

墨是与笔齐名的文房四宝，一得阁墨汁店开业于清同治四年（1865），由谢崧岱创办于北京琉璃厂，为前店后作坊的店铺。一得阁以生产墨汁和八宝印泥而驰名中外，是中国最早的墨汁生产厂家。

谢崧岱（1849—1898），湖南湘乡人，号俾昌，一号正午，别号祐生。同治年间，谢崧岱进京赶考，但屡试不中。当时的考生在考场上除凝神应试外，还要研墨自用，声音杂乱不说，也很费时费力。谢崧岱作为一名深受其苦的考生，在落第后心灰意懒之时，忽然想到，若将研好的墨汁带到考场外去兜售，一定深受考生欢迎。他亲自一试，果然如此。于是，谢崧岱决定抛弃科举仕途之念，弃儒经商，于1865年在京师城南一带（现东琉璃厂44号处）开设了一间专门制造墨汁的作坊，自产自销，因属首创，生意很是兴隆。谢崧岱还亲手为自己的墨汁写了一副对联："一艺足供天下用，得法多自古人书。"店名"一得阁"即取自该联的首字。由谢崧岱自书的"一得阁"牌匾，至今保存完好，仍挂在东琉璃厂门市部处。

一得阁墨汁起初是用水浸泡墨块，泡开后兑水成汁，但质量和效率都很低。后来他们借鉴古代制墨法，经多次试验，发明了以油烟和松烟为主要原料制作墨汁的方法。其中，油烟是用豆油、花生油和猪油等油类为原料，在封闭的屋子里点燃大量油灯，油灯上悬挂一层一层的铁板，经过一段时间，就会有大量的油烟升腾凝结在铁板上，最上层的烟质地最好，被称为"云烟"，中间的称为"中烟"，下层的称为"落地烟"；松烟则是燃烧松木得来，燃烧时要架设一种特制的多节烟囱，这种烟囱形式曲折，松烟在烟囱内回流盘旋，很难出去，最后凝结在烟囱的内侧，就成为制墨的原料。用这种方法制作墨汁，不仅生产效率大为提高，产品质量也有明显改善。

光绪二十四年（1898），谢崧岱离京回乡时，把一得阁墨汁店交给徒弟徐洁滨来执掌。徐洁滨，河北深州人。他接手店铺后，针对原来墨汁放置时间稍长，产生沉淀和夏天墨臭难闻的两大不足，进一步改进提高，使墨汁气味清香若兰，不招蚊蝇，且不易沉淀。

由于一得阁墨汁品质优越，独具特色，落纸如云烟，漆黑油亮，不洇不涩，可见焦、浓、重、淡、清五色之分，因而备受文人墨客和进京赶考的举子们青睐。一时间，一得阁墨汁不仅走俏京城，且开始远销国内各大城市。他先后在天津和郑州开设了分店，在上海和西安开设了专营代销店。

八宝印泥是一得阁另一种堪称"国宝"的产品，它采用红宝石、红珊瑚、朱胶、赤合叶、朱砂、麝香、冰片、老陈蓖麻油等上等原料精心调制而成，具有"颜色纯正、印迹清晰、不怕日晒、不怕火烤水浸、久存不干、气味清香、永不褪色"的特点。

三、匾额文化

匾额作为中国传统建筑中的重要构件之一,兼有实用功能和审美功能。匾额在方寸之间,蕴含了书法、雕刻、装饰等多门类的艺术价值。其中,字号匾额作为商号招牌而高悬于店铺门楣之上,面向城市商业街区,在具备商业性质功能的同时,由于其往往处在城市街道的公共空间,且具有审美性,在一定程度上具有公共艺术作品的性质。尤其是字号匾额所镌刻的文字,以书法艺术的身份体现出汉字蕴含的艺术价值。

北京琉璃厂大街作为一条历史悠久、驰名全国的文化古街,云集了众多出自名家的匾额,堪称字号匾额之大观。孙殿起《琉璃厂小志》中列举了八十七家店铺匾额。这些匾额,多由名公巨卿、诗人名士及书法巨匠所题写,字体不一,琳琅壮观,珍贵绝伦。

荣宝斋是琉璃厂著名的老店之一,众多书家与名流为其题写过字号匾。最初为清末大书法家陆润庠于光绪二十年(1894)题写的"荣宝斋"主匾和"凝光""蟠彩"两块配匾。1950年荣宝斋公私合营,郭沫若为其题写匾额,所题"荣宝斋"作为标准商号字样沿用至今,为人所熟知。郭沫若书法功力深厚,以行草见长,"荣宝斋"的字样尽显其笔力爽劲洒脱、运转变通的特点。该字样本身的审美价值,加之郭沫若的"名人效应",使这"金字招牌"成为"荣宝斋"这一品牌深入人心的商标,极大地提升了品牌的影响力。此外,沈钧儒、徐悲鸿、齐白石、吴作人、沙孟海等名流大家亦曾为荣宝斋题匾。这些匾额书法的艺术价值与文化内涵,在给人以审美享受的同时,还生成、延续着以荣宝斋为代表的一众老字号的品牌文化。

除了以上提到的"荣宝斋",还有清代书法家翁同龢所题"宝古斋"与"茹古斋"、清代书法家谢崧岱所题"一得阁"、近代书画巨擘吴昌硕所题"清秘阁"、画家陈半丁所题"戴月轩"、书法家启功所题"锦昌"等匾额。郭沫若为其他店铺所题字号匾也散见其中,如"中国书店""复云堂"等。数量巨大的名

戴月轩匾额

匾集中于琉璃厂东西两条大街之上,堪称人文胜境。这些匾额,折射出琉璃厂商家与众多士大夫的密切关系,使琉璃厂文化街有了高雅之气韵、自信之底蕴。

琉璃厂的字号匾额书法汇集诸家各体,却也具有共性,即书法家进行创作时,自觉或不自觉地考虑到书法形式、语言与牌匾的材料、制作工艺以及建筑物本身的诸多因素之间的联系。琉璃厂大街的建筑物是典型的清代北方民居建筑,青灰色的砖墙瓦顶,梁枋门窗或使用本色木面,或饰以彩画、朱漆。匾额高悬于店门之上,字体往往刷金,雕刻工艺精湛,以端庄大气的工艺之美与建筑风格相得益彰。匾额上的字体在彰显书法家个人风格的同时,往往具有于潇洒流畅中见端庄典雅的共同特点。吴昌硕所题"清秘阁"匾,融碑法入行书体,连贯顺畅,老辣劲瘦;翁同龢所题"茹古斋"匾,尽显深厚的"二王"功力;启功所题"锦昌"匾,笔画清劲,丰神俊秀;吴仲超所题"汲古阁"匾,秀丽隽雅,圆润丰劲。

与悬于宗庙的堂号匾、表彰功德的牌坊匾等匾额书法不同,琉璃厂字号匾额书法的"庙堂气"较少,字体无论真草隶篆,不求威严端庄之气,多显笔墨趣味,又不失典雅。字体中的文人风味与店铺所经营的文房四宝、古玩字画相映成趣,又以典雅、潇洒的特点与建筑风格相协调,并以金漆黑底成匾,在梁枋彩绘间显露出一派昌隆的笔墨气息。

四、庙会文化

琉璃厂之所以出名,除了因为是文人荟萃之所外,还与每年春节期间,老北京人喜欢到以琉璃厂为中心的厂甸逛庙会的习俗分不开。据《帝京岁时纪胜》(1758 年刊印)记载,乾隆时的厂甸庙会,"每于新正元旦至十六日,百货云集,灯屏琉璃,万盏棚悬,玉轴牙签,千门联络,图书充栋,宝玩填街。更有秦楼楚馆遍笙歌,宝马香车游士女。"

厂甸,一般从旧历的正月初二开到正月十六,共十五日。除了琉璃厂自身的店铺外,在这里的空场和街巷胡同两旁,还搭起了许多彩棚。和一般集市庙会不同的是,厂甸以书籍、字画、古玩、纸墨笔砚等为主,因而被称为"文市"。此时,行商摊贩也到东西琉璃厂一带摆设书摊、古玩摊。其中大部分是隆福寺、鼓楼前等地书摊临时到这里设摊的,叫作"赶庙"。

孙殿起在其《琉璃厂小志》中,记述了 1936 年春节厂甸摊商门类与分布情况便是明证。他说:海王村公园为厂甸市集的中心。厂东门的火神庙,更是游厂甸人们所必至。在海王村公园里面,南边是玩具摊,古玩摊多在北边。环绕海王村公园的,北边是风筝摊,东北是乐器摊,南边是食品摊。南新华街上则有画棚、书画摊、鲜花摊等。珠宝玉器摊多在火神庙内。与此同时，琉璃厂各书店等照常营业。

琉璃厂古玩街

更添节日情趣的是，厂甸汇聚了北京及近畿著名的民间手工艺品，有二十余种。如"毛猴"，即用中药辛夷、蝉蜕做成的猴子造型。蜡制瓜果梨桃，放在果盘里，几可乱真。还有蜡制的小鸭子、青蛙等，可放在水中赏玩。如琉璃片、玻璃鱼缸等琉璃制品，还有风筝、空竹、面人、泥人、鬃人、剪纸、绒花，竹木制的刀枪剑戟，小腰鼓及微型的铜响器镲、锣等等。口琴及箫笛、胡琴等乐器也在厂甸销售火爆。

在厂甸，各种民间传统小吃盛行于市。如艾窝窝、驴打滚、年糕、扒糕、茶汤、豌豆黄、豌豆粥、棉花丝、豆汁、爆肚、煎灌肠等。似乎没品尝过传统小吃，就不算是逛厂甸了。

第四节　天桥文化

　　天桥文化是随着天桥市场的出现和兴盛而逐渐发展起来的。民俗文化是天桥文化的核心代表。天桥民俗文化经过数百年的积累,呈现出多元化、多层次,并具有广泛的包容性与创新性。

　　清末民初人震钧(1857—1920)所著、刊刻于清光绪三十三年(1907)的《天咫偶闻》记载:"天桥南北,地最宏敞。贾人趁墟之货,每日云集。"①说明在清末

前门大街旧景

---

①　〔清〕震钧:《天咫偶闻》卷六《外城东》,北京古籍出版社,1982,第135—136页。

已有商人在天桥附近设摊售货并出现了曲艺、杂技等娱乐项目，反映出市场兴起的情形。

据过去多年在天桥市场说书卖艺的著名评书艺术家连阔如先生在《江湖丛谈》中记载："永定门内东天坛，西先农坛。两坛之北，天桥之南，地势很低，尽是水坑。清季鼎盛时期（指庚子事变前的同治、光绪年间），天桥附近有些贩夫走卒、劳动的人们在那里求生活，无事就在那里散逛，未有今日（20 世纪 30 年代）之盛也。"①《江湖丛谈》所记与《天咫偶闻》的说法一致，天桥市场的出现在清末的同治、光绪年间。到了宣统年间，天桥以东以西沿着沟岸，商贩搭的席棚、布棚一眼望不到头。

天桥市场的发展，在 20 世纪 20 年代末为其鼎盛时期。1930 年 2 月 16、17日的《北平日报》《天桥商场社会调查》一文，有如下报道："本市之天桥地方，乃是五方杂处，又可为全市繁荣之中心……近两年平市繁荣顿减，惟天桥依然繁荣异常，各地商业不振，惟天桥商业发达。"文中的"平市"即指北京。

在天桥市场鼎盛阶段，它集豆腐脑、老豆腐、爆肚、豆汁、白酒等餐饮食品摊棚，估衣、旧鞋帽、破旧桌椅等日用杂货摊棚和戏曲、评书、大鼓书、相声、武术、摔跤、中国戏法等打把式卖艺的娱乐戏棚及场地于一体，供劳动大众来市场消费和休闲娱乐。②

天桥市场主要是社会下层平民消费游玩的市场。据 1934 年《正风》杂志第2 卷第 12 期《整理天桥》一文记载："天桥为平市大多数中等以下的人消遣场所，衣着什物，吃喝玩乐，无不应有尽有，其内容的恶劣杂沓，人人都知道，实在是说不胜说。"

天桥市场里说相声、变戏法、唱小戏的与食品、杂志等商贩一样，都是露天的，用长凳子围个场子，刮大风、下雨就散。不卖票，零要钱。要钱不说要钱，而说"求"钱。如果有人不往场子里扔钱，扭脸就走，将人群冲散，他们就开口不逊地说："不要学他，奔丧去啦！"

天桥以其独特的民俗风情，造就了"穷不怕""云里飞""万人迷""大狗熊"等一批又一批的民间艺术高手，使"天桥八大怪"成为独领民间艺术风骚的一代大师。

过去的天桥有多座庙宇，较为著名者即有江南城隍庙。据说，城隍爷需一年三次出巡，队伍浩浩荡荡，长达数里。最前列为八面虎头牌，鸣锣开路。隔十

---

① 连阔如著，贾建国、连丽如整理：《江湖丛谈》，当代中国出版社，2005，第 21 页。
② 北京市崇文区地方志办公室：《天桥旧话》，中华书局，2007，第 16 页。

余步为青龙、白虎等二十八面大旗。再后面为六十四执事仪仗，所执兵器有刀、枪、斧、戟等。接着是四郊农民的五十面大鼓的鼓队及诸百姓献给城隍的万民伞、万民旗等。其后为民间走会的各种杂耍，如耍中幡、杠箱、五虎棍、高跷、秧歌、耍坛子、耍狮子、跑旱船等，这是天桥民俗活动中最精彩的场面。最初，祭神的表演，像耍钢叉开路等，是不

卖糖葫芦的

准用来卖艺的，后来渐被突破，艺人们为了糊口，祭神之后，就利用天桥的空地"撂地"表演挣钱了。

城隍爷是城市的保护神，经查考是宋代民族英雄文天祥。民间对城隍爷的神崇拜，实质上是对人的崇拜，老百姓把文天祥视为正义的化身，向他倾诉心中的不平，希望他能主持公道，审判处置那些为非作歹之人。天桥以自己独特的文化形态反映了平民百姓的喜怒哀乐和他们的企求与愿望。

著名学者齐如山在《天桥一览序》中说："天桥者，因北平下级民众会合憩息之所也。入其中，而北平之社会风俗，一斑可见。"这足以说明，天桥不仅是京城平民百姓养家糊口的地界，也是普通老百姓生活的乐园。

大事年表

周　朝

公元前 11 世纪,周武王伐纣,封黄帝后裔(或称帝尧后裔)于蓟城。

公元前 8 世纪,燕国攻灭蓟国,并以蓟城为国都。

周桓王二十三年(前 697)燕桓侯即位,受山戎逼迫,迁都于易(今河北雄县),称下都。

周惠王十三年(前 664)齐桓公救燕,北伐山戎。

周惠王二十年(前 657)燕国自易迁都回蓟城。

周显王三十六年(前 333)燕易王立,齐取燕国十城。

周赧王元年(前 314)燕国出现内乱,齐国伐燕,杀燕王哙及相国子之。

周赧王四年(前 311)燕昭王即位,拜郭隗为师,筑宫。其遗址称隗台(即黄金台)。

周赧王三十一年(前 284)乐毅伐齐,破齐都临淄,掠齐国珍宝回蓟城。

周赧王四十三年(前 272)燕国内乱,韩、魏、楚联军伐燕。

燕王喜四年(前 251)燕王喜伐赵,反被赵军打败,割地求和。

燕王喜二十七年(前 228)燕太子丹使荆轲出使秦国,刺杀秦王嬴政,失败。

燕王喜二十八年(前 227)秦将王翦攻取燕都蓟城。

秦　朝

秦王政二十六年(前 221)秦始皇攻灭六国,一统天下,建立秦朝。全国统一推行郡县制。

秦始皇三十二年(前 215)秦始皇东巡,经蓟城往辽东。

秦二世元年(前209)陈胜、吴广起义后,韩广占据蓟城,自立为燕王。

汉　朝

汉高祖元年(前206)项羽封臧荼为燕王,杀韩广,占蓟城。

汉高祖四年(前203)刘邦击败项羽,臧荼归降于刘邦。

汉高祖五年(前202)刘邦都长安,建立汉朝。臧荼反叛被杀。刘邦另立卢绾为燕王。

汉高祖十二年(前195)卢绾反,逃入匈奴,刘邦立皇子刘建为燕王。

吕后七年(前181)燕王刘建死,无后。

吕后八年(前180)吕后立吕通为燕王,叛乱被杀。

汉文帝前元元年(前179)琅琊王刘泽被封为燕王。翌年卒,子刘嘉继为燕王。

汉文帝前元十七年(前152)燕王刘嘉卒,子刘定国继为燕王。其后,刘定国因罪自杀,国除。

汉武帝元狩六年(前117)汉武帝立皇子刘旦为燕王,都蓟城。

汉武帝元封五年(前106)汉设十三州刺史,燕国属幽州刺史监管。

汉昭帝始元七年(前80)刘旦谋反,事败自杀,燕国被除。

汉宣帝本始元年(前73)汉宣帝立刘旦之子刘建为广阳王,广阳郡改为广阳国,仍都蓟城。

汉淮阳王更始二年(公元24)刘秀至蓟城,并进取中原,命朱浮为幽州牧,治蓟城。

汉光武帝建武三年(27)渔阳太守彭宠叛乱,自立为燕王,都蓟城,后被杀。

汉和帝永元八年(96)东汉复置广阳郡,幽州刺史和广阳郡守皆治蓟城。

汉灵帝中平五年(188)刘虞任幽州牧,多善政。

三　国

魏文帝黄初四年(223)曹魏改广阳郡为燕郡,治蓟城。

魏明帝太和六年(232)魏明帝封曹宇为燕王,燕国治蓟城。

魏邵陵厉公嘉平二年(250)征北将军刘靖驻守蓟城时,命军士千人在桑干河上修戾陵堰,开车箱渠,导高梁河水灌溉。高梁河水系下游即今什刹海一带。

魏元帝咸熙二年(265)晋武帝封司马机为燕王,治蓟城。

494

晋　朝

晋武帝太康三年(282)晋尚书张华任使持节、都督幽州诸军事、领护乌丸(即乌桓)校尉、安北将军。多善政。

晋元帝大兴二年(319)石勒建立后赵,称赵王,改燕国为燕郡,治蓟城。

晋穆帝永和六年(350)晋封鲜卑慕容儁为燕王,攻陷蓟城,修宫殿,建太庙。

晋穆帝永和八年(352)慕容儁称帝,都蓟城,国号大燕。五年后又迁都于邺(河北临漳)。

晋海西公太和五年(370)前秦灭前燕,攻占蓟城。

北　朝

北魏道武帝皇始二年(397)北魏攻占蓟城。

北魏孝明帝正光六年(525)杜洛周起义,攻入范阳,后被镇压。

北魏孝武帝永熙三年(534)北魏分裂为东魏和西魏,蓟城属东魏。

北齐温公天统元年(565)幽州刺史斛律羡导高梁水入温榆河,高梁水下游河道与今什刹海相通,水面扩大。

北周武帝建德六年(577)北周灭北齐,在蓟城设幽州总管府。

隋　朝

文帝开皇元年(581)杨坚建立隋朝,命张威为幽州总管。

炀帝大业三年(607)隋朝罢州改郡,改幽州为涿郡,治蓟城。

炀帝大业四年(608)修永济渠北达涿郡(今北京)。

炀帝大业七年(611)隋炀帝通过永济渠到达涿郡,开始远征辽东。

炀帝大业十年(614),隋炀帝至涿郡,发动第三次远征辽东,不久班师。

炀帝大业十三年(617)隋将罗艺发动兵变,自称幽州总管。

唐　朝

高祖武德元年(618),李渊建立唐朝,罗艺归顺唐朝,仍任幽州总管。

太宗贞观十九年(645)唐太宗亲至幽州,东征高丽,不克,班师。

睿宗景云元年(710)以薛讷任幽州节度使兼幽州都督。节度使之名自此始。

玄宗开元二年(714)置幽州节度、经略、镇守大使。

玄宗开元二十九年(741)幽州天长观建成。

玄宗天宝三载(744)以平卢节度使安禄山兼范阳节度使。

玄宗天宝十载(751)命安禄山兼河东节度使。

玄宗天宝十四载(755)安禄山以讨伐杨国忠为名,发动叛乱,因其副手为史思明,史称"安史之乱"。

玄宗天宝十五载(756),安禄山自称大燕皇帝,都洛阳。

肃宗至德二载(757)安禄山被其子安庆绪所杀。史思明归降唐朝,被封为归义王、范阳节度使。

肃宗乾元元年(758)史思明复反于范阳。

肃宗乾元二年(759)史思明自称大燕皇帝,都范阳。

肃宗上元二年(761)史思明被其子史朝义所杀,史朝义称帝。以部将李怀仙为范阳尹、燕京留守。

代宗宝应二年(763)史朝义败,自杀。李怀仙等归降唐朝。

代宗大历三年(768)朱希彩杀李怀仙,唐朝命朱希彩为幽州卢龙节度使。

代宗大历七年(772)幽州兵变,杀朱希彩,拥立朱泚。唐朝命朱泚为幽州卢龙节度使。

代宗大历十年(775)朱泚留长安(今西安),命其弟朱滔知幽州、卢龙留后。

德宗贞元元年(785)朱滔卒,将士拥立刘怦。唐朝命刘怦为幽州卢龙节度使。刘怦卒,其子刘济接任。

宪宗元和五年(810)刘济被其子刘总毒死,刘总接任幽州卢龙节度使。

穆宗长庆元年(821)幽州兵变,拥立朱克融为卢龙节度使。

敬宗宝历二年(826)幽州兵变,杀朱克融。李载义任卢龙节度使。

武宗会昌元年(841)幽州连续兵变,张仲武占幽州,翌年被任命为卢龙节度使。此后多次兵变,频换节度使。

武宗会昌六年(846)原秘藏于尉使君寺废塔下的舍利重现,移置悯忠寺多宝塔下。

昭宗乾宁元年(894)李克用占有幽州,请以刘仁恭为留后,唐朝命为卢龙节度使。

昭宣帝天祐四年(907)刘仁恭之子刘守光囚父,自称节度使。

五 代

梁太祖乾化元年(911)刘守光继皇帝位,国号大燕,以幽州为都城。

梁末帝乾化三年(913)晋王李存勖征幽州,灭刘守光,命部将周德威为卢龙节度使。

唐明宗天成三年(928)后唐卢龙节度使赵德钧击杀契丹军队之进入中原者,逃归不过数十人。

晋高祖天福元年(936)后唐河东节度使石敬瑭叛,请援于契丹。契丹击败后唐大军,策立石敬瑭为后晋皇帝。石敬瑭割让"燕云十六州"给契丹。契丹入据幽州。

辽 朝

太宗会同元年(晋高祖天福三年、938)契丹升幽州为陪都,号辽南京,又称燕京析津府,卢龙军,改国号为辽。

太宗会同三年(940)辽太宗赴南京。

太宗会同六年(943)辽伐后晋,遇挫而回。

太宗会同九年(946)辽灭后晋。

世宗天禄三年(949)辽朝自南京发兵南伐,大获而归。

穆宗应历九年(959)后周世宗大举北伐,进展顺利,却因病而班师。

景宗保宁十一年(979)宋太宗率大军亲征幽州,在幽州城北被辽军战败而逃,史称"高梁河之战"。

圣宗统和四年(986)宋太宗再次率大军北伐,仍然大败。史称"雍熙之役"。

圣宗统和二十二年(1004)辽朝对宋朝发动进攻,最终双方议和,史称"澶渊之盟"。

圣宗开泰元年(1012)改蓟北县为析津县,幽都县为宛平县,二县皆在今西城域内。

圣宗太平二年(1022)宋真宗去世,辽朝在南京悯忠寺设道场加以祭悼。

兴宗重熙五年(1036)辽兴宗令南京修宫阙府署。

兴宗重熙十二年(1043)《契丹大藏经》刻成,在南京刊行(一说1068年刻成)。

道宗清宁九年(1063)耶律重元叛于燕京,随后被平定。

道宗咸雍八年(1072)辽道宗将新编成的《大藏经》颁赐给高丽。

天祚帝天庆九年(1119)南京留守耶律淳奉旨起建天王寺砖塔。

金　朝

太祖天辅六年(1122)辽人自燕京出逃,金太祖率金军攻占燕京。

太宗天会元年(1123)金朝将幽州还给宋朝,宋朝付出巨额钱财,然后将幽州改称燕山府。

太宗天会三年(天祚帝保大五年、1125)金朝大举攻宋,再占燕京。

太宗天会五年(1127)金军攻破宋东京开封府,俘获宋徽、钦二帝,押送到燕京,随后押往中京。

1123—1135年,金太宗帝、后为佛觉、晦堂二大师创建圣安寺。

熙宗天眷元年(1138)金朝将燕京枢密院改为行台尚书省。

熙宗天眷二年(1139)燕京行台挞懒谋反被杀。同年,在燕京举行科举考试,以选拔人才。

熙宗天眷三年(1140)金熙宗到达燕京,翌年回金上京。

海陵王天德三年(1151)金海陵王决定迁都燕京,并开始扩展燕京城。

海陵王贞元元年(1153)金海陵王迁都到燕京,并将其改称金中都。又,营建鱼藻池等皇家园林。

海陵王贞元三年(1155)金海陵王在大房山建造皇家陵寝。又,金中都太庙建成,金代先祖牌位移至金中都太庙供奉。

世宗大定元年(1161)金海陵王迁都汴京,并大举南下伐宋。在南伐失败后,被手下弑杀。金世宗在辽阳即位,随后来到中都城。

世宗大定二年(1162)金世宗在中都城外东北近郊创建大庆寿寺。

世宗大定十二年(1172)金朝开金口河以通漕运,失败。

世宗大定十三年(1173)在悯忠寺考试女真进士。

世宗大定十八年(1178)山西潞州民女崔法珍刊印《赵城金藏》,"进于朝"。

世宗大定十九年(1179)金世宗在中都城东北郊原辽代的瑶屿行宫旧址上建太宁宫(今北海琼华岛)。

世宗大定二十九年(1189)金世宗死,金章宗即位。开始建造卢沟桥。

章宗明昌五年(1194)金朝在中都城西南(今西城区境内)修建风师坛,祭祀风神。

章宗明昌六年(1195)金朝在中都城西南(今西城区境内)修建高禖坛,为金章宗求子。

章宗泰和五年(1205)开凿闸河,引西山水源注入白莲潭(今什刹海、北海、中海一带)后南引入金中都北城壕,再向东连接潞水(今北运河)以通漕运。

卫绍王大安二年(1211)蒙古军队攻打金中都,不克,谈和而退。

宣宗贞祐元年(1213)蒙古军队再次进攻中原。金中都城内发生叛乱,杀卫绍王,金宣宗即位。

宣宗贞祐二年(1214)金宣宗弃中都城,南逃汴京。

宣宗贞祐三年(1215)蒙古军队第三次进攻金中都,守将石抹明安投降。蒙古改中都为燕京行省。

元　朝

太祖二十二年(1227)丘处机去世,其弟子在长春宫东侧建白云观。

太宗八年(1236)大臣耶律楚材在燕京立编修所。

世祖中统元年(1260)忽必烈即位,称元世祖,曾驻于中都大宁宫(今北海公园)。

世祖中统二年(1261)修燕京旧城及琼华岛,建广寒殿。又,设立教坊司,演出各种歌舞和杂剧。

世祖至元元年(1264)改燕京为中都,大兴府仍旧。又,蒙古国在金燕京城内重建太庙竣工。

世祖至元二年(1265)渎山大玉海制成,敕置广寒殿。

世祖至元四年(1267)立提点宫城所,并以大宁宫为中心,另建新城,即大都城。

世祖至元七年(1270)元世祖于新建大都城西南隅创建城隍庙。

世祖至元八年(1271)改国号曰大元。

世祖至元十一年(1274)宫阙告成,元世祖御正殿受朝贺。

世祖至元十四年(1277)元世祖下诏,在大都城内新建太庙。至元十七年大都城内太庙竣工。

世祖至元十八年(1281)于大都城南悯忠寺焚毁《道藏》。

世祖至元十九年(1282)命帝师造藏式大白塔于西城。同年,杀文天祥于大都西城柴市。

世祖至元二十年(1283)迁大都旧城局院、税务、市肆等入新城,又迁居民入新城。

世祖至元二十三年(1286)元丞相脱脱舍邸创建崇国寺。

世祖至元二十五年(1288)拆毁旧城城墙,填平壕沟。

世祖至元二十七年(1290)开挖整修海子(今什刹海)。

世祖至元二十九年(1292)元朝政府大都城内的社稷坛(今西城区境内)修建竣工。

世祖至元三十年(1293)郭守敬设计开通通惠河,连接起元大都到通州的漕运,使京杭大运河得以全线贯通,漕运船队可以直入皇城下的积水潭。

仁宗延祐六年(1319)海子四周砌石堤。

英宗至治元年(1321)英宗在白塔寺建神御殿,分奉元世祖、裕宗两代帝后影堂。

泰定帝泰定二年(1325)泰定帝修葺万岁山殿。

明　朝

太祖洪武元年(1368)大明军攻入大都城,元顺帝逃往漠北。

太祖洪武二年(1369)改元大都为北平府。

太祖洪武三年(1370)封朱棣为燕王,并建燕王府于太液池西侧(今北海公园西侧)。

太祖洪武四年(1371)将元大都北城南移五里,至安定门、德胜门一线。

太祖洪武八年(1375)设北平都指挥使司。翌年,设北平布政使司。

惠帝建文元年(1399)燕王朱棣起兵以清君侧为名,发动“靖难之役”。

成祖洪武三十五年(1402)燕王朱棣攻占南京,建文帝失踪。朱棣即位,史称明成祖(或明太宗)。

成祖永乐元年(1403)明成祖改北平为北京,改北平府为顺天府。

成祖永乐四年(1406)开始大规模营建北京。

成祖永乐十二年(1414)挖掘南海。

成祖永乐十六年(1418)太子少师姚广孝病逝于庆寿寺,诏于寺内设“少师”影堂。

成祖永乐十七年(1419)将元大都时代南城墙南移二里,到达前门、宣武门、崇文门一线,并开挖南城壕亦即前三门护城河。原东、西护城河向南伸延与前三门护城河相通,然后经东便门入通惠河。

成祖永乐十八年(1420)明成祖宣布迁都北京。又,北京城内外各处坛庙修建竣工,今西城区境内有先农坛、山川坛、太岁坛等。

成祖永乐十九年(1421)在北京奉天殿(今故宫太和殿)举行大朝会,庆贺迁都。

成祖永乐二十二年(1424)明成祖北征元朝残余势力,死于榆木川(今内蒙古多伦西北)。朱高炽即位,史称明仁宗。翌年,明仁宗死,朱瞻基即位,史称明宣宗。

宣宗宣德三年(1428)修内府海子桥(金鳌玉栋桥,今北海大桥)。

宣宗宣德八年(1433)明朝将元代天师府改建为朝天宫。

宣宗宣德十年(1435)明宣宗死,朱祁镇即位,史称明英宗。

英宗正统元年(1436)命修北京城九门城楼。

英宗正统四年(1439)北京城九门城楼及城墙、角楼皆以砖石砌成,九门木桥也改为石桥。

英宗正统五年(1440)重建紫禁城三大殿,并修缮两宫等。

英宗正统七年(1442)重建六部等官衙于棋盘街两侧。

英宗正统十四年(1449)明英宗亲征瓦剌部落,在土木堡被俘。朱祁钰即位,史称明代宗(又称景帝)。大臣于谦主持北京保卫战,将瓦剌击败。又,锦什坊普寿寺重建,后成为明代京城"四大官寺"之一。

英宗天顺元年(1457)明代宗病危,大臣石亨与太监曹吉祥等发动"夺门之变",助明英宗复位。

英宗天顺四年(1460)新建西苑殿宇轩馆成,池东向西为凝和;池西向东为迎翠;池西南向为太素。建六亭为飞香、拥翠、澄波、岁寒、会景、映辉。轩一为远趣,馆一为保和。

孝宗弘治二年(1489)修承光殿及西海子石桥,立牌坊,称金鳌玉蛛桥。

孝宗弘治十八年(1505)修先农坛具服殿、斋宫。

世宗嘉靖八年(1529)建太岁殿于先农坛内。

世宗嘉靖九年(1530)嘉靖帝下令变更郊祀典礼,改天地合祭为四郊分祀,建先蚕坛及夕月坛。

世宗嘉靖十年(1531)建历代帝王庙于北京。

世宗嘉靖十一年(1532)山川坛改名为天神地祇坛。

世宗嘉靖二十一年(1542)建大高玄殿。

世宗嘉靖二十四年(1545)明廷将元代帝王将相牌位移出历代帝王庙。

世宗嘉靖三十二年(1553)修筑北京外城。又加筑外城并开挖外城护城河,形成了延续至今的"凸"字形的北京古城池格局。

世宗嘉靖三十六年(1557)紫禁城三大殿火灾被毁。同年,建大光明殿。

世宗嘉靖三十七年(1558)建净业寺(今德胜门西顺城街46号)。

世宗嘉靖三十八年(1559)重建三大殿,四年后完工。

世宗嘉靖四十三年(1564)增筑北京外城七门瓮城。

神宗万历四年(1576)明廷重铸先农坛祭衙印,山川坛、太岁坛等统于先农坛祭祀体系。

神宗万历二十四年(1596)乾清、坤宁二宫大火被焚。翌年,三大殿又火灾,损失惨重。

神宗万历二十五年(1597)米万钟于长安苑之西营建湛园,是米氏营造的私家园林。

神宗万历三十年(1602)重建两宫。又,寿皇殿始建,选址于景山东北部。

神宗万历三十三年(1605)重修京师外城。同年,建宣武门教堂。

神宗万历三十八年(1610)袁中道来到京师,寓居石驸马街(现在的西城新文化街)仲兄袁宏道家中,正月初一在姑苏会馆与韩求仲、贺函伯等友人宴集,观看吴优戏班搬演的昆剧《八义记》。同年,和袁宏道、王石洋等人在极乐寺国花堂宴饮,伶人上演《白兔记》。又,明神宗以禁城屡遭火灾,将地安门外火神庙扩建为敕建道庙。又,传教士利玛窦病逝,神宗在西郊为其赐墓安葬。

神宗万历四十年(1612)明神宗为生母李太后祈寿,于南城敕建长椿寺。

熹宗天启二年(1622)京师首善书院创办。

熹宗天启七年(1627)重修紫禁城三大殿。

清　朝

世祖顺治元年(1644)李自成农民军攻入北京,明思宗在煤山(今景山)自缢,明朝灭亡。不久,吴三桂引导清军攻入北京城。

世祖顺治二年(1645)清朝改紫禁城三大殿的殿名。又,清廷恢复在历代帝王庙祭祀元代君臣制度。

世祖顺治五年(1648)命京城汉民徙居南城。住内城的八旗子弟中,居西城为正黄旗、正红旗、镶红旗、镶蓝旗子弟。

世祖顺治八年(1651)在琼华岛广寒殿旧址,建藏式白塔。又改承天门为天安门,不久,改皇城北门为地安门。

世祖顺治十二年(1655)顺治皇帝谕礼、工二部,更万岁山为景山。西苑南台名瀛台。

圣祖康熙六年(1667)浙江绍兴人创建正乙祠。

圣祖康熙八年(1669)重修太和殿,乾清宫成,清圣祖由武英殿移居乾清宫。

圣祖康熙十三年(1674)命步军统领提督九门事务。

圣祖康熙十四年(1675)改建寿皇殿于景山北侧中轴线上。

圣祖康熙十六年(1677)赐大臣张英宅第在西安门内,词臣赐居皇城自此始。

圣祖康熙十九年(1680)清廷大规模修缮寿皇殿。

圣祖康熙二十三年(1684)于南海北岸建丰泽园,是康熙为劝课农桑经营的一组建筑,取名"丰泽",寓与民同耕,共庆丰收之意。

圣祖康熙二十七年(1688)疏浚什刹海。

圣祖康熙二十八年(1689)洪昇所作《长生殿》出演于北京南城(今西城区境内),引起轰动。

圣祖康熙三十四年(1695)工部郎中江藻于慈悲庵西偏所筑之亭落成,取白居易诗"更待菊黄家酿熟,共君一醉一陶然"句意,为亭题"陶然"额。

圣祖康熙三十八年(1699)孔尚任所作《桃花扇》出演于北京南城(今西城域内),大获成功。同年,蚕池口教堂建成,后迁西什库。

圣祖康熙四十二年(1703)于西安门内敕建蚕池口教堂。

圣祖康熙五十一年(1712)浙江商人对正乙祠进行了初建,祠内有戏楼,逢年过节上演社火和目连戏等传统民间戏曲。乾隆年间,浙商对正乙祠进行了第一次扩建,修缮后戏楼内部高三层。同治年间,京剧的创始人程长庚在正乙祠登台演出。1881年,四喜班班主梅巧玲(梅兰芳的祖父)进京后,一直在正乙祠唱戏。

世宗雍正三年(1725)清世宗原王府改为雍和宫。至乾隆年间改为佛寺。是岁,又修广宁门外石路。又,遣使会士德理格于西直门内建造教堂。

世宗雍正七年(1729)清世宗下令修缮历代帝王庙,并撰写《历代帝王庙碑》。

世宗雍正十年(1732)修理寿皇殿前、后殿竣工,请圣像宝塔供奉。

世宗雍正十一年(1733)建贤良祠。

世宗雍正十二年(1734)重修悯忠寺竣工,改名为法源寺。

高宗乾隆五年(1740)建升平署戏楼。位于北京市西城区西长安街1号,现为北京市第一六一中学。

高宗乾隆七年(1742)在北海北岸新建先蚕坛。乾隆九年(1744),四月建成,富察皇后举行亲蚕礼。

高宗乾隆十二年(1747)重建京师鼓楼。

高宗乾隆十六年(1751)景山上建五亭。万春亭成为北京城南北中轴线上最高点。

高宗乾隆十九年(1754)清廷对先农坛作了较大调整,撤去纛旗庙,将其移建为神仓;改土木建筑的观耕台为砖石琉璃瓦建筑;改斋宫为庆成宫,形成先农坛整体格局。

高宗乾隆二十二年(1757)先蚕坛新建宫门、前殿、后殿等,规模日趋完整。

高宗乾隆二十三年(1758)在瀛台南面建宝月楼(今新华门)。

高宗乾隆二十五年(1760)在西长安街南侧设回人营,又建礼拜寺一座。又,内务府奉旨在积水潭并银锭桥西沿岸栽植桃树和柳树,设码头、船坞。

高宗乾隆二十六年(1761)紫光阁落成,画文武大臣、蒙古王公等于阁中。

高宗乾隆二十七年(1762)清高宗始于西苑南墙外敕建清真寺,建成后颁赐《御制敕建回人礼拜寺碑记》。

高宗乾隆三十七年(1772)始建畅音阁,乾隆四十一年(1776)建成。畅音阁是紫禁城中最大的一座戏台,它与京西颐和园内的德和园大戏楼(为仿畅音阁规制建造)、承德避暑山庄的清音阁大戏楼并称清代三大戏楼。戏台落成之日、太后祝寿、金川祝捷等都曾在此演戏庆贺。乾隆五十五年(1790),乾隆皇帝八旬万寿庆典也是在此举行。西太后当政时期,凡遇节日总要到畅音阁看戏,并且由皇帝、皇后、妃、嫔、命妇以及王公大臣等陪同。

高宗乾隆五十年(1785)历代帝王庙祭祀君臣最终确定,乾隆帝撰写御制《祭历代帝王庙礼成记》,并在雍正十一年历代帝王庙碑碑阴撰《御制仲春祭历代帝王庙礼成述事》,阐述"中华统绪,不绝如线"的中华文明传承思想。

高宗乾隆五十五年(1790)四大徽班进京,首先在中和园、正乙祠戏楼、广德楼戏园等处演出。

仁宗嘉庆元年(1796)兴建广德楼戏园,这是北京现存最古老的戏园之一。程长庚、余紫云、梅巧玲、余三胜、汪桂芬等京剧祖师爷以及后来的"喜连成""双庆社""斌庆社"等曾先后在此长期献艺,是当时京城场地最火、人气最旺、艺术最佳的娱乐场馆。又,宴乐居同三庆班合营成立三庆园,又称三庆茶园。

仁宗嘉庆二年(1797)乾清宫发生火灾。翌年重建。

仁宗嘉庆八年(1803)成立公合堂,又名当业会馆。

仁宗嘉庆九年(1804)宣南诗社成立。

仁宗嘉庆十二年(1807)体仁阁大学士刘权之会同湖北籍的顺天府尹李钧简共同集资建成湖广会馆,规模较小,嘉庆二十五年(1820)进行扩建。目前是北京仅存的四座建有大戏楼的会馆之一,也是北京现存大戏楼中规模最大的一座,还是排名世界前列的纯木剧场式建筑。

宣宗道光二十三年(1843)何绍基、张穆等开始于报国寺顾祠内公祭顾炎武。

文宗咸丰五年(1855)太平天国北伐失败,主将林凤祥被俘,在宣武门外英勇就义。

文宗咸丰六年(1856)聚义炉房开张。

文宗咸丰十年(1860)英法联军攻入北京,火烧圆明园等,清政府被迫签订《北京条约》。

文宗咸丰十一年(1861)慈禧与奕䜣等发动"北京政变",打败辅政八大臣,两宫太后"垂帘听政"。

穆宗同治三年(1864)三箫一韵票房成立于宣武区王恭厂,是京城较早的票房。

穆宗同治六年(1867)阜外大街建基督教堂。又,在前门外煤市街一号的泰丰楼开业。

穆宗同治八年(1869)直隶总督、北洋大臣李鸿章会同淮军诸将集资购得孙公园的大部分,开建安徽会馆。同治十年(1871)落成,时称"京师第一会馆",为京中会馆之首,壮观的戏楼被称为"京城一绝"。"三庆班""四喜班"等四大徽班进京曾借住于此,在戏楼演出《长生殿》。

穆宗同治十年(1871)在北京西城西直门内的盘儿胡同,清朝宗室载雁宾所创建清代最大、影响力最强的票房——赏心乐事票房,又叫翠峰庵票房,1908年报散,活动长达三十七年之久。又,在西城区蒋养房(今新街口东街)成立风流赏月票房,票首为戴序之,票友金秀山等,光绪三十年(1904)报散,活动达三十三年之久。

1873年前后,传教士艾约瑟、杜德根等开始于缸瓦市建造教堂。

德宗光绪三年(1877)在北海东侧大石作胡同成立埙篪和畅票房,票首为李昆山。

德宗光绪七年(1881)顺天府在烂面胡同建广仁善堂,收容孤儿。

德宗光绪八年(1882)在太平仓成立公余同乐票房,创办人为敏斋主人、工老生,集乐主人,工花脸。

德宗光绪九年(1883)曾任吏部侍郎、内阁学士的曹秀先筹资建了江西会馆。又,新建会馆移至王广福斜街。1917年张勋复辟时一直在江西会馆听戏,直到当夜12点,张勋才带领五千辫子兵进城。

德宗光绪十年(1884)在珠市口西大街建官营撷华书局。

德宗光绪十一年(1885)修缮西苑三海,至1888年竣工。

德宗光绪十三年(1887)清廷将蚕池口教堂拆迁至西什库。

德宗光绪十四年(1888)北京第一条铁路"紫光阁铁路"在西苑落成。

德宗光绪十六年(1890)"西苑电灯公所"正式发电照明(一说为1888年)。又,王子贞照相馆在西单开业。又,元明寺票房成立,票首为小生魏耀亭。票友有花旦陈子芳等。

德宗光绪十八年(1892)丰泰照相馆在琉璃厂土地祠开业。又,慈禧太后将皮黄戏升为"内廷供奉"。

德宗光绪十九年(1893)在宫门三条成立雅韵集贤票房,票首为李静山。票友有花脸苏子敬,老生清静泉等。

德宗光绪二十年(1894)在西单大街成立悦性怡怀票房,票首为祥瑞峰。票友有旦角安宝臣等。又,于宫门口成立公悦自赏票房,票首即原翠峰庵票房主持人安敬之。又,在护国寺成立塔院票房,票首为祥云甫及戴阔亭、萧润峰、恒乐亭、古同轩、云雨三等,他们曾是翠峰庵票房的票友。又,在此前后,在鼓楼前的辛寺庙内成立辛寺庙票房,票首为王云亭昆仲。

德宗光绪二十一年(1895),康有为、梁启超发动"公车上书"。同年,康有为等在宣外南海会馆创办《万国公报》,后更名《中外纪闻》。又,康有为等在后孙公园成立强学会。又,于西直门内成立游目骋怀票房,票首为英松岩,工老生。

德宗光绪二十四年(1898)清德宗诏定国是,宣布变法,又称"戊戌变法"或"百日维新",不久,被慈禧太后镇压。谭嗣同等"六君子"在菜市口被杀。又,中国通商银行北京分行成立,此后,1913年改为代办处。

德宗光绪二十六年(1900)义和团运动爆发,烧毁教堂,攻打使馆。八国联军进占北京。又,八国联军侵占三海时,劫走景山上五亭中除万春亭外的铜佛,拆毁中海至北海的铁路并烧毁房屋,万佛楼的万尊金佛被劫。又,八国联军占领北京,美军占据先农坛,先农坛遭严重破坏。又,义和团点燃了大栅栏,大火烧了三天,共计焚毁店铺四千余家,三庆园与庆乐园、中和园、庆和园等戏园悉数被烧毁。又,庚子事变后,在府右街内太仆寺街成立张晓山票房,票首即人称"盔头张"的张晓山。参加者有学王瑶卿的章晓山、学何桂山的张小山、金仲仁、韩俊峰、满子善等,亦常于和声园彩唱。1917年张晓山赴外省教戏,票房因此报散。又,藏于大光明殿的《正统道藏》《万历续道藏》经板被毁。

德宗光绪二十七年(1901)京汉铁路延伸至正阳门西侧,并于次年建成正阳门西车站。又,北京首创白话文报纸《京话报》。

德宗光绪二十八年(1902)京奉铁路修至正阳门东面的使馆区,并于1906年建成正阳门东车站。

德宗光绪二十九年(1903)火车开进北京城。同年,京师第一蒙养院在甘石桥成立。

德宗光绪三十年(1904)同年,京剧喜连成科班在西琉璃厂成立。又,在北池子成立遥吟俯畅票房。陈子芳、魏曜亭、乔荩臣、贵俊卿、王雨田等即是此处票友。

德宗光绪三十一年(1905)9月27日户部银行成立,此后,于1908年7月28日更名为大清银行。同年,户部银行开业,后改为中国银行。"京师华商电灯有限公司"在正阳门内西顺城街创立。又,《北京女报》在前门外羊肉胡同创刊。顺天中学堂(今北京四中)在西什库后库创立(一说为1906年)。又,三家商行联合出资复建三庆园,复建后的三庆园不仅演出京剧,还放映电影,是北京最早放映电影的戏院之一。

德宗光绪三十二年(1906)广安门火车站建成通车。又,在乐善园旧址建农事试验场。又,在禁卫街成立霓裳雅韵票房,创办人为玉鼎臣。

德宗光绪三十三年(1907)西直门火车站建成。大观楼影戏园在大栅栏街建成。

德宗光绪三十四年(1908)交通银行在西河沿创办。又,三贝子花园(今北京动物园)开放。又,同年春,建成"文明茶园"较之旧式戏园具有五大特色:"卖票再进门,不致拥挤,且没有看蹭戏的人";"池子内正桌没有板桌横竖的野蛮现象";"池子内没有柱子","不致障碍视线";"包厢分间,彼此夹断";"男女分门出入"。又,学部大臣张之洞将个人藏书存放广化寺,后筹建京师图书馆,主管其事的教育部佥事鲁迅,民国初年常因此往来寺内。

宣统元年(1909)兴建同乐茶园。占地不大,戏台坐北朝南,造型和三庆茶园相似,能容纳观众七八百人。俞振庭的双庆社曾在这里演过戏。又,谭鑫培于庆升园首次在营业戏中贴演《珠帘寨》。1914年6月7日(农历年五月十四日),谭鑫培、黄润甫、李顺亭、刘春喜在庆升园演《骂曹》。

宣统三年(1911)辛亥革命爆发。翌年清帝颁布逊位诏书,清朝灭亡。

中华民国

中华民国元年(1912)中国银行成立;北洋保商银行北京分行成立,1939年

507

1月停业。又，在珠市口西大街路北筹建第一舞台，1914年正式开业。这是当时北京乃至全国规模最大、设计最先进的剧场之一，观众席共三层，一层与三层为散座，二楼为包厢，可容观众近三千人。出资人是著名武生杨小楼、著名旦角姚佩秋和商人殿阆仙。又，孙中山受邀参加在广济寺举办的欢迎会，演说中提出"政治改革、五旗一家、不分种族"的主张，受到各界人士欢呼。又，牛街清真寺阿訇王宽等在西单清真寺发起成立中国回教俱进会。

中华民国二年（1913）新建众议院召开中华民国第一届国会。同年，袁世凯被国会选为总统，总统府设在中南海。又，京师通俗图书馆开馆。陆军大学开学。又，宝月楼改为新华门。又，在西四的西安市场内成立欣蚨来茶社。由德珺如主持，金秀山等在此清唱，1918年停止。

中华民国三年（1914）前门外西珠市口西边香厂路内南端东侧的新明剧院开业。开幕时，由黄桂秋（又名绿牡丹）、沈华轩等演出，沈华轩用真马上台。民国八年（1919）戏院因失火全部烧毁，没再重建。又，时任交通部部长叶恭绰之父六十一岁生日，在湖广会馆演戏庆祝，共有十八出，梅兰芳一人独演五出之多。"梅党"领袖人物冯耿光的胞兄冯祥光为当晚的戏提调。又，梁启超在湖广会馆为父庆寿，请谭鑫培唱堂会，谭鑫培演出了平时很少露演的《一捧雪》。又，在安定门外下关成立柳园茶社。由程茂亭主持，恩禹之等在此清唱，1917年停止。又，王闿运应征来京出任国史馆馆长，友人于崇效寺设宴，赏《红杏青松长卷》。

中华民国四年（1915）北京环城铁路建成。又，3月20日，盐业银行正式开业。

中华民国五年（1916）首善医院开业。

中华民国六年（1917）金城银行创办。又，正通银号开业，于1949年停业。

中华民国七年（1918）中央医院开业。又，在西单牌楼旧刑部的"意园别墅"，由红豆馆主溥侗与袁寒云（又名袁克文，袁世凯二公子）两个人创建言乐社票房。

中华民国八年（1919）北京"五四运动"爆发。又，京剧名角余叔岩在正乙祠为母亲庆祝六十大寿，名角云集。

中华民国九年（1920）2月6日，中华懋业银行正式开业。

中华民国十一年（1922）北京僧俗成立佛心会，北京本部设办事处六处，其中广济寺、法源寺、拈花寺、观音寺四处位于西城。又，珠市口大街路南开明戏院建成，这是第一家有售票处，开始对外预售戏票的新式剧院。具有浓郁的欧式风格，可容纳八百余名观众。1924年印度诗人泰戈尔访华，梅兰芳在开明戏院为他演出新排京戏《洛神赋》。

中华民国十二年(1923)故宫大火,文物损失惨重。又,8月22日,最后一次宫廷演出是在"漱芳斋"戏楼,共演出了十六个剧目,其中有马连良、茹富兰的《借赵云》,梅兰芳的《游园惊梦》,王凤卿、尚小云的《汾河湾》,余叔岩的《定军山》,杨小楼的《金钱豹》,杨小楼、梅兰芳的《霸王别姬》等。又,老舍、陈垣等讨论通过《北京缸瓦市中华基督教会现行规约》二十八条,系统完整地规定了自办教会的宗旨与组织原则。

中华民国十三年(1924)废帝溥仪被驱逐出故宫。又,阜成门大街慈因寺成立北京藏文学院。

中华民国十四年(1925)孙中山在京病逝,停灵柩于中央公园(今中山公园)。又,故宫博物院、北海公园等正式开放。又,北京电灯公司总办冯公度为其母祝寿,于正乙祠举办堂会。又,乡老闵德仁、马志清等始建牛街寿刘胡同清真女寺。同年,辅仁大学开学。

中华民国十五年(1926)社会名流、佛教界耆宿等集资兴办华北居士林。

中华民国十六年(1927)李大钊被捕,英勇就义。北京内城划分为内一区至内六区,其中内二区、内四区全部及内五区、内六区的一部分在今西城区域内。又,韩清净等在西城北长街组织成立"三时学会"。

中华民国十七年(1928)民国政府下令,北京改为北平特别市。又,景山公园开放。又,梅兰芳新排《凤还巢》,在中和园演出。又,杨小楼和王瑶卿的入室弟子新艳秋合作,在开明戏院同台演出《霸王别姬》。这是北京第一次男女同台演出京戏,开风气之先,轰动一时。又,观音寺成立佛教平民教育联合会。

中华民国十八年(1929)北平研究院成立。又,中南海公园开放。

中华民国十九年(1930)前总商会会长孙学仕,联合北平市第十七、第二十一等自治街绅董,分别呈请公安社会两局拯救南城商业。又,同年5月,广东华侨黄树滉创办西单商场。又,哈尔飞戏院开幕,开场戏有梅兰芳的《贵妃醉酒》,名角荟萃,火爆一时。

中华民国二十年(1931)国立北平图书馆在文津街新馆落成。又,在天桥茶棚的基础上改建而成万盛轩,专演评戏。著名评戏演员花淑兰、新凤霞、邢韶英、赵丽蓉、魏荣元、席宝昆等都曾先后在此献艺。

中华民国二十一年(1932)6月6日,交通银行北平分行的新办公楼竣工。又,在新街口头条成立北平妇女佛学研究社。

中华民国二十二年(1933)在万盛轩东侧筹建天乐戏园,初演评戏。1938年后,有"天桥马连良"之称的梁益鸣和著名武生张宝华长期在此演出,场场爆满。

中华民国二十五年(1936)北平妇女救国联合会、北平文化界救国会等相继成立。北平市学联、北平作家协会相继成立。又,程砚秋礼拜一至三在中和园贴演。又,恭亲王奕䜣之孙溥心畲先生和溥叔明先生兄弟二人为庆祝母亲项太夫人七旬大寿,在恭王府的大戏楼举办了最后一次堂会。又,华北居士林建立佛教图书馆,开办佛画研究班,又设立佛学研究会。

中华民国二十六年(1937)"卢沟桥事变"爆发,国民党军将领佟麟阁、赵登禹等率部与日军激战阵亡。日军占领北平,不久,伪中华民国临时政府在北平成立。又,长安戏院建成。创建人杨守一喜好京剧,是北京著名票友。原址是京都著名的日升大杠房的一个大仓库,后因萧条停业,转让杨守一。又,长安戏院开业仅月余,马连良与友人筹资兴建的"新新大戏院"开业。造型完全仿照天津中国大戏院的式样,只是比天津中国大戏院小得多,可容纳一千四百人。1940年被日本华北电影公司强行收购改为新新电影院,改放电影。

中华民国二十七年(1938)尚小云创建荣春社。又,李万春在其父支持下,在大吉巷8、9号两四合院内,创办科班,取鸣举、万春之号各一字定名"鸣春社",该科班原计划招收"鸣""春""佳""乐"四科,实际只办了鸣、春两班。1948年报散,先后培养"鸣""春"两科学生三百余人。又,在泰丰楼,余派创始人余叔岩举办收李少春先生为徒的拜师会,出席者有高庆奎、王凤卿、谭小培、郝寿臣、李洪春、袁世海等。

中华民国二十八年(1939)10月8日,宦门子弟刘迎秋在泰丰楼拜程砚秋为师。又,广化寺创办广化佛学院,聘请周叔迦、溥儒等著名佛教学者任教。

中华民国二十九年(1940)日本华北开发会社在北平设立十七个公司,包括煤、铁、盐、棉花、电力、交通等,对华北资源进行掠夺性开发。又,万子和在劝业场四层改建而成"新罗天"剧场,能容纳五百名观众,并附设茶座和零吃摊等,每到夏天还在楼顶增加露天杂耍。

中华民国三十二年(1943)8月,一个晚场演出的合作戏就有李多奎的《钓金龟》,肖长华、叶盛兰的《连升三级》,孙毓堃、侯喜瑞等的《连环套》,尚小云、奚啸伯、姜妙香等合演的《御碑亭》中的折子戏,大轴是谭富英、金少山、张君秋合演的《二进宫》,深受广大听众的欢迎。

中华民国三十三年(1944)日本侵略者逼迫"献木运动",行道树、河岸树、庭院树及白云观内树木,均遭滥伐。

中华民国三十四年(1945)年初日本侵略者强迫"献纳铜品运动"。掠走静心斋前铜炉、铜缸,大慈真如宝殿内铜塔等。运到天津准备启运日本时,日本宣布无条件投降。这些铜器已成碎片,1946年2月28日运回北平。又,日本宣布无条件投降,蒋介石命孙连仲抢占北平、天津。

中华民国三十五年(1946)解放报社和新华社北平分社在宣南方壶斋胡同设立,不久被国民党查封。

中华民国三十六年(1947)蒋介石到北平,成立华北"剿总"司令部,傅作义任总司令。

中华民国三十八年(1949)1月,傅作义宣布接受中共和平改编。北平宣布和平解放。又,1949年9月21日,中国人民政治协商会议第一届全体会议开幕前夕,毛泽东由香山双清别墅移居中南海丰泽园菊香书屋。又,9月21日至30日,中国人民政治协商会议在北平召开。10月1日,毛泽东主席在天安门上宣布中华人民共和国成立,首都定在北京。

附录二：

西城表格

表格 1-1：北京西城城门变迁表

序号	朝代	名　称	位　置	备　注
1	辽朝	安东	都城东门	《辽史·地理志》
2		迎春	都城东门	《辽史·地理志》
3		开阳	都城南门	《辽史·地理志》
4		丹凤	都城南门	《辽史·地理志》
5		显西	都城西门	《辽史·地理志》
6		清晋	都城西门	《辽史·地理志》
7		通天	都城北门	《辽史·地理志》
8		拱辰	都城北门	《辽史·地理志》
9		宣和	皇城东门	《辽史·地理志》
10		宣教(元和)	皇城南门	《辽史·地理志》
11		南端门	皇城南外门	《辽史·地理志》
12		左掖(万春)	皇城南外门	《辽史·地理志》
13		右掖(千秋)	皇城南外门	《辽史·地理志》
14	金朝	施仁	都城东门	《金史·地理志》
15		宣曜	都城东门	《金史·地理志》
16		阳春	都城东门	《金史·地理志》
17		景风	都城南门	《金史·地理志》
18		丰宜	都城南门	《金史·地理志》
19		端礼	都城南门	《金史·地理志》

序号	朝 代	名 称	位 置	备 注
20		丽泽	都城西门	《金史·地理志》
21		颢华	都城西门	《金史·地理志》
22		彰义	都城西门	《金史·地理志》
23		会城	都城北门	《金史·地理志》
24		通玄	都城北门	《金史·地理志》
25		崇智	都城北门	《金史·地理志》
26		光泰	都城北门	《金史·地理志》
27		应天	皇城门	皇城正门
28		左龙翔	皇城门	皇城左偏门
29		右龙翔	皇城门	皇城右偏门
30		日华	皇城门	皇城左门
31		月华	皇城门	皇城右门
32		大安	宫城门	大安殿前门
33		左掖	宫城门	大安殿左侧门
34		右掖	宫城门	大安殿右侧门
35		敷德	宫城门	大安殿东廊门
36		会通	宫城门	大安殿西侧门
37		承明	宫城门	大安殿西侧门
38		昭庆	宫城门	大安殿西侧门
39		集禧	宫城门	大安殿西侧门
40		左嘉会	宫城门	仁政殿前左门
41		右嘉会	宫城门	仁政殿前右门
42		宣明	宫城门	大安殿后门
43		仁政	宫城门	仁政殿前门
44		东上合	宫城门	仁政殿左廊门
45		西上合	宫城门	仁政殿右廊门
46		宣和	宫城门	皇统年间
47		宣华	宫城门	正隆年间
48		撒合	宫城门	正隆年间

序号	朝　代	名　称	位　置	备　注
49	元朝	丽正	都城正南门	《元史·地理志》
50		顺承	都城西南门	《元史·地理志》
51		健德	都城西北门	《元史·地理志》
52		和义	都城正西门	《元史·地理志》
53		肃清	都城西北门	《元史·地理志》
54		平则	都城西南门	《元史·地理志》
55	明朝（内城）	丽正（正阳）	都城正南门	清朝同、民国同
56		顺承（宣武）	都城西南门	
57		平则（阜成）	都城西南门	
58		和义（西直）	都城西北门	
59		健德（德胜）	都城西北门	
60		承天（天安）	皇城正南门	
61		西安	皇城正西门	
62		北安（地安）	皇城正北门	
63		午门	宫城正南门	
64		西华	宫城正西门	
65		玄武（神武）	宫城正北门	
66	明朝（外城）	永定	外城正南门	清朝同、民国同
67		右安	外城西南门	
68		广宁（广安）	外城西门	
69		西便	外城西北门	

表格1-2：唐代幽州坊里表（见《北京通史》隋唐五代卷）

序号	名　称	位　置	备　注
1	罽宾坊（蓟宾坊）		见辽金坊里
2	卢龙坊	永定门外安乐林	唐姚子昂墓志
3	肃慎坊	阜城门外旗杆庙	唐陆日岘妻子王氏墓志
4	花严坊	广安门外马连道	唐故汝南郡夫人周氏墓志
5	辽西坊	阜城门外甘家口	唐姚季仙墓志

序号	名　称	位　置	备　注
6	铜马坊	幽州城东部	唐中山郡郎氏夫人墓志
7	蓟北坊	幽州蓟县檀州街	云居寺石经题记等
8	燕都坊	幽州蓟县	唐故黎阳桑氏夫人墓志等
9	军都坊	幽州蓟县	唐王晟夫人张氏合祔墓志
10	招圣里	幽州蓟县	唐崔载墓志
11	归仁里	幽州蓟县	唐任希墓志
12	通圜坊	幽州幽都县	唐温令绥墓志
13	东通圜里	幽州蓟县	唐乐邦穗墓志
14	劝利坊	幽州幽都县	唐清河张氏墓志
15	时和坊	幽州幽都县	唐南阳郡张氏夫人墓志
16	遵化坊（里）	幽州幽都县	唐故夫人郑氏墓志
17	平朔坊（里）	幽州幽都县	唐高行晖墓志等
18	归化坊（里）	幽州幽都县	唐周元长墓志等
19	通肆坊	幽州蓟县	唐茹庆墓志
20	蓟宁里	幽州	唐赵悦墓志

表格 1-3：辽南京坊里表（见《北京通史》辽代卷）

序号	名　称	位　置	备　注
1	罽宾坊		
2	卢龙坊		
3	肃慎坊		
4	归化坊		
5	隗台坊		辽赵德钧夫人种氏合祔墓志
6	蓟北坊	檀州街一带	
7	燕都坊		
8	军都坊		
9	铜马坊	菜园街一带	
10	花严坊		
11	劝利坊		

序号	名　称	位　置	备　注
12	时和坊	广安门大街北	
13	平朔坊		
14	招圣坊		
15	归仁坊		
16	棠荫坊	西便门大街西	
17	辽西坊		
18	东通圜坊		
19	遵化坊		
20	显忠坊	下斜街西、笔管胡同	辽刻经题记
21	永平坊		辽故陇西郡夫人李氏墓志
22	北罗坊		
23	齐礼坊		辽王师儒墓志
24	归厚坊		
25	大田坊		
26	骏坊		

表格1-4:元初旧城坊里表(见《元一统志》)

序号	名　称	位　置	备　注
1	西开阳坊		西南、西北四十二坊
2	南开远坊		
3	北开远坊		
4	清平坊		
5	美俗坊		
6	广源坊		
7	广乐坊		
8	西曲河坊		
9	宜中坊		
10	南永平坊		
11	北永平坊		

序号	名　　称	位　　置	备　　注
12	北揖楼坊		
13	南揖楼坊		
14	西县西坊	宛平县衙署西侧	
15	棠阴坊		
16	蓟宾坊		
17	永乐坊		
18	西甘泉坊		
19	东甘泉坊		
20	衣锦坊		
21	延庆坊		
22	广阳坊		
23	显忠坊		
24	归厚坊		
25	常宁坊		
26	常清坊		
27	西孝慈坊		
28	东孝慈坊		
29	玉田坊		
30	定功坊		
31	辛市坊		
32	会仙坊		
33	时和坊		
34	奉先坊		
35	富义坊		
36	来远坊		
37	通乐坊		
38	亲仁坊		
39	招商坊		
40	余庆坊		

序号	名 称	位 置	备 注
41	郁邻坊		
42	通和坊		
43	东曲河坊		东南、东北二十坊
44	东开阳坊		
45	咸宁坊		
46	东县西坊	大兴县衙署西侧	
47	石幢前坊		
48	铜马坊		
49	南蓟宁坊		
50	北蓟宁坊		
51	啄木坊		
52	康乐坊		
53	齐礼坊		
54	为美坊		
55	南卢龙坊		
56	北卢龙坊		
57	安仁坊		
58	铁牛坊		
59	敬客坊		
60	南春台坊		
61	北春台坊		
62	仙露坊		

表格 1-5:元大都新城坊里表(见《元一统志》)

序号	名 称	位 置	备 注
1	福田坊		
2	阜财坊		
3	金城坊		
4	玉铉坊		

序号	名　称	位　置	备　注
5	保大坊		
6	灵椿坊		
7	丹桂坊		
8	明时坊		
9	**凤池坊**		
10	**安富坊**		
11	**怀远坊**		
12	**太平坊**		
13	大同坊		
14	文德坊		
15	金台坊		
16	穆清坊		
17	五福坊		
18	泰亨坊		
19	**八政坊**		
20	**时雍坊**		
21	**乾宁坊**		
22	咸宁坊		
23	同乐坊		
24	寿域坊		
25	宜民坊		
26	**析津坊**		
27	康衢坊		
28	进贤坊		
29	嘉会坊		
30	平在坊		
31	和宁坊		
32	智乐坊		
33	邻德坊		

序号	名　称	位　置	备　注
34	有庆坊		
35	清远坊		
36	日中坊		
37	寅宾坊		
38	西成坊		
39	由义坊		
40	居仁坊		
41	睦亲坊		
42	仁寿坊		
43	万宝坊		
44	豫顺坊		
45	甘棠坊		
46	五云坊		
47	湛露坊		
48	乐善坊		
49	澄清坊		
50	里仁坊		
51	发祥坊		
52	永锡坊		
53	善利坊		
54	乐道坊		
55	好德坊		
56	招贤坊		
57	善俗坊		
58	昭回坊		
59	居贤坊		
60	鸣玉坊		
61	展亲坊		
62	惠文坊		

序号	名 称	位 置	备 注
63	**请茶坊**		
64	**训礼坊**		
65	**咸宜坊**		
66	思诚坊		
67	皇华坊		
68	明照坊		
69	蓬莱坊		
70	南薰坊		
71	**迁善坊**		
72	**可封坊**		
73	**丰储坊**		
74	修文坊		

（可确定在西城者为黑体字）

表格1-6:明代西城坊里表

序号	名 称	位 置	备 注
1	大时雍坊(时雍)		
2	小时雍坊(万宝)		
3	积庆坊		
4	阜财坊		
5	金城坊		
6	咸宜坊		
7	安富坊(安福坊)		
8	鸣玉坊		
9	发祥坊		
10	日忠坊(日中坊)		
11	河漕西坊(西城坊)		
12	朝天宫(坊)		

序号	名 称	位 置	备 注
13	关外铺(坊)		西城、北城皆有
14	正西坊		
15	正南坊		西城和东城各占一部分
16	宣南坊		
17	宣北坊		
18	白纸坊		

按:明初的西城,又有太平坊、丰储坊,而《京师五城坊巷胡同集》未载。

表格 1-7:清代西城坊里表

序号	坊 名	位 置	沿 革	备 注
1	中西坊	中城	时雍坊等	主体部分在东城
2	中东坊	中城	原为福田坊、阜财坊、咸宜坊、积庆坊、鸣玉坊、河漕西坊、正东坊等地	
3	正东坊	南城	原阜财坊、咸宜坊、鸣玉坊等地	
4	关外坊	西城	原河漕西坊、鸣玉坊、积庆坊、朝天宫西、金城坊、日中坊等地	
5	宣南坊	外城西城	原万宝坊、阜财坊、安富坊、咸宜坊、鸣玉坊等地	
6	宣北坊	外城西城		皆属西城
7	白纸坊	外城西城		皆属西城
8	灵中坊	北城	原日中坊、安富坊、积庆坊、发祥坊、昭回坊、思诚坊、仁寿坊等地	一小部分在东城
9	日南坊	北城	皆为外城北城之地,包括宣武门外一带、白纸坊等地	
10	正南坊	外城北城	天坛、先农坛等地	一部分在东城
11	正西坊	外城北城		皆属西城

表格 1-8:民国西城区划表

序号	时　间	区　　位	备　注
1	民国一期(1917)	中二区	
2		内右一区	
3		内右二区	
4		内右三区	
5		内右四区	
6		外右一区	
7		外右二区	
8		外右三区	
9		外右四区	
10		外右五区(一部分)	
11	民国二期(1947)	内二区	
12		内四区	
13		内五区(一部分)	
14		内六区(一部分)	
15		内七区(一部分)	
16		外二区	
17		外四区	
18		外五区(一部分)	

表格 1-9:新中国西城区划表

序号	时　间	区　　位	备　注
1	1949 年 6 月	十五区、十六区	
2	1950 年	二区、四区、六区、八区、九区	
3	1952 年	西单区、西四区、宣武区、前门区	
4	1955 年 6 月	马甸等地划归西四区	
5	1956 年 3 月	真武庙等划归西单区 百万庄、太平庄等划归西四区	
6	1958 年 4 月	撤销前门区,西半部归入宣武区	

序号	时　间	区　位	备　注
7	1958 年 5 月	西单区、西四区合并为西城区	
8	1960 年 10 月	马连道划归宣武区	
9	1987 年 11 月	朝阳区裕中西里等划归西城区	
10	2002 年 9 月	菜户营东北角划归宣武区	
11	2010 年 6 月	西城区与宣武区合并,成立新的西城区	

表格 2-1:西城区坛庙一览表

序号	名　称	位　置	简　要　介　绍
1	先农坛	西城区永定门内大街西侧	先农坛是明清两代皇帝祭祀山川等诸神的重要场所。2001 年,先农坛被公布为第五批全国重点文物保护单位。先农坛平面呈北圆南方之形,总面积 860 万平方米,原由内、外两道坛墙围成,外坛墙长达 4378 米。以内坛墙为界,分为内、外坛。外坛即西部和北部内、外坛墙之间宽阔的树林、空地。祭祀先农神和行耕耤礼的主要建筑多建在内坛。先农坛主要建筑有太岁殿、先农神坛、神厨库、观耕台、具服殿、庆成宫、神仓及祭器库、神坛等。先农坛是全国祭祀等级最高、规模最大、保存最完整的古代祭农场所
2	先蚕坛	西城区北海公园东北部	北京地区的先蚕坛始建于元代,明、清多次移建,现先蚕坛是清代乾隆年间在明代雷霆洪应殿旧址建立。先蚕坛是明、清以皇后为主祭的祭祀蚕神场所,皇后亲临拜祭"蚕神"并观桑治茧,垂范天下,教化斯民,体现了传统王朝"男务稼穑,女勤织红"的治国理念。作为京城的"九坛八庙"之一,保存至今的先蚕坛构成了皇家坛庙文化的重要组成部分,是中轴线上不可或缺的历史文化建筑群
3	月坛	西城区南礼士路西侧	又称夕月坛,是明清宫廷祭月的场所。现月坛始建于明朝嘉靖九年(1530),清代多次重修。坛内主要建筑有祭坛坛台和内坛坛墙等,现除坛台和内坛坛墙被拆毁外,其余如钟楼、天门、具服殿、神库等古建筑尚存。1955 年月坛被辟为公园,2006 年月坛被国务院批准列入第六批全国重点文物保护单位名单

序号	名 称	位 置	简 要 介 绍
4	历代帝王庙	西城区阜成门内大街	历代帝王庙始建于明嘉靖年间,清雍正年间重修。经过明清不断完善,历代帝王庙中祭祀自伏羲至明代各代帝王,并有名臣名将配祀。现有历代帝王庙包括影壁、庙门、钟楼、景德门、景德崇圣殿等建筑。景德崇圣殿后原有祭器库五间,新中国成立后被拆除。进入民国后历代帝王庙开始废弃。1979年,历代帝王庙被公布为北京市第二批文物保护单位。1996年,历代帝王庙由国务院公布为第四批全国重点文物保护单位
5	都城隍庙	西城区成方街33号	北京都城隍庙始建于元代,为北京市重点保护文物。都城隍庙中供奉着守护北京城池的神仙——城隍老爷。中轴线上有门三重(庙门、顺德门、阐威门),其他还有钟鼓楼、大威灵祠和寝祠、两庑以及治牲所、井亭、燎炉、碑亭等。目前仅存寝祠五间。庙内有明英宗碑及清世宗、高宗碑,有康熙帝和雍正帝的题联
6	寿皇殿	景山公园北部	寿皇殿位于景山公园寿皇门正北面,原供奉康熙"神御",后作为供奉清代历朝皇帝神像的处所。民国年间古物陈列所将所有"御容"收储。寿皇殿有正殿、左右山殿、东西配殿,以及神厨、神库、碑亭、井亭等附属建筑。垣墙呈方形,坐北朝南

表格5-1:西城历史时期王公府园简表

时代	园林名称	位 置	景 观 概 述	相关文献记载
明代	月张园	阜城门内城墙下	明代驸马冉兴让别业,垂柳拂地,黛柏苍槐,深环石砌。堂后枕一池,甚修广,周遭菜畦	《燕都游览志》《月张园集字用袁中郎韵为赵渐岸赋》
明代	宣城伯府园	西城宣武门里街东侧	众木参天,夹竹桃二大树。层台高馆,不下数十	《燕都游览志》
明代	宣家园	阜城门内	为宣城伯卫氏别业。旁多宅宇,外有菜圃百塍……牡丹数种向为京师第一。先言,初创时多奇石。石皆有名,曰偶虎,曰仁鹊,曰惊羽,曰奋距	《燕都游览志》《宸垣识略》
明代	英国公新园	什刹海岸边银锭桥一带	明代英国公张维贤别业。园中格局简单,仅一亭、一轩、一台,重点在于借景。周围可以赏什刹海之水面与稻田,看银锭桥行人,又可远观景山、烟树和城外的西山	《帝京景物略》

时代	园林名称	位 置	景 观 概 述	相关文献记载
明代	太师圃	什刹海西海南岸,德胜桥之西	园中正堂居南,后有荷池,再北有堂榭临西海湖面。堂左右各建书室两间,西侧筑高台,可远眺风景	《燕都游览志》《帝京景物略》等
明代	镜园	什刹海西海南岸	为明代刘百世(一作伯世)别业,后属于驸马冉兴让。此园位于湖边,水平如镜。园中另有屋顶平台可眺望远景	《燕都游览志》《帝京景物略》等
明代	十景园	城南金鱼池北三里河之故道	系疏浚三里河故道而筑,园遂以水胜,园中筑亭状如梅花,还有酒肆、典铺等	《帝京景物略》等
明代	槐楼	报国寺附近	武清侯李氏别业,明代外戚武清侯李伟的别业	《宸垣识略》
明代	牡丹园	阜成门外嘉兴观之西	惠安伯张元善的花园。园规模广达数百亩,遍植牡丹、芍药,花径环复,名品极多,花开之日,京城游人极盛	《帝京景物略》《游牡丹园记》等
清代	荣王府园	太平湖东北岸	中有南韵斋、薰风馆、知乐堂、观古斋、得一龛、如舫、天游阁、南殿、东轩等,园临近太平湖,登假山可借赏湖光胜景	《道咸以来朝野杂记》《明善堂文集》等
清代	郑亲王府花园	西单以北大木仓胡同	该府宅西部为花园,名惠园,引池叠石,绕有幽致。在庚子年八国联军入侵北京时毁于兵火	《道咸以来朝野杂记》《履园丛话》等
清代	醇亲王府花园	后海北沿	纳兰性德《渌水亭宴集诗序》记载:天临尺五,墙依绣堞,云影周遭;门俯银塘,烟波潋漾。蛟潭雾尽,晴分太液池光,鹤渚秋清,翠写景山峰色	《渌水亭》等
清代	恭王府及花园	前海西街	左依什刹海,背倚后海。花园,名萃锦园,园内建筑亦分中、东、西三路,中路中轴线与前府中轴线贯通	《乾隆京城全图》等
清代	礼亲王府及花园	西安门南	府分三路,主体建筑在中路,正门面阔五间,大殿面阔七间,前出丹墀,左、右配楼各面阔七间、后殿三间,后寝九间,抱厦面阔七间,后罩楼面阔七间。花园在西路	《乾隆京城全图》等
清代	仪王府园	西长安街北	院宇宏邃,林亭尤美	《光绪顺天府志》等
清代	定王府园	缸瓦市大街路东	府分中、东、西三路,"东路最初是花园"。园主酷爱梅花,曾经花费巨力在府园中栽培梅花	《燕都丛考》等

时代	园林名称	位 置	景 观 概 述	相关文献记载
清代	庄王府园	太平仓胡同	庄王府中路大殿西南侧的院落中设有花园,格局很小,有亭榭、游廊点缀	《乾隆京城全图》
清代	果王府园	东官园	园名承泽园,在府东,其中设高大的土丘,自东北延伸至西南,其间点缀长廊与亭榭厅堂,气势不凡。西南山脚下有曲池一泓,池边构有方亭	《承泽园诗序》等
清代	恂王府园	西直门内南草厂胡同	清代恂郡王允禵王府,其东花园名"雅有园"	《暮春过雅有园》等
清代	庆王府园	什刹海定阜大街	亭馆院落,备极清华。海棠正放,柳线垂青,梨杏桃竹之属交加左右,绿塘红雨掩映座中	《荣庆日记》等
清代	阿王府园	什刹海毡子胡同	其中建有一些中西合璧式的近代风格建筑。花园位于西路,目前尚存少量假山遗迹,并可见一处六角亭遗址	《北京私家园林志》
清代	涛贝勒府	柳荫街	始建于清雍正年间。清末改作贝勒载涛府邸。府邸建筑布局分为三路。中路为主体,四进院落,东路也是四进院落。西路北部建有三排房舍,南部辟为花园。园内建有长廊、亭台、花厅、假山石等	《北京私家园林志》
清代	魁公府园	宝禅寺胡同西口路北	全府分为东、中、西三路,规模颇大。园在东路西侧院。1980年调研时,园中山石多被移往别处,仅存少量山石和东厢位置的三间小轩	《北京私家园林志》

表格 5-2:西城历史时期私家园林简表

时代	园林名称	位 置	景 观 概 述	相关文献记载
辽	赵延寿别墅	不详	不详,《辽史·太宗纪》记载,会同三年(940)夏,辽太宗"幸留守赵延寿别墅"	《辽史》
辽金	梁都运别墅	旧燕京城针条巷	金元之际的中都城著名私家园林,元代存世时间最长的私家园林之一	《梁都运斗南新居落成》《秋涧集》等
金元	种德园	金中都城南周桥之西	闲田八九亩,乃在城西偏。……筑屋临清流,开窗见西山	《赵吉甫西园》《题吉甫种德园》《种德园记》等

时代	园林名称	位　置	景　观　概　述	相关文献记载
元代	汲古斋	旧中都城南	鱼乐定从濠上得,竹香偏向雨中闻	《赵汲古南园》等
元代	匏瓜亭	丽泽门西	筑亭瞰平野,四望情意舒。青山入座来,尊俎杂肴蔬	《匏瓜诗》等
元代	匏瓜亭	燕之阳春门外,去城十里	城东村有别墅,构亭曰匏瓜。包括匏瓜亭、遇观台、清斯池、流惠园、归云台等景观	《日下旧闻考》《奉题赵侯禹卿东皋林亭》《东皋八咏为赵参谋题》等
元代	临锦堂	旧中都城西侧	御苑之西有地焉……引金沟之水渠而沼之,竹树葱茜,行布棋列。嘉花珍果,灵峰湖玉,往往而在焉	《临锦堂记》等
元代	丽泽堂	旧中都金沟水南	得金沟水南形胜地十余亩,疏沼种树,中构堂曰丽泽碧澜、秀挺景气二胜	《秋涧集》卷四十九《宋珍墓志铭(并序)》
元代	廉园	旧中都城南郊	号为京城第一,名花几万本。当时的许多文人墨客经常到廉园聚会	《题廉野云城南别墅》《廉野云左揆求赋南园》《寒食游廉园》等
元代	遂初堂	施仁门北,崇恩福元寺西门西街北	花竹水石之胜,甲于京师	《道园学古录》《遂初亭说》等
元代	姚氏艾村园	中都城东艾村	沃壤千五百余亩,构堂树亭,缭以榆柳,环以流泉,药阑蔬畦,绮错棋布,嘉果珍木,区分井列	《雪楼集》卷七《姚长者碑》
元代	江乡园	大都城南	几架秋千红袅娜,数行箫管绿低徊。隔河小艇人歌舞,摇荡春光不肯回	《湖山类稿》《春日游江乡园》等
元代	贤乐堂	大都健德门外	山迥水萦,中园为堂,构亭其前,列树花果、松柏、榆柳之属,不侈不隘	《贤乐堂记》《日下旧闻考》等
元代	垂纶亭	旧燕京城内	以水景见长,当时诸多名士在此集会	《垂纶亭辞》《题宋诚甫侍郎垂纶亭》等
元代	南野园	丽正门外	柳色危亭枕水滨,园中无地不宜花	《题范彦升南野园》《追赋苑主事南野亭》等

时代	园林名称	位　置	景　观　概　述	相关文献记载
元代	清胜园	南野园西侧	在南野园的西侧	《追赋苑主事南野亭》
元代	万柳园	南野园东侧	在南野园的东侧	《追赋苑主事南野亭》
明代	房园	西长安门李阁老胡同	前身或为李东阳祠。《日下旧闻考》:"李东阳赐第为祠久废……中有耿氏房园,虽已缱圮,地甚宽敞。"	《日下旧闻考》
明代	抱瓮亭	西长安门附近	明代文人袁宗道的寓所花园。亭外多花木,梨花二株甚繁盛,开时香雪满一庭。隙地皆种蔬,瓜期藤架,菘路韭吐,宛似山庄	袁宏道《抱瓮亭记》《燕都游览志》
明代	吕氏园	西城双塔寺后	朝爽楼在双塔寺后,吕氏园中楼也	《燕都游览志》《日下旧闻考》
明代	周奎府园	西黄城根南街	通水泉,荫植花木,叠石为山,极尽窈窕……构筑一依吴式,幽曲深邃,为他园所无	《稗说》《天咫偶闻》
明代	西涯	什刹海前海西岸	园中有桔槔亭、莲池、菜园等,借景条件极好,可看什刹海中渔船,还可远跳西山、钟鼓楼等	《渌水亭杂识》《西涯杂咏十二首》等
明代	李广宅园	后海一带	引玉泉山水,前后绕之。有学者认为有可能是和珅宅园的前身	《明史·李广传》
明代	漫园	什刹海西海东岸偏北处	明代著名文人米万钟三园之一。漫园依积水潭而建,园内建有三层高楼阁,登楼远眺,满湖景致尽收眼底	《帝京景物略》等
明代	湜园	什刹海西海东岸	太守苗公君颖别业也,西面望湖	《燕都游览志》
明代	杨园	什刹海西海东岸边	《帝京景物》载:"(自净业湖)西望之,漫园、淀园、杨园、王园也。"	《帝京景物略》
明代	王园	什刹海西海东岸边	《帝京景物》载:"(自净业湖)西望之,漫园、淀园、杨园、王园也。"	《帝京景物略》
明代	刘茂才园	什刹海西海南岸	位于什刹海中心位置,南北视野均宽阔,园结构简单,设三间正堂北向,另有水池、小轩、书室、平台	《燕都游览志》

时代	园林名称	位　置	景　观　概　述	相关文献记载
明代	方园	什刹海西海西岸	位于西海西岸,宜于傍晚时分自东侧眺望	《帝京景物略》《燕都游览志》等
明代	虾菜亭	什刹海西海西北岸	尽幽深之致	《燕都游览志》《日下旧闻考》等
明代	李本纬宅园	外城金鱼池以东	中有三三径、曲曲房,极为幽雅	《天府广记》
明代	梁家园	外城宣武门东南	园之牡丹、芍药几十亩,花时云锦布地,香冉冉闻里余	《日下旧闻考》等
明清时期	绿雨楼	在正阳、宣武二门之间	东曰素轩,北曰澹室,其中为书窟。长元按:绿雨楼以小楼倚槐树命名	《宸垣识略》
明代	息机园	阜成门外	临近月坛,旁邻佛寺,南有菜圃百亩,环境清幽。门内槐荫覆盖小亭,可俯瞰门外大路和蔬圃,还可借景月坛的楼阁殿宇	《游息机园遗址记》
明代	齐园	西直门外稍北	园中海棠甚多,西凿一曲涧,引桥下水灌之,上作板桥,亭边有丛竹	《日下旧闻考》等
清代	怡园	横街南半截胡同	出自造园家张然之手,池塘、亭榭、假山、曲桥,水石之妙,宛若天然。亭阁宏敞富丽。正堂前辟有水池,假山间瀑布水流漏潺而下。路径曲折,登堂需从池中汀石穿过,绕山麓小桥,别有情趣	《茶余客话》《怡园诗》等
清代	香严斋	宣武门左	海内文人延致门下	《古董琐记全编》《藤阴杂记》等
清代	春晖堂	宣武门右	以藤花著称	《古董琐记全编》《藤阴杂记》等
清代	古藤书屋	海波寺街(今西城区海柏胡同)	露明秋树,烟寒蔬圃。御堤边,正萧萧柳梢堪数	《集竹坨太史古藤书屋分赋》《饮于中翰章云汉翔古藤书屋》等
清代	芥子园	韩家潭中段路北	结构精巧,树石交错,曲径深幽,清雅别致	《宸垣识略》等
清代	一峰草堂	宣武门斜街之南	主人新拓百弓地,海棠乍坼丁香含	《藤阴杂记》等
清代	小秀野堂	宣武门斜街之南	背郭环流,杂莳花药	《自题小秀野四绝并序》《小秀野唱和诗》等

时代	园林名称	位 置	景 观 概 述	相关文献记载
清代	枣东书屋	魏染胡同	西邻枣树垂实,故名枣东书屋	《藤阴杂记》等
清代	疑野山房	正阳门内西皮市街	叠石为山,颇多乔木。韩桂龄尚书颜曰"疑野山房"	《京师坊巷志稿》
清代	云绘园	西城太平湖西	清代艺术家孙均宅园,园在宣武门内,太平湖之西	《燕都丛考》
清代	槐园	西城太平湖岸边	清代宗室敦敏宅园	《四松堂集》等
清代	桂莒宅园	西单大街武公卫胡同	宅西有园,曲榭方亭之前凿小池,砌石为小山,有一石砣然苍古,为群石冠	《竹叶亭杂记》等
清代	蝶梦园	阜成门内上冈	景致素雅,尤其以花木见长。因旧藏明董其昌所题扇中有"名园蝶梦"之句,且屡有蝴蝶出现而命名为"蝶梦园"	《蝶梦园记》等
清代	适园	西单北大街撒子胡同	园中诸景有颐寿堂、竹林、修褉亭、问源亭、风月双清楼、抚松草堂、寒香馆、绚春沁秋、梯云揽霞、小幽趣处、陶庐等	《丁亥春日醇邸招游适园诗》等
清代	述园	巡捕厅胡同	含"述园十景",有模仿南京袁枚随园之意,中有船厅名"红兰舫",为北京私家园林中受江南影响较大者	《天咫偶闻》等
清代	似园	大拐棒胡同	又名丛碧山房,民国时期为张伯驹所有,"廊宇建造仿排云殿规模,落成,传西后曾临幸。"	《张伯驹似园述往》等
清代	茜园	大茶叶胡同	园在宅之东。入园迎面为假山,偏西有一石洞。游廊下遍植秋海棠、芍药、牡丹	《故宫退食录》等
清代	礼塔园	礼路胡同	晚清官僚邓守暇宅园。《燕都丛考》载:"(广济寺)其北曰礼路胡同,邓君守暇之礼塔园在是"	《燕都丛考》
清代	一亩园	大丞相胡同	晚清文人荣棣宅园	《天咫偶闻》

时代	园林名称	位 置	景 观 概 述	相关文献记载
清代	张之洞宅园	什刹海前海南岸之白米斜街路北	宅园格局宏敞,横跨四路院落;东路院辟有花园,院中堆假山,山下曾经挖有水池。最北临水处建有楼,可向南眺望地安门市井百象,向北观赏什刹海的红荷绿柳	《燕都丛考》《骨董琐记》等
清代	诗龛	什刹海湖畔	法式善旧居宅园,门对波光,修梧翠竹,饶有湖山之趣,称"小西涯"	《啸亭杂录》等
清代	鉴园	大翔凤胡同	恭亲王奕訢别业。院临后湖,座设明镜,以揽山色水光之胜	《骨董琐记》等
清代	封氏园	黑龙潭附近	清初名园,具体位置不详,曾为名士觞咏的胜地	《藤阴杂记》
清代	刺梅园	黑龙潭附近	清初名园,具体位置不详,曾为名士觞咏的胜地	《藤阴杂记》
清代	四屏园	外城西南横街口	园主不详。园在横街口内,荒冢累然	《藤阴杂记》
清代	方盛园	方盛园胡同	乾隆间安徽籍昆曲名家方成园宅园。花木山石,颇有逸趣。当时士大夫乐与之游,咏觞无暇日	《方盛园记》
清代	壶园	米市胡同	道光间御史徐宝善(字廉峰)宅园。有井,又老桃一株	《京师坊巷志稿》
清代	碧山堂	绳匠胡同	清初大臣徐乾学别业,后改休宁会馆。屋宇轩敞,为京师会馆之最	《藤阴杂记》
民国	适园	石驸马大街罗圈胡同	李石芝宅园	《燕都丛考》
民国	松鹤园	松鹤胡同	园主不详。院内种植了两排松树,在北京私家宅园中较为罕见	《北京私家园林志》
民国	愉园	辟才胡同	民国诗人李次贡宅园	《燕都丛考》
民国	淑园	米粮库胡同	宅园百亩,以浓荫巨盖的大树为中心,夹植各类树木花卉几十种,以余土堆为小山,辟小水池,其中种植荷花	《淑园记》
民国	婺园	新街口北大街路西	园面积约六亩,分三进院落,坐西朝东。有寄傲轩、守澹斋。园中花木繁盛	《婺园菊花和它的主人》

时代	园林名称	位　置	景　观　概　述	相关文献记载
民国	乐达仁宅园	前海西街	分设两进院落,南侧辟为前花园,无亭榭之设,仅堆两座土山,中夹小径,山上种有松柏榆槐等各种树木	《北京私家园林志》
民国	庄士敦宅园	油漆作胡同	宅园分东西二部,东为住宅,西为小花园,纯为中国传统样式。花园的格局简单,五间正厅居北,对面南房,彼此以游廊围绕,西厢位置设有六角亭,厅前点缀假山	《北京私家园林志》

表格 7-1：西城宗教文化文保单位一览表

文保单位名称	保护级别	公布时间及批次	地　　址
北海永安寺等及团城	国家级	1961 年 3 月(一)	文津街 1 号、地安门西大街 26 号
妙应寺白塔	国家级	1961 年 3 月(一)	阜内大街 171 号
大高玄殿	国家级	1996 年 11 月(四)	景山西街 21、23 号
南堂	国家级	1996 年 11 月(四)	前门西大街 141 号
白云观	国家级	2001 年 6 月(五)	西便门外白云观
广济寺	国家级	2006 年 6 月(六)	阜成门内大街 25 号
利玛窦和外国传教士墓地	国家级	2006 年 6 月(六)	车公庄大街 6 号
西什库教堂	国家级	2006 年 6 月(六)	西什库大街 33 号
关岳庙	国家级	2006 年 6 月(六)	鼓楼西大街 149 号
天宁寺塔	国家级	1988 年 1 月(三)	天宁寺前街甲 3 号
牛街礼拜寺	国家级	1988 年 1 月(三)	牛街 18 号
法源寺	国家级	2001 年 6 月(五)	法源寺前街 5 号
报国寺	国家级	2006 年 6 月(六)	报国寺前街 1 号
盛新中学与佑贞女中旧址	国家级	2013 年 5 月(七)	教场胡同 2 号、教场胡同 4 号
万松老人塔	国家级	2013 年 5 月(七)	西四南大街 43 号旁门
基督教中华圣公会教堂	国家级	2013 年 5 月(七)	佟麟阁路 85 号
福佑寺	市级	1984 年 5 月(三)	北长街 20 号
广化寺	市级	1984 年 5 月(三)	鼓楼西大街鸦儿胡同 31 号

文保单位名称	保护级别	公布时间及批次	地　　址
护国寺金刚殿	市级	1984 年 5 月（三）	护国寺西巷
都城隍庙（寝殿）	市级	1984 年 5 月（三）	成方街 33 号
吕祖阁	市级	1984 年 5 月（三）	明光胡同 6 号、新壁胡同 41 号
火德真君庙	市级	1984 年 5 月（三）	地安门外大街 77 号
昭显庙	市级	1984 年 5 月（三）	北长街 71 号
天主教圣母会法文学校	市级	1984 年 5 月（三）	前门西大街 137 号
拈花寺	市级	2003 年 12 月（七）	大石桥胡同 61 号
长椿寺	国家级	2019 年 10 月	长椿街 9、11 号
三圣庵	市级	1984 年 5 月（三）	黑窑厂胡同 14 号
陶然亭慈悲庵	市级	1984 年 5 月（三）	陶然亭公园内
正乙祠	市级	1984 年 5 月（三）	西河沿 220 号
广福观	市级	2011 年 3 月（八）	烟袋斜街 37 号、大石碑胡同 6 号
三官庙	区级	1989 年 8 月（一）	西海北沿 29 号
净业寺	区级	1989 年 8 月（一）	德内西顺城街 46 号
双寺	区级	1989 年 8 月（一）	双寺胡同 11 号、西绦胡同 2 号
普济寺（高庙）	区级	1989 年 8 月（一）	西海南沿 48 号
大藏龙华寺	区级	1989 年 8 月（一）	后海北沿 23 号
寿明寺	区级	1989 年 8 月（一）	鼓楼西大街 79 号
正觉寺	区级	1989 年 8 月（一）	正觉胡同甲 9、11 号
保安寺	区级	1989 年 8 月（一）	地安门西大街 133、135 号
天寿庵	区级	1989 年 8 月（一）	龙头井街 42 号
玉皇阁	区级	1989 年 8 月（一）	育强胡同甲 22 号
清真普寿寺	区级	1989 年 8 月（一）	锦什坊街 63 号
永佑庙	区级	1989 年 8 月（一）	府右街 1、3 号
万寿兴隆寺	区级	1989 年 8 月（一）	北长街 39 号
永寿寺	区级	1989 年 8 月（一）	三里河前巷 1 号
马尾沟教堂	区级	1989 年 8 月（一）	车公庄大街 6 号
护国双关帝庙	区级	2007 年 7 月（二）	西四北大街 167 号、甲 167 号
法源清真寺	区级	2007 年 7 月（二）	德胜门外大街 200 号

文保单位名称	保护级别	公布时间及批次	地　　址
吕祖宫	区级	2007 年 7 月（二）	复兴门内北顺城街 15 号
圆广寺大殿	区级	2007 年 7 月（二）	阜外大街 7 号楼—1 号
清乾隆汇通祠诗碑	区级	2007 年 7 月（二）	德胜门西大街甲 60 号汇通祠内
天主教圣母圣衣堂	区级	2007 年 7 月（二）	西内大街 130 号
崇效寺藏经阁	区级	1986 年 12 月（一）	崇效胡同 9 号
宝应寺	区级	1986 年 12 月（一）	登莱胡同 29 号
前门清真礼拜寺	区级	2009 年 7 月（三）	扬威胡同 9 号、茶儿胡同 2 号、笤帚胡同甲 1 号
琉璃厂火神庙	区级	2009 年 7 月（三）	琉璃厂东街 29 号
五道庙	区级	2009 年 7 月（三）	铁树斜街 143—149 号、樱桃斜街 96—104 号
护国观音寺	区级	2009 年 7 月（三）	樱桃斜街 4 号、6 号、8 号
圣安寺	区级	2009 年 7 月（三）	南横西街 119 号
莲花寺	区级	2009 年 7 月（三）	永庆胡同 37 号
永兴庵	区级	2009 年 7 月（三）	南柳巷 45 号
圣祚隆长寺	区级	2011 年 7 月（三）	西四北三条 3 号
什刹海寺	区级	2011 年 7 月（三）	糖房大院 27 号
福善寺	区级	2011 年 7 月（三）	柳荫街 26 号、28 号
双吉寺	区级	2011 年 7 月（三）	双吉胡同 3 号

参考文献

正史、实录、政书等

1. 〔汉〕司马迁:《史记》,中华书局点校本二十四史修订本,北京:中华书局,2014.

2. 〔汉〕班固:《汉书》,中华书局点校本,北京:中华书局,1962.

3. 〔南朝宋〕范晔:《后汉书》,中华书局点校本,北京:中华书局,2000.

4. 〔汉〕荀悦、〔晋〕袁宏撰,张烈点校:《两汉纪》,北京:中华书局,2017.

5. 〔汉〕孔安国:《尚书注疏》,上海:上海古籍出版社,2017.

6. 〔晋〕陈寿:《三国志》,中华书局点校本,北京:中华书局,2011.

7. 〔晋〕郭璞注:《尔雅注疏》,上海:上海古籍出版社,2010.

8. 〔清〕孙星衍等辑:《汉官六种》,北京:中华书局,2008.

9. 〔北齐〕魏收:《魏书》,中华书局点校本二十四史修订本,北京:中华书局,2018.

10. 〔唐〕房玄龄等:《晋书》,中华书局点校本,北京:中华书局,1996.

11. 〔唐〕李百药:《北齐书》,中华书局点校本,北京:中华书局,1972.

12. 〔唐〕令狐德棻等:《周书》,中华书局点校本二十四史修订本,北京:中华书局,2022.

13. 〔唐〕魏徵等:《隋书》,中华书局点校本二十四史修订本,北京:中华书局,2020.

14. 〔唐〕李延寿:《北史》,中华书局点校本,北京:中华书局,1974.

15. 〔后晋〕刘昫等:《旧唐书》,中华书局点校本,北京:中华书局,1975.

16. 〔宋〕欧阳修等:《新唐书》,中华书局点校本,北京:中华书局,1975.

17. 〔宋〕薛居正等:《旧五代史》,中华书局点校本二十四史修订本,北京:中华书局,2016.

18.〔宋〕王钦若等辑:《册府元龟》,北京:中华书局,1960.

19.〔宋〕司马光等:《资治通鉴》,中华书局点校本,北京:中华书局,2011.

20.〔元〕脱脱等:《辽史》,中华书局点校本二十四史修订本,北京:中华书局,2016.

21.〔元〕脱脱等:《宋史》,中华书局点校本,北京:中华书局,1985.

22.〔元〕脱脱等:《金史》,中华书局点校本二十四史修订本,北京:中华书局,2019.

23.〔明〕宋濂等:《元史》,中华书局点校本,北京:中华书局,1976.

24.《元典章》,天津:天津古籍出版社,2011.

25.《明实录》,台北"中央研究院历史语言研究所"影印本,上海:上海书店出版社,1982.

26.〔清〕张廷玉等:《明史》,中华书局点校本,北京:中华书局,1974.

27.〔明〕申时行等:《大明会典》,北京:中华书局,1989.

28.〔明〕陈子龙辑:《明经世文编》,北京:中华书局,1962.

29.〔清〕蒋良骐:《东华录》,北京:中华书局,1980.

30.〔清〕王先谦、朱寿朋:《东华录东华续录》,上海:上海古籍出版社,2008.

31.《清实录》,北京:中华书局,2008.

32.张岱年主编:《大清五朝会典》,北京:线装书局,2006.

33.《清会典事例》,北京:中华书局,2012.

34.赵尔巽等:《清史稿》,中华书局点校本,北京:中华书局,1998.

35.贺长龄、魏源:《清经世文编》,北京:中华书局,1992.

36.〔清〕刘锦藻编纂:《清朝文献通考》,杭州:浙江古籍出版社,1988.

方志、文集、笔记等

1.〔北魏〕郦道元:《水经注》,北京:中华书局,2022.

2.〔唐〕姚汝能:《安禄山事迹》,上海古籍出版社,1983.

3.〔宋〕江少虞:《宋朝事实类苑》,上海:上海古籍出版社,1981.

4.〔宋〕徐梦莘:《三朝北盟会编》,上海:上海古籍出版社,2019.

5.〔宋〕李焘:《续资治通鉴长编》,北京:中华书局,2004.

6.〔宋〕文惟简:《虏庭事实》,见明抄本《说郛》卷八.

7.〔金〕元好问:《中州集》,上海:华东师范大学出版社,2014.

8.〔金〕赵秉文:《闲闲老人滏水文集》,北京:科学出版社,2016.

9. 〔宋〕宇文懋昭:《大金国志校证》,北京:中华书局,2011.

10. 〔元〕王处一:《云光集》,见明正统《道藏》太平部.

11. 〔元〕李志常:《长春真人西游记》,石家庄:河北人民出版社,2001.

12. 〔元〕耶律楚材:《湛然居士集》,北京:中国书店,2009.

13. 〔元〕马祖常:《石田集》,《四库全书》本.

14. 〔元〕虞集:《道园学古录》,《四库全书》本.

15. 〔元〕周权:《此山诗集》,《四库全书》本.

16. 〔元〕乃贤:《金台集》,《四库全书》本.

17. 〔元〕钟嗣成、贾仲明:《新校录鬼簿正续编》,成都:巴蜀书社,1996.

18. 〔元〕苏天爵编:《元文类》,合肥:安徽大学出版社,2020.

19.《元音》:《四库全书》本.

20. 〔元〕孛兰肹等撰、赵万里辑:《元一统志》,北京:中华书局,1966.

21. 〔元〕熊梦祥:《析津志辑佚》,北京:北京古籍出版社,1983.

22. 〔明〕萧洵:《故宫遗录》,北京:北京出版社,1963.

23. 〔元〕陶宗仪:《南村辍耕录》,北京:中华书局,1959.

24. 〔明〕杨荣:《文敏集》,《四库全书》本.

25. 〔明〕李东阳:《怀麓堂集》,《四库全书》本.

26. 〔明〕沈榜:《宛署杂记》,北京:北京古籍出版社,1980.

27. 〔明〕蒋一葵:《长安客话》,北京:北京古籍出版社,1982.

28. 〔明〕刘侗、于奕正:《帝京景物略》,北京:北京古籍出版社,1983.

29. 〔明〕沈德符:《万历野获编》,北京:中华书局,1989.

30. 〔明〕陆釴:《病逸漫记》,上海:商务印书馆《丛书集成初编》本,1939.

31. 〔明〕于慎行:《谷山笔麈》,北京:中华书局,1984.

32. 〔明〕张瀚著、盛冬铃点校:《松窗梦语》,北京:中华书局,1985.

33. 〔清〕钮琇:《觚剩》,上海:上海古籍出版社,1986.

34. 〔明〕释明河撰,谭勤校笺:《补续高僧传校笺》,北京:中华书局,2024.

35. 〔明〕史玄:《旧京遗事》,北京:北京古籍出版社,1986.

36. 〔明〕胡协寅校阅:《游居柿录》,青岛:青岛出版社,2005.

37. 〔明〕佚名:《北平考》,北京:北京古籍出版社,1982.

38. 〔明〕袁宏道著,孟祥荣笺校:《袁宗道集笺校》,武汉:湖北人民出版社,2003.

39. 〔明〕解缙等:《永乐大典本顺天府志》,北京:北京联合出版公司,2017.

40. 〔明〕李贤等:《明一统志》,西安:三秦出版社,1990.

41. 〔明〕束载等:《(嘉靖)洪雅县志》,《天一阁藏明代方志选刊》本,上海:上海古籍出版社,1981.

42.〔明〕陈子龙编:《明经世文编》,北京:中华书局,1962.

43.〔明〕郭子章:《郡县释名》,国家图书馆藏明刻本.

44.〔明〕吴仲:《通惠河志》,《四库全书存目丛书》本,济南:齐鲁书社,1996.

45.〔明〕张正常撰、张宇初删定、张国祥续补:《汉天师世家》,明万历刻本.

46.〔清〕徐乾学等:《清一统志》,杭州:浙江古籍出版社,2000.

47.〔清〕王养濂等:《(康熙)宛平县志》,北京:中国书店,2015.

48.〔清〕吴存礼:《(康熙)通州志》,清康熙三十六年刻本.

49.〔清〕吴景果:《(康熙)怀柔县新志》,清康熙六十年刻本.

50.〔清〕于敏中等:《日下旧闻考》,北京:北京古籍出版社,2001.

51.〔清〕李鸿章等:《(光绪)畿辅通志》,上海:上海古籍出版社,1991.

52.《清高宗(乾隆)御制诗文全集》,北京:中国人民大学出版社,1993.

53.〔清〕潘荣陛:《帝京岁时纪胜》,北京:北京古籍出版社,1981.

54.〔清〕孙承泽:《春明梦余录》,北京:北京古籍出版社,1992.

55.〔清〕高士奇:《金鳌退食笔记》,北京:北京古籍出版社,1962.

56.〔清〕鄂尔泰、张廷玉等:《国朝宫史》,北京:北京古籍出版社,1987.

57.〔清〕励宗万:《京城古迹考》,北京:北京古籍出版社,1981.

58.〔清〕佚名:《日下尊闻录》,北京:北京古籍出版社,1981.

59.〔清〕张英:《张文端集》,清康熙刻本.

60.〔清〕福格:《听雨丛谈》,北京:中华书局,1997.

61.〔清〕何刚德:《春明梦录》,太原:山西古籍出版社,1997.

62.〔清〕俞蛟:《春明丛说》,新兴书局,1975.

63.〔清〕萧奭:《永宪录》,北京:中华书局,1997.

64.〔清〕吴庆坻:《蕉廊脞录》,北京:中华书局,1997.

65.〔清〕戴璐:《藤阴杂记》,上海:上海古籍出版社,1985.

66.〔清〕富察敦崇:《燕京岁时记》,北京:北京古籍出版社,1981.

67.〔清〕李岳瑞:《春冰室野乘》,北京:中华书局,2023.

68.〔清〕赵慎畛:《榆巢杂识》,北京:中华书局,2001.

69.〔清〕王士祯:《居易录》,清康熙刻本.

70.〔清〕朱彝尊:《曝书亭集》,上海:世界书局,1984.

71.〔清〕陈康祺:《郎潜纪闻》,北京:中华书局,1984.

72.〔清〕昭梿:《啸亭杂录》,北京:中华书局,1980.

73.〔清〕赵翼:《廿二史札记》,北京:中华书局,2013.

74.〔清〕吴长元辑:《宸垣识略》,北京:北京古籍出版社,1983.

75.〔清〕李慈铭:《越缦堂日记》,扬州:广陵书社,2004.

76.〔清〕李慈铭:《桃花圣解庵日记》,台北:台湾商务印书馆,1973.

77.〔清〕震钧:《天咫偶闻》,北京:北京古籍出版社,1982.

78.〔清〕蘧园著,徐一士评考:《负曝闲谈》,北京:中国文联出版公司,1996.

79.〔清〕得硕亭:《草珠一串》,清嘉庆刻本.

80.〔清〕雷梦水等编:《中华竹枝词》,北京:北京古籍出版社,1997.

81.〔清〕待徐生、逆旅过客:《燕市积弊都市丛谈》,北京:北京古籍出版社,1995.

82.〔清〕李虹若:《都市丛载》,北京:北京古籍出版社,1995.

83.〔清〕让廉:《京都风俗志》,北京:北京古籍出版社,2001.

84.〔清〕金埴:《不下带编》,北京:中华书局,1997.

85.〔清〕徐珂:《清稗类抄》,北京:中华书局,1984.

86.〔清〕赵翼:《廿二史札记》,王树民《廿二史札记校证》本,北京:中华书局,1984.

87.〔清〕祁寯藻:《寿阳祁氏遗稿》,台北:联经出版事业公司,1976.

88.〔民国〕吴廷燮等:《北京市志稿》,北京:北京燕山出版社,1998.

89. 雷梦水辑:《北京风俗杂咏续编》,北京:北京古籍出版社,1987.

90. 杨米人等:《清代北京竹枝词(十三种)》,北京:北京古籍出版社,1982.

91. 潘超、马元:《中华竹枝词全编(北京卷)》,北京:北京出版社,2007.

92. 朱一新:《京师坊巷志稿》,北京:北京古籍出版社,1982.

93. 崇彝:《道咸以来朝野杂记》,北京:北京古籍出版社,1982.

94. 孙殿起辑:《琉璃厂小志》,北京:北京古籍出版社,1982.

95. 胡思敬:《国闻备乘》,北京:中华书局,2007.

96. 朱彭寿:《安乐康平室随笔》,北京:中华书局,1997.

97. 夏仁虎:《旧京琐记》,北京:北京古籍出版社,1986.

98. 张次溪编:《天桥丛谈》,北京:修绠堂书店,1951.

99. 余棨昌:《故都变迁记略》,北京:北京燕山出版社,2008.

100. 周华斌:《京都古戏楼》,北京:海洋出版社,1998.

101.《笔记小说大观》,扬州:江苏广陵古籍刻印社,1984.

102.《道家诗纪》,上海:复旦大学出版社,2008.

103. 顾冠英编:《中华全国名胜古迹大观》第1—3编,大陆图书公司,1921.

104. 中华书局编辑部:《全唐诗》,北京:中华书局,2008.

105. 北京市西城区志编纂委员会:《北京市西城区志》,北京:北京出版社,

1999.

106. 北京市宣武区地方志编纂委员会:《北京市宣武区志》,北京:北京出版社, 2004.

107.《北京市志・宗教志》,北京:北京出版社,2007.

108. 北京市西城区园林绿化局史志编委会:《北京市西城区园林绿化志》, 2015.

109. 北京市宣武区园林市政管理局文史编委会:《北京市宣武区园林绿化志》, 2006.

110.《北海景山公园志》,北京:中国林业出版社,2000.

111. 什刹海志研究会、什刹海景区管理处:《什刹海志》,北京:北京出版社, 2003.

112. 陶然亭公园志编纂委员会:《陶然亭公园志》,北京:中国林业出版社, 1999.

今人论著、译著

1.〔意〕马可・波罗著,冯承钧译:《马可・波罗行纪》,上海:上海书店出版社, 2000.

2.〔日〕青木正儿著,隋树森译:《元人杂剧概说》,北京:中国戏剧出版社,1957.

3.〔日〕宇野哲人著,张学锋译:《中国文明记》,北京:光明日报出版社,1999.

4.〔瑞典〕奥斯伍尔德・喜仁龙,许永全译:《北京的城墙和城门》,北京:北京燕 山出版社,1985.

5.〔韩〕林基中:《燕行录全集》,东国大学校出版社,2001.

6.《北京先农坛史料选编》编纂组编:《北京先农坛史料选编》,北京:学苑出版 社,2007.

7.《中国大百科全书・戏曲曲艺卷》,北京:中国大百科全书出版社,1983.

8.《中国戏曲志・北京卷》,北京:中国 ISBN 出版中心,1999.

9. 白眉初:《中国人文地理》,中央地学社,1928.

10. 白寿彝主编:《中国通史》,上海:上海人民出版社,1989.

11. 北京辽金城垣博物馆编:《北京元代史迹图志》,北京:北京燕山出版社, 2009.

12. 北京什刹海研究会、什刹海风景区管理处编著:《诗文荟萃什刹海》,北京: 北京出版社,1998.

13. 北京市档案馆、中国人民大学档案系文献编纂学教研室编:《北京电车公司档案史料》,北京:北京燕山出版社,1988.

14. 北京市地名办公室、北京史地民俗学会:《北京地名漫谈》,北京:北京出版社,1990.

15. 北京市西城区社会科学界联合会、中国艺术研究院戏曲研究所编:《北京西城京剧史料辑要(上、下)》,2016.

16. 北京市艺术研究所、上海艺术研究所编:《中国京剧史》,北京:中国戏剧出版社,2010.

17. 中国人民政治协商会议、文史资料研究委员会:《文史资料选编》第19辑,北京:北京出版社,1984.

18. 蔡蕃:《北京古运河与城市供水研究》,北京:北京出版社,1987.

19. 包世轩:《抱瓮灌园集》,北京:北京燕山出版社,2011.

20. 曹其敏、李鸣春编:《民国文人的京剧记忆》,北京:中国戏剧出版社,2013.

21. 曹子西主编:《北京通史》,北京:中国书店,1994.

22. 陈果:《京华古迹寻踪》,北京:北京燕山出版社,1996.

23. 陈宗蕃:《燕都丛考》,北京:北京古籍出版社,1991.

24. 邓显鹤:《沅湘耆旧集》,长沙:岳麓书社,2007.

25. 邓云乡:《宣南秉烛谭》,石家庄:河北教育出版社,2004.

26. 丁成泉辑注:《中国山水田园诗集成》第4卷,武汉:湖北教育出版社,2003.

27. 丁汝芹:《清代内廷演戏史话》,北京:紫禁城出版社,1999.

28. 董焱主编:《北京园林史》,北京:人民出版社,2019.

29. 段志强:《顾祠:顾炎武与晚清士人政治人格的重塑》,上海:复旦大学出版社,2015.

30. 范丽敏:《清代北京戏曲演出研究》,北京:人民文学出版社,2007.

31. 方豪:《中西交通史》,上海:上海人民出版社,2015.

32. 冯君豪:《袁宏道游记笺评》,香港:香港绛树出版社,2014.

33. 傅惜华:《元代杂剧全目》,北京:作家出版社,1957.

34. 顾冠英编:《中华全国名胜古迹大观》第1—3编,大陆图书公司,1921.

35. 国家图书馆编著:《北京古地图集》,北京:测绘出版社,2011.

36. 何孝荣:《明代北京佛教寺院修建研究》,天津:南开大学出版社,2007.

37. 侯仁之主编,什刹海研究会、什刹海景区管理处编:《什刹海志》,北京:北京出版社,2003.

38. 侯仁之主编:《北京城市历史地理》,北京:北京燕山出版社,2000.

39. 侯希三:《戏楼戏馆》,北京:文物出版社,2003.

40. 华涛、姚继德:《回儒文明对话论文选集》,昆明:云南大学出版社,2017.

41. 黄宗汉主编:《天桥往事录》,北京:北京出版社,1995.

42. 纪开芹:《柔而刚的老舍》,北京:北京工业大学出版社,2016.

43. 贾珺:《北京私家园林志》,北京:清华大学出版社,2009.

44. 姜德明编:《北京乎:现代作家笔下的北京(1919—1949)》,北京:生活·读书·新知三联书店,1997.

45. 姜立勋等:《北京的宗教》,天津:天津古籍出版社,1995.

46. 郎秀华:《中国古代帝王与梨园史话》,北京:中国旅游出版社,2001.

47. 李畅:《清代以来北京剧场》,北京:北京燕山出版社,1998.

48. 李富华、何梅:《汉文佛教大藏经研究》,北京:宗教文化出版社,2003.

49. 李家瑞:《北平风俗类征》,上海:上海商务印书馆,1937.

50. 李金龙主编:《口述天桥》,北京:经济日报出版社,2019.

51. 李兴华、冯今源主编:《中国伊斯兰教史参考资料选编》上册,银川:宁夏人民出版社,1985.

52. 李仲明:《梅兰芳的梅风兰韵》,北京:东方出版社,2008.

53. 北京历代帝王庙管理处编著:《历代帝王庙史脉》,北京:科学出版社,2015.

54. 廖奔、刘彦君:《中国戏曲发展史》,太原:山西教育出版社,2000.

55. 泠风:《京剧票友史话》,北京:社会科学文献出版社,2016.

56. 刘嵩崑编:《西城梨园史料(上、下)》,北京市西城区政协文史和学习委员会,2010.

57. 刘洋编:《北京西城历史文化概要》,北京:北京燕山出版社,2010.

58. 柳和城等编著:《张元济年谱》,北京:商务印书馆,1991.

59. 龙顾山人纂、卞孝萱等点校:《十朝诗乘》,福州:福建人民出版社,2000.

60. 娄学熙:《北平市工商业概况》,北平市社会局印行,1932.

61. 罗琨等:《中国军事通史》,北京:军事科学出版社,1998.

62. 马芷庠:《老北京旅行指南》,长春:吉林出版集团有限责任公司,2008.

63. 么书仪:《程长庚·谭鑫培·梅兰芳——清代至民初京师戏曲的辉煌》,北京:北京大学出版社,2009.

64. 么书仪:《晚清戏曲的变革》,北京:人民文学出版社,2006.

65. 梅兰芳:《舞台生活四十年》,北京:中国戏剧出版社,1987.

66. 彭兴林:《北京佛寺遗迹考》,北京:宗教文化出版社,2012.

67. 沙之沅等:《北京的少数民族》,北京:北京燕山出版社,1988.

68. 什刹海研究会等编:《什刹海的名人故居纪念馆》,北京:当代中国出版社, 2007.

69. 什刹海研究会等编:《什刹海与京杭大运河》,北京:当代中国出版社,2014.

70. 史明正著,王业龙、周卫红译,杨立文校:《走向近代化的北京城——城市建设与社会变革》,北京:北京大学出版社,1995.

71. 释永芸、岳红:《北京伽蓝记》,北京:商务印书馆,2015.

72. 舒乙:《老舍先生》,北京:中国青年出版社,2016.

73. 苏秉琦:《中国文明起源新探》,北京:生活·读书·新知三联书店,2000.

74. 孙晨荟编:《天音北韵——华北地区天主教音乐研究》,北京:宗教文化出版社,2012.

75. 孙冬虎、许辉:《北京交通史》,北京:人民出版社,2014.

76. 孙楷第:《也是园古今杂剧考》,太原:山西人民出版社,2018.

77. 汤锦程:《北京的会馆》,北京:中国轻工业出版社,1994.

78. 汤静编著:《绝版天桥》,北京:中国旅游出版社,2005.

79. 汤克勤编著:《龚自珍诗全集汇校汇注汇评》,武汉:崇文书局,2019.

80. 陶孟和:《北平生活费之分析》,北京:商务印书馆,2011.

81. 王岗主编:《历史上的水与北京城》,北京:北京出版社,2016.

82. 王国平:《西溪文献集成》,杭州:杭州出版社,2016.

83. 王森然主编:《中国剧目大辞典》,北京:文化艺术出版社,1997.

84. 王世仁:《文物古建遗踪集萃》,北京:现代出版社,2022.

85. 王冶秋:《琉璃厂史话》,北京:生活·读书·新知三联书店,1963.

86. 王政尧:《清代戏剧文化史论》,北京:北京大学出版社,2005.

87. 翁偶虹著,张景山编:《春明梦忆》,北京:北京出版社,2019.

88. 吴建雍、赫晓琳:《宣南士乡》,北京:北京出版社,2000.

89. 吴文涛:《北京水利史》,北京:人民出版社,2013.

90. 吴新雷主编:《中国昆剧大辞典》,南京:南京大学出版社,2002.

91. 谢宜仁:《京剧票友》,北京:金盾出版社,2008.

92. 徐城北:《中国京剧》,北京:五洲传播出版社,2010.

93. 许慧琦:《故都新貌:迁都后到抗战前的北平城市消费(1928—1937)》,台北:台湾学生书局,2008.

94. 许金榜:《中国戏曲文学史》,北京:中国文学出版社,1994.

95. 姚振声著:《百年天桥》,北京:中国商务出版社,2021.

96. 尹钧科、吴文涛:《历史上的永定河与北京》,北京:北京燕山出版社,2005.

97. 于德源:《北京漕运和仓场》,北京:同心出版社,2004.

98. 于善浦、董乃强编:《香妃》,北京:书目文献出版社,1985.

99. 岳升阳、黄宗汉、魏泉:《宣南清代京师士人聚居区研究》,北京:北京燕山出版社,2012.

100. 张伯驹主编:《春游社琐谈·素月楼联语》,北京:北京出版社,1998.

101. 张次溪编:《清代燕都梨园史料(正续编)》,北京:中国戏剧出版社,1988.

102. 张次溪编:《天桥一览》,中华印书局,1936.

103. 张桂兴:《老舍年谱》(修订本),上海:上海文艺出版社,2005.

104. 张文瑞:《旧京伶界漫谈》,北京:中华书局,2018.

105. 张羽新主编:《中国寺庙宝典·华北东北卷》,北京:中国藏学出版社,2002.

106. 章诒和等:《中国戏剧大师的命运》,北京:作家出版社,2006.

107. 赵炳麟著、余瑾等校注:《赵柏岩诗集校注》,成都:巴蜀书社,2014.

108. 赵林编:《什刹海》,北京:北京出版社,2018.

109. 赵兴华:《北京园林史话》,北京:中国林业出版社,2001.

110. 赵兴华:《京华园林寻踪》,北京:中国城市出版社,1999.

111. 赵杨:《清代宫廷演戏》,北京:紫禁城出版社,2001.

112. 郑文奇主编:《宣南文化便览》,北京:文化艺术出版社,2002.

113. 政协北京市宣武区委员会文史资料委员会编:《宣武文史集萃》,北京:中国文史出版社,2000.

114. 周传家等主编:《北京戏剧通史》,北京:北京燕山出版社,2001.

115. 周贻白:《中国戏剧史长编》,北京:人民文学出版社,1960.

116. 朱家溍、丁汝芹:《清代内廷演剧始末考》,北京:中国书店出版社,2007.

117. 朱家溍:《故宫退食录》,北京:紫禁城出版社,2009.

118. 朱锡彭、陈连生编著:《宣南饮食文化》,北京:华龄出版社,2006.

研究文章

1.《什刹海之谜》,见《京华古迹寻踪》,北京:北京燕山出版社,1996.

2. 艾哈迈特·霍加:《"香妃"的传说——大小和卓木政权灭亡后被迁居北京的维吾尔人的历史记忆》,见《清史论丛》,北京:中国广播电视出版社,2008.

3. 蔡蕃:《北京金水河考》,见"水利史研究"公众号.

4. 常人春:《清代火神庙的中元法会》,《中国道教》,2002年第6期.

5. 陈晓苏：《老北京风情的象征——白塔寺》，见《漫步北京历史长河》，北京：中国书店，2004.

6. 戴逸：《"宣南文化"小议》，《北京档案》，2010年第8期.

7. 谷明、于洁：《元代文人阶层的休闲游览活动——以元大都为例》，《广西大学学报（哲学社会科学版）》，2009年第5期.

8. 侯仁之：《北平金水河考》，见《历史地理研究——侯仁之自选集》，北京：首都师范大学出版社，2010.

9. 贾珺：《北京什刹海地区寺庙园林与公共园林历史景象概说》，见《第四届中国建筑史学国际研讨会论文集》，2007.

10. 贾珺：清代北京会馆园林述略》，《风景园林》，2020年第1期.

11. 李建平：《北京最早的皇家园林遗址——鱼藻池》，《北京社会科学》，2006年第1期.

12. 李明：《元明清先蚕坛建置考》，《首都博物馆丛刊》，北京：北京燕山出版社，2010.

13. 林徽因：《平郊建筑杂录》（续），《中国营造学社汇刊》，第5卷第4期，1935.

14. 林峥：《从禁苑到公园——民初北京公共空间的开辟》，《文化研究》，2013年第3期.

15. 刘晓：《元代大道教玉虚观系的再探讨——从两通石刻拓片说起》，《中国史研究》，2005年第1期.

16. 马建春、曹娜：《明末北京米氏三园考述》，见《暨南史学》，南宁：广西师范大学出版社，2012.

17. 马建农：《北京琉璃厂的历史文化内涵》，见《北京古都历史文化讲座》（第2辑），北京：北京燕山出版社，2015.

18. 马建农：《琉璃厂书肆及其文化氛围》，《前线》，2005年第10期.

19. 马敏：《政治仪式：对帝制中国政治的解读》，《社会科学论坛》，2003年第4期.

20. 齐心：《金中都宫、苑考》，见《北京文物与考古》，北京：民族出版社，2004.

21. 邱凡、李春青：《北京宣南典型会馆园林研究及保护与利用建议》，《北京建筑工程学院学报》，2014年第2期.

22. 孙冬虎：《宣南会馆话沧桑》，《前线》，2006年第10期.

23. 孙萌：《北京法源寺寺庙园林环境探析》，见《中国园林博物馆学刊》，北京：中国建筑工业出版社，2021.

24. 孙敏贞：《北京明清时期寺庙园林的发展及其特点》，《北京林业大学学报》，

1991 年 S1 期.

25. 孙敏贞:《明清时期北京寺庙园林的几种类型》,《北京林业大学学报》,1992 年第 4 期.

26. 孙秀萍:《北京城区全新世埋藏河、湖、沟、坑的分布及其演变》,见《北京史苑》第二辑,北京:北京出版社,1985.

27. 佟洵:《缸瓦市教堂与老舍先生》,《北京科技大学学报(社会科学版)》,2000 年第 2 期.

28. 王灿炽:《金中都宫苑考略》,见《王灿炽史志论文集》,北京:北京燕山出版社,1991.

29. 王岗:《潭柘寺史事略考》,见《北京史学》2019 年春季刊,北京:社会科学文献出版社,2019.

30. 王铭珍:《北京的会馆》,《百科知识》,2010 年第 9 期.

31. 王铭珍:《什刹海畔名人故居多》,《北京档案》,1999 年第 11 期.

32. 许立仁:《宣南文化的源头》,《北京观察》,2014 年第 2 期.

33. 阎文儒:《金中都》,《文物》,1959 年第 9 期.

34. 岳升阳等:《国家大剧院工地的金口河遗址考察》,《北京大学学报》,2002 年第 3 期.

35. 张必忠:《什刹海的历史变迁》,《北京社会科学》,1999 年第 1 期.

36. 赵大年:《宣南文化的来龙去脉》,《前线》,2011 年第 1 期.

37. 赵全华:《北京景山公园的历史变迁》,《北京档案》,2023 年第 7 期.

38. 郑永华:《长椿寺创建时间考辨》,《北京社会科学》,2019 年第 10 期.

39. 周汝昌:《什刹海之谜》,见《京华古迹寻踪》,北京:北京燕山出版社,1996.

40. 刘潞:《〈祭先农坛图〉与雍正帝的统治》,《清史研究》,2010 年第 3 期.

41. 周悦煌、张凤梧、宋恺:《景山寿皇殿历史沿革及营缮考》,《故宫博物院院刊》,2020 年第 10 期.

学位论文

1. 雷宏响:《北京老城私家园林保护与利用研究》,北京建筑大学硕士学位论文,2019.

2. 李峥:《平地起蓬瀛,城市而林壑——北京西苑历史变迁研究》,天津大学硕士学位论文,2006.

3. 石晶晶:《北京佛寺园林的环境研究》,河北农业大学硕士学位论文,2013.

4. 孙佳丰:《从皇家御苑到城市公园——论北海公园文化空间的传承与变迁》,中央民族大学硕士学位论文,2020.

5. 王丹丹:《北京公共园林的发展与演变历程研究》,北京林业大学博士学位论文,2012.

6. 张威:《同治光绪朝西苑与颐和园工程设计研究》,天津大学博士学位论文,2005.

图书在版编目(CIP)数据

北京地域文化通览·西城卷／北京市文史研究馆编.
北京：中国文史出版社，2024.12. -- ISBN 978-7-5205-
4761-1

Ⅰ．K291

中国国家版本馆 CIP 数据核字第 2024TF1077 号

主　　编：王　岗
编　　委：张妙弟　杨良志　吴建雍　李宝臣
　　　　　唐晓峰　韩　朴　孙冬虎
执行编辑：刘卫东　杜　习　华大友

责任编辑：卢祥秋
特约编审：曾小丹

出版发行：**中国文史出版社**
社　　址：北京市海淀区西八里庄路 69 号院　邮编：100142
电　　话：010-81136606　81136602　81136603（发行部）
传　　真：010-81136655
印　　装：北京联兴盛业印刷股份有限公司
经　　销：全国新华书店
开　　本：720×1020　1/16
印　　张：35.5　　　字数：610 千字
版　　次：2024 年 12 月第 1 版
印　　次：2024 年 12 月第 1 次印刷
定　　价：98.00 元